Treasures for Scholars Worldwide

中国商业文化遗产文库

英国剑桥大学图书馆藏怡和洋行中文商业档案辑考

Examination of the Chinese Commercial Documents in Jardine Matheson Archive, Collection of the Cambridge University Library, UK

冷 东　潘剑芬　沈晓鸣　主编

上

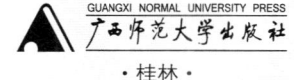

·桂林·

YINGGUO JIANQIAO DAXUE TUSHUGUAN CANG
YIHE YANGHANG ZHONGWEN SHANGYE DANG'AN JIKAO

项目统筹	鲁朝阳
策划编辑	肖爱景
责任编辑	张亚朋
责任校对	徐良妍
责任技编	王增元
美术编辑	广大图文 唐秋萍

图书在版编目（CIP）数据

英国剑桥大学图书馆藏怡和洋行中文商业档案辑考：全2册：汉文、英文/冷东，潘剑芬，沈晓鸣主编. —桂林：广西师范大学出版社，2022.3

（中国商业文化遗产文库）

ISBN 978-7-5598-4398-2

Ⅰ. ①英… Ⅱ. ①冷… ②潘… ③沈… Ⅲ. ①怡和洋行—档案资料—汇编—19世纪—汉、英 Ⅳ. ①F729.52

中国版本图书馆 CIP 数据核字（2021）第 219437 号

广西师范大学出版社出版发行

(广西桂林市五里店路9号　邮政编码: 541004)

　网址：http://www.bbtpress.com

出版人：黄轩庄

全国新华书店经销

广西广大印务有限责任公司印刷

(桂林市临桂区秧塘工业园西城大道北侧广西师范大学出版社集团有限公司创意产业园内　邮政编码: 541199)

开本：787 mm × 1 092 mm　1/8

印张：106　　字数：848 千字

2022 年 3 月第 1 版　　2022 年 3 月第 1 次印刷

定价：1980.00 元（全 2 册）

如发现印装质量问题，影响阅读，请与出版社发行部门联系调换。

剑桥大学图书馆

剑桥大学图书馆怡和洋行档案资料室

约1825年的威廉·查顿（William Jardine），剑桥大学图书馆藏

1837年的詹姆士·马地臣（James Matheson），剑桥大学图书馆藏

冷东教授（左一）、安乐博教授（右一）向剑桥大学图书馆工作人员（中）赠书

冷东教授在剑桥大学图书馆查阅资料

潘剑芬博士在剑桥大学（前往图书馆途中）

沈晓鸣近照

2020年国家社科基金冷门绝学项目"广州十三行印章印迹整理研究"（20VJXG005）阶段性成果

2019年国家社科基金重大项目"澳门及东西方经济文化交流汉文档案文献整理与研究（1500—1840）"（19ZDA206）阶段性成果

澳门科技大学唐廷枢研究中心科研成果

绪 论

学术研究离不开对原始资料的发掘和利用，失却这一基础，任何学术性原创工作都无法开展。在广州十三行和商业史研究领域，越来越多的学者将视野投向对海外收藏的原始中文档案的发掘和利用。在此基础上，相关研究虽然取得了较为丰富的成果，但是仍有很大的发展空间。

"礼失求诸野"，寻找失去的档案，也要前往远方。怡和洋行中文商业档案，就是一批流落在英国剑桥大学图书馆的原汁原味的第一手历史档案文献资料，是研究清代广州十三行及中国商业史重要的原始档案，具有珍贵的文献价值。

想要阅读这批资料并不容易，要向怡和洋行管理机构正式提出申请，述明申请人所在机构、职称、研究题目、使用研究资料起讫年份、使用目的等。申请书要用带有申请者所在单位标识的信纸书写，要由该机构的主管签名盖章。如怡和洋行管理机构允许，其将以书面的形式回复，附件抄送剑桥大学图书馆。申请人在指定时间、地点办理阅读手续后，方可查阅该批资料。为了办理图书证，除护照外，还要提供有家庭住址的英文涉外公证书，等等。

2017年，课题组冷东教授访问伦敦期间，英国举行演唱会的曼彻斯特体育场5月22日发生爆炸，造成22人死亡，59人受伤。伦敦也提高了警戒程度，呼吁民众尽量不要前往密集和敏感地区。冷东教授不为所动，每天乘地铁往返于住所、图书馆之间，复制了部分怡和洋行中文商业档案。冷东教授回国的第三天，伦敦又接连发生三起恐怖袭击，伤亡惨重。2018年，潘剑芬博士访问英国，在剑桥大学图书馆逗留一周，查阅了全部怡和洋行中文商业档案，并进行了拍照。此为本项目得以进行的基础，使我们得以在全面研读后简要评价这些档案文献的内容和价值，并撰写系列专题论文，供学界参考指正。回想起来，收获真是来之不易。

这些档案集中、系统地反映了怡和洋行（Jardine，Matheson & Co.）早期在中国的发展过程，提供了深化研究广州十三行的文献宝库，拓展了鸦片问题研究的丰富史实，揭示了商馆区变迁原始契约，保留了广州珍贵图像资料，亟待进一步发掘利用。为使读者可以更为全面地了解这套档案的内容及价值，现对其进行简要的介绍和评价。

一、海外三大中文档案文献利用现状

从目前掌握的情况来看，海外收藏的与广州十三行和商业史研究相关的中文档案文献广泛而丰富，学界已经基本掌握了收藏状况，并在研究利用方面取得了较为丰富的成果。但是绝大部分海外中文档案文献收藏在诸多地点，文献本身也多呈局部专题的状态，在阅读和研究利用上仍存在较大困难。而收藏集中、内容丰富、价值重大的中文档案文献主要有以下三种：

1.《葡萄牙东波塔档案馆藏清代澳门中文档案汇编》

"这是一部具有重要学术价值的历史档案文件汇编"，总数有1500余件，"是根据澳门历史档案馆近年来从葡萄牙东波塔档案馆缩微复制回来的清代官私中文文书编注而成的。这批档案主要形成于18世纪中叶以迄19世纪中叶，即在中国清代乾隆朝初期到道光朝末期。……它既有反映当年在葡萄牙租居澳门的特殊情况下，清葡双方的公务往来文书（按照当时的规定，中文是双方文移往来的正式文字）……更有反映着当时澳门的社会状况、人民生活、城市建设、工农业生产和商业贸易、赋税差饷、与内地商馆如广州十三行等的财货往来，与各省的经济联系、华洋杂处以及引起的矛盾纠纷、与东西洋各国的航运交通和对外贸易，并因而产生的各种账目、信札、契约、合同，等等"。[①]

2. 英国国家档案馆藏FO/1048档案

这是英国国家档案馆中关于广州商馆的中文史料，总数有1200余件，除一件是乾隆五十八年（1793）的文献，其他文献均介于嘉庆七年（1802）至道光十五年（1835）期间，收录此时段英国东印度公司与广东各级官府、外洋行商人等往来的谕令、禀文、信函、章程、名单、契约、债条等文件的正本、草稿、抄本、副本，林林总总，文献价值极高。

3. 英国剑桥大学图书馆藏怡和洋行中文商业档案

英国怡和洋行，中文前名"查顿洋行"，是最早进入中国的外国洋行之一。该洋行的创办人威廉·查顿（William Jardine，1784—1843）与合伙人詹姆士·马地臣（James Matheson，1796—1878）于公元1832年在广州租赁义和商馆并开设查顿洋行，通过与广州十三行密切的商务往来发展壮大，成为影响世界的著名财团怡和洋行。与此相关，怡和洋行也保留了大量中文档案，后来捐给剑桥大学图书馆。剑桥大学图书馆设立了怡和洋行档案资料室，其中收藏怡和洋行中文档案总数700余件。

此外还有《达衷集（鸦片战争前中英交涉史料）》，是英国东印度公司广州商馆所保存的与十三行行商及中国官方来往的函件、公文底稿，共有文件97篇。抄本原藏英国牛津大学图书馆，20世纪30年代为许地山先生校录，由上海商务印书馆出版，成为研究中英关系的重要资料[②]。佐佐木正哉《鸦片战争前中英交涉文书》[③]、杨国桢《洋商与大班：广东十三行文书初探》[④]及《洋商与澳门：广东十三

[①] 韦庆远序，载刘芳辑、章文钦校《葡萄牙东波塔档案馆藏清代澳门中文档案汇编》，澳门基金会，1999，第1页。
[②] 许地山编《达衷集（鸦片战争前中英交涉史料）》，商务印书馆，1931。
[③] ［日］佐佐木正哉编《鸦片战争前中英交涉文书》，岩南堂书店，1967。
[④] 杨国桢：《洋商与大班：广东十三行文书初探》，《近代史研究》1996年第3期。

行文书续探》①、黄菊艳《英国东印度公司——商船货物监管人特别委员会中文档案介绍》②等著作及论文，对海外各地收藏中文档案的情况进行了介绍。但都不能与上述三大中文档案文献比肩。

在三大海外中文档案文献中，葡萄牙东波塔档案馆藏清代澳门中文档案已经公开出版，并有了非常详尽的研究成果。中山大学国家社科基金重大课题招标项目"清代广州口岸历史文献整理与研究"课题组已经购买英国国家档案馆藏FO/1048档案全套缩微胶卷，计划在近年整理出版；吴义雄《海外文献与清代中叶的中西关系史研究——英国东印度公司广州商馆中文档案之价值》③、游博清《英国东印度公司对华贸易档案知见录》④等论文，对FO/1048档案的内容和意义做了详尽的介绍、分析；其他学者也有了较为详尽的专题研究成果。只有英国剑桥大学图书馆怡和洋行中文商业档案还没有被学界熟知和查阅，遑论出版和全面研究、利用，亟待发掘利用。

过往已有少数学者注意到怡和洋行中文商业档案的重要性。杨联陞发表《剑桥大学所藏怡和洋行中文档案选注》⑤，对怡和洋行保存的6份中文档案进行了注释研究，内容涉及怡和洋行与广州十三行贸易往来的契约文书。从1979年开始，张荣洋（Weng Eang Cheong）利用这批档案，介绍了许多以前未被人所知的历史⑥。陈国栋的《红单与红单船——英国剑桥大学所藏粤海关出口关票》⑦，也利用这批档案，分析考证了红单（船牌）的格式及内容，探讨了外贸船只的运行情况。但这些研究成果皆集中在个别专题研究，利用的也是少数档案，并未全面反映档案的全部内容与价值。

二、英国剑桥大学怡和洋行中文商业档案基本内容

作为老牌跨国财团，英国怡和洋行在其长期发展过程中留下了非常丰富的档案文献。这些档案被收藏在剑桥大学图书馆怡和洋行档案资料室中，编号为MS JM，目录、数量及涵盖年限如下：

A　会计及相关文件，13书柜，1798—1941年。

B　寄入信件，401盒＋80卷，1806—1913年。

C　寄出信件，529卷＋1信封，1800—1913年。

D　信件复印件，135盒，1824—1907年。

---

① 杨国桢：《洋商与澳门：广东十三行文书续探》，《中国社会经济史研究》2001年第2期。

② 黄菊艳译《英国东印度公司——商船货物监管人特别委员会中文档案介绍》，载广州大学十三行研究中心、中共广州市荔湾区委宣传部编《广州十三行研究回顾与展望》，广东世界图书出版公司，2010，第98页。

③ 吴义雄：《海外文献与清代中叶的中西关系史研究——英国东印度公司广州商馆中文档案之价值》，《广东社会科学》2018年第3期。

④ 游博清：《英国东印度公司对华贸易档案知见录》，台湾《汉学研究通讯》第32卷第2期（总126期）。

⑤ 杨联陞：《剑桥大学所藏怡和洋行中文档案选注》，台湾"《清华学报》"1958年第3期。

⑥ Weng Eang Cheong, *Mandarins and Merchants: Jardine Matheson & Co., a China Agency of the Early Nineteenth Century*(《官员与商人：怡和洋行———一个十九世纪早期的中国代理行》), Curzon Press, 1979; Weng Eang Cheong,'The Age of Suqua, 1720-1759: the Early Hong Merchants(《陈寿官的时代1720—1759：早期行商》),' in Karl Reinhold Haellquist(ed.), *Asian Trade Routes: Continental and Maritime*(《亚洲贸易路线：陆与海》), Routledge, 1991, pp.217-230; Weng Eang Cheong, *The Hong Merchants of Canton: Chinese Merchants in Sino-Western Trade, 1684-1798*(《广州的行商：1684—1798年中西贸易中的中国商人》), Curzon Press, 1997.

⑦ 陈国栋：《红单与红单船——英国剑桥大学所藏粤海关出口关票》，《海洋史研究（第五辑）》，社会科学文献出版社，2013。

E　电报，4盒，31卷+1捆，1862—1938年。

F　法律文件，22盒，1813—1940年。

G　市价表和市场报告，83盒+20封，1821—1905年。

H　中文档案，4盒+2文件夹，1766—1935年。

I　其他公司的资料，36卷，22盒，4活页本+3信封，约1841—1941年。

J　后期寄出的信函，327卷，50文件夹，23活页本+1信封，1886—1941年。

K　其他信函，10盒+6卷，约1814—1939年。

L　其他文件，12盒，29图纸，1相册+1档案，约1770—1942年。

以及部分其他语言的档案。

其中编号MS JM/H系列中文档案是我们特别关注的对象，涵盖时间为1766—1935年。这一系列档案是由19世纪（尤其是19世纪上半期）各种各样的商业、法律以及官方的中文档案组成的，目录及内容如下。

H1：贸易单据，1809—1914年，合计577件。包括外国商人和广州十三行诸多商行商人的契约、收据和其他商业票据，其中许多盖有印章，并且许多文件上标注有描述其内容的英文注释。

H2：法律文件，1766—1868年，合计35件。其中有广州十三行街回澜桥房产物业系列买卖文件17件，1766—1826年；福建闽县观音街土地、物业销售文书9件（有些文件是白契，即没有在公共记录中登记并得到官方认可的材料），1780—1855年；有关出售及出租广州十三行之东生行[①]物业的文件4份，1827—1832年；此外还有1853—1865年之间其他地区的房产契约5件。

H3：海关文件，1852—1866年，合计17件。其中有粤海关签发的十余件各船户装载白糖等货物前往江浙地区的出口关票。有一件粤海关所发的免钞专照，其特点显著，成为研究清代粤海关船钞发展变化的重要文献依据。这是一件清代同治四年（1865）粤海关颁发的中英文船钞执照[②]，牌照一页分为两折，正面上方为"免钞专照"标题，在其上方盖有长方形英文印章"TONNAGE DUES CERTIFICATE VALUABLE"，为"免钞专照"的英文。签发人为同治朝粤海关监督师曾。此外为中国其他地方海关的资料，如江南海关签发给怡和洋行属下轮船装载货物的完纳税钞红单等。

H4：钱庄票据，1877年，合计15件。怡和洋行目录上注明"Title Native Bank Documents"，应该将之理解为本地银行文件。但从实际收藏的文献来看，称之为"钱庄票据"更为合适。文件夹中既有往来款项账单，也有银行汇票，以黄字联票并系列编号的形式保存了大量金融业务的底账。而这些全部为中文字体和传统苏州码，反映了这些金融业务在中国社会流通的特点。说明清代后期的中国金融业中，以现金支票为代表的金融票据已经被广泛使用。继白银成为结算手段之后，现金支

---

① 为便于读者结合相关档案对该行进行集中研究，有关该行的详细信息，正文文献主体部分将一一加注说明，此处不赘。绪论中所言及的其他各行亦同。

② MS JM/H3/6 Customs documents (剑桥大学图书馆藏怡和洋行档案之中文海关档案)：Tonnage dues certificate of Canton Customs. A tonnage dues special certificate (in Chinese and English) issued by Mr. Shi, Commissioner of Customs, Canton, to Mr. Hen-ti (Hendi) for the American vessel 'Jack' of 42 tons burthen, 3 October 1865, recording that following the payment of the tonnage dues at this port the vessel is cleared for running on the Canton River for a term expiring on 2 February 1866。

票适应了国际金融大发展的时代要求，对中国社会产生了重大的影响，为近代银行和近代金融在中国的形成奠定了基础。

H5：官方文件，1830—1935年，合计41件。为中国和英国当局、领事馆和其他官员之间的文件。如1830年查顿发给粤海关的照会，要求立刻出具商船回国准许；1843年"香港首席裁判官"发出的禁止在香港过度砍伐森林的中文公告；1853年福建茶帮的公告；1853年潮州商户向英国领事递交的处罚不法外国商人的请愿书；1855年上海道台发布的新货币取代旧外币的公告；1858年两广总督禁止鸦片的谕令；1859年4月10日福建当局发布的筹集军事资金而征收税的谕令；1859年福建漳州府允许怡和洋行继续经营鸦片生意的通知；1860年不知名粤海关官员向怡和洋行通报鸦片贸易事宜；一批各地海关颁发的出口关票、外交照会等。

H6：其他文件，约1852—1885年，合计51件。例如怡和洋行商人查顿和马地臣与各方人士通信后保留的各式中文信封；不完整的信封碎片；糖税名册收据；中英文对照中国鸦片名称；新发行货币信息；棉纱仓库发票；衣服盥洗收据；茶叶收据；信件碎片；香港药房收据；账户附注；房屋修缮收据；电报底稿；工资条；各式名片；运费账单；铁匠的设计图和付款单；杂货店收据；杂货清单；老式日历等。林林总总，五花八门。

以上各类档案合计736件。①

三、英国剑桥大学怡和洋行中文商业档案文献价值

在17—19世纪，广州十三行在一百余年的经营活动中逐步形成的信函、公牍、凭信、票据等数量庞大的历史文献，由于时代更迭和两次鸦片战争的破坏，大多已被焚毁或散佚，少数被分散收藏于国内外众多档案馆、博物馆、图书馆之中，保存至今日者相当珍贵。因此，英国剑桥大学所藏怡和洋行中文商业档案，既是广州十三行的历史见证，也是了解、研究怡和洋行最重要的资料依据，具有珍贵的文献价值。

1. 记录了怡和洋行早期在华发展

怡和洋行起源于19世纪初期的义和商行，凭借与广州十三行的贸易往来由小到大，不断发展，其后成为著名国际财团。怡和洋行档案中一份道光十二年（1832）义和馆租约，记录了怡和洋行在华发展的重要节点②。

正是凭借这份租约，义和馆成为怡和洋行在广州活动的立足之地，促进了其在华事业发展。而怡和洋行七百余份中文档案，则为研究怡和洋行在华事业由小到大、由义和馆到怡和洋行、由广州到中国其他地区的发展历程提供了具体资料。

怡和洋行中文商业档案也有助于深化怡和人物研究。英国怡和洋行英文名称为"Jardine,

---

① 以上目录及提要由剑桥大学图书馆提供。剑桥大学图书馆会对相关目录及内容进行持续更新，更新后或与本书现有目录有所出入，请读者进一步关注剑桥大学图书馆怡和洋行档案网址 https://archivesearch.lib.cam.ac.uk/repositories/2/resources/13372。

② 剑桥大学图书馆藏怡和洋行档案 MS JM/H2/3/3。

Matheson & Co.",由两位创办人威廉·查顿、詹姆士·马地臣的英文名合并而成。他们是中英近代关系史中较具代表性的人物,二人在经济、政治、文化、社会等各个方面所担任的多重角色,使他们的人生经历具有典型的时代特征和可研究性。

二人的一生正处于英国自由资本主义的黄金时代,又身处1840年前后"三千年未有之大变局"的中国。他们参与和见证了中英贸易、鸦片走私、鸦片战争、英国国会改革等许多重大事件。他们凭借冒险精神和精明的商业头脑,迅速攫取了巨额财富,又狂热参与政治,纵横捭阖于鸦片战争前后中英关系大舞台,18、19世纪中英之间各类重要历史事件里都能或多或少找到他们的身影。我们可以通过怡和洋行中文商业档案从一个个细微角度透视那些恢弘庞大的历史事件,也可以洞悉19世纪初以二人为代表的英印散商如何影响着中英关系。

1834年,随着世界贸易的完善与兴盛,英国进口中国货物的利润显著增加,英国转而在欧洲市场中化解了在中英贸易中的入超问题,并在转口贸易中获得了更大的利润。在英国东印度公司被终止在华贸易特权后,英国散商逐渐控制了两国贸易,旧的贸易模式不复存在。此后的中英贸易,实际就是英印散商的对华贸易。散商与"行外商人"贸易范围和数额迅速扩大,导致行商地位更加衰落。随着自由贸易的呼声越来越大,行商垄断的终结已经无可避免,最终在英国散商的鼓噪下,鸦片战争终结了广州十三行延续一百多年的贸易独揽。

查顿与马地臣堪称一对最佳生意拍档,共同创办了百年老店"怡和洋行"——鸦片战争前成立于中国的唯一延续至今的外资企业。二人都是年纪轻轻去国离乡,侨居中国开创商业帝国,最终衣锦还乡,落叶归根;二人慷慨大方、惯于商战,一定程度上左右着英国对华政策的酝酿和制定,都是在中国臭名昭著、在英国享有盛誉的人物;二人热衷慈善事业,却罔顾中国人民的健康,疯狂走私鸦片;二人狂热鼓吹对华鸦片战争,却又是爱好文艺的绅士,细心保留下来的丰富档案成为今日研究的宝库。毫不夸张地说,二人一生充满了矛盾,体现了半部近代中英关系史,深刻影响了近代中国的内政外交,推动了中国融入世界潮流的进程,既给中国带来了发展机会,又带来了沉重灾难。

正是这些几百年前泛黄破碎的档案,永远忠实记录下来了中英关系史上有过重大影响的历史人物的事迹,其功过是非才能受到后人评判,而不是湮没于历史的长河里被人遗忘。

2. 提供了研究广州十三行的文献宝库

20世纪以来,广州十三行的研究取得丰富成果,但是资料缺乏问题仍是制约广州十三行研究深入的瓶颈和障碍,影响对广州十三行运行体制、起源名称、行商研究等领域的深入拓展。怡和洋行中文商业档案的发掘利用,为学界提供了一个新的宝库,对促进广州十三行研究具有重要的意义。仅举两例如下:

(1) 细化商行研究及人物研究

广州十三行是由诸多商行(机构)与行商(人物)组成的商会组织,这两部分是广州十三行研究的主体内容。梁嘉彬《广东十三行考》[①]设有"广东十三行行名、人名及行商事迹考"一章,记述历

---

① 梁嘉彬:《广东十三行考》,广东人民出版社,1999。

年中外文献所载洋行39家、茶行1家,对广州十三行商行的数量、行名、行商人物的由来及其变化进行了陈述。遗憾的是,除少数商行及人物内容较为详细外,大多数商行及行商只是个别史料的罗列,无法得见全貌。时至今日,有关研究的成果仍不令人满意,只有同文行(同孚行)潘家、天宝行梁家有研究著作问世[①],并有较为丰富的研究成果;怡和行伍家、广利行卢家也有较多学者关注;此外泰和行颜家、义成行叶家、达成行倪家、万成行沐家、兴泰行严家只有少数文章涉及[②];而其余的商行往往只列有行名和行商名字,还没有详细资料和研究成果,不能不说是影响广州十三行研究深入发展的空白领域。

在怡和洋行中文商业档案的系列中,保留了丰富的契约、收据和其他商业票据,这些文献全部与怡和洋行有关,得以清楚反映出与怡和洋行贸易的商行情况。怡和洋行极少与同孚行、怡和行等大商行交易,其交易对象主要集中在天宝行、西成行、同泰行、福隆行、广利行、东生行、顺泰行、东兴行、孚泰行、同顺行、广顺行、丽泉行、仁和行、东昌行诸商行。怡和洋行中文商业档案保留的契约、收据和其他商业票据,详细记载了这些商行与外国商人商业往来的时间、地点、品种、价格、方式等细节,乃至商欠和倒闭的记录。

有意义的是,在怡和洋行档案里,还发现了以往没有提及的新兴行、隆和行、昌顺行等商行及行商相关资料,为广州十三行商会组织增加了新的成员。

保商制度是行商制度中最重要的一种制度,其实质是将保甲制度移用于中西贸易,由行商承担缴纳税饷和管理约束外商的责任,贯彻清政府制"夷"防"夷"的政策。外商必须与保商进行贸易,保商必须对外商进行稽查、管束。但从怡和洋行档案来看,外国商人除了与上述保商进行贸易,还与众多的行外商人进行了广泛贸易,如安记、尘茂利记、成号瑞记、福和号、福泰号、和栈、广珍源记、焕记、祺记、权记、松盛、协成等诸多外商号的商人。这使我们需要重新审视广州中外贸易的实际运行体制,如同探讨英国散商对广州十三行体制的冲击一样,探讨这些中国行外商人对广州十三行体制的影响。

(2)填补印章空白

印章在中国传统社会具有体现身份、权力的功能。自乾隆二十二年(1757)清朝实行"一口通商"政策,至道光二十二年(1842)《南京条约》签订,广州成为中国重要通商口岸,产生了"以官制商、以商制夷"的外贸体制和商会组织,即学术界和社会民众普遍称谓的"广州十三行"。这一长期存在并发挥重要作用的外贸制度和商会组织有无印章,此前学术界尚无证据和相关的研究成果。恰恰是怡和洋行中文商业档案,使得消失数百年的广州十三行印章重现天日,而且在深化广州十三行研究方面大有裨益。

2017年5月,笔者在剑桥大学看到了怡和洋行保存的道光十二年义和馆租约,辅以其他证据,

---

① 潘刚儿、黄启臣、陈国栋编著《广州十三行之一:潘同文(孚)行》,华南理工大学出版社,2006;黄启臣、梁承邺编著《梁经国天宝行史迹:广东十三行之一》,广东高等教育出版社,2003;潘剑芬:《广州十三行行商潘振承家族研究(1714—1911年)》,社会科学文献出版社,2017。

② 详见冷东、赵春晨、章文钦、杨宏烈:《广州十三行历史人文资源调研报告》,广州出版社,2012。

我们得知"外洋会馆图记"是广州十三行商会组织的印章,从而得以辑录出广州十三行的产生、发展变化及其社会影响。怡和洋行档案中带有印章的这批资料具有重要的史料价值,也是研究清代外贸制度重要的资料依据。①

与FO/1048档案包括大量底稿、手稿、抄本不同,怡和洋行档案主要是怡和洋行保留的正式商业文书。印章是商业契约的重要特征,因此怡和洋行档案简直成了印章集大成者。除了"外洋会馆图记"的印章,里边还发现诸多商行的印章,如同文(孚)行、怡和行、天宝行、西成行、同泰行、福隆行、广利行、东生行、顺泰行、东兴行、孚泰行、同顺行、广顺行、丽泉行、仁和行、东昌行的印章;新发现的新兴行、隆和行、昌顺行的印章。此外还有安记、尘茂利记、成号瑞记、福和号、福泰号、和栈、广珍源记、焕记、祺记、权记、松盛、协成等诸多行外商号的印章。其简直成为了一个印章博物馆。关于此,笔者将另外撰文论述。

3. 拓展了鸦片问题研究的丰富史实

1840年英国侵略者向中国发动了震惊世界的鸦片战争。后《南京条约》签订,中国开始沦为半殖民地半封建社会,中华民族开始了一百多年屈辱、苦难、探索、斗争的历程。关于广州十三行行商与鸦片贸易的关系,历来学者的见解颇有分歧。对于鸦片贸易及随之而来的鸦片战争,行商既不能独任其咎,也不能独善其身。怡和洋行的创始人威廉·查顿与詹姆士·马地臣因从事鸦片贸易而臭名昭著,他们亲手保存的怡和洋行中文商业档案中的有关文献里,有1828年一位中国鸦片商李结坤写的一封信,为我们揭示了这个领域的详细史实。

英国剑桥大学怡和洋行档案中还保留其他大量有关鸦片贸易的文献,例如巴斯商人的信函、怡和洋行与粤海关官员的往来书信、有关鸦片贸易的信函票据等等。发掘研究这批档案文献,一定会大大深化鸦片贸易和鸦片战争等领域的研究。

4. 揭示了商馆变迁原始契约

在怡和洋行中文商业档案H2系列中,保留了1766—1868年之间的法律文件35件,其中有广州十三行街回澜桥房产物业系列买卖文件17件,起止时间为1766—1826年;有关出售及出租广州十三行之东生行物业的文件4件,起止时间为1827—1832年;福建闽县观音街土地、物业销售文书9件,起止时间为1780—1855年;此外还有1853—1865年之间其他地区的房产契约5件。综观其他系列档案,其皆与怡和洋行有直接或间接关系,为何H2系列保留了诸多房屋产权及买卖双方都是中国人的法律文件?这不禁使人联想到外国资本与清代房产交易的关联之上。

在这些房产契约文件中,交易额最大、与怡和洋行前身义和行的关系最为紧密的是17件与广州十三行街回澜桥房产物业系列买卖相关的文件,还有4件出售及出租广州十三行之东生行物业的文件。严格来讲,东生行物业也属于回澜桥范围,但是却被怡和洋行单独划分。

16世纪,海洋时代开启,受中国丰饶物产和巨大市场吸引,西方商船从海路蜂拥而至。在风帆时代,外国商人横跨半个地球到达广州要耗费半年以上的时间,对他们来说,在广州拥有集生活、

---

① 参见冷东、罗章鑫:《"外洋会馆图记"之发现暨"十三行"正名考》,《古代文明》2018年第3期。

贸易、仓储、休闲等功能于一身的商馆尤为重要。但是清朝政府禁止外国商人自行建造房屋或者购买房产，谕令广州十三行行商建造并管理商馆区，租赁给外商使用。

清代广州十三行商馆区地域范围"北以十三行街为界，南以珠江岸为界，东以西濠为界，西以联兴街为界""占约51000平方米"①。商馆十分豪华气派，其建筑富有特色，成为体现清代广州对外经济、文化交往蓬勃发展的城市地标，引起中外人士的普遍关注，积久而成为人们普遍使用的地域名称。回澜桥即是当年商馆区的核心位置，也是各国商行商人租赁的主要区域。这些房产契约为商馆区研究提供了宝贵资料和启示。

（1）见证商馆建筑规格

清代广州传统房屋结构由院落组成，每个独立的院落有正房、厢房、下房、雨廊等。每个院落有一个单独的前门和后门，分别与前一个院落和后一个院落连接，这种院落称为"一进一出"。一处房产拥有几个这样的院落，就称为几进几出，例如明代巨富沈万三苏州周庄镇的故居就是七进院落。这批回澜桥房屋的规格均十分宏大，如乾隆三十一年（1766）温紫光卖的一处房屋，深九进，阔七十一桁。"桁"为中国古代建筑术语，指房屋房梁间横木，一般没有具体宽度，只有等级规格区分。广州古建筑专家汤国华教授认为，清代广州民居一桁宽度为24厘米，寺庙一桁宽度为26厘米，这样本座房屋宽度约为1704厘米，即约为17米宽。乾隆四十一年（1776）买卖房屋的规格更为惊人，深十一进，前门左右铺面二间，前五进每进阔五十九桁，中间二进每进阔六十三桁，后四进每进阔七十九桁。道光五年（1825）买卖房屋正间深四进，头进阔二十三桁，后三进每进阔五十九桁。道光十二年东生行租给怡和洋行的义和馆"深陆大进"，意为房屋纵向六进结构。这批房屋都是深宅大院，规模惊人。需要指出的是，这些商馆不同于传统平房，而是广州最早的三层西式建筑。乾隆三十一年房屋买卖契约因为征税需要，还记载了房屋面积为"该上税壹亩捌分六厘零九丝四忽"②，约为1300平方米，三层楼则建筑面积达到3900平方米。加上这些房屋位于广州核心商业区，"东至西濠边为界，西至聚丰行右边墙心为界，前至官街，后至海边石马头石基外，所有四围墙壁、砖瓦、木石、楼阁、板障、窗棂、门扇、连地等项，一应俱全"③，"每进上楼下房，后进水亭，各进门窗板障、天井石砌，一切俱全。东至河滘，西至颜宅，行墙心为界。前至官街，后至官河，四至明白"④，可以称为清代广州的"豪宅"了。

（2）保留珍贵商业文书

清代行商从事商业活动的契约由于时代更迭和两次鸦片战争的破坏，绝大多数已被焚毁或散佚，保存至今日者亦相当珍贵。前段时间四川宜宾档案馆发现一份清代嘉庆九年（1804）的房屋买卖契约，成交价白银七十三两整。广州从化发现一份乾隆四十八年（1783）卖屋契约，成交价白银五两。二者

---

① 曾昭璇、曾新、曾宪珊：《广州十三行商馆区的历史地理》，载唐文雅主编《广州十三行沧桑》，广东省地图出版社，2001，第10、11页。
② 剑桥大学图书馆藏怡和洋行档案 MS JM/H2/1/1。
③ 剑桥大学图书馆藏怡和洋行档案 MS JM/H2/1/1。
④ 剑桥大学图书馆藏怡和洋行档案 MS JM/H2/1/5。

都轰动一时。而这批回澜桥房屋买卖契约成交价数额巨大（白银五千两、九千两、一万五千两）、格式严谨、前后联系、内容丰富，是极为罕见的文献珍品，反映出以下特点：

一是严谨的购房程序。在契约中经常看到"先召房亲人等，各不承买；次凭中人温文洽问至蔡宅承买"[①]"先召房亲人等，各不愿受；次凭中友引就与潘宅承买"[②]"先召房亲人等，各不愿售；次凭中友潘君硕引至东生大宝行承买"[③]等字句，这就是中国古代持续一千多年"求田问舍，先问亲邻"的限购政策，以避免房屋买卖纠纷，保护宗族财产不流失。

二是成熟的金融体系。这批回澜桥房屋买卖契约，成交价动辄白银五千两、九千两，其单独房屋交易数额之巨，在中国传统社会民间金融交易中是不常见的，表明清代中期广州十三行商馆区存在着非常活跃的房产交易活动和成熟的金融交易系统。契约中对其规定非常严格。"还实时价银玖千两，司马花钱色，连签书、洗业一应在内。三面言定，二家允肯，就日当中写立卖契，其价银即日验明收足，并无少欠""实接到行铺价银玖千两"[④]"还到行价银壹万伍千两，银水花钱司码，连签书、洗业、折席、花枝一应在内，二家允肯，即日当中三面立契。其银的系璋亲手接回，销验明白，并无低伪短少，其行亦即日当中交与潘宅掌管，另自批租永为己业"[⑤]"上平兑足老司码平"[⑥]等条款，说明尽管数额巨大，存在中国白银和外国银元兑换等问题，但是广州已经发展出了成形的金融交易市场和熟练的专业人才，能够从容应对交易。

三是浓厚的传统特色。在道光五年房屋买卖契约中，我们看到"实地价番面成元洋钱柒千大圆，每元㇗丨𠃊钱，上平兑足老司码平"[⑦]字样，使用的还是中国特有的商业数字"苏州码"。苏州码是南宋时期从算筹中分化出来的一种进位制计数系统，因其最早产生于苏州，故称"苏州码"。苏州码使用特殊符号来代表数字，汉字计数"一、二、三、四、五、六、七、八、九、十"，相对应的苏州码符号分别为"丨、丨丨、丨丨丨、乂、𠃊、㇗、丄、亖、夂、十"。契约中的"㇗丨𠃊"即"715"，说明一千元外国银元兑换中国白银715两。在英国看到的档案中，还有大量以此苏州码记载的账目往来。这说明在保留传统金融特色的基础上，广州十三行逐步近代化的中外贸易结算方式成为中国与西方资本主义国家交流的重要一环，其演变也从一个侧面反映了中国融入世界金融体系的过程。

（3）体现中外商业关系

这些契约中的卖方和买方无疑都是中国商家，但是与租赁方的外国商行交织在一起，反映了清代广州房产市场中间行商与外商之间错综复杂的商业关系。

乾隆三十一年契约商铺卖方温紫光为顺德龙山乡人，买方蔡姓蔡德远，还不了解具体身份。乾隆四十一年契约卖家蔡璋无疑为广州十三行行商，证据有二：一是契约中谈到出卖房产原因为"兹

---

① 剑桥大学图书馆藏怡和洋行档案 MS JM/H2/1/1。
② 剑桥大学图书馆藏怡和洋行档案 MS JM/H2/1/5。
③ 剑桥大学图书馆藏怡和洋行档案 MS JM/H2/1/11。
④ 剑桥大学图书馆藏怡和洋行档案 MS JM/H2/1/1。
⑤ 剑桥大学图书馆藏怡和洋行档案 MS JM/H2/1/5。
⑥ 剑桥大学图书馆藏怡和洋行档案 MS JM/H2/1/11。
⑦ 剑桥大学图书馆藏怡和洋行档案 MS JM/H2/1/11。

因关饷急需,母子商议将此行屋出卖"①,是为了解决行商需向粤海关上交饷银而出售商铺。二是售卖房屋中"后七进现租与整钟夷人及各国居住,前四进系租与旧集和行"②,说明出售房产已经为外国商人居住。"此义和夷馆深六进,已卖与西成行管业,其余夷馆后栈屋一间,深四进,左右铺一间,各深一进,仍系潘宅管业。"③义和行,即为怡和行,英国夷馆。④而对此进行出租和管理的商行为黎颜裕的西成行。其余部分为潘氏商行管理。此外出售房产与商行泰和行为邻。泰和行,乾隆三十年(1765)成立,乾隆四十五年(1780)倒闭,行商颜时瑛被革去职衔,发往伊犁当差。

道光五年房屋买卖契约卖家正为乾隆四十一年契约中买家潘培春堂,而出售房产的原因则是著名的道光二年(1822)广州十三行火灾。"道光二年九月,突遭回禄⑤之后,本堂实因工费浩繁,无力修造出账,召人承买取要。"⑥钱泳《履园丛话》曰:"太平门外大灾,焚烧一万五千余户,洋行十一家,以及各洋夷馆与夷人货物,约计值银四千余万两,俱为煨烬。"⑦汪鼎《雨韭庵笔记》则说:"烧粤省十三街七昼夜,洋银熔入水沟,长至一二里,火息结成一条,牢不可破。"⑧潘培春堂是哪家商行不得而知,道光年间有潘有度同孚行、潘长耀丽泉行、潘文涛中和行,而潘培春堂及晋孚行从未见记载,还有待考证。这也显示了对广州十三行的研究还远远不够。

本套义和行房产的买家则是东生行,印证了他们之间的特殊关系。"自卖之后,任从东生大宝行卜吉修整"⑨。而东生行,又是下文英国怡和洋行契约的主角,其前身为聚丰行,行商蔡国辉,乾隆二十四年(1759)成立,后欠夷人番银十六万六千两,乾隆四十九年(1784)倒闭。契约除了反映行商之间的商业关系,提供了以往不知道的行商及商行名称,也为今后研究提供了线索。

道光五年房屋的买家东生行,时隔七年已经沦为怡和洋行的欠债方,不得不将义和馆的租金用于支付怡和洋行债务。租金尚不足以补偿债务,因此由外洋会馆出面保证其他债务的赔偿问题,并加盖公章以示权威性和可靠性。契约中的义和馆在乾隆四十一年房屋买卖正契中既已出现,"此义和夷馆,共深六大进,已于嘉庆拾叁年陆月拾贰日,卖与西成行管业,其余尚存夷馆,后坐南向北栈屋壹间,深肆进,左右铺式间,各深壹进,仍系潘宅管业,批明文契为据,随于嘉庆拾肆年七月十二日收足价银,书立大契交执。"⑩可见随着英国东印度公司的衰落,英国散商势力不断发展,加之广州十三行"商欠"数额的增加,从而使怡和洋行势力在商馆区不断发展。

总之,这些回澜桥房屋买卖契约双方当事人的契约原件保留在英国怡和洋行档案中,说明外国

---

① 剑桥大学图书馆藏怡和洋行档案 MS JM/H2/1/5。
② 剑桥大学图书馆藏怡和洋行档案 MS JM/H2/1/10。
③ 剑桥大学图书馆藏怡和洋行档案 MS JM/H2/1/10。
④ 曾昭璇:《广州历史地理》,广东人民出版社,1991,第396页。
⑤ 火灾,"回禄"为火神名。
⑥ 剑桥大学图书馆藏怡和洋行档案 MS JM/H2/1/12。
⑦ [清]钱泳撰:《履园丛话》卷十四《祥异》,张伟校点,中华书局,1979,第391页。
⑧ [清]汪鼎撰:《雨韭庵笔记》,载黄佛颐编纂《广州城坊志》,仇江、郑力民、迟以武点注,广东人民出版社,1994,第619页。
⑨ 剑桥大学图书馆藏怡和洋行档案 MS JM/H2/1/11。
⑩ 剑桥大学图书馆藏怡和洋行档案 MS JM/H2/1/5。

商人和外国资本对广州商馆区的重视。也不排除怡和洋行以其他方式渗透进商馆区房地产收购活动，即由行商们建造，产权归行商所有①。但是西方商人带来了图纸，让行商按他们的意愿建造和装饰房子，甚至"行商遇有困难……公司资助行商建设夷馆"②。至于外国商人有无暗地操作，进行买卖行为，还有待进一步研究。

5. 保留了广州珍贵图像资料

除了丰富的文献档案，怡和洋行档案还在摄影术普及之前保留了许多图像资料。这些图像资料具备两个特征：一是相对于文字史料而言，存世数量极少；二是在摄影术发明以前，史料价值及艺术价值极高。

作为历史遗留物，非文字的图像遗存早就成为美术史的宝贵资料。在1839年法国画家路易·达盖尔（Louis Daguerre）的摄影术诞生以前（摄影术进入中国社会的时间还要晚20年左右），反映中国社会生活状况的图像资料很少。而怡和洋行档案中各种形式的图像，因其融汇中西的世俗化特征，不仅具有很高的艺术价值，而且蕴含了可供清史、社会史、民俗史、建筑史、海洋史、中外文化交流史等研究所需的各方面的重要信息。反映这些社会文化内容的图像材料大部分仍未被纳入以往收集研究的视野之内，对其的挖掘和整理，应该给予更多的关注。

怡和洋行档案图像资料，记录了在长达一百多年的岁月里，广州十三行以其得天独厚的地理环境、开放的人文意识和悠久的商贸传统，吸引着来自世界各国的商船，与处在工业革命时期的西方各国在政治、经济、文化方面进行全方位的交流，而产生的丰富多彩的图像成果。这些图像资料主要有广州十三行遗址遗存的图像，例如黄埔港、琶洲塔；广州十三行商馆区题材图像，例如各国商馆建筑、广州商人市民的速写画像等。

除了典型的美术图像，怡和洋行档案还保留了许多特殊形式的图形，例如印章，成为广州十三行图像丰富的外延。印章是中国传统社会身份权力的象征，也是一种历史悠久的图像形式。怡和洋行档案保留的诸多广州十三行印章，还有形式多样的花押和签字图形，既解决了诸多困扰学界百年的难解之谜，也为广州十三行图像的研究开辟了新的领域和增添了丰富内容。

又如，在商品流通领域，商标是商品的生产者、经营者在其商品上采用的具有显著特征的标志。广告是为了推销商品的需要，通过一定形式公开而广泛地向公众传递信息的宣传手段。怡和洋行档案保留了广州出现的中外近代商标及广告的雏形。这批雏形，不仅对近代商标广告的发展具有重要影响，也成为一种特殊的商业图像。

再如，在18至19世纪上半叶，邮局、邮票、邮戳、邮差、信封等邮政基本要素还没有出现的时代，怡和洋行档案保留的丰富邮品，不仅为研究早期中国邮政史的发展提供了详实有趣的见证个案，也成为形式特殊的图像资料。

此外，除怡和洋行中文商业档案外，其他系列档案还保留有更为丰富的照片、报纸、商标等图

---

① 梁嘉彬：《广东十三行考》，第353页。
② 梁嘉彬：《广东十三行考》，第361页。

像资料，里边包括怡和家族和个人的生活工作影像，乃至中国和英国朝野社会生活的记录，不乏众多重要人物，可供研究利用的前景更为广阔。

四、结语

感谢怡和洋行管理机构和剑桥大学图书馆提供了优质服务，如允许拍照、提供更加便捷的网上资源，等等，越来越多的人因此认识到了怡和洋行中文商业档案的宝贵价值并初步利用了其丰富内容。特别感谢准许我们购买了版权并将其出版，惠泽学界。

编纂凡例

本书对英国剑桥大学图书馆藏怡和洋行中文商业档案进行原文影印、分类整理和注释考证。为向读者展现出这批稀见珍贵文献的原貌和内容意义，制定编纂凡例如下。

一、原文影印

文献古籍标点及翻译是一个比较复杂的问题，尤其是对古籍文献的翻译，不仅是文体格式的转换，同时也是文体文风的改变，使原来的特定文体及内涵有所改变。通观本书收录的英国怡和洋行中文商业档案，原始文献的格式、文字、数字、内容、色彩本身即是珍贵历史的再现，蕴含了丰富的历史信息。鉴于这些档案文献没有过长的篇幅，内容文字较为清楚，没有过多的古字晦涩之处，其读者对象又多是专业研究人员或科研机构。为保留文献的原始状态，本书不对原文进行转录和标点，采取将这些原始文献彩色影印的方式，可以在形式上最大程度地保留原貌，让数百年前泛黄的信笺、手写的墨色毛笔字和红色印章，都能一一呈现于读者眼前，让读者更为直观地感受到英国怡和洋行中文商业档案的魅力和价值。

对原文采用影印出版的另外一个原因，是文献中发现了大量商业印章。方寸印章是"取信于人"的物件，方寸之痕天海间。将印章钤在书上、字画上都是十分郑重的事。书画家钤于作品之上，用以表示自己的创作；鉴赏家盖于作品之上，用以表示自己的慎重鉴别；藏书家盖于作品之上，表示曾为己有和"为我鉴定"的宣示；政治家盖于条约之上，代表的是国家的意志和承诺；商人盖于契约之上，代表的是身份和义务的约束。只有原文影印，才能让印文的篆字体现出中国文字的精华。印章的材质融合了万物的精华，数百年前的印章仍然色调鲜红醒目，印章的字体颜色、印泥等具有鲜明的特点。这些都是历史的最好见证。

由于年代久远，部分档案存在糟朽、虫蛀、字迹漫漶情况，为便于读者阅读，本书对档案图片进行了必要处理。其中，糟朽或虫蛀之处，拍摄时底纹为黑色，本书将黑色底纹去除，但有些黑色底纹去除之后会损害周边文字完整性，对于这部分黑色底纹则予以保留。

二、分类整理

确定分类及各类收录的内容，目的是把入选的档案文献有序编次，使之成为系统的有机整体，固定每一种档案史料在书中的位置。本书根据英国剑桥大学图书馆的分类原则，将英国怡和洋行中文商业档案分为六章，以利使用。第一章：贸易单据，1809—1914年，合计577件；第二章：法律文件，1766—1868年，合计35件；第三章：海关文件，1852—1866年，合计17件；第四章：钱庄票据，1877年，合计15件；第五章：官方文件，1830—1935年，合计41件；第六章：其他文件，约1852—1885年，合计51件。

虽然怡和洋行档案将其H系列定义为中文系列，但是其中仍然包括少量英文及其他外文文献，主要是在信封及便条上以英文或者其他国家文字所作的备注。为保持档案的完整性和关联度，本书也将这部分内容纳入，以便于读者对档案的理解。

三、注释考证

在原文影印的基础上，为便于读者对文献的理解，本书对每件档案亦作必要的注释考证，包括以下几项内容：

1. 标题

由于档案原件皆无标题，因此需要拟定标题。根据国家档案局、国家文物局颁布的标准，本书采取一文一题标题法，以日期、档案中主体、内容为顺序编拟标题，务求准确、鲜明、精练，用以揭示文献主体特征，并为编制索引目录打下基础。标题后括注档案号，为便于读者查考，除多个连续档案号同属一件的情况外，皆照录原档案号。档案编号前缀为"MS JM/H"，MS 即 Manuscript（手稿）的缩写，JM 是 Jardine, Matheson & Co.（怡和洋行）的缩写，H代表的是档案中的中文系列。因H系列下又分不同种类，故本书正文中所录档案号自H始。

2. 日期

注明每份档案文献日期，清朝纪年为先，后括注公元纪年。清朝纪年用汉字书写，公元纪年用阿拉伯数字书写。只有月日而无具体年份者，注明"年份不详"；年月日均无者，注明"日期不详"。少数英文档案则遵从原貌，以公元纪年为先。

3. 人名

外国人名的中文译名遵从档案中原文，但因当时外国人名字前边均有"口"，概寓"夷语"涩会难懂之贬义，本书中全部将其省略，同时附上英文提要对照，以便反映真实的外国人姓名。

原档案为中文所写时，人名除上述所说情况外照录原文，标题中不括注其英文名，仅于中文提要中其首次出现之处括注；原档案为英文所写时，有对应中文名者则进行括注，无则照录英文。

4. 中文提要

对每份档案文献均拟写简短的提要，交代时间、人物、事由、附件等相关信息。以介绍、评述和说明档案史料。这些工作对使用者来说，可省却每份文件查阅之繁，对读者利用汇编内材料起到指导性作用。

5. 英文提要

中文提要下附录英国剑桥大学图书馆所编英文提要，以供参考。提要的错漏在注释中以"勘误"的形式指出，但是仍然保留原貌。英文提要下接档案图片。

6. 注释

"勘误"中纠正英国剑桥大学图书馆所编英文提要的错漏。

英国怡和洋行的创办人 William Jardine，是本书中最常见的外国人名，当年有查顿、渣甸、赞典、渣颠、渣顿等多种译名。"查顿"一名为音译，属于中性；"渣甸"寓"渣滓聚集之地"之意，与其"铁头老鼠"的绰号一样体现广州百姓对这个大奸巨恶的"夷人"的憎恶，显然带有贬义；"赞典"寓"赞勷典礼"之意，译名颇雅，出自伍崇曜等行商呈官府的禀帖，隐然带有褒义。本书注释中，注明"查顿"一名，以为公允平和，并将其他译名列出，以便阅读；标题与中文提要中，为方便读者对照原档，仍按原译名录出。

目　录

上　册

第一章　贸易单据 ··· 1

一、西成行印章单据 ··· 3

1. 嘉庆十八年西成行收到英国商人觅急货银收据（H1/01/01）····························· 3
2. 嘉庆二十四年西成行收到英国商人渣治比令货银收据（H1/01/02）··················· 5
3. 嘉庆二十四年西成行收到英国商人比令货银收据（H1/01/03）························· 6
4. 嘉庆二十四年西成行收到比列度货银收据（H1/01/04）···································· 8
5. 嘉庆二十四年西成行收到英国商人悲货银收据（H1/01/05）···························· 10
6. 嘉庆二十四年西成行收到英国商人巴林臣货银收据（H1/01/06）···················· 12
7. 嘉庆二十四年西成行收到英国船主极力货银收据（H1/01/07）······················· 14
8. 嘉庆二十四年西成行收到英国商人吉顿货银收据（H1/01/08）······················· 16
9. 嘉庆二十四年西成行收到英国商人吉治士货银收据（H1/01/09）···················· 18
10. 嘉庆二十四年西成行收到英国船主敦立货银收据（H1/01/10）····················· 20
11. 嘉庆二十四年西成行收到英国商人益花臣货银收据（H1/01/11）·················· 22
12. 嘉庆二十四年西成行收到英国商人花剌货银收据（H1/01/12）····················· 24
13. 嘉庆二十四年西成行收到英国商人米坚仁贷款收据（H1/01/13）·················· 26
14. 嘉庆二十四年西成行收到英国商人麼勿打厘贷款收据（H1/01/14）··············· 28
15. 嘉庆二十四年西成行收到英国商人巴利货银收据（H1/01/15）····················· 30

16. 嘉庆二十四年西成行收到英国商人们利货银收据（H1/01/16）……… 32
17. 嘉庆二十四年西成行收到英国商人八厘货银收据（H1/01/17）……… 34
18. 嘉庆二十四年西成行收到英国商人升货银收据（H1/01/18）……… 36
19. 嘉庆二十四年西成行收到英国商人剌臣、记厘家货银收据（H1/01/19）……… 38
20. 嘉庆二十四年西成行收到两位英国女士沙货银收据（H1/01/20）……… 40
21. 嘉庆二十四年西成行收到英国商人 G. Staunton 货银收据信封（H1/01/21）……… 42
22. 道光元年西成行借英国商人万益款收据（H1/01/22）……… 43
23. 道光四年西成行借英国商人万益款收据（H1/01/23）……… 44
24. 嘉庆十五年西成行收到英国商人 Joseph Cotton 货银收据（H1/01/24）……… 45
25. 嘉庆十五年西成行收到英国商人 Joseph Cotton 货银收据（H1/01/25）……… 46
26. 嘉庆十六年西成行收到英国商人 Joseph Cotton 货银收据（H1/01/26）……… 47
27. 嘉庆十四年西成行收到英国商人 Charles Edward Pigou 货银收据（H1/01/27）……… 48
28. 嘉庆十六年西成行收到巴斯商人 Hormasjee Bhicajee 货款收据（H1/01/28）……… 49
29. 嘉庆十六年西成行收到英国船长 Patrick Gardner 货款收据（H1/01/29）……… 50
30. 嘉庆十七年西成行收到英国船长 Patrick Gardner 货款利息收据（H1/01/30）……… 51
31. 嘉庆十六年西成行收到英国船长 Dunlop 货款收据（H1/01/31）……… 52
32. 嘉庆十七年西成行收到英国船长 Dunlop 货款收据（H1/01/32）……… 53
33. 嘉庆十六年西成行收到英国商人 Namchund Amichund 货款收据（H1/01/33）……… 54
34. 嘉庆十六年西成行收到英国公司 Baring & Co. 货款收据（H1/01/34）……… 55
35. 嘉庆十七年西成行收到英国公司 Baring & Co. 货款收据（H1/01/35）……… 56
36. 嘉庆十六年西成行收到英国公司 Beale & Co. 货款收据（H1/01/36）……… 57
37. 嘉庆十七年西成行收到英国公司 Beale & Co. 货款收据（H1/01/37）……… 58
38. 嘉庆十六年西成行收到英国公司 Palmer & Co. 货款收据（H1/01/38）……… 59
39. 嘉庆十七年英国公司 Palmer & Co. 收到西成行货款字据（H1/01/39）……… 60
40. 嘉庆十六年西成行收到英国商人 Alexander Shank 货款收据（H1/01/40）……… 61
41. 嘉庆十六年西成行收到英国商人 Alexander Shank 货款收据（H1/01/41）……… 62
42. 嘉庆十六年西成行收到英国商人 Fraser 货款收据（H1/01/42）……… 63
43. 嘉庆十六年西成行收到英国商人 Thomas Beale 货款收据（H1/01/43）……… 64

44. 嘉庆十六年西成行收到英国商人 Thomas Beale 货款收据（H1/01/44） …… 65

45. 嘉庆十六年西成行收到英国商人 Charles Magniac 货款收据（H1/01/45） …… 66

46. 嘉庆十七年西成行收到英国商人 Charles Magniac 货款收据（H1/01/46） …… 67

47. 嘉庆十七年西成行收到英国商人 Charles Magniac 货款收据（H1/01/47） …… 68

48. 嘉庆十七年西成行收到英国商人 Edmond Larkin 货款收据（H1/01/48） …… 69

49. 嘉庆十七年西成行收到英国商人 Mula Ismael 货款收据（H1/01/49） …… 70

50. 嘉庆十八年西成行收到英国船长 Craig 货款收据（H1/01/50） …… 71

51. 嘉庆十八年西成行收到英国船长 Craig 货款收据（H1/01/51） …… 72

52. 嘉庆二十年西成行收到荷兰商人 P. Larsen 和 N. Keylgaad 款收据（H1/01/52） …… 73

53. 嘉庆二十四年西成行更新收据便条（H1/01/53） …… 74

54. Ball 致 Tweedale 船长的单据（日期不详）（H1/01/54） …… 75

二、嘉庆年间丽泉行印章单据 …… 76

1. 嘉庆十七年丽泉行收到英国商人 J. Drummond 贷款英文便条（H1/02/01） …… 76

2. 嘉庆十八年丽泉行收到英国商人 J. Drummond 贷款英文便条（H1/02/02） …… 77

3. 嘉庆十八年丽泉行致英国东印度公司大班信函（H1/02/03） …… 78

4. 嘉庆二十二年丽泉行致英国大班巡林文信函信封（H1/02/04） …… 80

三、嘉庆、道光年间福隆行印章单据 …… 81

1. 嘉庆十四年福隆行收到英国商人觅急贷款收据（H1/03/01） …… 81

2. 嘉庆十五年福隆行致函英国商人升信封（H1/03/02） …… 82

3. 嘉庆十五年福隆行欠英国商人 Alexander Shank 债务英文便条（H1/03/03） …… 83

4. 嘉庆二十二年福隆行欠英国商人比臣债务收据（H1/03/04） …… 84

5. 嘉庆二十二年福隆行致函英国商人比臣信封（H1/03/05） …… 85

6. 嘉庆二十二年福隆行欠英国商人班林债务收据（H1/03/06） …… 86

7. 嘉庆二十二年福隆行欠英国商人忌列顿债务收据（H1/03/07） …… 88

8. 嘉庆二十二年福隆行欠英国船长单拿臣债务收据（H1/03/08） …… 90

9. 嘉庆二十二年福隆行欠英国船长忌列债务收据（H1/03/09） …… 92

10. 嘉庆二十二年福隆行欠英国商人卑利债务收据（H1/03/10） …… 94

11. 嘉庆二十二年福隆行欠英国商人文利债务收据（H1/03/11） …… 96

12. 嘉庆二十二年福隆行欠巴斯商人口未治必驾治债务收据（H1/03/12）⋯⋯⋯⋯⋯ 98
13. 嘉庆二十二年福隆行欠英国伯麻公司债务收据（H1/03/13）⋯⋯⋯⋯⋯⋯⋯⋯ 99
14. 道光六年福隆行欠英国商人万益债务收据（H1/03/14）⋯⋯⋯⋯⋯⋯⋯⋯⋯⋯ 100
15. 道光六年福隆行欠英国商人万益债务收据（H1/03/15）⋯⋯⋯⋯⋯⋯⋯⋯⋯⋯ 101
16. 道光六年福隆行欠英国商人万益债务收据（H1/03/16）⋯⋯⋯⋯⋯⋯⋯⋯⋯⋯ 102
17. 道光六年福隆行欠英国商人万益债务收据（H1/03/17）⋯⋯⋯⋯⋯⋯⋯⋯⋯⋯ 104
18. 道光六年福隆行致函英国商人 H. Magniac 信封（H1/03/18）⋯⋯⋯⋯⋯⋯⋯⋯ 106
19. 道光六年福隆行欠英国商人万益债务收据（H1/03/19）⋯⋯⋯⋯⋯⋯⋯⋯⋯⋯ 107
20. 道光七年福隆行欠英国商人这卑厘债务收据（H1/03/20）⋯⋯⋯⋯⋯⋯⋯⋯⋯ 109
21. 道光七年福隆行欠英国商人虾利不债务收据（H1/03/21）⋯⋯⋯⋯⋯⋯⋯⋯⋯ 111
22. 道光八年英国商人 W. Jardine 为追讨福隆行债务上两广总督禀文（H1/03/22）⋯⋯ 113
23. 道光七年瑛记等承接福隆行茶叶合同（茶单）（H1/03/23）⋯⋯⋯⋯⋯⋯⋯⋯ 115
24. 道光七年张并茂承接福隆行茶叶合同（茶单）（H1/03/24）⋯⋯⋯⋯⋯⋯⋯⋯ 117
25. 道光七年张苍记号承接福隆行茶叶合同（茶单）（H1/03/25）⋯⋯⋯⋯⋯⋯⋯ 119
26. 道光七年福和号承接福隆行茶叶合同（茶单）（H1/03/26）⋯⋯⋯⋯⋯⋯⋯⋯ 121
27. 道光七年镇泰号承接福隆行茶叶合同（茶单）（H1/03/27）⋯⋯⋯⋯⋯⋯⋯⋯ 123
28. 道光七年义聚茂记承接福隆行茶叶合同（茶单）（H1/03/28）⋯⋯⋯⋯⋯⋯⋯ 125
29. 道光七年恒美号承接福隆行茶叶合同（茶单）（H1/03/29）⋯⋯⋯⋯⋯⋯⋯⋯ 127
30. 道光七年杨中正号承接福隆行茶叶合同（茶单）（H1/03/30）⋯⋯⋯⋯⋯⋯⋯ 129
31. 道光七年曾万丰号承接福隆行茶叶合同（茶单）（H1/03/31）⋯⋯⋯⋯⋯⋯⋯ 131
32. 道光七年曾万丰号承接福隆行茶叶合同（茶单）（H1/03/32）⋯⋯⋯⋯⋯⋯⋯ 133
33. 道光七年鄢岳记号承接福隆行茶叶合同（茶单）（H1/03/33）⋯⋯⋯⋯⋯⋯⋯ 135
34. 道光七年周祥茂号承接福隆行茶叶合同（茶单）（H1/03/34）⋯⋯⋯⋯⋯⋯⋯ 137
35. 道光七年李益美号承接福隆行茶叶合同（茶单）（H1/03/35）⋯⋯⋯⋯⋯⋯⋯ 139
36. 道光七年和发号承接福隆行茶叶合同（茶单）（H1/03/36）⋯⋯⋯⋯⋯⋯⋯⋯ 141
37. 道光七年周豫成号承接福隆行茶叶合同（茶单）（H1/03/37）⋯⋯⋯⋯⋯⋯⋯ 143
38. 道光七年虞永春号承接福隆行茶叶合同（茶单）（H1/03/38）⋯⋯⋯⋯⋯⋯⋯ 145
39. 道光七年陈九香号承接福隆行茶叶合同（茶单）（H1/03/39）⋯⋯⋯⋯⋯⋯⋯ 147

40. 道光七年沈瑞和号承接福隆行茶叶合同（茶单）（H1/03/40） …… 149

41. 道光七年吴和记号承接福隆行茶叶合同（茶单）（H1/03/41） …… 151

四、嘉庆、道光年间同泰行印章单据 …… 153

1. 嘉庆二十二年同泰行欠英国商人悲令债务收据（H1/04/01） …… 153

2. 嘉庆二十二年同泰行欠英国商人斯当东债务收据（H1/04/02） …… 155

3. 嘉庆二十二年同泰行欠英国商人巴麻债务收据（H1/04/03） …… 157

4. 嘉庆二十二年同泰行欠英国商人刺佛债务收据（H1/04/04） …… 159

5. 嘉庆二十二年同泰行欠英国商人悲债务收据（H1/04/05） …… 161

6. 嘉庆二十二年同泰行欠英国公司 Beale & Co. 债务收据（H1/04/06） …… 163

7. 嘉庆二十二年同泰行欠英国商人升债务收据（H1/04/07） …… 165

8. 嘉庆二十二年同泰行欠英国商人刺臣、基利吉债务收据（H1/04/08） …… 167

9. 嘉庆二十二年同泰行欠英国劫顿堆林债务收据（H1/04/09） …… 169

10. 嘉庆二十二年同泰行欠英国商人乞实、乌利各债务收据（H1/04/10） …… 171

11. 嘉庆二十二年同泰行欠英国商人压利些达地债务收据（H1/04/11） …… 173

12. 嘉庆二十二年同泰行欠英国商人金步债务收据（H1/04/12） …… 175

13. 嘉庆二十二年同泰行欠英国商人罢林臣债务收据（H1/04/13） …… 177

14. 道光元年同泰行收到英国商人俾利胡椒交易款收据（H1/04/14） …… 179

15. 道光三年同泰行欠英国商人 Bales 债务欠条信封（H1/04/15） …… 181

五、嘉庆、道光年间广利行印章单据 …… 182

1. 嘉庆二十五年广利行收到英国商人剌仁货款收据（H1/05/01） …… 182

2. 道光十九年广利行欠英国商人花话花儿债务收据（H1/05/02） …… 183

六、道光五年至六年怡昌行印章单据 …… 184

1. 道光五年怡昌行借英国商人万益贷款收据（H1/06/01） …… 184

2. 道光六年怡昌行借英国商人万益贷款收据（H1/06/02） …… 185

3. 道光六年怡昌行与巴斯商人黑必煲的燕窝贸易契约（H1/6/3） …… 186

七、道光年间和源行印章单据 …… 188

1. 道光五年和源行收到巴斯商人赞布货款收据（H1/07/1） …… 188

2. 道光二十七年和源行收到巴斯商人墨记娄货款收据（H1/07/2） …… 189

八、道光六年 George H. Swaine 债券（H1/08） … 190

九、道光年间宽和通事馆丈量船钞规礼清单 … 191

    1. 道光元年丈量晏打臣船只清单（H1/9/1） … 191

    2. 道光四年付款通知（H1/9/2） … 193

    3. 道光五年付款通知（H1/9/3） … 194

    4. 道光五年收装付款通知信封（H1/9/4） … 195

一〇、道光年间天宝行印章单据 … 196

    1. 道光四年天宝行致信英国大班费礼查（H1/10/01） … 196

    2. 道光八年天宝行借英国商人渣顿贷款借条（H1/10/02） … 197

    3. 道光十五年天宝行借英国商人渣甸贷款借条（H1/10/03） … 198

    4. 道光十七年天宝行与英国商人渣甸签订茶叶合同（H1/10/04） … 199

    5. 道光十七年天宝行与英国商人渣甸签订利达号工夫茶合同（H1/10/05） … 200

    6. 道光十七年天宝行与英国商人渣甸签订德丰号粗庄工夫茶合同（H1/10/06） … 201

    7. 道光十七年天宝行装收与英国商人 Jardine 签订茶叶合同的信封（H1/10/07） … 202

    8. 约道光十七年天宝行梁天宝致英国商人渣甸信函（H1/10/8） … 203

一一、道光年间恒益行印章单据 … 205

    1. 道光三年恒益行借英国商人万益货款收据（H1/11/01） … 205

    2. 道光三年恒益行借英国商人万益货款收据（H1/11/02） … 206

    3. 道光五年恒益行收到英国商人万益货银收据（H1/11/03） … 207

    4. 道光五年恒益行收到英国商人万益货银收据（H1/11/04） … 208

    5. 道光五年恒益行信封（H1/11/05） … 209

    6. 道光五年恒益行收到英国商人万益货银收据（H1/11/06） … 210

    7. 道光五年恒益行收到英国商人万益货银收据（H1/11/07） … 211

    8. 道光五年恒益行收到英国商人万益货银收据（H1/11/08） … 212

    9. 道光五年恒益行收到英国商人万益货银收据（H1/11/09） … 213

    10. 道光六年恒益行借巴斯商人货款收据（H1/11/10） … 215

    11. 道光六年货款收据（H1/11/11） … 217

    12. 道光六年恒益行借英国商人素云货款收据（H1/11/12） … 218

13. 道光六年恒益行借英国商人万益货款收据（H1/11/13） ……………………… 220

   14. 道光八年恒益行收到英国商人孖地臣货银收据（H1/11/14） ……………… 222

一二、道光年间东生行印章单据 …………………………………………………………… 224

   1. 道光六年东生行收到英国船长Gover货银收据（H1/12/01） ……………… 224

   2. 道光八年东生行收到英国商人剌庇臣货银收据（H1/12/02） ……………… 225

   3. 道光八年东生行收到英国商人番奸宁货银收据（H1/12/03） ……………… 227

   4. 道光八年东生行收到英国商人剌庇臣货银收据（H1/12/04） ……………… 229

   5. 道光十八年东生行收到英国商人罗田官银单（H1/12/05） ………………… 231

一三、道光六年东和号印章单据 …………………………………………………………… 232

   1. 道光六年东和号欠马温治大班欠单（H1/13/01） …………………………… 232

   2. 道光六年东和号欠单信封（H1/13/02） ……………………………………… 233

   3. 道光六年东和号欠单英文便条（H1/13/03） ………………………………… 234

一四、道光年间焕记印章单据 ……………………………………………………………… 235

   1. 道光七年焕记借英国商人万益货款收据（H1/14/01） ……………………… 235

   2. 道光二十七年焕记为英国商人渣顿运输毛织物收据（H1/14/02） ………… 237

   3. 道光二十七年焕记为英国商人渣顿运输羽纱收据（H1/14/03） …………… 238

   4. 道光二十七年焕记为英国商人渣顿运输羽纱收据（H1/14/04） …………… 239

一五、道光九年英国商人William Jardine 向英国公司Thomas Dent & Co. 付款收据

   （H1/15） …………………………………………………………………………… 240

一六、道光年间春兴收据 …………………………………………………………………… 241

   1. 道光十一年货款收据（H1/16/01） …………………………………………… 241

   2. 道光十六年英文便条（H1/16/02） …………………………………………… 242

   3. 道光十六年便笺（H1/16/03） ………………………………………………… 243

一七、道光七年东裕行付款收据（H1/17） ……………………………………………… 244

一八、同孚行印章单据 ……………………………………………………………………… 245

   1. 道光十一年同孚行收到英国商人查顿货款收据（H1/18/01） ……………… 245

   2. 道光十九年同孚行收到英国商人马棣臣货款收据（H1/18/02） …………… 247

   3. 道光二十一年同孚行催收英国商人查典、孖地臣购茶款项信函（H1/18/03） ……… 248

4. 同孚行催收英国商人查典、孖地臣款项信函（日期不详）（H1/18/04） …………… 249

一九、道光十二年隆盛承接万益行拱篷装修单据（H1/19） …………………………………… 251

二〇、道光年间兴泰行印章单据 ……………………………………………………………………… 252

　　1. 道光十一年位记号收到兴泰行购买湖丝合同（H1/20/01） …………………………… 252

　　2. 道光十一年兴泰行借英国商人揸顿货款收据（H1/20/02） …………………………… 253

　　3. 道光十一年位记号收到兴泰行购买湖丝货款收据（H1/20/03） ……………………… 254

　　4. 道光十一年位记号收到兴泰行购买湖丝货款收据（H1/20/04） ……………………… 255

　　5. 道光十一年某人向兴泰行购买湖丝货款便条（H1/20/05） …………………………… 256

　　6. 道光十一年晋昌等七家中国店铺有关购买兴泰行棉花损失声明（H1/20/06） ……… 257

　　7. 道光十五年兴泰行收到英国商人渣顿运来槟榔收据（H1/20/07） …………………… 258

　　8. 道光十五年兴泰行收到英国商人渣顿运来胡椒收据（H1/20/08） …………………… 259

　　9. 道光十五年兴泰行收到英国商人渣顿运来藤条收据（H1/20/09） …………………… 260

　　10. 道光十五年兴泰行收到英国商人渣顿运来槟榔收据（H1/20/10） ………………… 261

　　11. 道光十五年兴泰行收到英国商人渣顿运来槟榔和藤条收据（H1/20/11） ………… 262

　　12. 道光十五年兴泰行收到英国商人渣顿运来槟榔收据（H1/20/12） ………………… 263

　　13. 道光十五年兴泰行收到英国商人渣顿运来胡椒收据（H1/20/13） ………………… 264

　　14. 道光十五年兴泰行收到英国商人渣顿运来槟榔收据（H1/20/14） ………………… 265

二一、道光十四年源懋益记的海参交易单据（H1/21） ………………………………………… 266

二二、道光年间顺泰行印章单据 …………………………………………………………………… 269

　　1. 道光十四年顺泰行收到英国商人赞典货款收据（H1/22/01） ………………………… 269

　　2. 道光二十年顺泰行收到英国商人骂列度货款收据（H1/22/02） ……………………… 270

二三、道光十五年中国商人罗清货款单据 ………………………………………………………… 271

　　1. 道光十五年中国商人罗清借英国商人万益货款收据（H1/23/01） …………………… 271

　　2. 道光十五年中国商人罗清借英国商人万益货款收据（H1/23/02） …………………… 272

二四、道光十六年东兴行收到马列度运来英国商人揸顿棉花单据（H1/24/01） …………… 273

二五、道光年间孚泰行印章单据 …………………………………………………………………… 274

　　1. 道光十七年孚泰行收到英国商人渣甸运来漂白夏布收据（H1/25/01） ……………… 274

　　2. 道光二十一年孚泰行收到英国商人孖地臣货银收据（H1/25/02） …………………… 275

  3. 道光二十一年孚泰行收到英国商人孖地臣货银收据（H1/25/03） ………………………… 276

二六、道光十七年东昌行印章单据 ……………………………………………………………………… 277
  1. 道光十七年东昌行欠英国商人架剌佛胡椒款项收据（H1/26/01） ……………………… 277
  2. 道光十七年东昌行欠英国商人架剌佛胡椒款项收据（H1/26/02） ……………………… 278
  3. 道光十七年东昌行欠葡萄牙商人咸架款项收据（H1/26/03） …………………………… 279
  4. 道光十七年东昌行所欠款项葡萄牙文注释（H1/26/04） ………………………………… 280

二七、道光十七年至十八年中和行印章单据 …………………………………………………………… 281
  1. 道光十七年巴斯商人 Herjeebhoy Rustomjee 指示 Jardine, Matheson & Co. 接收中和行
   贷款（H1/27/01） ………………………………………………………………………… 281
  2. 道光十八年中和行借英国商人赞典贷款收据（H1/27/02） ……………………………… 283

二八、道光十七年会记印章单据（H1/28） …………………………………………………………… 285

二九、道光十七年裕祥和记印章单据（H1/29） ……………………………………………………… 286

三〇、道光十七年至十八年隆记行印章单据 …………………………………………………………… 288
  1. 道光十七年隆记行与英国商人赞典的茶叶合同（H1/30/01） …………………………… 288
  2. 道光十八年隆记行借英国商人赞典贷款收据（H1/30/02） ……………………………… 289

三一、道光十七年至十八年安昌行印章单据 …………………………………………………………… 290
  1. 道光十七年安昌行为英国商人赞典存储茶叶单据（H1/31/01） ………………………… 290
  2. 道光十八年安昌行与英国商人赞甸购买茶叶单据（H1/31/02） ………………………… 291
  3. 道光十八年安昌行与英国商人赞典购买茶叶单据（H1/31/03） ………………………… 292
  4. 道光十八年安昌行与英国商人赞甸购买茶叶单据（H1/31/04） ………………………… 293
  5. 道光十八年安昌行与英国商人赞甸购买茶叶单据（H1/31/05） ………………………… 294

三二、道光十八年溥馨印章单据（H1/32） …………………………………………………………… 295

三三、道光十八年仁和行与英国商人渣典购买茶叶单据（H1/33） ………………………………… 296

三四、道光十八年英国 Parry 船长缴费注释（H1/34） ……………………………………………… 297

三五、道光二十年黄埔买办收费收据（H1/35） ……………………………………………………… 298

三六、同顺行印章单据 …………………………………………………………………………………… 300
  1. 道光二十年同顺行收到英国商人别列度购买茶叶费用收据（H1/36/01） ……………… 300
  2. 道光二十二年同顺行收到英国商人庇列度棉花收据（H1/36/02） ……………………… 301

3. 道光二十二年同顺行收到英国商人庇列度棉花收据（H1/36/03） ……………… 302
4. 道光二十二年同顺行收到英国商人庇列度运来棉花收据（H1/36/04） ………… 303
5. 道光二十二年同顺行收到英国商人庇列度运来棉花收据（H1/36/05） ………… 304
6. 道光二十二年同顺行收到英国商人庇列度运来棉花收据（H1/36/06） ………… 305
7. 道光二十二年同顺行收装英国商人运来棉花收据信封（H1/36/07） …………… 306
8. 道光二十二年同顺行收到英国商人庇列度运来棉花收据（H1/36/08） ………… 307
9. 道光二十二年同顺行收到英国商人庇列度运来棉花收据（H1/36/09） ………… 308
10. 道光二十二年同顺行收到英国商人里侄运来棉花收据（H1/36/10） ………… 309
11. 道光二十二年同顺行收到英国商人里侄运来棉花收据（H1/36/11） ………… 310
12. 道光二十二年同顺行收装英国商人运来棉花收据信封（H1/36/12） ………… 311
13. 道光二十二年同顺行收到英国商人里侄运来棉花收据（H1/36/13） ………… 312
14. 道光二十二年同顺行收到英国商人里侄运来棉花收据（H1/36/14） ………… 313
15. 道光二十二年同顺行收到英国商人里侄运来棉花收据（H1/36/15） ………… 314
16. 道光二十二年同顺行收装英国商人运来棉花收据信封（H1/36/16） ………… 315
17. 道光二十二年同顺行收到英国商人里侄运来棉花收据（H1/36/17） ………… 316
18. 道光二十二年同顺行收到英国商人里侄运来棉花收据（H1/36/18） ………… 317
19. 道光二十二年同顺行收到英国商人里侄运来棉花收据（H1/36/19） ………… 318
20. 道光二十二年同顺行收到英国商人里侄运来棉花收据（H1/36/20） ………… 319
21. 道光二十二年同顺行收到英国商人里侄运来棉花收据（H1/36/21） ………… 320
22. 道光二十二年同顺行收到英国商人里侄运来棉花收据（H1/36/22） ………… 321
23. 同顺行信封（日期不详）（H1/36/23） ……………………………………… 322

三七、道光二十四年安泰为英国商人孖棣臣上海住宅采购木料费用清单（H1/37） ………… 323

三八、道光二十九年万盛号赤金证书（H1/38） ……………………………………… 324

三九、咸丰元年和隆店贷款单据 ……………………………………………………… 325

1. 咸丰元年和隆店发单（H1/39/01） …………………………………………… 325
2. 咸丰元年和隆店单（H1/39/02） ……………………………………………… 326

四〇、道光八年潘拙政堂向英国商人万益借款合约（H1/40） ………………………… 327

四一、长洲怡生源记系列货单收据 …………………………………………………… 329

1. 咸丰五年长洲怡生源记关于茶油、生油价格的说明（H1/41/01）……………………… 329
2. 咸丰五年长洲怡生源记食品费用收据（H1/41/02）………………………………………… 330
3. 咸丰五年长洲怡生源记啤酒发货单（H1/41/03）…………………………………………… 331
4. 咸丰五年长洲怡生源记茶油收据（H1/41/04）……………………………………………… 332
5. 咸丰五年长洲怡生源记啤酒提货单（H1/41/05）…………………………………………… 333
6. 咸丰五年长洲怡生源记啤酒提货单（H1/41/06）…………………………………………… 334
7. 咸丰五年长洲怡生源记烟头提货单（H1/41/07）…………………………………………… 335
8. 咸丰五年长洲怡生源记生菜油等提货单（H1/41/08）……………………………………… 336
9. 咸丰五年长洲怡生源记黄榄提货单（H1/41/09）…………………………………………… 337
10. 咸丰五年长洲怡生源记木油提货单（H1/41/10）………………………………………… 338
11. 咸丰五年长洲怡生源记粉仔、黄蜡的费用收据（H1/41/11）…………………………… 339
12. 咸丰五年长洲怡生源记茶油、饼干提货单（H1/41/12）………………………………… 340
13. 咸丰五年长洲怡生源记茶油提货单（H1/41/13）………………………………………… 341
14. 咸丰五年长洲怡生源记出具给泵兄、英国谷姓商人的鱼油提货单（H1/41/14）…… 342
15. 咸丰五年长洲怡生源记出具给泵兄的提货单（H1/41/15）……………………………… 343
16. 咸丰五年长洲怡生源记出具给泵兄、英国谷姓商人的鱼油提货单（H1/41/16）…… 344
17. 咸丰五年长洲怡生源记食糖提货单（H1/41/17）………………………………………… 345
18. 咸丰五年长洲怡生源记木油提货单（H1/41/18）………………………………………… 346
19. 咸丰五年长洲怡生源记出具给泵兄、英国谷姓商人的鱼油提货单（H1/41/19）…… 347
20. 咸丰五年长洲怡生源记出具给泵兄、英国谷姓商人的鱼油提货单（H1/41/20）…… 348
21. 咸丰五年长洲怡生源记出具给泵兄、英国谷姓商人的烟头提货单（H1/41/21）…… 349
22. 咸丰五年长洲怡生源记出具给泵兄、英国谷姓商人的毡酒提货单（H1/41/22）…… 350
23. 咸丰五年长洲怡生源记生油提货单（H1/41/23）………………………………………… 351
24. 咸丰五年长洲怡生源记茶油提货单（H1/41/24）………………………………………… 352
25. 咸丰五年长洲怡生源记茶油等物品提货单（H1/41/25）………………………………… 353
26. 咸丰五年长洲怡生源记木油、茶油提货单（H1/41/26）………………………………… 354
27. 咸丰五年长洲怡生源记粉仔提货单（H1/41/27）………………………………………… 355
28. 咸丰五年长洲怡生源记茶油提货单（H1/41/28）………………………………………… 356

29. 咸丰五年长洲怡生源记出具给泵兄、英国谷姓商人的啤酒提货单（H1/41/29）……357
30. 咸丰六年长洲怡生源记木油等物品提货单（H1/41/30）……358
31. 咸丰六年长洲怡生源记粉仔等食物的提货单（H1/41/31）……359
32. 咸丰六年长洲怡生源记木油提货单（H1/41/32）……360
33. 咸丰六年长洲怡生源记火腿提货单（H1/41/33）……361
34. 咸丰六年长洲怡生源记生油提货单（H1/41/34）……362
35. 咸丰六年长洲怡生源记洋葱等食物的提货单（H1/41/35）……363
36. 咸丰六年长洲怡生源记洋烛、茶叶提货单（H1/41/36）……364
37. 咸丰六年长洲怡生源记火腿、茶油提货单（H1/41/37）……365
38. 咸丰六年长洲怡生源记火腿提货单（H1/41/38）……366
39. 咸丰六年长洲怡生源记茶油提货单（H1/41/39）……367
40. 咸丰六年长洲怡生源记啤酒提货单（H1/41/40）……368
41. 咸丰六年长洲怡生源记收到英国谷姓商人五十桶面粉的收据（H1/41/41）……369
42. 咸丰六年长洲怡生源记茶油提货单（H1/41/42）……370
43. 咸丰六年长洲怡生源记茶油提货单（H1/41/43）……371
44. 咸丰六年长洲怡生源记冰水、粉仔的提货单（H1/41/44）……372
45. 长洲怡生源记谷物货单收据（日期不详）（H1/41/45）……373

四二、三柱书信及单据……374

1. 咸丰五年三柱书信（H1/42/01）……374
2. 英国谷姓商人数计（日期不详）（H1/42/2）……375

四三、咸丰五年至六年金和合记收据……376

1. 咸丰五年金和合记收到天泰号定制樟梌桶的订金收据（H1/43/01）……376
2. 咸丰五年金和合号许逊荣收到天泰号货银收据（H1/43/02）……377
3. 咸丰五年金和合号收到天泰号货银收据（H1/43/03）……378
4. 咸丰五年金和合宝馆陈伯玩收到美士喝公司货银收据（H1/43/04）……379
5. 咸丰六年金和合号收到美士喝公司三笔货银的收据（H1/43/05）……380

四四、咸丰五年亚泰致英国谷姓商人信函（H1/44）……381
四五、咸丰五年中国买办文收到英国谷姓商人偿还债务银收据（H1/45）……382

四六、咸丰五年协成向外商高丕士贷款的盖章单据（H1/46） ········· 383

四七、咸丰六年黄浦（黄埔）新昌店系列货单 ········· 384

    1. 咸丰六年黄浦新昌店白麻绳货单（H1/47/01） ········· 384

    2. 咸丰六年新昌店大麻收据（H1/47/02） ········· 385

    3. 咸丰六年新昌店棕绳收据（H1/47/03） ········· 386

    4. 咸丰六年新昌店咸头、棕衣收据（H1/47/04） ········· 387

四八、道光十八年罗谦泰向渣顿贷款的协议（H1/48） ········· 388

四九、十三行行商借款单据 ········· 389

    1. 嘉庆十九年十三行行商的借款记录（H1/49/01） ········· 389

    2. 嘉庆十九年英国商人向十三行行商潘水官等讨债的信函（H1/49/02） ········· 390

    3. 嘉庆十九年关成发等行商致外商罗白、悲臣的信函（H1/49/03） ········· 391

    4. 嘉庆十九年丽泉行等四个商行的行商名单（H1/49/04） ········· 393

    5. 道光七年福隆行等的借款记录（英文）（H1/49/05） ········· 394

    6. 道光十二年同孚行等九家商行向英商渣典借款的合约（H1/49/06） ········· 395

    7. 道光十五年Kingqua的借款记录（英文）（H1/49/07） ········· 396

    8. 六月二十八日梁承禧等十位行商的签名（年份不详）（H1/49/08） ········· 397

下　册

五〇、约道光八年李结坤贩运鸦片书信及鸦片清单 ········· 401

    1. 约道光八年李结坤贩运鸦片书信（H1/50/01） ········· 401

    2. 约道光八年白头行占时治贩运鸦片的清单（H1/50/02） ········· 403

    3. 约道光八年李结坤贩运鸦片的清单（H1/50/03） ········· 404

五一、道光十七年李船主相关书信 ········· 405

    1. 道光十七年李船主、老先生锦兄通报清军稽查鸦片的书信（H1/51/01） ········· 405

    2. 道光十七年亚丛、平伯、亚朕致李船主的书信（H1/51/02） ········· 407

五二、道光二十九年广州丝绸行会《锦联堂公启》（H1/52） ········· 409

五三、咸丰四年收支账目（H1/53） ········· 411

五四、咸丰七年怡泰茶庄黄沛章与查碛公司签订的借约（H1/54） ········· 414

五五、咸丰八年裕生行与渣甸关于存货品质的契约（H1/55） ……… 416

五六、咸丰九年亚宁致渣甸的信函（H1/56） ……… 418

五七、怡和洋行与福建茶商相关信函 ……… 420

  1. 约咸丰五年茶叶买办阿禧致茶师叻件的信函（H1/57/1） ……… 420

  2. 约咸丰五年茶叶买办阿禧向渣甸通报福州茶叶生意的书信（H1/57/2） ……… 422

  3. 约咸丰五年茶叶买办阿禧向渣甸通报福州形势的书信（H1/57/3） ……… 425

  4. 约咸丰五年茶叶买办阿熙向渣甸通报在福州采购新茶的书信（H1/57/4） ……… 427

  5. 四月三十日茶商吴炳垣致栋臣及叻件茶师的书信（年份不详）（H1/57/5） ……… 429

  6. 约咸丰五年福建茶商吴炳垣致栋臣及叻件茶师的书信（H1/57/6） ……… 433

  7. 咸丰十年福建茶帮公告（H1/57/7） ……… 435

五八、咸丰十年茶叶买办鲍廉"欠单" ……… 437

  1. 咸丰十年鲍廉"欠单"（H1/58/1） ……… 437

  2. 咸丰十年鲍廉"欠单"信封（H1/58/2） ……… 439

五九、咸丰十年亚光给渣颠公司的收据（H1/59） ……… 440

六〇、咸丰十一年万济堂收单（H1/60） ……… 441

六一、咸丰十一年《选录船头夜冷纸》（H1/61） ……… 442

六二、香港祺记宝行单据 ……… 444

  1. 同治元年卢大昌写给祺记宝行订单的收据（H1/62/01） ……… 444

  2. 同治元年香港陆万顺盛冰窖给祺记宝行的发票（H1/62/02） ……… 445

  3. 同治元年香港陆万顺盛冰窖给祺记宝行的发票（H1/62/03） ……… 446

  4. 同治二年香港成号瑞记付给祺记宝号的丝绸订单收据（H1/62/04） ……… 447

  5. 同治二年香港成号瑞记付给祺记宝号的订单收据（H1/62/05） ……… 448

  6. 同治二年香港万丰洋货店付给祺记洋行的发票（H1/62/06） ……… 449

  7. 香港"祺记书柬"（日期不详）（H1/62/07） ……… 450

六三、同治元年香港协记洋货店单据（H1/63） ……… 451

六四、日本单据 ……… 452

  1. 同治元年订购柴火的收据（H1/64/1） ……… 452

  2. 同治元年日本订购火油的收据（H1/64/2） ……… 453

  3. 八月日本订购火油的收据（年份不详）（H1/64/3） ………………………………… 454

  4. 同治四年货物收据（H1/64/4） …………………………………………………………… 455

六五、同治二年谦信付给渣甸公司的收单（H1/65） ……………………………………………… 456

六六、同治四年买办收据（H1/66） ………………………………………………………………… 457

六七、同治五年同昌收据（H1/67） ………………………………………………………………… 458

六八、同治七年振泰聪记收据（H1/68） …………………………………………………………… 459

六九、同治八年黎辉记翻修美国旧战船的契约（H1/69） ………………………………………… 460

七〇、同治十二年怡和洋行唐景星与香港轮船主遮吸臣签订的航运保险单（H1/70） ……… 462

七一、同治十三年山东烟台同升泰的欠单（H1/71） ……………………………………………… 463

七二、光绪元年李节写给布理顿的股份收单（H1/72） …………………………………………… 464

七三、光绪四年张子勋查验渣甸行"云尔士"的船运清单（H1/73） …………………………… 465

七四、光绪四年权记渔网发货单（H1/74） ………………………………………………………… 468

七五、光绪五年香港怡记鱿鱼收据（H1/75） ……………………………………………………… 469

七六、光绪六年至七年信宜公司收据 ………………………………………………………………… 470

  1. 光绪六年新广安维记给信宜公司的收据（H1/76/1） ………………………………… 470

  2. 光绪六年永昌生致信宜公司的信函（H1/76/2） ……………………………………… 471

  3. 光绪六年香港和栈号给信宜公司的收据（H1/76/3） ………………………………… 472

  4. 光绪六年香港公源给信宜公司的收据（H1/76/4） …………………………………… 473

  5. 光绪六年义生栈给信宜公司的收据（H1/76/5） ……………………………………… 474

  6. 光绪六年香港永祥盛给信宜公司的收据（H1/76/6） ………………………………… 475

  7. 光绪六年香港维盛给信宜公司的收据（H1/76/7） …………………………………… 476

  8. 光绪七年新锦安恒记给信宜公司的收据（H1/76/8） ………………………………… 477

  9. 光绪七年澳门马阁信宜栈致孖治臣行机士域大班的账单（H1/76/9） ……………… 478

  10. 光绪七年信宜公司陶海谦寄给麦忌尤架的开支账单（H1/76/10） ………………… 479

  11. 光绪七年福昌荣号给香港信宜公司的收据（H1/76/11） …………………………… 480

七七、光绪八年宝裕行邱焕彩给义和公司的收据（H1/77） ……………………………………… 481

七八、光绪十一年潮邦公致怡和宝行的信和电报 …………………………………………………… 482

  1. 光绪十一年潮邦公向怡和宝行索赔的信（H1/78/1） ………………………………… 482

2. 光绪十一年致潮义公的电报（H1/78/2） 483

七九、光绪十年谢孟桂告禀怡和大东翁米司格斯惠（H1/79） 484

八〇、十月十三日昌顺致外商孝仁的信函（年份不详）（H1/80） 487

八一、三月十三日香港曹能铁匠铺订单（年份不详）（H1/81） 489

八二、义和行装修合同（日期不详）（H1/82） 490

八三、义和行装修合同附录（日期不详）（H1/83） 491

八四、外国船员名单（日期不详）（H1/84） 492

八五、佛山华丰号文房店广告（日期不详）（H1/85） 494

八六、买办又隆致英国商人渣顿大班的信函 495

　　1. 正月初九日买办又隆为渣顿大班寻找栈房的信函（年份不详）（H1/86/1） 495

　　2. 五月十二日买办又隆致英国商人渣颠的信函（年份不详）（H1/86/2） 496

　　3. 买办又隆致英国商人渣颠的信函（日期不详）（H1/86/3） 497

　　4. 买办又隆致英国商人查顿的信函（日期不详）（H1/86/4） 498

八七、新昌单据（日期不详） 499

　　1. 轩利致新昌先生要求发货的单据（H1/87/1） 499

　　2. 痕子致新昌先生要求发货的单据（H1/87/2） 500

八八、九月二十一日石艇致烟地吉宝行的收据（年份不详）（H1/88） 501

八九、金星门唪唎船鸦片拍卖广告（日期不详）（H1/89） 502

九〇、鸦片提货单据（日期不详）（H1/90） 503

九一、安记单据（年份不详） 504

　　1. 三月十三日安记致痕谷的牛油订单（H1/91/1） 504

　　2. 四月十六日安记致痕谷的牛油订单（H1/91/2） 505

　　3. 六月二十五日安记致痕谷的饼干订单（H1/91/3） 506

　　4. 七月十五日安记致痕谷的牛油订单（H1/91/4） 507

　　5. 六月初九日安记致痕谷的牛油订单（H1/91/5） 508

　　6. 十二月初七日安记致急顿记列的杂货账单（H1/91/6） 509

九二、十一月初五日兴盛利、广发裕致澳顺宝船的索赔单据（年份不详）（H1/92） 510

九三、厦门亚配舍丝绸营销单据（日期不详）（H1/93） 511

九四、萃和祥毛重单（日期不详）（H1/94） ········· 512

九五、亚中致渣甸的信函（年份不详） ········· 513
    1. 六月十九日亚中致渣甸的信函（H1/95/1） ········· 513
    2. 九月二十三日亚中致渣甸的信函（H1/95/2） ········· 515

九六、黄埔买办弗即的单据 ········· 517
    1. 二月初三日黄埔买办弗即的茶油收据（年份不详）（H1/96/1） ········· 517
    2. 三月十一日黄埔买办弗即的啤酒提货单（年份不详）（H1/96/2） ········· 518
    3. 约道光十七年黄埔买办弗即的苏打粉收据（H1/96/3） ········· 519
    4. 六月二十五日黄埔买办弗即的提货单（年份不详）（H1/96/4） ········· 520
    5. 六月二十九日黄埔买办弗即的提货单（年份不详）（H1/96/5） ········· 521
    6. 十一月初二日黄埔买办弗即关于咸牛肉的提货单（年份不详）（H1/96/6） ········· 522
    7. 十一月十九日黄埔买办弗即的提货单（年份不详）（H1/96/7） ········· 523

九七、八月香港福泰号致谦吉宝号的收据（年份不详）（H1/97） ········· 524

九八、省港和合号致渣甸行买办的信函（日期不详）（H1/98） ········· 525

九九、二月十四日广长泰付渣甸宝行的收据（年份不详）（H1/99） ········· 526

一〇〇、九月初四日澳门新步头广盛隆收据（年份不详）（H1/100） ········· 527

一〇一、四月十三日香港广兴致福茂隆大宝行的信函（年份不详）（H1/101） ········· 528

一〇二、高利治公司收据（年份不详） ········· 529
    1. 二月初二日高利治公司收据（H1/102/1） ········· 529
    2. 二月初九日香港药馆收据（H1/102/2） ········· 530

一〇三、沙梨文船长致广成宝号的信函（年份不详） ········· 531
    1. 三月二十二日沙梨文船长致广成宝号的信函（H1/103/1） ········· 531
    2. 三月二十五日广珍源记信函（H1/103/2） ········· 533

一〇四、九月初五日建昌办馆收据（年份不详）（H1/104） ········· 534

一〇五、元月初八日松盛号杨锦樑收单（年份不详）（H1/105） ········· 535

一〇六、八月十二日香港利贞号单据（年份不详）（H1/106） ········· 536

一〇七、十二月初一日联昌单据（年份不详）（H1/107） ········· 537

一〇八、九月初六日京戬与万益的茶叶贸易单据（年份不详）（H1/108） ········· 538

一〇九、七月初七日荣昌盛与源生贸易单据（年份不详）（H1/109） ……………… 539

一一〇、四月二十八日香港三和号与成记大宝号的贸易单据（年份不详）（H1/110） …… 540

一一一、六月初五日香港泰顺店与德合大宝号的贸易单据（年份不详）（H1/111） ……… 541

一一二、七月初三日泰隆与占谷船的贸易单据（年份不详）（H1/112） ……………… 542

一一三、九月初九日同茂与班市佛师头的贸易单据（年份不详）（H1/113） …………… 543

一一四、八月初九日同盛与渣颠大买办的贸易单据（年份不详）（H1/114） …………… 544

一一五、二月二十九日西盛与霸列度的贸易单据（年份不详）（H1/115） ……………… 545

一一六、十月初五日兴和馆与英国谷姓商人的贸易单据（年份不详）（H1/116） ……… 546

一一七、六月初七日益记贸易单据（年份不详）（H1/117） …………………………… 547

一一八、五月二十七日怡兴号与怡和宝行的贸易单据（年份不详）（H1/118） ………… 548

一一九、香港溢隆兴记贸易单据（年份不详） ……………………………………………… 549

    1. 七月香港溢隆兴记与谦吉大宝号关于布料的贸易单据（H1/119/1） ………… 549

    2. 八月香港溢隆兴记与谦吉大宝号关于布料的贸易单据（H1/119/2） ………… 550

一二〇、正月十三日香港远芳斋与高路云大状师的贸易单据（年份不详）（H1/120） …… 551

一二一、五月十七日香港源广和发货单（年份不详）（H1/121） ……………………… 552

一二二、五月十七日香港湾仔远利号发货单（年份不详）（H1/122） ………………… 553

一二三、同治十一年香港报纸关于保险的广告（H1/123） ……………………………… 554

一二四、贞侯系列单据 …………………………………………………………………… 555

    1. 光绪三十三年凤池付贞侯的单据（H1/124/1） ………………………………… 555

    2. 光绪三十三年荣佳付祯侯的单据（H1/124/2） ………………………………… 556

    3. 光绪三十三年凤池付贞侯的单据（H1/124/3） ………………………………… 557

    4. 七月十九日单据（年份不详）（H1/124/4） …………………………………… 558

    5. 顺利给贞侯的单据（日期不详）（H1/124/5） ………………………………… 559

一二五、二月十三日香港中环忠信铜铁号单据（年份不详）（H1/125） ……………… 560

一二六、怡和洋行相关信函（日期不详） ………………………………………………… 561

    1. 溪镇郭和记致树攀信函（H1/126/1） …………………………………………… 561

    2. 汉口益丰信函（H1/126/2） ……………………………………………………… 562

    3. 某人信函（H1/126/3） …………………………………………………………… 563

一二七、四月十八日周胜收到孖地臣款项的单据（年份不详）（H1/127） …… 564

一二八、维盛等五家商号的交易清单（日期不详）（H1/128） …… 565

一二九、藤器店收支清单（日期不详）（H1/129） …… 566

一三〇、南昌店大柑提货单（日期不详）（H1/130） …… 567

一三一、正月初三日打伦行收据（年份不详）（H1/131） …… 568

一三二、大米报价单（日期不详）（H1/132/1–11） …… 569

一三三、腊月二十日徐发茂致五十家宝栈的《知单》（年份不详）（H1/133） …… 576

一三四、出口茶叶清单（日期不详）（H1/134） …… 579

一三五、约道光六年巴斯商人信函 …… 582

  1. 约道光六年巴斯商人信函（H1/135/1） …… 582

  2. 约道光六年巴斯商人信封（H1/135/2） …… 584

一三六、寄给英国商人渣甸的信封（日期不详）（H1/136） …… 585

一三七、民国三年香港先施公司广告（H1/137） …… 586

第二章　法律文件 …… 587

一、乾隆、道光年间回澜桥房屋买卖契约 …… 589

  1. 乾隆三十一年温紫光回澜桥房产售予蔡德远立的卖契（H2/1/1） …… 589

  2. 乾隆三十二年蔡德远购买回澜桥房产的契尾（H2/1/2） …… 591

  3. 乾隆三十二年蔡德远购买回澜桥房产的卖主推照（H2/1/3） …… 593

  4. 乾隆三十一年蔡德远购买回澜桥房产的税契（H2/1/4） …… 594

  5. 乾隆四十一年蔡家回澜桥房产售予潘宅的卖契（H2/1/5） …… 595

  6. 乾隆四十一年潘宅购买回澜桥房产的契尾（H2/1/6） …… 597

  7. 乾隆四十一年潘宅购买回澜桥房产的卖主推照（H2/1/7） …… 599

  8. 乾隆四十一年潘宅购买回澜桥房产的税契（H2/1/8） …… 600

  9. 乾隆四十一年潘宅购买回澜桥房产的税契副本（H2/1/9） …… 601

  10. 约道光五年回澜桥潘培春堂房产的说明（H2/1/10） …… 602

  11. 道光五年回澜桥潘培春堂房产售予东生行所立的定帖（H2/1/11） …… 604

  12. 道光五年回澜桥潘培春堂房产售予东生行所立的卖契（H2/1/12） …… 606

13. 道光六年东生行购买回澜桥房产的契尾（H2/1/13）……608
14. 道光六年东生行购买回澜桥房产的卖主推照（H2/1/14）……610
15. 道光六年东生行购买回澜桥房产的税契（H2/1/15）……611
16. 道光五年潘培春堂售卖回澜桥房产的说明（H2/1/16）……612
17. 道光六年官方催促东生行交税饷银的文书（H2/1/17）……613

二、乾隆至咸丰年间福建闽县观音街房屋买卖契约……614
  1. 乾隆四十五年何素云、何素海售地的卖契（H2/2/1）……614
  2. 乾隆五十九年郑起元兄弟四人售地的卖契（H2/2/2）……616
  3. 嘉庆十一年林尔秀、林厚松典当房屋的典契（H2/2/3）……618
  4. 道光二十六年杜文澜、杜文森房产转让契约（H2/2/4）……620
  5. 道光三十年杜文澜、杜文森房产转让契约（H2/2/5）……622
  6. 咸丰三年陈茂茂房产契约（H2/2/6）……624
  7. 咸丰三年杜文森房产契约（H2/2/7）……626
  8. 咸丰五年杜文森房产契约（H2/2/8）……628
  9. 咸丰五年陈天然房产契约（H2/2/9）……630

三、道光年间东生行房屋买卖契约……631
  1. 道光七年东生行房屋买卖契单（H2/3/1）……631
  2. 道光七年东生行房屋买卖契单说明（H2/3/2）……632
  3. 道光十二年东生行出租义和馆契约（H2/3/3）……633
  4. 道光十二年东生行出租义和馆契约副本（H2/3/4）……635

四、咸丰年间曾春信房屋买卖契约……637
  1. 咸丰三年曾春信房屋买卖契约（H2/4/1）……637
  2. 咸丰七年曾春信房屋买卖契约（H2/4/2）……638

五、咸丰四年英国商人孖地臣交来晋元馆租银的收据（H2/5）……640

六、同治四年台湾淡水邱氏兄弟出租土地契约……644
  1. 同治四年台湾淡水邱氏兄弟出租土地契约（H2/6/1）……644
  2. 同治四年台湾淡水邱氏兄弟出租土地契约（H2/6/2）……646

第三章　海关文件 ... 649

一、咸丰二年虎门验单 ... 651
1. 咸丰二年粤海关发给美国晏庇地船长虎门验单（H3/1/1）... 651
2. 咸丰二年粤海关发给美国晏庇地船长虎门报单（H3/1/2）... 652

二、咸丰八年黄冈口出口关票 ... 653
1. 咸丰八年粤海关黄冈口出口关票（H3/2/1）... 653
2. 咸丰八年粤海关黄冈口出口关票（H3/2/2）... 654

三、咸丰八年至九年北炮台口出口关票 ... 655
1. 咸丰八年粤海关北炮台口出口关票（H3/3/1）... 655
2. 咸丰八年粤海关北炮台口出口关票（H3/3/2）... 656
3. 咸丰八年粤海关北炮台口出口关票（H3/3/3）... 657
4. 咸丰八年粤海关北炮台口出口关票（H3/3/4）... 658
5. 咸丰八年粤海关北炮台口出口关票（H3/3/5）... 659
6. 咸丰九年粤海关北炮台口出口关票（H3/3/6）... 660
7. 咸丰九年粤海关北炮台口出口关票（H3/3/7）... 661
8. 咸丰九年粤海关北炮台口出口关票（H3/3/8）... 662

四、咸丰八年东陇口出口关票 ... 663
1. 咸丰八年粤海关东陇口出口关票（H3/4/1）... 663
2. 咸丰八年粤海关东陇口出口关票（H3/4/2）... 664

五、咸丰八年江南海关照验税单 ... 665
1. 咸丰八年江南海关照验税单（H3/5/1）... 665
2. 咸丰八年江南海关完纳税钞红单（H3/5/2）... 666

六、同治四年粤海关免钞专照（H3/6）... 667

第四章　钱庄票据 ... 669

一、约光绪三年众商曹平公估账单 ... 671
1. 白银二千五百八十四两七分账单（H4/1/1）... 671
2. 白银二千五百九十五两二十九分账单（H4/1/2）... 672

3. 白银三千四百四十九两账单（H4/1/3） ……… 673

　　4. 白银二千五百六十三两四钱四分账单（H4/1/4） ……… 674

　　5. 白银二千九百一十六两四钱二分账单（H4/1/5） ……… 675

　　6. 白银三千四百五十八两六钱二分账单（H4/1/6） ……… 676

　　7. 白银三千二百七十五两三钱账单（H4/1/7） ……… 677

　　8. 白银三千二百八十三两二钱八分账单（H4/1/8） ……… 678

　　9. 白银三千二百八十三两五钱七分账单（H4/1/9） ……… 679

二、光绪三年怡和汇票簿 ……… 680

　　1. 公和邵大全揭票（H4/2/1） ……… 680

　　2. 嵩县陈维贞揭票（H4/2/2） ……… 680

　　3. 阜阳洪字联票（H4/2/3） ……… 680

　　4. 后港桥元字联票（H4/2/4） ……… 681

　　5. 无锡地字联票（H4/2/5） ……… 681

　　6. 溧阳黄字联票（H4/2/6） ……… 681

第五章　官方文件 ……… 683

一、道光十年查典因茂生行迟未代办出洋红牌事呈粤海关监督禀帖（H5/1） ……… 685

二、道光二十三年"香港首席裁判官"告示（H5/2） ……… 687

三、道光二十八年丹麦驻广州领事通行证明一式两份（H5/3/1-2） ……… 688

四、咸丰三年福建茶叶贸易谕令 ……… 689

　　1. 咸丰三年福州闽县茶叶贸易谕令（H5/4/1） ……… 689

　　2. 咸丰三年福州闽县茶叶贸易谕令抄录（H5/4/2） ……… 691

　　3. 咸丰三年福州闽县茶叶贸易谕令抄录（H5/4/3） ……… 692

五、咸丰二年潮州商户因重开哈板湾至汕头贸易事致英国领事公函（H5/5） ……… 693

六、咸丰五年上海道台新旧银元兑换告示（H5/6） ……… 695

七、咸丰八年至九年两广总督谕令 ……… 697

　　1. 咸丰八年两广总督致伍崇曜谕令（H5/7/1） ……… 697

　　2. 咸丰九年两广总督讨剿土匪告示（H5/7/2） ……… 698

八、咸丰九年军需局告示（H5/8） ……………………………………………………………… 699

九、咸丰九年福建泉永海防兵备道禁令（H5/9） …………………………………………… 702

一〇、咸丰九年福建泉州府准许渣颠售卖鸦片谕令（H5/10） …………………………… 704

一一、咸丰九年督理厦门海关官员给英国领事的照会（H5/11） ………………………… 705

一二、咸丰十年福建陵水海关官员严禁偷漏税饷、鸦片走私的告示（H5/12） ………… 708

一三、咸丰十年某海关官员发给运输鸦片船只信函（H5/13） …………………………… 709

一四、咸丰十一年宁波金顺兴等涉外讼案 ……………………………………………………… 712

  1. 咸丰十一年宁波金顺兴等涉外讼案甘结（H5/14/1） ………………………………… 712

  2. 咸丰十一年宁波金顺兴等的甘结（H5/14/2） ………………………………………… 714

一五、咸丰十一年淡水海关禁止鸦片走私谕令（H5/15） ………………………………… 716

一六、同治元年严禁私自制造军器谕令（H5/16/1-2） …………………………………… 718

一七、同治三年台湾海关照会副本（H5/17） ……………………………………………… 720

一八、同治六年隆顺行护照（H5/18） ……………………………………………………… 721

一九、同治七年装封两广总督印约信封（H5/19） ………………………………………… 723

二〇、同治七年严禁栽种罂粟谕旨副本（H5/20/1-2） …………………………………… 724

二一、光绪十年台湾军情汇报（H5/21/1-3） ……………………………………………… 726

二二、光绪十年台湾战事护票（H5/021/04-05） …………………………………………… 732

二三、麦士尼名片（日期不详）（H5/22） ………………………………………………… 735

二四、咸丰三年番禺南海新旧银元通用告示（H5/23） …………………………………… 736

第六章 其他文件 ……………………………………………………………………………… 739

一、信封12件（日期不详）（H6/001/01-12） ……………………………………………… 741

二、信封残片两件（日期不详）（H6/2/1-2） ……………………………………………… 751

三、咸丰二年收据便条（H6/3） ……………………………………………………………… 752

四、糖饷单（日期不详）（H6/4） …………………………………………………………… 753

五、鸦片名称便条（日期不详）（H6/5） …………………………………………………… 754

六、写有新元新叶对应银两的纸条三张（日期不详）（H6/6/1-3） ……………………… 755

七、纱线仓库单据（日期不详）（H6/7） …………………………………………………… 757

八、洗衣收据（日期不详）（H6/8） ……758

九、茶叶收据（日期不详）（H6/9） ……759

一〇、中文信件残片（日期不详）（H6/10） ……760

一一、五月十六日香港药房收据（年份不详）（H6/11） ……761

一二、中文信件残片（日期不详）（H6/12） ……762

一三、中文信件残片（日期不详）（H6/13） ……763

一四、中文谚语（日期不详）（H6/14） ……764

一五、送信要求便条（日期不详）（H6/15） ……765

一六、收支便条（日期不详）（H6/16） ……766

一七、收支便条（日期不详）（H6/17） ……767

一八、催促搬迁通知（日期不详）（H6/18） ……768

一九、购房通知（日期不详）（H6/19） ……769

二〇、拍卖货品记录（日期不详）（H6/20） ……770

二一、修整门窗收据（日期不详）（H6/21） ……771

二二、光绪十年电报文稿（H6/22） ……772

二三、工资单（日期不详）（H6/23） ……774

二四、收据（日期不详）（H6/24） ……775

二五、俞思益名片（日期不详）（H6/25） ……776

二六、广利源名片（日期不详）（H6/26） ……777

二七、茶叶收据（日期不详）（H6/27） ……778

二八、八月初三日船运货物清单（年份不详）（H6/28） ……779

二九、林钦的个人信息（日期不详）（H6/29） ……780

三〇、铁匠支出（日期不详）（H6/30） ……781

三一、灯饰支出（日期不详）（H6/31） ……782

三二、货运收据（日期不详）（H6/32） ……783

三三、不明收据（日期不详）（H6/33） ……784

三四、杂货店收据（日期不详）（H6/34） ……785

三五、餐具清单（日期不详）（H6/35） ……786

三六、否认担保外国商人船只事宜的声明（日期不详）（H6/36） ……………………………… 787

三七、闰五月初九日日历单页（年份不详）（H6/37） ……………………………………… 788

后　记 ………………………………………………………………………………………… 789

Chapter One

第一章

贸易单据

贸易单据时间涵盖1809—1914年，合计577件。包括英国商人和广州十三行诸多商行商人的契约、收据和其他商业票据，其中许多盖有印章，且许多文件上标注有描述其内容的英文注释。

一、西成行①印章单据

1. 嘉庆十八年西成行收到英国商人觅急货银收据（H1/01/01）

嘉庆十八年十二月二十六日（1814年1月17日），西成行收到英国商人觅急（Metcalfe）付给货银9693元收据，注明嘉庆十九年十二月二十六日（1815年2月4日）偿还。还附有信封一个和英文便条一张，信封背面和便条上有关于收据货银金额及还款日期的英文内容备忘。收据上盖有西成行印章两枚，印文"西成洋行图记"，其中一枚为骑缝章。

Chop to Mr. Metcalfe and memorandum. A memorandum in English regarding the receipt of the 'chop given up to Locqua dated 26th of 12th of 16th year［8 February 1812］' for $9693, including two years' interest, due for repayment on 26th of 12th of 18th (17 January 1814); a chop (in Chinese) from Locqua to Mr. Metcalfe for $9693, due for repayment on 26th of 12th of 19th year (4 February 1815); and a Chinese envelope with an English note about the chop on the back. 3 items. 1814

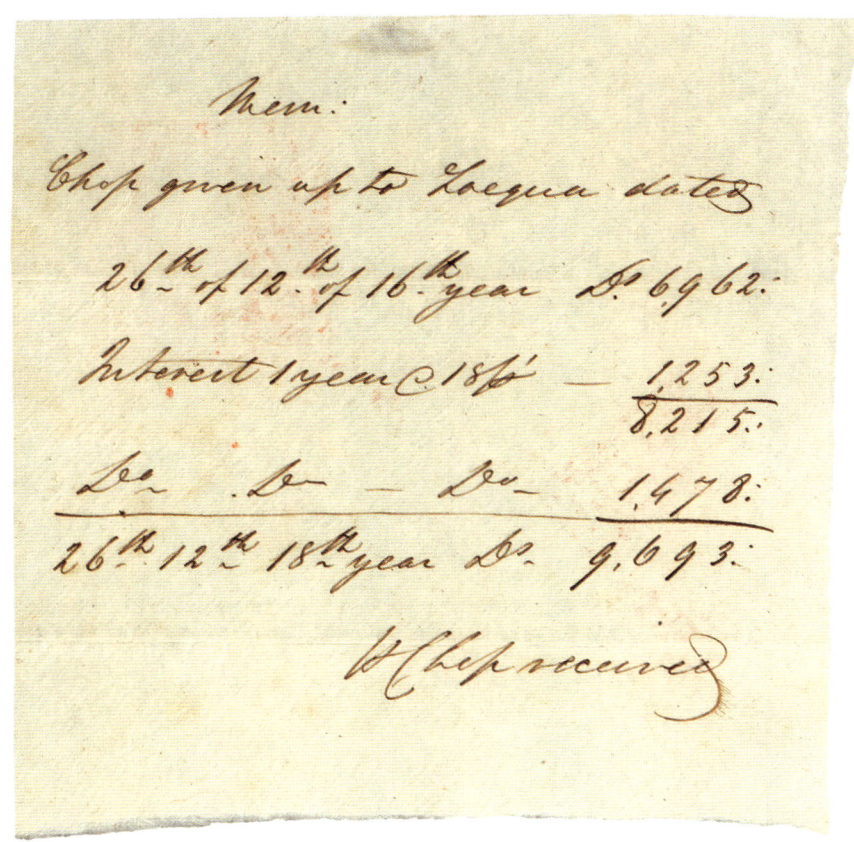

---

① 西成行：广州十三行之一，行商黎颜裕，商名六官（Loqua、Locqua、Lockqua、Exchin）；继任者黎光远，商名柏官（Pakqua）。嘉庆九年（1804）成立，道光八年（1828）倒闭。

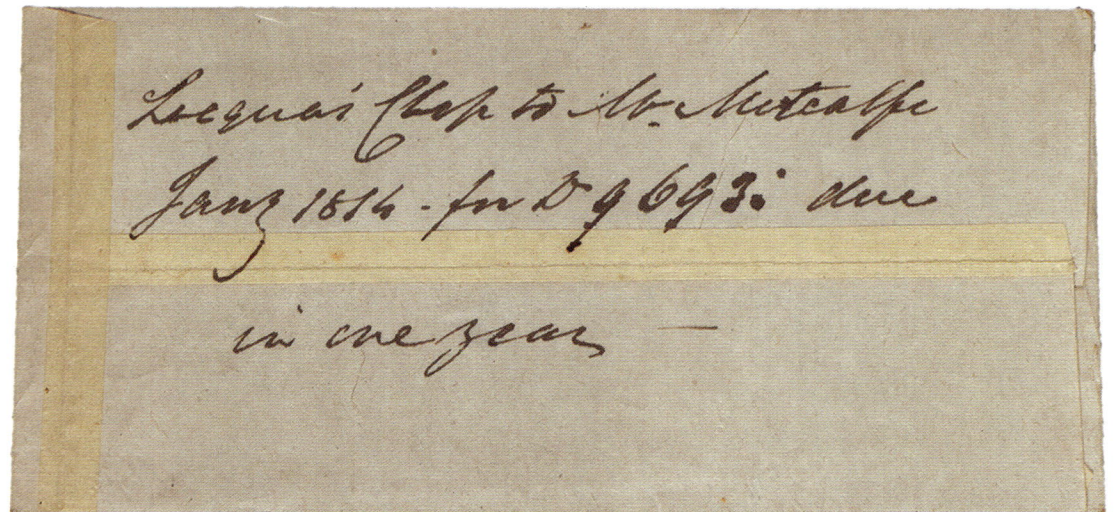

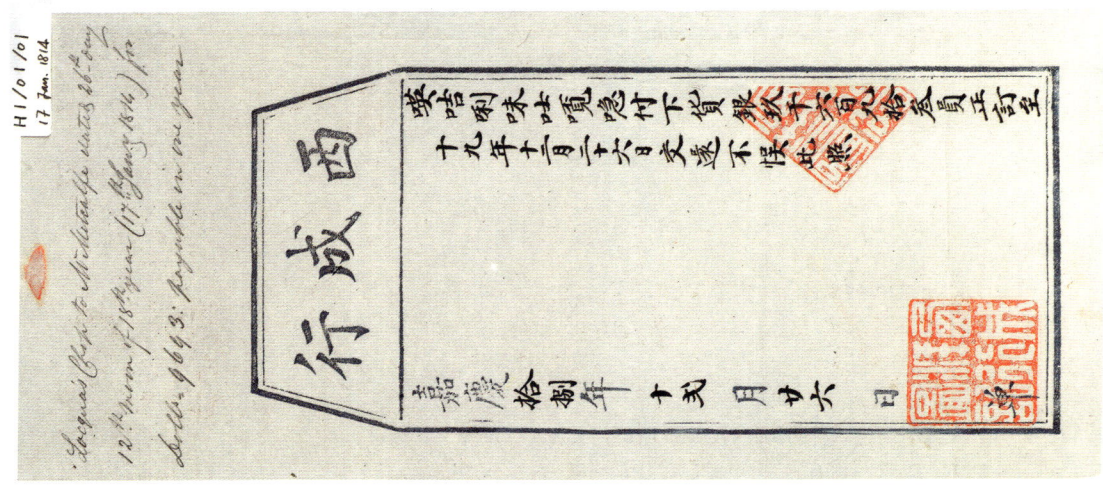

2. 嘉庆二十四年西成行^①收到英国商人渣治比令货银收据（H1/01/02）

嘉庆二十四年二月初八日（1819年3月3日），西成行收到英国商人渣治比令（G. Baring）21,134元货银收据，注明随时送还，不加利息。收据上盖有西成行印章两枚，印文"西成洋行图记"。

Receipt to G. Baring. A receipt from Exchin to G. Baring for 21,134 Tls, 14 March 1819②. 1 item. 1819

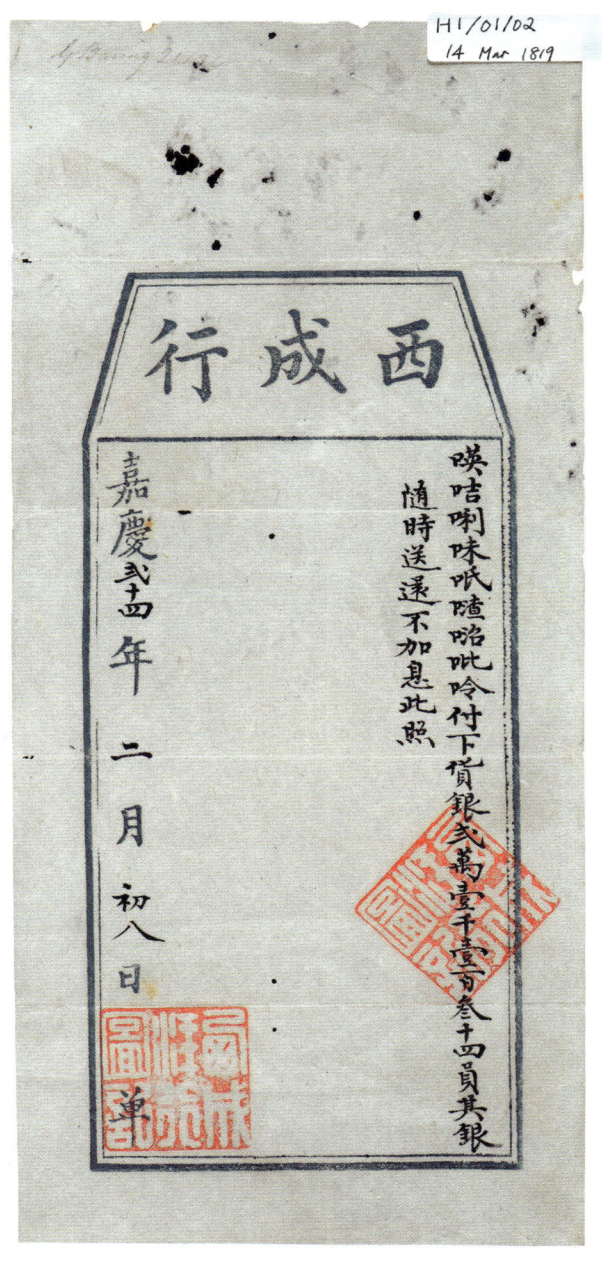

---

① 西成行：广州十三行之一，行商黎颜裕，商名六官（Loqua、Locqua、Lockqua、Exchin）；继任者黎光远，商名柏官（Pakqua）。嘉庆九年（1804）成立，道光八年（1828）倒闭。

② 勘误：英文提要日期为1819年3月14日（14 March 1819），按原中文文献"嘉庆弍十四年二月初八日"，应为1819年3月3日。

3. 嘉庆二十四年西成行①收到英国商人比令货银收据（H1/01/03）

嘉庆二十四年二月初八日（1819年3月3日），西成行收到英国商人比令（George Baring）242.35元货银收据，注明随时送还，不加利息。收据上盖有西成行印章两枚，印文"西成洋行图记"。另附有信封一个，背面写有英文的内容备忘。

Receipt to Baring & Co.. A receipt (in Chinese) from Exchin to Baring & Co. for the property of George Baring, 242.350 Tls, 14 March 1819②, with a Chinese envelope which includes an English note about the receipt on the back. 2 items. 1819

（正） （反）

---

① 西成行：广州十三行之一，行商黎颜裕，商名六官（Loqua、Locqua、Lockqua、Exchin）；继任者黎光远，商名柏官（Pakqua）。嘉庆九年（1804）成立，道光八年（1828）倒闭。

② 勘误：英文提要日期为1819年3月14日（14 March 1819），按原中文文献"嘉庆贰十四年二月初八日"，应为1819年3月3日。

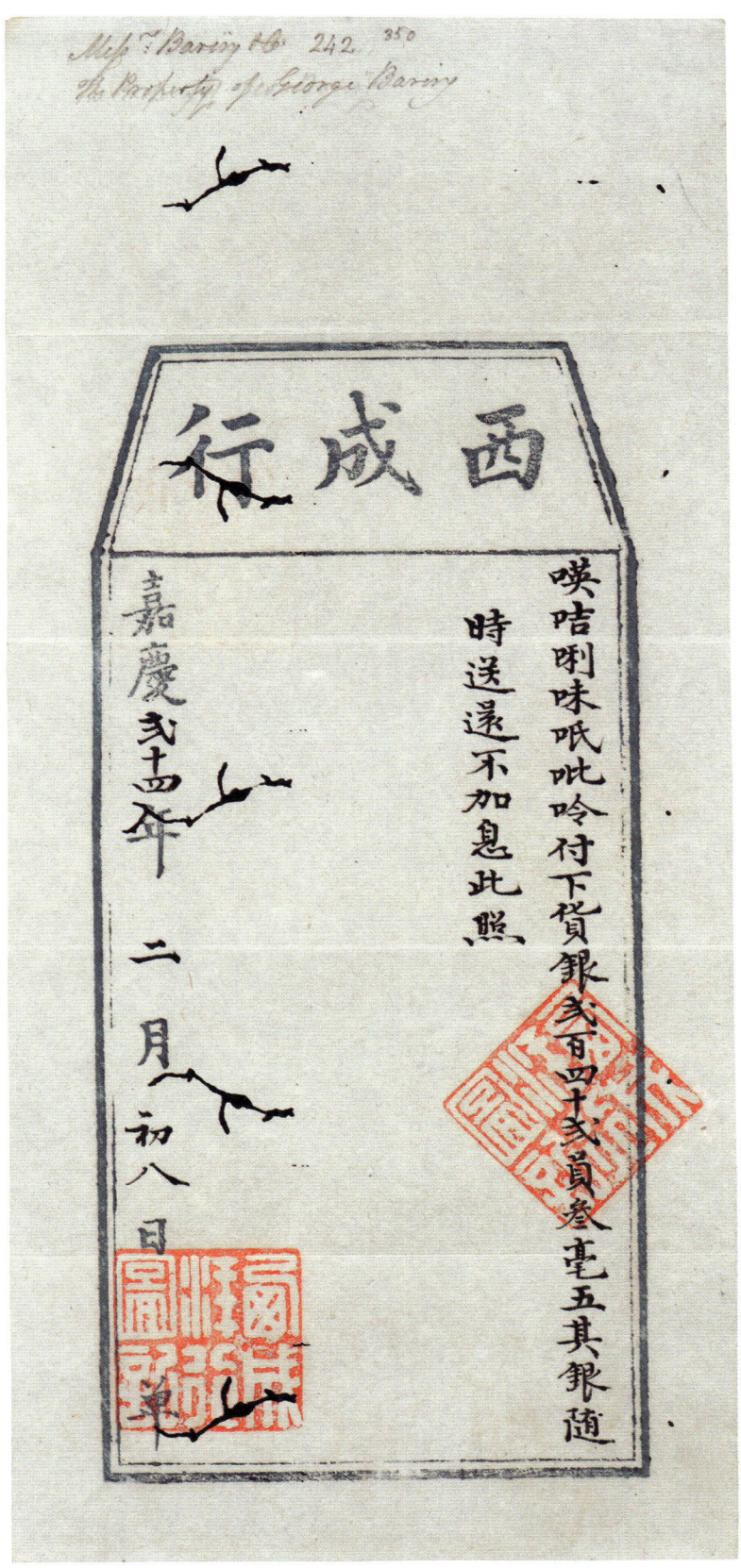

4. 嘉庆二十四年西成行①收到比列度②货银收据（H1/01/04）

嘉庆二十四年二月初八日（1819年3月3日），西成行收到比列度（Barretto）1825元货银收据，注明随时送还，不加利息。收据上盖有西成行印章两枚，印文"西成洋行图记"。附有信封一个，背面写有英文的内容备忘。

Receipt to Barretto & Co.. A receipt (in Chinese) from Exchin to Barretto & Co. for 1825 Tls, 14 March 1819③, with a Chinese envelope which includes an English note about the receipt on the back. 2 items. 1819

（正）

（反）

---

① 西成行：广州十三行之一，行商黎颜裕，商名六官（Loqua、Locqua、Lockqua、Exchin）；继任者黎光远，商名柏官（Pakqua）。嘉庆九年（1804）成立，道光八年（1828）倒闭。

② 比列度：Barretto，英文提要中为公司名 Barretto & co.。

③ 勘误：英文提要日期为1819年3月14日（14 March 1819），按原中文文献"嘉庆弍十四年二月初八日"，应为1819年3月3日。

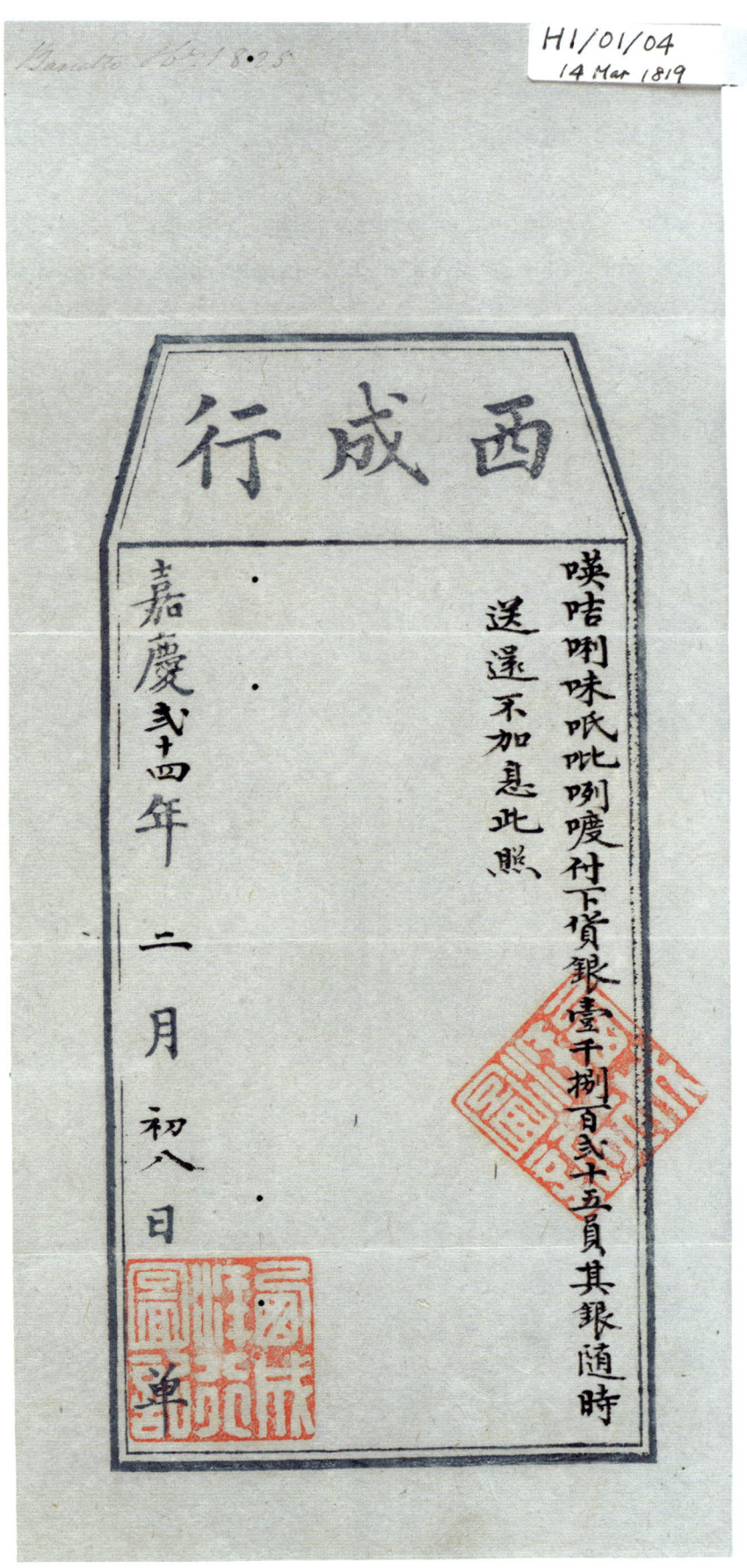

5. 嘉庆二十四年西成行[①]收到英国商人悲[②]货银收据（H1/01/05）

嘉庆二十四年二月初八日（1819年3月3日），西成行收到英国商人悲（Beale）23,845.25元货银收据，注明随时送还，不加利息。收据上盖有西成行印章两枚，印文"西成洋行图记"。附有信封一个，背面写有英文的内容备忘。

Receipt to Beale & Co.. A receipt (in Chinese) from Exchin to Beale & Co. for 23,845.25 Tls, excluding interest, 14 March 1819[③], with a Chinese envelope which includes an English note about the receipt on the back. 2 items. 1819

（正）　　　　　　　　　　　（反）

[①] 西成行：广州十三行之一，行商黎颜裕，商名六官（Loqua、Locqua、Lockqua、Exchin）；继任者黎光远，商名柏官（Pakqua）。嘉庆九年（1804）成立，道光八年（1828）倒闭。

[②] 悲：Beale，英文提要中为公司名 Beale & Co.。

[③] 勘误：英文提要日期为1819年3月14日（14 March 1819），按原中文文献"嘉庆弍十四年二月初八日"，应为1819年3月3日。

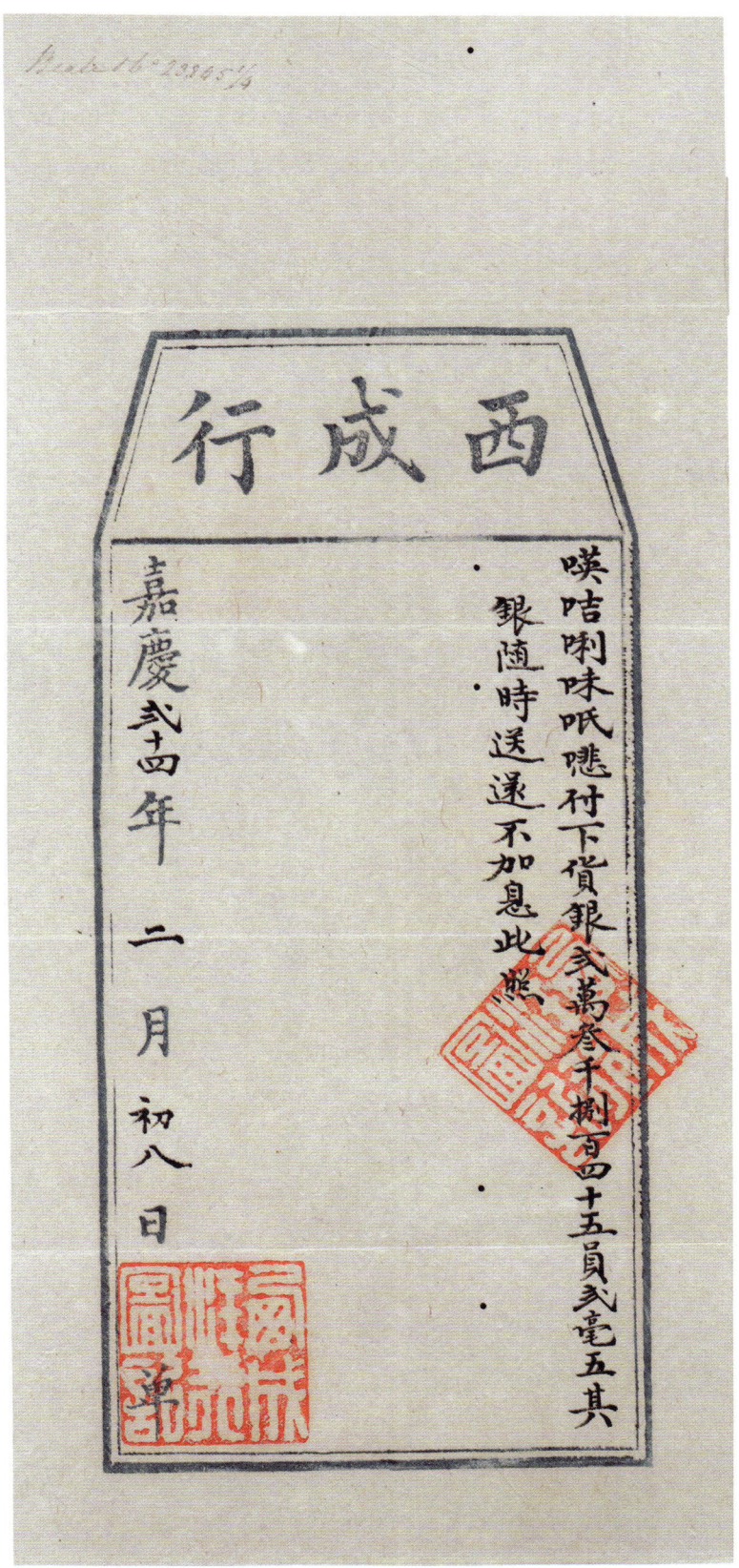

6. 嘉庆二十四年西成行①收到英国商人巴林臣②货银收据（H1/01/06）

嘉庆二十四年二月初八日（1819年3月3日），西成行收到英国商人巴林臣（W. Bramston）13,854.5元货银收据，注明随时送还，不加利息。收据上盖有西成行印章两枚，印文"西成洋行图记"。附有信封一个，背面写有英文的内容备忘。

Receipt to W. Bramston. A receipt (in Chinese) from Exchin to W. Bramston for 13,854.05③ Tls, 14 March 1819④, with a Chinese envelope which includes an English note about the receipt on the back. 2 items. 1819

（正）　　　　　　　　　　　（反）

---

① 西成行：广州十三行之一，行商黎颜裕，商名六官（Loqua、Locqua、Lockqua、Exchin）；继任者黎光远，商名柏官（Pakqua）。嘉庆九年（1804）成立，道光八年（1828）倒闭。
② 疑与H1/04/13中的罢林臣、H1/22/01中的罢冧臣（Bramston）为同一人。
③ 勘误：按原中文文献"壹万叁千捌百五十四员五毫"，应为13,854.500，信封背面文字可参。
④ 勘误：英文提要日期为1819年3月14日（14 March 1819），按原中文文献"嘉庆弍十四年二月初八日"，应为1819年3月3日。

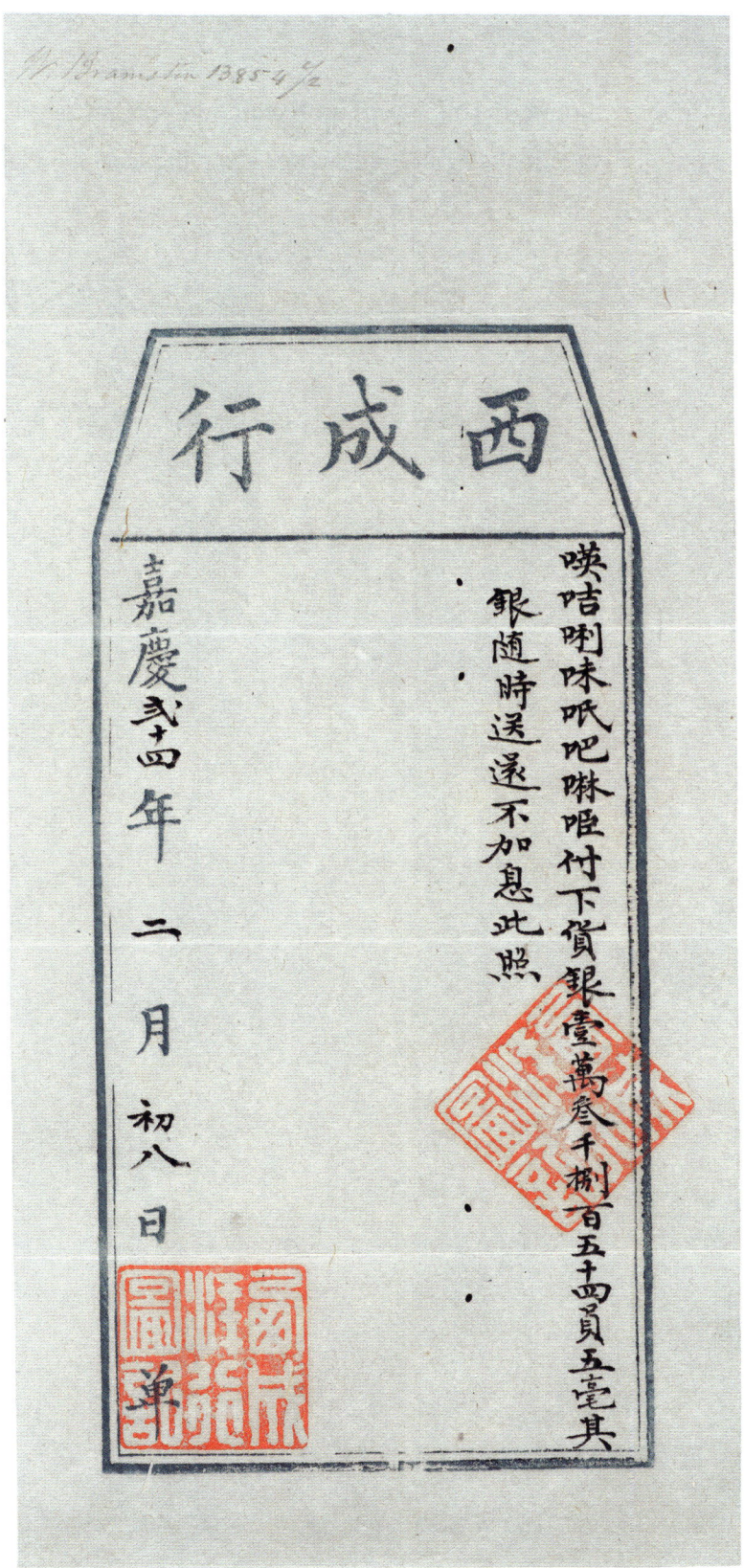

7. 嘉庆二十四年西成行①收到英国船主极力②货银收据（H1/01/07）

嘉庆二十四年二月初八日（1819年3月3日），西成行收到英国船主极力（Craig）3811元货银收据，注明随时送还，不加利息。收据上盖有西成行印章两枚，印文"西成洋行图记"。附有信封一个，背面写有英文的内容备忘。

Receipt to Captain Craig. A receipt (in Chinese) from Exchin to Captain Craig for 3811 Tls, 14 March 1819③, with a Chinese envelope which includes an English note about the receipt on the back. 2 items. 1819

（正） （反）

---

① 西成行：广州十三行之一，行商黎颜裕，商名六官（Loqua、Locqua、Lockqua、Exchin）；继任者黎光远，商名柏官（Pakqua）。嘉庆九年（1804）成立，道光八年（1828）倒闭。
② 疑与 H1/03/09 中的忌列为同一人。
③ 勘误：英文提要日期为1819年3月14日（14 March 1819），按原中文文献"嘉庆式十四年二月初八日"，应为1819年3月3日。

H1/01/07
14 Mar 1819

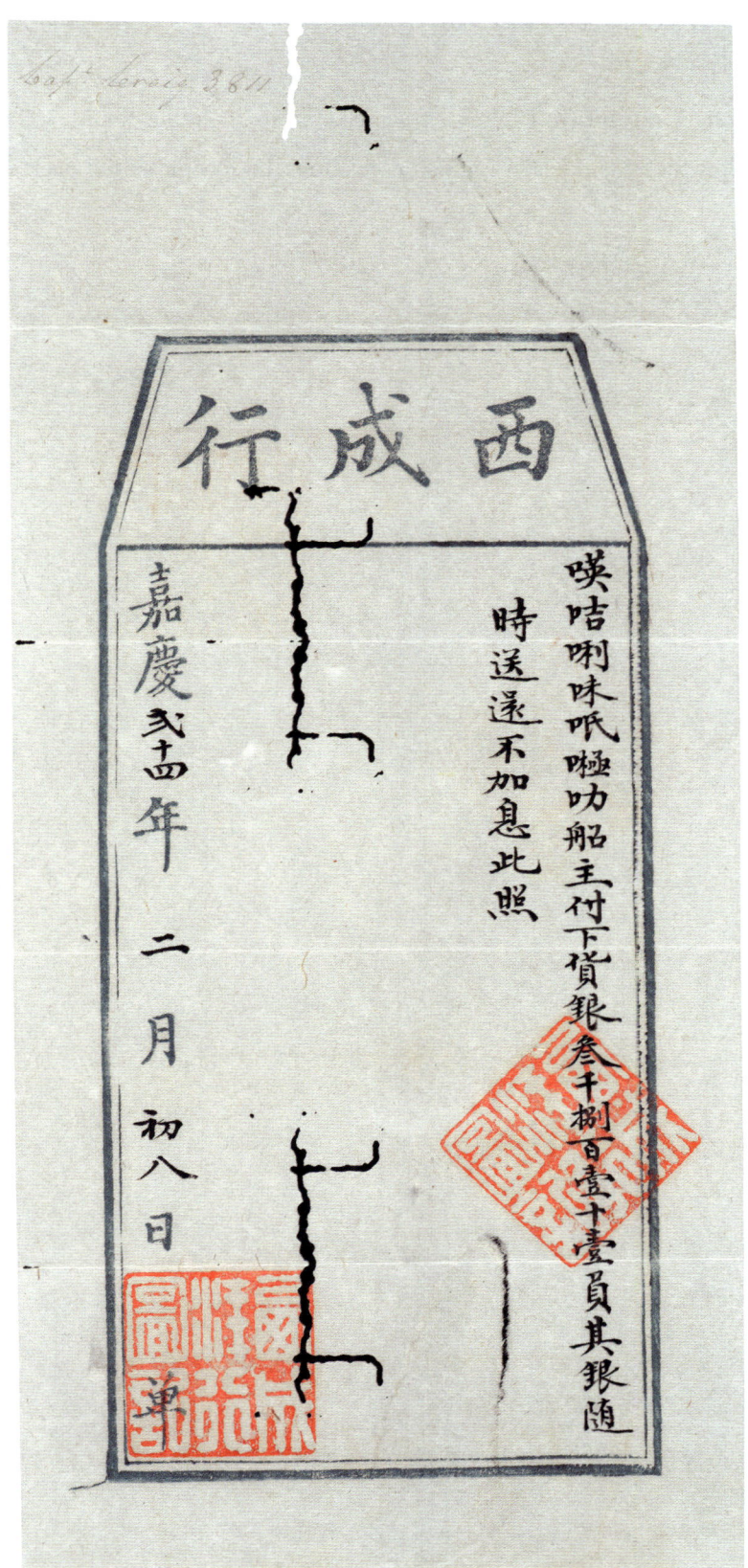

8. 嘉庆二十四年西成行① 收到英国商人吉顿② 货银收据（H1/01/08）

嘉庆二十四年二月初八日（1819年3月3日），西成行收到英国商人吉顿（J. Cotton）21,760元货银收据，注明随时送还，不加利息。收据上盖有西成行印章两枚，印文"西成洋行图记"。附有信封一个，背面写有英文的内容备忘。

Receipt to J. Cotton. A receipt (in Chinese) from Exchin to J. Cotton for 21,760 Tls, 14 March 1819③, with a Chinese envelope which includes an English note about the receipt on the back. 2 items. 1819

（正）

（反）

---

① 西成行：广州十三行之一，行商黎颜裕，商名六官（Loqua、Locqua、Lockqua、Exchin）；继任者黎光远，商名柏官（Pakqua）。嘉庆九年（1804）成立，道光八年（1828）倒闭。

② 疑与H1/01/24-26中的Joseph Cotton为同一人。

③ 勘误：英文提要日期为1819年3月14日（14 March 1819），按原中文文献"嘉庆式十四年二月初八日"，应为1819年3月3日。

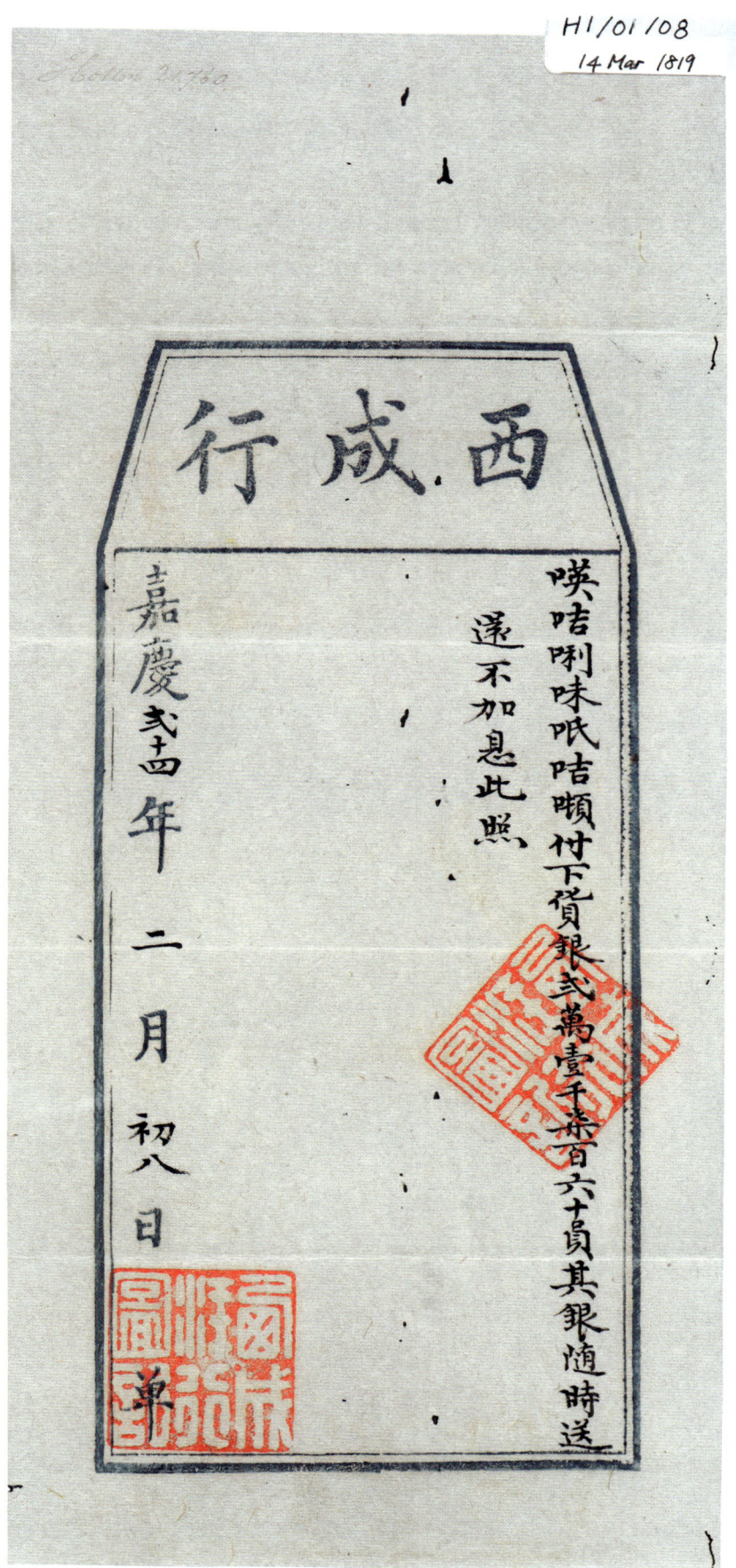

9. 嘉庆二十四年西成行①收到英国商人吉治士货银收据（H1/01/09）

嘉庆二十四年二月初八日（1819年3月3日），西成行收到英国商人吉治士（J. Curtis）2386.5元货银收据，注明随时送还，不加利息。收据上盖有西成行印章两枚，印文"西成洋行图记"。附有信封一个，背面写有英文的内容备忘。

Receipt to J. Curtis. A receipt (in Chinese) from Exchin to J. Curtis for 2386.05② Tls, 14 March 1819③, with a Chinese envelope which includes an English note about the receipt on the back. 2 items. 1819

（正）　　　　　　　　　　　　（反）

---

① 西成行：广州十三行之一，行商黎颜裕，商名六官（Loqua、Locqua、Lockqua、Exchin）；继任者黎光远，商名柏官（Pakqua）。嘉庆九年（1804）成立，道光八年（1828）倒闭。
② 勘误：按原中文文献"弍千叁百捌拾六员五毫"，应为2386.50。
③ 勘误：英文提要日期为1819年3月14日（14 March 1819），按原中文文献"嘉庆弍十四年二月初八日"，应为1819年3月3日。

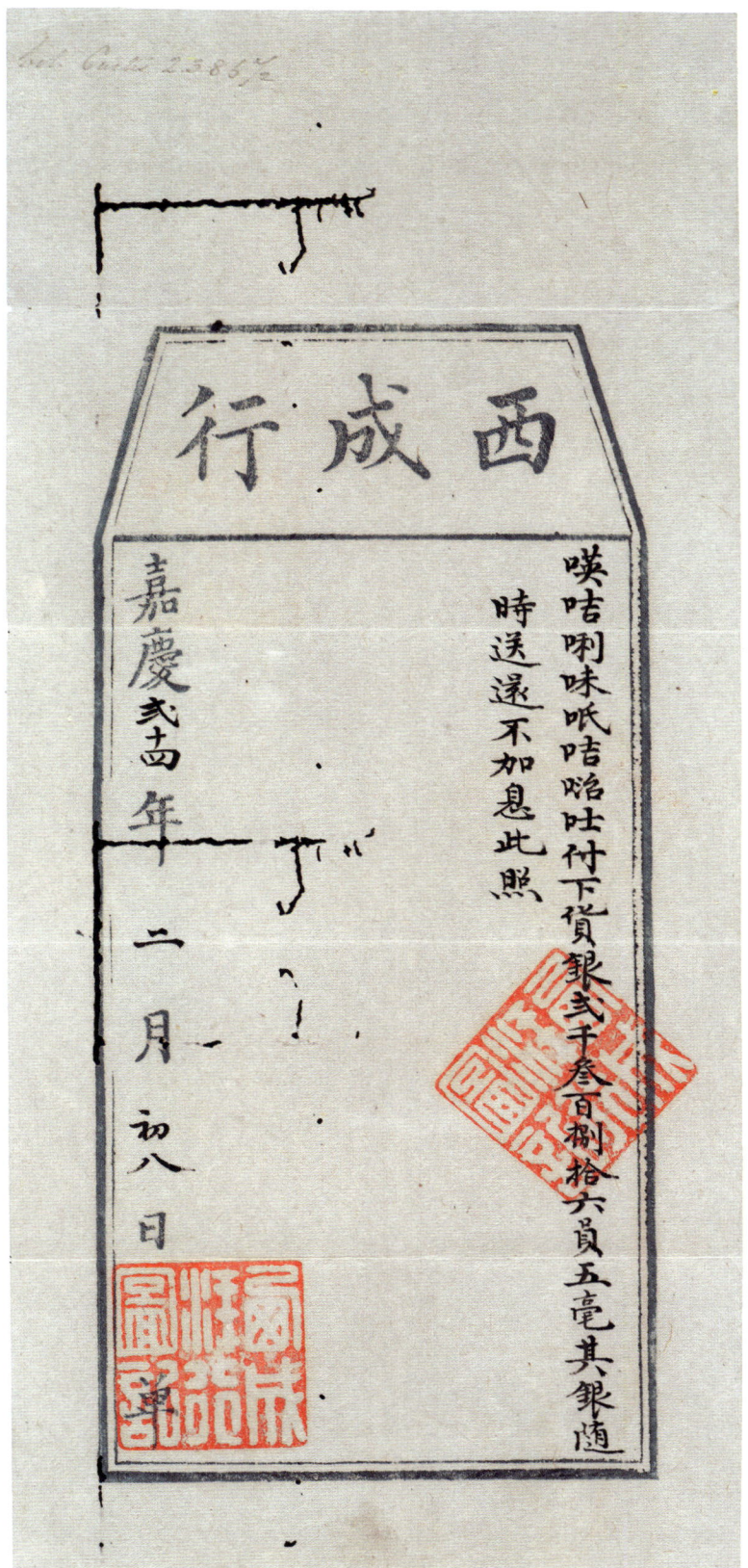

10. 嘉庆二十四年西成行① 收到英国船主敦立② 货银收据（H1/01/10）

嘉庆二十四年二月初八日（1819年3月3日），西成行收到英国船主敦立（W. Dunlop）84.5元货银收据，注明随时送还，不加利息。收据上盖有西成行印章两枚，印文"西成洋行图记"。附有信封一个，背面写有英文的内容备忘。

Receipt to Captain Dunlop. A receipt (in Chinese) from Exchin to Captain W. Dunlop for 84 1/2 Tls, 14 March 1819③, with a Chinese envelope which includes an English note about the receipt on the back. 2 items. 1819

（正）

（反）

---

① 西成行：广州十三行之一，行商黎颜裕，商名六官（Loqua、Locqua、Lockqua、Exchin）；继任者黎光远，商名柏官（Pakqua）。嘉庆九年（1804）成立，道光八年（1828）倒闭。

② 疑与H1/01/31-32中的Captain Dunlop为同一人。

③ 勘误：英文提要日期为1819年3月14日（14 March 1819），按原中文文献"嘉庆弍十四年二月初八日"，应为1819年3月3日。

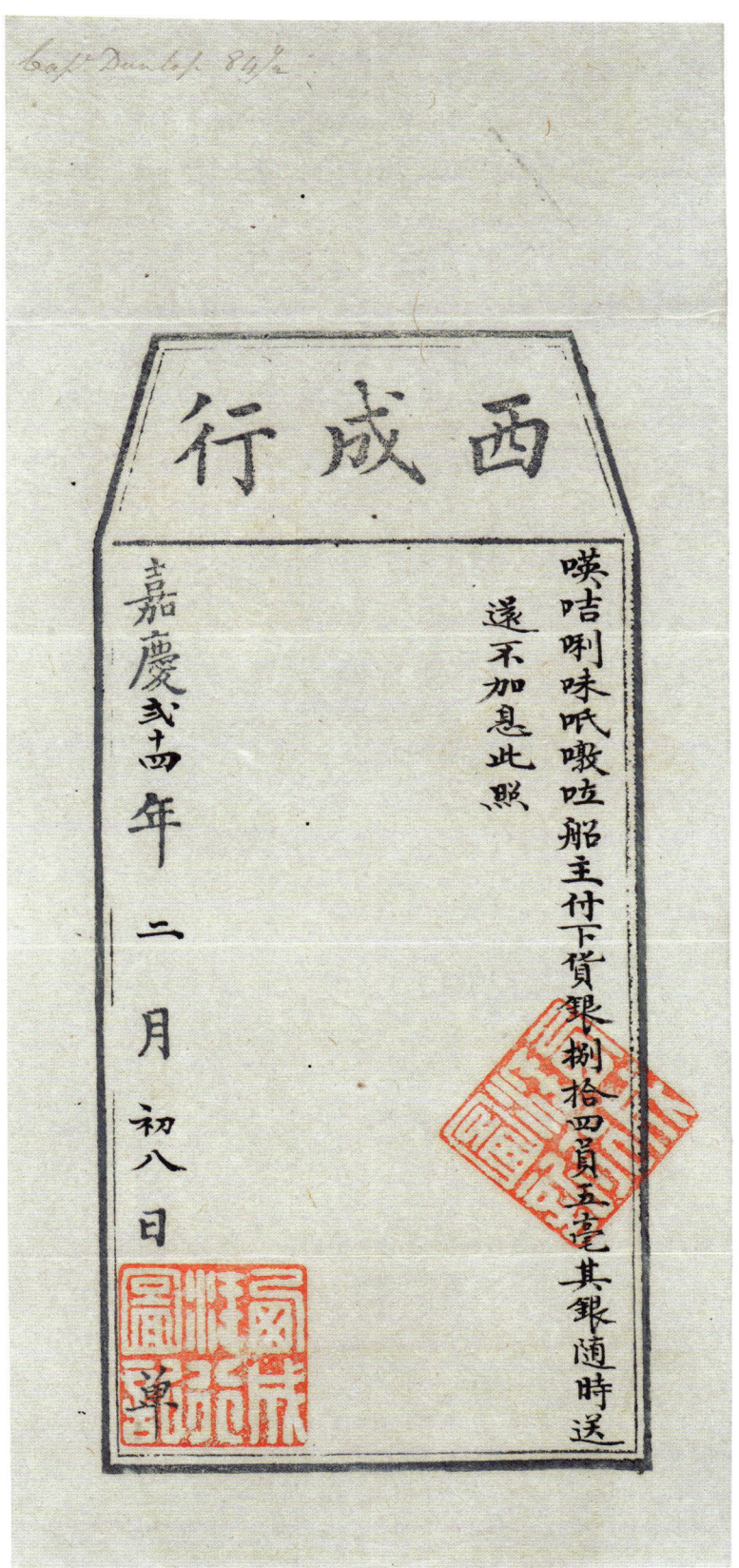

11. 嘉庆二十四年西成行①收到英国商人益花臣②货银收据（H1/01/11）

嘉庆二十四年二月初八日（1819年3月3日），西成行收到英国商人益花臣（J. F. Elphinstone）8122元货银收据，注明随时送还，不加利息。收据上盖有西成行印章两枚，印文"西成洋行图记"。附有信封一个，背面写有英文的内容备忘。

Receipt to J. F. Elphinstone. A receipt (in Chinese) from Exchin to J. F. Elphinstone for 8122 Tls, 14 March 1819③, with a Chinese envelope which includes an English note about the receipt on the back. 2 items. 1819

（正）　　　　　　　　　　　　（反）

---

① 西成行：广州十三行之一，行商黎颜裕，商名六官（Loqua、Locqua、Lockqua、Exchin）；继任者黎光远，商名柏官（Pakqua）。嘉庆九年（1804）成立，道光八年（1828）倒闭。
② 益花臣：即 John Fullarton Elphinstone，英国东印度公司广州商馆大班。
③ 勘误：英文提要日期为1819年3月14日（14 March 1819），按原中文文献"嘉庆式十四年二月初八日"，应为1819年3月3日。

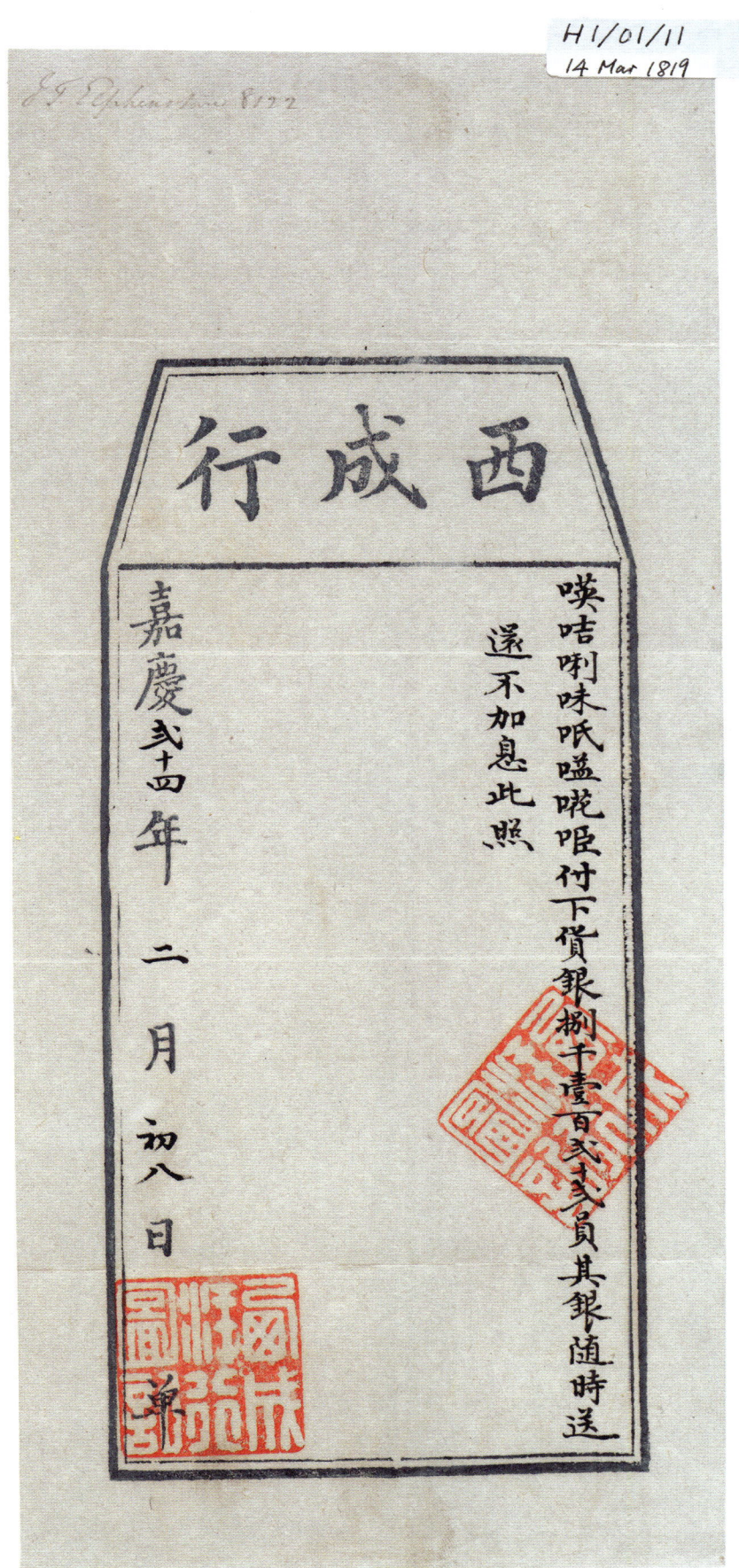

12. 嘉庆二十四年西成行①收到英国商人花剌②货银收据（H1/01/12）

嘉庆二十四年二月初八日（1819年3月3日），西成行收到英国商人花剌（Fairlie）531元货银收据，注明随时送还，不加利息。收据上盖有西成行印章两枚，印文"西成洋行图记"。附有信封一个，背面写有英文的内容备忘。

Receipt to Fairlie & Co.. A receipt (in Chinese) from Exchin to Fairlie & Co. for 531 Tls, 14 March 1819③, with a Chinese envelope which includes an English note about the receipt on the back. 2 items. 1819

（正）

（反）

---

① 西成行：广州十三行之一，行商黎颜裕，商名六官（Loqua、Locqua、Lockqua、Exchin）；继任者黎光远，商名柏官（Pakqua）。嘉庆九年（1804）成立，道光八年（1828）倒闭。

② 花剌：Fairlie，英文提要中为公司名 Fairlie & Co.。

③ 勘误：英文提要日期为1819年3月14日（14 March 1819），按原中文文献"嘉庆式十四年二月初八日"，应为1819年3月3日。

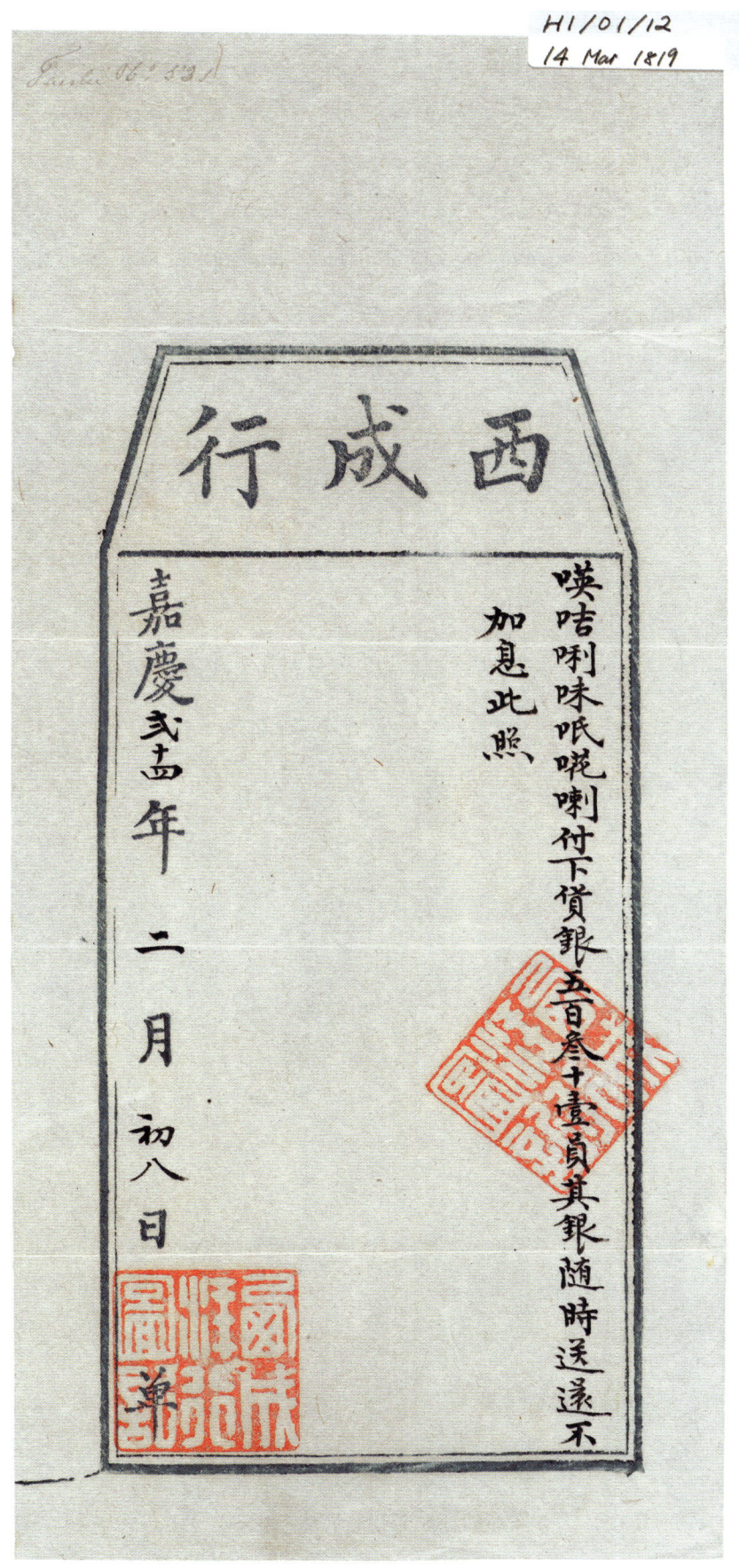

13. 嘉庆二十四年西成行①收到英国商人米坚仁贷款收据（H1/01/13）

嘉庆二十四年二月初八日（1819年3月3日），西成行收到英国商人米坚仁（C. MacKinnon）10,162.75元贷款收据，注明随时送还，不加利息。收据上盖有西成行印章两枚，印文"西成洋行图记"。附有信封一个，背面写有英文的内容备忘。

Loan receipt to C. MacKinnon. A loan receipt (in Chinese) from Exchin to C. MacKinnon for 10,162.75 Tls, 14 March 1819②, with a Chinese envelope which includes an English note about the receipt on the back. 2 items. 1819

（正） （反）

---

① 西成行：广州十三行之一，行商黎颜裕，商名六官（Loqua、Locqua、Lockqua、Exchin）；继任者黎光远，商名柏官（Pakqua）。嘉庆九年（1804）成立，道光八年（1828）倒闭。

② 勘误：英文提要日期为1819年3月14日（14 March 1819），按原中文文献"嘉庆式十四年二月初八日"，应为1819年3月3日。

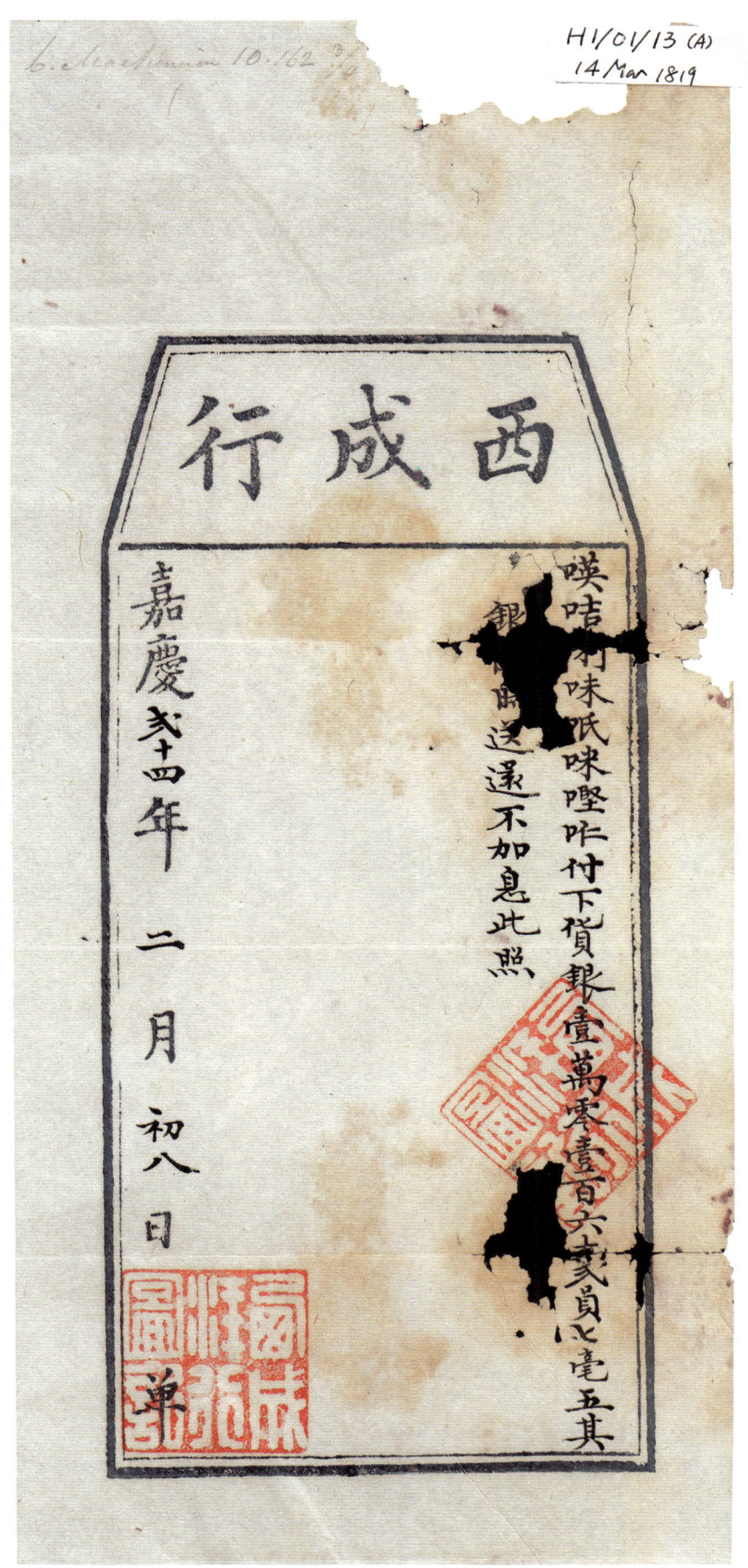

14. 嘉庆二十四年西成行①收到英国商人麽勿打厘贷款收据（H1/01/14）

嘉庆二十四年二月初八日（1819年3月3日），西成行收到英国商人麽勿打厘（Mahomed Ally）29,617.25元贷款收据，注明随时送还，不加利息。收据上盖有西成行印章两枚，印文"西成洋行图记"。附有信封一个，背面写有英文的内容备忘。

Loan receipt to Mahomed Ally. A loan receipt (in Chinese) from Exchin to Mahomed Ally for 29,617.25 Tls, 14 March 1819②, with an envelope which includes an English note about the receipt on the back. 2 items. 1819

（正）

（反）

---

① 西成行：广州十三行之一，行商黎颜裕，商名六官（Loqua、Locqua、Lockqua、Exchin）；继任者黎光远，商名柏官（Pakqua）。嘉庆九年（1804）成立，道光八年（1828）倒闭。

② 勘误：英文提要日期为1819年3月14日（14 March 1819），按原中文文献"嘉庆式十四年二月初八日"，应为1819年3月3日。

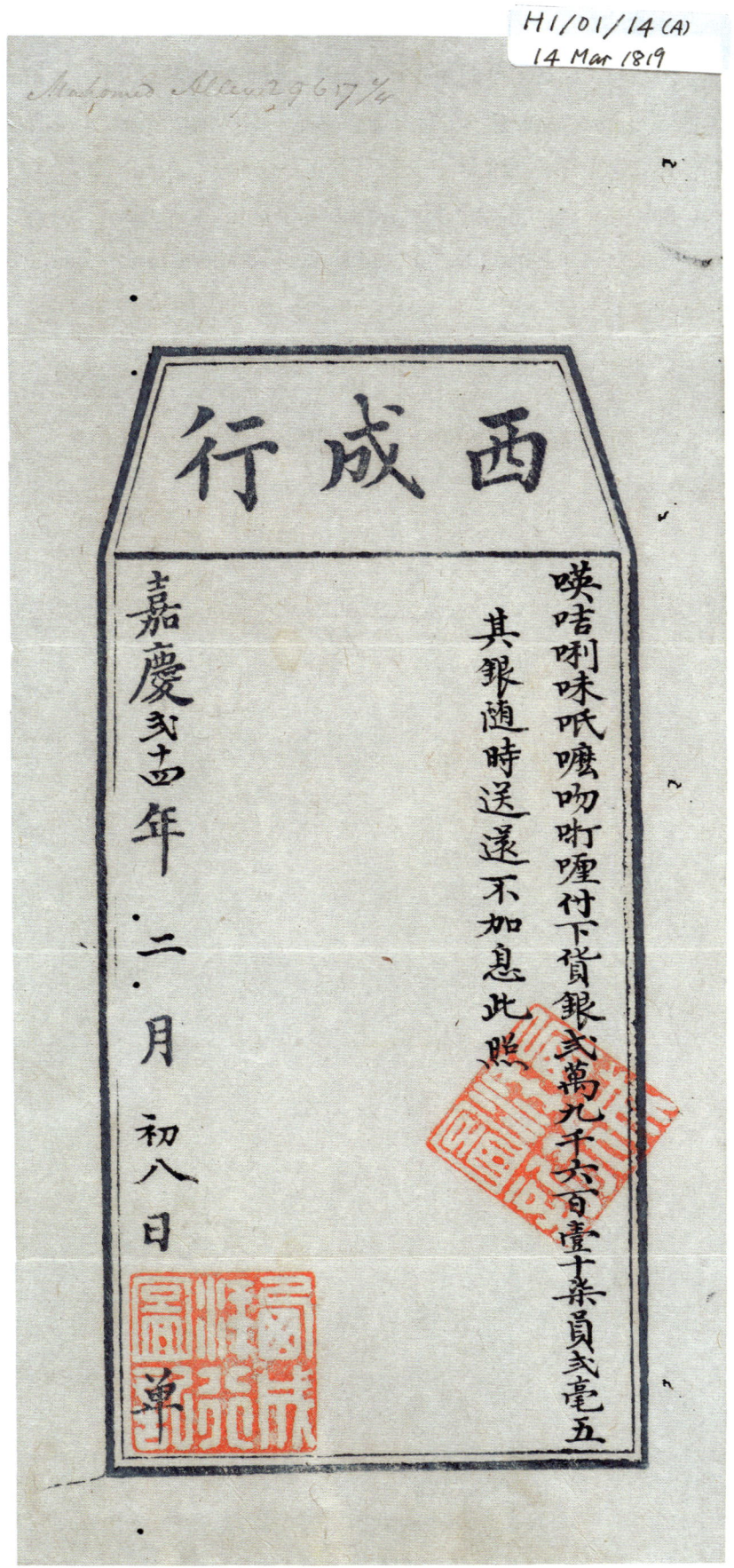

15. 嘉庆二十四年西成行①收到英国商人巴利货银收据（H1/01/15）

嘉庆二十四年二月初八日（1819年3月3日），西成行收到英国商人巴利（William Parry）11,326.25元货银收据，注明随时送还，不加利息。收据上盖有西成行印章两枚，印文"西成洋行图记"。随信附有信封一个，背面写有英文的内容备忘。

Receipt to William Parry. A receipt (in Chinese) from Exchin to William Parry for 11,326.25 Tls, 14 March 1819②, with an envelope which includes an English note about the receipt on the back. 2 items. 1819

（正）

（反）

---

① 西成行：广州十三行之一，行商黎颜裕，商名六官（Loqua、Locqua、Lockqua、Exchin）；继任者黎光远，商名柏官（Pakqua）。嘉庆九年（1804）成立，道光八年（1828）倒闭。

② 勘误：英文提要日期为1819年3月14日（14 March 1819），按原中文文献"嘉庆式十四年二月初八日"，应为1819年3月3日。

H1/01/15
14 Mar 1819

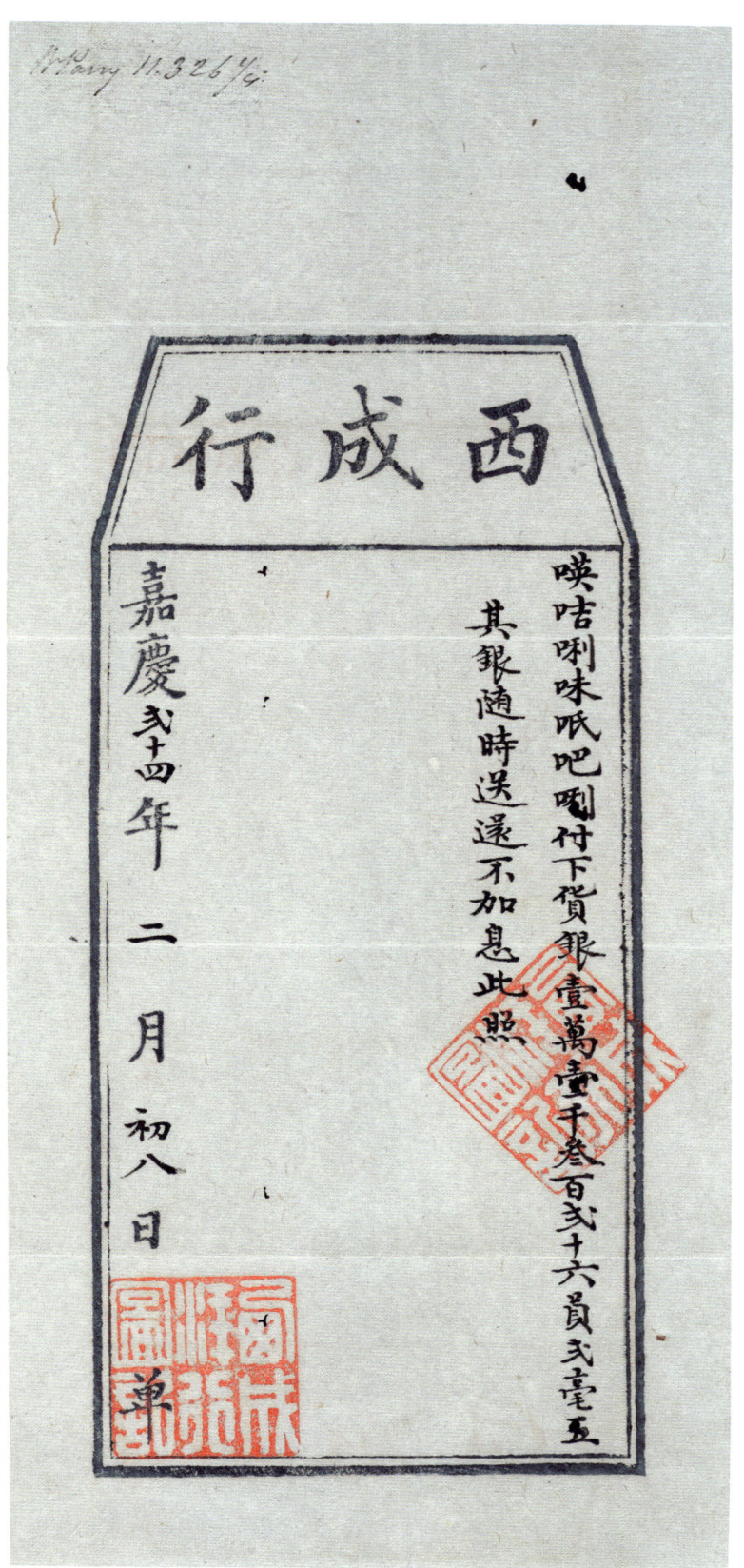

西成行

嘆咭唎味呧吧唎付下貨銀壹萬壹千叁百弍十六員弍毫五
其銀通時送遠不加息此照

嘉慶弍十四年 二月 初八日

16. 嘉庆二十四年西成行[①]收到英国商人们利货银收据（H1/01/16）

嘉庆二十四年二月初八日（1819年3月3日），西成行收到英国商人们利（W. J. Money）14,026元货银收据，注明随时送还，不加利息。收据上盖有西成行印章两枚，印文"西成洋行图记"。随信附有信封一个，背面写有英文的内容备忘。

Chop to W. J. Money. A chop (in Chinese) from Exchin to W. J. Money for 14,026 Tls, 14 March 1819[②], with a Chinese envelope which includes an English note about the receipt on the back. 2 items. 1819

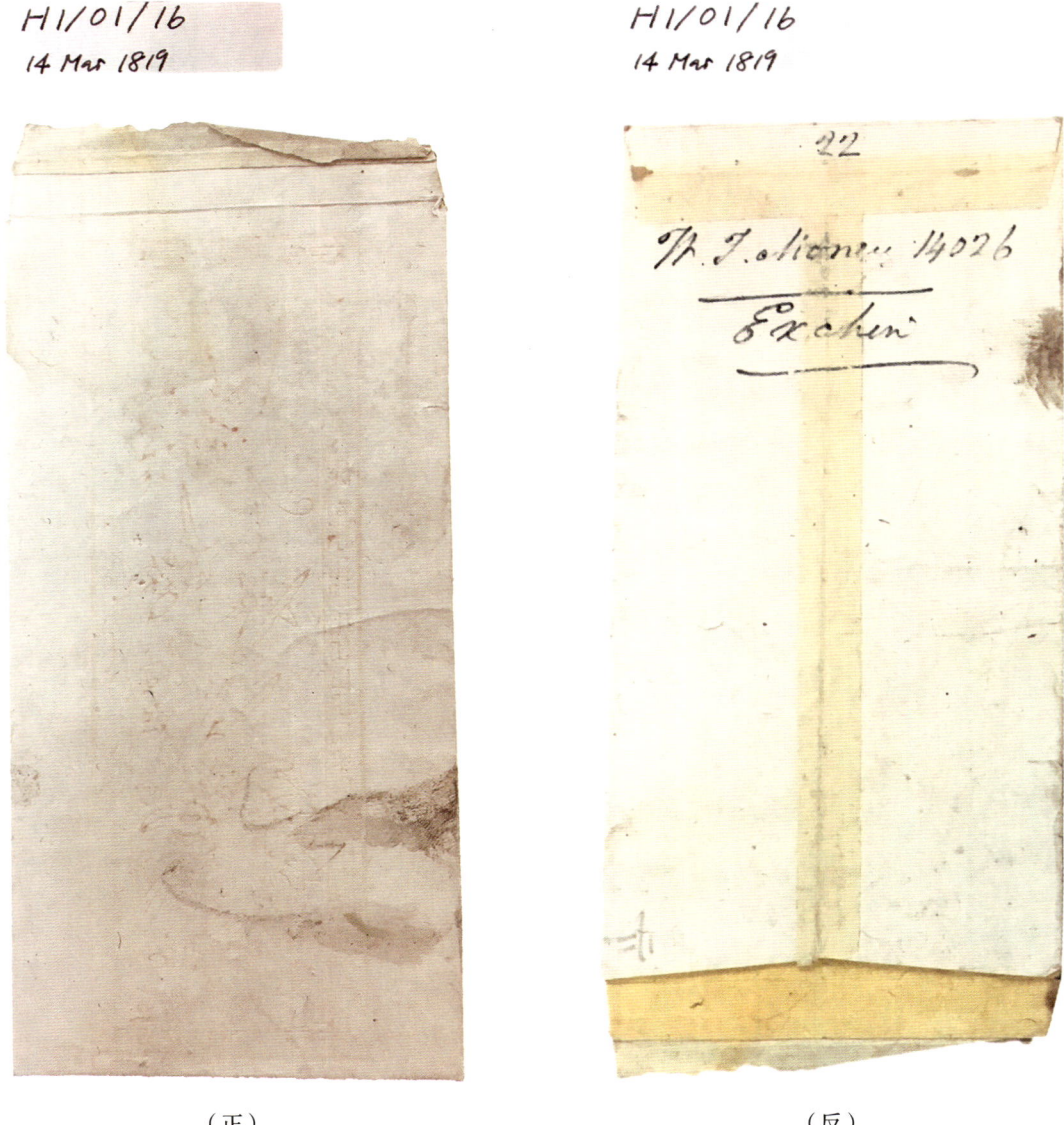

（正）　　　　（反）

[①] 西成行：广州十三行之一，行商黎颜裕，商名六官（Loqua、Locqua、Lockqua、Exchin）；继任者黎光远，商名柏官（Pakqua）。嘉庆九年（1804）成立，道光八年（1828）倒闭。

[②] 勘误：英文提要日期为1819年3月14日（14 March 1819），按原中文文献"嘉庆弍十四年二月初八日"，应为1819年3月3日。

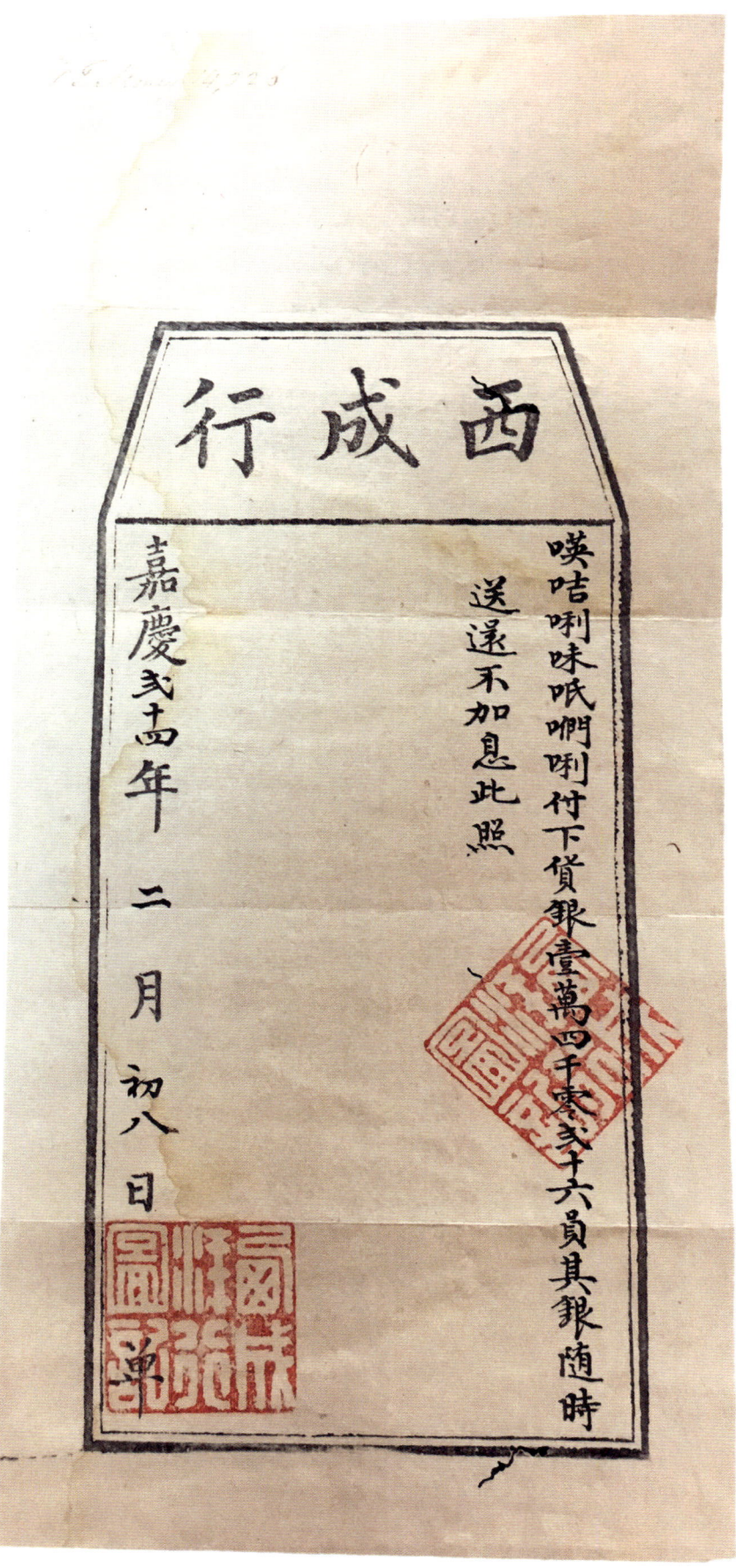

17. 嘉庆二十四年西成行① 收到英国商人八厘货银收据（H1/01/17）

嘉庆二十四年二月初八日（1819年3月3日），西成行收到英国商人八厘（T. C. Pattle）20,650.25 元货银收据，注明随时送还，不加利息。收据上盖有西成行印章两枚，印文"西成洋行图记"。附有信封一个，背面写有英文的内容备忘。

Receipt to T. C. Pattle. A receipt (in Chinese) from Exchin to T［homas］C［harles］Pattle for 20,650.25 Tls, 14 March 1819②, with a Chinese envelope which includes an English note about the receipt on the back. 2 items. 1819

（正）

（反）

---

① 西成行：广州十三行之一，行商黎颜裕，商名六官（Loqua、Locqua、Lockqua、Exchin）；继任者黎光远，商名柏官（Pakqua）。嘉庆九年（1804）成立，道光八年（1828）倒闭。

② 勘误：英文提要日期为1819年3月14日（14 March 1819），按原中文文献"嘉庆式十四年二月初八日"，应为1819年3月3日。

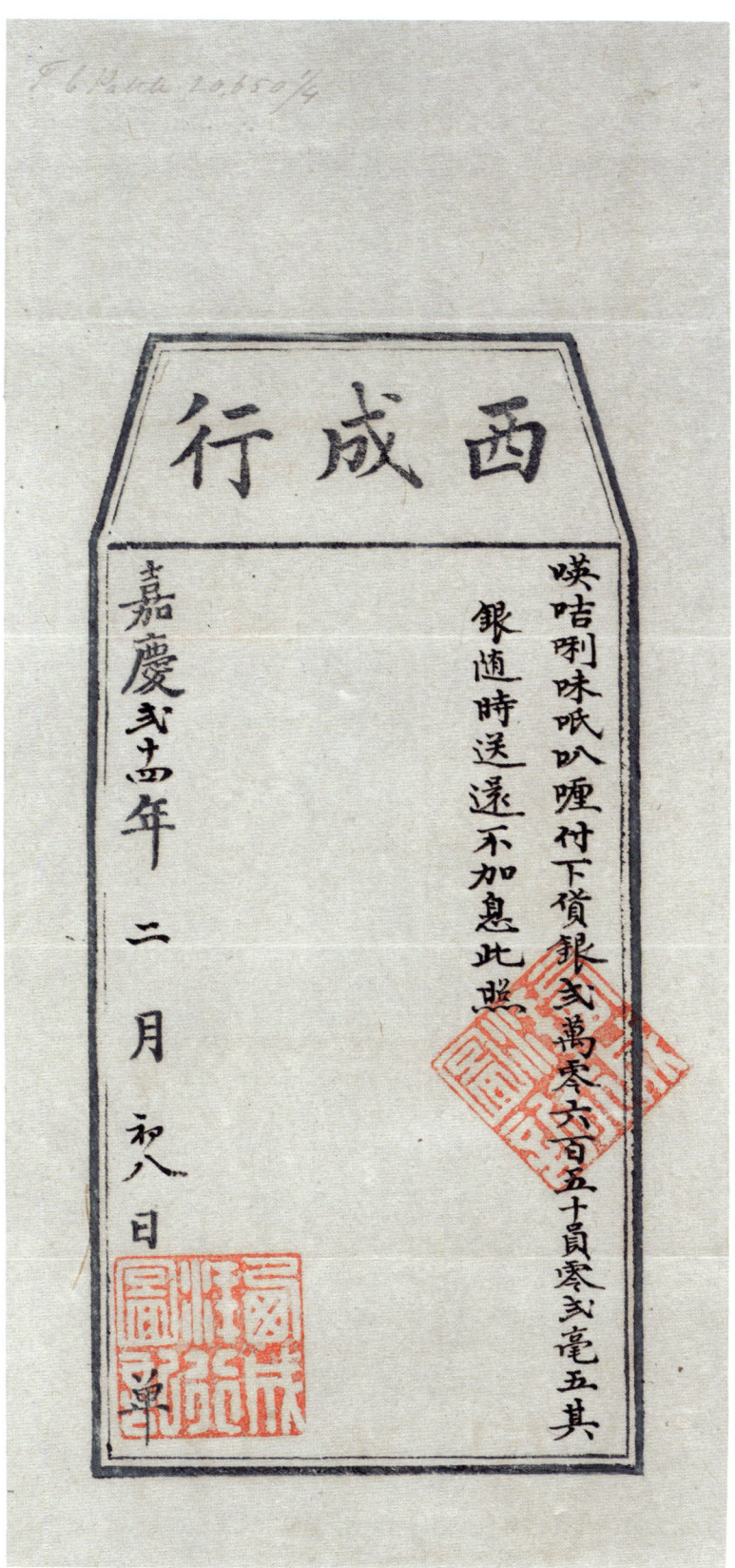

18. 嘉庆二十四年西成行①收到英国商人升货银收据（H1/01/18）

嘉庆二十四年二月初八日（1819年3月3日），西成行收到英国商人升（Alexander Shank）10,202.25元货银收据，注明随时送还，不加利息。收据上盖有西成行印章两枚，印文"西成洋行图记"。随信附有信封一个，背面写有英文的内容备忘。

Loan receipt to Alexander Shank. A loan receipt (in Chinese) from Exchin to Alexander Shank for 10,202.25 Tls, 14 March 1819②, with a Chinese envelope which includes an English note about the receipt on the back. 2 items. 1819

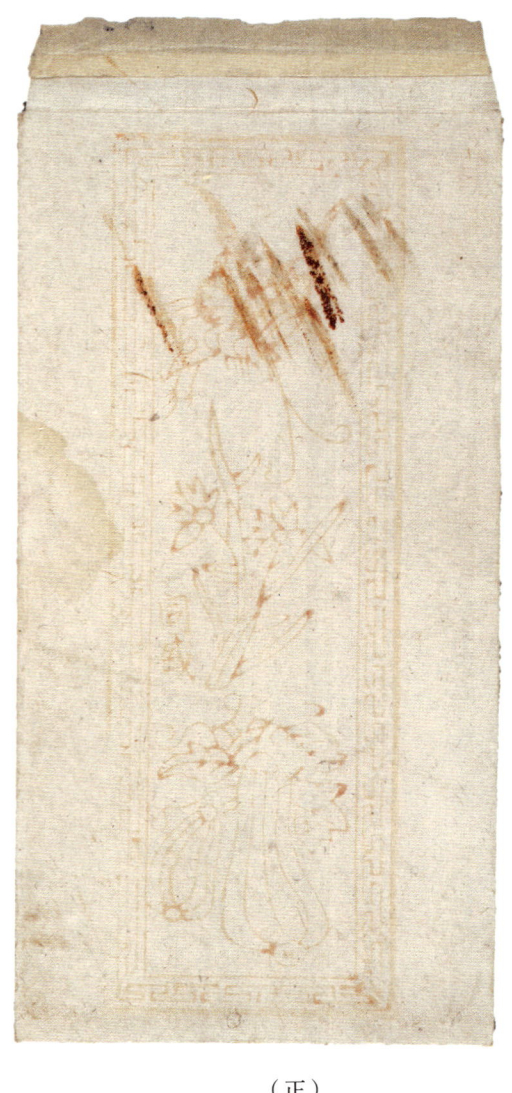

（正）

（反）

---

① 西成行：广州十三行之一，行商黎颜裕，商名六官（Loqua、Locqua、Lockqua、Exchin）；继任者黎光远，商名柏官（Pakqua）。嘉庆九年（1804）成立，道光八年（1828）倒闭。

② 勘误：英文提要日期为1819年3月14日（14 March 1819），按原中文文献"嘉庆弎十四年二月初八日"，应为1819年3月3日。

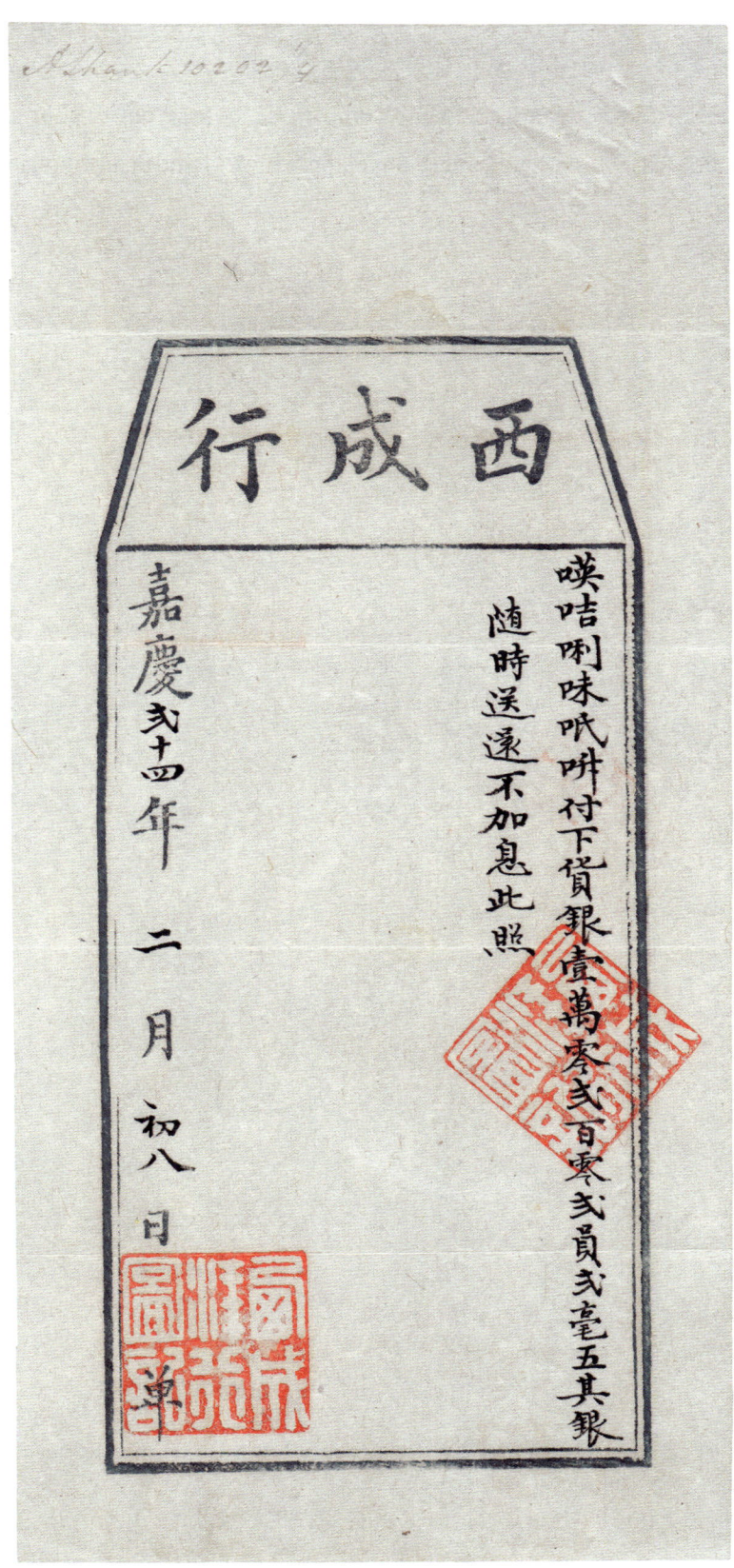

19. 嘉庆二十四年西成行①收到英国商人剌臣、记厘家货银收据（H1/01/19）

嘉庆二十四年二月初八日（1819年3月3日），西成行收到英国商人剌臣（Larsen）、记厘家（Keeilgaard）1956.25元货银收据，注明随时送还，不加利息。收据上盖有西成行印章两枚，印文"西成洋行图记"。随信附有信封一个，背面写有英文的内容备忘。

Loan receipt to Larsen & Keeilgaard. A loan receipt (in Chinese) from Exchin to Larsen & Keeilgaard for 1956 1/4 Tls, 14 March 1819②, with a Chinese envelope which includes an English note about the receipt on the back. 2 items. 1819

（正） （反）

---

① 西成行：广州十三行之一，行商黎颜裕，商名六官（Loqua、Locqua、Lockqua、Exchin）；继任者黎光远，商名柏官（Pakqua）。嘉庆九年（1804）成立，道光八年（1828）倒闭。

② 勘误：英文提要日期为1819年3月14日（14 March 1819），按原中文文献"嘉庆弍十四年二月初八日"，应为1819年3月3日。

20. 嘉庆二十四年西成行[①]收到两位英国女士沙[②]货银收据（H1/01/20）

嘉庆二十四年二月初八日（1819年3月3日），西成行收到两位英国女士沙（Mrs. and Miss Shaw）12,286元货银收据，注明随时送还，不加利息。收据上盖有西成行印章两枚，印文"西成洋行图记"。随信附有信封一个，背面写有英文的内容备忘。

Loan receipt to Mrs. and Miss Shaw. A loan receipt (in Chinese) from Exchin loan to Mrs. and Miss Shaw for 12,286 Tls, 14 March 1819[③], with a Chinese envelope which includes an English note about the receipt on the back. 2 items. 1819

（正） （反）

---

① 西成行：广州十三行之一，行商黎颜裕，商名六官（Loqua、Locqua、Lockqua、Exchin）；继任者黎光远，商名柏官（Pakqua）。嘉庆九年（1804）成立，道光八年（1828）倒闭。

② 沙：原文献中的"沙"，据英文提要"Mrs. and Miss Shaw"显示，实际上指两人，按当代译法即肖太太和肖小姐，至于两人是母女还是姑侄关系，借给西成行钱款是贸易关系还是单纯借贷关系，都有待考证。但是在严禁外国女性进入广州的清代历史背景中，外国女性参与到十三行的金融贸易，无疑是个引人注意的新现象。

③ 勘误：英文提要日期为1819年3月14日（14 March 1819），按原中文文献"嘉庆式十四年二月初八日"，应为1819年3月3日。

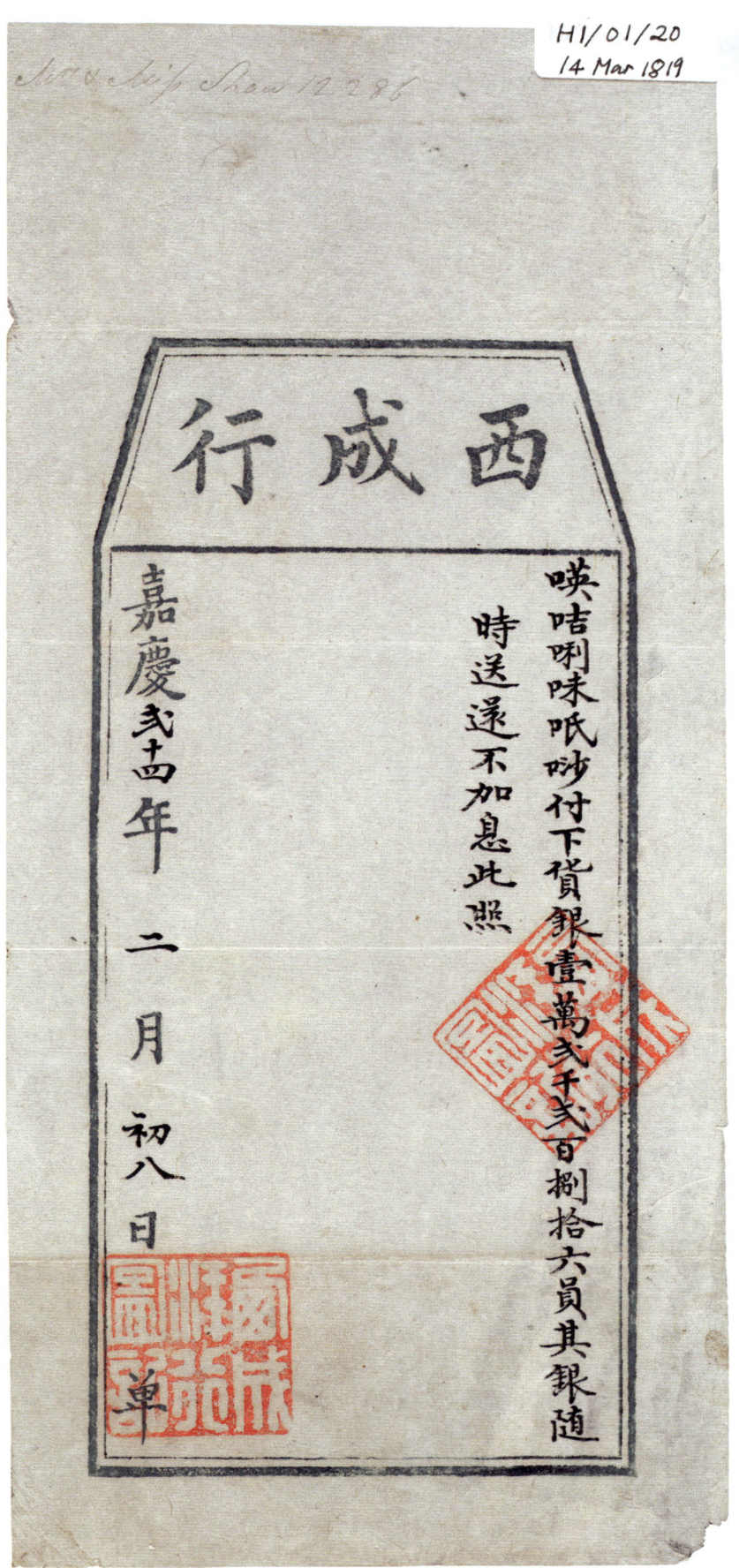

21. 嘉庆二十四年西成行[①]收到英国商人 G. Staunton[②]货银收据信封（H1/01/21）

嘉庆二十四年（1819），西成行收到英国商人 G. Staunton 10,189 元货银收据，收据已丢失，由同一批档案猜测，收据时间可能为嘉庆二十四年二月初八日（1819年3月3日）[③]，现仅留装此收据的信封一个，背面写有英文的内容备忘。

Envelope for receipt to Sir G. Staunton. The Chinese envelope for Exchin's receipt to Sir G. Staunton for 10,189 Tls, 14 March 1819 (?). 1 item. 1819

（正） （反）

---

① 西成行：广州十三行之一，行商黎颜裕，商名六官（Loqua、Locqua、Lockqua、Exchin）；继任者黎光远，商名柏官（Pakqua）。嘉庆九年（1804）成立，道光八年（1828）倒闭。

② G. Staunton：应即英国东印度公司广州商馆大班，著名中国专家小斯当东（George Thomas Staunton）。1793年乾隆皇帝接见马嘎尔尼勋爵时，他是随员中的小侍从。1800年，小斯当东被英国东印度公司驻广州商馆聘为书记员，再次来到中国。1801年，老斯当东去世后，小斯当东承袭了父亲的爵位。1814年，小斯当东当选为东印度公司驻广州商馆的管理机构——特选委员会的成员。1815年，他又被选为特选委员会主席，全面负责东印度公司对华贸易事宜。他以"狡黠"闻名，被清朝官员警惕防范，曾极力突破清代贸易制度，后期成为力主对中国宣战的代表。

③ 英文提要中怀疑该档案日期为1819年3月14日（14 March 1819），但同一批档案的前面19份档案之英文提要日期皆有误，经勘误为1819年3月3日，见H1/01/02-20。参照前档正确日期，判断该档案时间疑为嘉庆二十四年二月初八日（1819年3月3日）。

22. 道光元年西成行^① 借英国商人万益款收据（H1/01/22）

道光元年七月初二日（1821年7月30日），西成行借英国商人万益（Magniac）10,000元贷款收据，注明每百元每月加息1元，十个月内在购买茶叶款项中扣还。收据上盖有西成行印章两枚，印文"西成"。附有信封一个。

Loan receipt to Wanyi Magniac. A loan receipt from Exchin to Wanyi Magniac (?) for 20,000^② Tls, 30 July 1821, with interest of 1% and repayment due in ten months. There is also a Chinese envelope. The money was to be taken off the tea account. 2 items. 1821

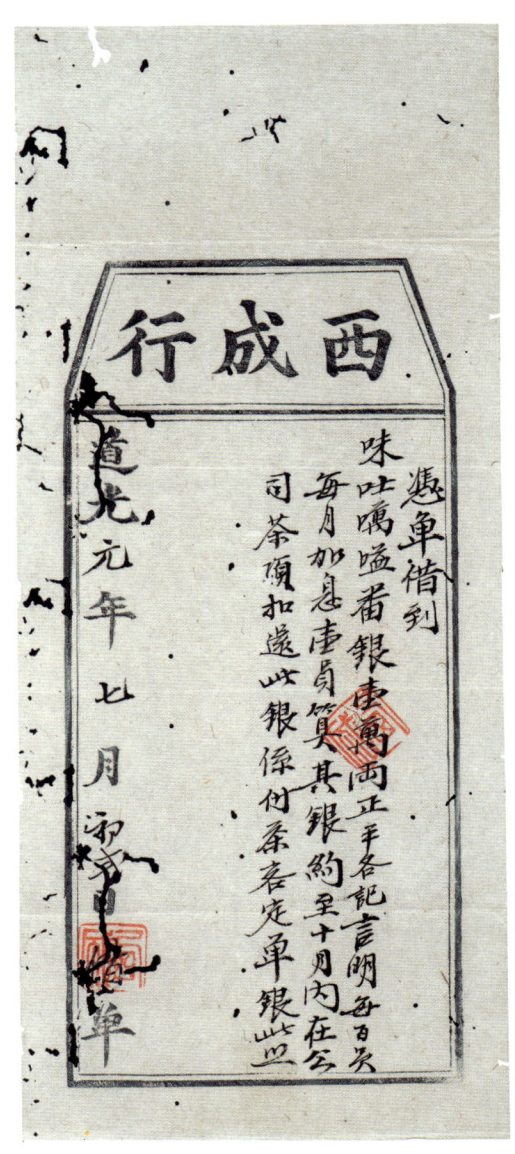

---

① 西成行：广州十三行之一，行商黎颜裕，商名六官（Loqua、Locqua、Lockqua、Exchin）；继任者黎光远，商名柏官（Pakqua）。嘉庆九年（1804）成立，道光八年（1828）倒闭。

② 勘误：按原中文文献"壹万两正"，应为10,000。

23. 道光四年西成行①借英国商人万益款收据（H1/01/23）

道光四年正月初九日（1824年2月8日），西成行黎光远借英国商人万益61,430元贷款收据，用于支付海关饷银。注明一年偿还，利息5%。收据上盖有西成行印章两枚，印文"西成洋行图记"。背面写有英文的内容备忘，注明由怡和行浩官和天宝行经官担保。

Loan receipt of Li Guangyuan. A loan receipt (in Chinese) from Li Guangyuan (Li Kuang-yuan) for 61,430 Tls required for the payment of duties, 8 February 1824, with interest at 5% per month and repayment due in one year. There is an English note on the back of the document reading 'Kenqua to Magniac, for Houqua'.② 'Kenqua' is probably an alternative spelling of Kinqua, Leang Chingche/Liang Jingguo, of the Tienpaw/Tianbao Hong; 'Houqua' is probably Howqua of the Ewo Hong. 1 item. 1824

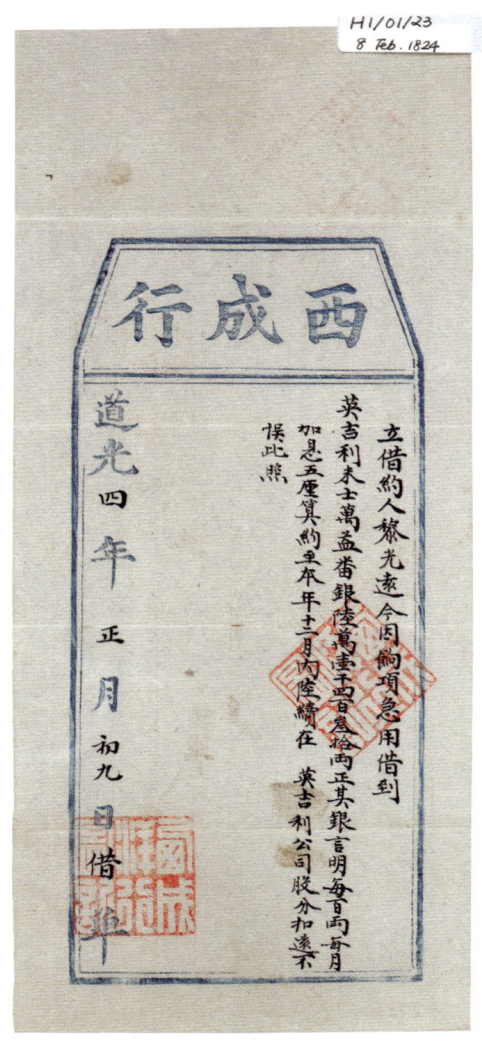

---

① 西成行：广州十三行之一，行商黎颜裕，商名六官（Loqua、Locqua、Lockqua、Exchin）；继任者黎光远，商名柏官（Pakqua）。嘉庆九年（1804）成立，道光八年（1828）倒闭。

② 勘误：档案收藏单位英文注释中谓档案背面写有英文备忘，但实际没有。

24. 嘉庆十五年西成行① 收到英国商人 Joseph Cotton 货银收据（H1/01/24）

嘉庆十五年十一月二十六日（1810年12月22日），西成行收到英国商人 Joseph Cotton 47,200元货银，还有一份关于1811年1月利息支付的附加说明。借款人为黎六官（Lockqua）。

Lockqua's chop to Joseph Cotton. An English note of a chop from Lockqua to Joseph Cotton for $47,000②, including interest, 1 January 1810 (?). There is an additional note regarding receipt of the payment of the interest in January 1811. Lockqua is an alternative spelling of Locqua or Loqua. 1 item. 1810–1811

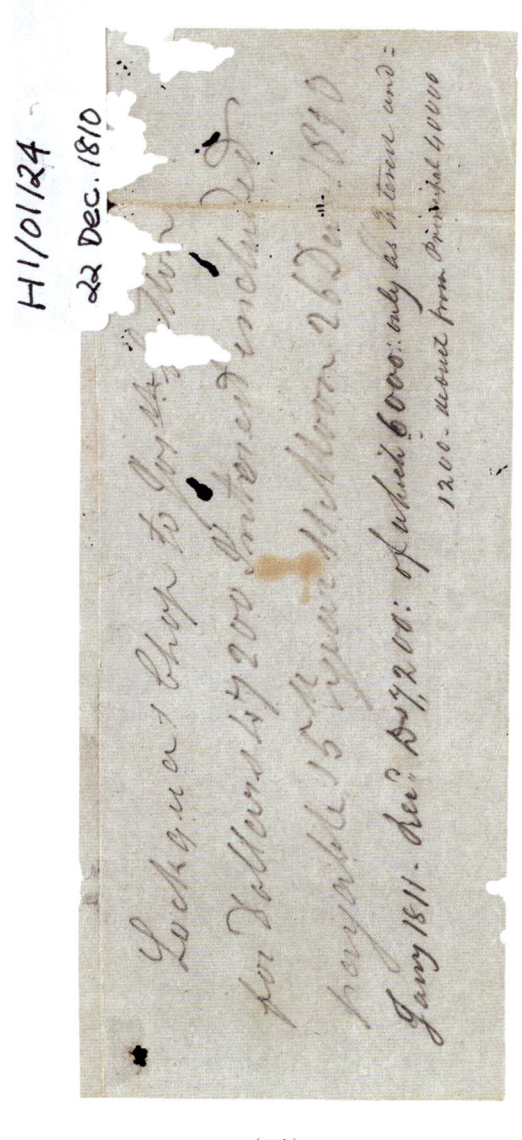

（正）

（反）

---

① 西成行：广州十三行之一，行商黎颜裕，商名六官（Loqua、Locqua、Lockqua、Exchin）；继任者黎光远，商名柏官（Pakqua）。嘉庆九年（1804）成立，道光八年（1828）倒闭。

② 勘误：英文提要中作"47,000"，按原英文文献，应为"47,200"。

25. 嘉庆十五年西成行①收到英国商人 Joseph Cotton 货银收据（H1/01/25）

嘉庆十五年十一月二十六日（1810年12月22日），西成行收到英国商人 Joseph Cotton 45,784元货银，注明下一年偿还。

Locqua's chop to Joseph Cotton. An English note of a chop from Locqua to Joseph Cotton for $45,785②, 22 December 1810, due for repayment next year. There is an additional note, probably dating from January③ 1811, indicating that nothing was received but a renewed chop. 1 item. 1810–1811

---

① 西成行：广州十三行之一，行商黎颜裕，商名六官（Loqua、Locqua、Lockqua、Exchin）；继任者黎光远，商名柏官（Pakqua）。嘉庆九年（1804）成立，道光八年（1828）倒闭。
② 勘误：英文提要中作"45,785"，按原英文文献，应为"45,784"。
③ 勘误：英文提要中作"January"，按原英文文献"Decem 1811"，应为"December"。

26. 嘉庆十六年西成行①收到英国商人 Joseph Cotton 货银收据（H1/01/26）

嘉庆十六年十一月二十六日（1812年1月10日），西成行收到英国商人 Joseph Cotton 54,025 元货银，注明一年偿还。

Locqua's chop to Joseph Cotton. An English note of a chop from Locqua to Joseph Cotton for $54,025, 10 January 1812, due for repayment in one year. 1 item. 1812

---

① 西成行：广州十三行之一，行商黎颜裕，商名六官（Loqua、Locqua、Lockqua、Exchin）；继任者黎光远，商名柏官（Pakqua）。嘉庆九年（1804）成立，道光八年（1828）倒闭。

27. 嘉庆十四年西成行① 收到英国商人 Charles Edward Pigou 货银收据（H1/01/27）

嘉庆十四年十一月二十三日（1809年12月29日），西成行收到英国商人 Charles Edward Pigou 835 西班牙银元货银收据。

Chop to Charles Edward Pigou. An English note of a chop from Exchin to Charles Edward Pigou for 835 Spanish Dollars, 29 December 1809 (?), due for repayment on 23rd day, 11th moon, 14th year［of Jiaqing］②. Interest was to be reckoned from January 1810, payable to Mr.［left blank］of Macao. 1 item. 1809

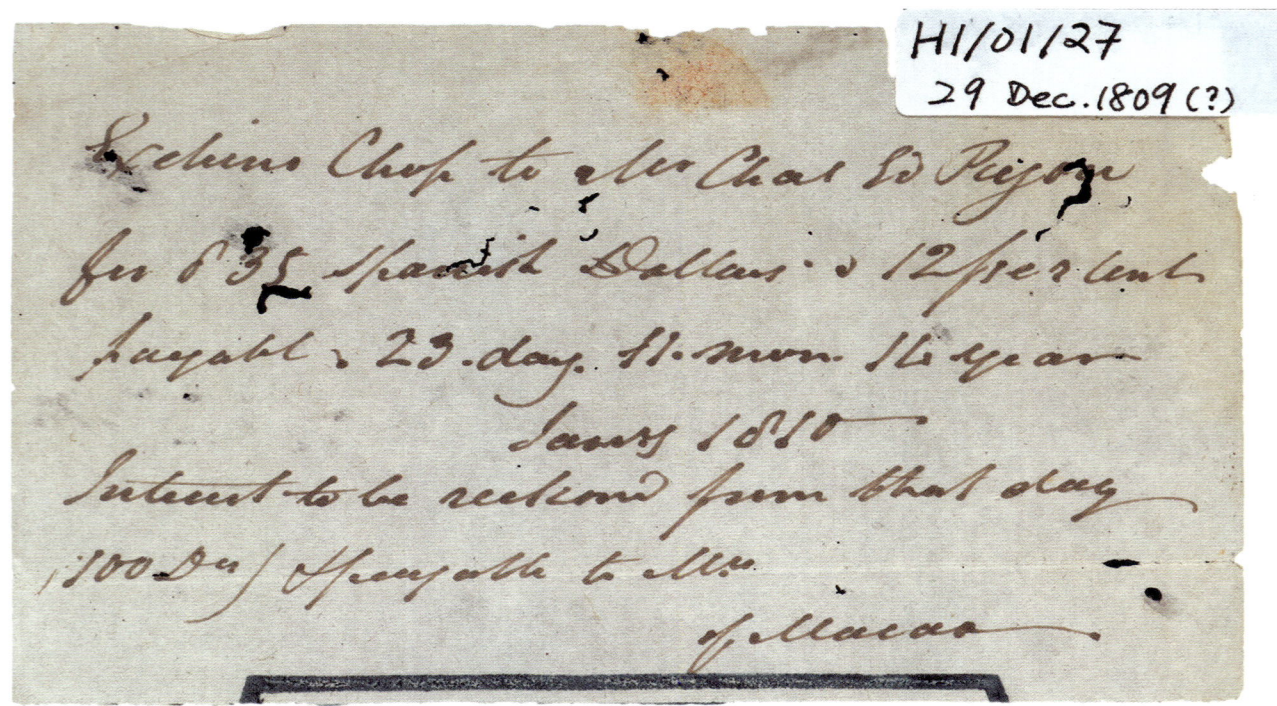

---

① 西成行：广州十三行之一，行商黎颜裕，商名六官（Loqua、Locqua、Lockqua、Exchin）；继任者黎光远，商名柏官（Pakqua）。嘉庆九年（1804）成立，道光八年（1828）倒闭。

② "嘉庆十四年十一月二十三日"，换算为公历即为1809年12月29日（29 December 1809），记录时间与还款时间相同，疑误。

28. 嘉庆十六年西成行①收到巴斯商人 Hormasjee Bhicajee 货款收据（H1/01/28）

嘉庆十六年十一月二十五日（1812年1月9日），西成行收到巴斯商人 Hormasjee Bhicajee 273银元货银收据，注明一年偿还。

Chop to H. Bhicajee. An English note of a chop from Exchin to Hormasjee Bhicajee for $273, 9 September 1811②, due for repayment in one year. 1 item. 1811

---

① 西成行：广州十三行之一，行商黎颜裕，商名六官（Loqua、Locqua、Lockqua、Exchin）；继任者黎光远，商名柏官（Pakqua）。嘉庆九年（1804）成立，道光八年（1828）倒闭。
② 勘误：英文提要日期为1811年9月9日（9 September 1811），原文献时间为"嘉庆十六年十一月二十五日"，换算为公历，应为1812年1月9日。

29. 嘉庆十六年西成行[①]收到英国船长 Patrick Gardner 货款收据（H1/01/29）

嘉庆十六年八月初三日（1811年9月20日），西成行收到英国船长 Patrick Gardner 2784元货款收据，注明一年偿还。

Chop to Captain Gardner. An English note of a chop from Exchin to Captain Patrick Gardner for $2784, including interest, 20 September 1811, due for repayment in one year. 1 item. 1811

[①] 西成行：广州十三行之一，行商黎颜裕，商名六官（Loqua、Locqua、Lockqua、Exchin）；继任者黎光远，商名柏官（Pakqua）。嘉庆九年（1804）成立，道光八年（1828）倒闭。

30. 嘉庆十七年西成行[①] 收到英国船长 Patrick Gardner 货款利息收据（H1/01/30）

嘉庆十七年八月初三日（1812年9月8日），西成行收到英国船长 Patrick Gardner 139.2元货款利息收据，注明1813年2月1日偿还。

Chop to Captain Gardner. An English note of a chop from Exchin to Captain Patrick Gardner, 8 September 1812, adding interest of $139.20 to his earlier chop (H1/1/29), due for repayment on 1 February 1813. 1 item. 1812

[①] 西成行：广州十三行之一，行商黎颜裕，商名六官（Loqua、Locqua、Lockqua、Exchin）；继任者黎光远，商名柏官（Pakqua）。嘉庆九年（1804）成立，道光八年（1828）倒闭。

31. 嘉庆十六年西成行① 收到英国船长 Dunlop 货款收据（H1/01/31）

嘉庆十六年九月初十日（1811年10月26日），西成行收到英国船长 Dunlop 204元货银收据，注明一年偿还。

Chop to Captain Dunlop. An English note of a chop from Locqua to Captain Dunlop for $204, 26 October 1811, due for repayment in one year. 1 item. 1811

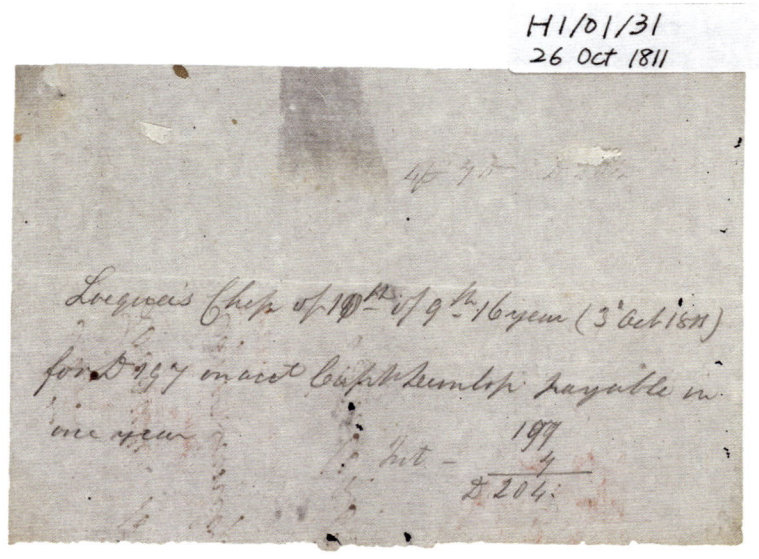

（正）

（反）

---

① 西成行：广州十三行之一，行商黎颜裕，商名六官（Loqua、Locqua、Lockqua、Exchin）；继任者黎光远，商名柏官（Pakqua）。嘉庆九年（1804）成立，道光八年（1828）倒闭。

32. 嘉庆十七年西成行①收到英国船长 Dunlop 货款收据（H1/01/32）

嘉庆十七年九月初十日（1812年10月14日），西成行收到英国船长 Dunlop 204元货银收据。

Chop to Captain Dunlop. An English note of a chop from Locqua to Captain Dunlop for $204, 14 October 1812, due for repayment on the 10th of the 9th of the 17th year [of Jiaqing]②, including $7 of interest for 3 months and 20 days at the rate of 12%. The total is worked out on condition of the payment being made on 1 February 1813. 1 item. 1812

---

① 西成行：广州十三行之一，行商黎颜裕，商名六官（Loqua、Locqua、Lockqua、Exchin）；继任者黎光远，商名柏官（Pakqua）。嘉庆九年（1804）成立，道光八年（1828）倒闭。
② "嘉庆十七年九月初十日"，换算为公历即为1812年10月14日（14 October 1812），记录时间与还款时间相同，疑误。

33. 嘉庆十六年西成行①收到英国商人 Namchund Amichund 货款收据（H1/01/33）

嘉庆十六年十月初一日（1811年11月16日），西成行收到英国商人 Namchund Amichund 11,422 元货银收据。

Chop to Namchund Amichund. An English note of a chop from Locqua to Namchund Amerchund (Amichund) for $11,422, 16 November 1811. There is also a second date given on the document: '16 y 10 m 30 d' (15 December 1811). 1 item. 1811

---

① 西成行：广州十三行之一，行商黎颜裕，商名六官（Loqua、Locqua、Lockqua、Exchin）；继任者黎光远，商名柏官（Pakqua）。嘉庆九年（1804）成立，道光八年（1828）倒闭。

34. 嘉庆十六年西成行① 收到英国公司 Baring & Co. 货款收据（H1/01/34）

嘉庆十六年十一月二十五日（1812年1月9日），西成行收到英国公司 Baring & Co. 4937元货银收据，注明应于嘉庆十七年十一月二十五日（1812年12月28日）偿还。

Chop to Baring & Co.. An English note of a chop from Exchin to Baring & Co. for $4937, including interest, 9 January 1812, due for repayment on 17y 11m 25 d (28 December 1812). 1 item. 1812

---

① 西成行：广州十三行之一，行商黎颜裕，商名六官（Loqua、Locqua、Lockqua、Exchin）；继任者黎光远，商名柏官（Pakqua）。嘉庆九年（1804）成立，道光八年（1828）倒闭。

35. 嘉庆十七年西成行①收到英国公司 Baring & Co. 货款收据（H1/01/35）

嘉庆十七年十一月二十五日（1812年12月28日），西成行收到英国公司 Baring & Co. 4991.307元货银收据，注明应于1813年2月1日偿还。

Chop to Baring & Co.. An English note of a renewed chop for Exchin's unpaid loan of 16y 11m 25d② from Baring & Co.. for \$4991.307, including interest, 28 December 1812, due for repayment on 1 February 1813. 1 item. 1812

---

① 西成行：广州十三行之一，行商黎颜裕，商名六官（Loqua、Locqua、Lockqua、Exchin）；继任者黎光远，商名柏官（Pakqua）。嘉庆九年（1804）成立，道光八年（1828）倒闭。

② 勘误：按原英文文献，此处应为"17y 11m 25d"。

36. 嘉庆十六年西成行^① 收到英国公司 Beale & Co. 货款收据（H1/01/36）

嘉庆十六年十一月二十五日（1812年1月9日），西成行收到英国公司Beale & Co. 2468元货银收据。

Chop to Beale & Co.. An English note of a chop from Exchin to Beale & Co. for $2468, including one year's interest, 9 January 1812. The document also includes a note recording the receipt of a $295 Bengal bill on 30 March 1813. 1 item. 1812–1813

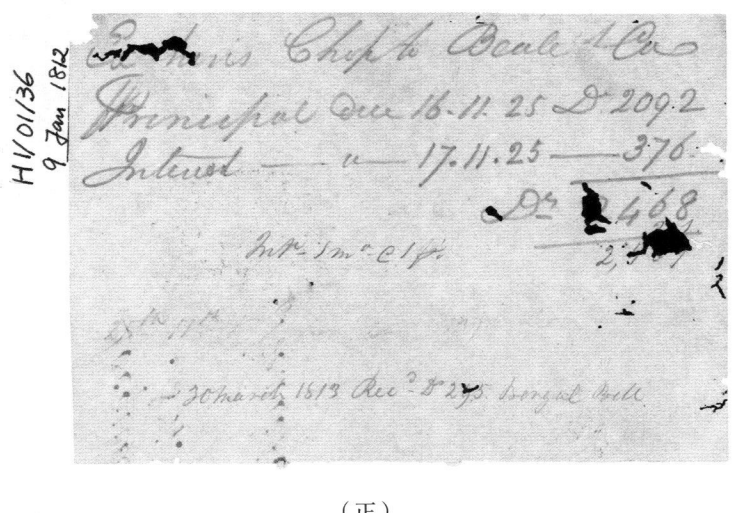

（正）

（反）

---

① 西成行：广州十三行之一，行商黎颜裕，商名六官（Loqua、Locqua、Lockqua、Exchin）；继任者黎光远，商名柏官（Pakqua）。嘉庆九年（1804）成立，道光八年（1828）倒闭。

37. 嘉庆十七年西成行[①] 收到英国公司 Beale & Co. 货款收据（H1/01/37）

嘉庆十七年十一月二十五日（1812年12月28日），西成行收到英国公司 Beale & Co. 2489元货银收据，注明应于1813年2月1日偿还。

Chop to Beale & Co.. An English note of a chop from Locqua to Beale & Co. for his unpaid loan of 16y 11m 25d[②] for $2489, including interest, 28 December 1812, due for repayment on 1 February 1813. 1 item. 1812

---

① 西成行：广州十三行之一，行商黎颜裕，商名六官（Loqua、Locqua、Lockqua、Exchin）；继任者黎光远，商名柏官（Pakqua）。嘉庆九年（1804）成立，道光八年（1828）倒闭。

② 勘误：按原英文文献，此处应为"17y 11m 25d"。

38. 嘉庆十六年西成行① 收到英国公司 Palmer & Co. 货款收据（H1/01/38）

嘉庆十六年十一月二十五日（1812年1月9日），西成行收到英国公司 Palmer & Co.1096元货银收据，注明应于嘉庆十七年十一月二十五日（1812年12月28日）偿还。

Chop to Palmer & Co.. An English note of a chop from Exchin to Palmer & Co. for $1096, including interest, 9 January 1812, due for repayment on 17y 11m 25d (28 December 1812). 1 item. 1812

---

① 西成行：广州十三行之一，行商黎颜裕，商名六官（Loqua、Locqua、Lockqua、Exchin）；继任者黎光远，商名柏官（Pakqua）。嘉庆九年（1804）成立，道光八年（1828）倒闭。

39. 嘉庆十七年英国公司 Palmer & Co. 收到西成行① 货款字据（H1/01/39）

嘉庆十七年十一月二十五日（1812年12月28日），英国公司 Palmer & Co. 收到西成行1812年1月9日借款1108.78元未偿还的字据，注明1813年2月1日到期归还。

Chop to Palmer & Co.. An English note of a chop from Exchin to Palmer & Co. for a renewed unpaid loan of 9 January 1812 for $1108.78, including interest, 28 December 1812, due for repayment on 1 February 1813. 1 item. 1813

---

① 西成行：广州十三行之一，行商黎颜裕，商名六官（Loqua、Locqua、Lockqua、Exchin）；继任者黎光远，商名柏官（Pakqua）。嘉庆九年（1804）成立，道光八年（1828）倒闭。

40. 嘉庆十六年西成行[①]收到英国商人 Alexander Shank 货款收据（H1/01/40）

嘉庆十六年十二月初十日（1812年1月23日），西成行收到英国商人 Alexander Shank 26,508元货银收据，注明一年偿还。

Chop to Alexander Shank. An English note of a chop from Locqua to Alexander Shank for Dolls 26,508, 23 January 1812, due for repayment in one year. An additional note records the receipt of a Bengal bill for $3180 on 30 March 1813. 1 item. 1812

（正）

（反）

---

① 西成行：广州十三行之一，行商黎颜裕，商名六官（Loqua、Locqua、Lockqua、Exchin）；继任者黎光远，商名柏官（Pakqua）。嘉庆九年（1804）成立，道光八年（1828）倒闭。

41. 嘉庆十六年西成行[①] 收到英国商人 Alexander Shank 货款收据（H1/01/41）

嘉庆十六年十二月初十日（1812年1月23日），西成行收到英国商人 Alexander Shank 26,508元货银收据，注明一年偿还。

Chop to Alexander Shank. An English note of a chop from Locqua to Alexander Shank for Dolls[②] 26,508, 23 January 1812, due for repayment in one year. 1 item. 1812

[①] 西成行：广州十三行之一，行商黎颜裕，商名六官（Loqua、Locqua、Lockqua、Exchin）；继任者黎光远，商名柏官（Pakqua）。嘉庆九年（1804）成立，道光八年（1828）倒闭。

[②] 原文献中作"Dollars"。

42. 嘉庆十六年西成行^① 收到英国商人 Fraser^② 货款收据（H1/01/42）

嘉庆十六年十二月二十日（1812年2月2日），西成行收到英国商人 Fraser 16,708元货银收据，注明一年偿还。

Chop to Fraser. An English note of a chop from Loqua (Locqua) to Fraser for $16,708, 2 February 1812, due for repayment in one year. 1 item. 1812

---

① 西成行：广州十三行之一，行商黎颜裕，商名六官（Loqua、Locqua、Lockqua、Exchin）；继任者黎光远，商名柏官（Pakqua）。嘉庆九年（1804）成立，道光八年（1828）倒闭。

② Fraser：费理渣，英国广州商馆特选委员会成员。

43. 嘉庆十六年西成行[①]收到英国商人 Thomas Beale 货款收据（H1/01/43）

嘉庆十六年十二月二十四日（1812年2月6日），西成行收到英国商人 Thomas Beale 52,964元货银收据，注明一年偿还。

Chop to Thomas Beale. An English note of a chop from Locqua to Thomas Beale for $52,964, 6 February 1812, due for repayment in one year. 1 item. 1812

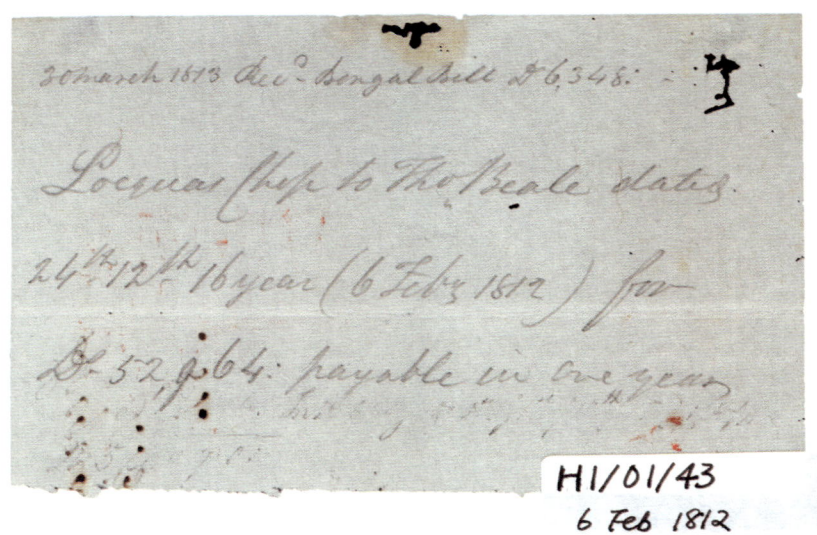

（正）

（反）

[①] 西成行：广州十三行之一，行商黎颜裕，商名六官（Loqua、Locqua、Lockqua、Exchin）；继任者黎光远，商名柏官（Pakqua）。嘉庆九年（1804）成立，道光八年（1828）倒闭。

44. 嘉庆十六年西成行[①]收到英国商人 Thomas Beale 货款收据（H1/01/44）

嘉庆十六年十二月二十四日（1812年2月6日），西成行收到英国商人 Thomas Beale 52,964元货银收据，注明1813年2月6日到期归还。

Chop to Thomas Beale. An English note of a chop from Locqua to Thomas Beale for $52,964, 6 February 1812, due for repayment on 6 February 1813. 1 item. 1812

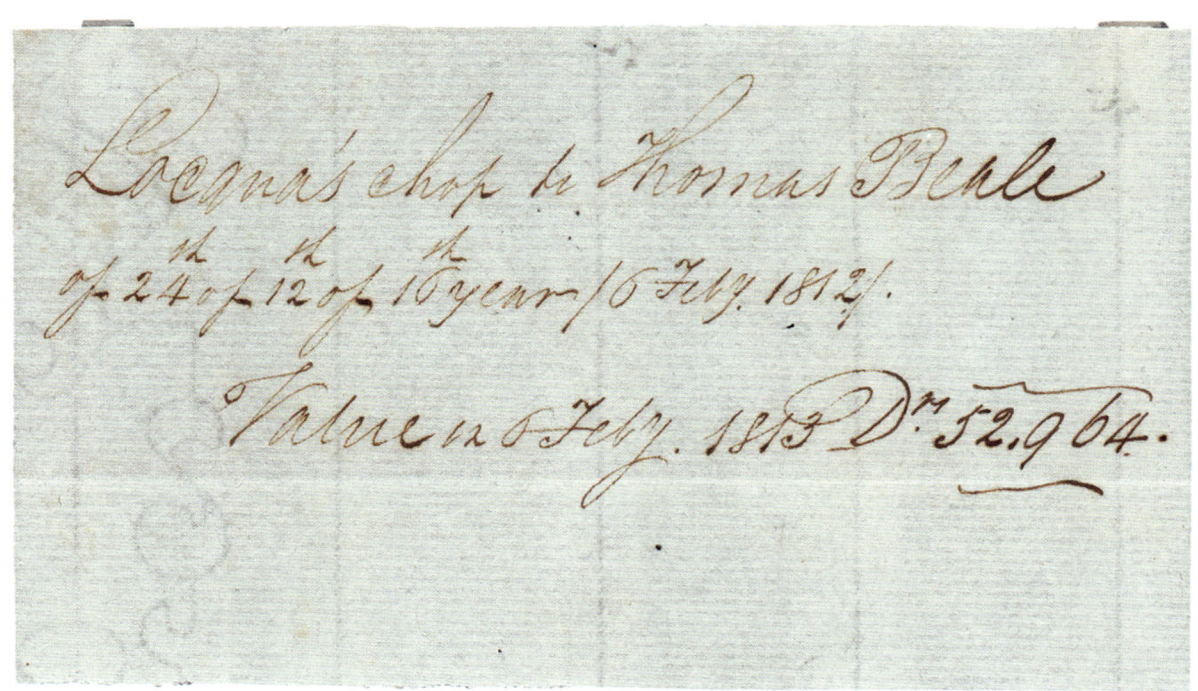

[①] 西成行：广州十三行之一，行商黎颜裕，商名六官（Loqua、Locqua、Lockqua、Exchin）；继任者黎光远，商名柏官（Pakqua）。嘉庆九年（1804）成立，道光八年（1828）倒闭。

45. 嘉庆十六年西成行[①]收到英国商人 Charles Magniac 货款收据（H1/01/45）

嘉庆十六年十二月二十五日（1812年2月7日），西成行收到英国商人 Charles Magniac 26,187.75 元货银收据，注明一年偿还。

Chop to Charles Magniac. An English note of a chop from Locqua to Charles Magniac for $26,187 3/4, 7 February 1812, due for repayment in one year. 1 item. 1812

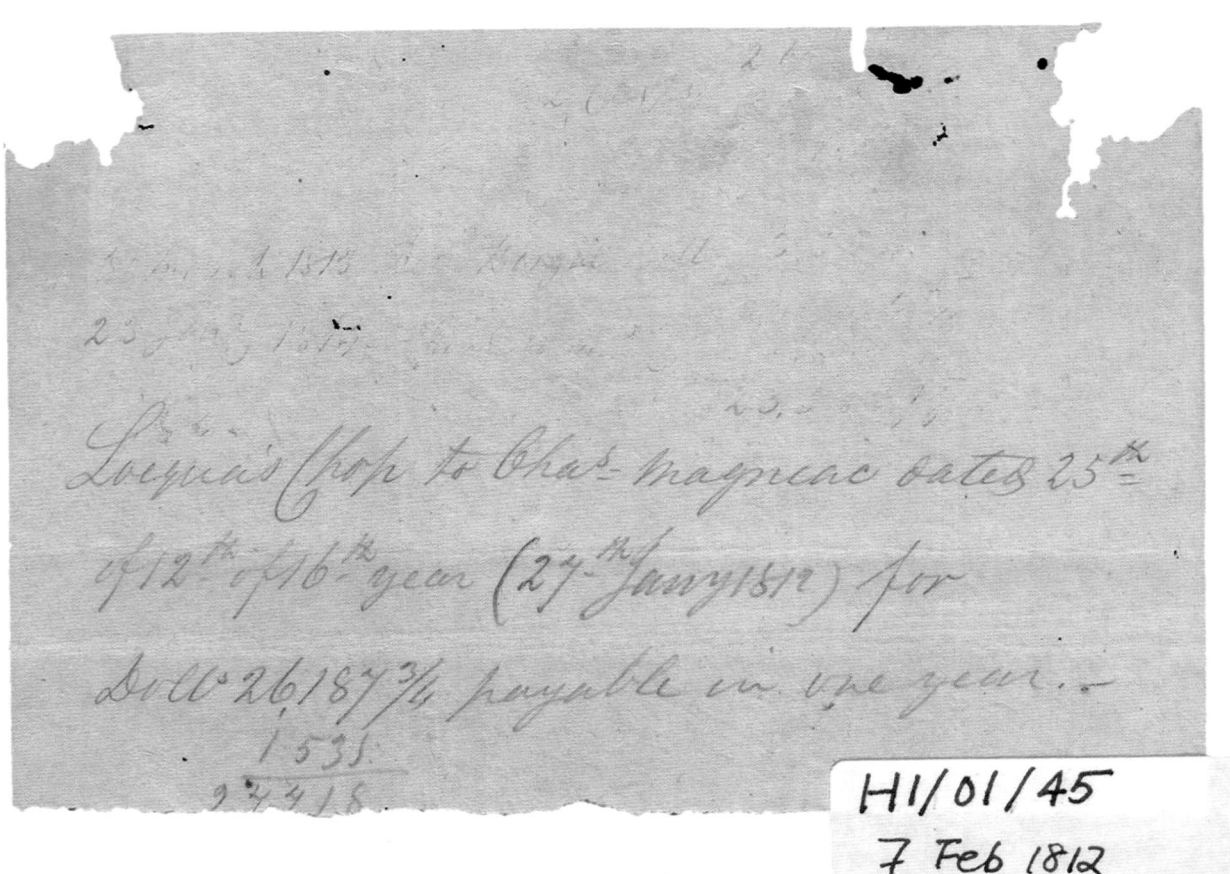

[①] 西成行：广州十三行之一，行商黎颜裕，商名六官（Loqua、Locqua、Lockqua、Exchin）；继任者黎光远，商名柏官（Pakqua）。嘉庆九年（1804）成立，道光八年（1828）倒闭。

46. 嘉庆十七年①西成行②收到英国商人 Charles Magniac 货款收据（H1/01/46）

嘉庆十七年（1813），西成行收到英国商人 Charles Magniac 1531元货银收据，注明17年12月19日到期归还。

Chop to Charles Magniac. An English note of a chop from Locqua to Charles Magniac for $1531, January 1813, due for repayment on 19th of 12th of 17th year. The western date given in the document is 23 January 1813, but the Chinese date is actually for 21 January 1811. 1 item. 1813

---

① 关于此件的时间问题，英文提要中谓：西历标注的是1813年1月23日，但中文日期实际上是1811年1月21日。因未见原中文文献，故暂取英文提要中的时间。

② 西成行：广州十三行之一，行商黎颜裕，商名六官（Loqua、Locqua、Lockqua、Exchin）；继任者黎光远，商名柏官（Pakqua）。嘉庆九年（1804）成立，道光八年（1828）倒闭。

47. 嘉庆十七年西成行①收到英国商人Charles Magniac货款收据（H1/01/47）

嘉庆十七年十二月十九日（1813年1月21日），西成行收到英国商人Charles Magniac 27,718元货银收据，注明1813年2月1日偿还。

Chop to Charles Magniac. An English note of a chop from Locqua to Charles Magniac for $27,718, 21 January 1813, due for repayment on 1 February 1813. 1 item. 1813

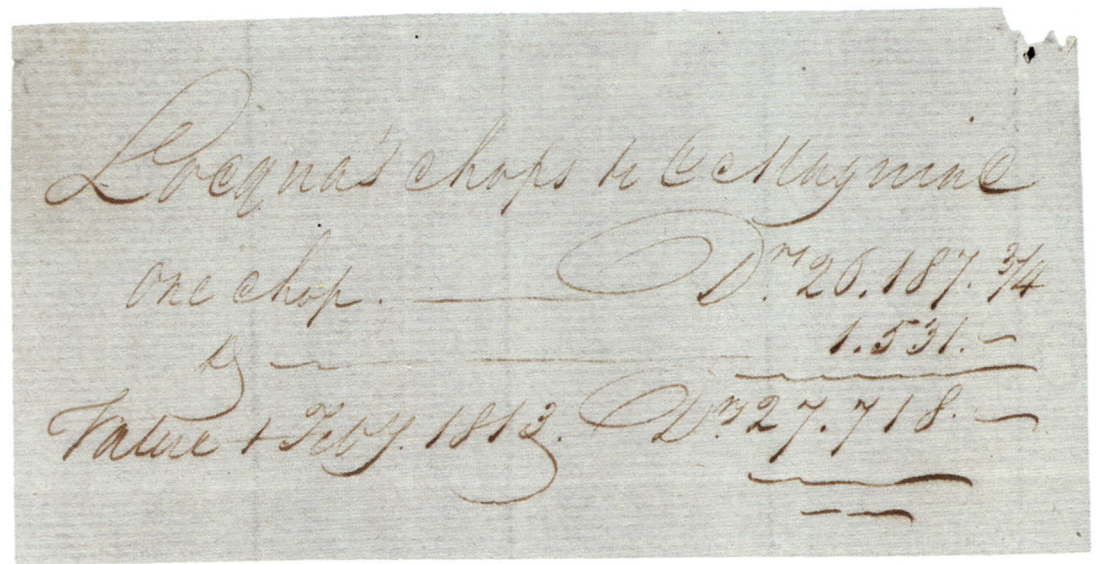

---

① 西成行：广州十三行之一，行商黎颜裕，商名六官（Loqua、Locqua、Lockqua、Exchin）；继任者黎光远，商名柏官（Pakqua）。嘉庆九年（1804）成立，道光八年（1828）倒闭。

48. 嘉庆十七年西成行①收到英国商人 Edmond Larkin 货款收据（H1/01/48）

嘉庆十七年正月十四日（1812年2月26日），西成行收到英国商人 Edmond Larkin 2273元货银收据，注明1813年2月1日到期归还。

Chop to Edmond Larkin. An English note of a chop from Exchin to Edmond Larkin for $2273, 26 February 1812, due for repayment on 1 February 1813② . 1 item. 1812

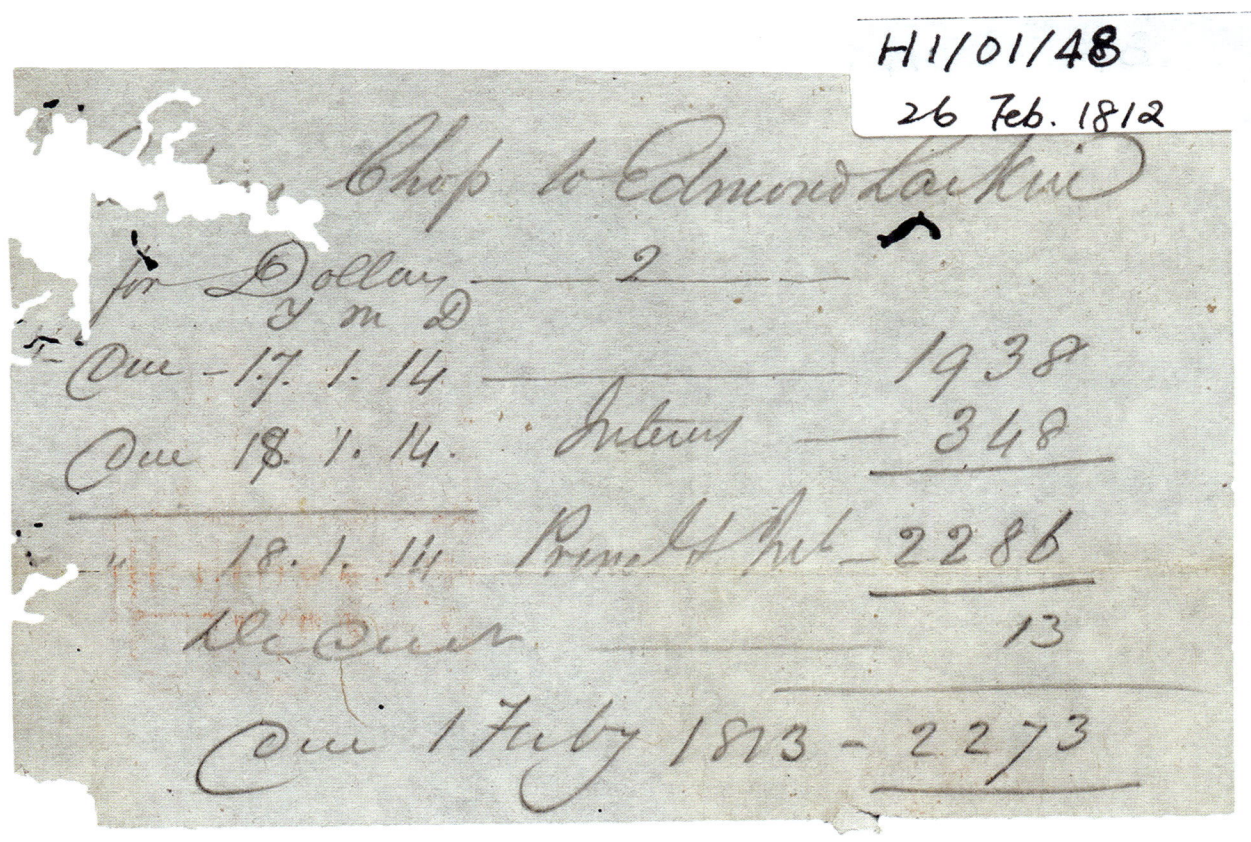

---

① 西成行：广州十三行之一，行商黎颜裕，商名六官（Loqua、Locqua、Lockqua、Exchin）；继任者黎光远，商名柏官（Pakqua）。嘉庆九年（1804）成立，道光八年（1828）倒闭。

② 记录时间与还款时间均为1813年1月31日，疑误。

49. 嘉庆十七年西成行[①]收到英国商人 Mula Ismael 货款收据（H1/01/49）

嘉庆十七年十二月二十九日（1813年1月31日），西成行收到英国商人 Mula Ismael 33,214元货银收据，注明1813年1月31日到期归还。

Chop to Mula Ismael. An English note of a chop from Exchin to Mula Ismael for \$33,214, 31 January 1813, due for repayment on 31 January 1813.[②] 1 item. 1813

[①] 西成行：广州十三行之一，行商黎颜裕，商名六官（Loqua、Locqua、Lockqua、Exchin）；继任者黎光远，商名柏官（Pakqua）。嘉庆九年（1804）成立，道光八年（1828）倒闭。

[②] 记录时间与还款时间均为1813年1月31日，疑误。

50. 嘉庆十八年西成行[①]收到英国船长 Craig 货款收据（H1/01/50）

嘉庆十八年正月初一日（1813年2月1日），西成行收到英国船长 Craig 8767.5元货银收据。

Chop to Captain Craig. An English note of a chop from Locqua to Captain Craig for $8786[②] 1/2, 1 February 1813. 1 item. 1813

[①] 西成行：广州十三行之一，行商黎颜裕，商名六官（Loqua、Locqua、Lockqua、Exchin）；继任者黎光远，商名柏官（Pakqua）。嘉庆九年（1804）成立，道光八年（1828）倒闭。

[②] 勘误：原英文文献作"8767"，英文提要此处有误。

51. 嘉庆十八年西成行[①]收到英国船长 Craig 货款收据（H1/01/51）

嘉庆十八年正月初一日（1813年2月1日），西成行收到英国船长 Craig 8767.5元货银收据。

Chop to Captain Craig. An English note of a chop from Locqua[②] to Captain Craig for $8786[③] 1/2, 1 February 1813. 1 item. 1813

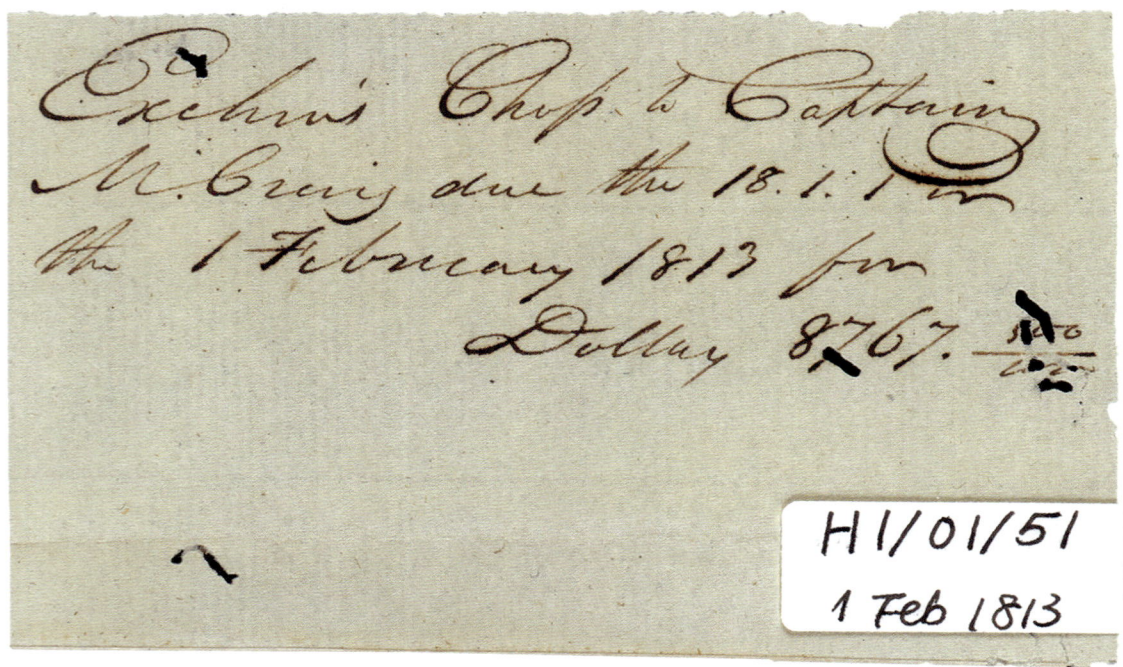

[①] 西成行：广州十三行之一，行商黎颜裕，商名六官（Loqua、Locqua、Lockqua、Exchin）；继任者黎光远，商名柏官（Pakqua）。嘉庆九年（1804）成立，道光八年（1828）倒闭。

[②] 勘误：原英文文献中作"Exchin"，英文提要此处有误。

[③] 勘误：原英文文献中作"8767"，英文提要此处有误。

52. 嘉庆二十年西成行[①]收到荷兰商人 P. Larsen 和 N. Keylgaad 款收据（H1/01/52）

嘉庆二十年正月初一日（1815年2月9日），西成行收到荷兰商人 P. Larsen 和 N. Keylgaad 5263元货银收据。信封上有中文"荷兰大班"。

Chop to P. Larsen and N. Keylgaad. An envelope including on the front an English note of a chop from Loqua (Locqua) to P. Larsen and N. Keylgaad for $5236[②], 9 February 1815. There are Chinese characters on the document signifying 'To Dutch Taipan'. 1 item. 1815

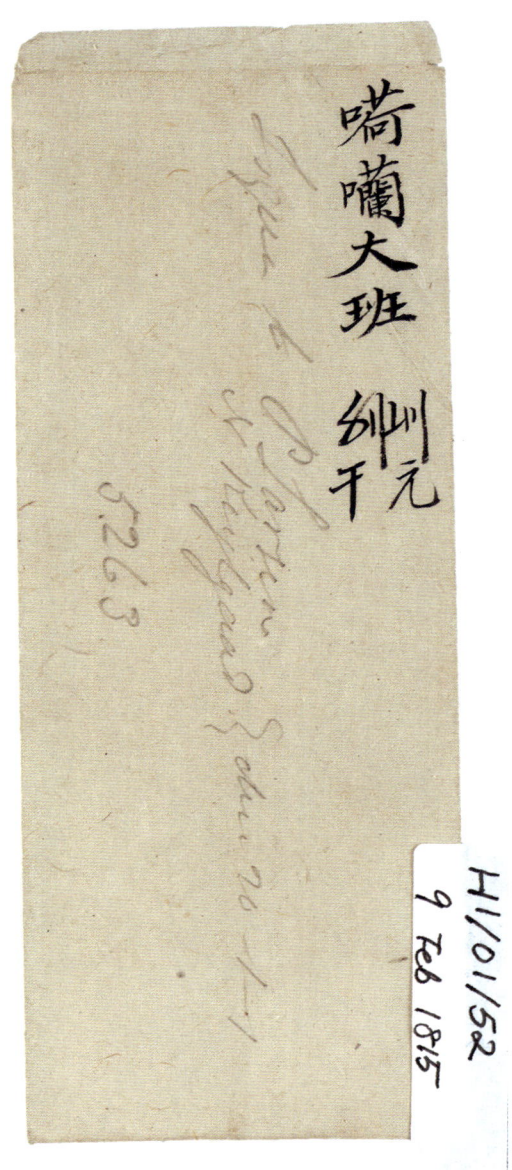

---

① 西成行：广州十三行之一，行商黎颜裕，商名六官（Loqua、Locqua、Lockqua、Exchin）；继任者黎光远，商名柏官（Pakqua）。嘉庆九年（1804）成立，道光八年（1828）倒闭。

② 勘误：原文献中作"5263"，英文提要此处有误。

53. 嘉庆二十四年西成行①更新收据便条（H1/01/53）

嘉庆二十四年二月初八日（1819年3月3日），西成行更新收据便条。

Note re Exchin's chop. A brief English note of 3 March 1819 regarding the receipt of Exchin's renewed chop. 1 item. 1819

---

① 西成行：广州十三行之一，行商黎颜裕，商名六官（Loqua、Locqua、Lockqua、Exchin）；继任者黎光远，商名柏官（Pakqua）。嘉庆九年（1804）成立，道光八年（1828）倒闭。

54. Ball 致 Tweedale 船长的单据（日期不详）(H1/01/54)

Ball 向 Tweedale 船长索赔西成行^①六官和同泰行璠官的 41,302 元，其中西成行 14,006 元，同泰行 27,296 元。

Note re chops to Captain Tweedale. An undated English note recording Mr. Ball's claims on Locqua and Poonequa for $41,302 on account of Captain Tweedale for Locqua's two chops and Poonequa's two chops. 1 item.

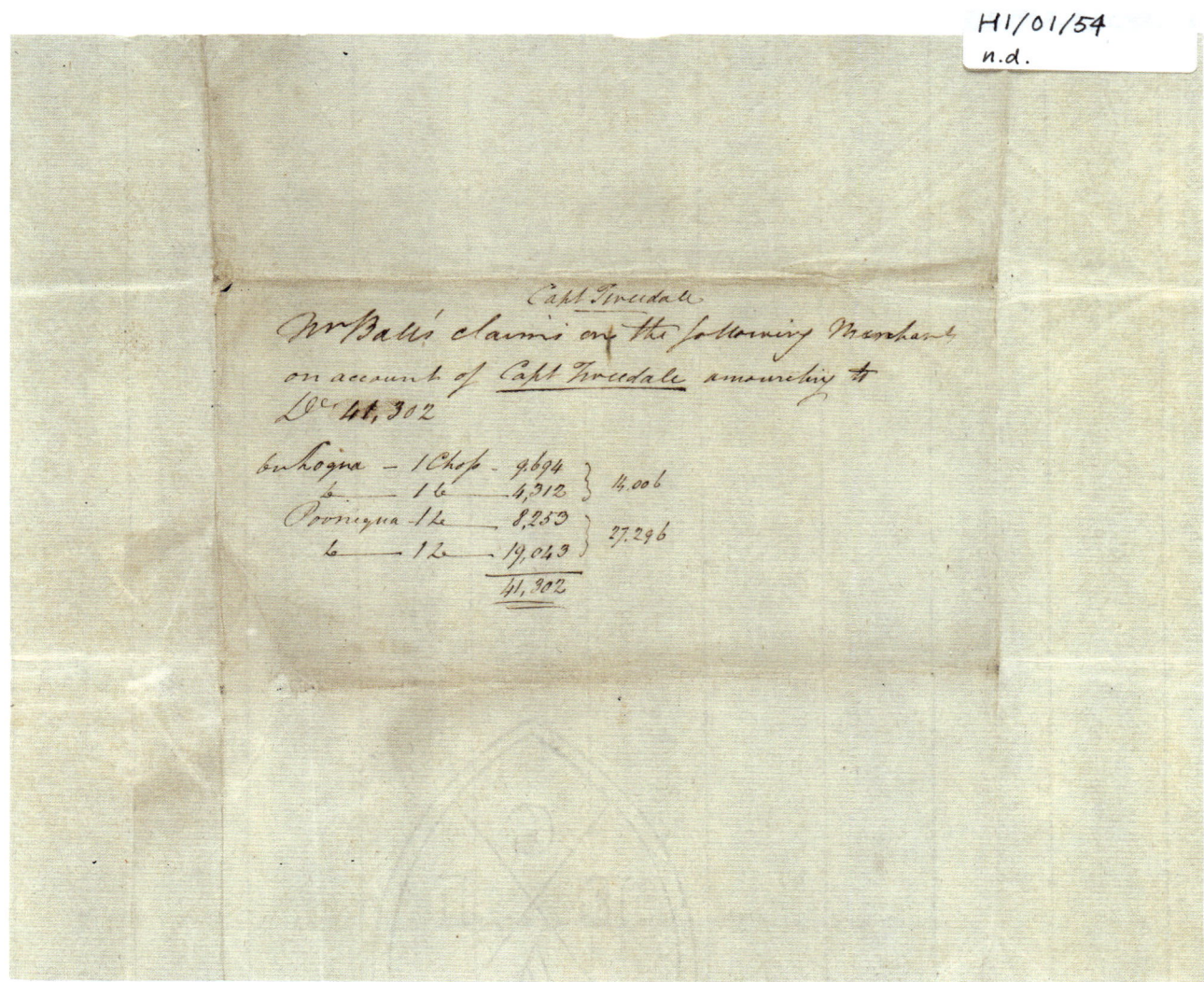

---

① 西成行：广州十三行之一，行商黎颜裕，商名六官（Loqua、Locqua、Lockqua、Exchin）；继任者黎光远，商名柏官（Pakqua）。嘉庆九年（1804）成立，道光八年（1828）倒闭。

二、嘉庆年间丽泉行[①]印章单据

1. 嘉庆十七年丽泉行收到英国商人 J. Drummond 贷款英文便条（H1/02/01）

嘉庆十七年九月二十八日（1812年11月1日），丽泉行行商潘长耀收到英国商人 J. Drummond 贷款 84,615 元的英文便条。

Loan receipt to J. Drummond. An English note of a loan receipt from Conseequa to J. Drummond for $84,615, 1 November 1812. 1 item. 1812

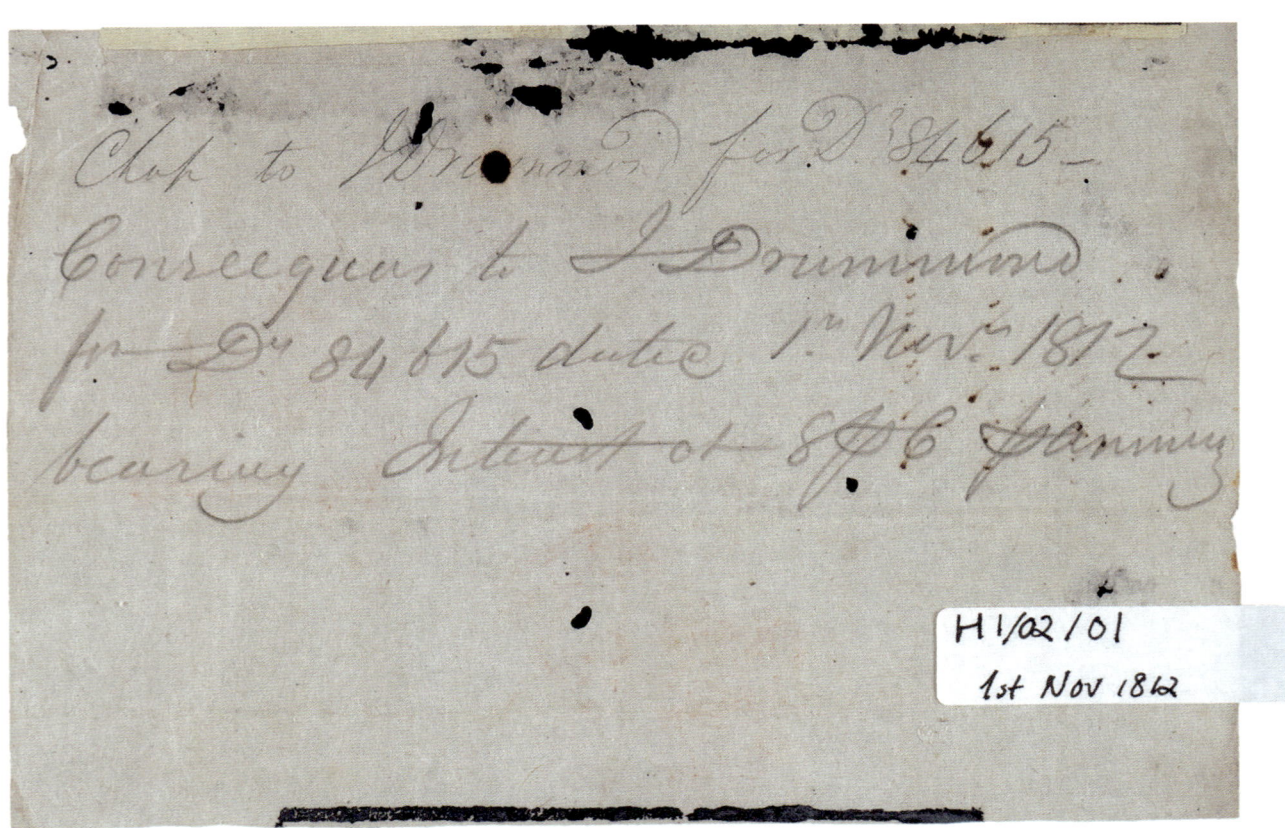

---

① 丽泉行：广州十三行之一，乾隆五十九年（1794）成立，道光三年（1823）倒闭。行商潘长耀，商名昆水官（Conseequa）。

2. 嘉庆十八年丽泉行[①]收到英国商人 J. Drummond 贷款英文便条（H1/02/02）

嘉庆十八年（1813），丽泉行行商潘长耀收到英国商人 J. Drummond 贷款 87,153.45 元的英文便条。

Loan receipt to J. Drummond. An English note of a loan receipt from Conseequa to J. Drummond for $87,153.450, including interest, due for repayment on 1 February 1813. 1 item. 1813

[①] 丽泉行：广州十三行之一，乾隆五十九年（1794）成立，道光三年（1823）倒闭。行商潘长耀，商名昆水官（Conseequa）。

3. 嘉庆十八年丽泉行①致英国东印度公司大班信函（H1/02/03）

嘉庆十八年十一月初四日（1813年11月26日），丽泉行行商潘长耀致函三位英国东印度公司大班万益、万罗尼（Wan luo ni）、巴臣（Ba chen），因美国商人拖欠三十余万元货款，无法偿还英国商人货款，请求宽限并帮助追讨欠款。并对英国大班剌佛（Roberts）逝世表示慰问。信函署昆水官，英文签名 Conseequa。

Message to Magniac and others. A four-page message from Conseequa to Magniac, Wan or Man luo ni, and Ba chen (Pearson ?), 26 November 1813, regarding his inability to pay his debt, blaming the Ren wei li ge (or ke or luo) brothers, members of an American company who owed $30,000② to the Hong. He discusses arranging a meeting with the brothers, who are currently in Macao, in order to urge them to pay. He also expresses sorrow for the death of Mr. Roberts, director of E.I.C. 4 items. 1813

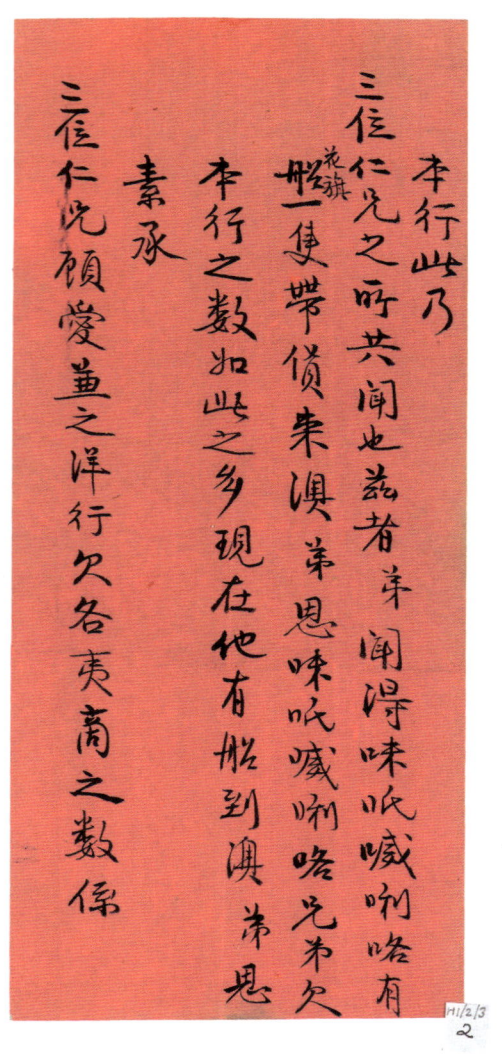 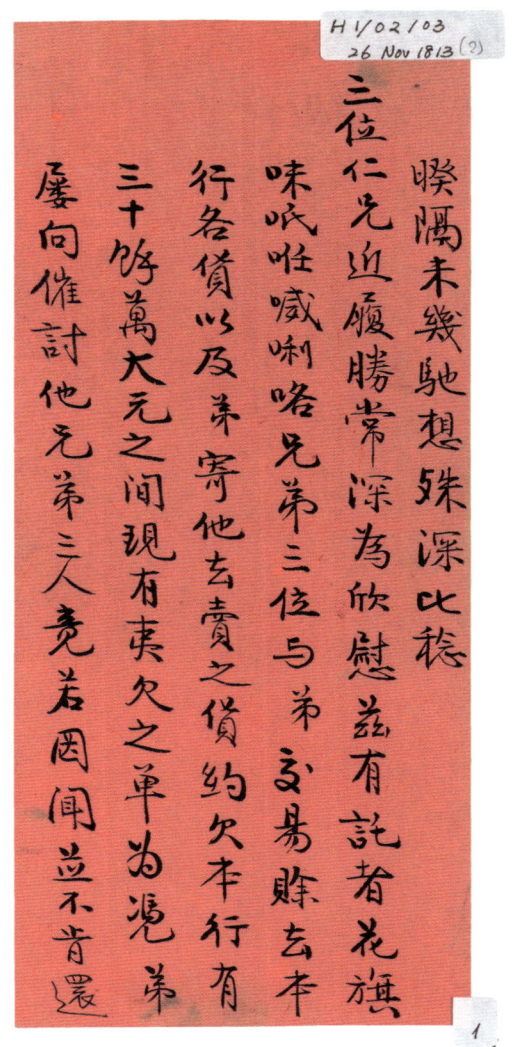

---

① 丽泉行：广州十三行之一，乾隆五十九年（1794）成立，道光三年（1823）倒闭。行商潘长耀，商名昆水官（Conseequa）。
② 勘误：按原中文文献，美国商人所欠款项为三十余万元，英文提要此处有误。

三位仁兄办理万目下在澳见信祗邵弟一臂之力代弟主裁或在澳如何为弟设法弟倘可取討多少亦可撥還各数鄙意如斯但未知合式否多煩

尊神俯察面謝也此拜託並頌

近安諸希

朗些不宣

嘆咭唎公司班上味呎嚼囉吥 三位仁兄全业

吧唯　嚼噎

六年土月廿日親泉行荣潘崑水发頃

再者近悲　味呎唎啡大班已經身逝弟不勝傷悼情深也又及

Consequa

4. 嘉庆二十二年丽泉行[①]致英国大班巡林文信函信封（H1/02/04）

嘉庆二十二年二月十一日（1817年3月28日），丽泉行行商潘长耀致函英国大班巡林文（Xun Linwen）的信封，内附37,070.5元贷款收据，盖有两枚丽泉行印章，印文"丽泉行"。

Chop to J. Drummond. A Chinese envelope addressed to the English Taipan Mr. Xunlinwen (Sullivan ?) from the Liquan Hong, including a note 'Please find an enclosed receipt'. On the back on the envelope is an English note about a chop from Conseequa to J. Drummond for $37,070.500, 28 March 1817. 1 item.

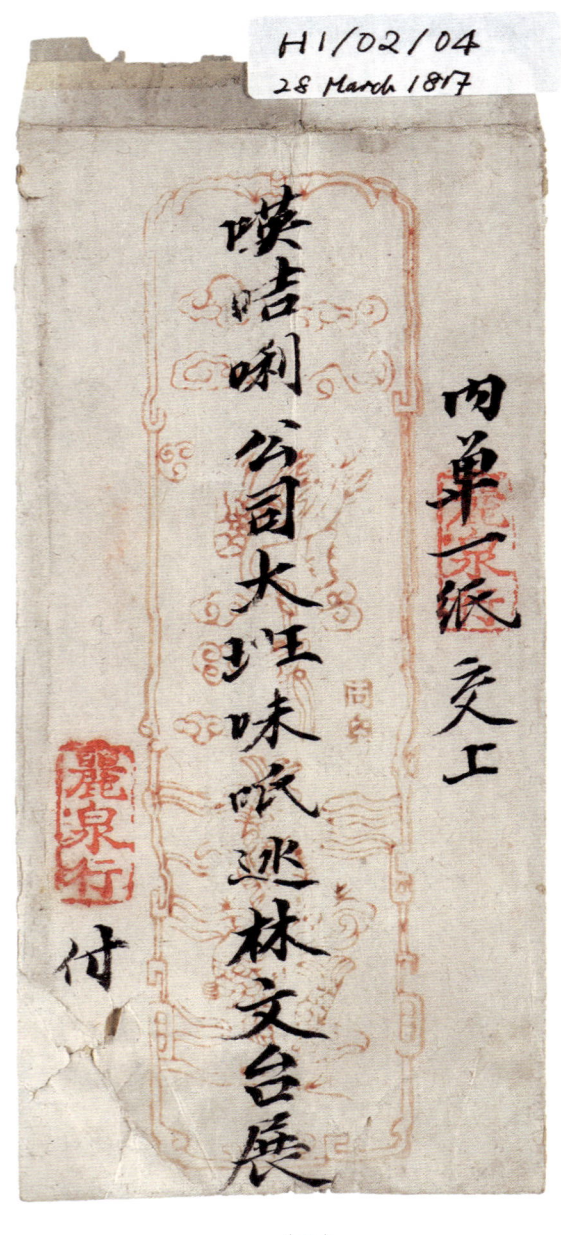
（正）

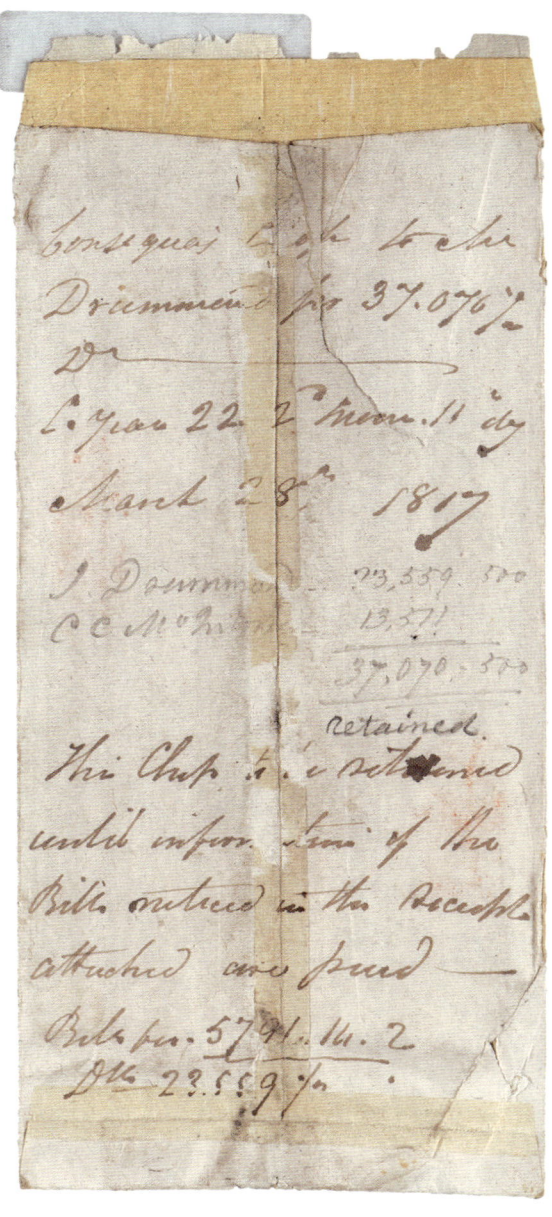
（反）

[①] 丽泉行：广州十三行之一，乾隆五十九年（1794）成立，道光三年（1823）倒闭。行商潘长耀，商名昆水官（Conseequa）。

三、嘉庆、道光年间福隆行①印章单据

1. 嘉庆十四年福隆行收到英国商人觅急贷款收据（H1/03/01）

嘉庆十四年十一月二十七日（1810年1月2日），福隆行行商关成发收到英国商人觅急7755元贷款收据，注明一年偿还，盖有两枚福隆行印章，印文"福隆行内柜图记"，顶部写有英文提要。

Loan receipt to T. J. Metcalfe. A loan receipt (in Chinese) from Manhop to Theophilus John Metcalfe, 5 January 1810②, due for repayment in one year. There is an English note about the loan at the top of the document. 1 item. 1810

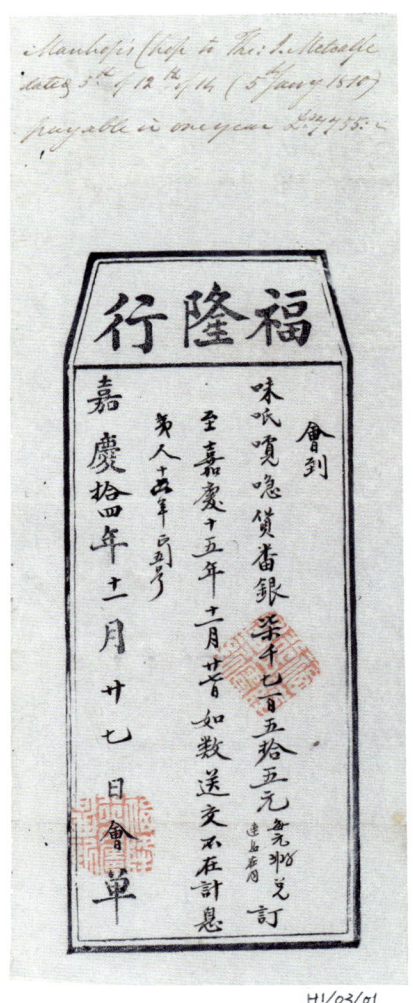

---

① 福隆行：广州十三行之一，嘉庆九年（1804）成立。行商邓兆祥，商号贤官（Inqua），后由关祥、关成发父子接替，商名九官（Gouqua）。道光九年（1829）倒闭。

② 勘误：英文提要日期为1810年1月5日（5 January 1810），按原中文文献"嘉庆拾四年十一月廿七日"，应为1810年1月2日。

2. 嘉庆十五年福隆行[①]致函英国商人升信封（H1/03/02）

嘉庆十五年正月十四日（1810年2月17日），福隆行行商关成发致函英国商人升的信函信封，信封背面英语注明关成发收到货银3850.75元收据。

Chop to Alexander Shank. An envelope in Chinese addressed to Alexander Shank from the Fulong Hong. On the back of the envelope is an English note about a chop from Manhop and Eenqua to Shank for $3850 3/4, 17 February 1810. 1 item. 1810

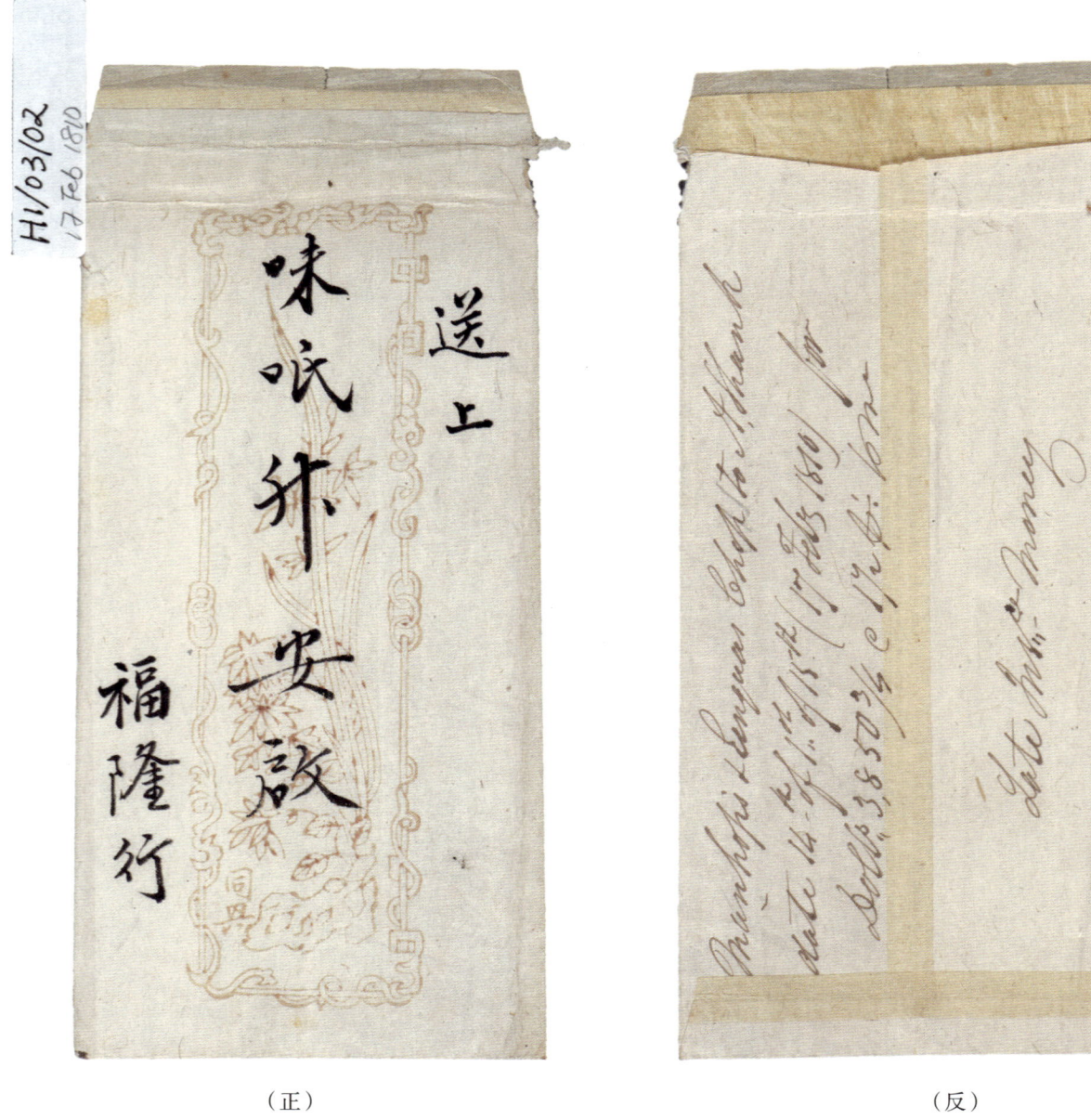

（正）　　　　　　　　　　　　　　　（反）

[①] 福隆行：广州十三行之一，嘉庆九年（1804）成立。行商邓兆祥，商号贤官（Inqua），后由关祥、关成发父子接替，商名九官（Gouqua）。道光九年（1829）倒闭。

3. 嘉庆十五年福隆行①欠英国商人 Alexander Shank 债务英文便条（H1/03/03）

嘉庆十五年正月十四日（1810年2月17日），福隆行行商关成发欠英国商人 Alexander Shank 6056 元的英文便条，注明1813年1月31日到期归还。

Note of Manhop's debt. An English note of Manhop's debt to Alexander Shank for $6056, including interest, due for repayment on 31 January 1813. 1 item. 1813

---

① 福隆行：广州十三行之一，嘉庆九年（1804）成立。行商邓兆祥，商号贤官（Inqua），后由关祥、关成发父子接替，商名九官（Gouqua）。道光九年（1829）倒闭。

4. 嘉庆二十二年福隆行①欠英国商人比臣债务收据（H1/03/04）

嘉庆二十二年二月十一日（1817年3月28日），福隆行行商关成发欠英国商人比臣（A. Pearson）45,208.1元的收据，注明于嘉庆二十四年十月初十日（1819年11月27日）如数交还。

Loan receipt to A. Pearson. A loan receipt from Manhop to A. Pearson for $45,208 1/4②, 28 March 1817, with an additional note regarding paying off the old scores on JQ 24y 10m 10d (27 November 1819). 1 item. 1817

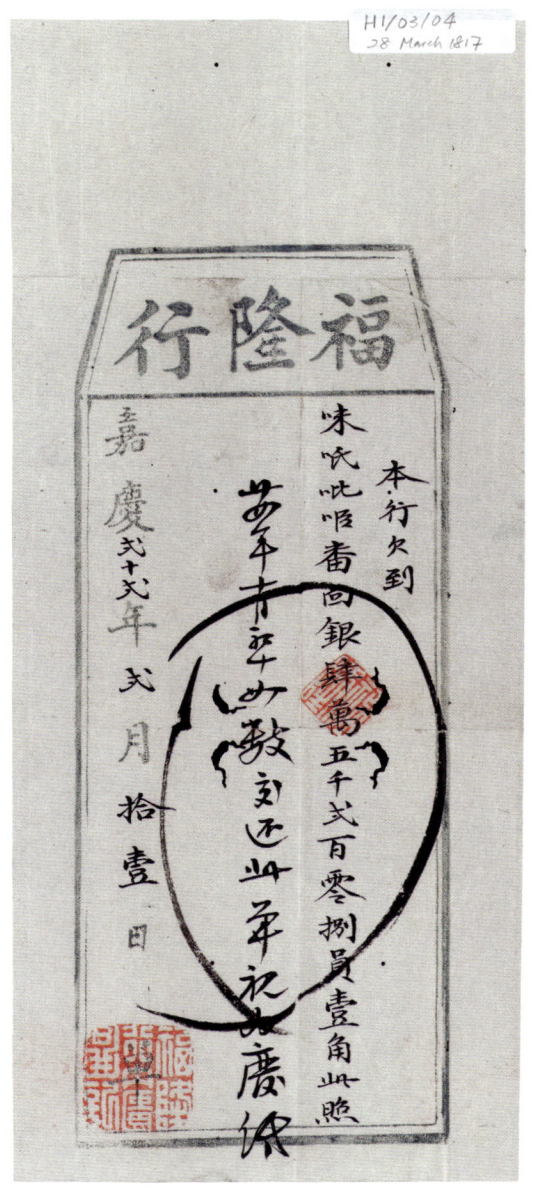

---

① 福隆行：广州十三行之一，嘉庆九年（1804）成立。行商邓兆祥，商号贤官（Inqua），后由关祥、关成发父子接替，商名九官（Gouqua）。道光九年（1829）倒闭。

② 勘误：按原中文文献"肆万五千弍百零捌员壹角"，此处应为1/10。

5. 嘉庆二十二年福隆行[①]致函英国商人比臣信封（H1/03/05）

嘉庆二十二年二月十一日（1817年3月28日），福隆行行商关成发致函英国商人比臣信封，信封正面以苏州码注明欠比臣款项四万五千二百零八元一钱八分，信封背面用英文注明关成发欠比臣的款项45,208.25元。

Note on loan to Pearson. A Chinese envelope from Manhop to A. Pearson, 28 March 1817, with an English note on the back about a chop from Manhop to Pearson for $45,208 1/4. 1 item. 1817

（正）

（反）

[①] 福隆行：广州十三行之一，嘉庆九年（1804）成立。行商邓兆祥，商号贤官（Inqua）。后由关祥、关成发父子接替，商名九官（Gouqua）。道光九年（1829）倒闭。

6. 嘉庆二十二年福隆行[①]欠英国商人班林债务收据（H1/03/06）

嘉庆二十二年二月十一日（1817年3月28日），福隆行行商关成发欠英国商人班林（Bonham）32,312元收据，盖有两枚福隆行印章，一枚印文"福隆行内柜图记"，一枚印文"福隆"，注明于嘉庆二十四年十月初十日（1819年11月27日）如数交还。并附有一个中文信封，上有英文备忘。

Loan receipt to Captain Bonham. A loan receipt (in Chinese) from Manhop to Captain Bonham for $32,312, 28 March 1817, with an additional note regarding paying off the old scores on JQ 24y 10m 10d (27 November 1819). There is also a Chinese envelope with an English note about the loan on the back. 2 items. 1817

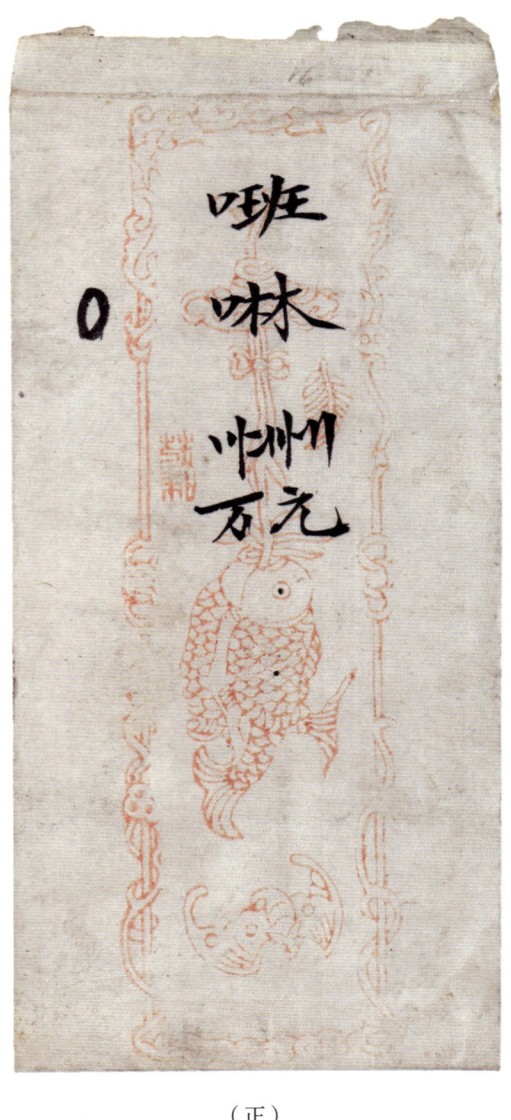 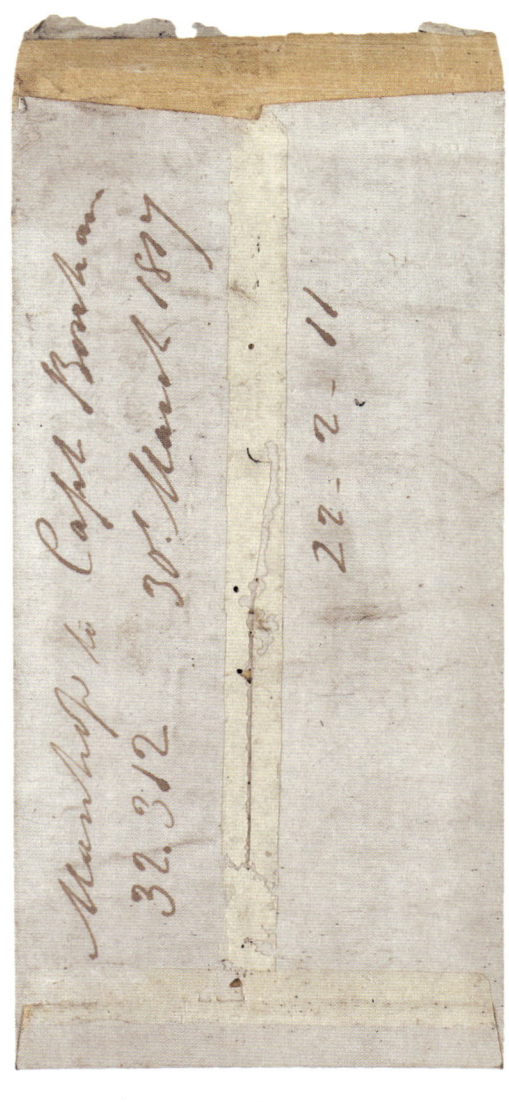

（正） （反）

[①] 福隆行：广州十三行之一，嘉庆九年（1804）成立。行商邓兆祥，商号贤官（Inqua），后由关祥、关成发父子接替，商名九官（Gouqua）。道光九年（1829）倒闭。

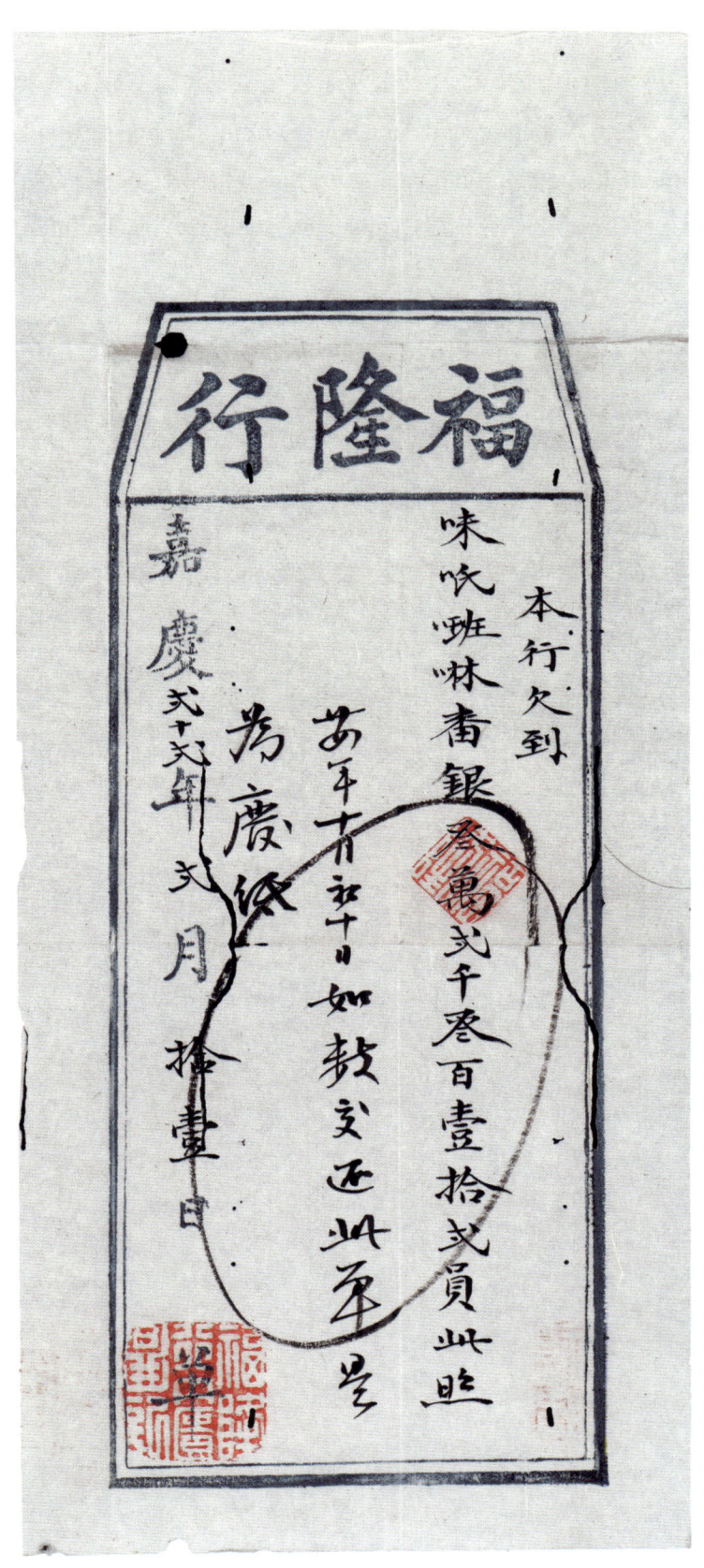

7. 嘉庆二十二年福隆行①欠英国商人忌列顿债务收据（H1/03/07）

嘉庆二十二年二月十一日（1817年3月28日），福隆行行商关成发欠英国商人忌列顿（J. Crichton）6418元收据，盖有两枚福隆行印章，一枚印文"福隆行内柜图记"，一枚印文"福隆"，注明于嘉庆二十四年十月初十日（1819年11月27日）如数交还。并附有一个中文信封，上有英文备忘。

Loan receipt to J. Crichton. A loan receipt (in Chinese) from Manhop to Mr. J. Crichton for $6418, 28 March 1817, with an additional note regarding paying off the old scores on JQ 24y 10m 10d (27 November 1819). There is also a Chinese envelope with an English note about the loan on the back. 2 items. 1817

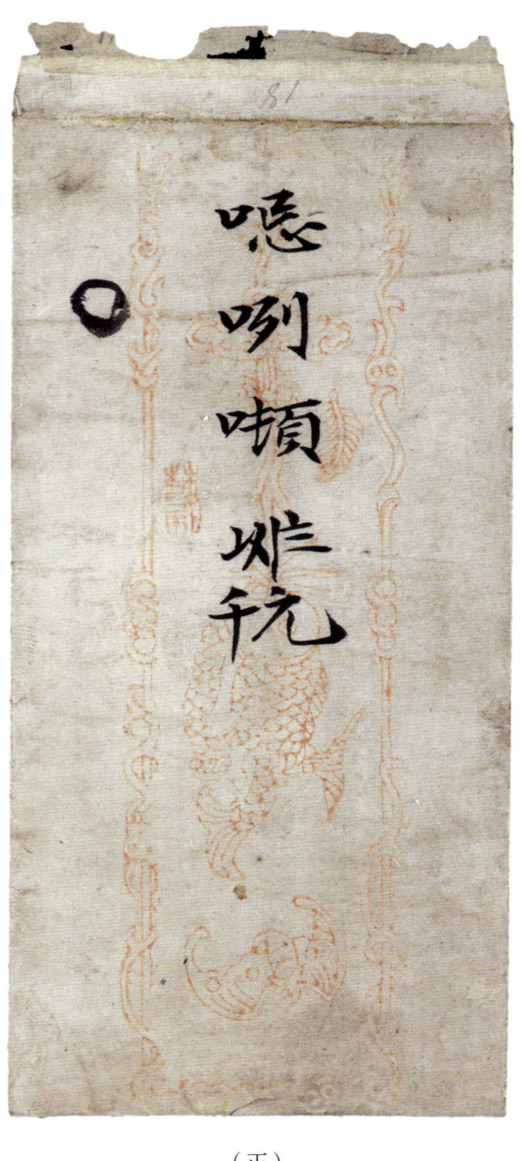

（正）　　　　　　　　　　（反）

---

① 福隆行：广州十三行之一，嘉庆九年（1804）成立。行商邓兆祥，商号贤官（Inqua），后由关祥、关成发父子接替，商名九官（Gouqua）。道光九年（1829）倒闭。

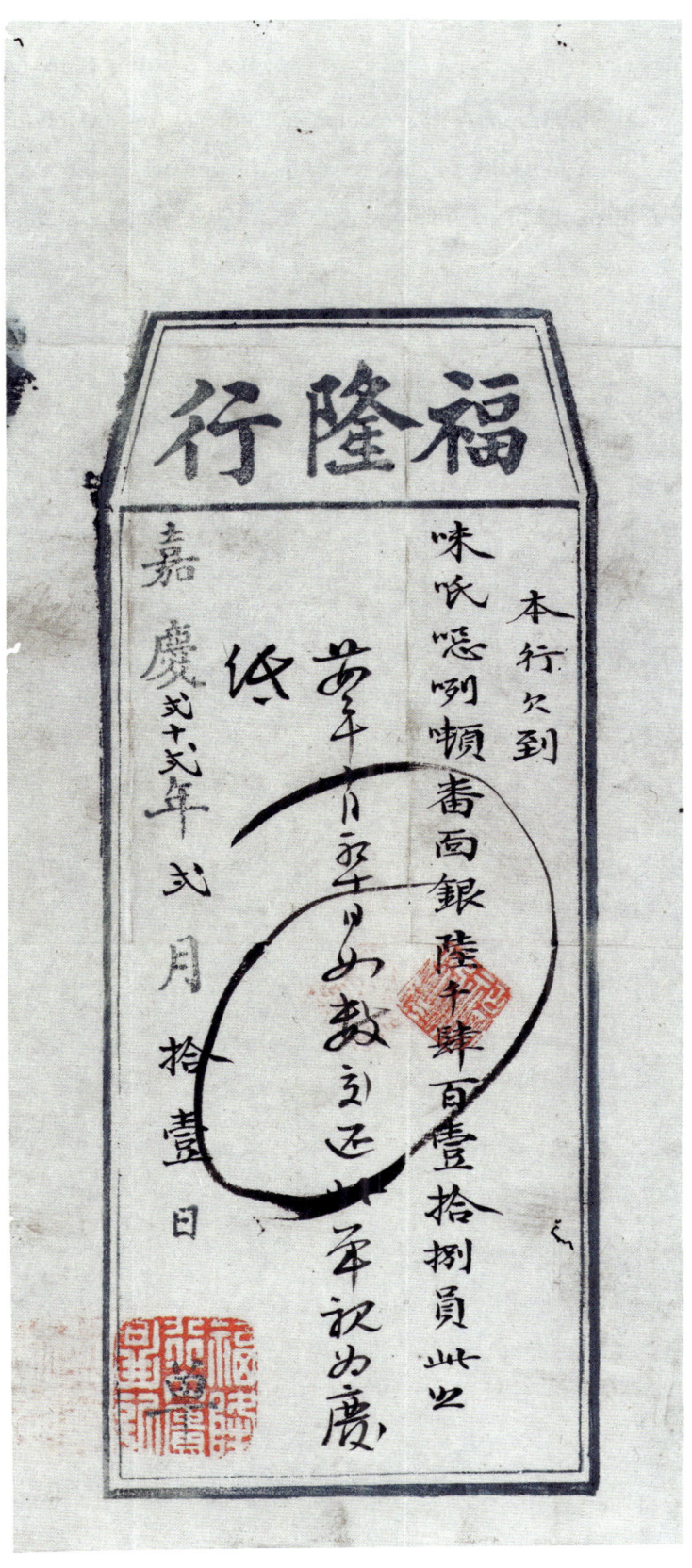

8. 嘉庆二十二年福隆行①欠英国船长单拿臣债务收据（H1/03/08）

嘉庆二十二年二月十一日（1817年3月28日），福隆行行商关成发欠英国船长单拿臣（Donaldson）817.1元收据，盖有两枚福隆行印章，一枚印文"福隆行内柜图记"，一枚印文"福隆"，注明于嘉庆二十四年十月初十日（1819年11月27日）如数交还。并附有一个中文信封，上有英文备忘。

Loan receipt to Captain Donaldson. A loan receipt (in Chinese) from Manhop to Captain Donaldson for $817 1/4②, 28 March 1817, with an additional note regarding paying off the old scores on JQ 24y 10m 10d (27 November 1819). There is also a Chinese envelope with an English note about the loan on the back. 2 items. 1817

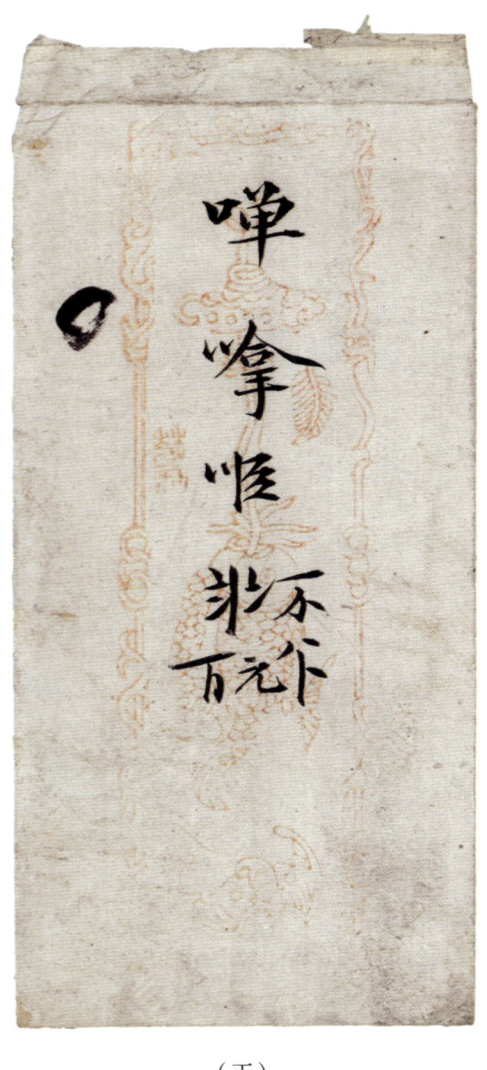

（正）　　　　　　　　　　　　　　　（反）

---

① 福隆行：广州十三行之一，嘉庆九年（1804）成立。行商邓兆祥，商号贤官（Inqua），后由关祥、关成发父子接替，商名九官（Gouqua）道光九年（1829）倒闭。

② 勘误：按原中文文献"捌百壹拾柒员壹角"，此处应为1/10。

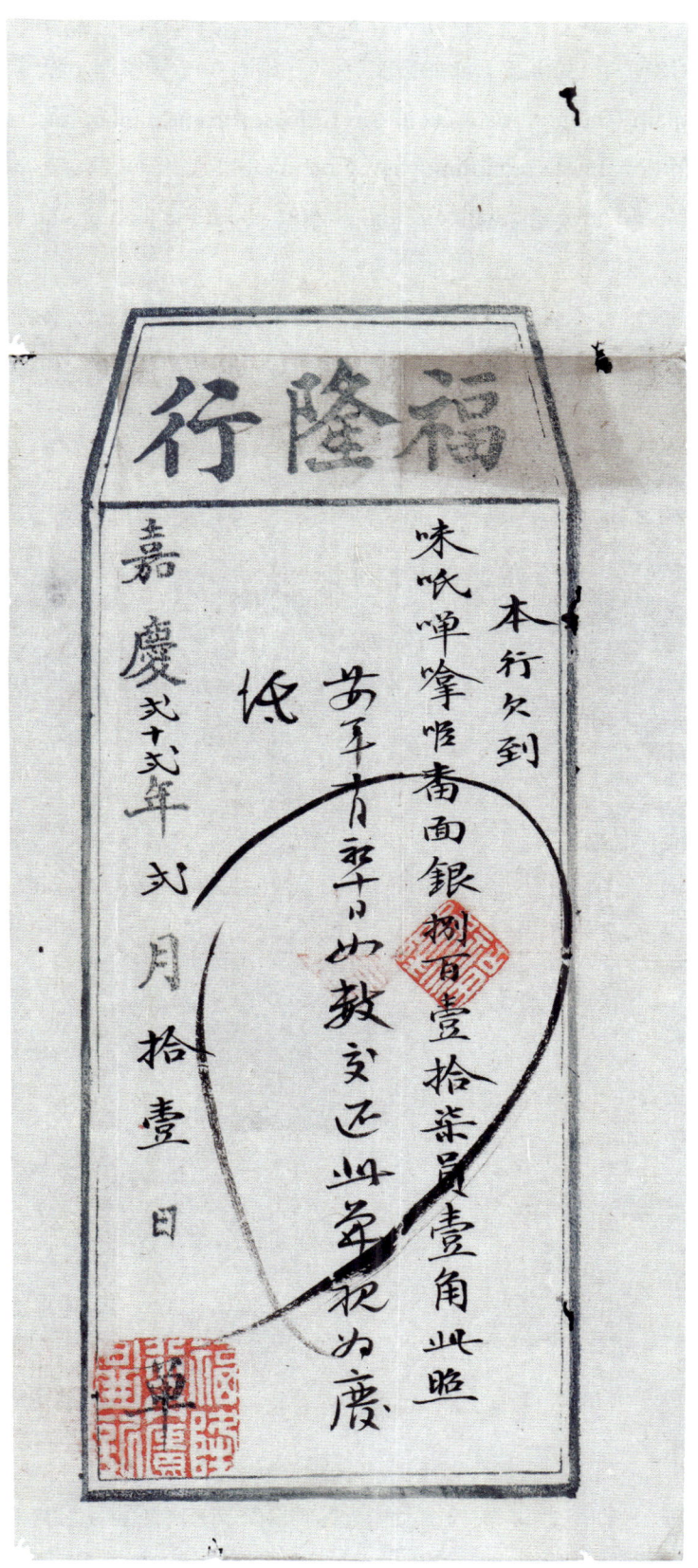

9. 嘉庆二十二年福隆行[①]欠英国船长忌列债务收据（H1/03/09）

嘉庆二十二年二月十一日（1817年3月28日），福隆行行商关成发欠英国船长忌列（Craig）381元债务收据，盖有两枚福隆行印章，一枚印文"福隆行内柜图记"，一枚印文"福隆"，注明于嘉庆二十四年十月初十日（1819年11月27日）如数交还。并附有一个中文信封，信封背面有英文备忘。

Loan receipt to Captain Craig. A loan receipt (in Chinese) from Manhop to Captain Craig for $381, 28 March 1817, with an additional note regarding paying off the old scores on JQ 24y 10m 10d (27 November 1819). There is also a Chinese envelope with an English note about the loan on the back. 2 items. 1817

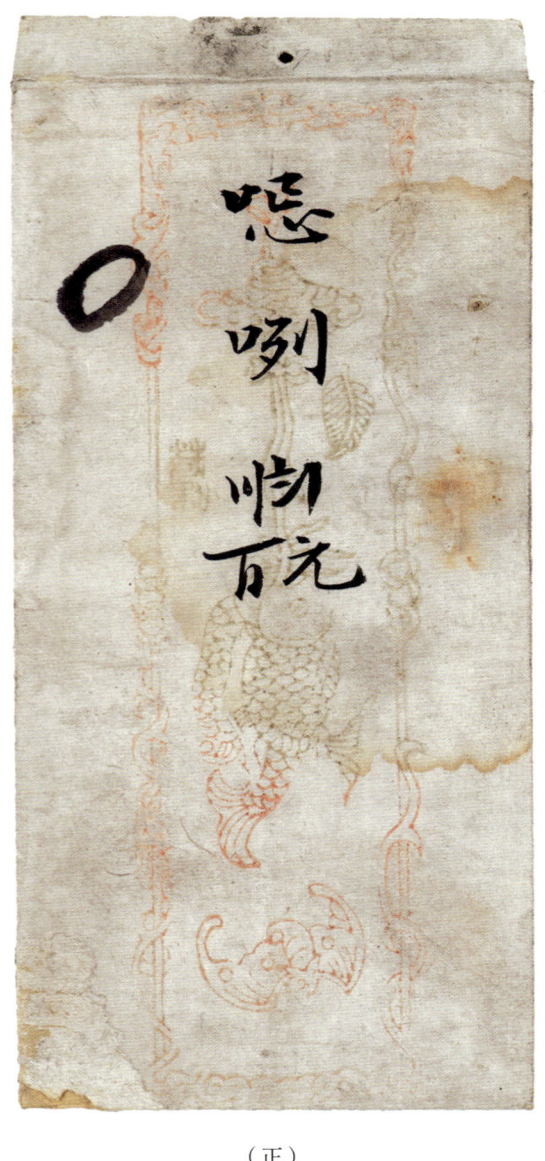
（正）

（反）

[①] 福隆行：广州十三行之一，嘉庆九年（1804）成立。行商邓兆祥，商号贤官（Inqua），后由关祥、关成发父子接替，商名九官（Gouqua）。道光九年（1829）倒闭。

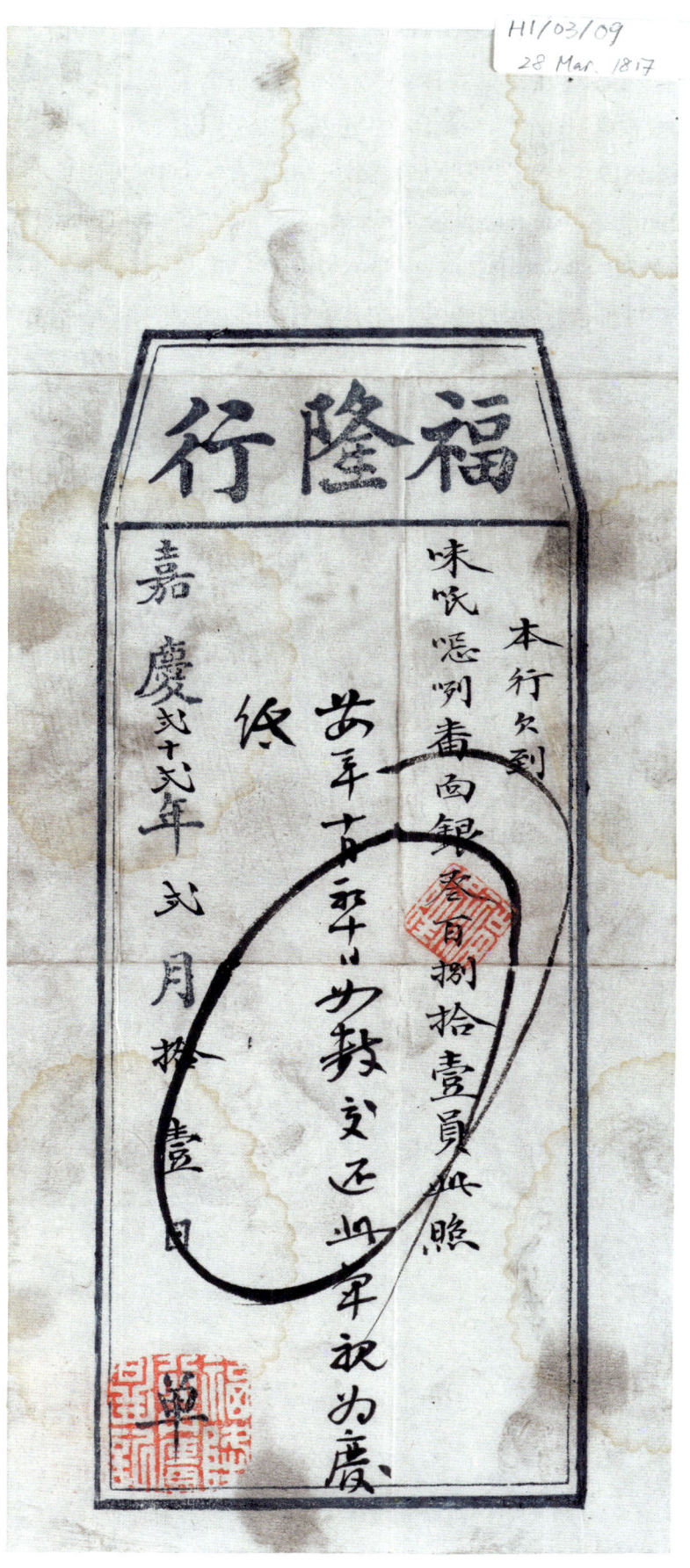

10. 嘉庆二十二年福隆行[①]欠英国商人卑利债务收据（H1/03/10）

嘉庆二十二年二月十一日（1817年3月28日），福隆行行商关成发欠英国商人卑利（R. Berry）21,741元收据，盖有两枚福隆行印章，一枚印文"福隆行内柜图记"，一枚印文"福隆"，注明于嘉庆二十四年十月初十日（1819年11月27日）如数交还。并附有一个中文信封，上有英文备忘。

Loan receipt to R. Berry. A loan receipt (in Chinese) from Manhop to R. Berry for $21,741, 28 March 1817, with an additional note regarding paying off the old scores on JQ 24y 10m 10d (27 November 1819). There is also a Chinese envelope with an English note about the loan on the back. 2 items. 1817

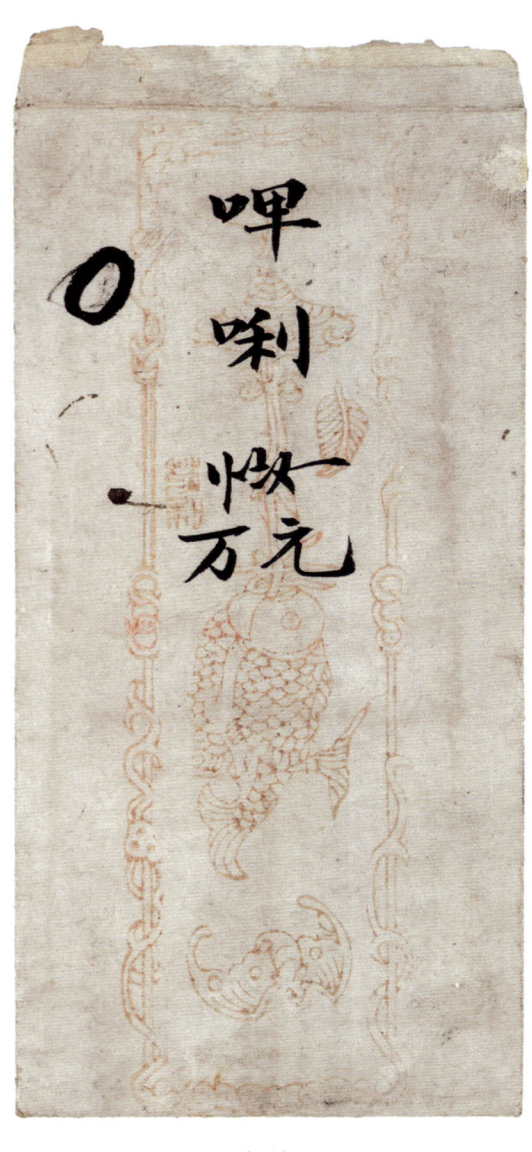
（正）

（反）

[①] 福隆行：广州十三行之一，嘉庆九年（1804）成立。行商邓兆祥，商号贤官（Inqua），后由关祥、关成发父子接替，商名九官（Gouqua）。道光九年（1829）倒闭。

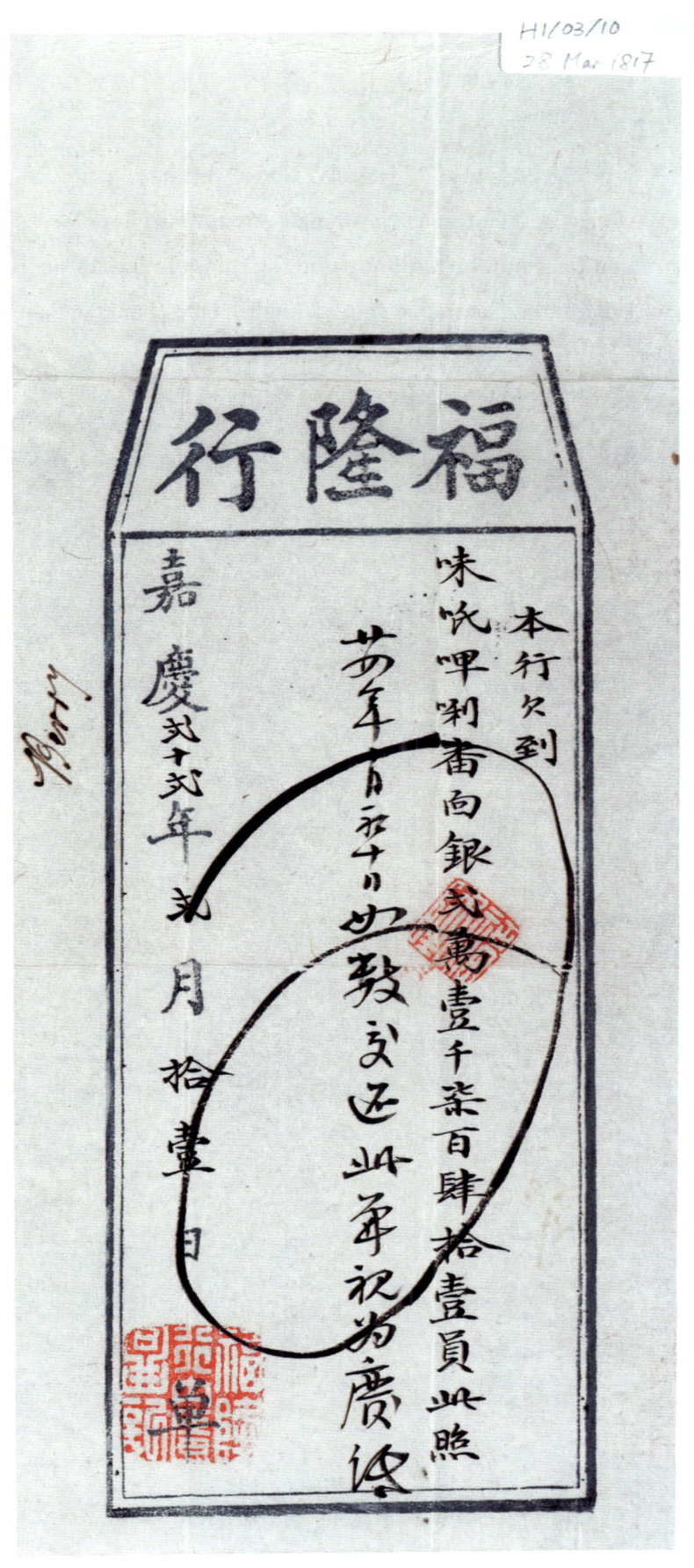

11. 嘉庆二十二年福隆行①欠英国商人文利债务收据（H1/03/11）

嘉庆二十二年二月十一日（1817年3月28日），福隆行行商关成发欠英国商人文利（W. T. Money）34,455元收据，盖有两枚福隆行印章，一枚印文"福隆行内柜图记"，一枚印文"福隆"，注明于嘉庆二十四年十月初十日（1819年11月27日）如数交还。并附有一个中文信封，上有英文备忘。

Loan receipt to W. T. Money. A loan receipt (in Chinese) from Manhop to W. T. Money for $34,455, 28 March 1817, with an additional note regarding paying off the old scores on JQ 24y 10m 10d (27 November 1819). There is also a Chinese envelope with an English note about the loan on the back. 2 items. 1817

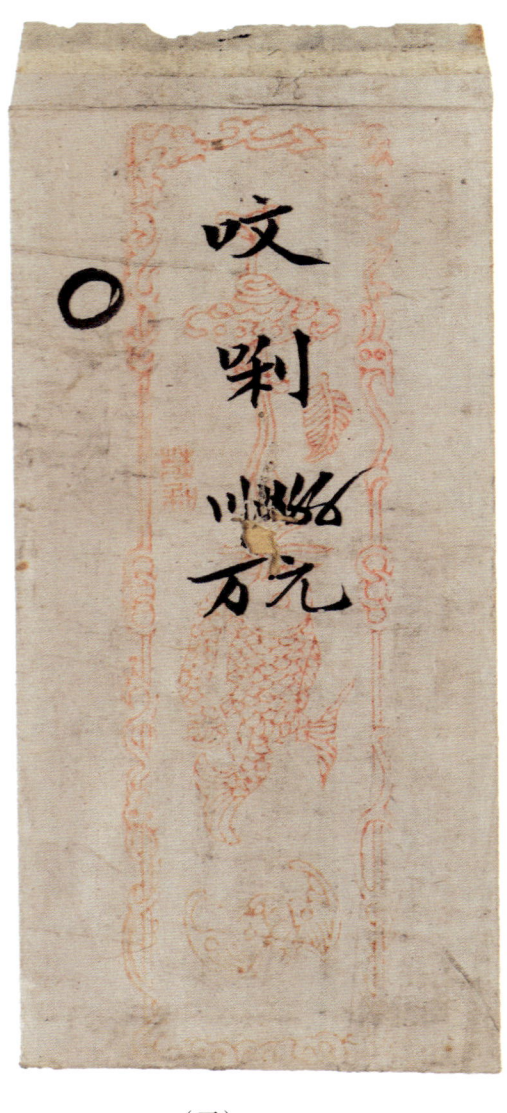
（正）

（反）

---

① 福隆行：广州十三行之一，嘉庆九年（1804）成立。行商邓兆祥，商号贤官（Inqua），后由关祥、关成发父子接替，商名九官（Gouqua）。道光九年（1829）倒闭。

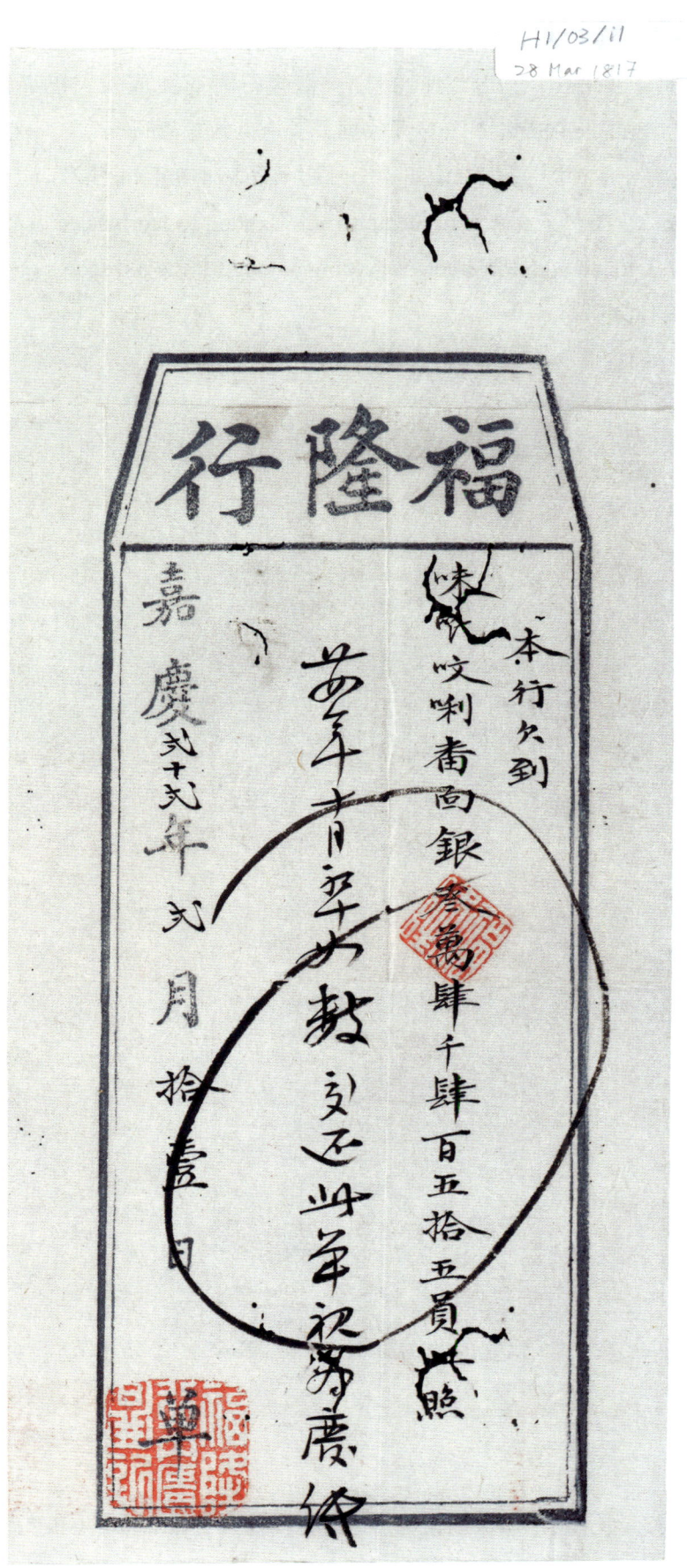

12. 嘉庆二十二年福隆行[①]欠巴斯商人口未治必驾治债务收据（H1/03/12）

嘉庆二十二年二月十一日（1817年3月28日），福隆行行商关成发欠巴斯商人口未治必驾治（Hormasjee Bhicajee 或 Comajee Bhicajee）209元收据，盖有两枚福隆行印章，一枚印文"福隆行内柜图记"，一枚印文"福隆"，注明于嘉庆二十四年十月初十日（1819年11月27日）如数交还。

Loan receipt to H. or C. Bhicajee. A loan receipt from Manhop to Hormasjee or Comajee Bhicajee (?) for $209, 28 March 1817, with an additional note regarding paying off the old scores on JQ 24y 10m 10d (27 November 1819). 1 item. 1817

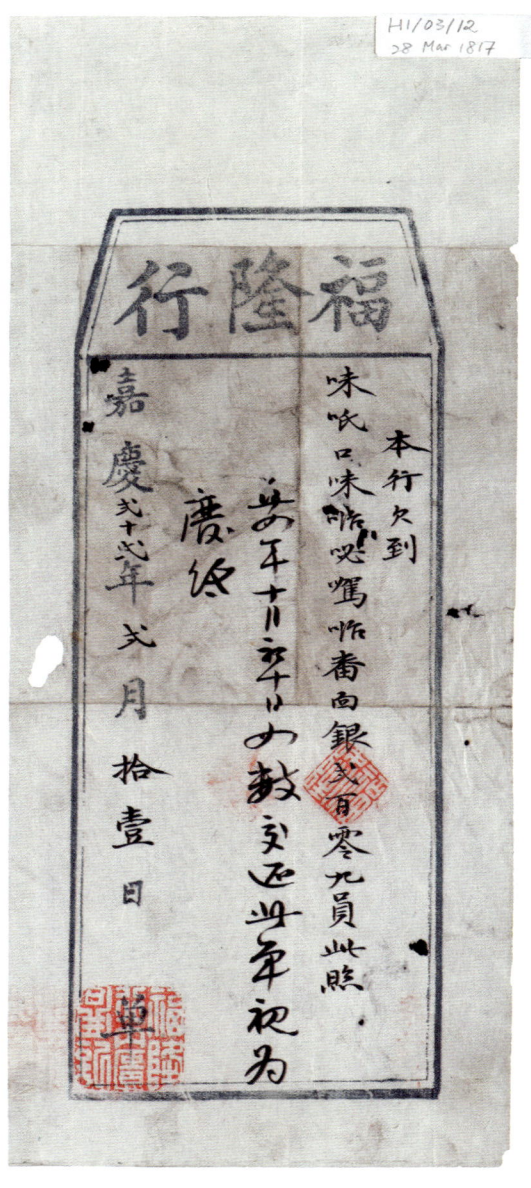

---

① 福隆行：广州十三行之一，嘉庆九年（1804）成立。行商邓兆祥，商号贤官（Inqua），后由关祥、关成发父子接替，商名九官（Gouqua）。道光九年（1829）倒闭。

13. 嘉庆二十二年福隆行^①欠英国伯麻公司债务收据（H1/03/13）

嘉庆二十二年二月十一日（1817年3月28日），福隆行行商关成发欠英国伯麻公司（Palmer & Co.）729元收据，盖有两枚福隆行印章，一枚印文"福隆行内柜图记"，一枚印文"福隆"，注明于嘉庆二十四年十月初十日（1819年11月27日）如数交还。

Loan to Palmer & Co.. A loan receipt from Manhop to Palmer & Co. (?) for $729, 28 March 1817, with an additional note regarding paying off the old scores on JQ 24y 10m 10d (27 November 1819). 1 item. 1817

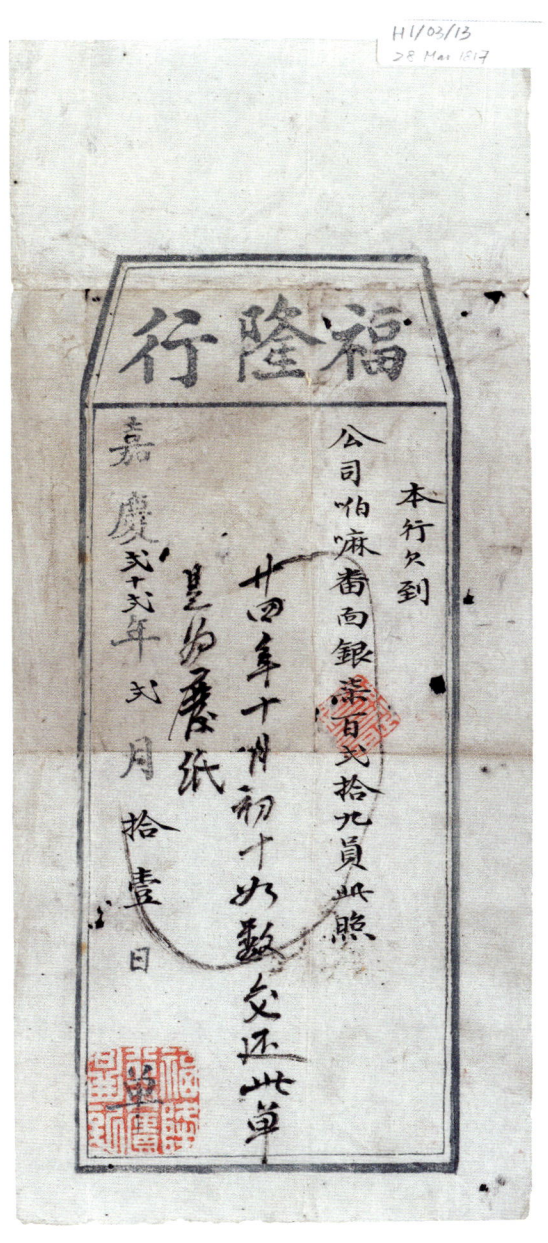

---

① 福隆行：广州十三行之一，嘉庆九年（1804）成立。行商邓兆祥，商号贤官（Incua），后由关祥、关成发父子接替，商名九官（Gouqua）。道光九年（1829）倒闭。

14. 道光六年福隆行①欠英国商人万益债务收据（H1/03/14）

道光六年二月二十四日（1826年4月1日），福隆行行商关成发欠英国商人万益100,000元收据，盖有三枚福隆行印章，两枚印文"福隆行内柜图记"，顶部还有一枚"福隆"骑缝章。注明每百元每月利息1元，借期十个月，届时在购买茶叶款项中扣还。

Tea chop to Magniac. A tea chop from Manhop to Magniac for $100,000, 1 April 1826, with its Chinese envelope. 2 items. 1826

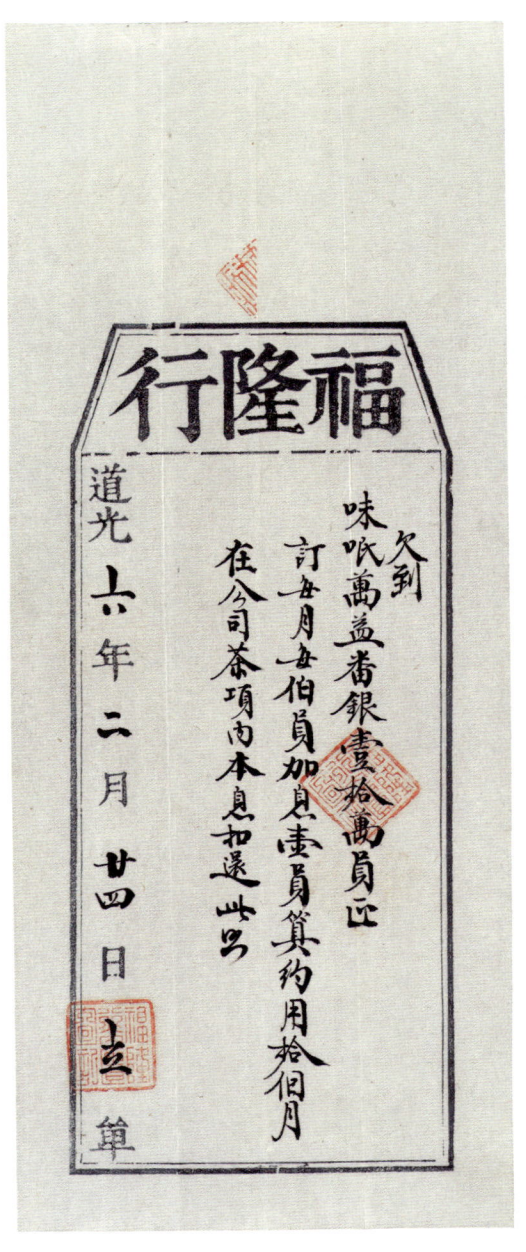

---

① 福隆行：广州十三行之一，嘉庆九年（1804）成立。行商邓兆祥，商号贤官（Inqua），后由关祥、关成发父子接替，商名九官（Gouqua）。道光九年（1829）倒闭。

15. 道光六年福隆行①欠英国商人万益债务收据（H1/03/15）

道光六年三月初七日（1826年4月13日），福隆行行商关成发欠英国商人万益60,000元收据，盖有三枚福隆行印章，两枚印文"福隆行内柜图记"，顶部还有一枚"福隆"骑缝章。注明每百元每月利息1元，借期十个月，届时在购买茶叶款项中扣还。

Tea chop to Magniac. A tea chop (in Chinese) from Manhop to Magniac for $60,000, 13 April 1826, due for repayment in ten months, with its Chinese envelope. Each document includes an English note about the chop. 2 items. 1826

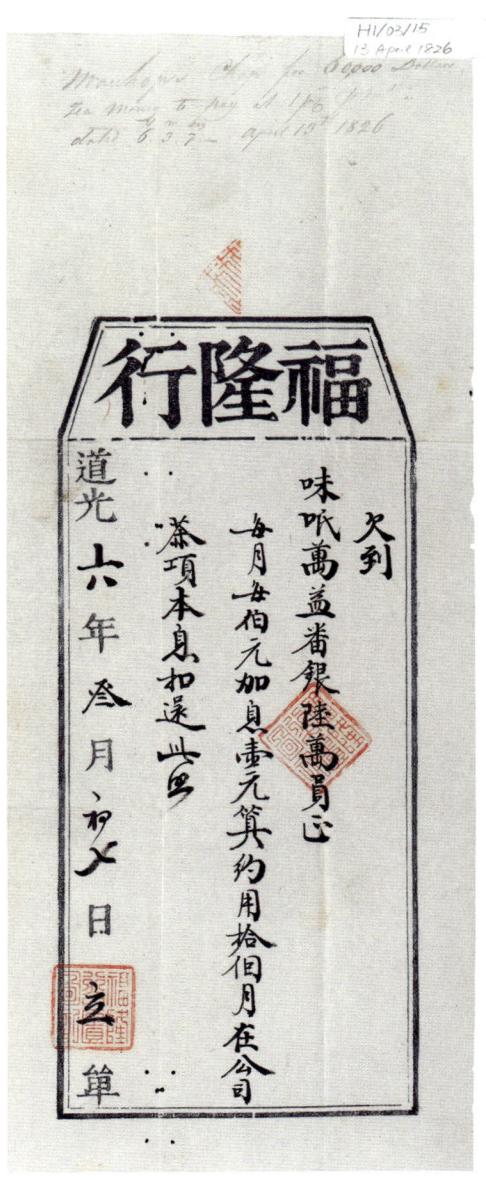

---

① 福隆行：广州十三行之一，嘉庆九年（1804）成立。行商邓兆祥，商号贤官（Inqua），后由关祥、关成发父子接替，商名九官（Gouqua）。道光九年（1829）倒闭。

16. 道光六年福隆行[①]欠英国商人万益债务收据（H1/03/16）

道光六年三月十四日（1826年4月20日），福隆行行商关成发欠英国商人万益20,000元收据，盖有三枚福隆行印章，两枚印文"福隆行内柜图记"，顶部还有一枚"福隆"骑缝章。注明每百元每月利息1元，借期十个月，届时在购买茶叶款项中扣还。

Tea chop to Magniac. A tea chop (in Chinese) from Manhop to Magniac for $20,000, 20 March 1826[②], due for repayment in ten months, with its Chinese envelope. Each document includes an English note about the chop. 2 items. 1826

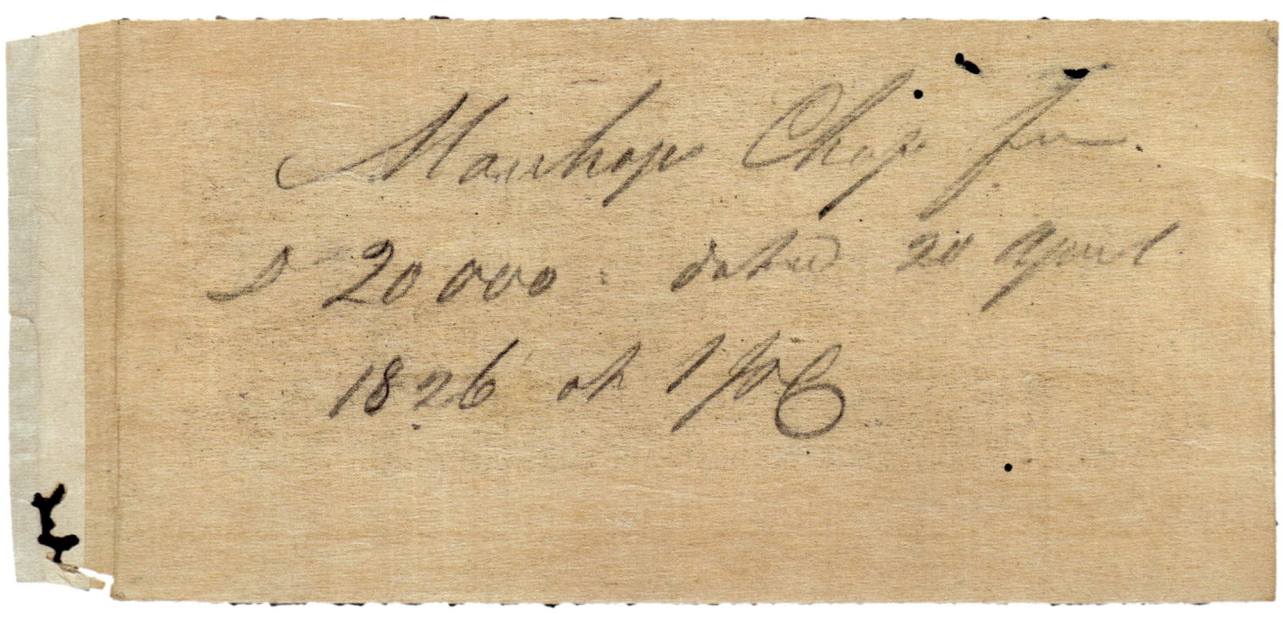

[①] 福隆行：广州十三行之一，嘉庆九年（1804）成立。行商邓兆祥，商号贤官（Inqua），后由关祥、关成发父子接替，商名九官（Gouqua）。道光九年（1829）倒闭。

[②] 勘误：英文提要日期为1826年3月20日（20 March 1826），按原中文文献"道光六年叁月拾四日"，应为1826年4月20日。

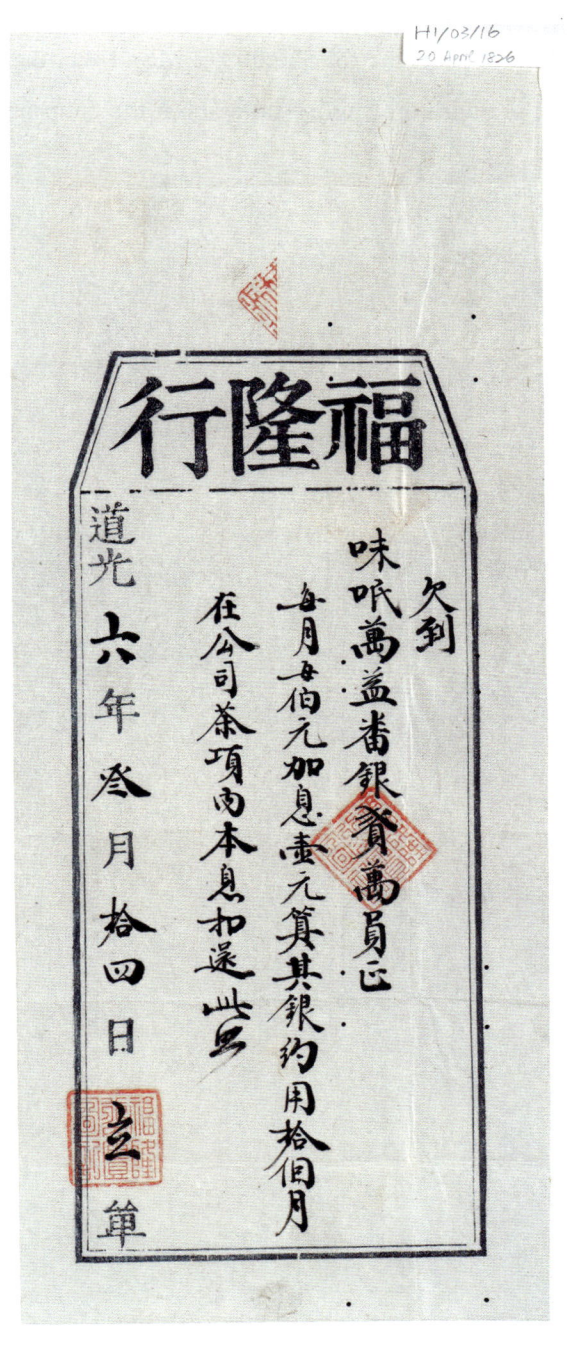
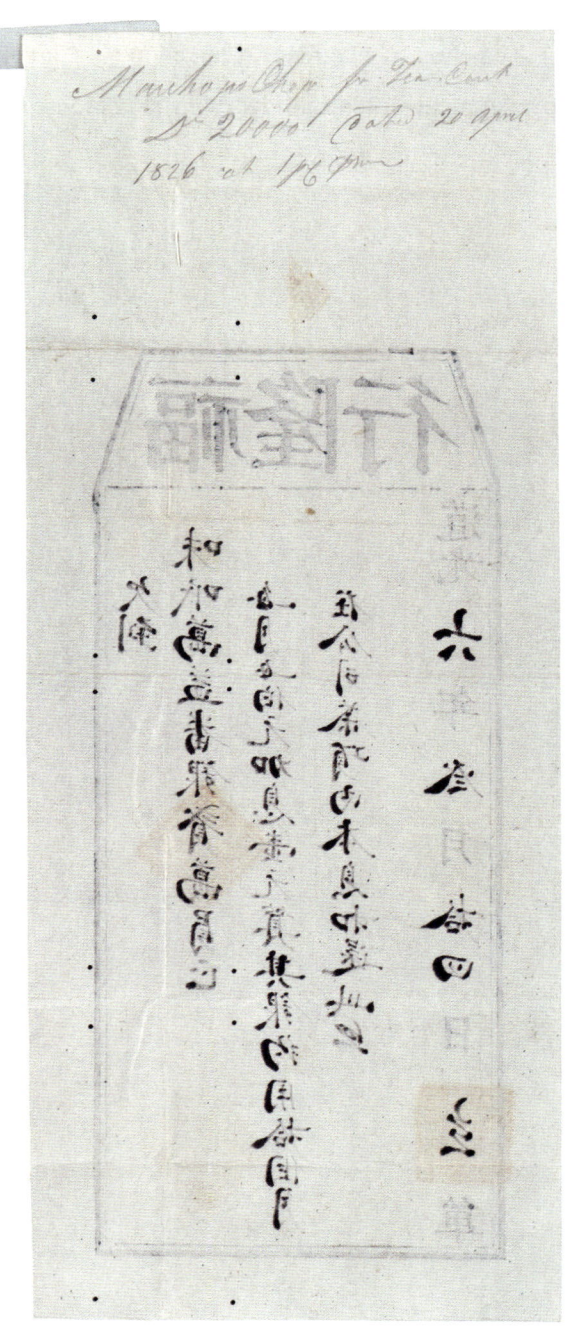

（正）　　　　　　　　　　　　（反）

17. 道光六年福隆行[①]欠英国商人万益债务收据（H1/03/17）

道光六年三月二十六日（1826年5月2日），福隆行行商关成发欠英国商人万益20,000元收据，盖有三枚福隆行印章，两枚印文"福隆行内柜图记"，顶部还有一枚"福隆"骑缝章。注明每百元每月利息1元，借期十个月，届时在购买茶叶款项中扣还。附有信封一个，背面写有英文的内容备忘。

Tea chop to Magniac. A tea chop (in Chinese) from Manhop to Magniac for $20,000, 2 May 1826, due for repayment in ten months, with its Chinese envelope, which includes an English note about the chop on the back. 2 items. 1826

（正）

（反）

---

① 福隆行：广州十三行之一，嘉庆九年（1804）成立。行商邓兆祥，商号贤官（Inqua），后由关祥、关成发父子接替，商名九官（Gouqua）。道光九年（1829）倒闭。

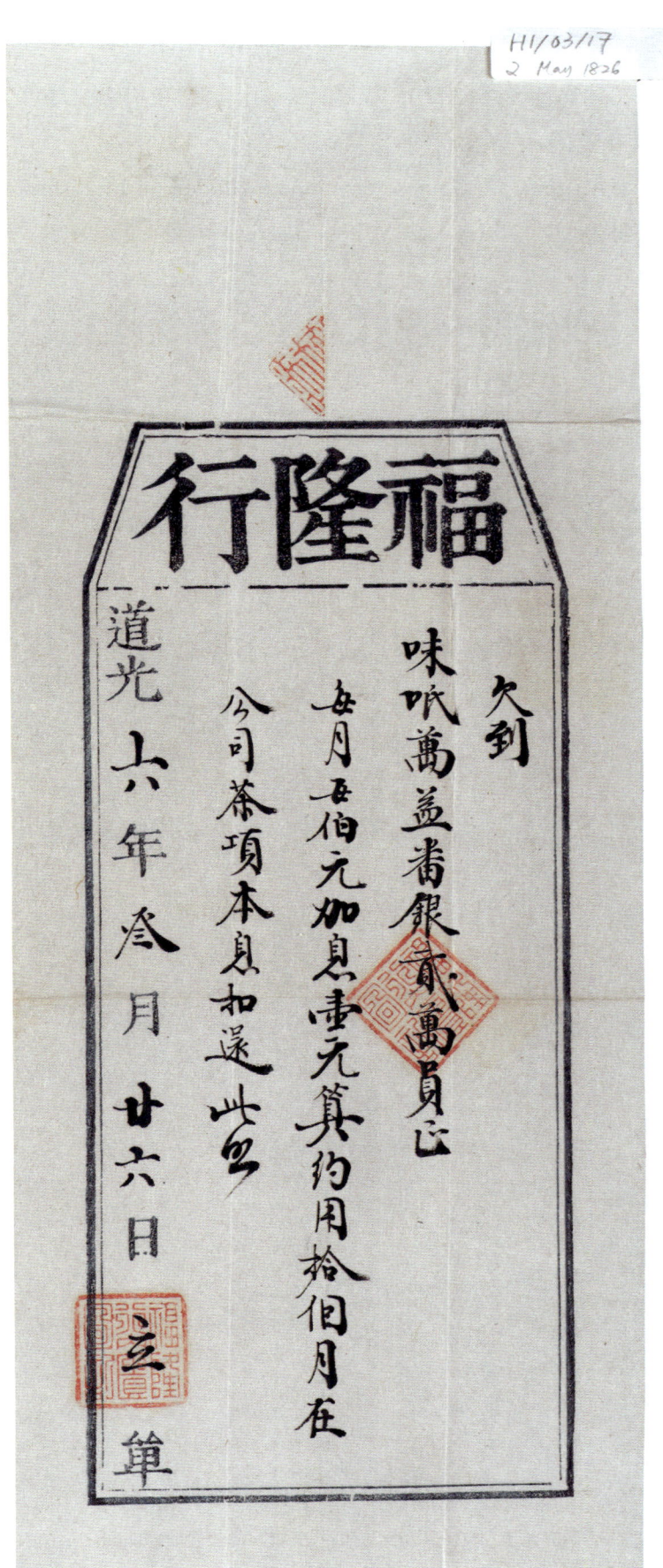

18. 道光六年福隆行[①]致函英国商人 H. Magniac 信封（H1/03/18）

道光六年四月初六日（1826年5月12日），福隆行专用信封，上有英文注释，福隆行交给英国商人 H. Magniac 50,000元茶叶款项。

Note on tea chop to H. Magniac. A Chinese envelope including an English note of a tea chop from Manhop to H. Magniac for $50,000, 12 May 1826. 1 item. 1826

（正）　　　　　　　　　　　　　　　（反）

---

① 福隆行：广州十三行之一，嘉庆九年（1804）成立。行商邓兆祥，商号贤官（Inqua），后由关祥、关成发父子接替，商名九官（Gouqua）。道光九年（1829）倒闭。

19. 道光六年福隆行[①]欠英国商人万益债务收据（H1/03/19）

道光六年十二月初七日（1827年1月4日），福隆行欠英国商人万益50,000元收据，盖有三枚福隆行印章，两枚印文"福隆行内柜图记"，顶部还有一枚"福隆"骑缝章。注明每百元每月利息1元，借期一年，附有中文信封及英文提要。

Chop to H. Magniac. A tea chop (in Chinese) from Manhop to H. Magniac for $50,000, 4 January 1827, due for repayment in one year, with its Chinese envelope. Each document includes an English note about the chop. 2 items. 1827

（正）　　　　　　　　　　　　（反）

[①] 福隆行：广州十三行之一，嘉庆九年（1804）成立。行商邓兆祥，商号贤官（Inqua），后由关祥、关成发父子接替，商名九官（Gouqua）。道光九年（1829）倒闭。

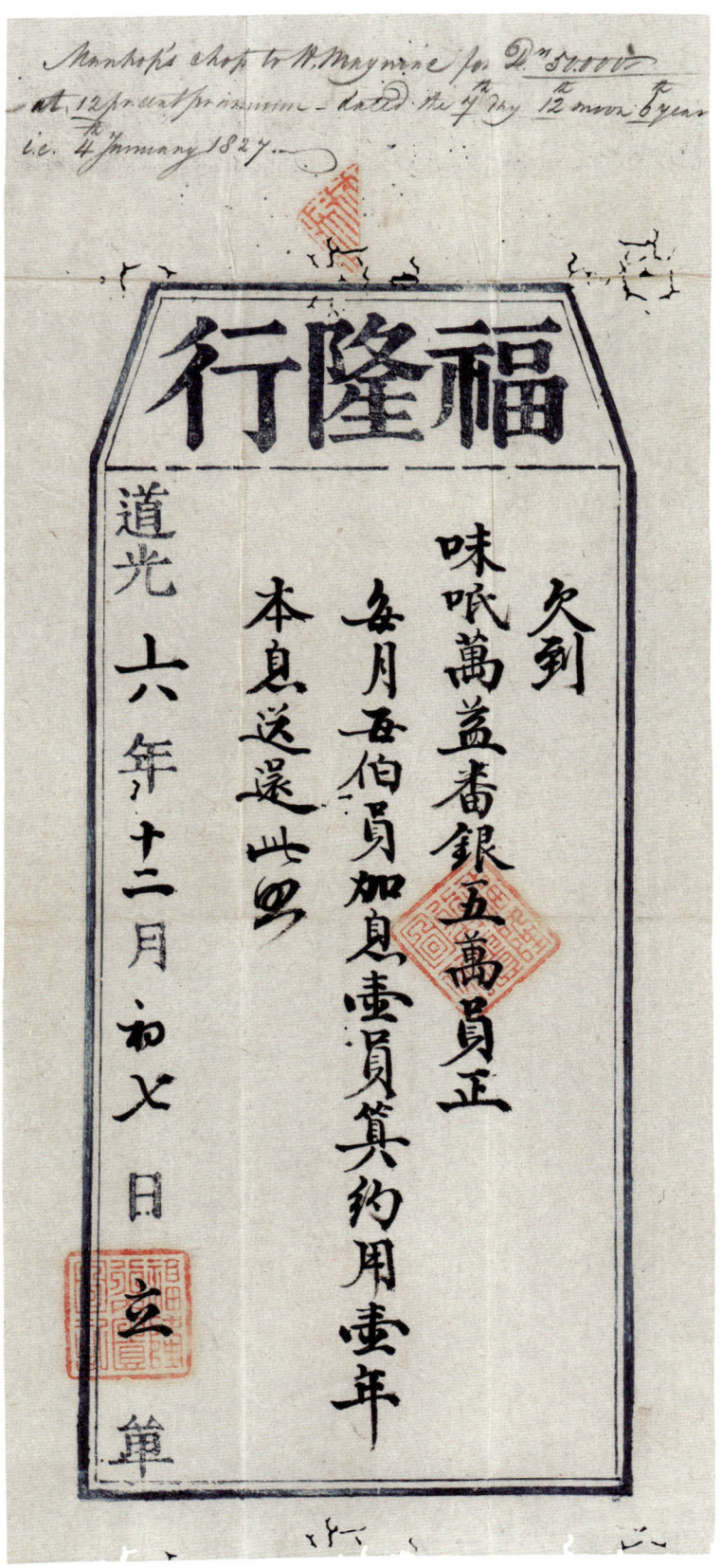

20. 道光七年福隆行[①]欠英国商人这卑厘债务收据（H1/03/20）

道光七年九月二十五日（1827年11月13日），福隆行欠英国商人这卑厘（Thomas Chay Beale）5000元收据，盖有三枚福隆行印章，两枚印文"福隆行内柜图记"，顶部还有一枚"福隆"骑缝章。注明每百元每月利息1元，借期一年，附有中文信封及英文提要。

Chop to Thomas Chay Beale. A chop (in Chinese) from Manhop to Thomas Chay Beale for $5000, 13 November 1827, due for repayment in one year, with its Chinese envelope, which includes an English note about the chop. 2 items. 1827

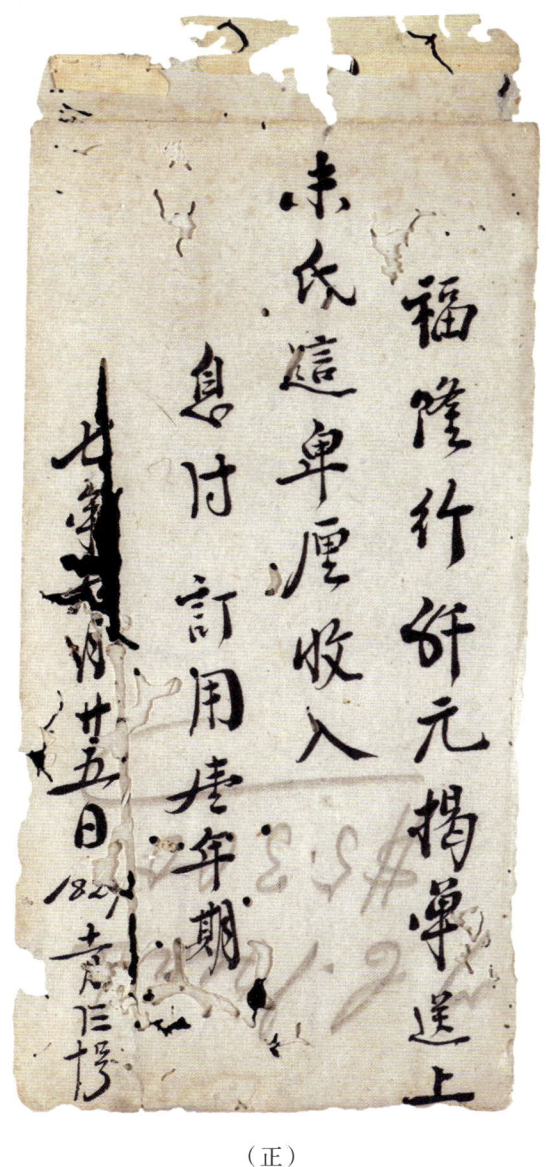
（正）

（反）

[①] 福隆行：广州十三行之一，嘉庆九年（1804）成立。行商邓兆祥，商号贤官（Inqua），后由关祥、关成发父子接替，商名九官（Gouqua）。道光九年（1829）倒闭。

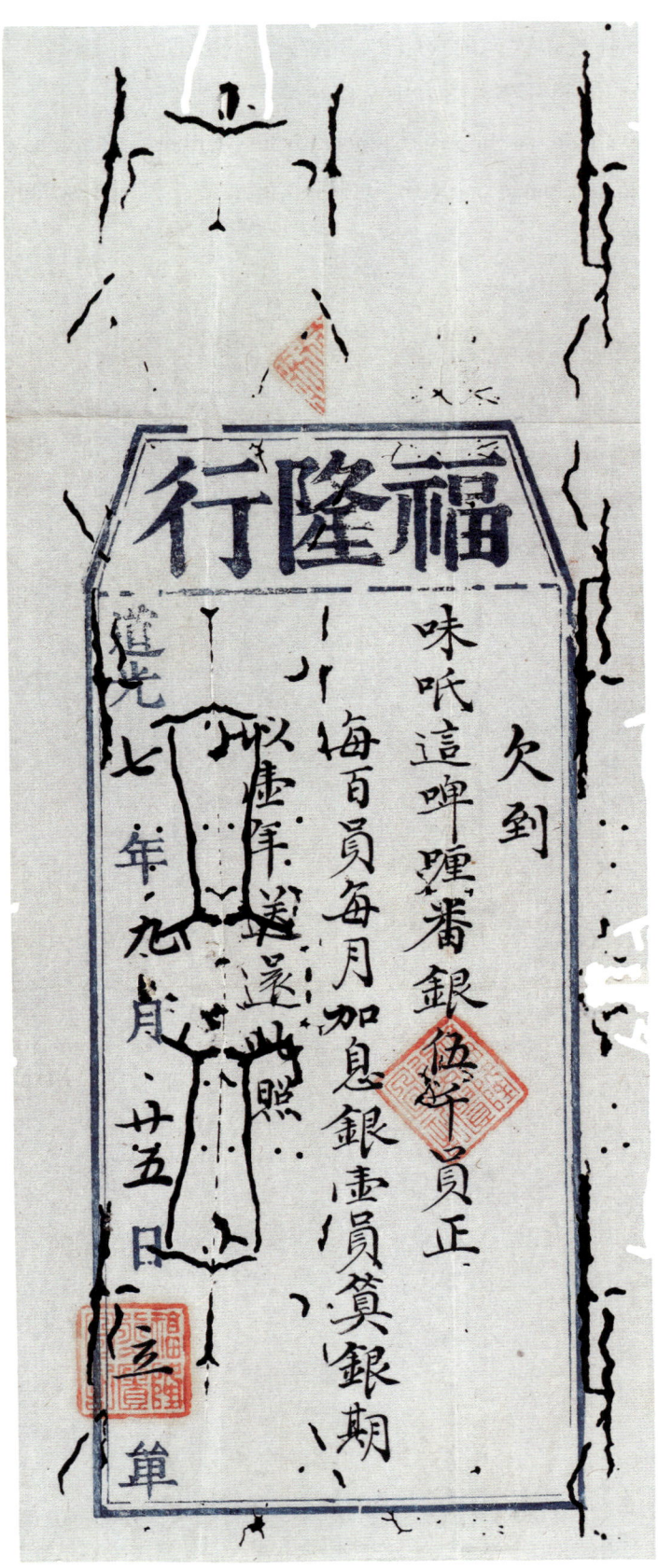

21. 道光七年福隆行^①欠英国商人虾利不债务收据（H1/03/21）

道光七年十月十五日（1827年12月3日），福隆行欠英国商人虾利不（George Horback）5000元收据，约定一年归还。盖有三枚福隆行印章，两枚印文"福隆行内柜图记"，顶部还有一枚"福隆"骑缝章。附有中文信封及英文提要。

Loan receipt to George Horback. A loan receipt (in Chinese) from Manhop to George Horback for $5000, 3 December 1827, due for repayment in 12 months, with its Chinese envelope. There are English notes about the loan on both documents. 2 items. 1827

（正）

（反）

---

① 福隆行：广州十三行之一，嘉庆九年（1804）成立。行商邓兆祥，商号贤官（Inqua），后由关祥、关成发父子接替，商名九官（Gouqua）。道光九年（1829）倒闭。

22.道光八年英国商人W. Jardine①为追讨福隆行②债务上两广总督禀文（H1/03/22）

道光八年正月二十六日（1828年3月11日），英国商人W. Jardine为追讨福隆行债务上两广总督禀文，称福隆行拖欠债务。为了用积压货物补偿抵债，福隆行曾经试图私自将未付款的1820包棉花从仓库运走。请求两广总督责令行商偿还债务。

Letter from W. Jardine to the Governor-General. A copy of a letter from W. Jardine to the Governor-General of Kwangtung and Kwangshi, 11 March 1828, in which Jardine lodges a second complaint (the first having been made on 14 February 1828③) against Kuan Ch'eng-fa (Guan Chengfa), namely Manhop of the Foolung Hong, and Liu of the Elung (Yilong) Hong for refusing to comply with the authorities' order to settle the payment of a debt. The document includes Jardine's signature in pencil. 1 item. 1828

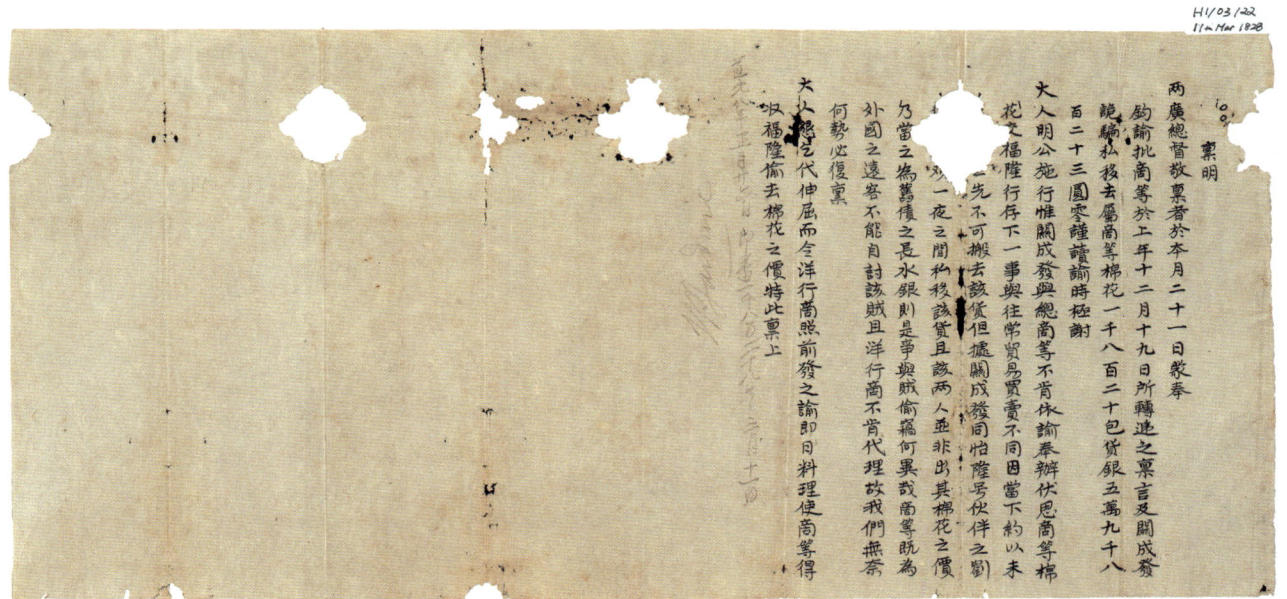

---

① W. Jardine：即威廉·查顿，又译渣颠、渣甸、赞典，为怡和洋行（Jardine, Matheson & Co.）创始人之一。
② 福隆行：十三行行商之一，嘉庆九年（1804）成立，行商邓兆祥，商号贤官（Inqua），后由关祥、关成发父子接替，商名九官（Gouqua）道光九年（1829）倒闭。
③ 勘误：英文提要中认为威廉·查顿第一次控诉的时间是1828年2月14日（14 February 1828），按原中文文献"上年十二月十九日所转递之禀"，可知其第一次控诉的时间为1828年2月4日。

禀明

兩廣總督敬禀者於本月二十一日蒙奉
鈞諭批商等於上年十二月十九日所轉遞之禀言及關成發
詭騙私移後屬商等棉花一千八百二十包貨銀五萬九千八
百二十三圓零謹讀諭時極謝
大人明公施行惟關成發與總商等不肯依諭奉辦伏思商等棉
花定福隆行存下一事與往常貿易買賣不同因當下約以未
□□□先不可搬去該貨但據關成發同怡隆號伙伴之劉
□□□一夜之間私移該貨且該兩人亦非出其棉花之價
乃當之為篤債之長水銀則是爭與賊偷竊何異哉商等既為
外國之遠客不能自討該賊且洋行商不肯代理故我們無奈
何勢必復禀
大人總乞代伸屈而令洋行商照前發之諭即日料理使商等得
收福隆偷去棉花之價特此禀上

道光柒年正月廿五日 即壹仟八百二十八年三月十一日

23. 道光七年瑛记^①等承接福隆行^②茶叶合同（茶单）（H1/03/23）

道光七年（1827）三月，福隆行承接英国茶叶合同，共计3600箱工夫茶，由瑛记、龢春、万合等茶庄分包。盖有"瑛记图书""合丰号印"等印章。

Tea chop of Ying-chi Hao. A tea chop of 27 March 1827 for the sale of 3600 cases ordered from the Fulung (Fulong) Hong, Canton, and consigned by Ying-chi (Yingji) Hao to himself, T'ien-ch'un (Tianchun) Hao, Wan-ho (Wanhe) Hao, Wan-ho (Wanhe) Hao, Ho-ch'un (Hechun) Hao and Ho-ho (Hehe) Hao for foreign trade. Following the normal pattern of the trade with the Kwanglee (Guangli) Hong, the business was handled by Ho-feng (Hefeng) hao. 1 item. 1827

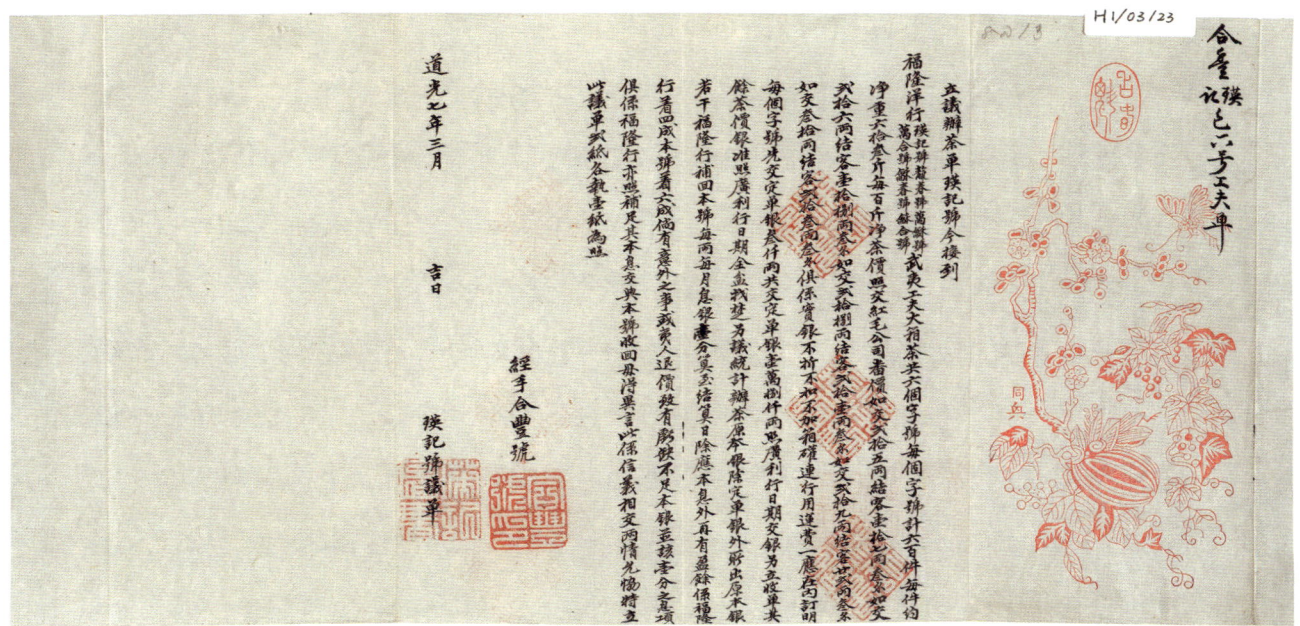

---

① 瑛记：武夷茶叶茶庄。
② 福隆行：广州十三行之一，嘉庆九年（1804）成立。行商邓兆祥，商号贤官（Inqua），后由关祥、关成发父子接替，商名九官（Gouqua）。道光九年（1829）倒闭。

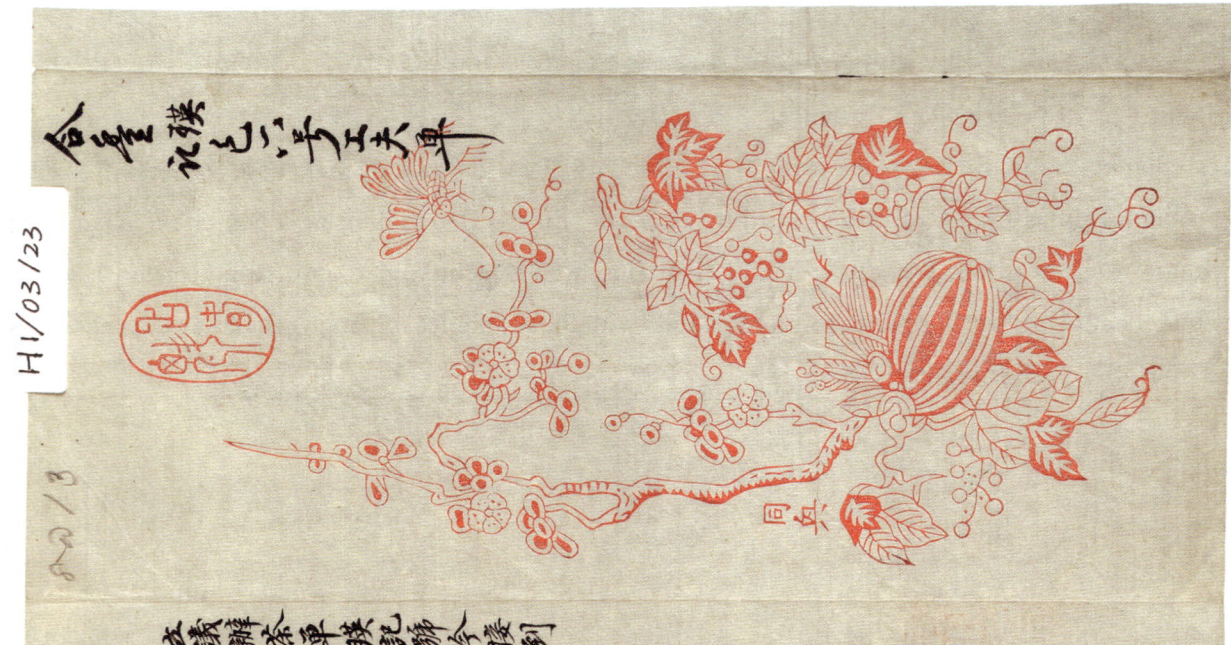

（局部图）

24. 道光七年张并茂①承接福隆行②茶叶合同（茶单）（H1/03/24）

道光七年（1827）三月，福隆行承接英国茶叶合同，共计600箱工夫茶，由张并茂茶庄承接分包，盖有"广泰字号""并茂字号图书"印章印迹。

Tea chop of Chang Ping-mao. A tea chop of 27 March 1827 for the sale of 600 cases of tea ordered from the Fulung (Fulong) Hong, Canton, and consigned by Chang Ping-mao (Zhang Bingmao) of Chi-chi (Jiji) to Chu'un-mao (Chunmao) Hao for foreign trade. The business was handled by Wei of Kuang-tai (Guangtai) hao. 1 item. 1827

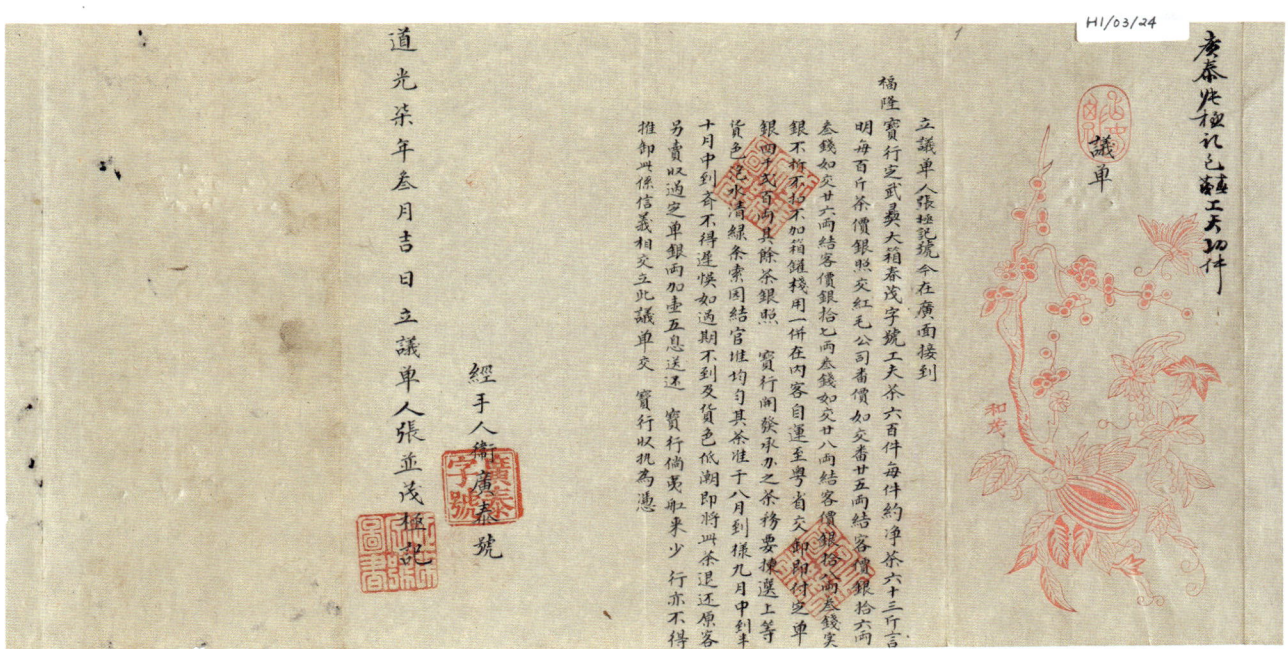

---

① 张并茂：武夷茶叶茶庄。
② 福隆行：广州十三行之一，嘉庆九年（1804）成立。行商邓兆祥，商号贤官（Inqua），后由关祥、关成发父子接替，商名九官（Gouqua）。道光九年（1829）倒闭。

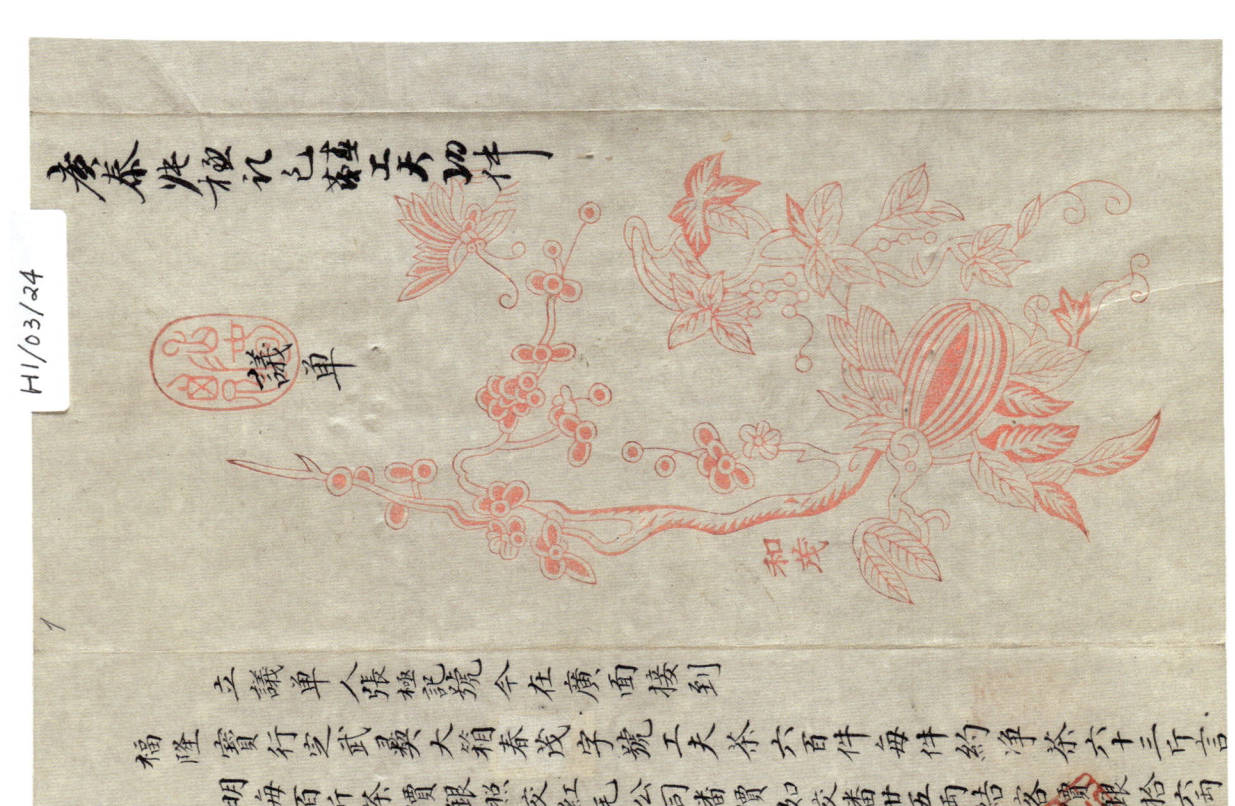

立議單人張並記今在廣東接到

福隆寶行定武夷最大相泰茂字號工夫茶六百件每件約淨茶六十三斤言
明每百斤茶價銀照交紅毛公司者價如交春廿五兩結客價銀拾六兩
叁錢如交廿六兩結客價銀拾七兩叁錢如交廿八兩結客價銀拾玖兩叁錢兌

銀不扣不加銀照栈用一件在內客自運至粤省其茶要揀選上等樣九月中到
資多少之水清不得加茶銀照寶行間按承辦之茶進于八月到即將此茶逓還原客
銀不得折扣其餘茶銀結問信准均勻其茶色依潮即將此茶逓還原客
多即賣以過客單銀兩加事五息逓還寶行倘其茶少行亦不得客
推卸此係兩交關信誠議相交立此議單交寶行收執為憑

經手人 [印章：福隆寶行] 茶號

道光柒年叁月吉日　立議單人張並記 [印章]

25. 道光七年张苍记号^① 承接福隆行^② 茶叶合同（茶单）（H1/03/25）

道光七年（1827）三月，福隆行承接英国茶叶合同，共计600箱工夫茶，由张苍记号茶庄承接分包。盖有"广泰字号""并茂苍记图章"印章印迹。

Tea chop of Chang Ping-mao. A tea chop of 27 March 1827 for the sale of 600 cases of tea ordered from the Fulung (Fulong) Hong, Canton, and consigned by Chang Ping-mao (Zhang Bingmao) of Ts'ang-chi (Canji) Hao to Fu-ch'ang Hao for foreign trade. The business was handled by Wei of Kuang-tai (Guangtai) Hao. 1 item. 1827

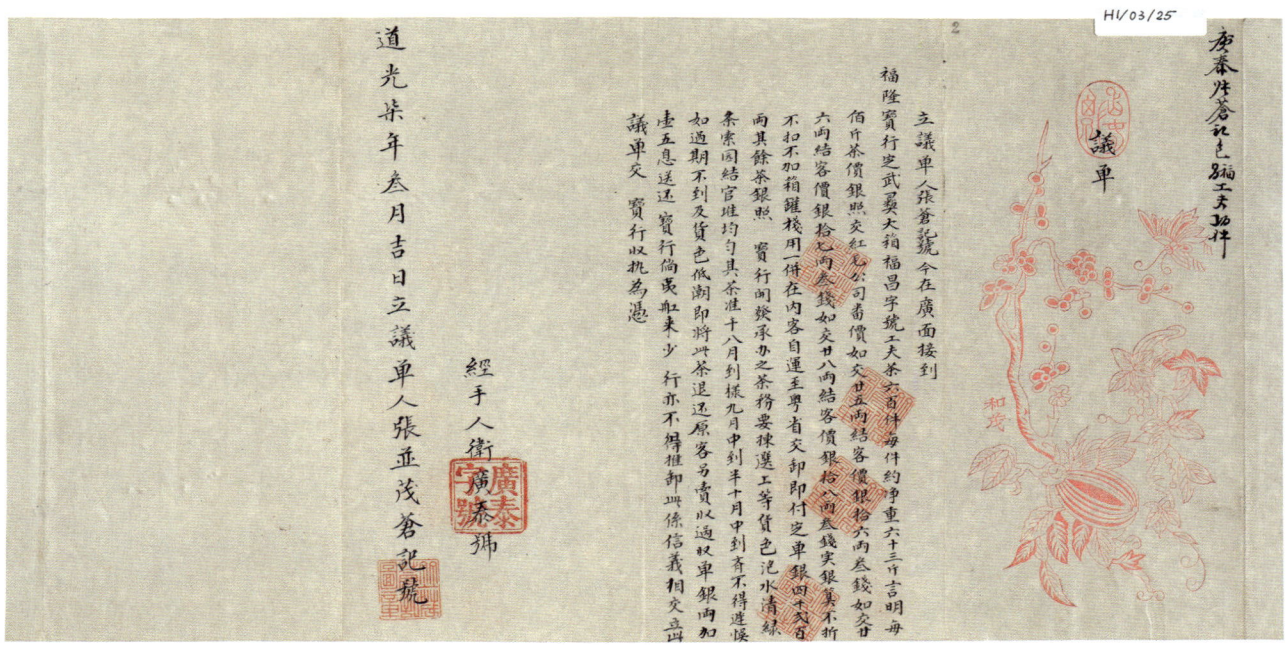

---

① 张苍记号：武夷茶叶茶庄。
② 福隆行：广州十三行之一，嘉庆九年（1804）成立。行商邓兆祥，商号贤官（Inqua），后由关祥、关成发父子接替，商名九官（Gouqua）。道光九年（1829）倒闭。

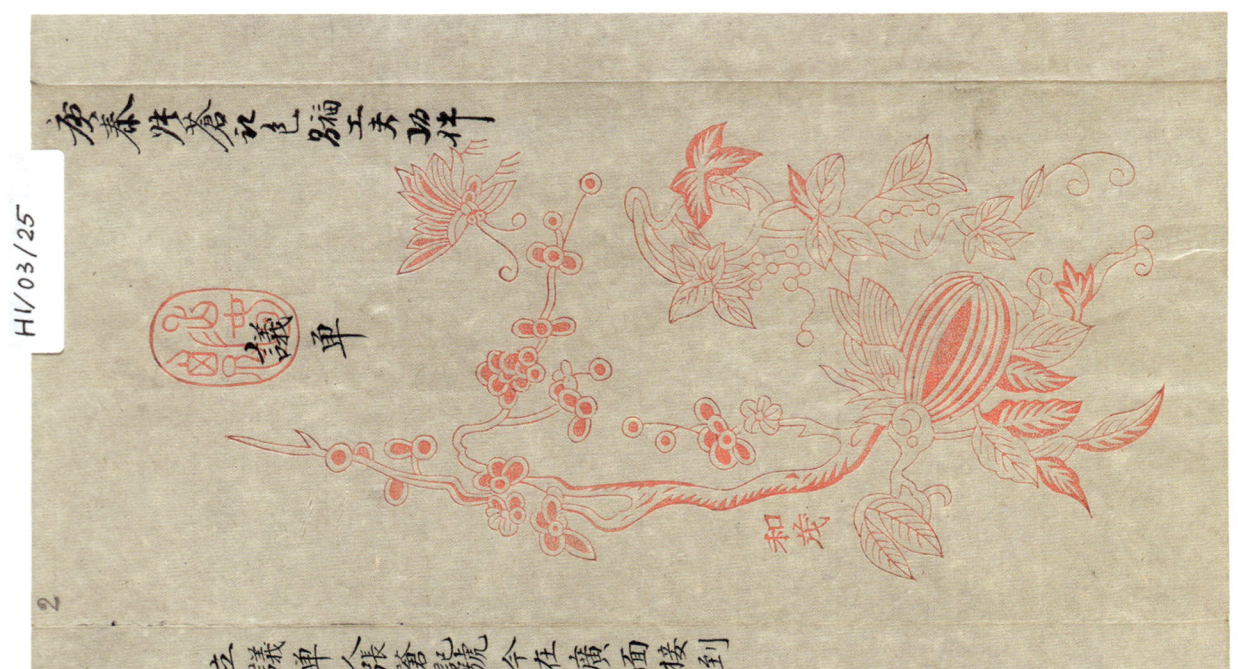

立议单人张亚洸等今在广面楼到

福隆宝行定武夷大桐福昌字号工夫茶叁佰件约重六十三斤言明
  佰斤茶价银照交红毛价银如交廿捌两结客价银每佰两加叁钱如交廿
  陆两加不扣不加箱板校用自在内客自运至粤省茶务捡选上等货色泡水清绿香味
  如茶索回结客堆官梹均匀其茶运十八月到捡九月中到半十月中到者不得延悮
  过期不到按月息送还宝行尚未如数行亦不得推卸即将原客号货以过收单银两如交
  议单交宝行收执为凭   信义相交毋异言

                                    经手人 炜 [印]

道光廿米年叁月吉日立议单人张亚洸等 [印]

26. 道光七年福和号①承接福隆行②茶叶合同（茶单）(H1/03/26)

道光七年三月二十日（1827年4月15日），福隆行承接英国茶叶合同，共计1800箱工夫茶，由福和号茶庄承接分包。盖有"福和图记"茶庄印章印迹。

Tea chop of Fu-ho hao. A tea chop of 5 April 1827③ for the sale of 1800 cases of tea ordered from the Fulung (Fulong) Hong and consigned by Fu-ho (Fuhe) hao to himself, Fu-hsiang (Fuxiang) hao and Fu-ch'ang (Fuchang) Hao for foreign trade. 1 item. 1827

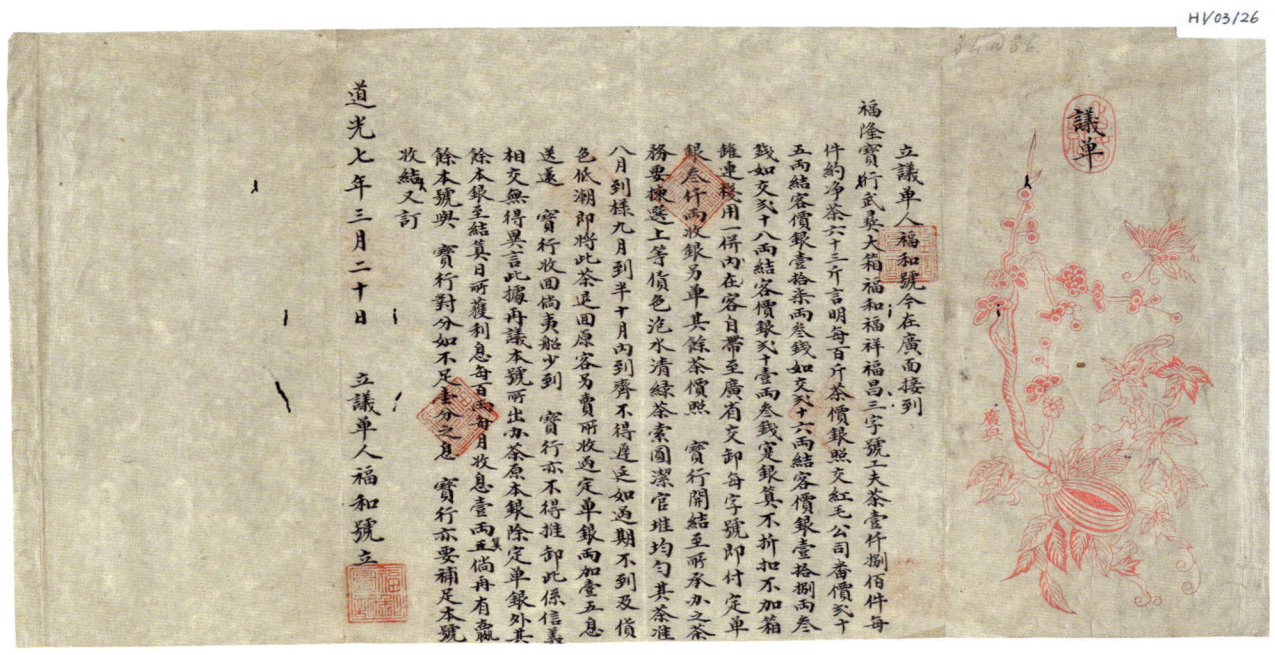

---

① 福和号：武夷茶叶茶庄。
② 福隆行：广州十三行之一，嘉庆九年（1804）成立。行商邓兆祥，商号贤官（Inqua），后由关祥、关成发父子接替，商名九官（Gouqua）。道光九年（1829）倒闭。
③ 勘误：英文提要日期为1827年4月5日（5 April 1827），按原中文文献"道光七年三月二十日"，应为1827年4月15日。

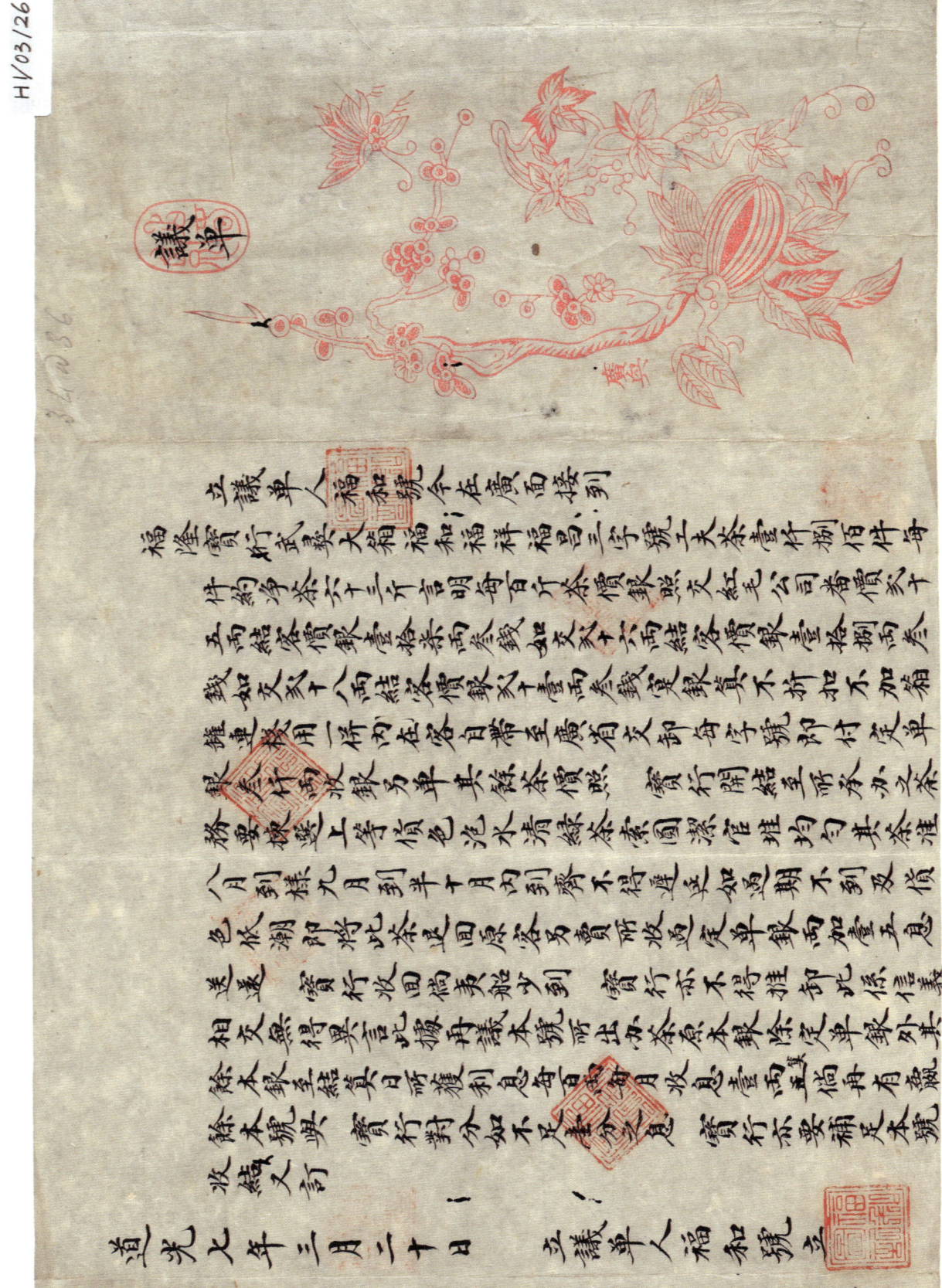

立議單人福和號今在廣省接到

福隆寳行武夷大箱福和福祥福号三字號上夫茶壹佰什每

什約淨茶六十三斤言明每百斤茶價銀熙文紅毛公司番銀贰千

五两結客價銀壹拾叁两叁錢如支十六两結客價銀壹格捌两叁

錢如支贰千两結客價銀贰千两叁錢其銀真不折加不加箱

维建按用俱內在省日幣至廣省文卸每字號如付定單茶

銀后什两次銀方單其餘茶價照寳行開結至所承辦之茶

務要棟揀上等倩色泡水清綠茶素圓漆倩摧約勻其茶運

八月到桂九月到半十月到齊不得遲延其如過期不到及俏

色欣潮即將此茶是回厚客多費所收過定单銀两加壹五息

连交無得畏言此據再議本號所出茶原本銀除定单銀外其

餘木銀至結真日所獲利息每百月收息壹两叁錢倘中有魯逆

收結文訂 寳行封分如不足春分之息寳行亦要補足本號立

議單

道光七年三月二十日 立議單人福和號立

27. 道光七年镇泰号① 承接福隆行② 茶叶合同（茶单）(H1/03/27)

道光七年三月二十四日（1827年4月19日），福隆行承接英国茶叶合同，共计1200箱工夫茶，由镇泰号茶庄承接分包。盖有镇泰号茶庄印章，印文"镇泰图记"，及经手人全孚兴印章，印文"兴记"。

Tea chop of Chen-t'ai. A tea chop of 17 April 1827③ for the sale of 1200 cases of tea ordered from the Fulung (Fulong) Hong, Canton, and consigned by Chen-t'ai (Zhentai) Hao to Fu-mao (Fumao) Hao and T'ien-mao (Tianmao) Hao for foreign trade. The business was handled by the shop of Ch'uan-fu hsing-chih (Quanfu xingji). 1 item. 1827

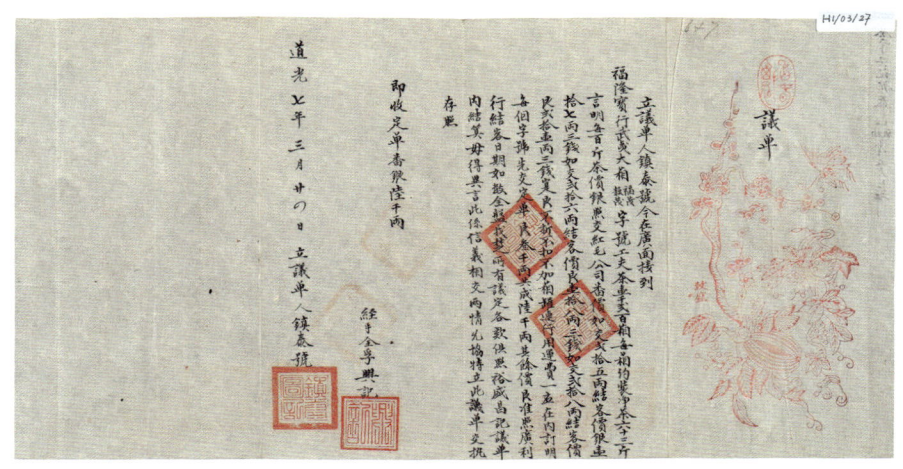

（正）

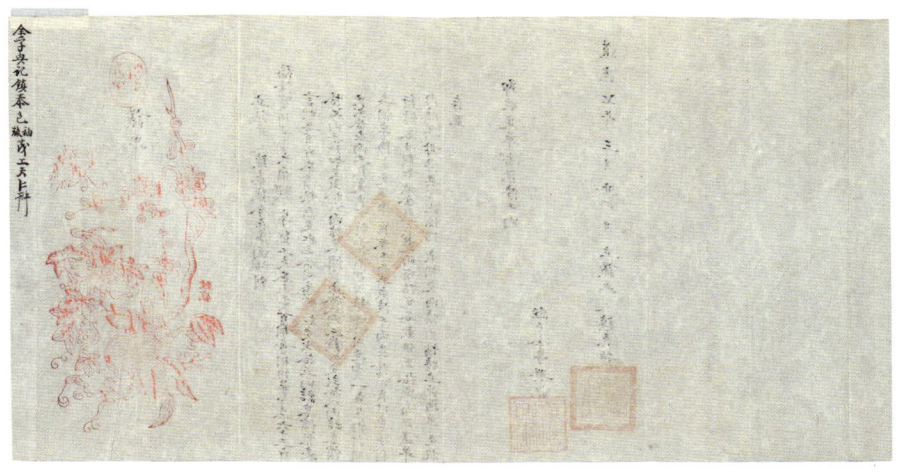

（反）

---

① 镇泰号：武夷茶叶茶庄。
② 福隆行：广州十三行之一，嘉庆九年（1804）成立。行商邓兆祥，商号贤官（Inqua），后由关祥、关成发父子接替，商名九官（Gouqua）。道光九年（1829）倒闭。
③ 勘误：英文提要日期为1827年4月17日（17 April 1827），按原中文文献"道光七年三月二十四日"，应为1827年4月19日。

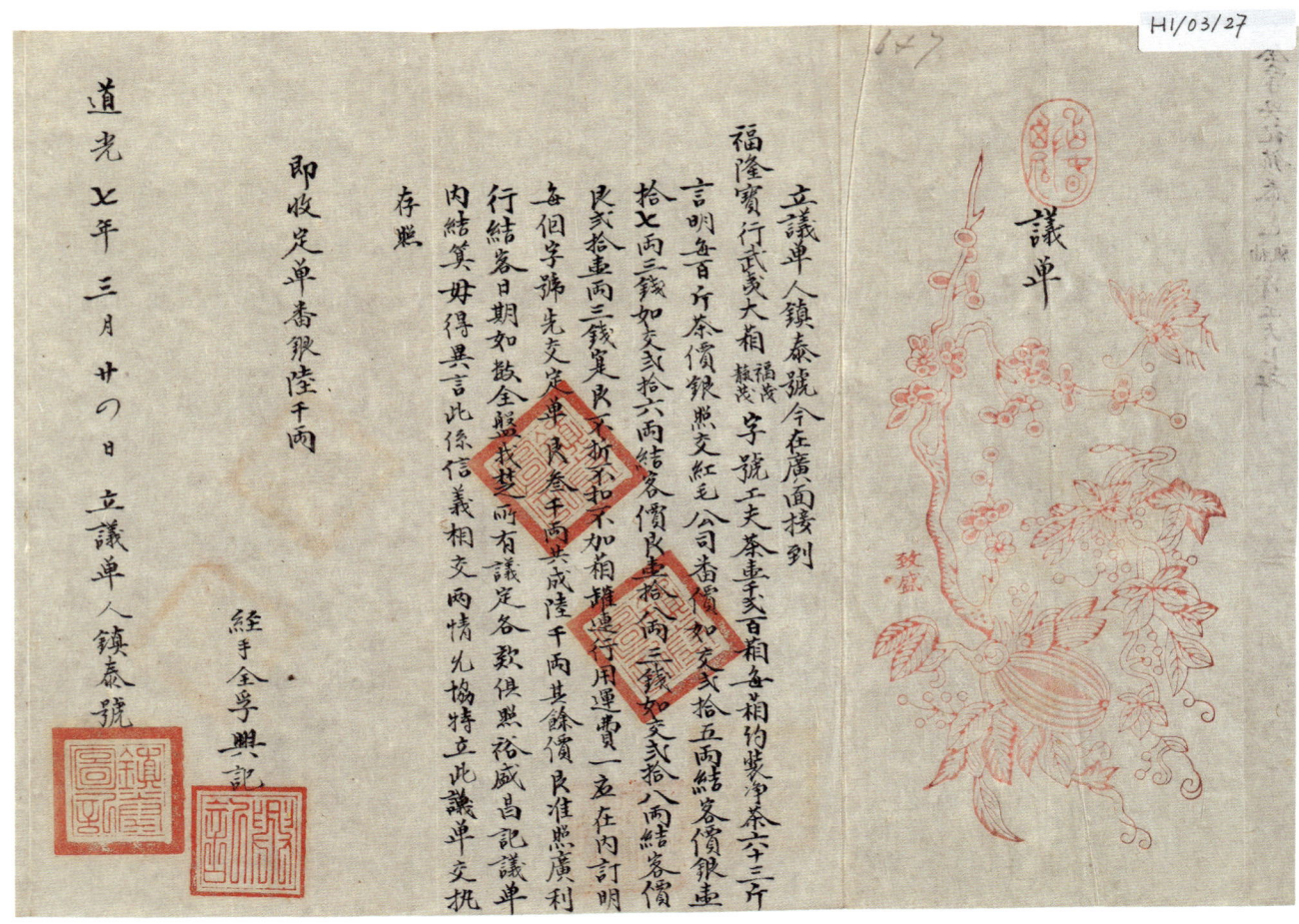

立議單人鎮泰號今在廣面接到
福隆寶行武彝大莉 福茂 字號工夫茶壺弎百莉每莉約裝淨茶六十三斤
言明每百斤茶價銀弎拾弎兩如交弎拾五兩結客價銀壺
拾七兩三錢如交弎拾六兩結客價良弎拾八兩三錢如交弎拾八兩結客價
良弎拾弎兩三錢其良又折不扣不加莉雖運行用運費一並在內訂明
每個字號先交定單艮叁千兩其威陸千兩其餘價良准炤廣利
行結客日期如數全照我找裕威昌記議單
內結筭毋得異言此係信義相交兩情允協特立此議單交執
存炤
即收定單番鈊陸千兩

經手全孚興記

道光七年三月廿〇日 立議單人鎮泰號

28. 道光七年义聚茂记承接福隆行① 茶叶合同（茶单）（H1/03/28）

道光七年（1827）三月，福隆行承接英国茶叶合同，共计3720箱工夫茶，由义聚茂记承接分包。盖有义聚茂记茶庄②印章，印文"义聚茂记"，及经手人全孚兴记印章，印文"兴记"。

Tea chop of I-chue mao-chi. A tea chop of 27 March–25 April 1827 for the sale of 3600③ cases of tea ordered from the Fulung (Fulong) Hong, Canton, and consigned by I-chue mao-chi (Yiju maoji) to Cheng-lung Hao, Chu-lung Hao, Fu-hua Hao, Fu-lan Hao, Fu-chen Hao and Fu-hsin Hao for foreign trade. Following the normal pattern of the trade with the Kwanglee (Guangli) Hong, the business was handled by the shop Ch'uan-fu hsing-chih (Quanfu xingji). 1 item. 1827

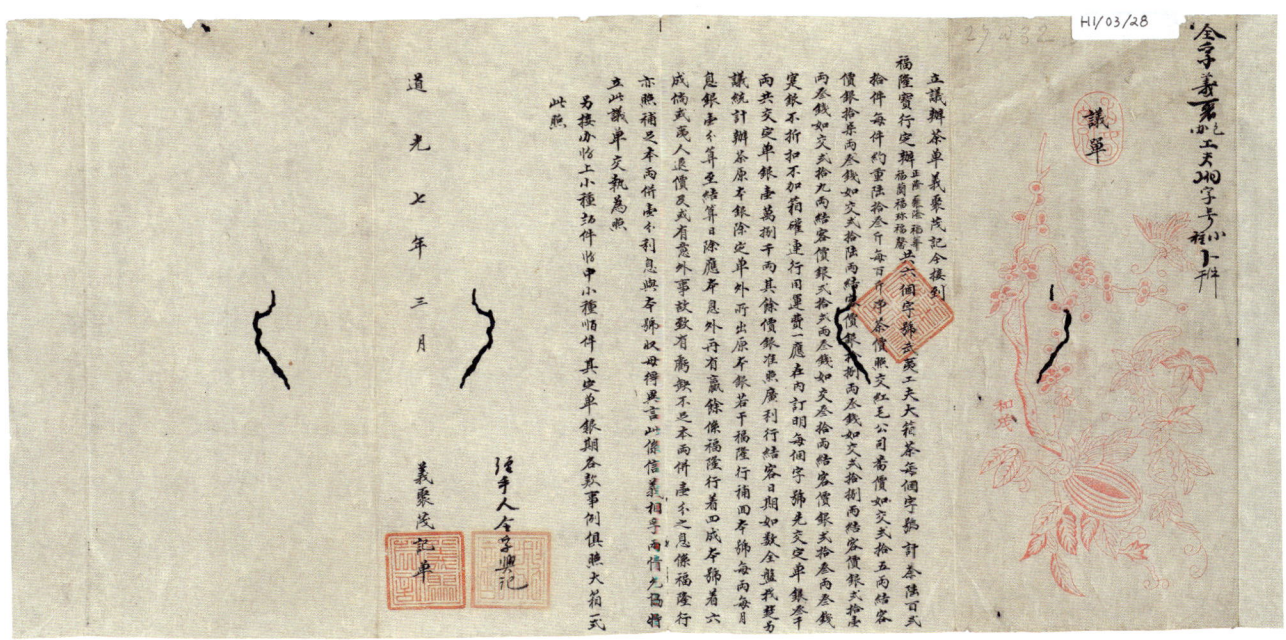

---

① 福隆行：广州十三行之一，嘉庆九年（1804）成立。行商邓兆祥，商号贤官（Inqua），后由关祥、关成发父子接替，商名九官（Gouqua）。道光九年（1829）倒闭。
② 义聚茂记茶庄：武夷茶叶茶庄。
③ 勘误：按原中文文献"共六个字号……每个字号计茶陆百式拾件"，应为3720。

126 英国剑桥大学图书馆藏怡和洋行中文商业档案辑考

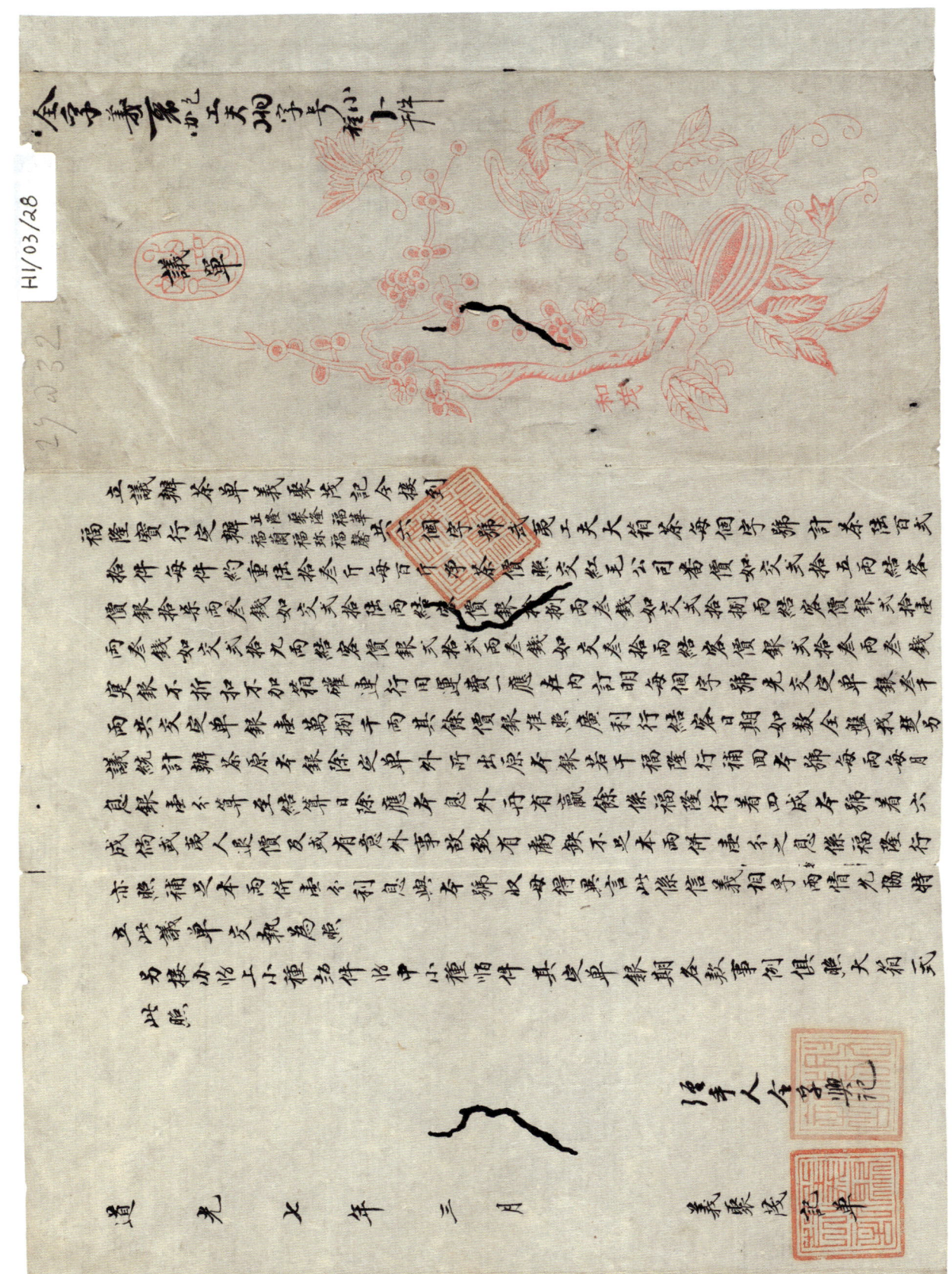

（局部图）

29. 道光七年恒美号①承接福隆行②茶叶合同（茶单）(H1/03/29)

道光七年（1827）三月，福隆行承接英国茶叶合同，共计600箱工夫茶，由恒美号茶庄承接分包。盖有恒美号茶庄印章，印文"恒美号记"，及经手人邹溥记印章，印文"溥记图章"。

Tea chop of Heng-mei Hao. A tea chop of 27 March–25 April 1827 for the sale of 600 cases of tea ordered from the Fulung (Fulong) Hong, Canton, and consigned by Heng-mei (Hengmei) Hao to Ta-sheng Hao for foreign trade. The business was handled by Tsou (Zou) of P'u chih (Puji). 1 item. 1827

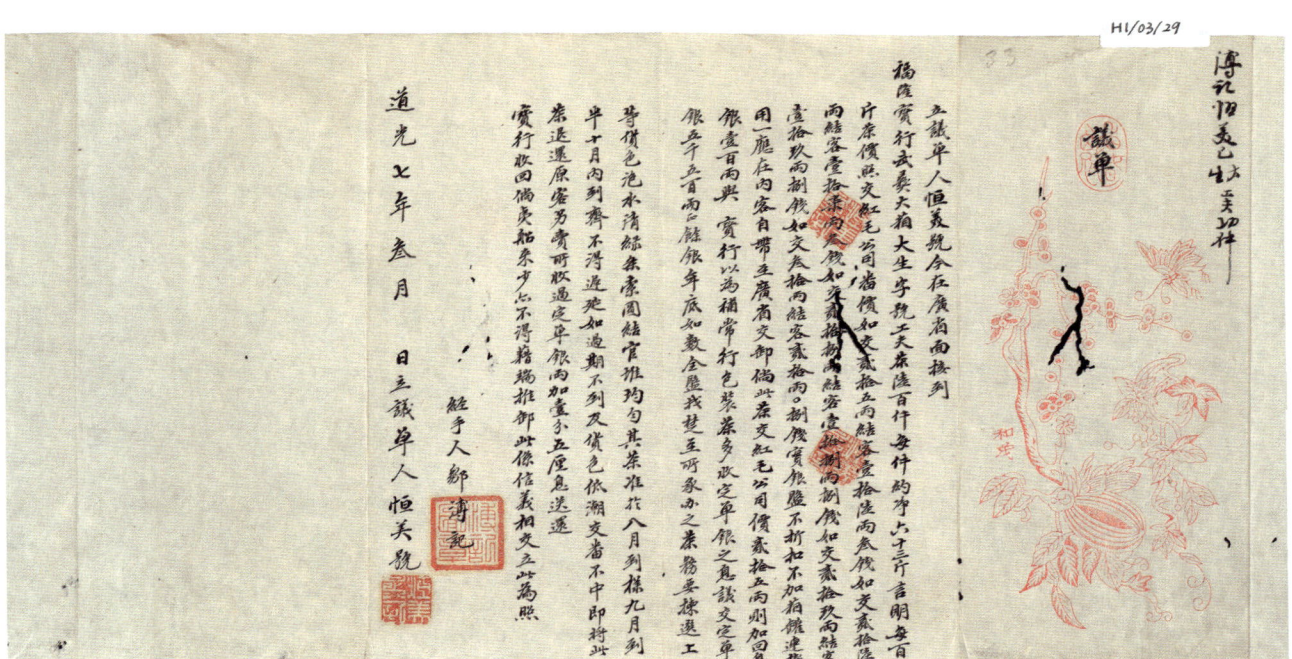

---

① 恒美号：武夷茶叶茶庄。
② 福隆行：广州十三行之一，嘉庆九年（1804）成立。行商邓兆祥，商号贤官（Inqua），后由关祥、关成发父子接替，商名九官（Gouqua）。道光九年（1829）倒闭。

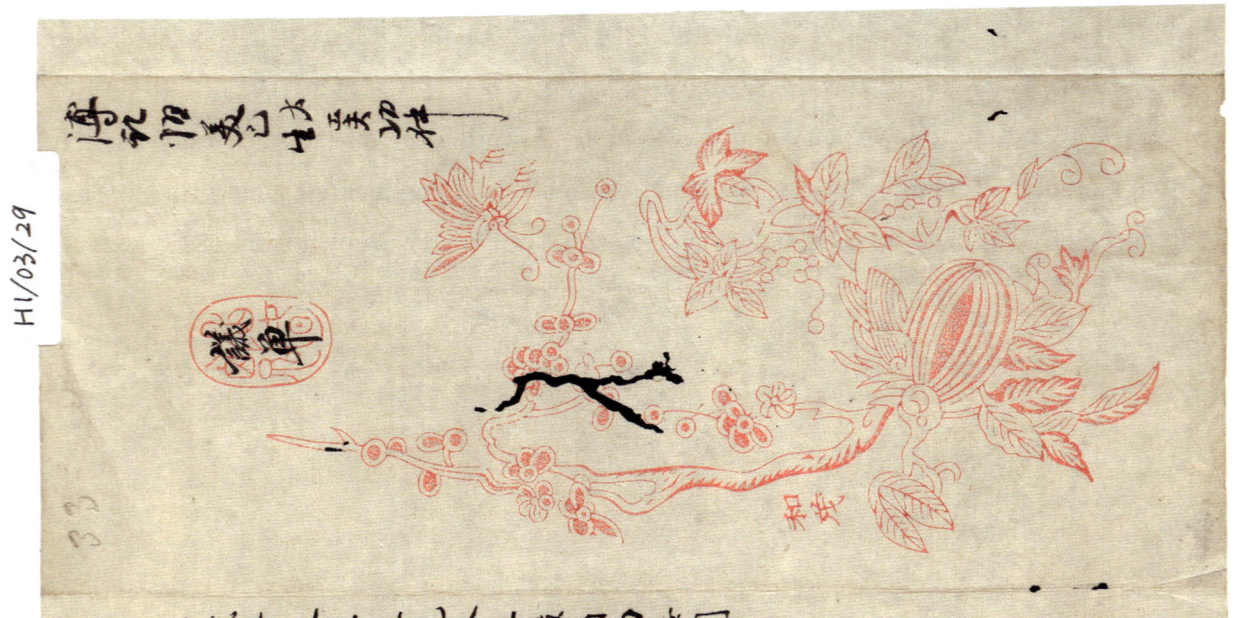

(局部图)

30. 道光七年杨中正号①承接福隆行②茶叶合同（茶单）（H1/03/30）

道光七年（1827）四月，福隆行承接英国茶叶合同，共计1200箱工夫茶，由杨中正号茶庄承接分包。盖有杨中正号茶庄印章印迹，印文"中正杨记图书"，另有三枚"中正杨记图书"菱形印迹盖于钱款数额之处，为押款章；抬头有一枚随形印盖于"议约"字上方；"经手人卫广泰"处亦盖有一枚印章，印文"广泰字号"。

Tea chop of Yang of Chung-cheng hao. A tea chop of 26 April 1827 for the sale of 1200 cases of tea ordered from the Fulung (Fulong) Hong, Canton, and consigned by Yang of Chung-cheng (Zhongzheng) hao to Fu-t'ai Hao and Fu-ch'un Hao for foreign trade. The business was handled by Wei of Kuang-t'ai (Guangtai) hao. 1 item. 1827

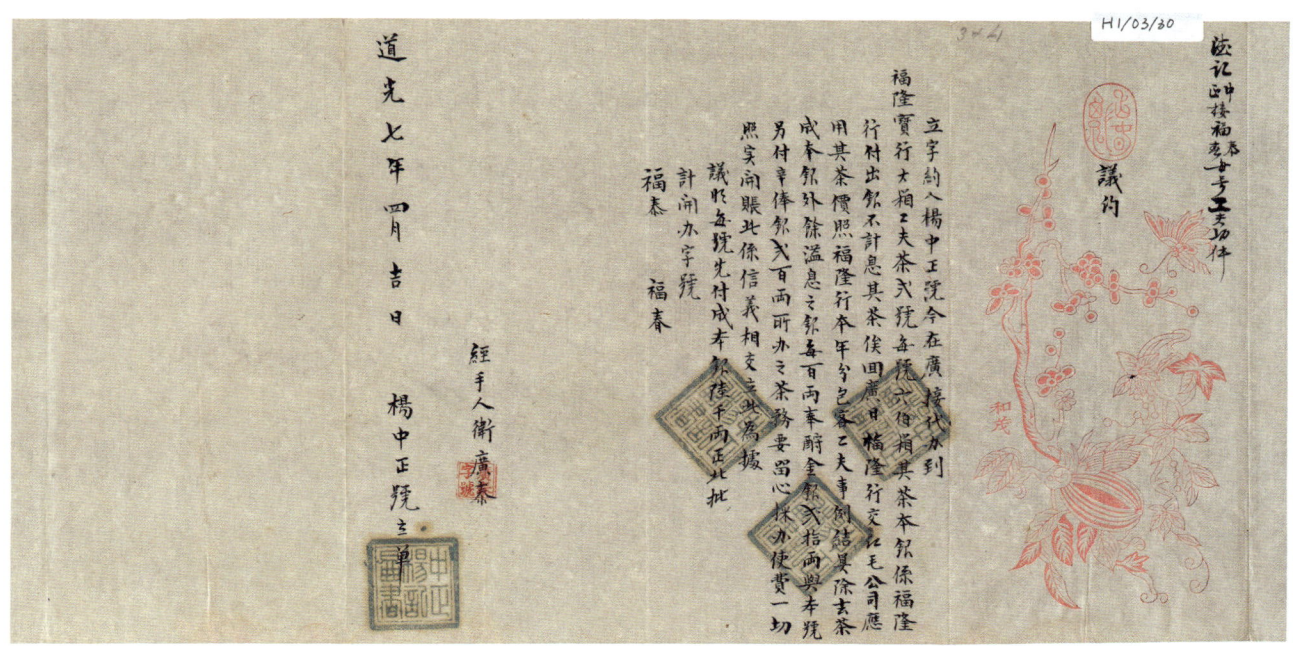

---

① 杨中正号：武夷茶叶茶庄。
② 福隆行：广州十三行之一，嘉庆九年（1804）成立。行商邓兆祥，商号贤官（Inqua），后由关祥、关成发父子接替，商名九官（Gouqua）。道光九年（1829）倒闭。

130　英国剑桥大学图书馆藏怡和洋行中文商业档案辑考

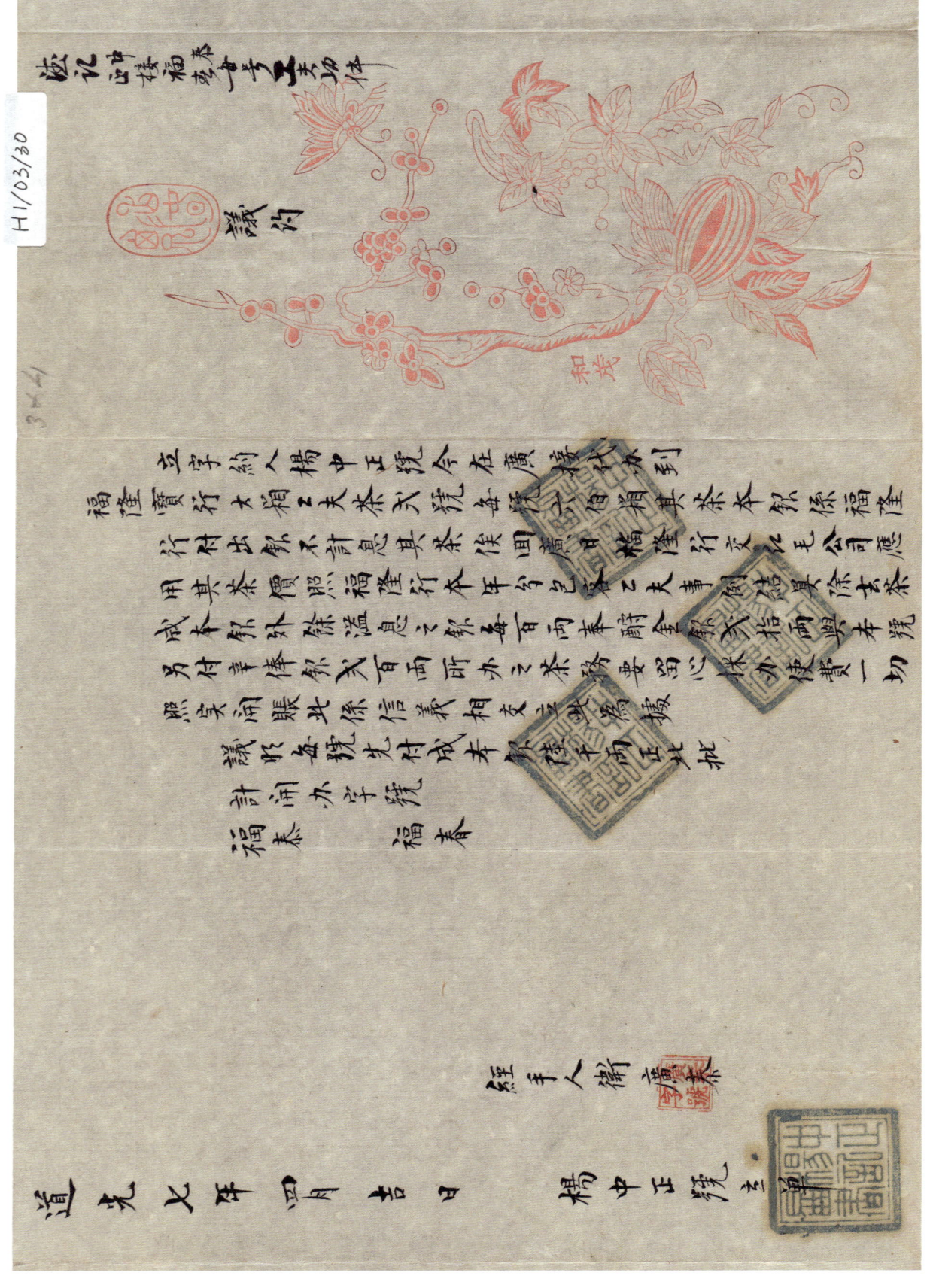

（局部图）

31. 道光七年曾万丰号①承接福隆行②茶叶合同（茶单）(H1/03/31)

道光七年四月初二日（1827年4月27日），福隆行承接英国茶叶合同，共计600箱工夫茶，由曾万丰号茶庄承接分包。盖有曾万丰号茶庄印章，印文"万丰图记"，及经手人王裕和号印章，印文"裕和图记"。

Tea chop of Tseng of Wang-feng Hao. A tea chop of 27 April 1827 for the sale of 600 cases of tea ordered from the Fulung (Fulong) Hong, Canton, and consigned by Tseng (Zeng) of Wan-feng (Wanfeng) Hao to Ch'uan-sheng Hao (Quansheng) for foreign trade. The business was handled by Wang of Yue-ho (Yuhe) Hao. 1 item. 1827

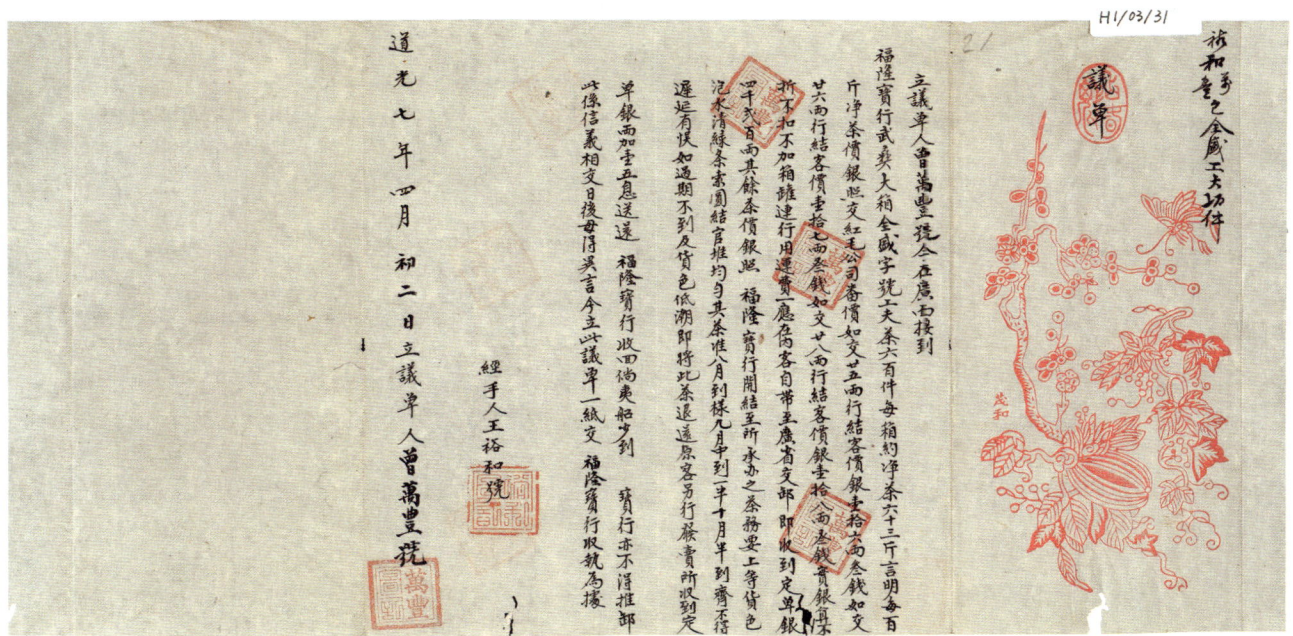

---

① 曾万丰号：武夷茶叶茶庄。
② 福隆行：广州十三行之一，嘉庆九年（1804）成立。行商邓兆祥，商号贤官（Inqua），后由关祥、关成发父子接替，商名九官（Gouqua）。道光九年（1829）倒闭。

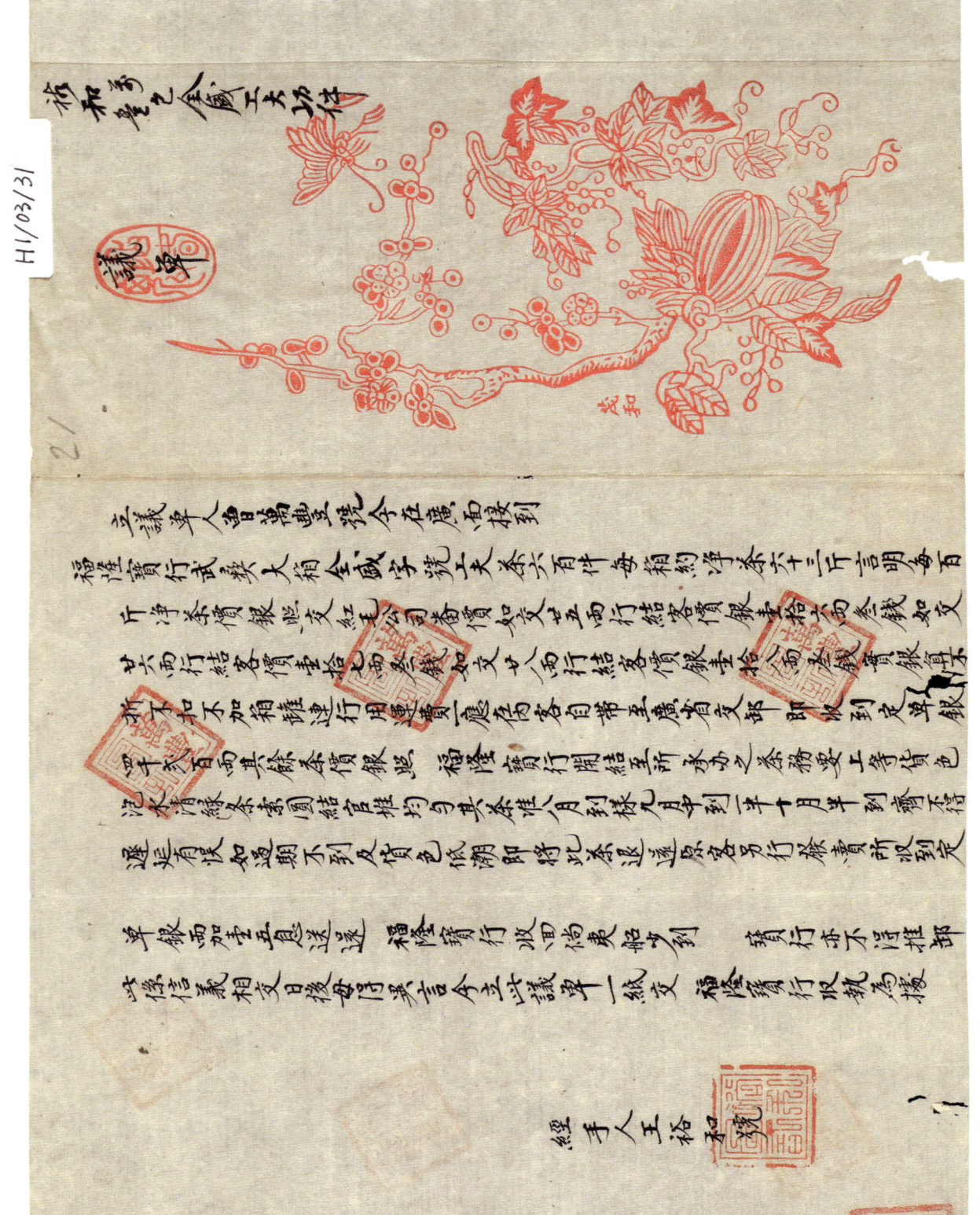

（局部图）

32. 道光七年曾万丰号^①承接福隆行^②茶叶合同（茶单）（H1/03/32）

道光七年四月初二日（1827年4月27日），福隆行承接英国茶叶合同，共计600箱工夫茶，由曾万丰号茶庄承接分包。盖有曾万丰号茶庄印章，印文"万丰图记"，及经手人王裕和号印章，印文"裕和图记"。

Tea chop of Tseng of Wan-feng Hao. A tea chop of 27 April 1827 for the sale of 600 cases of tea ordered from the Fulung (Fulong) Hong, Canton, and consigned by Tseng (Zeng) of Wan-feng (Wanfeng) Hao to Wan-lung Hao for foreign trade. The business was handled by Wang of Yue-ho (Yuhe) Hao. 1 item. 1827

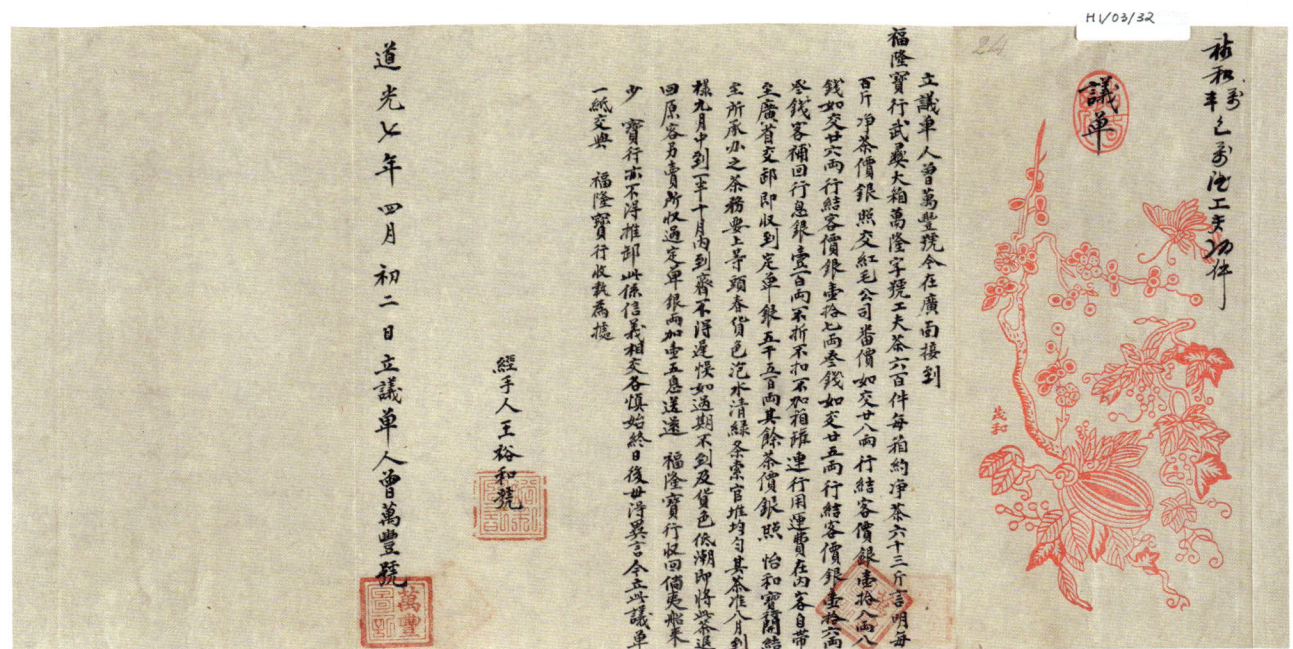

① 曾万丰号：武夷茶叶茶庄。
② 福隆行：广州十三行之一，嘉庆九年（1804）成立。行商邓兆祥，商号贤官（Inqua），后由关祥、关成发父子接替，商名九官（Gouqua）。道光九年（1829）倒闭。

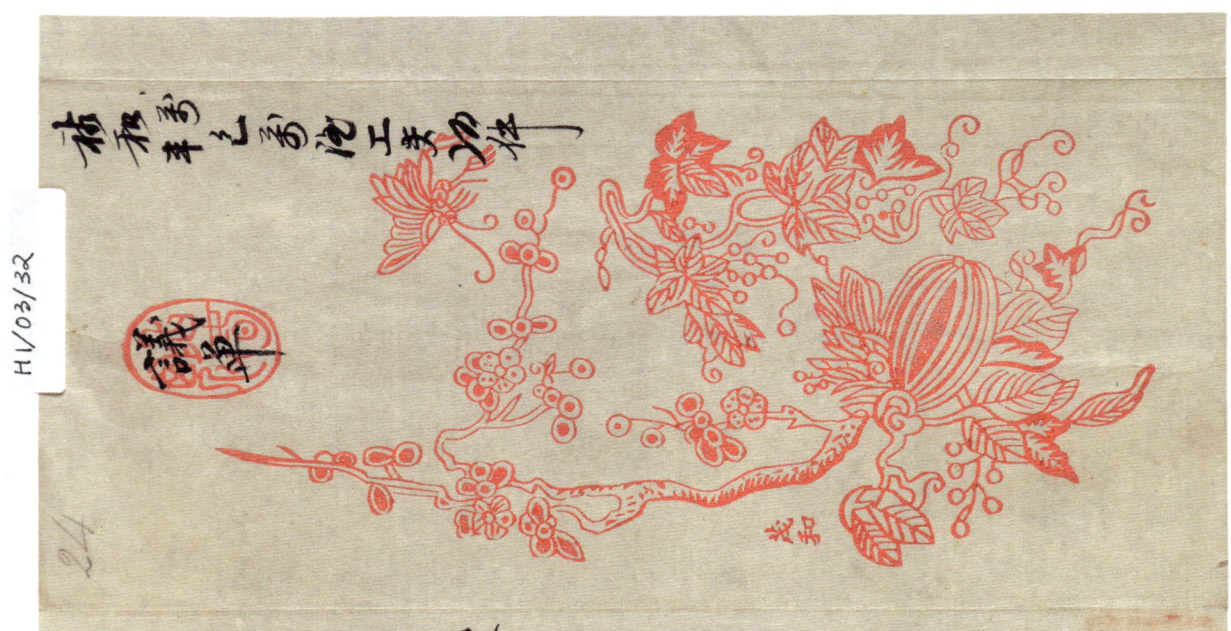

（局部图）

33. 道光七年鄢岳记号①承接福隆行②茶叶合同（茶单）（H1/03/33）

道光七年四月初二日（1827年4月27日），福隆行承接英国茶叶合同，共计600箱工夫茶，由鄢岳记号茶庄承接分包。盖有鄢岳记号茶庄印章，印文"岳茂号记"，及经手人王裕和号印章，印文"裕和图记"。

Tea chop of Wu of Yue-chih Hao. A tea chop of 27 April 1827 for the sale of 600 cases of tea ordered from the Fulung (Fulong) Hong, Canton, and consigned by Wu of Yue-chih (Yueji) Hao to Ching-mao Hao for foreign trade. The business was handled by Wang of Yue-ho (Yuhe) Hao. 1 item. 1827

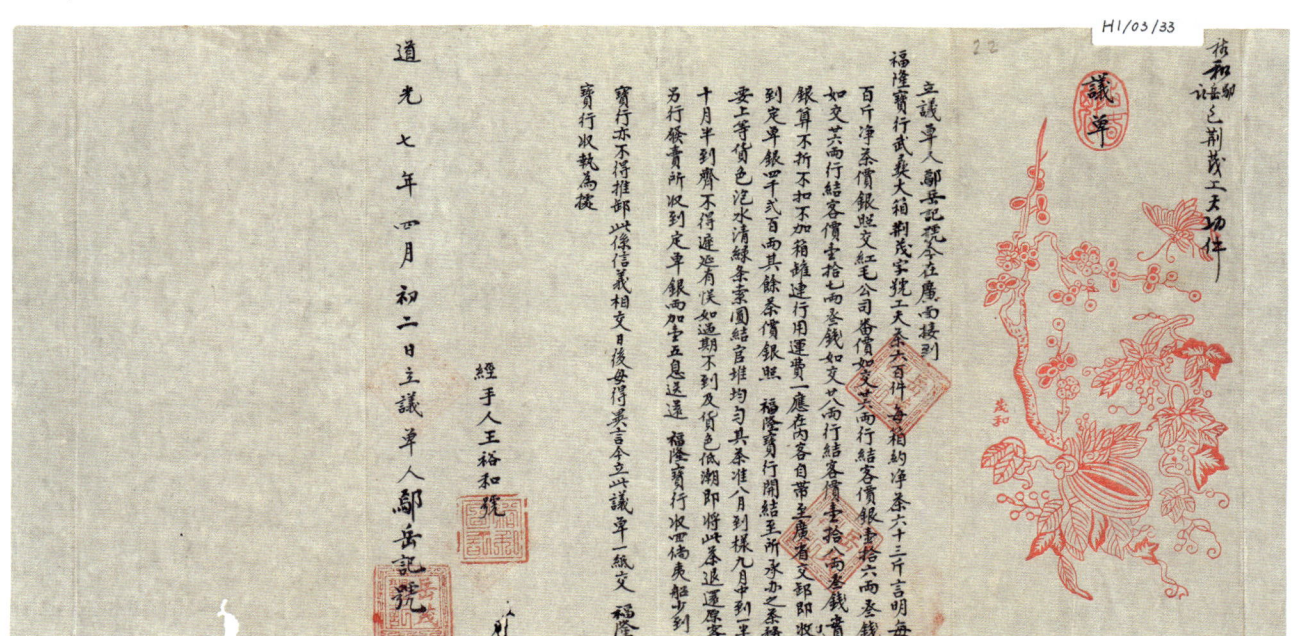

---

① 鄢岳记号：武夷茶叶茶庄。
② 福隆行：广州十三行之一，嘉庆九年（1804）成立。行商邓兆祥，商号贤官（Inqua），后由关祥、关成发父子接替，商名九官（Gouqua）。道光九年（1829）倒闭。

136 英国剑桥大学图书馆藏怡和洋行中文商业档案辑考

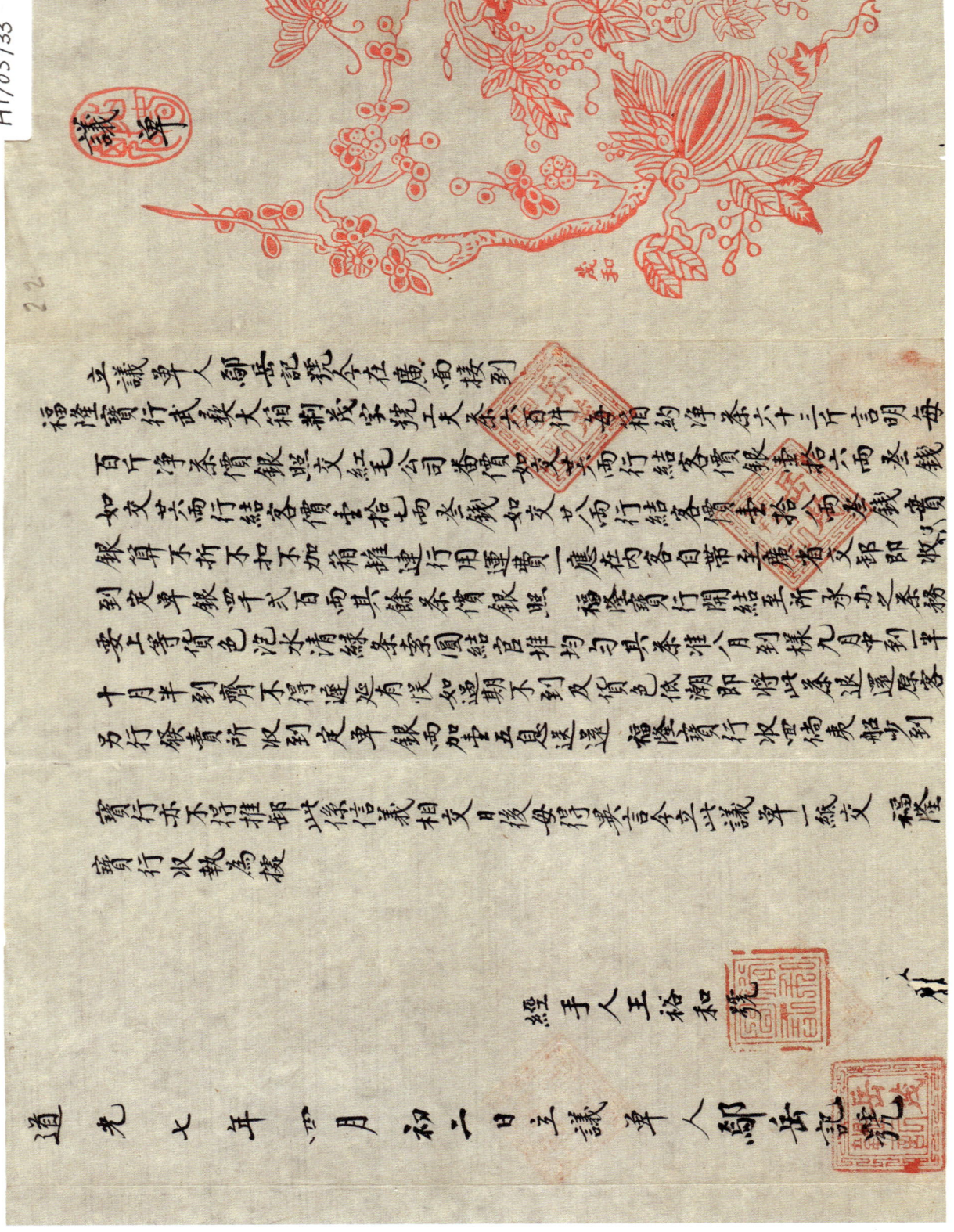

（局部图）

34. 道光七年周祥茂号承接福隆行[①]茶叶合同（茶单）（H1/03/34）

道光七年四月初二日（1827年4月27日），福隆行承接英国茶叶合同，共计600箱工夫茶，由周祥茂号茶庄承接分包。盖有周祥茂号茶庄印章，印文"祥茂字号"，及经手人王裕和号印章，印文"裕和图记"。

Tea chop of Chou of Hsiang-mao. A tea chop of 27 April 1827 for the sale of 600 cases of tea ordered from the Fulung (Fulong) Hong, Canton, and consigned by Chou (Zhou) of Hsiang-mao (Xiangmao) Hao to Hsiang-ho Hao for foreign trade. The business was handled by Wang of Yue-ho (Yuhe) Hao. 1 item. 1827

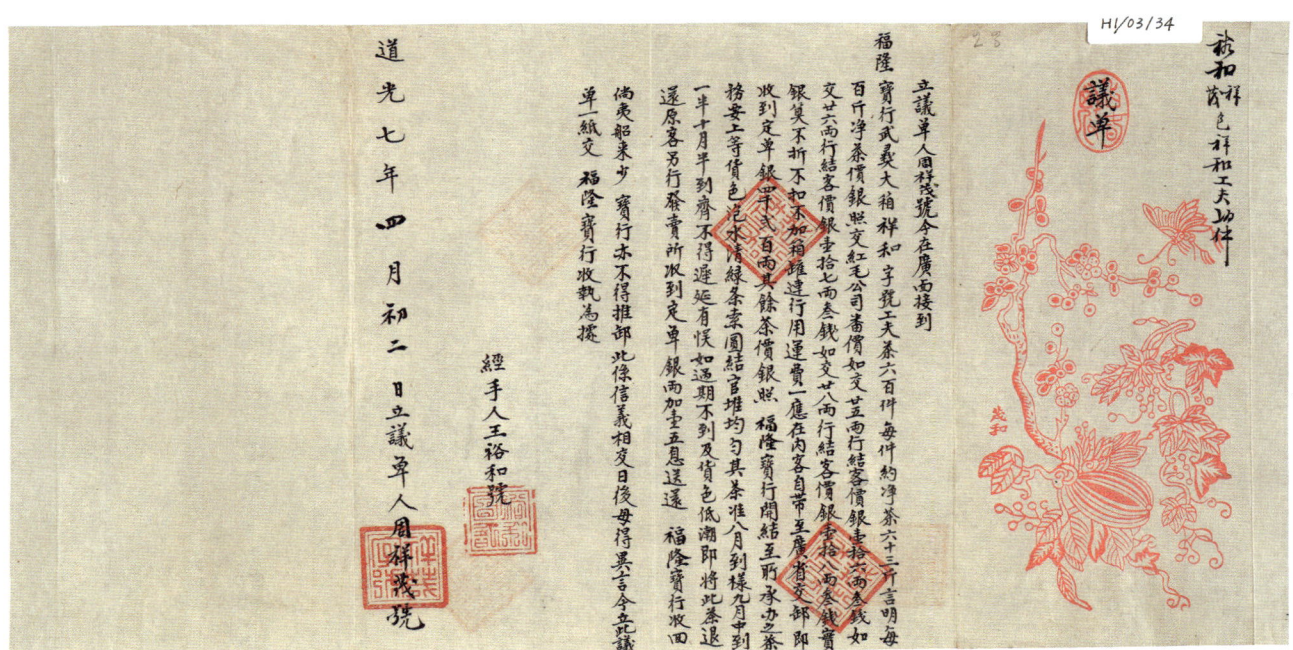

[①] 福隆行：广州十三行之一，嘉庆九年（1804）成立。行商邓兆祥，商号贤官（Inqua），后由关祥、关成发父子接替，商名九官（Gouqua）。道光九年（1829）倒闭。

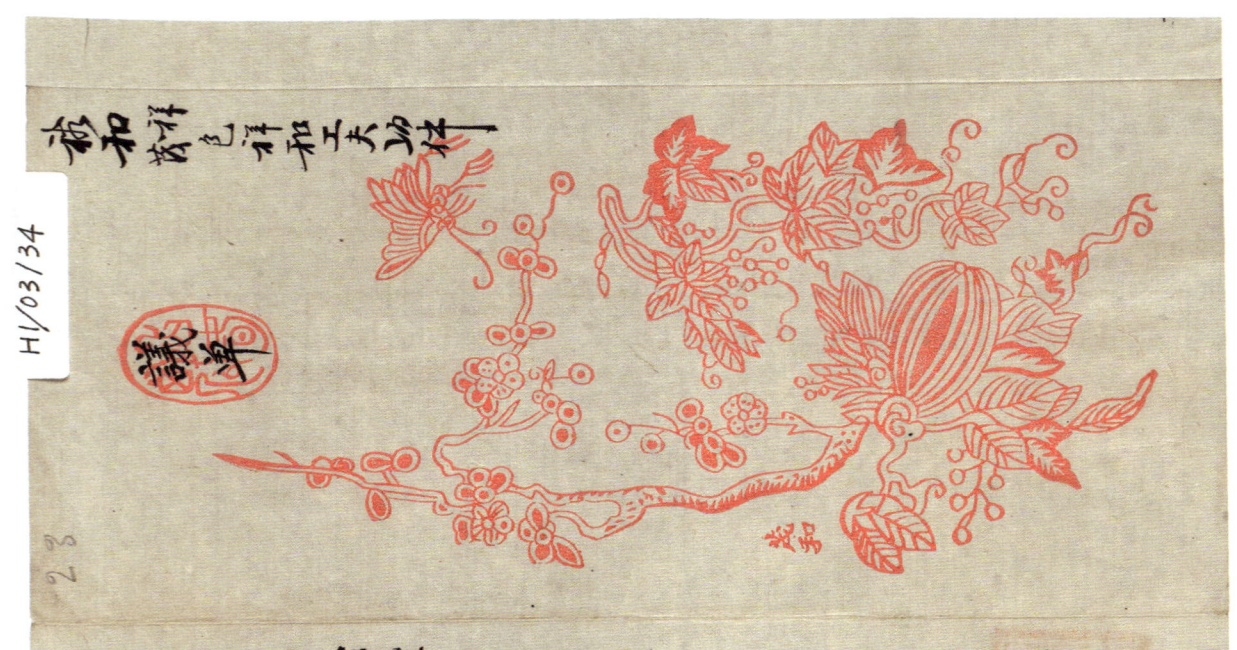

立议单人周祥茂号今在广东接到

福隆宝行武叆夬㭘祥和孖揽去茶六百件 净六十三千三明海
百斤净茶价银照支红毛公司番价如支女两行结客债银 金拾柒两
文女六两行结客债银柒拾七两叁钱如支女两行结客债服
银汉不折不扣不加箱连运用运费二应在内各自将至广有发 即恭
次到支单银弍千弎百两 除茶债银照福隆宝行开结至所承办之
务要五等价色足水清绿纱字周结置堆均匀其余准八月到栈九月到
一手十月手到齐 不得延迟有误 如违期不到及价色低潮 即将此单送退
债票船表妙宝行未不得推卸此信息我相交日後母行累合今立议
单纸文福隆宝行收执为据

经手人王裕和号

道光柒年四月初二日立议单人周祥茂号

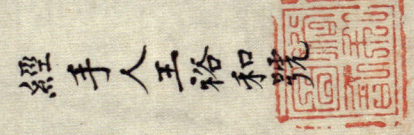

（局部图）

35. 道光七年李益美号①承接福隆行②茶叶合同（茶单）（H1/03/35）

道光七年四月初四日（1827年4月29日），福隆行承接英国茶叶合同，共计600箱工夫茶，由李益美号茶庄承接分包。盖有李益美号茶庄印章，印文"益美堂记"，及经手人王裕和号印章，印文"裕和图记"。另在开头"议单"处盖有一枚随形印，印文"平安"。

Tea chop of Li of I-mei Hao. A tea chop of 29 April 1827 for the sale of 600 cases of tea ordered from the Fulung (Fulong) Hong, Canton, and consigned by Li of I-mei (Yimei) Hao to I-yuan (Yiyuan) Hao for foreign trade. The business was handled by Wang of Yue-ho (Yuhe) Hao. 1 item. 1827

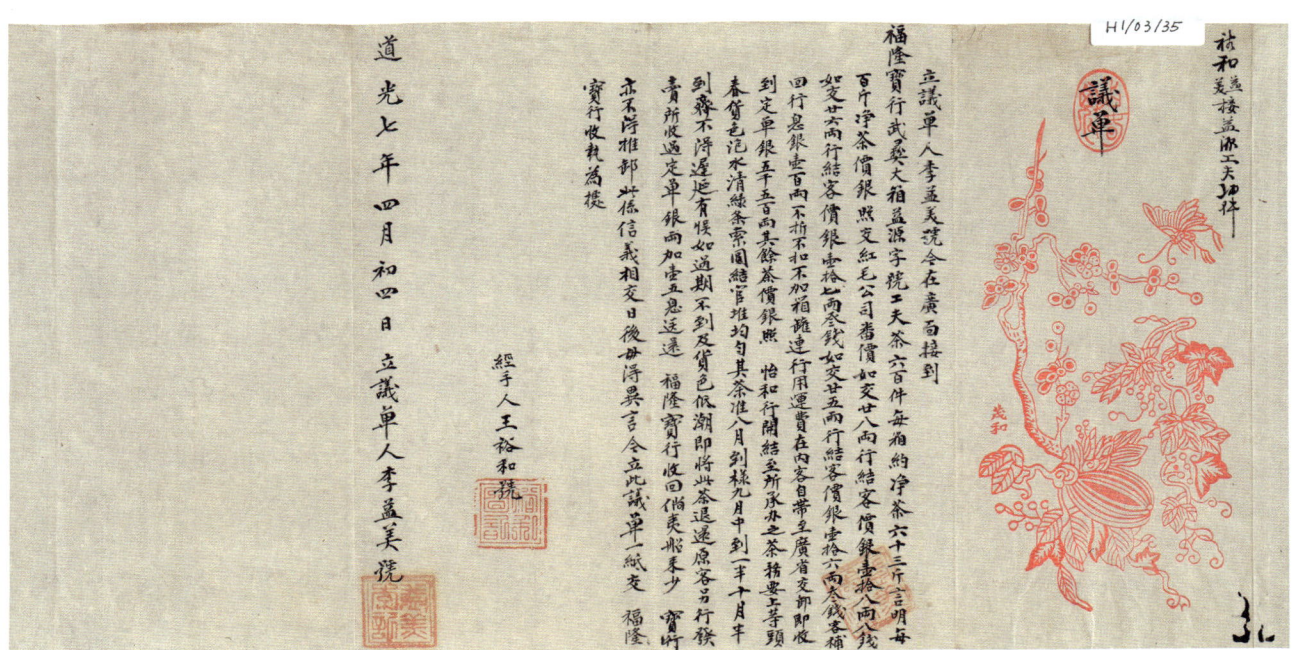

---

① 李益美号：武夷茶叶茶庄。
② 福隆行：广州十三行之一，嘉庆九年（1804）成立。行商邓兆祥，商号贤官（Inqua），后由关祥、关成发父子接替，商名九官（Gouqua）。道光九年（1829）倒闭。

立議單人李盡美現今在廣局接到

福隆寶行武奕大福盡源手筅玉夫茶六百件每箱約淨茶六十三斤三明每百斤淨茶價銀照支結毛公司書價如支甘人兩行結淨價銀壹拾捌兩貳錢

如支甘六兩行結淨價銀壹拾七兩叄錢 如支甘五兩行結淨價銀壹拾六兩貳錢 補叁

回行悉銀壹百兩不扣不加不欠福隆行用運費在內各自帶早黃埔交即收

到定單銀五千五百兩共餘茶價銀照 怡和行開結全部承水之茶務要至李頭頭收

春首色泥水清燥茶容调結正推均匀其茶淮入月到樣九月到半十月全到手

到 貨所收過定單銀兩加清五總送還 福隆寶行收回恰貨若干寶竹

議不得爰郡共信義相交日後如清票言全立議單二紙交 福隆

寶行收執為據

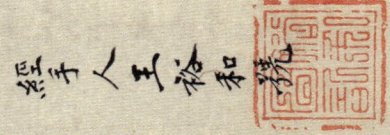

經手人王裕和

道光七年四月初四日 立議單人李盡美

36. 道光七年和发号① 承接福隆行② 茶叶合同（茶单）（H1/03/36）

道光七年四月初四日（1827年4月29日），福隆行承接英国茶叶合同，共计600箱工夫茶，由和发号茶庄承接分包。盖有和发号茶庄印章，印文"和发兴记"，及经手人王裕和号印章，印文"裕和图记"。

Tea chop of Ho-fa Hao. A tea chop of 29 April 1827 for the sale of 600 cases of tea ordered from the Fulung (Fulong) Hong, Canton, and consigned by Ho-fa (Hefa) Hao to Ho-hsing (Hexing) Hao Kungfu for foreign trade. The business was handled by Wang of Yue-ho (Yuhe) Hao. 1 item. 1827

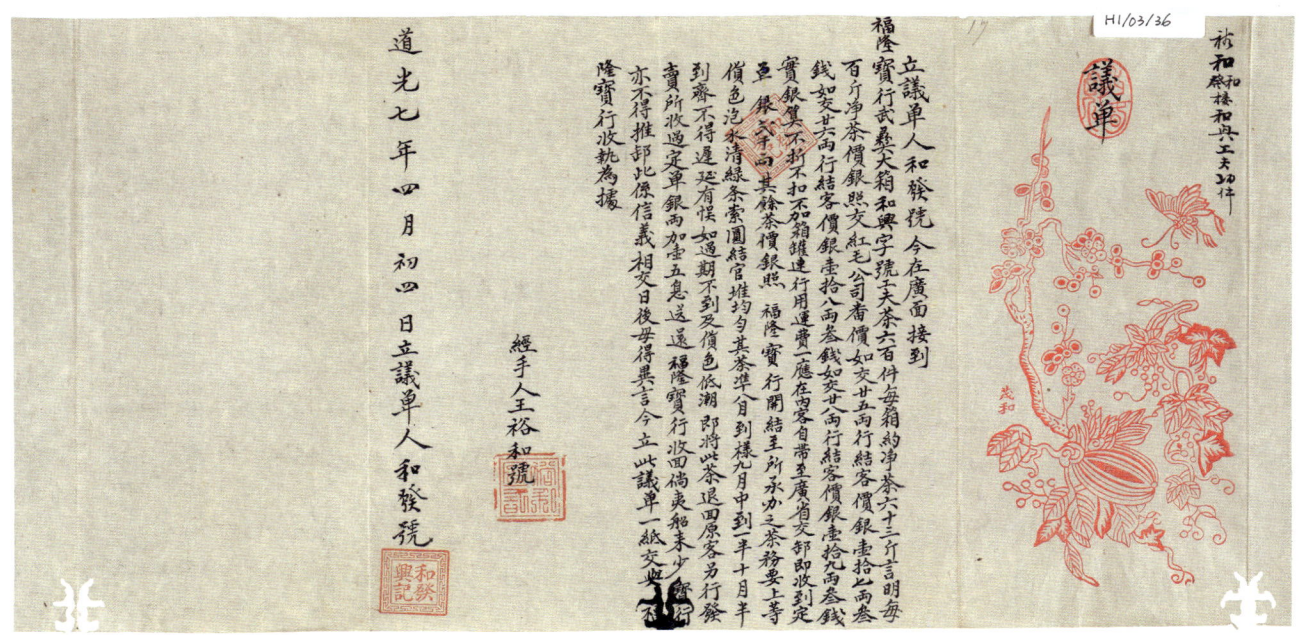

---

① 和发号：武夷茶叶茶庄。
② 福隆行：广州十三行之一，嘉庆九年（1804）成立。行商邓兆祥，商号贤官（Inqua），后由关祥、关成发父子接替，商名九官（Gouqua）。道光九年（1829）倒闭。

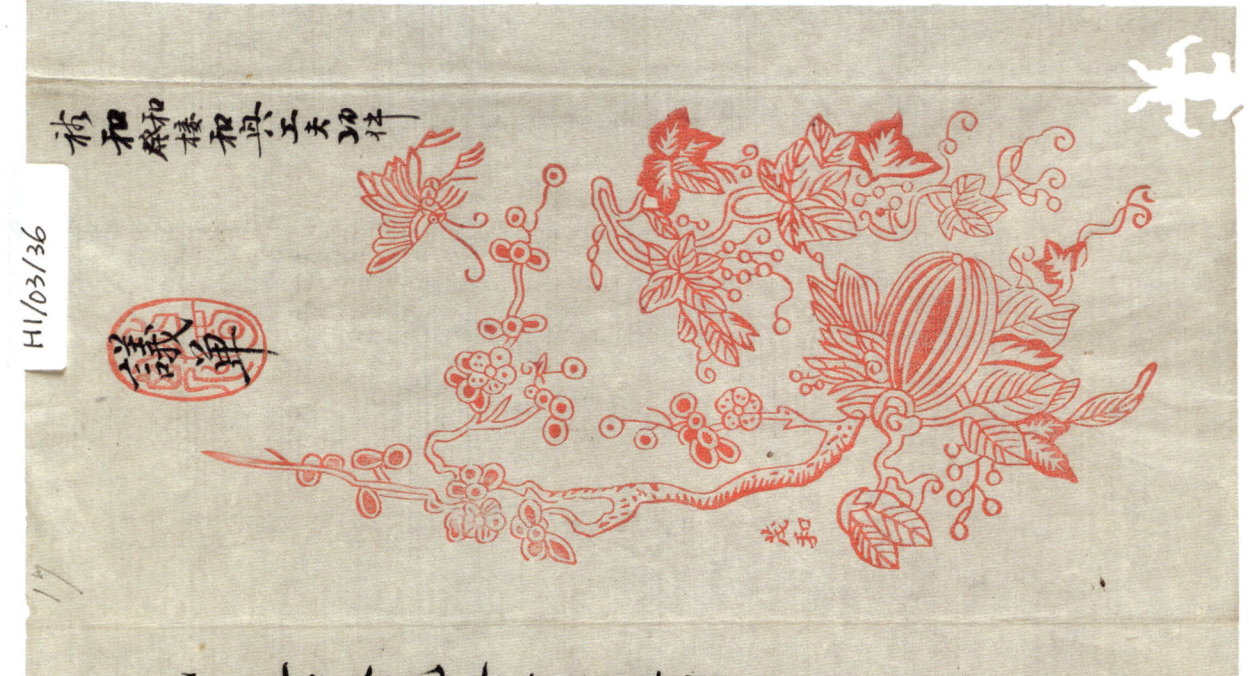

立議單人和德號今在廣面接到

福隆寶貴行武彝大箱紅毛公司茶六百件每箱淨茶廿五兩行結客價銀壹拾陸兩叁錢

福隆寶貴行百件淨茶價銀照芝紅毛公司每價如交廿兩行結客價銀壹拾捌兩叁錢

明每箱淨茶六十三斤言叁拾陸兩行結客價銀壹拾陸兩叁錢

[正文内容]...立議單一紙交與和德號收執爲據

經手人玉裕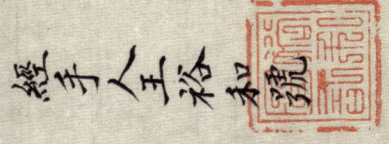

道光七年四月初四日立議單人和德號怡和行

37. 道光七年周豫成号^① 承接福隆行^② 茶叶合同（茶单）（H1/03/37）

道光七年四月初七日（1827年5月2日），福隆行承接英国茶叶合同，共计600箱工夫茶，由周豫成号茶庄承接分包。盖有周豫成号茶庄印章，印文"豫成图记"，及经手人王裕和号印章，印文"裕和图记"。

Tea chop of Chou of Yue-ch'eng Hao. A tea chop of 2 May 1827 for the sale of 600 cases of tea ordered from the Fulung (Fulong) Hong, Canton, and consigned by Chou (Zhou) of Yue-ch'eng (Yucheng) Hao to the Hong's own shop for foreign trade. The business was handled by Wang of Yue-ho (Yuhe) Hao. 1 item. 1827

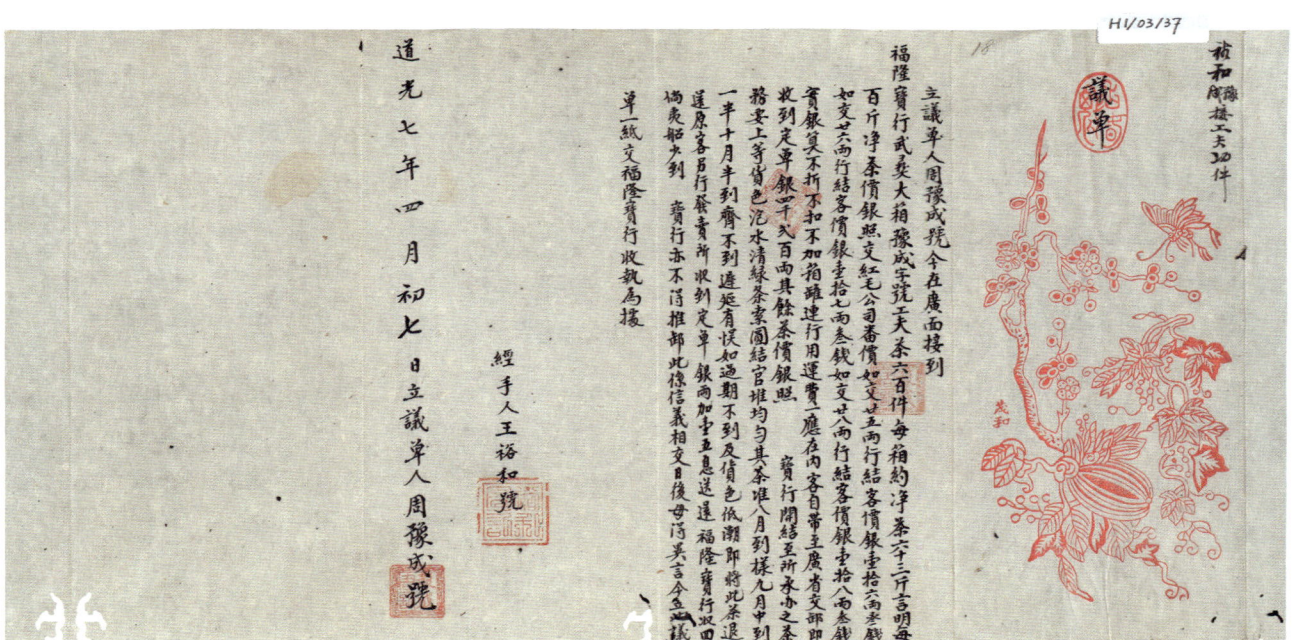

---

① 周豫成号：武夷茶叶茶庄。
② 福隆行：广州十三行之一，嘉庆九年（1804）成立。行商邓兆祥，商号贤官（Inqua），后由关祥、关成发父子接替，商名九官（Gouqua）。道光九年（1829）倒闭。

立議字人周豫成鋶今在廣面接到
福隆寶行武夷大箱豫成字號五夫茶六百件每箱約淨茶三十斤言明
一百件淨茶價銀照支紅毛公司番價 如支七兩行結每價銀連拾六兩參錢
如支七兩六行結每價銀柒拾七兩參錢 如支七兩五行結每價銀柒拾六兩參錢
如支七兩行結每價銀柒拾八兩參錢 收到定字務要上等好色泥水清綠茶照結合佐推均與茶椎同到樣九月半到
一于十月半到齊天到達姬有誤 如逾期天到及價色依潮陽將此茶退
為鈔船收到 寶行亦不同推卸 此德信義相交日後毋同 實言今立議
字然文福隆寶行收執為據

經手人王裕和

道光七年四月初七日 立議字人周豫成鋶

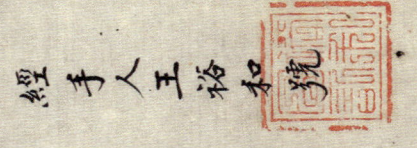

38. 道光七年虞永春号承接福隆行① 茶叶合同（茶单）（H1/03/38）

道光七年四月初七日（1827年5月2日），福隆行承接英国茶叶合同，共计600箱工夫茶，由虞永春号茶庄承接分包。盖有虞永春号茶庄印章，印文"永春元记"，及经手人王裕和号印章，印文"裕和图记"。

Tea chop of Yu of Yung-ch'un Hao. A tea chop of 2 May 1827 for the sale of 600 cases of tea ordered from the Fulung (Fulong) Hong, Canton, and consigned by Yu of Yung-ch'un (Yongchun) Hao to Hsin-chi Hao for foreign trade. The business was handled by Wang of Yue-ho (Yuhe) Hao. 1 item. 1827

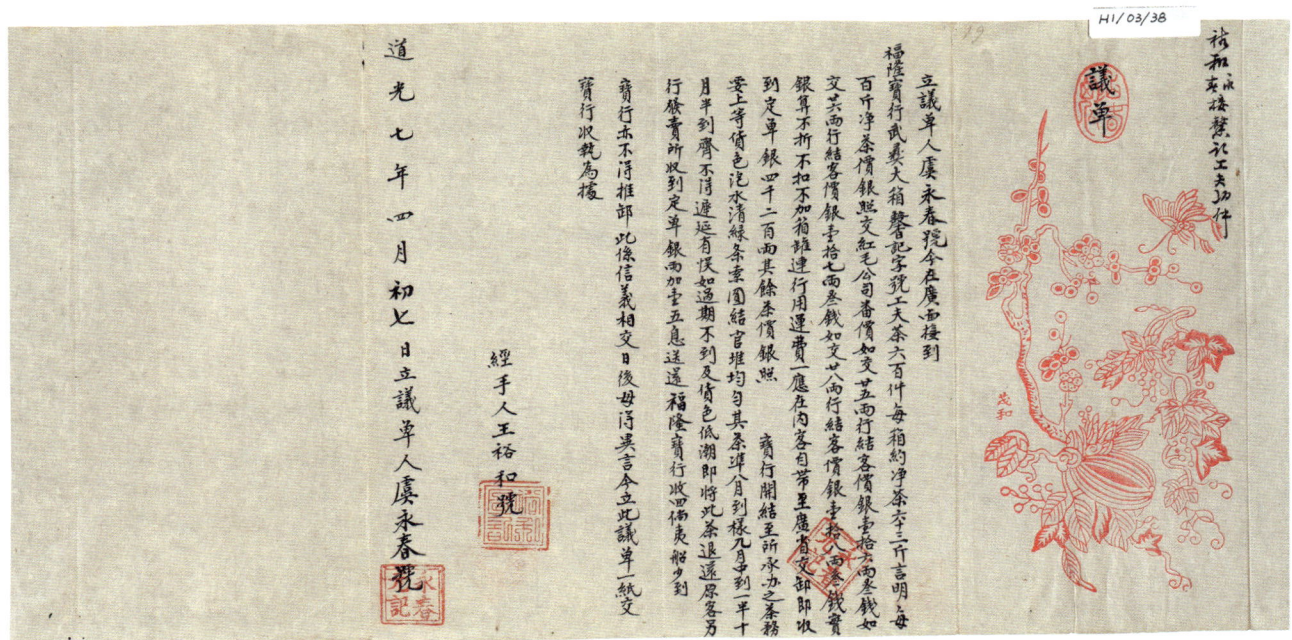

---

① 福隆行：广州十三行之一，嘉庆九年（1804）成立。行商邓兆祥，商号贤官（Inqua），后由关祥、关成发父子接替，商名九官（Gouqua）。道光九年（1829）倒闭。

(局部图)

39. 道光七年陈九香号①承接福隆行②茶叶合同（茶单）（H1/03/39）

道光七年（1827），福隆行承接英国茶叶合同，共计600箱工夫茶，由陈九香号茶庄承接分包。盖有陈九香号茶庄印章，印文"陈九香记"，及经手人王裕和号印章，印文"裕和图记"。

Tea chop of Ch'en of Chiu-hsiang Hao. A tea chop of May 1827 (?) for the sale of 600 cases of tea ordered from the Fulung (Fulong) Hong, Canton, and consigned by Ch'en (Chen) of Chiu-hsiang Hao to Hsian-hsing (xianxing) Hao for foreign trade. The business was handled by Wang of Yue-ho (Yuhe) Hao. 1 item. 1827

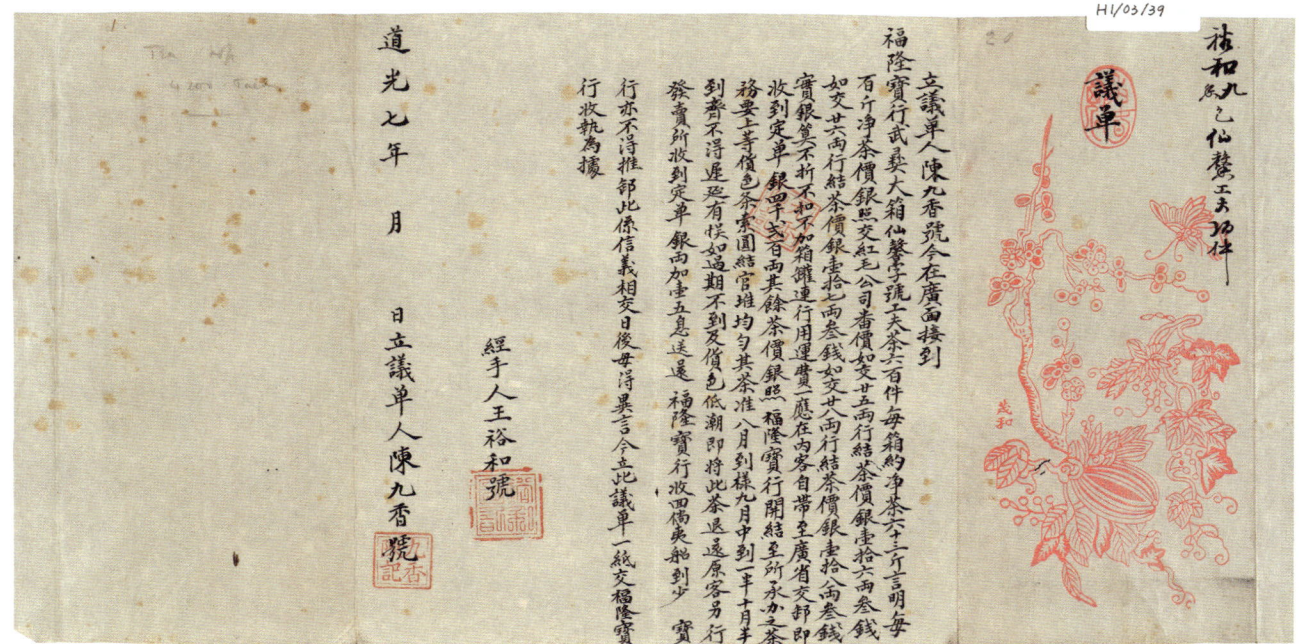

① 陈九香号：武夷茶叶茶庄。
② 福隆行：广州十三行之一，嘉庆九年（1804）成立。行商邓兆祥，商号贤官（Inqua），后由关祥、关成发父子接替，商名九官（Gouqua）。道光九年（1829）倒闭。

148　英国剑桥大学图书馆藏怡和洋行中文商业档案辑考

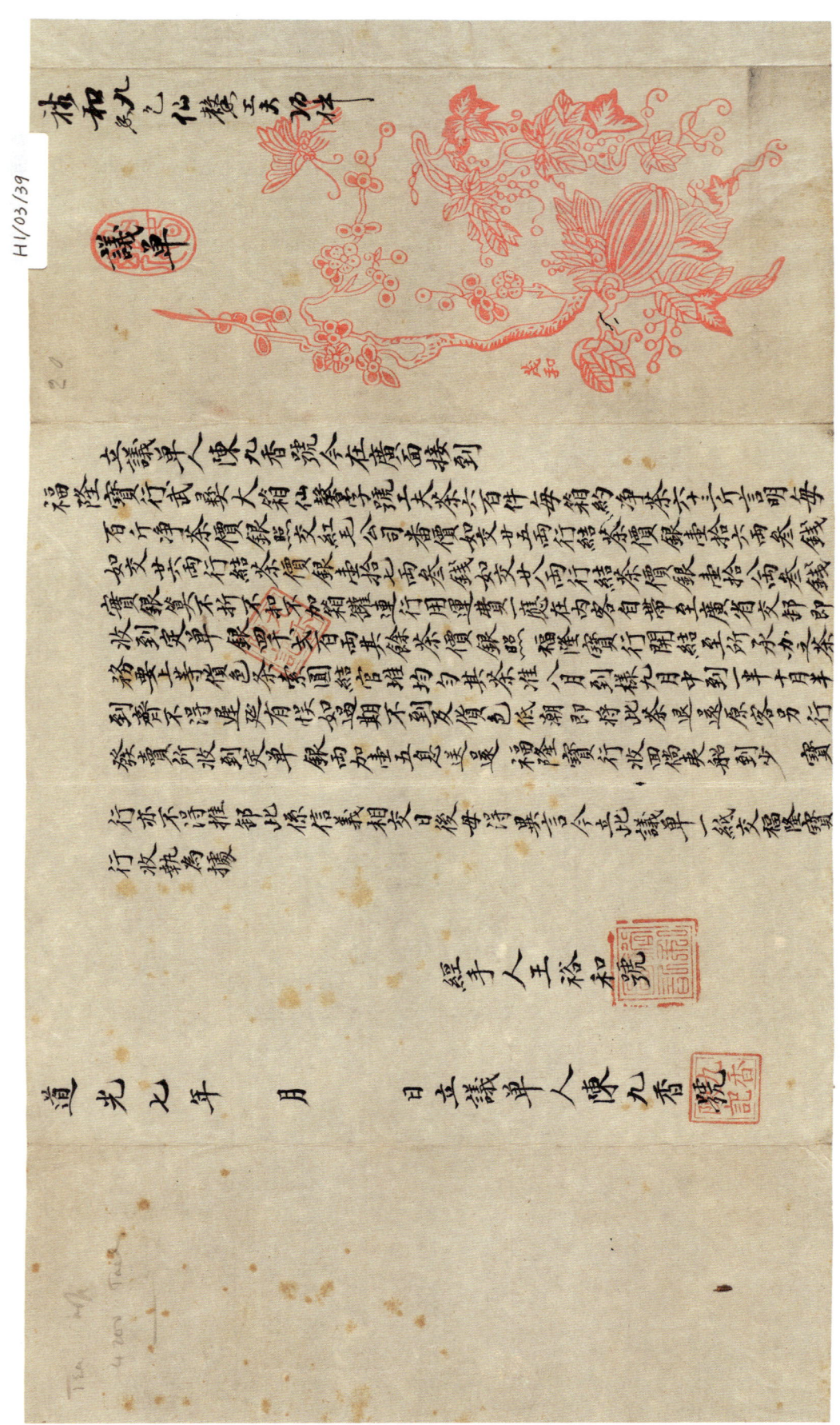

（局部图）

40. 道光七年沈瑞和号①承接福隆行②茶叶合同（茶单）(H1/03/40)

道光七年四月十二日（1827年5月7日），福隆行承接英国茶叶合同，共计600箱工夫茶，由沈瑞和号茶庄承接分包。盖有沈瑞和号茶庄印章，印文"瑞和裕记"，及经手人王裕和号印章，印文"裕和图记"。

Tea chop of Shen of Jui-ho Hao. A tea chop of 7 May 1827 for the sale of 600 cases of tea ordered from the Fulung (Fulong) Hong, Canton, and consigned by Shen of Jui-ho (Ruihe) Hao to the Hong's own shop for foreign trade. The business was handled by Wang of Yue-ho (Yuhe) Hao. 1 item. 1827

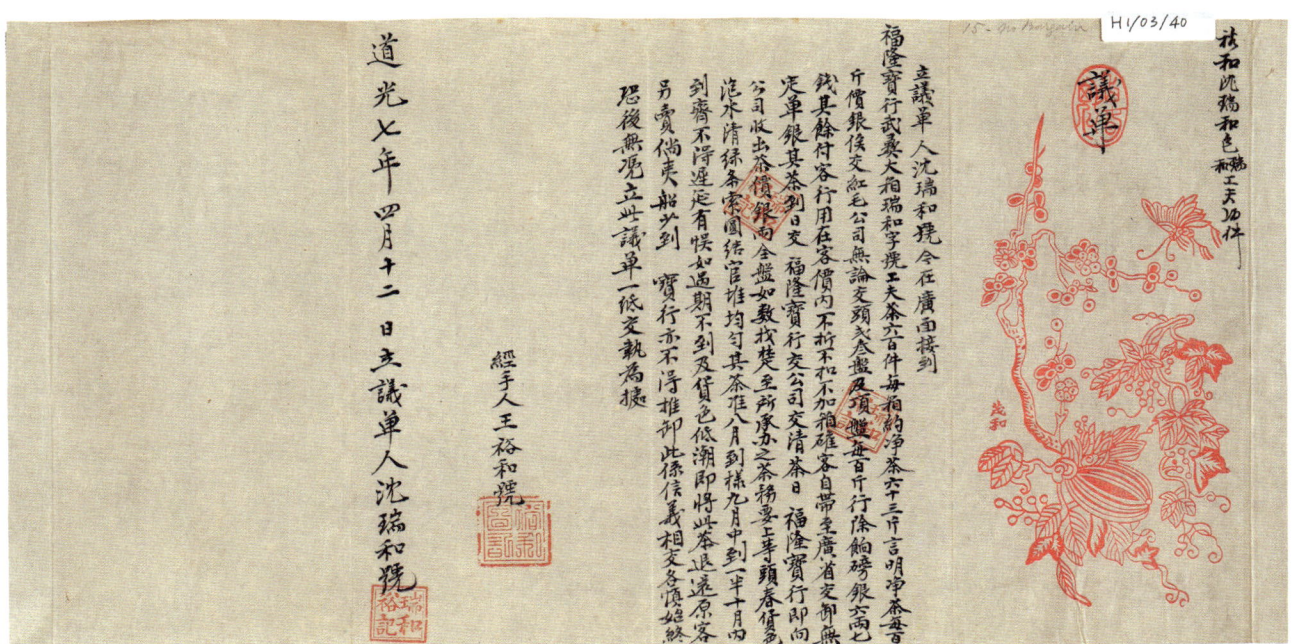

---

① 陈瑞和号：武夷茶叶茶庄。

② 福隆行：广州十三行之一，嘉庆九年（1804）成立。行商邓兆祥，商号贤官（Inqua），后由关祥、关成发父子接替，商名九官（Gouqua）。道光九年（1829）倒闭。

150　英国剑桥大学图书馆藏怡和洋行中文商业档案辑考

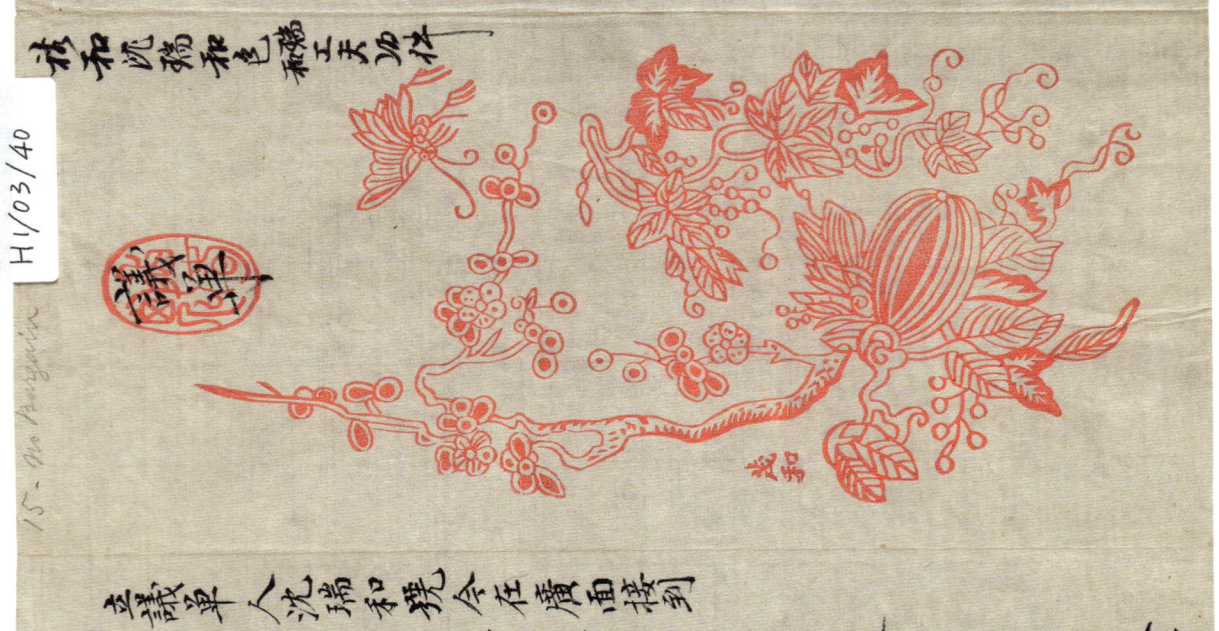

（局部图）

41. 道光七年吴和记号^①承接福隆行^②茶叶合同（茶单）（H1/03/41）

道光七年四月十二日（1827年5月7日），福隆行承接英国茶叶合同，共计600箱工夫茶，由吴和记号茶庄承接分包。盖有吴和记号茶庄印章，印文"吴和记号"，及经手人王裕和号印章，印文"裕和图记"。

Tea chop of Wu of Ho-chi Hao. A tea chop of 7 May 1827 for the sale of 600 cases of tea ordered from the Fulung (Fulong) Hong, Canton, and consigned by Shen of Jui-ho (Ruihe)^③ Hao to Fu-sheng Hao for foreign trade. The business was handled by Wang of Yue-ho (Yuhe) Hao. 1 item.

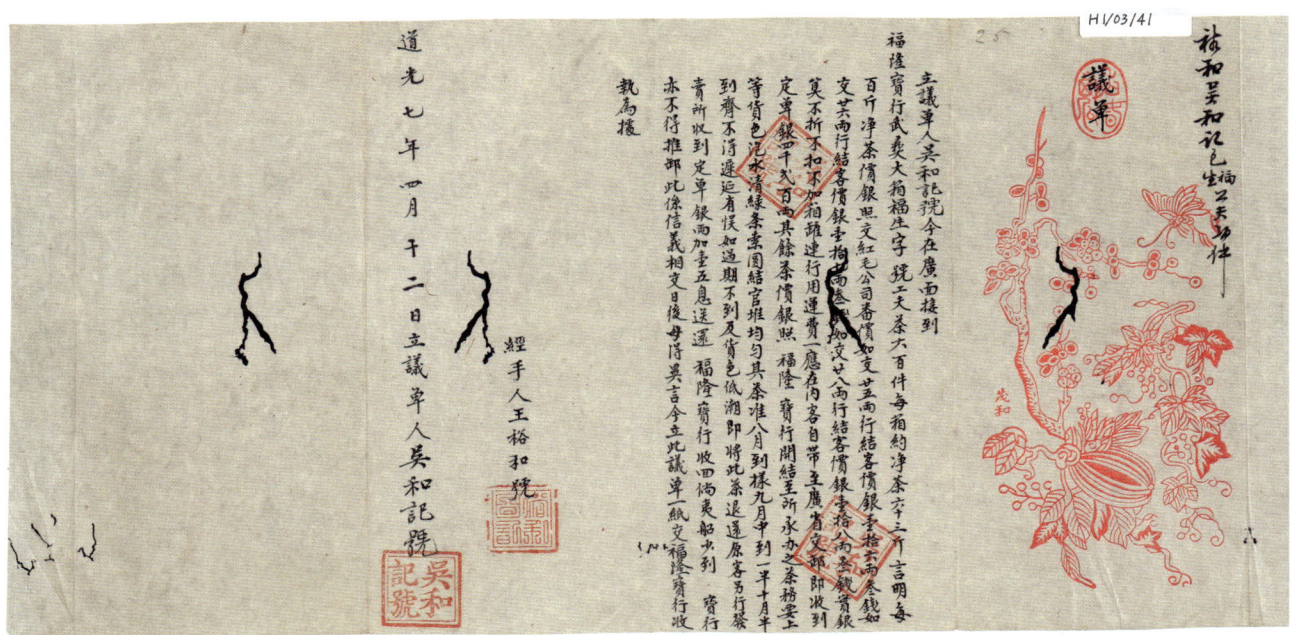

① 吴和记号：武夷茶叶茶庄。
② 福隆行：广州十三行之一，嘉庆九年（1804）成立。行商邓兆祥，商号贤官（Inqua），后由关祥、关成发父子接替，商名九官（Gouqua）。道光九年（1829）倒闭。
③ 勘误：应为 Wu of Ho-chi，此处英文提要有误。

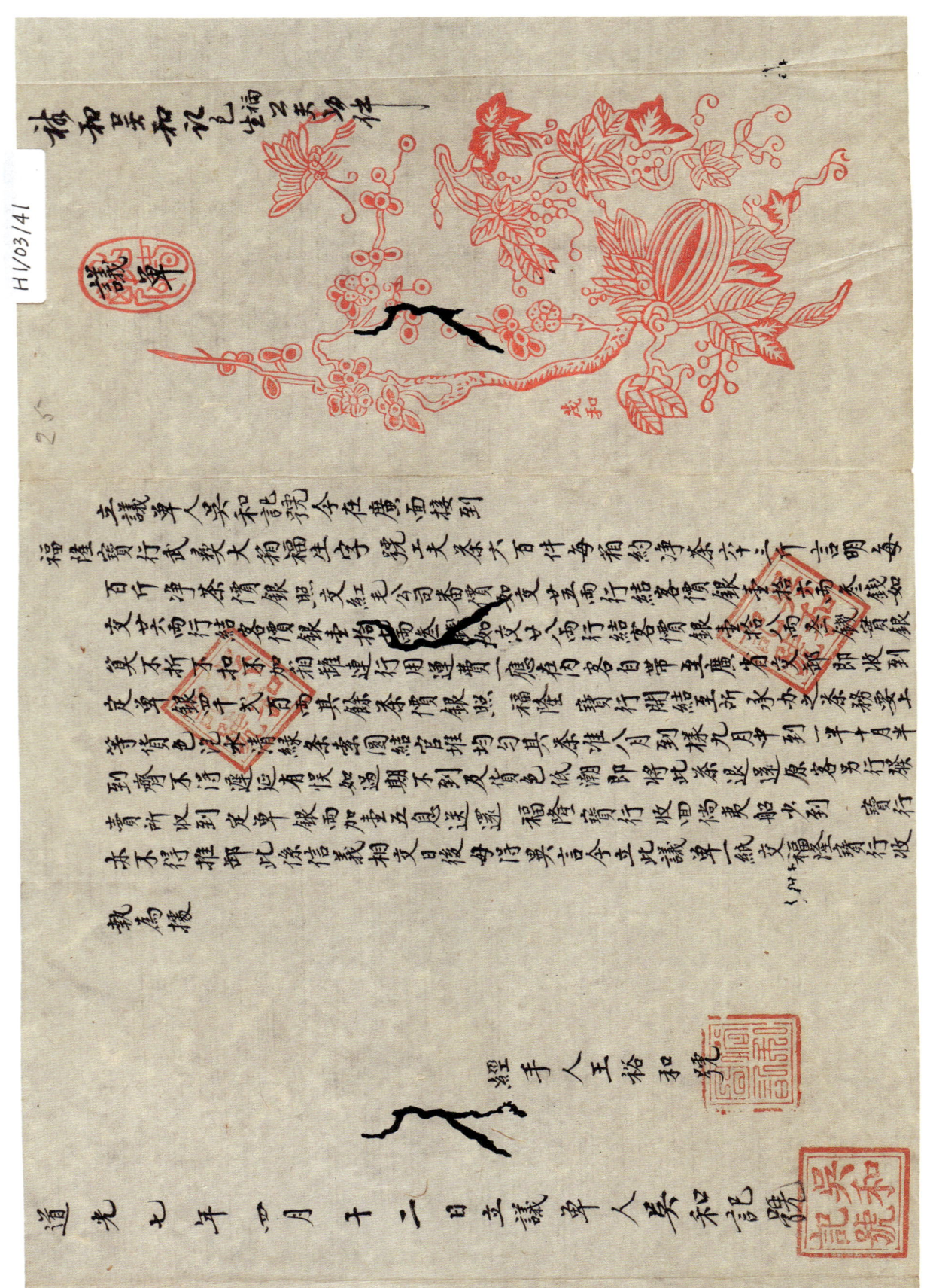

四、嘉庆、道光年间同泰行[①]印章单据

1. 嘉庆二十二年同泰行欠英国商人悲令债务收据（H1/04/01）

嘉庆二十二年二月十三日（1817年3月30日），同泰行行商麦觐廷欠英国商人悲令（Baring）5117.25元的收据，注明嘉庆二十四年二月初八日（1819年3月3日）偿还。收据上盖有两枚同泰行印章，方形印章印文"同泰行内柜"，随形印印章印文"同泰行内柜图记"。还附有一个中文信封，背面有两项收据金额及还款日期的英文备忘录。

Loan receipt to Baring & Co.. A loan receipt (in Chinese) from Poonequa to Baring & Co. for 5117 1/4 Tls, 30 March 1817. A note in the document records that the debt was paid off on the 8th day of the 2nd moon of the 24th year of JQ (3 March 1819). There is also a Chinese envelope containing two English notes, one referring to this chop, and the other referring to a different chop amounting to 4061.050 Tls: 'The chop delivered to Poonqua[sic]junior on April 5 and returned by him on April 7.' 2 items. 1817

（正）

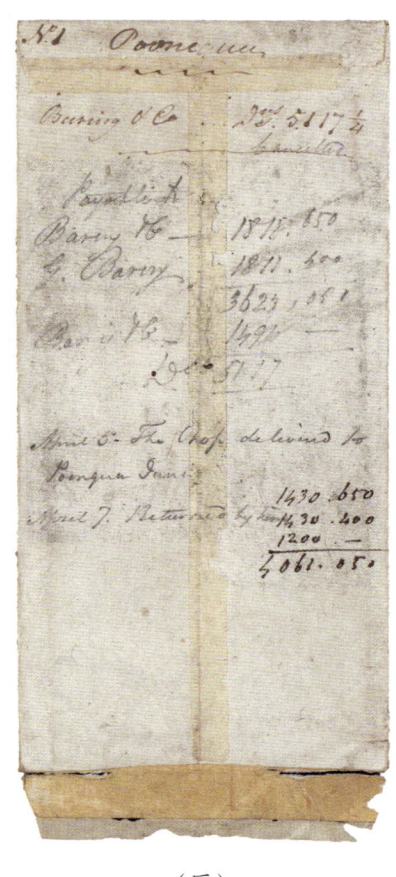

（反）

[①] 同泰行：广州十三行之一，行商麦觐廷，商名潘官（Poonequa）、磻官。嘉庆九年（1804）成立，道光七年（1827）倒闭。

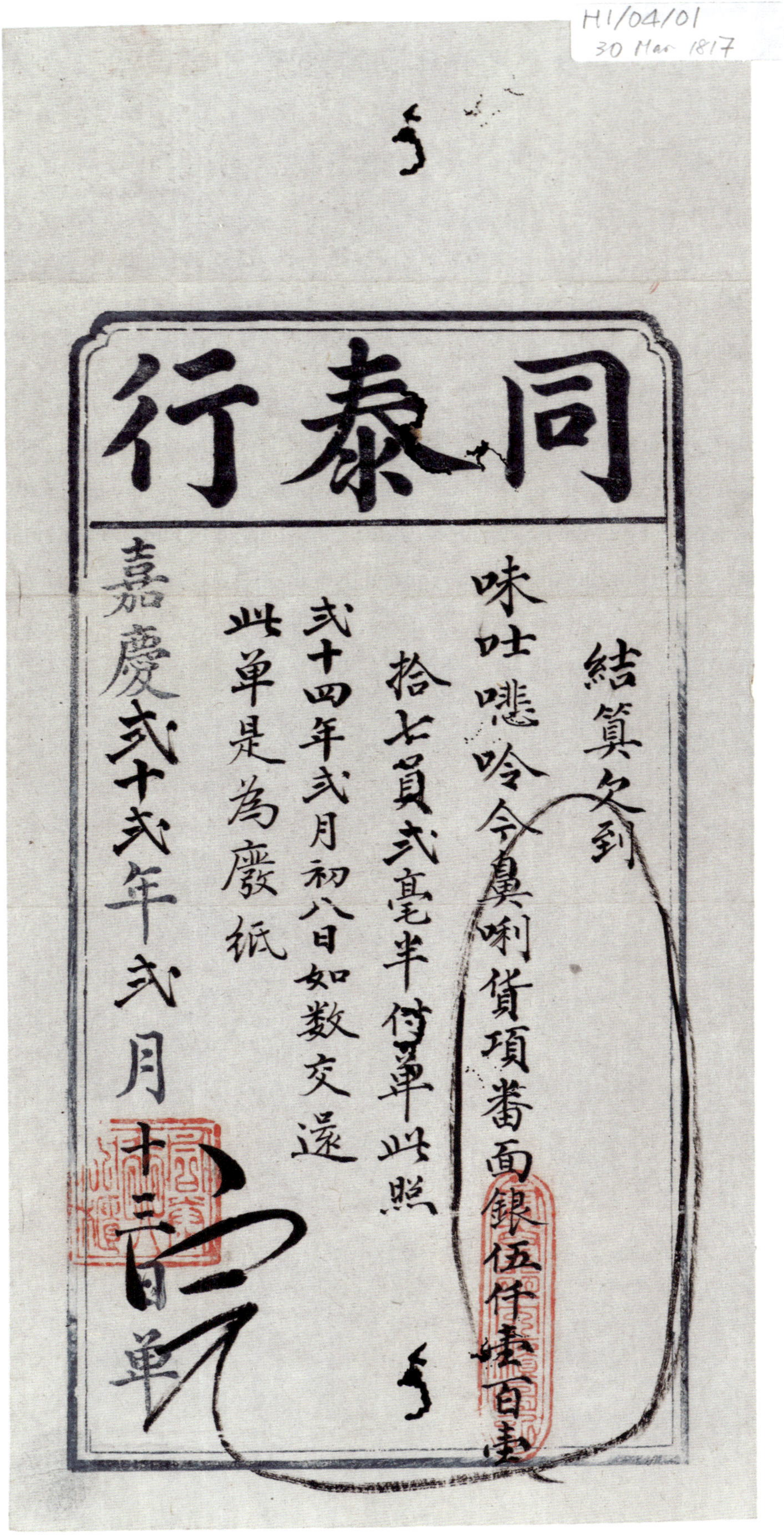

H1/04/01
30 Mar 1817

同泰行

結算欠到
味吐嘥哈令奧唎貨項番面銀伍仟壹百壹
拾七員弍毫半付單此照
弍十四年弍月初八日如数交還
此單是為廢紙

嘉慶弍十弍年弍月十三日單

2. 嘉庆二十二年同泰行①欠英国商人斯当东②债务收据（H1/04/02）

嘉庆二十二年二月十三日（1817年3月30日），同泰行行商麦觐廷欠英国商人斯当东（G. Staunton）8567元的收据，注明嘉庆二十四年二月初八日（1819年3月3日）偿还。收据上盖有两枚同泰行印章，方形印章印文"同泰行内柜"，随形印印章印文"同泰行内柜图记"。还附有一个中文信封，背面有收据金额的英文备忘录。

Loan receipt to G. Staunton. A loan receipt (in Chinese) from Poonequa to Sir (?) G. Staunton, 30 March 1817, for $8567, paid off on the 8th day of the 2nd moon of the 24th year of JQ (3 March 1819), with a Chinese envelope containing an English note about the loan. 2 items. 1817

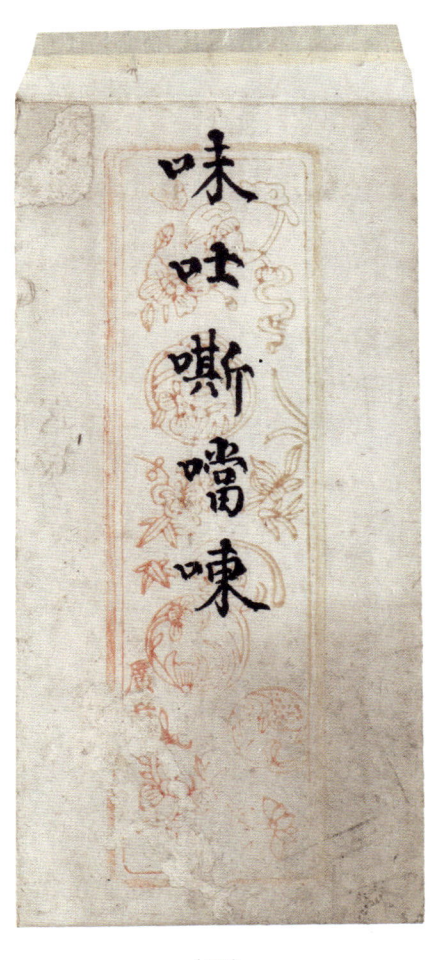

（正）

（反）

---

① 同泰行：广州十三行之一，行商麦觐廷，商名潘官（Poonequa）、磻官。嘉庆九年（1804）成立，道光七年（1827）倒闭。
② 斯当东：英国广州商馆大班，著名中国专家小斯当东。1793年乾隆皇帝接见马嘎尔尼勋爵时，他是随员中的小侍从。1800年，小斯当东被英国东印度公司驻广州商馆聘为书记员，再次来到中国。1801年，老斯当东去世后，小斯当东承袭了父亲的爵位。1814年，小斯当东当选为东印度公司驻广州商馆的管理机构——特选委员会的成员。1815年，他又被选为特选委员会主席，全面负责东印度公司对华贸易事宜。他以"狡黠"闻名，被清朝官员警惕防范，曾极力突破清代贸易制度，后期成为力主对中国宣战的代表。

H1/04/02
30 Mar 1817

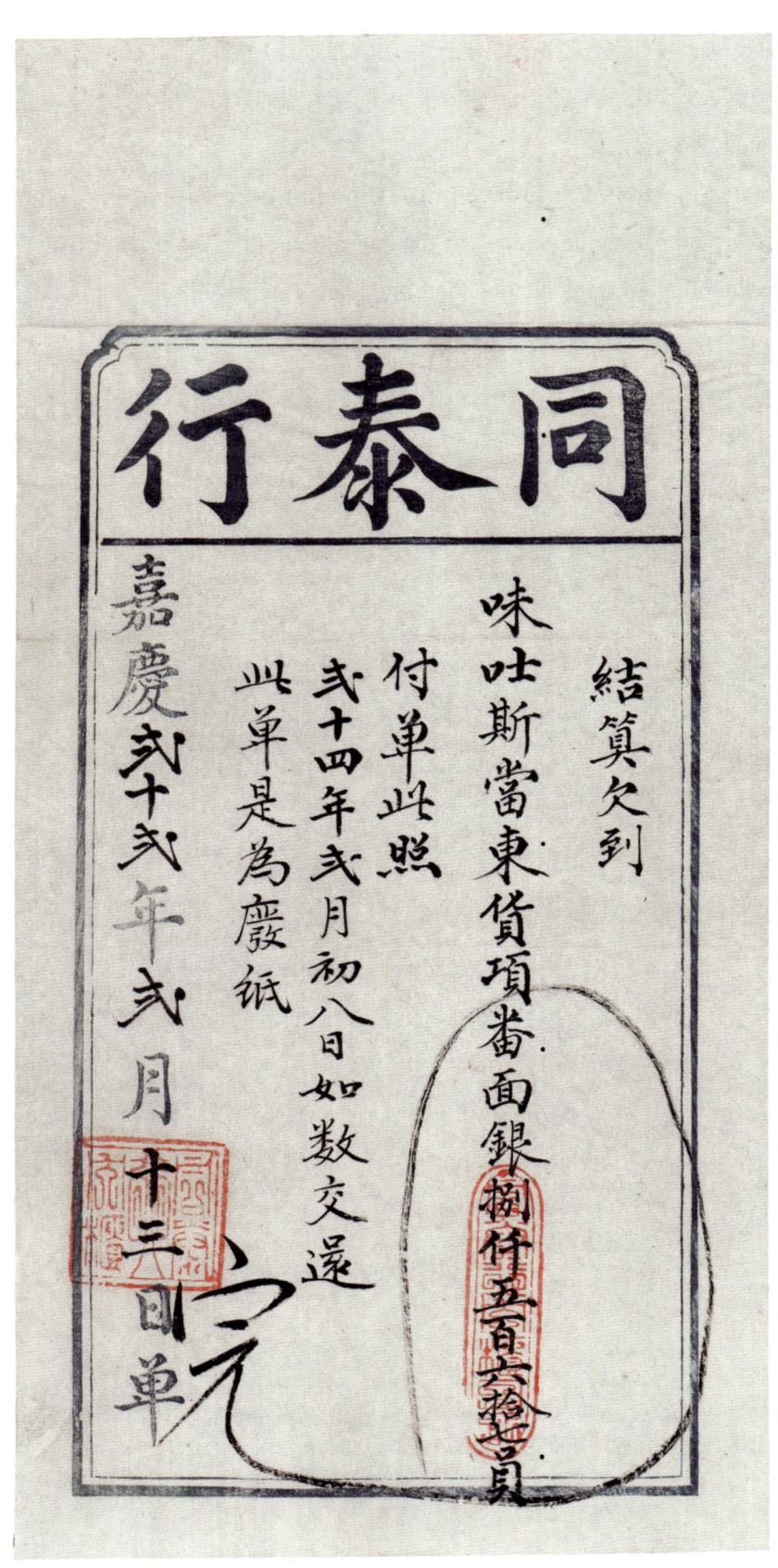

同泰行

結算欠到

味吐斯當東貨項番面銀捌仟五百六拾員

付單此照

弍十四年弍月初八日如數交還

此單是為廢紙

嘉慶弍十弍年弍月十三日單

3. 嘉庆二十二年同泰行①欠英国商人巴麻②债务收据（H1/04/03）

嘉庆二十二年二月十三日（1817年3月30日），同泰行行商麦觐廷欠英国商人巴麻（Palmer）321.5元债务的收据，注明嘉庆二十四年二月初八日（1819年3月3日）偿还。收据上盖有两枚同泰行印章，方形印章印文"同泰行内柜"，随形印印章印文"同泰行内柜图记"。还附有一个中文信封，背面有收据金额的英文备忘录。

Loan receipt to Palmer & Co.. A loan receipt (in Chinese) from Poonequa to Palmer & Co. for $321.5, 30 March 1817, paid off on the 8th day of the 2nd moon of the 24th year of JQ (3 March 1819), with a Chinese envelope containing an English note about the loan. 2 items. 1817

（正）

（反）

---

① 同泰行：广州十三行之一，行商麦觐廷，商名潘官（Poonequa）、磻官。嘉庆九年（1804）成立，道光七年（1827）倒闭。
② 巴麻：Palmer，英文提要中为公司名 Palmer & Co.。

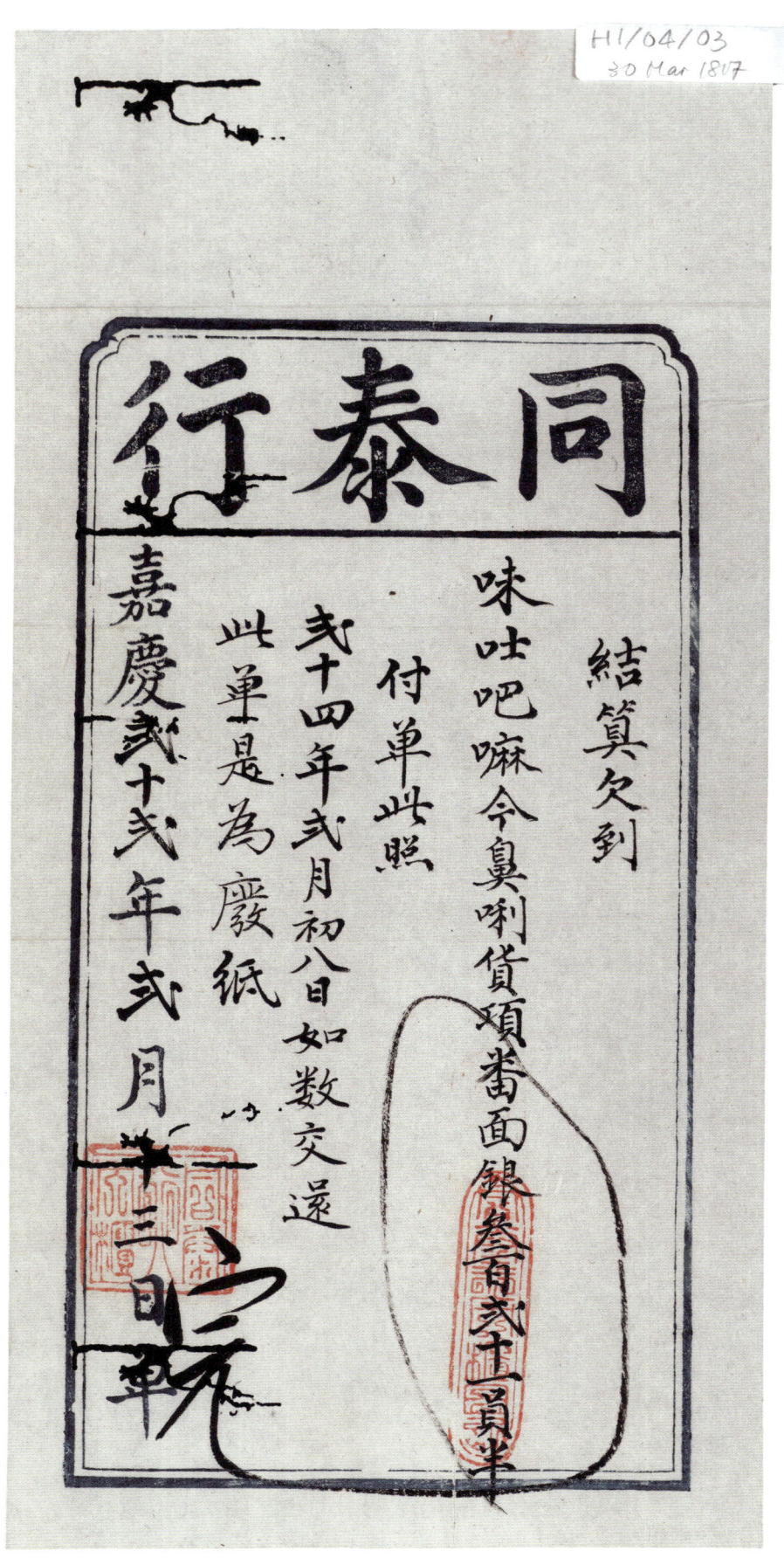

4. 嘉庆二十二年同泰行①欠英国商人刺佛②债务收据（H1/04/04）

嘉庆二十二年二月十三日（1817年3月30日），同泰行行商麦觐廷欠英国商人刺佛（J. W. Roberts）4603元的收据，注明嘉庆二十四年二月初八日（1819年3月3日）偿还。收据上盖有两枚同泰行印章，方形印章印文"同泰行内柜"，随形印印章印文"同泰行内柜图记"。还附有一个中文信封，背面有收据金额的英文备忘录。

Loan receipt to J. W. Roberts. A loan receipt (in Chinese) from Poonequa to J. W. Roberts for $4603, 30 March 1817, paid off on the 8th day of the 2nd moon of the 24th year of JQ (3 March 1819), with a Chinese envelope containing an English note about the loan. 2 items. 1817

（正）

（反）

---

① 同泰行：广州十三行之一，行商麦觐廷，商名潘官（Poonequa）、磻官。嘉庆九年（1804）成立，道光七年（1827）倒闭。
② 刺佛：即 John William Roberts，英国东印度公司广州主管机构特选委员会成员，广州商馆大班。

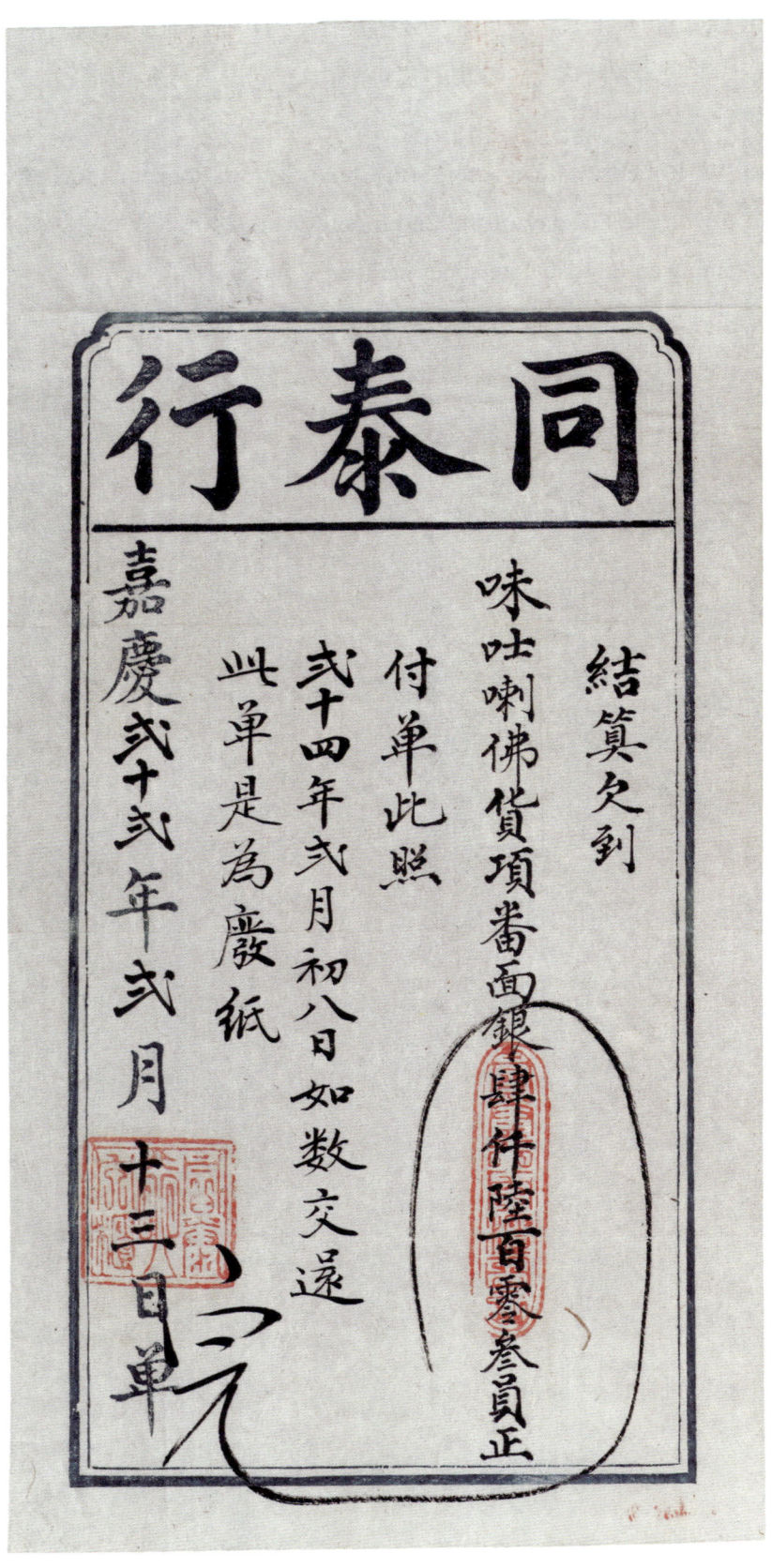

5. 嘉庆二十二年同泰行①欠英国商人悲债务收据（H1/04/05）

嘉庆二十二年二月十三日（1817年3月30日），同泰行行商麦觐廷欠英国商人悲（Thomas Beale）478元的收据，注明嘉庆二十四年二月初八日（1819年3月3日）偿还。收据上盖有两枚同泰行印章，方形印章印文"同泰行内柜"，随形印印章印文"同泰行内柜图记"。还附有一个中文信封，背面有收据金额的英文备忘录。

Loan receipt to Thomas Beale. A loan receipt (in Chinese) from Poonequa to Thomas Beale for $478, 30 March 1817, paid off on the 8th day of the 2nd moon of the 24th year of JQ (3 March 1819), with a Chinese envelope containing two English notes, one giving the details of the loan, the second stating 'payable to Molony & Co.'. 2 items. 1817

（正）

（反）

---

① 同泰行：广州十三行之一，行商麦觐廷，商名潘官（Poonequa）、磻官。嘉庆九年（1804）成立，道光七年（1827）倒闭。

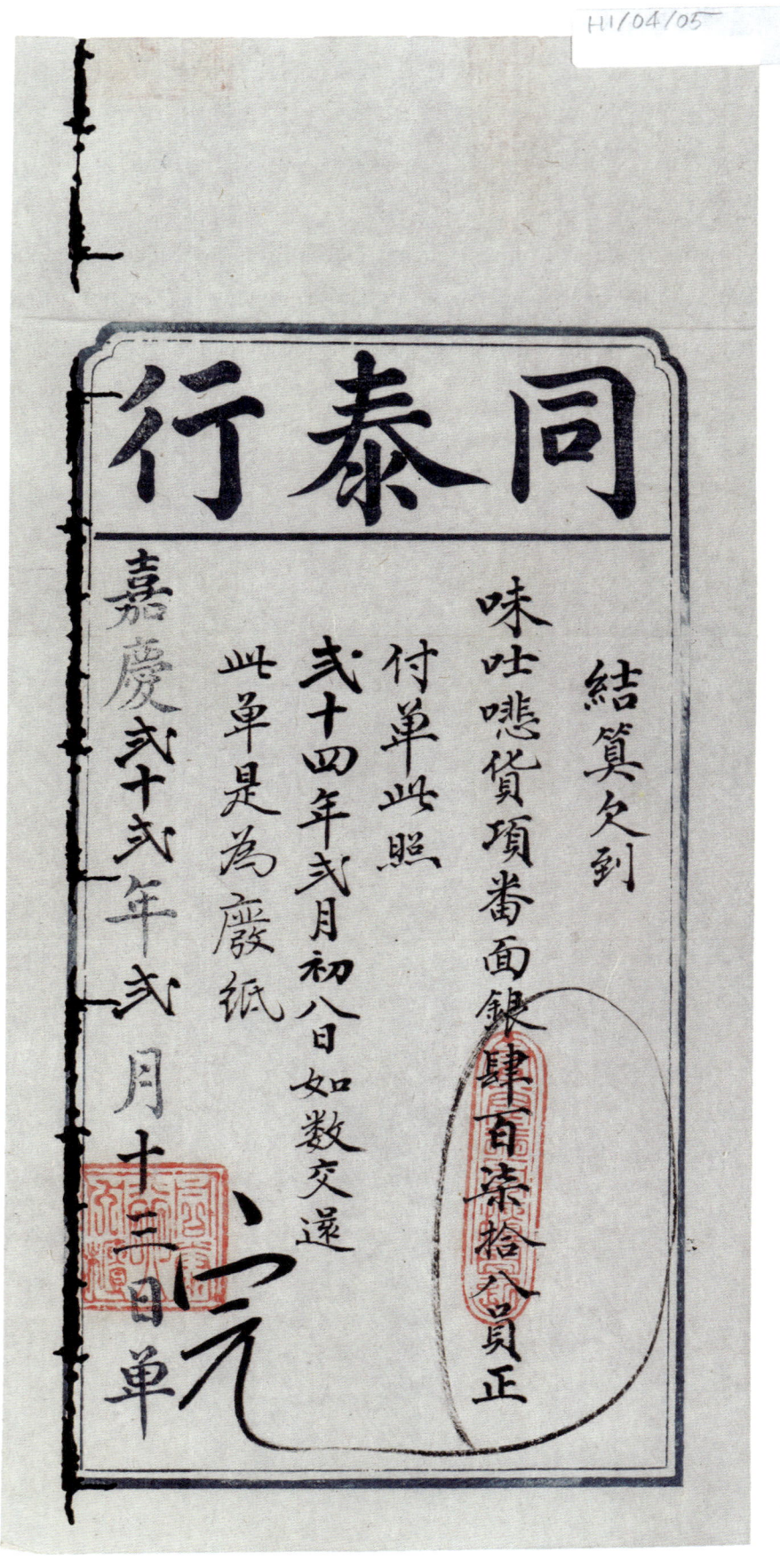

同泰行

結筭欠到

味吐嚟貨項劵面銀　肆百柒拾捌員正

付單此照

弍十四年弍月初八日如數交還

此單是為廢紙

嘉慶弍十弍年弍月十二日單

6. 嘉庆二十二年同泰行①欠英国公司 Beale & Co. 债务收据（H1/04/06）

嘉庆二十二年二月十三日（1817年3月30日），同泰行行商麦觐廷欠英国公司 Beale & Co. 13,947.5 元的收据，注明嘉庆二十四年二月初八日（1819年3月3日）偿还。收据上盖有两枚同泰行印章，方形印章印文"同泰行内柜"，随形印印章印文"同泰行内柜图记"。还附有一个中文信封，背面有收据金额的英文备忘录。

Loan receipt to Beale & Co.. A loan receipt (in Chinese) from Poonequa to Beale & Co. for $13,947②, 30 March 1817, paid off on the 8th day of the 2nd moon of the 24th year of JQ (3 March 1819), with a Chinese envelope containing an English note about the loan. 2 items. 1817

（正）

（反）

---

① 同泰行：广州十三行之一，行商麦觐廷，商名潘官（Poonequa）、磻官。嘉庆九年（1804）成立，道光七年（1827）倒闭。
② 勘误：按原中文文献"壹万叁仟玖百肆拾七员半"，此处应为 13,947 1/2，信封背面文字亦可参。

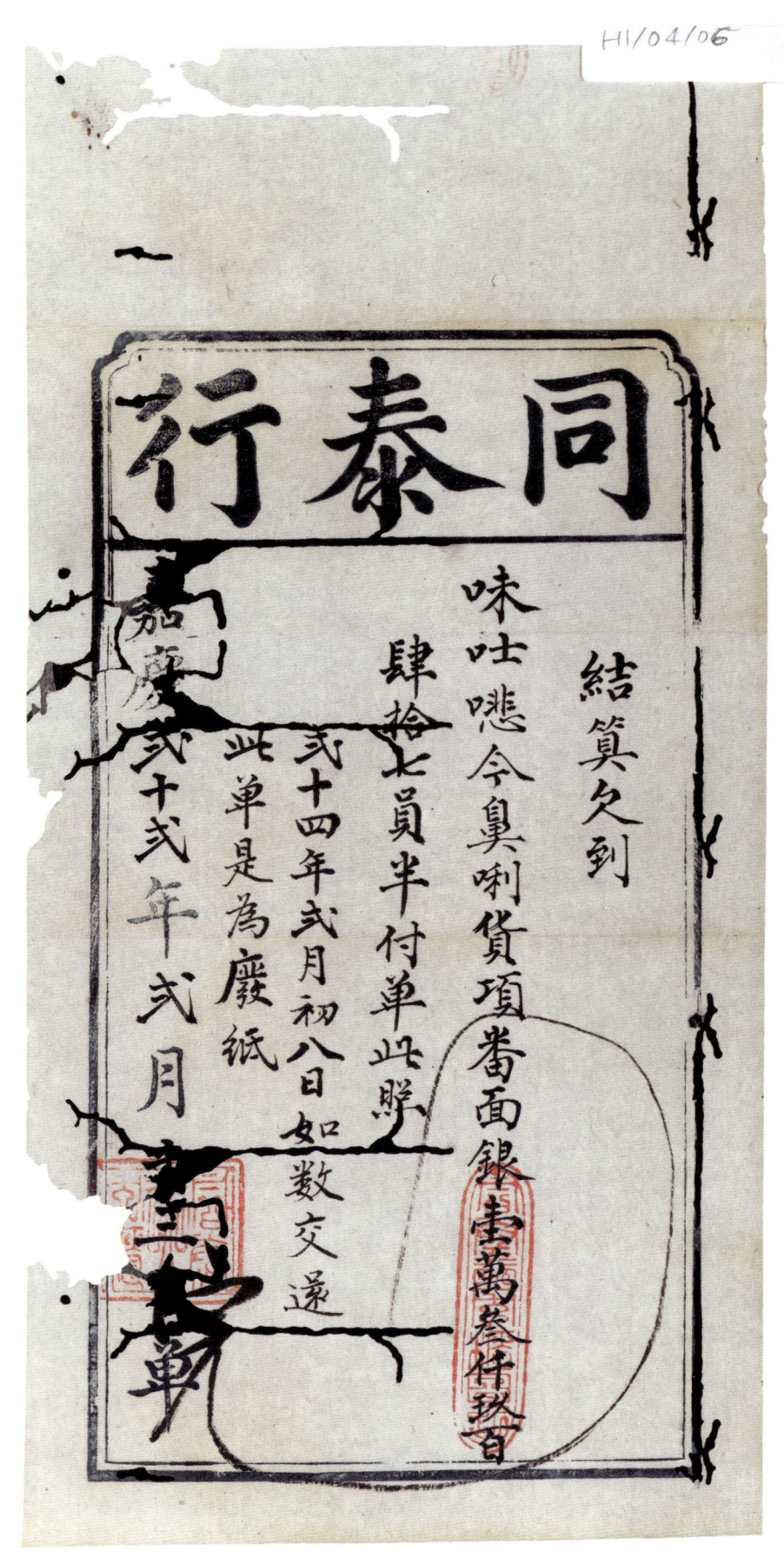

7. 嘉庆二十二年同泰行^①欠英国商人升债务收据（H1/04/07）

嘉庆二十二年二月十三日（1817年3月30日），同泰行行商麦觐廷欠英国商人升1036元债务的收据，注明嘉庆二十四年二月初八日（1819年3月3日）偿还。收据上盖有两枚同泰行印章，方形印章印文"同泰行内柜"，随形印印章印文"同泰行内柜图记"。还附有一个中文信封，背面有收据金额的英文备忘录。

Loan receipt to Alexander Shank. A loan receipt (in Chinese) from Poonequa to Alexander Shank for $1036, 30 March 1817, paid off on the 8th day of the 2nd moon of the 24th year of JQ (3 March 1819), with a Chinese envelope containing an English note about the loan. 2 items. 1817

（正）

（反）

---

① 同泰行：广州十三行之一，行商麦觐廷，商名潘官（Poonequa）、磻官。嘉庆九年（1804）成立，道光七年（1827）倒闭。

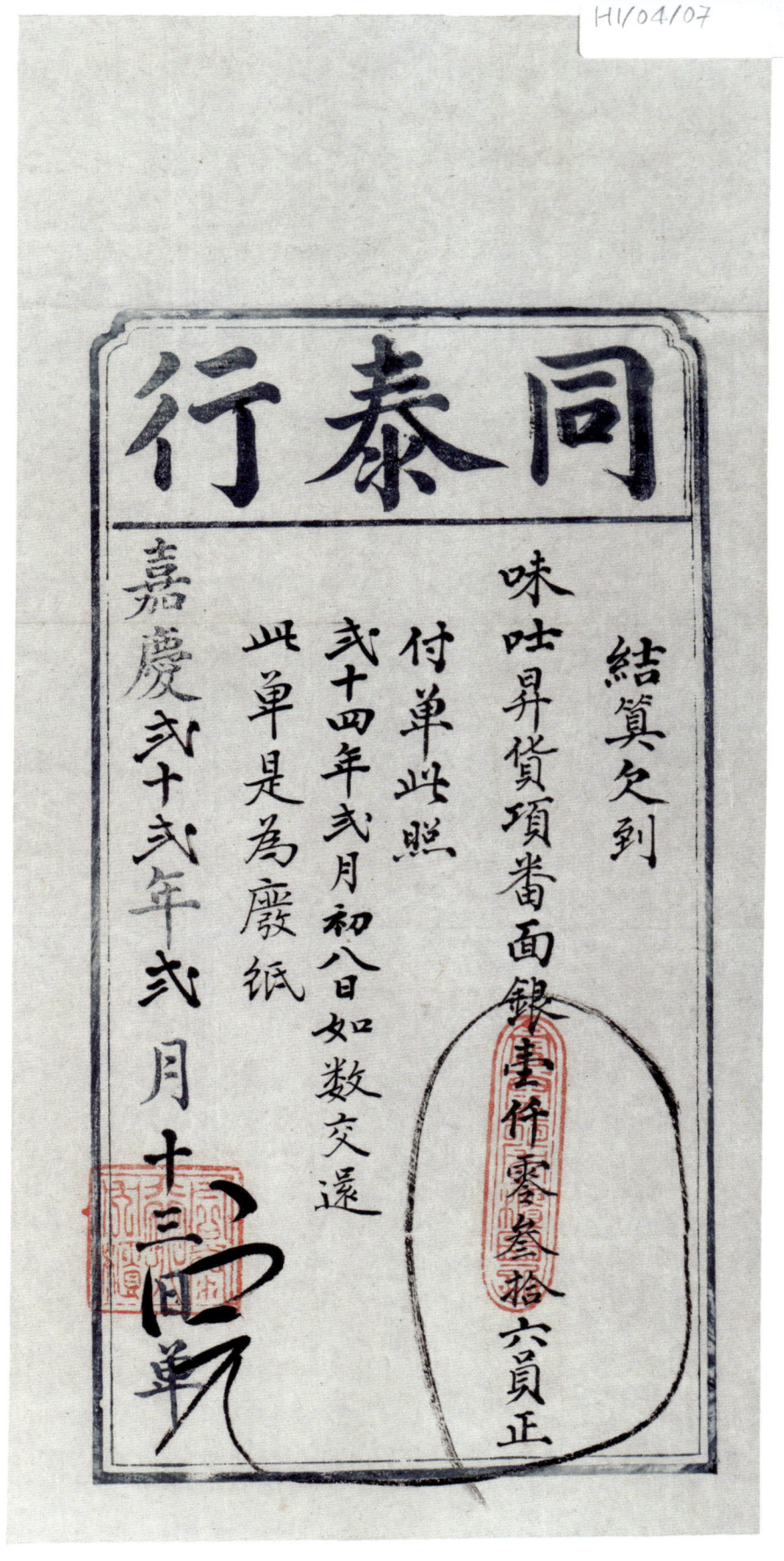

同泰行

結筭欠到

味吐昇貨項咟面銀壹仟零叁拾六員正

付單此照

弍十四年弍月初八日如數交還

此單是為廢紙

嘉慶弍十弍年弍月十三日

8. 嘉庆二十二年同泰行①欠英国商人剌臣、基利吉债务收据（H1/04/08）

嘉庆二十二年二月十三日（1817年3月30日），同泰行行商麦觐廷欠英国商人剌臣、基利吉（Keylgaad）3560.5元债务的收据，注明嘉庆二十四年二月初八日（1819年3月3日）偿还。收据上盖有两枚同泰行印章，方形印章印文"同泰行内柜"，随形印印章印文"同泰行内柜图记"。还附有一个中文信封，背面有收据金额的英文备忘录。

Loan receipt to Larsen & Keylgaad. A loan receipt (in Chinese) from Poonequa to Larsen & Keylgaad for $3560 1/2, 30 March 1817, paid off on the 8th day of the 2nd moon of the 24th year of JQ (3 March 1819), with a Chinese envelope containing an English note about the loan. 2 items. 1817

（正）　　　　　　　　　　　　（反）

---

① 同泰行：广州十三行之一，行商麦觐廷，商名潘官（Poonequa）、磻官。嘉庆九年（1804）成立，道光七年（1827）倒闭。

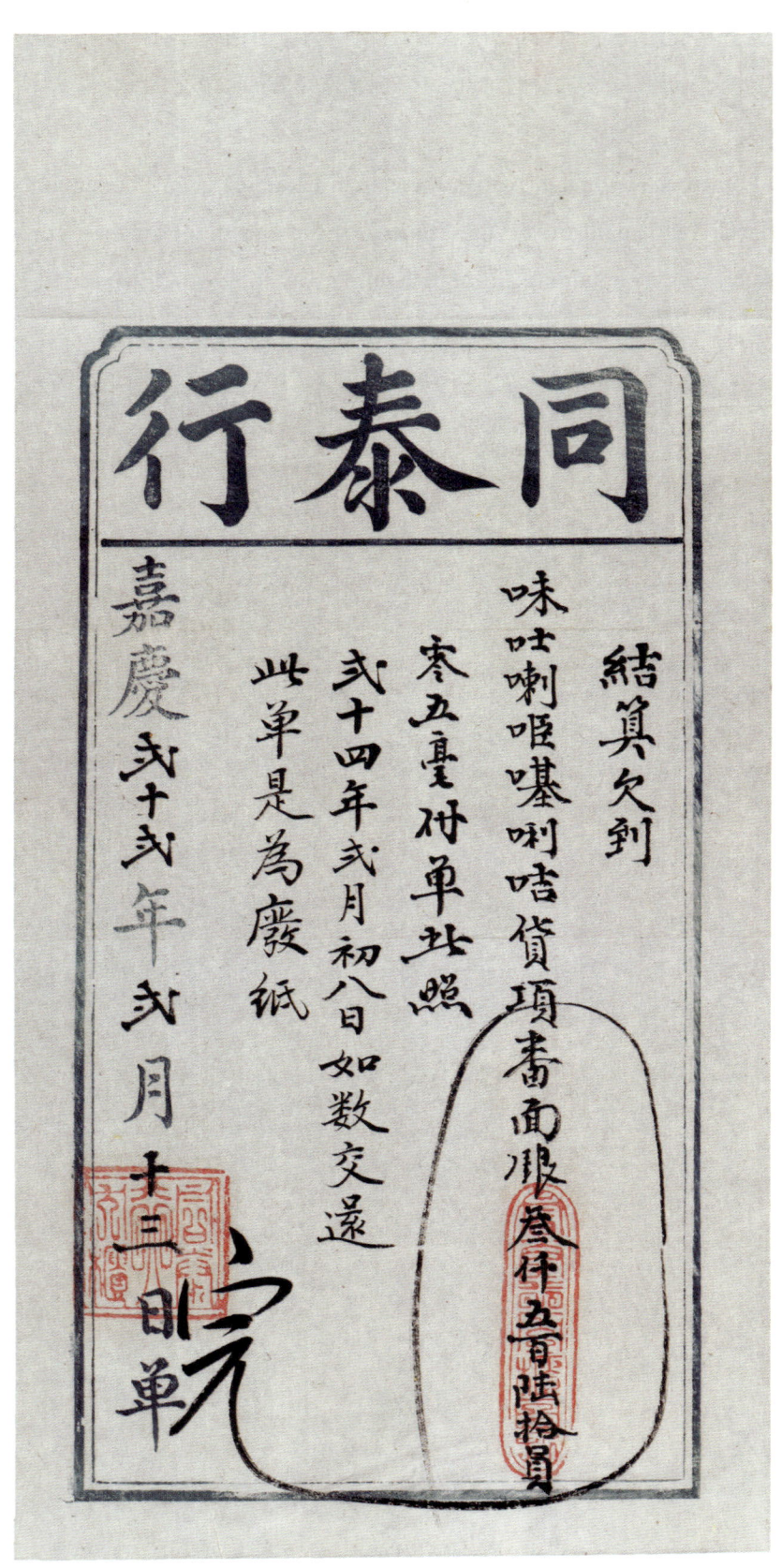

9. 嘉庆二十二年同泰行①欠英国劫顿②堆林债务收据（H1/04/09）

嘉庆二十二年二月十三日（1817年3月30日），同泰行行商麦觐廷欠英国劫顿堆林（Captain Tweedale）7197元债务的收据，注明嘉庆二十四年二月初八日（1819年3月3日）偿还。收据上盖有两枚同泰行印章，方形印章印文"同泰行内柜"，随形印印章印文"同泰行内柜图记"。还附有一个中文信封，背面有收据金额的英文备忘录。

Loan receipt to Captain Tweedale. A loan receipt (in Chinese) from Poonequa to Captain Tweedale for $7197, 30 March 1817, paid off on the 8th day of the 2nd moon of the 24th year of JQ (3 March 1819), with a Chinese envelope containing an English note about the loan. 2 items. 1817–1819

（正）

（反）

---

① 同泰行：广州十三行之一，行商麦觐廷，商名潘官（Poonequa）、磻官。嘉庆九年（1804）成立，道光七年（1827）倒闭。
② 劫顿：疑为英文 Captain 的中文音译。

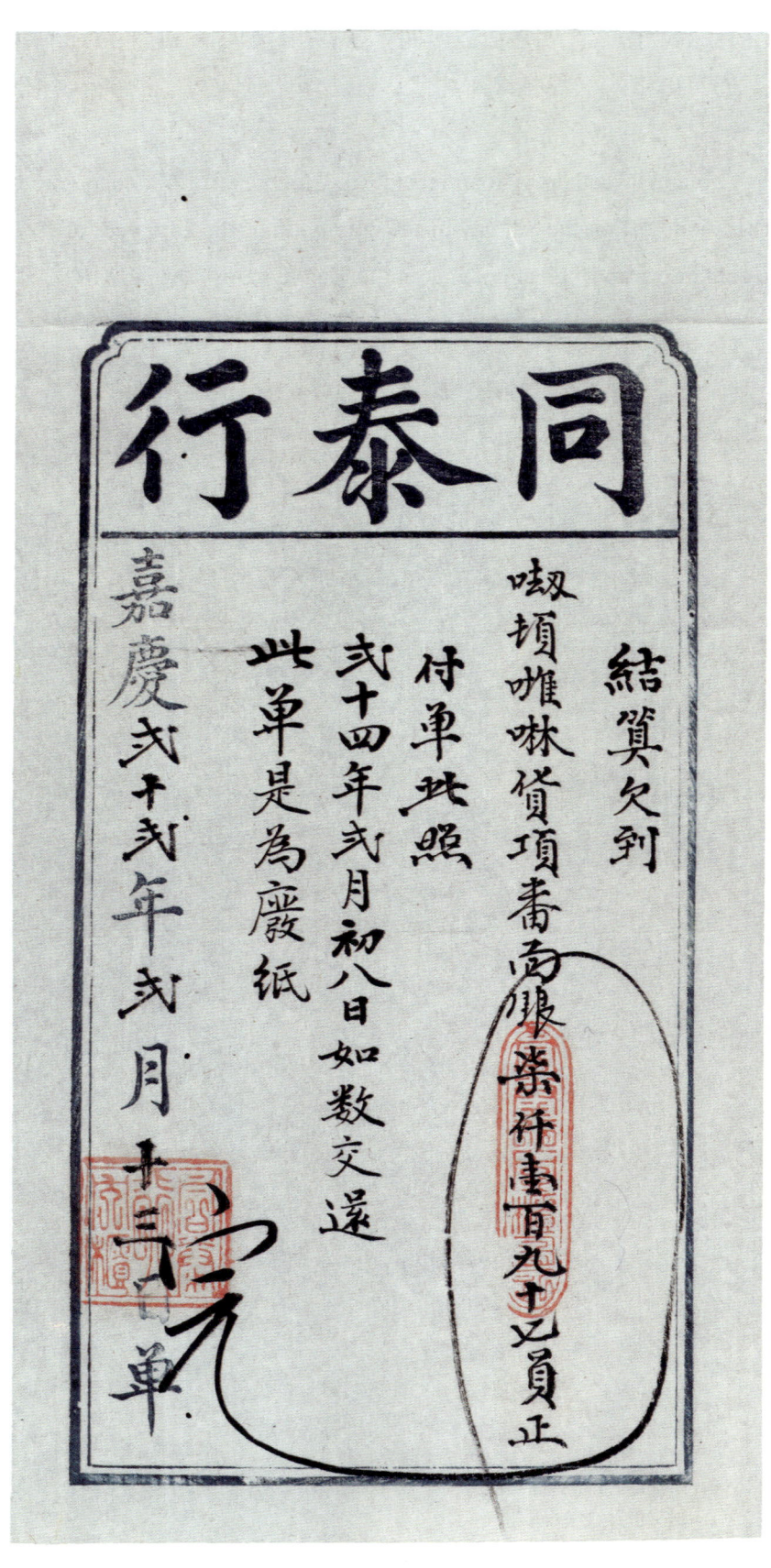

10. 嘉庆二十二年同泰行①欠英国商人乞实、乌利各债务收据（H1/04/10）

嘉庆二十二年二月十三日（1817年3月30日），同泰行行商麦觐廷欠英国商人乞实、乌利各（Wilcocks）1966.5元债务的收据，注明嘉庆二十四年二月初八日（1819年3月3日）偿还。收据上盖有两枚同泰行印章，方形印章印文"同泰行内柜"，随形印印章印文"同泰行内柜图记"。还附有一个中文信封，背面有收据金额的英文备忘录。

Loan receipt to Mr. Wilcocks②. A loan receipt (in Chinese) from Poonequa to Mr. Wilcocks for $1966 1/2, 30 March 1817, paid off on the 8th day of the 2nd moon of the 24th year of JQ (3 March 1819), with a Chinese envelope containing an English note about the loan. 2 items. 1817

（正）

（反）

---

① 同泰行：广州十三行之一，行商麦觐廷，商名潘官（Poonequa）、磻官。嘉庆九年（1804）成立，道光七年（1827）倒闭。
② 英文提要中仅注明收据给债主Wilcocks（乌利各），但未注明另一位债主"乞实"。

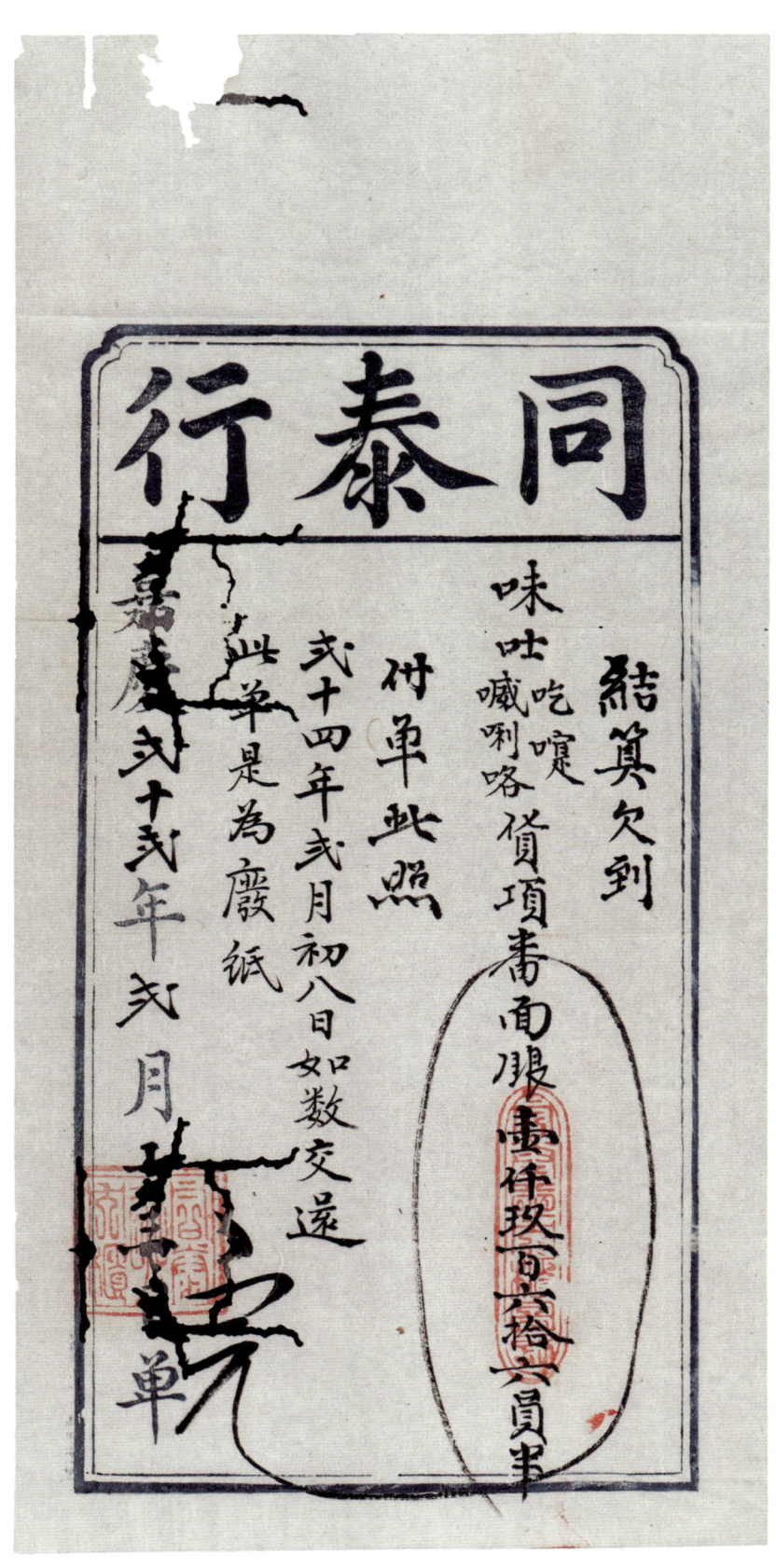

11. 嘉庆二十二年同泰行①欠英国商人压利些达地债务收据（H1/04/11）

嘉庆二十二年二月十三日（1817年3月30日），同泰行行商麦觐廷欠英国商人压利些达地（Ardaseer Dudy）3984.5元债务的收据，注明嘉庆二十四年二月初八日（1819年3月3日）偿还。收据上盖有两枚同泰行印章，方形印章印文"同泰行内柜"，随形印印章印文"同泰行内柜图记"。还附有一个中文信封，背面有收据金额的英文备忘录。

Loan receipt to A. Dudy. A loan receipt (in Chinese) from Poonequa to Ardaseer Dudy (?) for $3984 1/2, 30 March 1817, paid off on the 8th day of the 2nd moon of the 24th year of JQ (3 March 1819), with a Chinese envelope containing an English note about the loan. 2 items. 1817

（正）　　　　　　　　　　　　（反）

---

① 同泰行：广州十三行之一，行商麦觐廷，商名潘官（Poonequa）、磻官。嘉庆九年（1804）成立，道光七年（1827）倒闭。

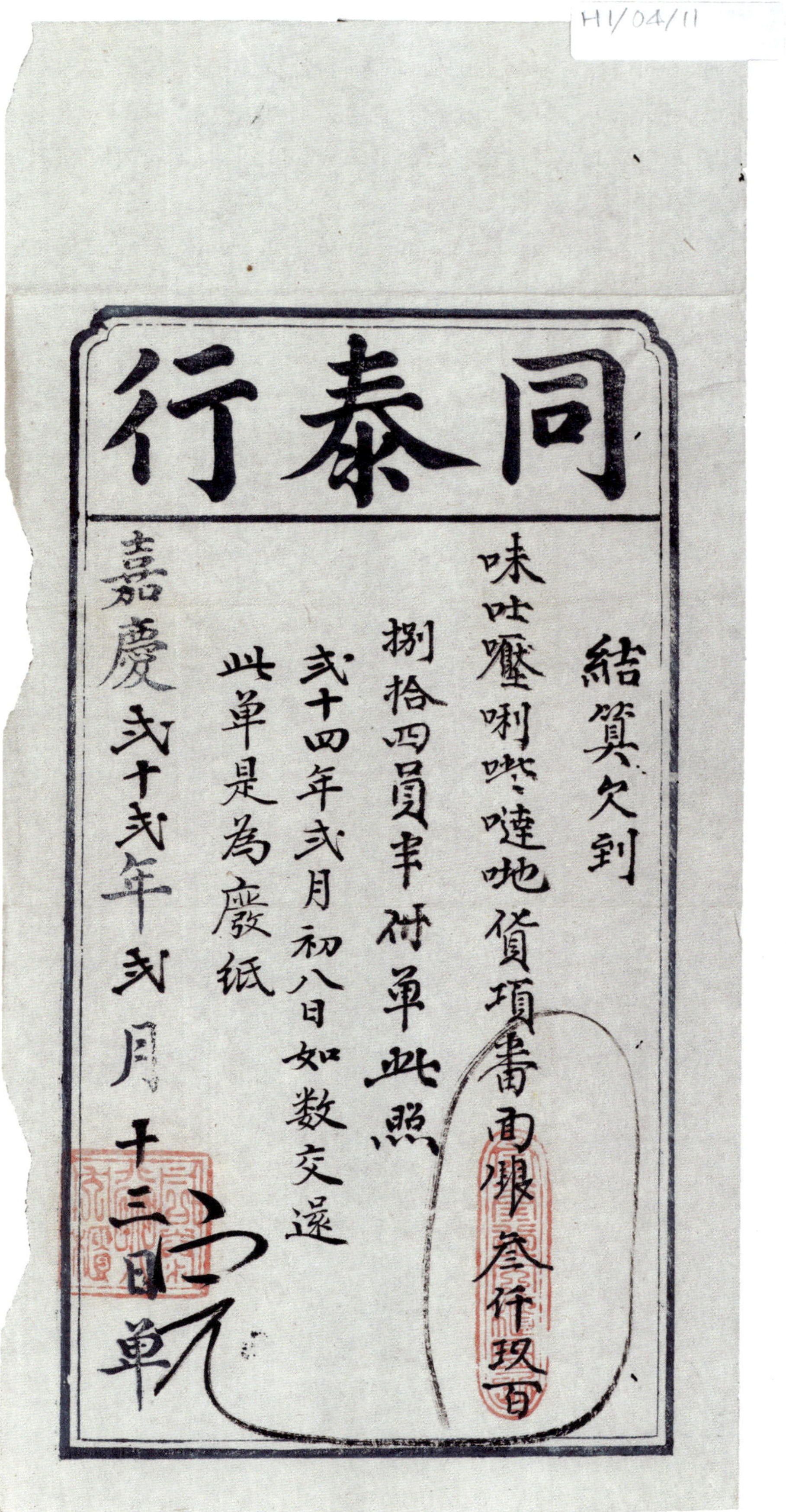

同泰行

結算欠到味吐嚟唎哗嗹哋貨項書面限本行玖百捌拾四員半付單此照

弍十四年弍月初八日如數交還

此單是為廢紙

嘉慶弍十弍年弍月十三日 單

12. 嘉庆二十二年同泰行①欠英国商人金步债务收据（H1/04/12）

嘉庆二十二年二月十三日（1817年3月30日），同泰行行商麦觐廷欠英国商人金步（Campbell）2261.5元债务的收据，注明嘉庆二十四年二月初八日（1819年3月3日）偿还。收据上盖有两枚同泰行印章，方形印章印文"同泰行内柜"，随形印印章印文"同泰行内柜图记"。还附有一个中文信封，背面有收据金额的英文备忘录。

Loan receipt to Campbell. A loan receipt (in Chinese) from Poonequa to Campbell for $2261 1/2, 30 March 1817, paid off on the 8th day of the 2nd moon of the 24th year of JQ (3 March 1819), with a Chinese envelope containing an English note about the loan. 2 items. 1817

（正）

（反）

---

① 同泰行：广州十三行之一，行商麦觐廷，商名潘官（Poonequa）、磻官。嘉庆九年（1804）成立，道光七年（1827）倒闭。

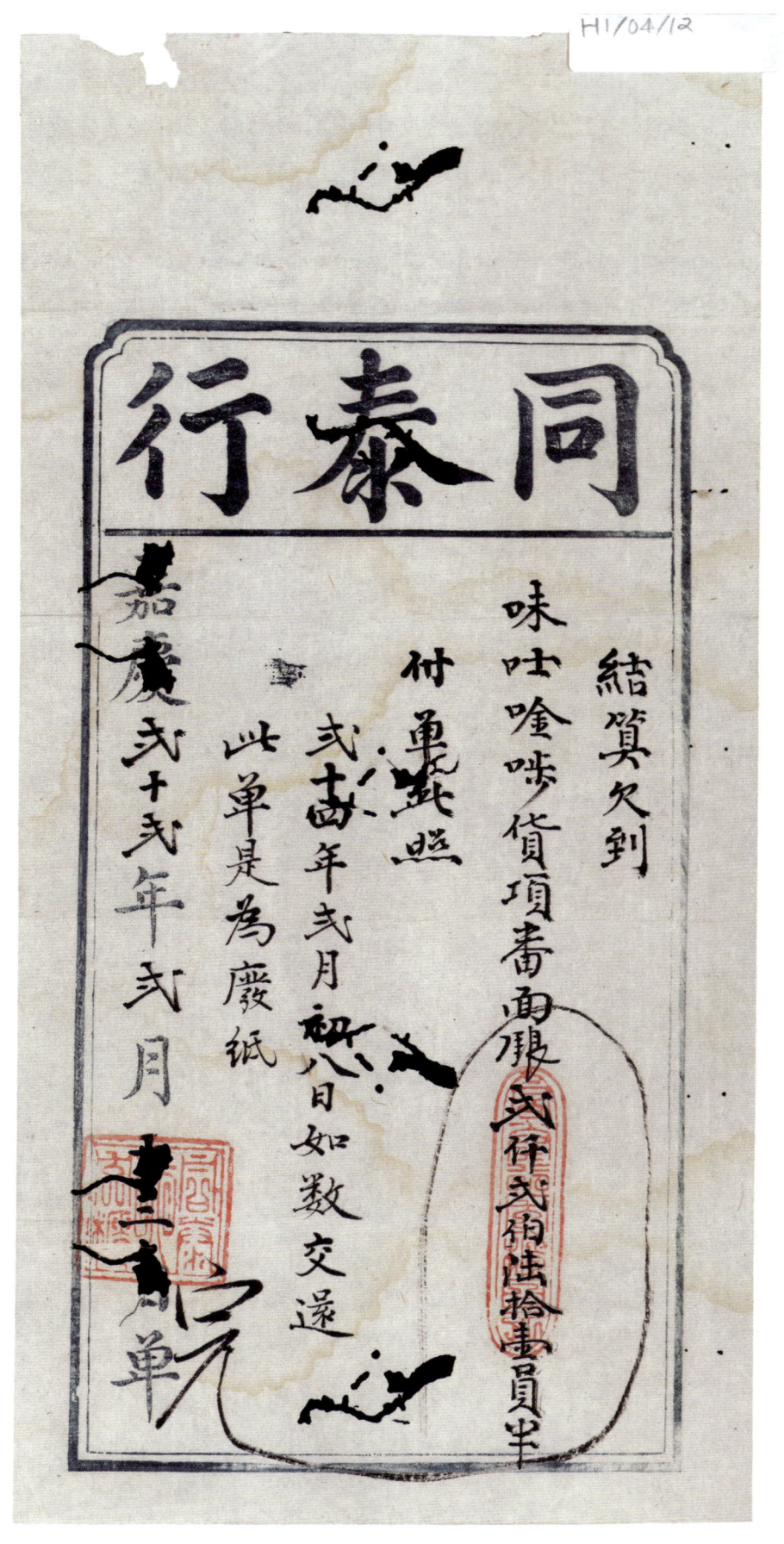

13. 嘉庆二十二年同泰行①欠英国商人罢林臣债务收据（H1/04/13）

嘉庆二十二年二月十三日（1817年3月30日），同泰行行商麦觐廷欠英国商人罢林臣（W. Bramston）7773.5元债务的收据，注明嘉庆二十四年二月初八日（1819年3月3日）偿还。收据上盖有两枚同泰行印章，方形印章印文"同泰行内柜"，随形印印章印文"同泰行内柜图记"。还附有一个中文信封，背面有收据金额的英文备忘录。

Loan receipt to W. Bramston. A loan receipt (in Chinese) from Poonequa to W. Bramston for $7773 1/2, 30 March 1817, paid off on the 8th day of the 2nd moon of the 24th year of JQ (3 March 1819), with a Chinese envelope containing an English note about the loan. 2 items. 1817

（正）　　　　　　　　　　　　　　（反）

---

① 同泰行：广州十三行之一，行商麦觐廷，商名潘官（Poonequa）、磻官。嘉庆九年（1804）成立，道光七年（1827）倒闭。

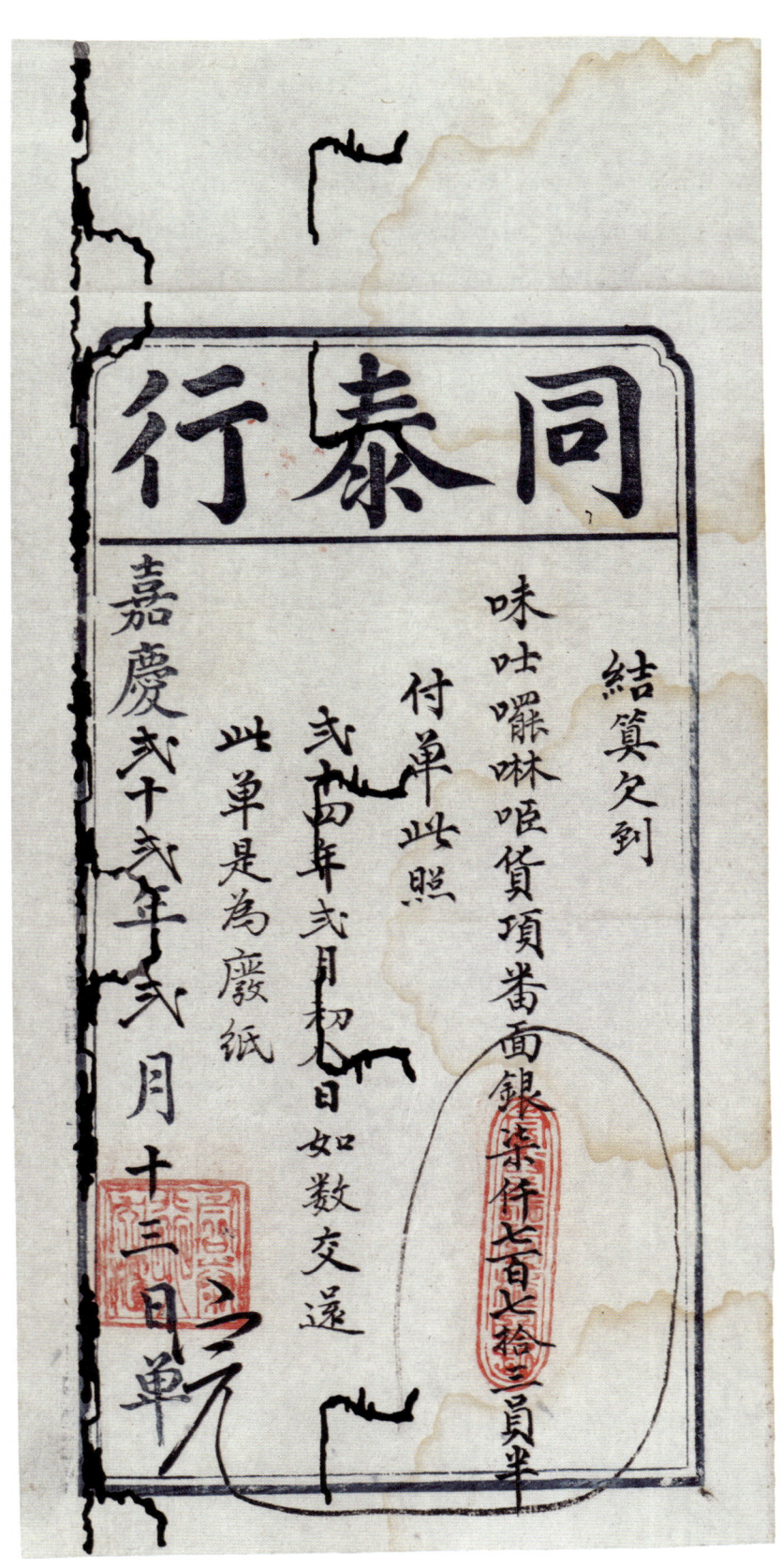

同泰行

結算欠到

味吐嚟唎咭貨項峇面銀柒仟七百七拾二員半

付單此照

弍拾四年弍月初日如數交還

此單是為廢紙

嘉慶弍十弍年弍月十三日單

14. 道光元年同泰行^① 收到英国商人俾利^② 胡椒交易款收据（H1/04/14）

道光元年十二月十八日（1822年1月10日），英国商人俾利（Bi Li）购买胡椒2000担，注明道光元年十一月十八日（1821年12月12日）收银10,000元，道光元年十一月二十八日（1821年12月22日）收银16,000元。收据上盖有两枚同泰行方形印章，印文"同泰行内柜"。还附有一个中文信封，背面有交易金额及日期的英文备忘录。

Receipt to Bi Li. A receipt (in Chinese) from Poonequa to Bi Li (Berry ?) for the money for 2000 piculs of pepper, 10 January 1822. There is also a Chinese envelope of the Dongsheng Hong including an English note about a chop from Chunqua to Robinson, 21 July 1829, for $5000, due on 21 January 1830. 2 items. 1822–1829

（正）

（反）

---

① 同泰行：广州十三行之一，行商麦觐廷，商名潘官（Poonequa）、磻官。嘉庆九年（1804）成立，道光七年（1827）倒闭。
② 俾利：英文提要怀疑英文名为 Bi Li 或 Berry，本书编者猜测似为 Bales。

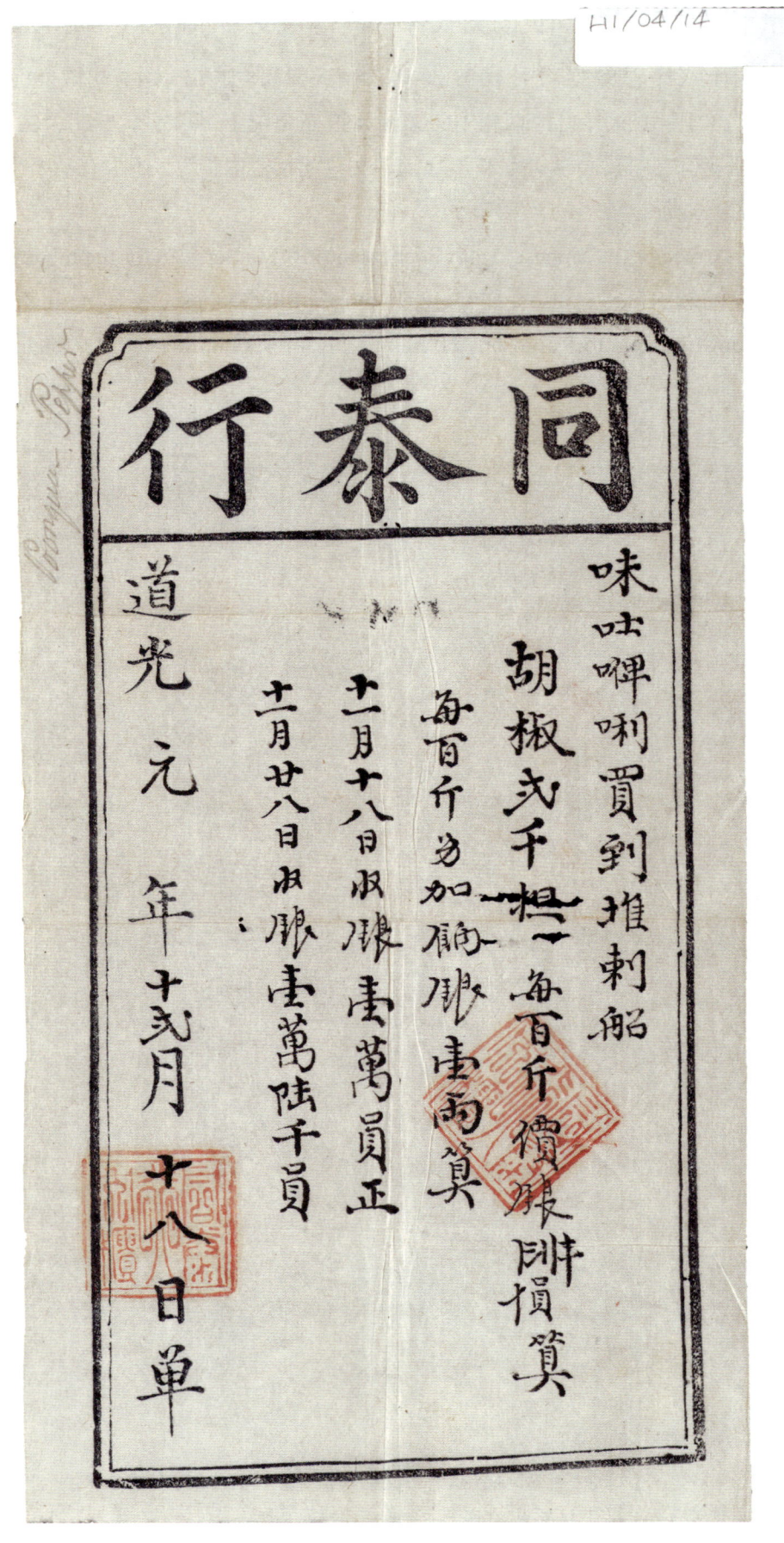

15. 道光三年同泰行欠英国商人 Bales 债务欠条信封（H1/04/15）

道光三年三月十九日（1823年4月29日），同泰行按约定需偿还英国商人 Bales 2080元债务，此为装欠条的信封。

Poonequa's chop to Bales. A Chinese envelope containing an English note of a chop from Poonequa to Bales for $2080, due for repayment on 29 April 1823. 1 item.

五、嘉庆、道光年间广利行①印章单据

1. 嘉庆二十五年广利行收到英国商人剌仁货款收据（H1/05/01）

嘉庆二十五年十一月二十五日（1820年12月30日），广利行收到英国商人剌仁（La Ren）4000元货款收据，背面有英文注释，收据上盖有两枚广利行方形印章，印文"广利行记"。

Loan receipt to Mr. La Ren. Mowqua's loan receipt (in Chinese) to Mr. La Ren for $4000, 30 December 1820, with an English note about the loan on the back. 1 item. 1820

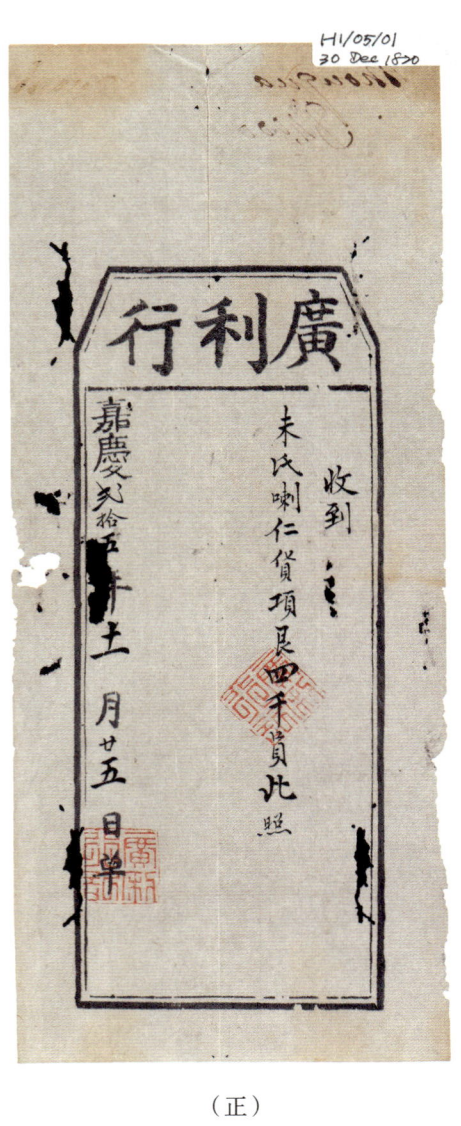
（正）

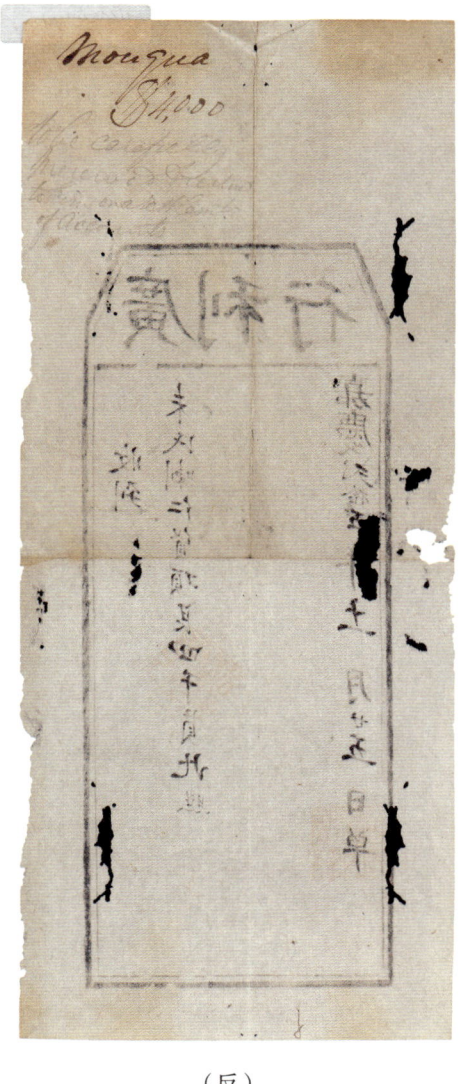
（反）

---

① 广利行：广州十三行之一，行商卢观恒（Mowqua I）、卢棣荣（文锦）（Mowqua Ⅱ），商名茂官（Mowqua），乾隆五十七年（1792）成立，道光年间结束。

2. 道光十九年广利行①欠英国商人花话花儿债务收据（H1/05/02）

道光十九年四月十一日（1839年5月23日），广利行欠英国商人花话花儿（William Fallowfield）棉花款项735.15元债务收据，注明五年内偿还，年利息百元六厘，收据上盖有两枚广利行方形印章，印文"广利"。

Chop to William Fallowfield. Mowqua's chop (in Chinese) to William Fallowfield for cotton, 23 May 1839, due in five years, including an English note about the chop. 1 item.

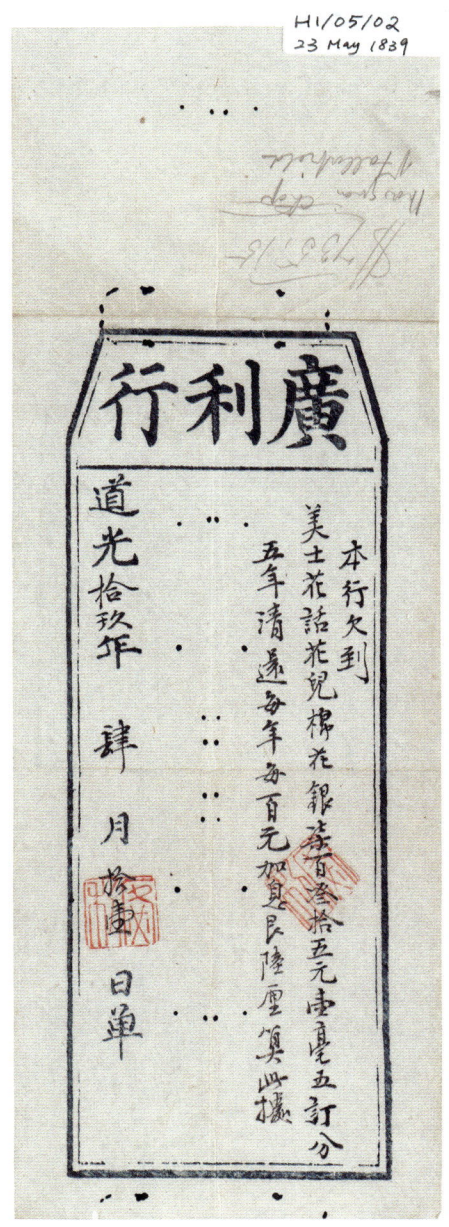

---

① 广利行：广州十三行之一，行商卢观恒（Mowqua I）、卢棣荣（文锦）（Mowqua Ⅱ），商名茂官（Mowqua），乾隆五十七年（1792）成立，道光年间结束。

六、道光五年至六年怡昌行[①]印章单据

1. 道光五年怡昌行借英国商人万益贷款收据（H1/06/01）

道光五年二月初四日（1825年3月23日），怡昌行借英国商人万益4000元贷款收据，注明一个月偿还，不计利息。收据上盖有两枚怡昌行印章，长方形印章，印文"怡昌图记"；英文随形印印章，印文"Old Taychong A Lum"。还附有一个中文信封，上有交易金额及日期的英文备忘录。

Loan receipt to Magniac. A loan receipt (in Chinese) from A Lum to Magniac for $4000, without interest, 23 March 1825, due for repayment in one month, with its Chinese envelope, which includes an English note about the loan. 2 items. 1825

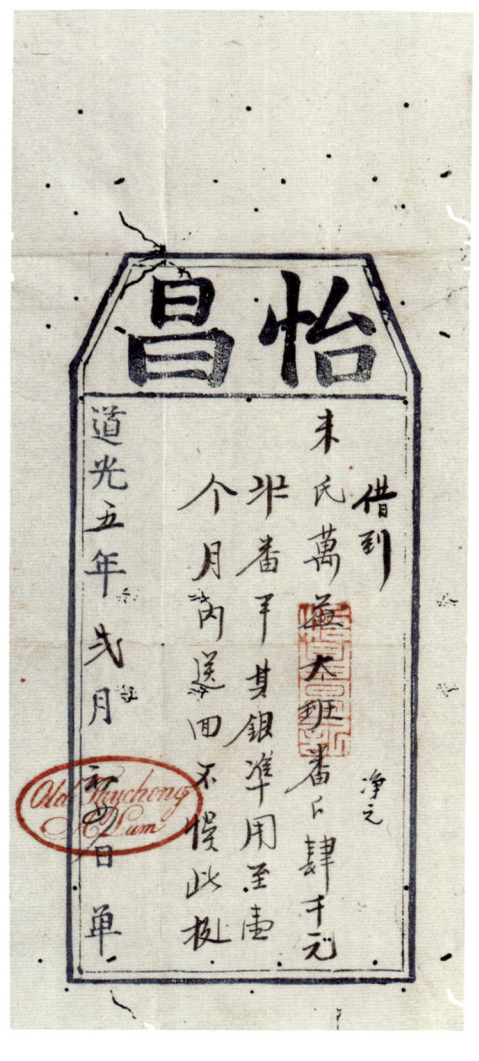

---

① 怡昌行：新发现之广州十三行商行。

2. 道光六年怡昌行^① 借英国商人万益贷款收据（H1/06/02）

道光六年二月二十日（1826年3月28日），怡昌行借英国商人万益2000元贷款收据，注明两个月偿还，不计利息。收据上盖有两枚怡昌行印章，长方形印章，印文"怡昌图记"；英文随形印印章，印文"Old Taychong A Lum"。还附有一个中文信封，上有交易金额及日期的英文备忘录。

Loan receipt to Magniac. A loan receipt (in Chinese) from A Lum to Magniac for $2000, 28 March 1826, due for repayment in two months, with its envelope, which includes an English note about the loan. 2 items. 1826

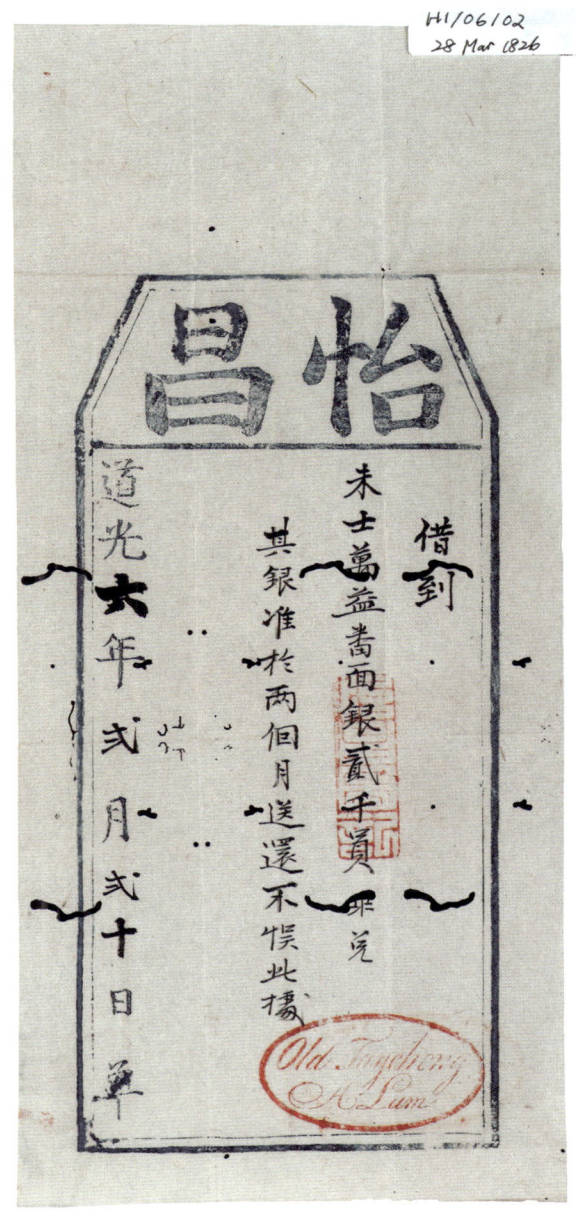

---

① 怡昌行：新发现之广州十三行商行。

① 怡昌行：新发现之广州十三行商行。

3. 道光六年怡昌行① 与巴斯商人黑必煲的燕窝贸易契约（H1/6/3）

道光六年二月十八日（1826年3月26日），怡昌行与巴斯商人黑必煲（Saboodeen Guttay）的2450元燕窝贸易契约。收据上盖有两枚怡昌行印章，长方形印章，印文"怡昌图记"；英文随形印印章，印文"Old Taychong A Lum"。还附有一个带有巴斯文备忘录的中文信封及一张写有交易金额、日期的英文备忘便笺。

Chop to Saboodeen Guttay. A chop (in Chinese) from Allum to Saboodeen Guttay for $2450, 26 March 1826. There is also a separate English note describing the chop and a Chinese envelope including Parsi writing. 3 items. 1826

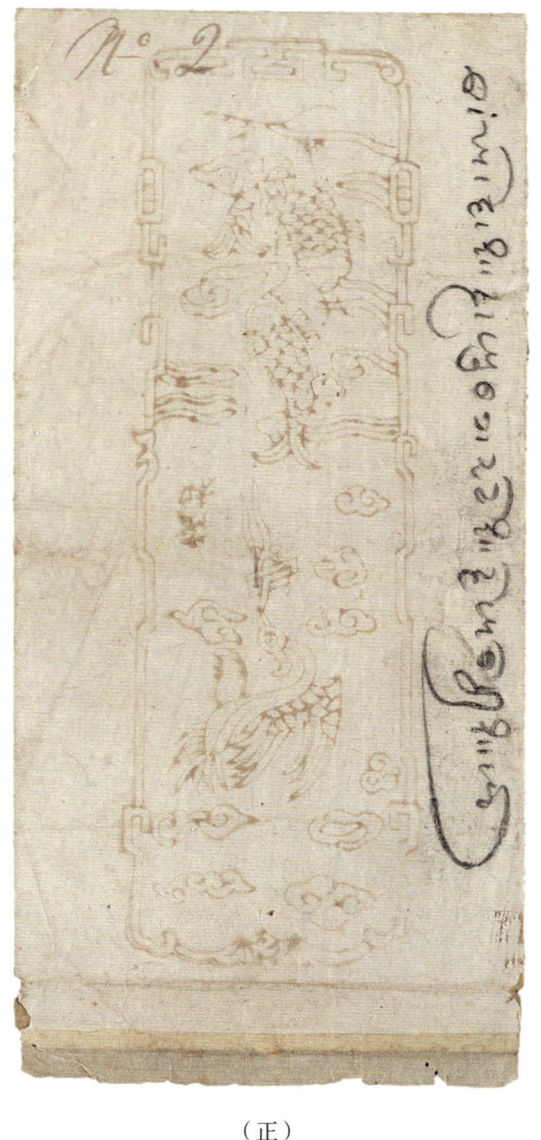

（正）

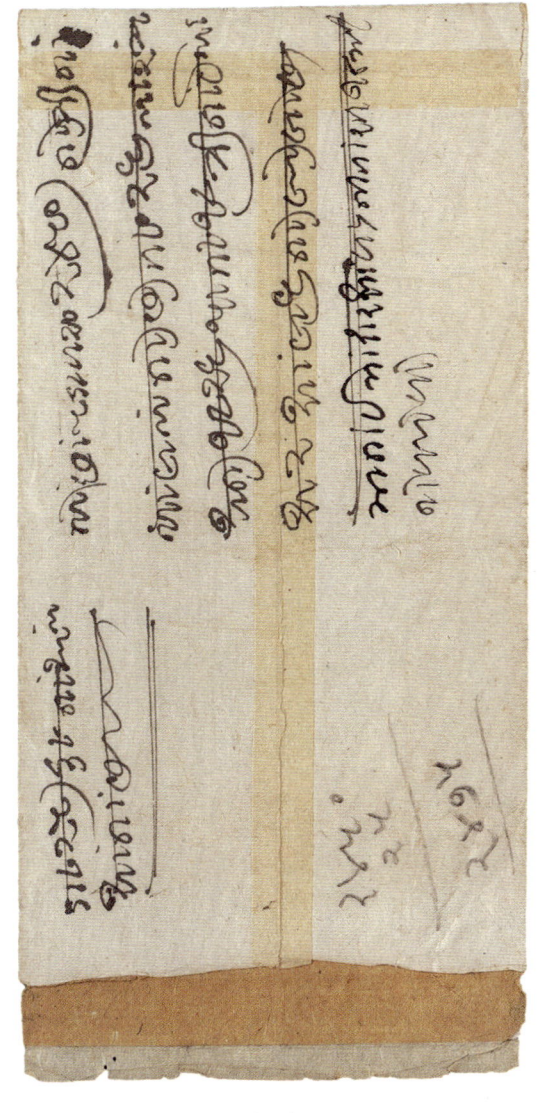

（反）

第一章 贸易单据

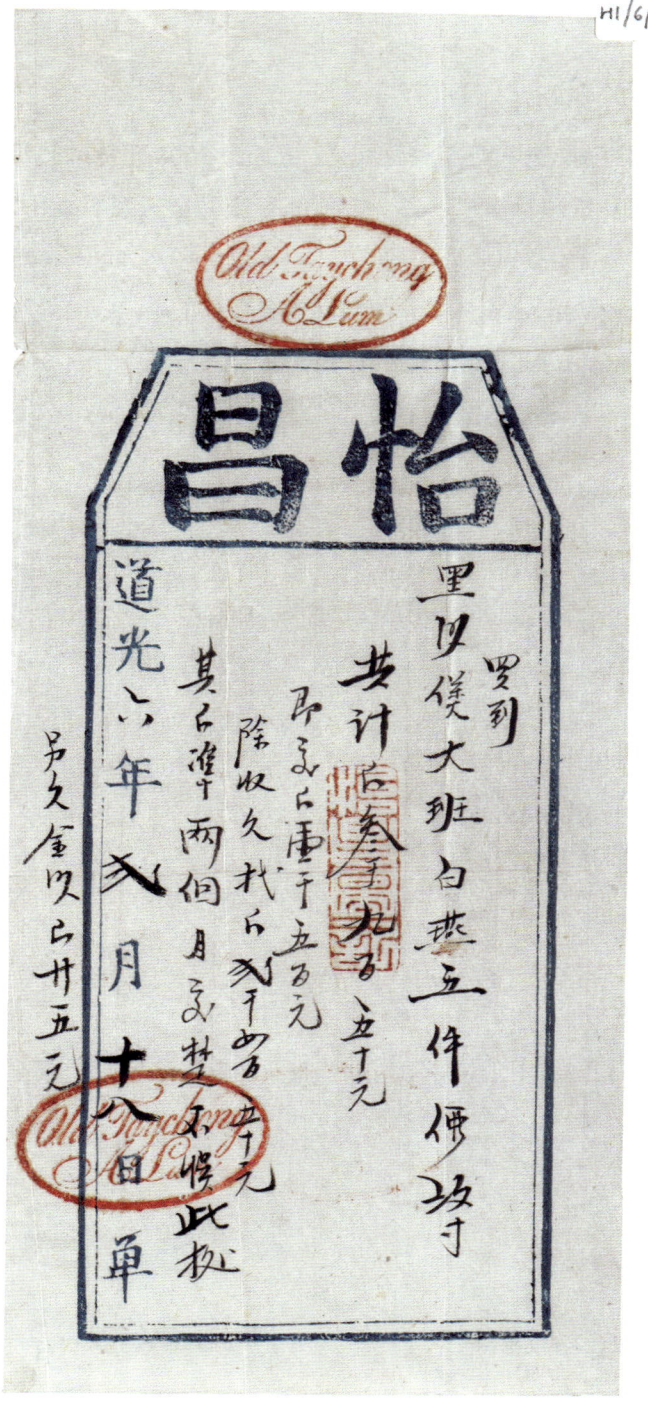

（正）

（反）

七、道光年间和源行①印章单据

1. 道光五年和源行收到巴斯商人赞布货款收据（H1/07/1）

道光五年八月十三日（1825年9月24日），和源行收到巴斯商人赞布（Zan Bu）5000元货款收据，收据上盖有两枚和源行方形印章，印文"和源同记发货图章揭借不用"。顶部有交易金额及日期的英文备忘录。

Receipt to Zan Bu. A receipt (in Chinese) from Whoyuen Hong to Mr. Zan Bu (Tsan Pu) for the repayment of the latter's debt, 24 September 1825, with an English note: 'Whoyuen's chop for Drs. 5000. paid him on acct of Nankin purchase - 24th. Sept. 1825.' 1 item. 1825

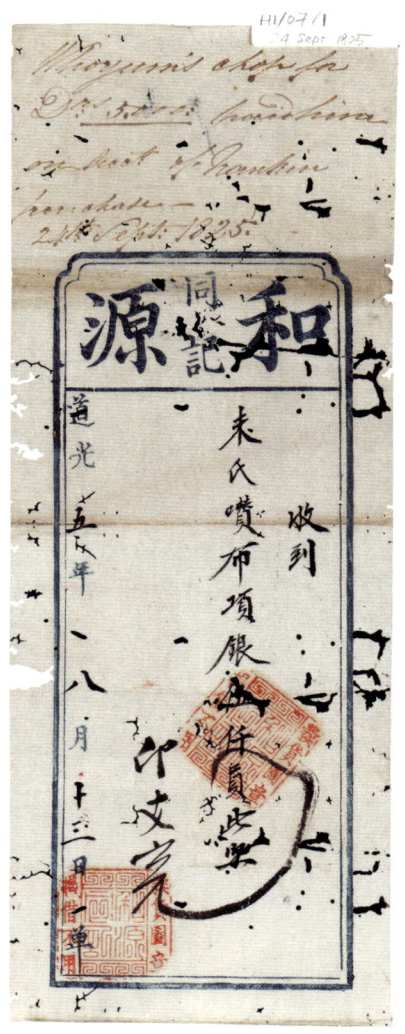

---

① 和源行：新发现之广州十三行商行。

2. 道光二十七年和源行①收到巴斯商人墨记娄货款收据（H1/07/2）

道光二十七年五月十八日（1847年6月30日），和源行买办收到巴斯商人墨记娄（Mo Jilou）48元货款收据，收据上盖有两枚和源行印章，方形印章印文"和源同记发货图章揭借不用"，随形印印文"和源同记"。顶部有交易金额及日期的英文备忘录。

Receipt to Mo Jilou. A receipt (in Chinese) from Whoyuen Hong to Mr. Mo Jilou (Mo Chi-lou) for the repayment of the latter's debt, 30 June 1847, with an English note about the debt. 1 item.

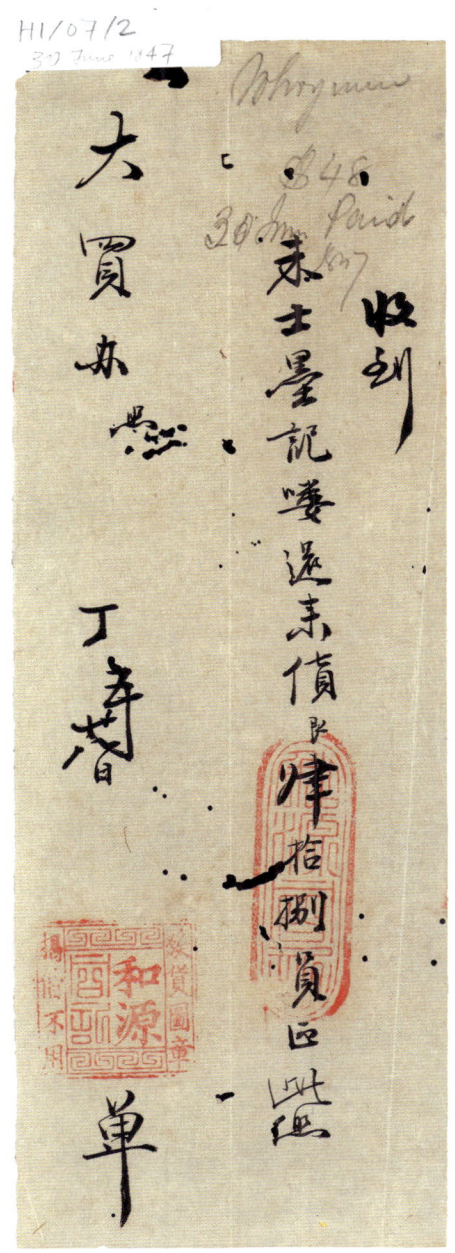

---

① 和源行：新发现之广州十三行商行。

八、道光六年George H. Swaine债券（H1/08）

道光六年三月初九日（1826年4月15日），George H. Swaine 的债券。George H. Swaine 致 Capt. John Gover 的债券，金额为2500西班牙元。

Bond of George H. Swaine. A bond (in English) of George H. Swaine to Capt. John Gover for the sum of 2500 Spanish dollars, dated Canton, 15 April 1826. 1 item.

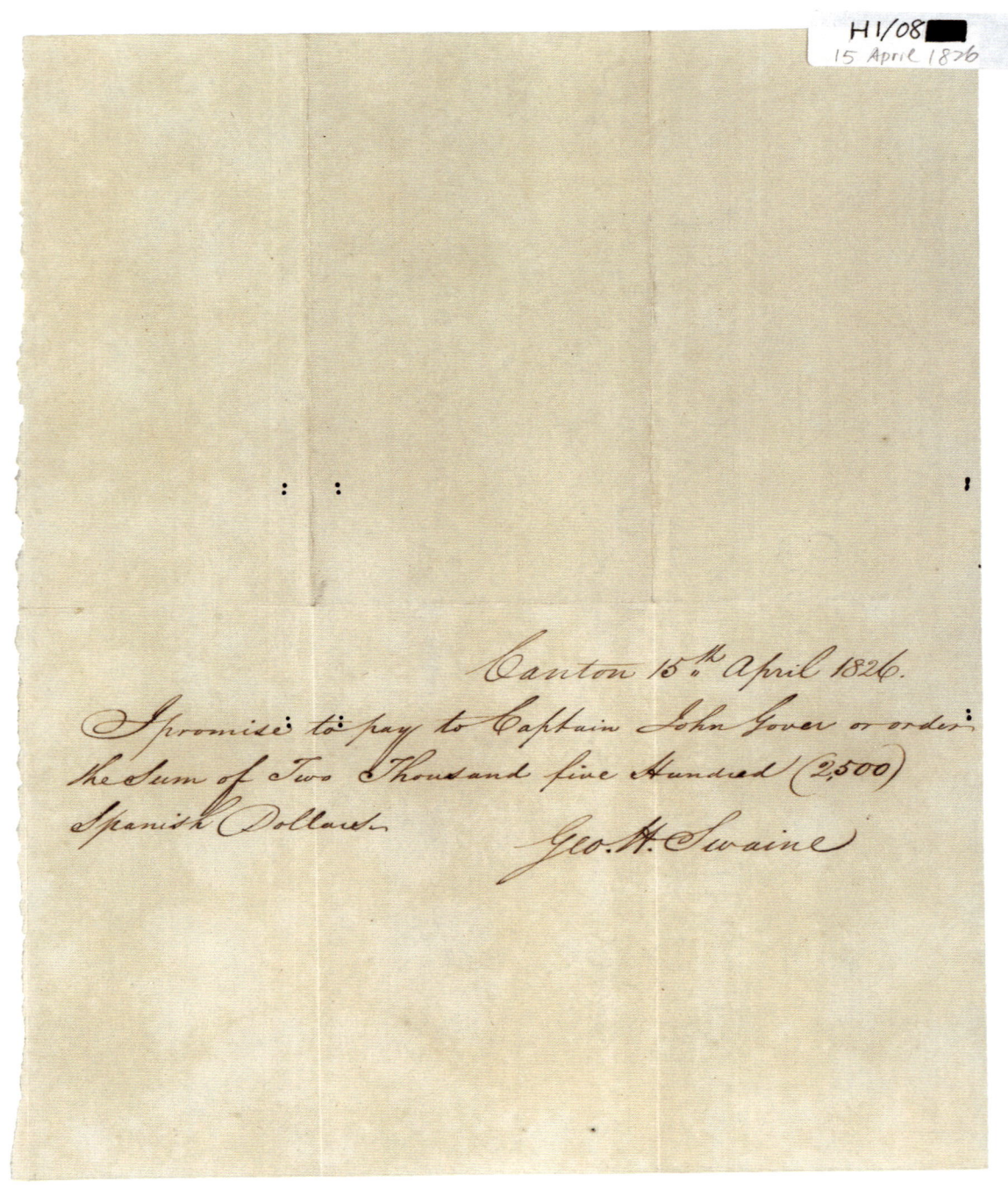

九、道光年间宽和通事馆丈量船钞规礼①清单

由于中国官方拒绝与外商直接交往，于是任命了一批负责为中外双方传译语言的通事，宽和通事馆，是十三行制度的重要一环，也是中国翻译史上早期的涉外译员。宽和通事馆是19世纪重要的通事群体，创办人"老汤姆"和他的四个儿子、三个堂侄都曾任职通事，形成一个庞大的通事家族，不仅掌管宽和通事馆，还对十三行其他几家通事馆有直接影响。"老汤姆"的四个儿子分别是三子蔡信礼（1813—1868）、四子蔡信智（1814—1871）、五子蔡信祥（1816—1861）和八子蔡信时（1828—1865）。

船钞，粤海关的正税。粤海关征收西洋船舶税标准见下表：

表1 粤海关征收西洋船舶税标准表

船等	长度（丈）	宽度（丈）	长宽相乘（丈）	税额（两）	实际缴纳（两）
一等	7.5	2.4	18	1400	1120
二等	7.2	2.2	15.84	1100	880
三等	6.6	2.0	13.2	600	480

资料来源：《粤海关志》卷九（税则二）。

1. 道光元年丈量晏打臣船只清单（H1/9/1）

道光元年四月二十四日（1821年5月25日），宽和通事馆丈量英国散商船只"晏打臣"（'Marquis Hastings'）船钞规礼清单，船钞银"四百五十五两九钱一分四厘"，规礼银1950两。背面有英文备忘录。

Receipt to 'Marquis Hastings'. A receipt (in Chinese) from Kuanhe (K'wan-ho) to Magniac's vessel 'Marquis Hastings' for the payment of tonnage dues and an official gratuity, 25 May 1821, with an English note on the back of the document. 1 item. 1821

---

① 规礼：规礼银是粤海关对进出口贸易船只所征的银两。自设关开征以来，到广州贸易的外国商船就遭到多方勒索，无论是地方大吏，还是各关口的书役、家人都要索取规礼银。洋船进口时的陋规名目有三十条，放关出口的陋规名目有三十八条，共为六十八条。杨文乾将陋规报出归公时，仍保留了原来的各种名目。乾隆二十四年至二十七年(1759—1762)尤拔世任监督时，会同两广总督李侍尧，将规礼银的各种名称革除，统称为"归公"银。而"与向例应征银两毫无增减"。每艘到广州贸易的外国商船，其进口及出口应缴的规礼银是1950两，其中法国船加一百两，苏禄船减一百两，而不论船只大小，征额相同。对本国贸易商船也征规礼银，但数额较外国船只少得多。"进口归公银十七两五钱九分，出口归公银七十三两九钱九分二厘。内江南沙船加收银二两"。

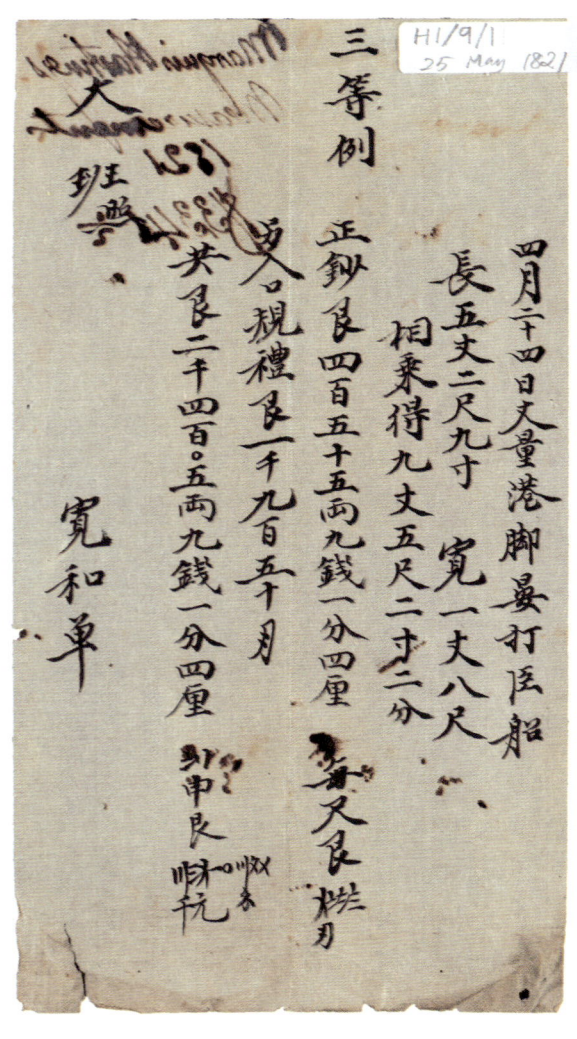
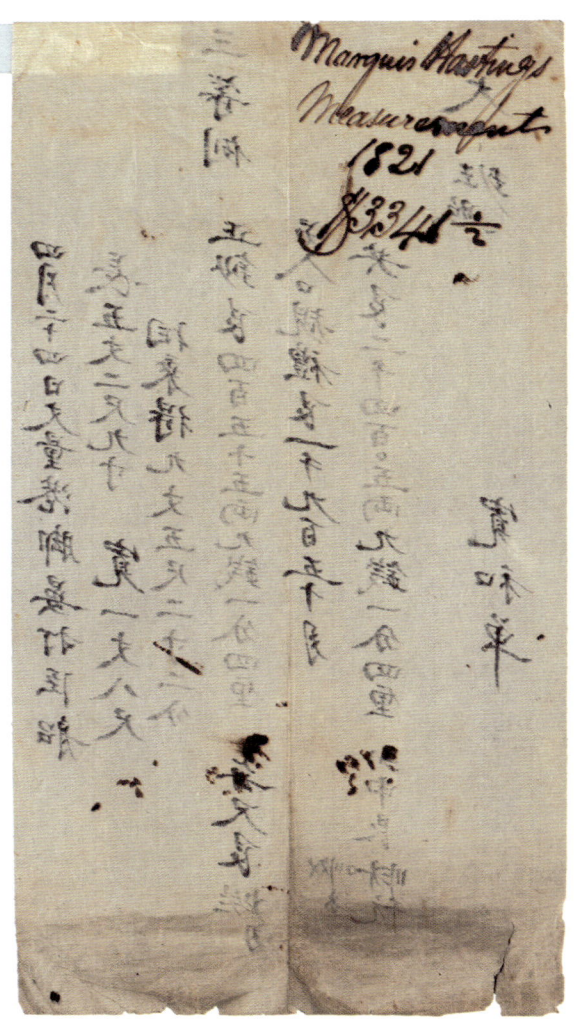

（正）　（反）

2. 道光四年付款通知（H1/9/2）

道光四年十一月十五日（1825年1月3日），由 Henry S. D. Kover 给宽和馆3000元的英文付款通知。背面有一张中文字条，盖有印章两枚，方形，印文"宽和图记"。

Payment order to Magniac & Co.. A payment order (in English) from Henry S. D. Kover (?) to Magniac & Co. for $3000, dated Canton, 3 January 1825, with a note in Chinese on the reverse. The K'uan-ho (Kuanhe) Hong received the money on 13 January 1825. 1 item. 1825

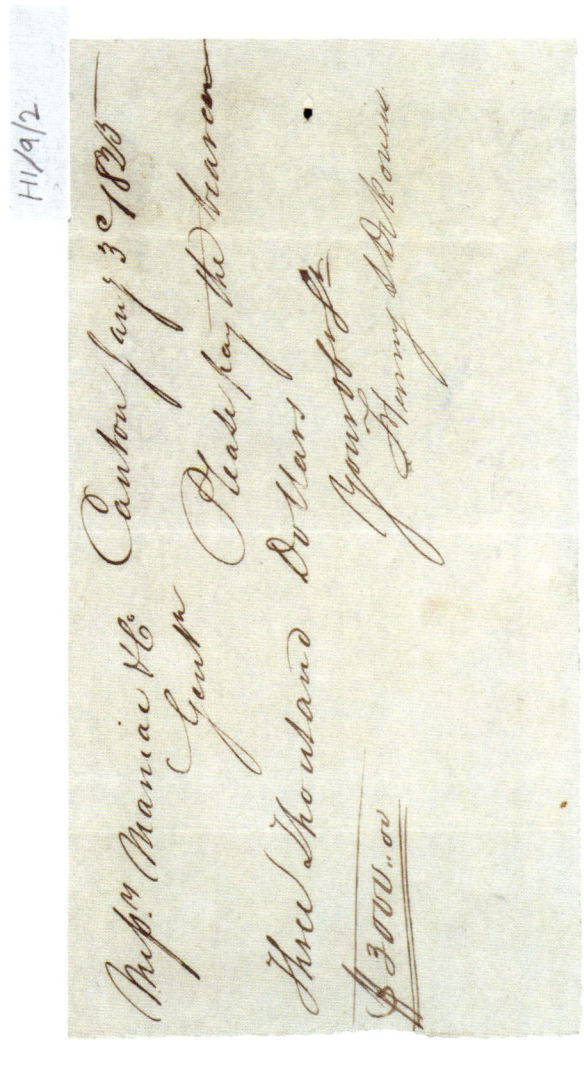 

（正）　　　　　　　　　　　　　　（反）

3. 道光五年付款通知（H1/9/3）

道光五年十一月二十五日（1826年1月3日），Henry S. D. Kover 给英国 Magniac & Co. 21,000元的付款通知。

Payment order to Magniac & Co.. A payment order (in English) by Henry S. D. Kover (?) to Magniac & Co. for $21,000, dated Canton, 3 January 1826. 1 item. 1826

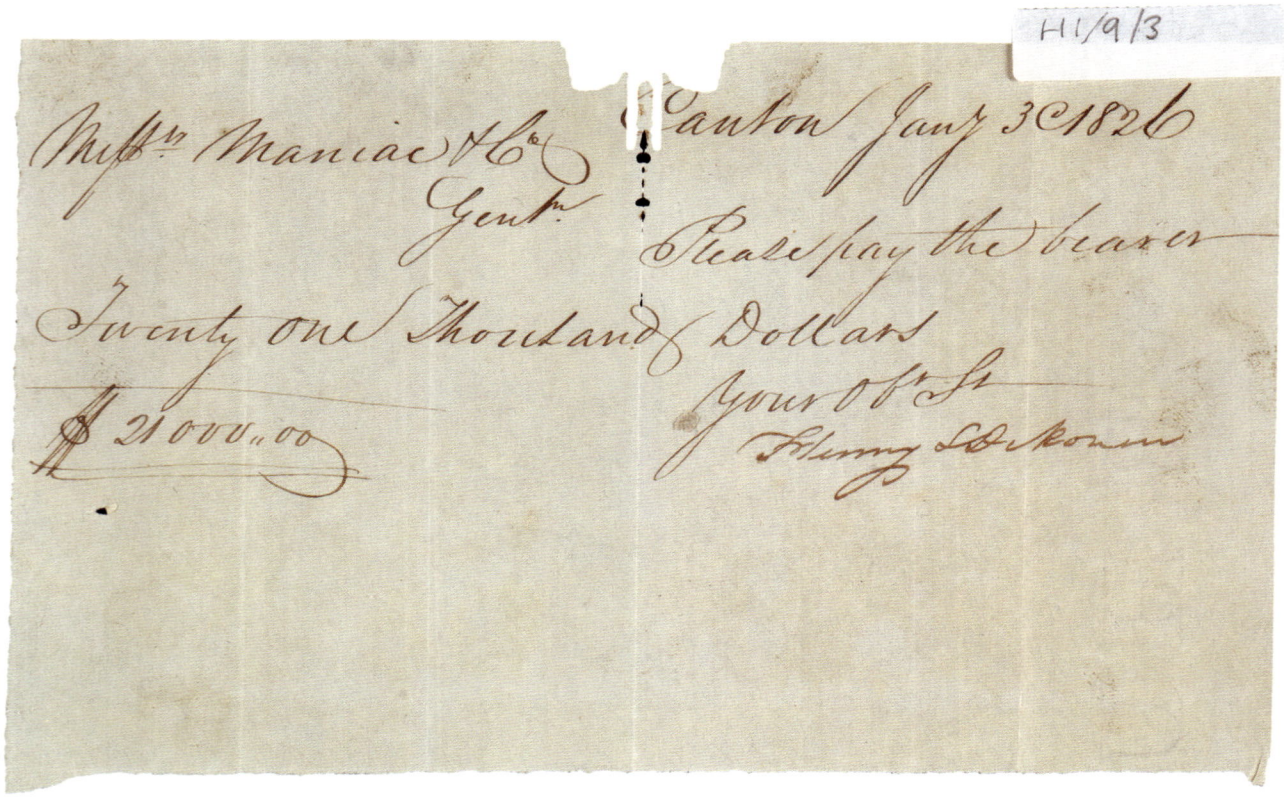

4. 道光五年收装付款通知信封（H1/9/4）

道光五年十一月二十五日（1826年1月3日），收装付款通知信封。

Envelope for payment orders. An envelope used to hold the payment orders to Magniac & Co. (H1/9/2-3), addressed in English to Captain van (or von) Kover (?), and including an English note regarding the receipt for the payments. 1 item.

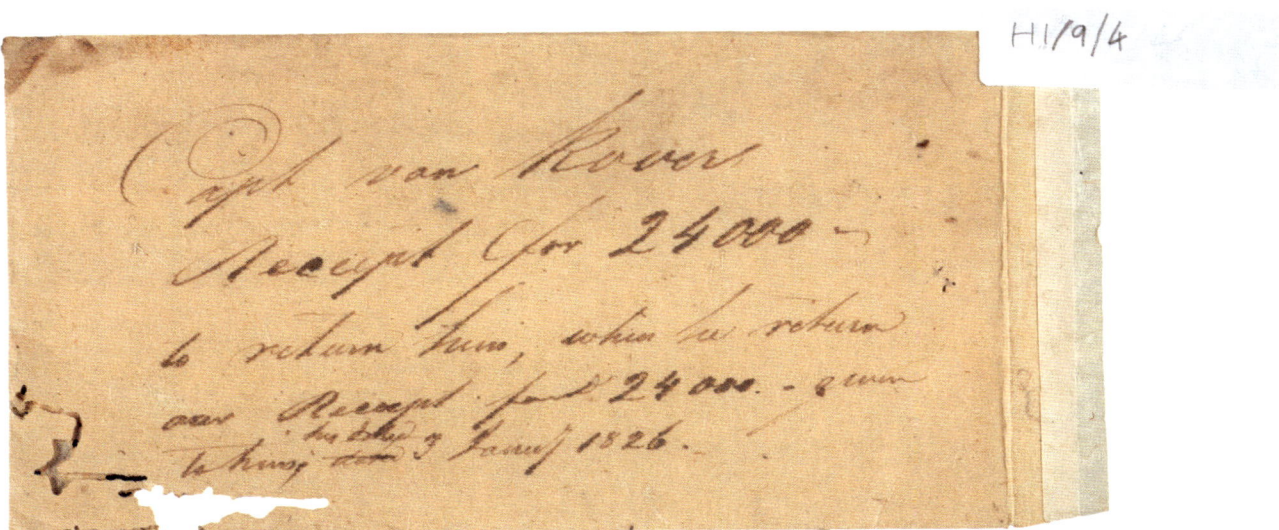

一〇、道光年间天宝行①印章单据

1. 道光四年天宝行致信英国大班费礼查②（H1/10/01）

道光四年八月二十三日（1824年10月15日），英国大班费礼查（W. Fraser）有关天宝行欠款的英文备要。

Note re Kingqua's chop. A note (in English) of 15 October 1824 regarding a chop given to the author by W. Fraser on 14 October 1824 and stated to be Kingqua's chop to C［harles］M［agniac］& Co. for 54,000 Tls. There is also a Chinese envelope addressed to Fei li cha an (W. Fraser ?), which includes notes in English. 2 items. 1824

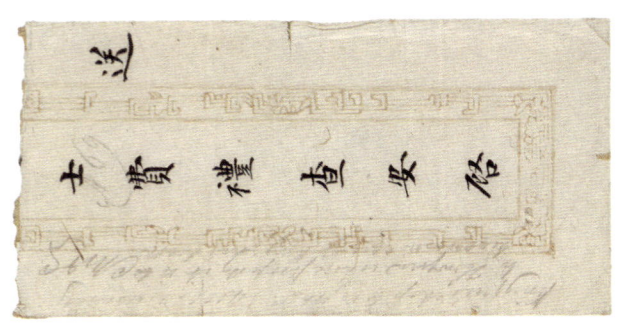

（正）

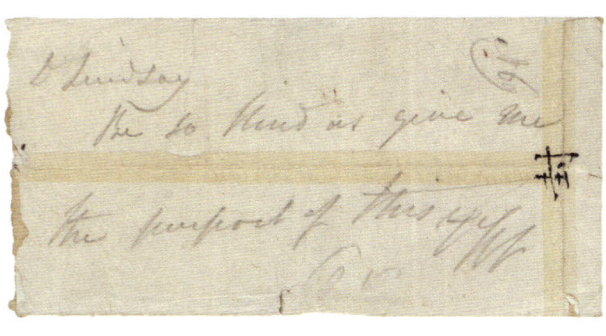

（反）

---

① 天宝行：广州十三行之一，英文名 Tienpow，行商梁经国（号左垣，商名经官，英文名 Kinqua）于嘉庆十三年（1808）创办，1827年由其子梁纶枢（承禧）接管行务，约于咸丰年间结束经营。

② 费礼查：英国东印度公司广州商馆大班。

2. 道光八年天宝行①借英国商人渣顿②贷款借条（H1/10/02）

道光八年十一月二十六日（1829年1月1日），天宝行写给渣顿（Jardine）的7000元贷款收据，内容包括利息和还款安排，注明利息每月每百元1元，两年内还清。借据上盖有多处印章，方形印章印文"天宝行内柜记"，长方形印章印文"天宝行"。另外还有一个中文信封，上面注有英文备忘。

Loan receipt to Mr. Jardine. A loan receipt (in Chinese) from Kingqua to Mr. Jardine for $7000, 1 January 1829, including the payment arrangements. There is also a Chinese envelope including English notes about the loan on both sides. 2 items. 1829

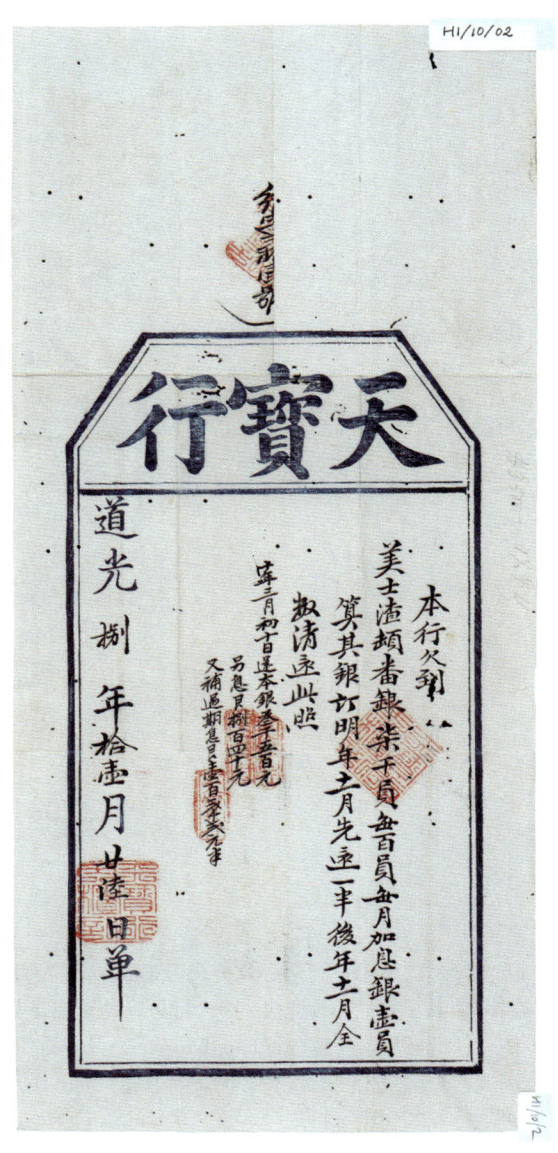

---

① 天宝行：广州十三行之一，英文名Tienpow，行商梁经国（号左垣，商名经官，英文名Kinqua）于嘉庆十三年（1808）创办，1827年由其子梁纶枢（承禧）接管行务，约于咸丰年间结束经营。

② 渣顿：又译渣颠、渣甸、赞典，为怡和洋行（Jardine, Matheson & Co.）创始人之一。

3. 道光十五年天宝行①借英国商人渣甸②贷款借条（H1/10/03）

道光十五年（1835），天宝行写给渣甸（Jardine）的30,000元贷款收据，由同顺行③、兴泰行④、广利行⑤、东兴行⑥、中和行⑦、顺泰行⑧六家商行担保。内容包括利息和还款安排，注明利息每月每百元1元，四年还清。借据上盖有方形印章印文"天宝行内柜记"。

Loan receipt to Jardine. A loan receipt from Kingqua to Jardine for $30,000, guaranteed by Tungshun (Tongshun), Hengtae (Hsing-tai/Xingtai), Kwanglee (Kuangli/Guangli), Tung-hsing (Dongxing), Chungwo (Chung-ho/Zhonghe) and Shun-t'ai (Shuntai). 1 item. 1835

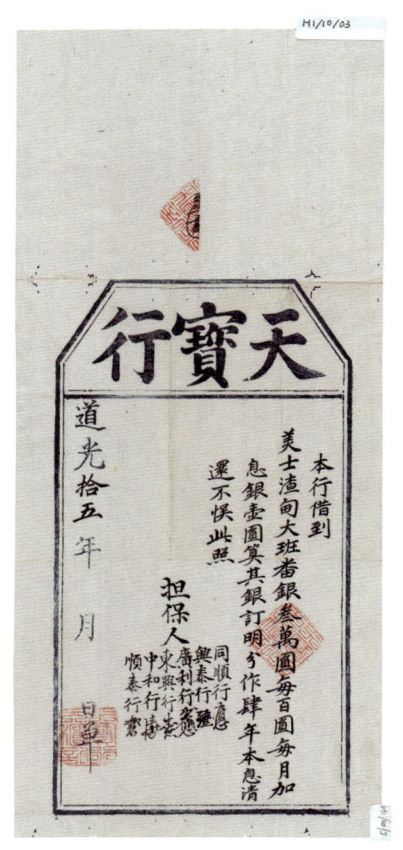

---

① 天宝行：广州十三行之一，英文名 Tienpow，行商梁经国（号左垣，商名经官，英文名 Kinqua）于嘉庆十三年（1808）创办，1827年由其子梁纶枢（承禧）接管行务，约于咸丰年间结束经营。
② 渣甸：即威廉·查顿（William Jardine），又译渣颠、赞典等，为怡和洋行（Jardine, Matheson & Co.）创始人之一。
③ 同顺行：广州十三行之一，英文名 Tung-Shun Hong，行商吴天垣（健彩），商名爽官（Samqua），道光十年（1830）成立。
④ 兴泰行：广州十三行之一，英文名 Sun Shing Hengtae，行商严启昌（焕文）Yen Khechang，商名孙青，道光十年（1830）成立，道光十九年（1839）倒闭。
⑤ 广利行：广州十三行之一，行商卢观恒（Mowqua I）、卢棣荣（文锦）（Mowqua Ⅱ），商名茂官（Mowqua），乾隆五十七年（1792）成立。
⑥ 东兴行，行商谢有仁。
⑦ 中和行：广州十三行之一，英文名 Yua wo Hong，行商潘文涛（国荣），商名明官（Minqua），道光十年（1830）成立。
⑧ 顺泰行：广州十三行之一，英文名 Suntai Hong，行商马佐良（展谋），商名秀官（Saoqua），道光十年（1830）成立。

4. 道光十七年天宝行①与英国商人渣甸②签订茶叶合同（H1/10/04）

道光十七年三月二十五日（1837年4月29日），天宝行写给渣甸的祥兴工夫茶③销售合同清单，包括茶叶种类、数量、价格及结算方式等。清单上盖有四处印章，印文"天宝行内柜记"。文中的"祖家"即指英国。

Chop from Kingqua to Jardine. A chop from Kingqua to Jardine [Matheson & Co.], 29 April 1837, regarding the former's consignment of sales of Chaong-hsing (Hsiang-hsing/Xiangxing) Kungfu tea, shipped by Jardine's vessel 'Hsia-wei-shi'(Xia wei shi). 1 item. 1837

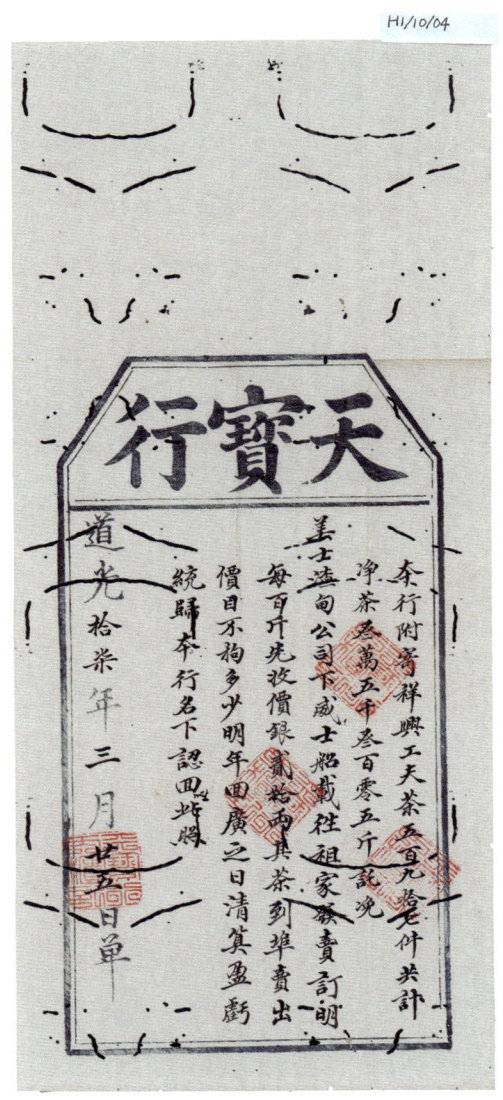

---

① 天宝行：广州十三行之一，英文名Tienpow，行商梁经国（号左垣，商名经官，英文名Kinqua）于嘉庆十三年（1808）创办，1827年由其子梁纶枢（承禧）接管行务，约于咸丰年间结束经营。
② 渣甸：即威廉·查顿（William Jardine），又译渣颠、赞典等，为怡和洋行（Jardine, Matheson & Co.）创始人之一。
③ 祥兴工夫茶：自福建茶区通过祥兴茶庄采购的茶叶。

5. 道光十七年天宝行①与英国商人渣甸②签订利达号工夫茶③合同（H1/10/05）

道光十七年三月二十五日（1837年4月29日），天宝行与英国商人渣甸签订利达号工夫茶合同，包括茶叶种类、数量、价格及结算方式等。清单上盖有四处印章，印文"天宝行内柜记"。

Chop to Jardine. A chop from Kingqua to Jardine [Matheson & Co.], 29 April 1837, regarding the former's consignment of sales of Leetaat (li-ta/Lida) Kungfu tea, shipped by Jardine's vessel 'Hsia-pa-ti-li' (Xia ba shi). 1 item. 1837

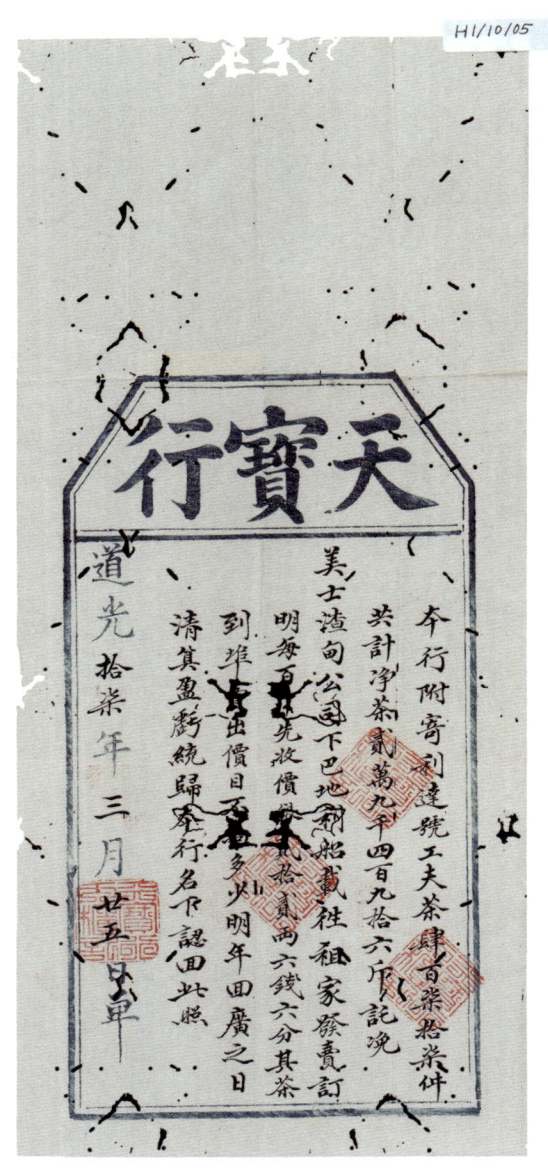

---

① 天宝行：广州十三行之一，英文名 Tienpow，行商梁经国（号左垣，商名经官，英文名 Kinqua）于嘉庆十三年（1808）创办，1827年由其子梁纶枢（承禧）接管行务，约于咸丰年间结束经营。
② 渣甸：即威廉·查顿（William Jardine），又译渣颠、赞典等，为怡和洋行（Jardine, Matheson & Co.）创始人之一。
③ 利达号工夫茶：自福建茶区通过利达号茶庄采购的茶叶。

6.道光十七年天宝行①与英国商人渣甸②签订德丰号粗庄工夫茶③合同(H1/10/06)

道光十七年三月二十五日(1837年4月29日),天宝行与英国商人渣甸签订德丰号粗庄工夫茶合同,包括茶叶种类、数量、价格及结算方式等。清单上盖有四处印章,印文"天宝行内柜记"。

Chop from Kingqua to Jardine. A chop from Kingqua to Jardine [Matheson & Co.], 29 April 1837, regarding the former's consignment of sales of Tuck-fong (Te-fung/Defeng) raw Kungfu tea, shipped by Jardine's vessel 'Hsia-chia-lan' (Xia jia la). 1 item. 1837

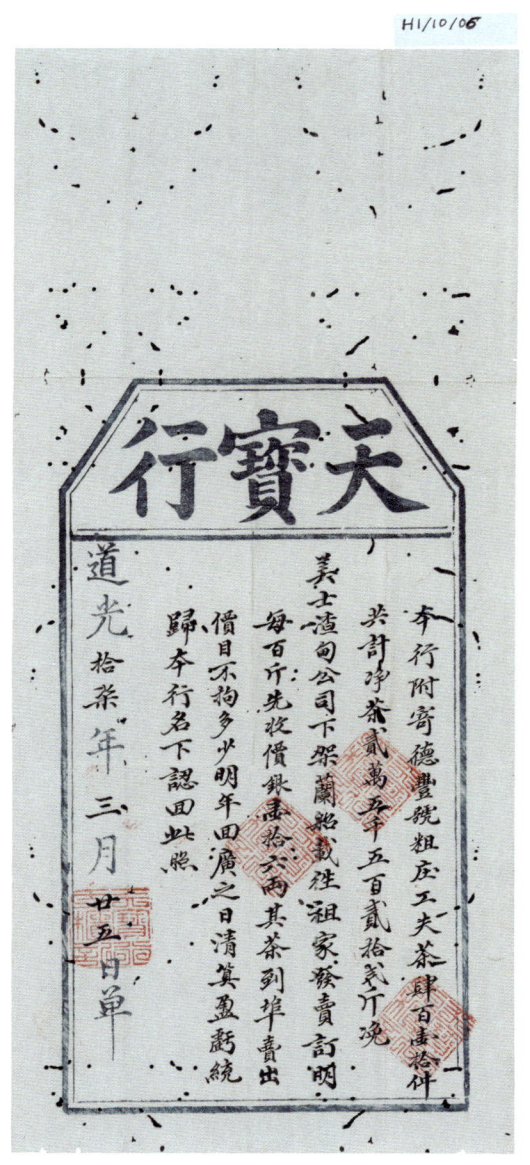

---

① 天宝行:广州十三行之一,英文名 Tienpow,行商梁经国(号左垣,商名经官,英文名 Kinqua)于嘉庆十三年(1808)创办,1827年由其子梁纶枢(承禧)接管行务,约于咸丰年间结束经营。
② 渣甸:即威廉·查顿(William Jardine),又译渣颠、赞典等,为怡和洋行(Jardine, Matheson & Co.)创始人之一。
③ 德丰号粗庄工夫茶:自福建茶区通过德丰号茶庄采购的茶叶。

7. 道光十七年天宝行①装收与英国商人 Jardine② 签订茶叶合同的信封（H1/10/07）

道光十七年（1837），天宝行装收与英国商人 Jardine 几份工夫茶合同的信封。

Envelope for Kingqua's chops. A Chinese envelope used for holding three Kingqua's chops to Jardine, Matheson & Co. (H1/10/4–6), with an English note by W. Jardine on the back regarding a payment guarantee. 1 item. 1837

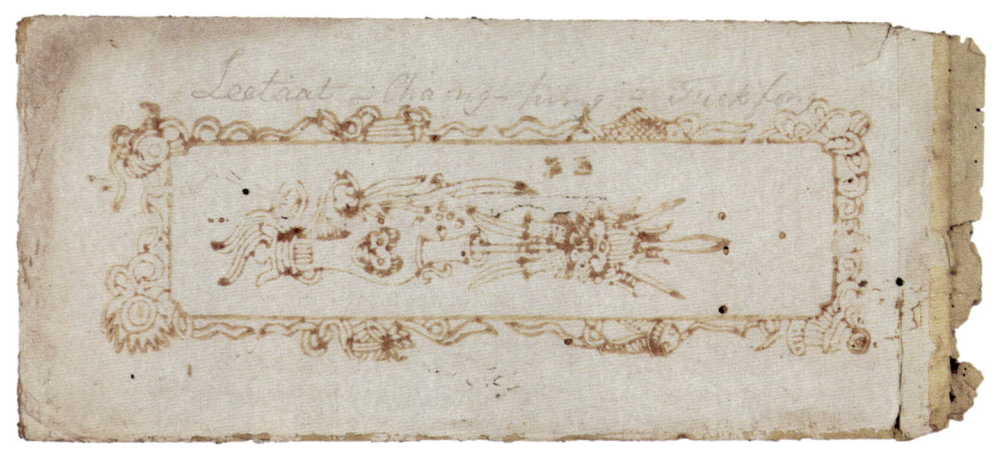

（正）

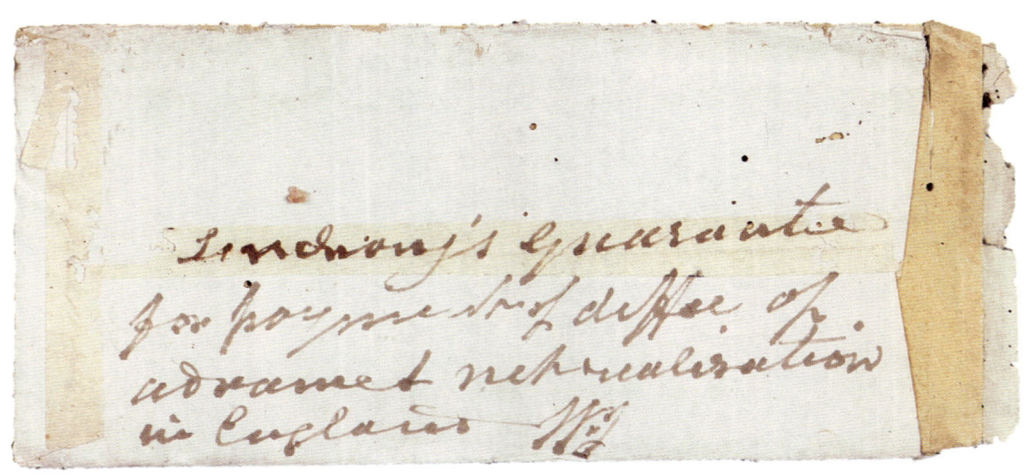

（反）

---

① 天宝行：广州十三行之一，英文名 Tienpow，行商梁经国（号左垣，商名经官，英文名 Kinqua）于嘉庆十三年（1808）创办，1827年由其子梁纶枢（承禧）接管行务，约于咸丰年间结束经营。

② Jardine：即威廉·查顿（William Jardine），又译渣颠、赞典、渣甸等，为怡和洋行（Jardine, Matheson & Co.）创始人之一。

8.约道光十七年天宝行梁天宝①致英国商人渣甸②信函（H1/10/8）

约道光十七年三月初二日（1837年4月6日），天宝行梁天宝写给渣甸关于商欠的信件，信中提到需要售出天宝行在回澜街的商铺房产后方能偿还欠款，信中盖有梁天宝英文私章，印文"Kingqua"。附有中文信封。

Letter to Jardine, Matheson & Co.. A two-page letter from Kingqua to Jardine [Matheson] & Co. requesting a period of grace until his shop at the Huilan street is sold off. The documents are undated, but originate from the late 1830s. There is also the original Chinese envelope. 3 items. circa 1837

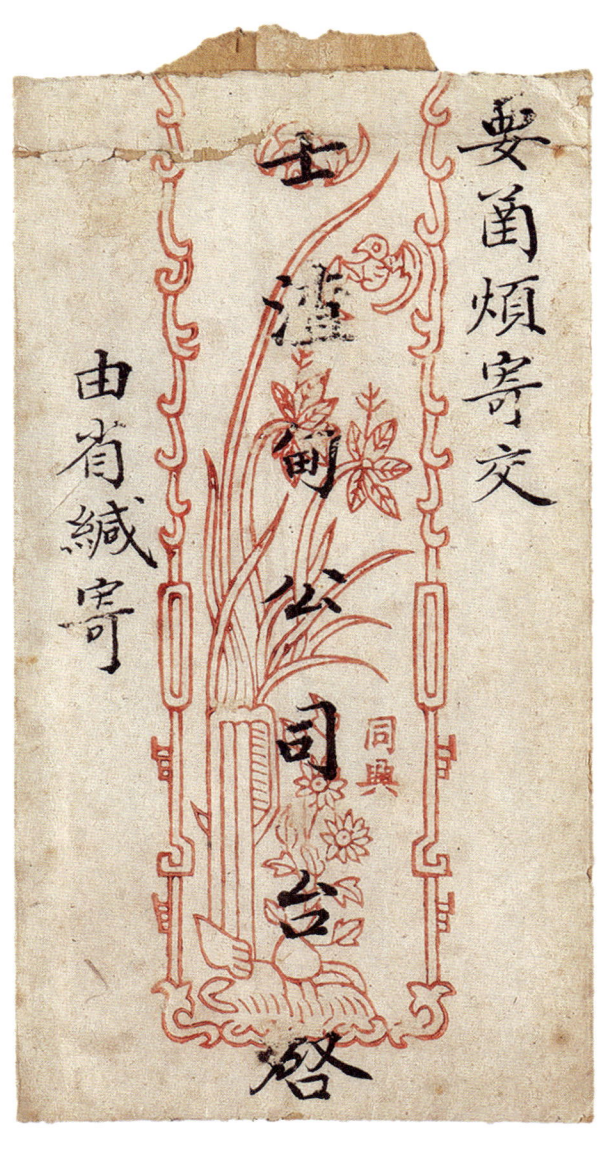 

（正） （反）

---

① 梁天宝：此处即广州十三行天宝行行商梁纶枢。
② 渣甸：即威廉·查顿（William Jardine），又译渣颠、赞典等，为怡和洋行（Jardine, Matheson & Co.）创始人之一。

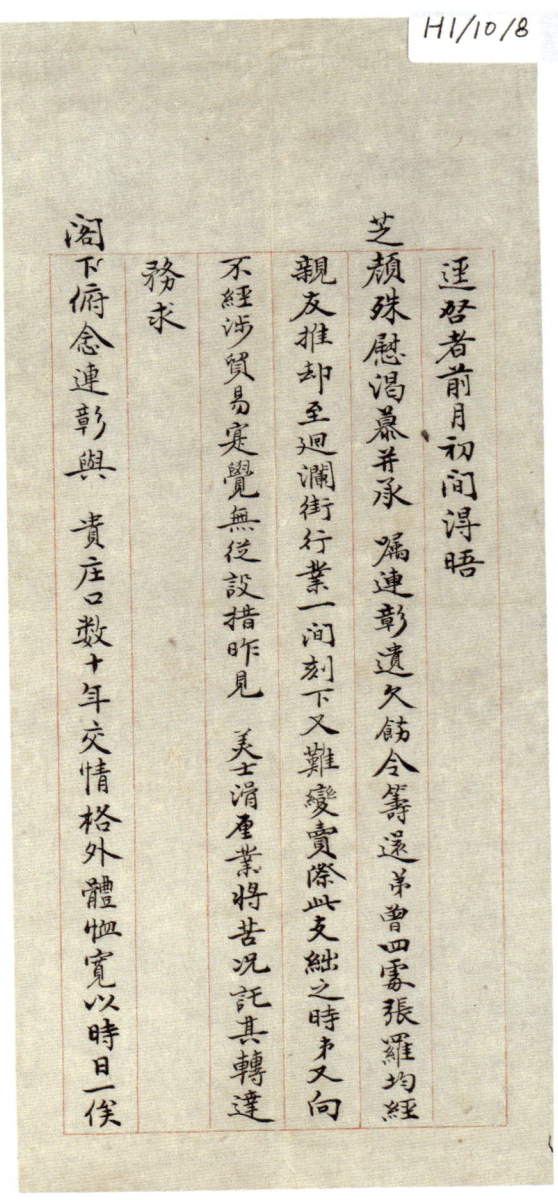

逕啓者前月初間得晤

芝顏殊慰渴慕並承 囑連彰遺欠餉令籌還弟曾四審張羅均經親友推却至迴瀾街行業一間刻下又難變賣滌此支絀之時又向不經涉貿易竟覺無從設措昨見 美士渣甸業將苦況託其轉達

務求

閣下俯念連彰與 貴庄口數十年交情格外體恤寬以時日一俟

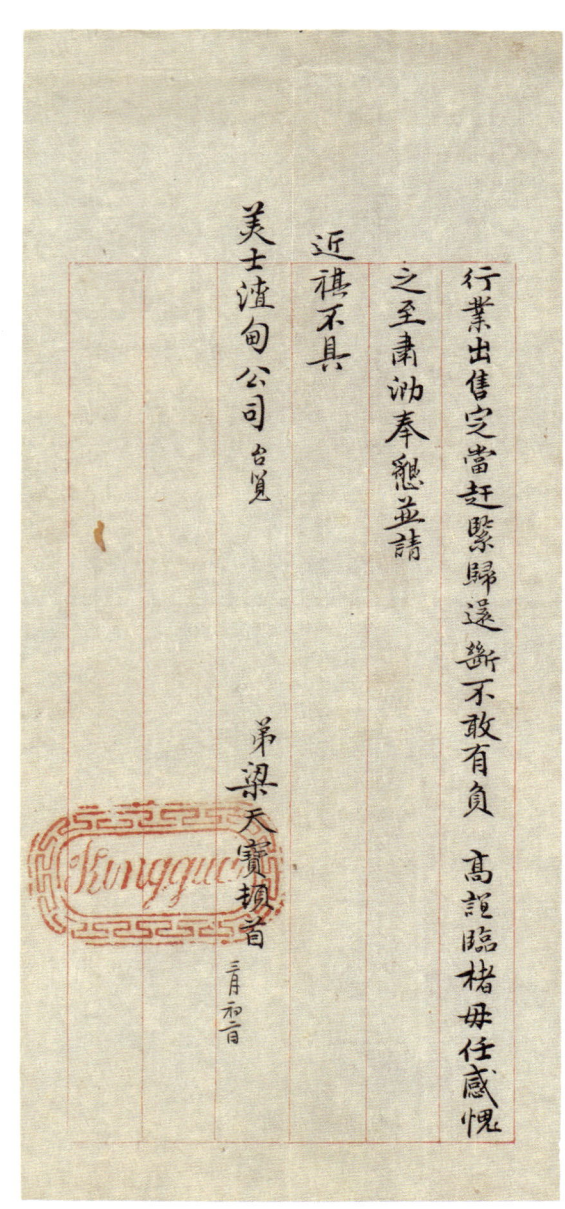

行業出售定當趕緊歸還斷不敢有負 高誼臨楮毋任感愧之至肅泐奉懇並請

近祺不具

美士渣甸公司台覽

弟梁天寶頓首

三月初旬

一一、道光年间恒益行[①]印章单据

1. 道光三年恒益行借英国商人万益货款收据（H1/11/01）

道光三年六月十九日（1823年7月26日），恒益行借英国商人万益1200元货款收据，注明三个星期偿还。收据上盖有恒益行方形印章，印文"恒益图记"；随形印英文印章，印文"Awung"。还附有一个中文信封，上有英文备忘录。

Chop to Magniac. A chop (in Chinese) from Awung to Magniac for bargain money of $1200, 12 July 1823[②], due for repayment in three weeks, with an envelope which includes an English note recording that the chop has been paid. 2 items. 1823

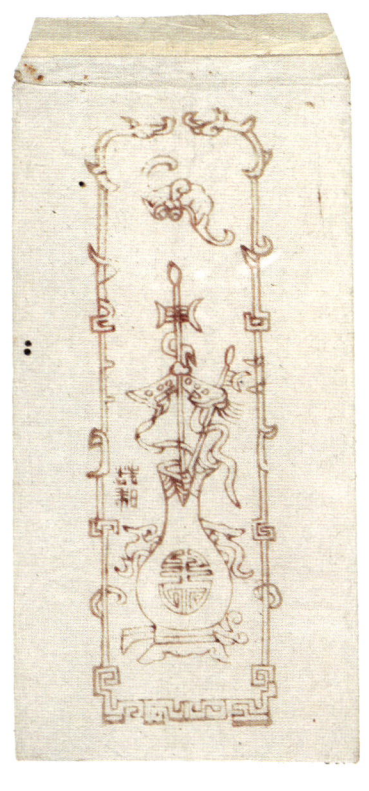

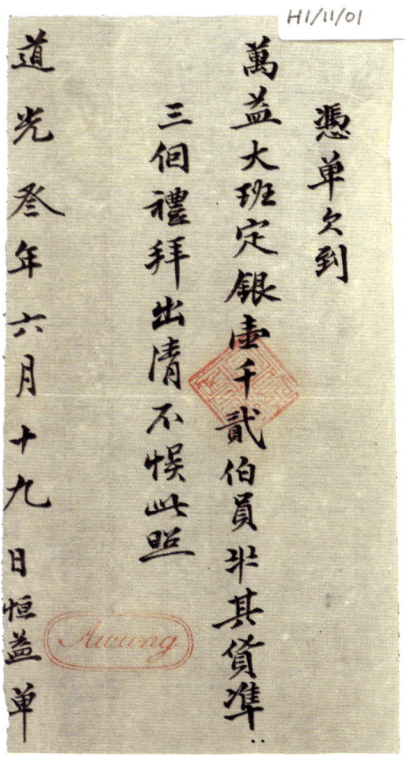

（正）　　　　　　　　　　（反）

---

① 恒益行：新发现的广州十三行商行。
② 勘误：英文提要日期为1823年7月12日（12 July 1823），按原中文文献"道光叁年六月十九日"，应为1823年7月26日。

2. 道光三年恒益行①借英国商人万益货款收据（H1/11/02）

道光三年八月初七日（1823年9月11日），恒益行借英国商人万益5000元货款收据，注明四个月偿还。收据上盖有恒益行方形印章，印文"恒益图记"；随形印英文印章，印文"Awung"。

Chop to Magniac. A chop (in Chinese) from Awung to Magniac, 11 September 1823, for bargain money due in four months, with a pencil note in English: 'Awung's chop for 5000$'. 1 item. 1823

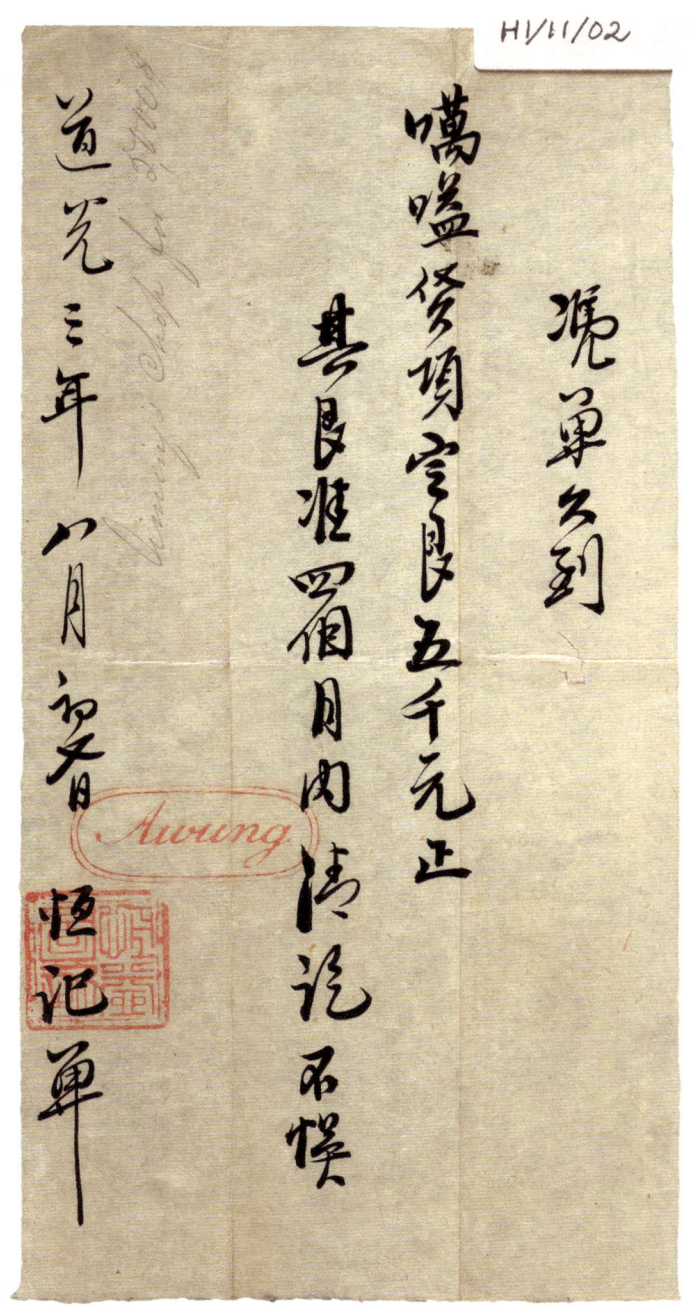

---

① 恒益行：新发现的广州十三行商行。

3. 道光五年恒益行①收到英国商人万益货银收据（H1/11/03）

道光五年三月三十日（1825年5月17日），恒益行收到英国商人万益7000元货银收据。收据上盖有恒益行方形印章，印文"恒益图记"；恒益行随形印，印文"长卷图记"；随形印英文印章，印文"Awung"。

Chop to Magniac. A chop from Awung to Magniac for $7000, 17 May 1825. 1 item. 1825

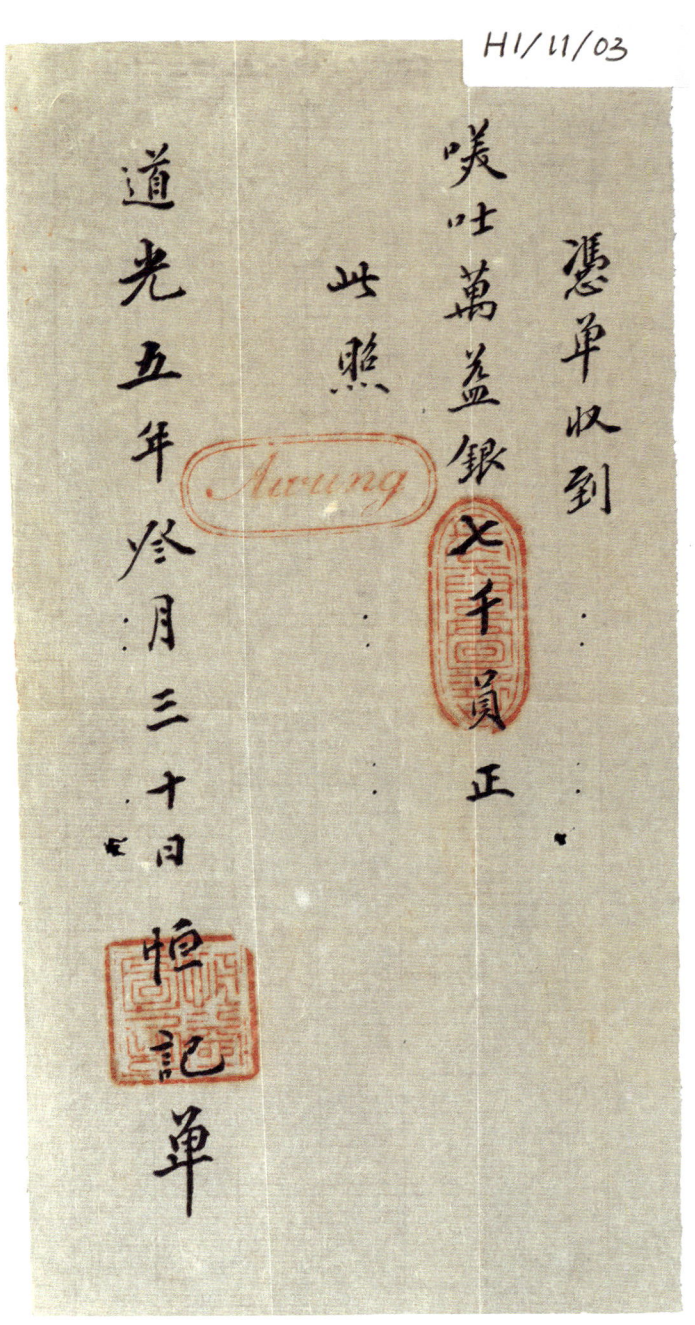

---

① 恒益行：新发现的广州十三行商行。

4. 道光五年恒益行①收到英国商人万益货银收据（H1/11/04）

道光五年四月初一日（1825年5月18日），恒益行收到英国商人万益5000元货银收据。收据上盖有恒益行方形印章，印文"恒益图记"；恒益行随形印，印文"长卷图记"；随形印英文印章，印文"Awung"。

Chop to Magniac. A chop from Awung to Magniac for $5000, 18 May 1825. 1 item. 1825

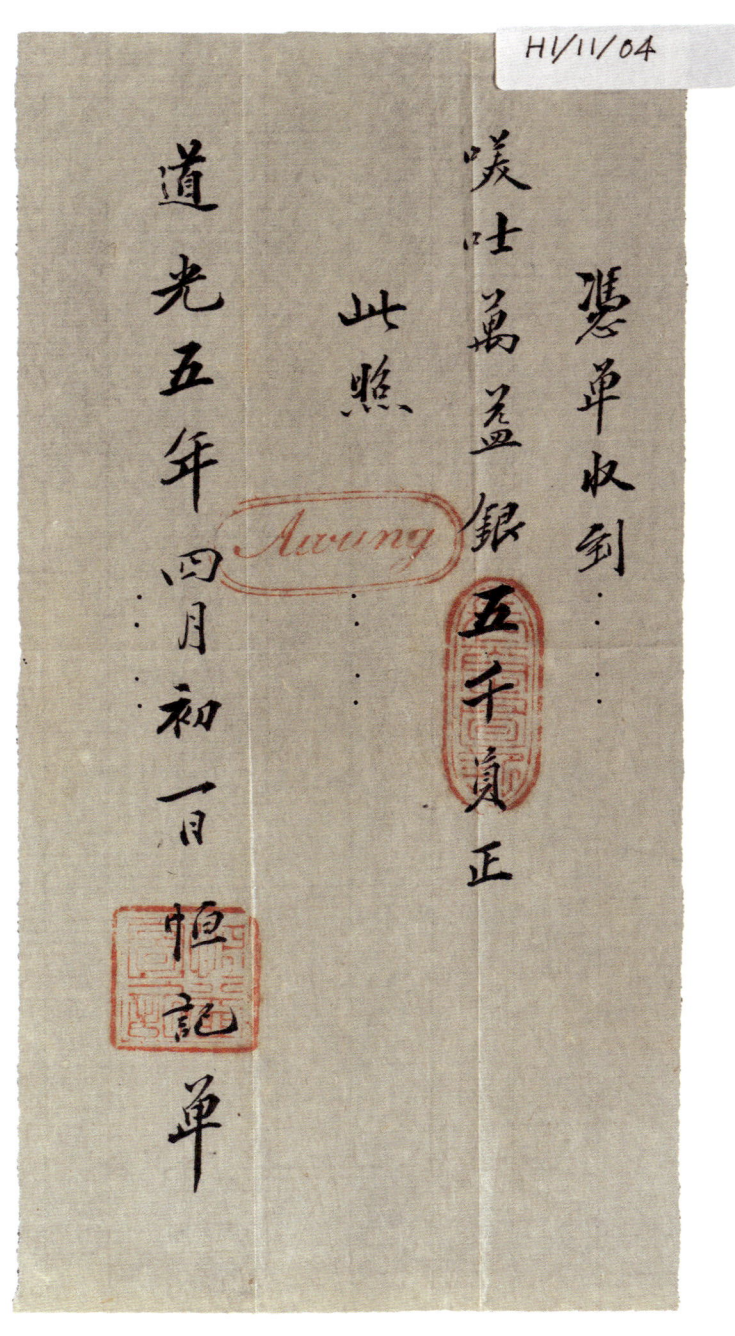

---

① 恒益行：新发现的广州十三行商行。

5. 道光五年恒益行[①]信封（H1/11/05）

道光五年（1825），恒益行装收与英国商人万益有关收据的信封，英文注明"Awung"的12,000元收据。

Envelope for chops. A Chinese envelope used for holding two chops from Awung to Magniac (H1/11/3–4), and including an English note on the back: 'Awung's chops for $12,000.' 1 item. 1825

 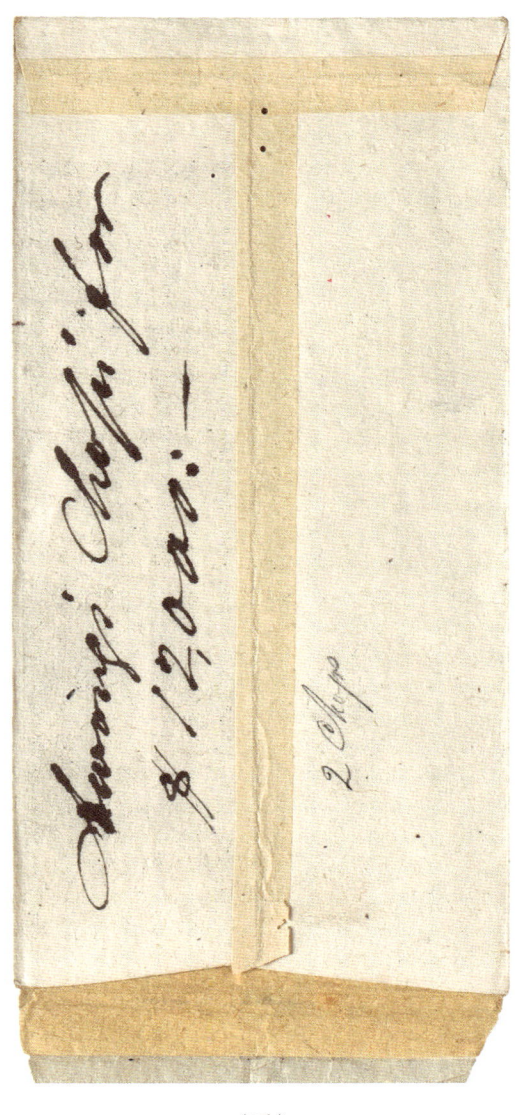

（正） （反）

---

① 恒益行：新发现的广州十三行商行。

6. 道光五年恒益行①收到英国商人万益货银收据（H1/11/06）

道光五年四月初三日（1825年5月20日），恒益行收到英国商人万益10,000元货银收据。收据上盖有恒益行四枚印章，抬头处随形印，印文"平安"；"美士万益"下方的随形印，印文"长卷图记"；随形印英文印章，印文"Awung"；末尾方形印章，印文"恒益图记"。还附有一个中文信封，背面有交易金额及日期的英文备忘录。

Chop to Magniac. A chop (in Chinese) from Awung to Magniac for $10,000, 20 May 1825, with a Chinese envelope which includes an English note about the chop. 2 items. 1825

  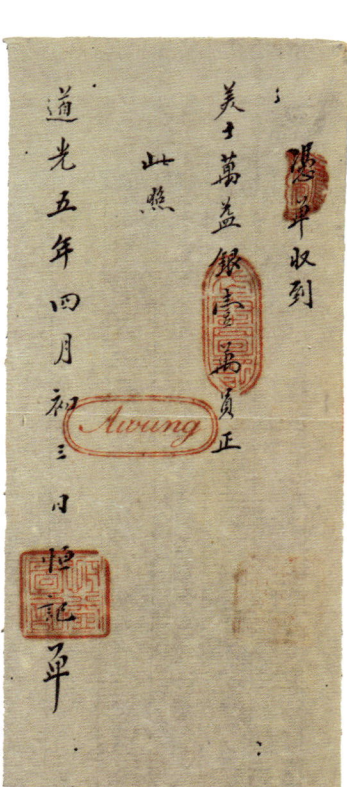

（正）　　　　　　　　（反）

---

① 恒益行：新发现的广州十三行商行。

7. 道光五年恒益行[①] 收到英国商人万益货银收据（H1/11/07）

道光五年四月初五日（1825年5月22日），恒益行收到英国商人万益10,000元货银收据。收据上盖有恒益行三枚印章，"美士万益"下方的随形印，印文"长卷图记"；随形印英文印章，印文"Awung"；末尾方形印章，印文"恒益图记"。还附有一个中文信封，背面有交易金额及日期的英文备忘录。

Chop to Magniac. A chop (in Chinese) from Awung to Magniac for $10,000, 22 May 1825, with a Chinese envelope which includes an English note about the chop. 2 items. 1825

（正）

（反）

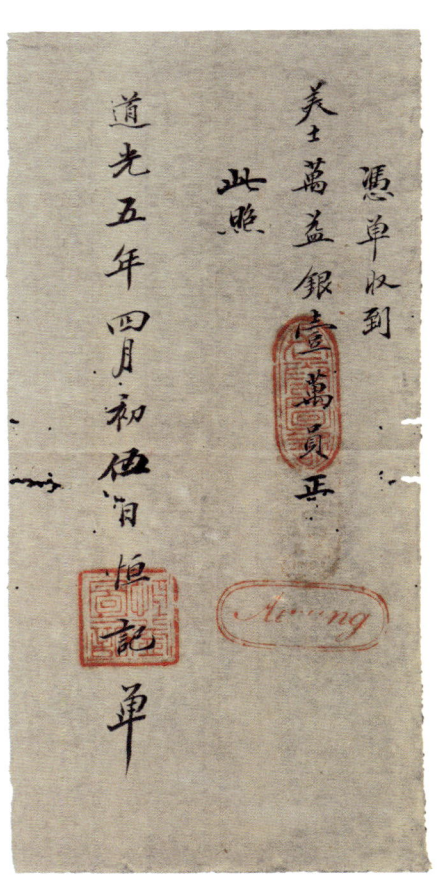

[①] 恒益行：新发现的广州十三行商行。

8. 道光五年恒益行[①] 收到英国商人万益货银收据（H1/11/08）

道光五年四月初六日（1825年5月23日），恒益行收到英国商人万益8600元货银收据。收据上盖有恒益行三枚印章，"美士万益"下方的随形印，印文"长卷图记"；随形印英文印章，印文"Awung"；末尾方形印章，印文"恒益图记"。还附有一个中文信封，上有交易金额及日期的英文备忘录。

Chop to Magniac. A chop (in Chinese) from Awung to Magniac for $8600, 23 May 1825, with an envelope which includes an English note about the chop. 2 items. 1825

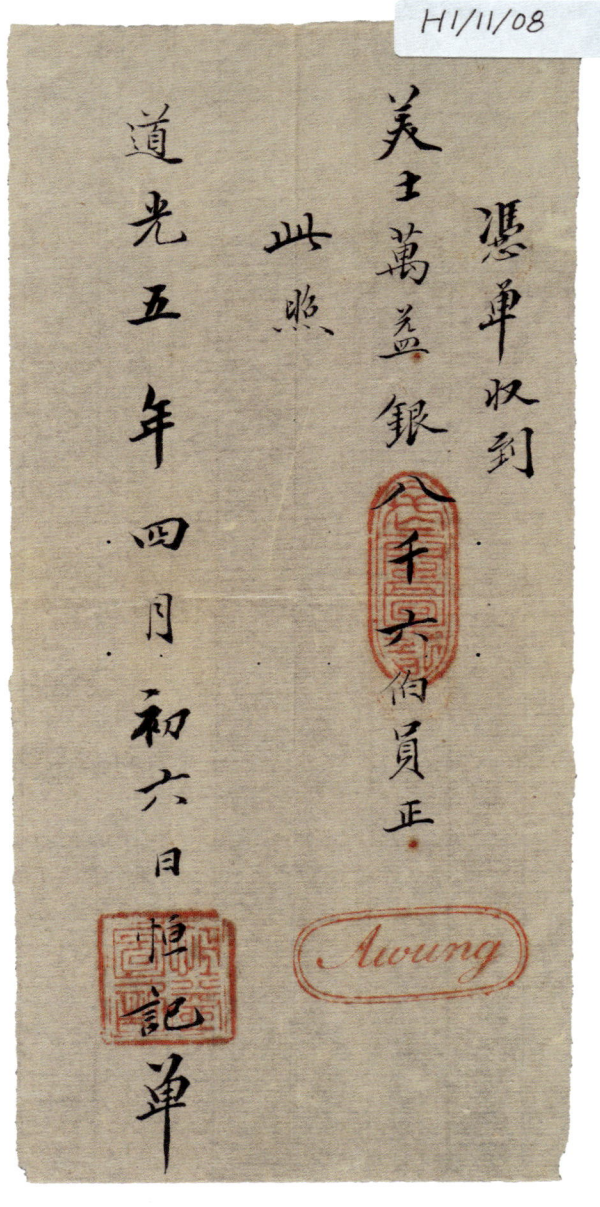

---

① 恒益行：新发现的广州十三行商行。

9. 道光五年恒益行[①]收到英国商人万益货银收据（H1/11/09）

道光五年四月十八日（1825年6月4日），恒益行收到英国商人万益5000元货银收据。收据上盖有恒益行四枚印章，其中两枚随形印，印文"平安"；另两枚方形印章，印文"恒益图记"。还附有一个中文信封和一张包装纸，上有交易金额及日期的英文备忘录。

Chop to Magniac. A chop (in Chinese) from Awung to Magniac for $5000, 4 June 1825, with a Chinese envelope and wrapping paper which both include English notes about the chop. 3 items. 1825

---

① 恒益行：新发现的广州十三行商行。

（正）　　　　　（反）

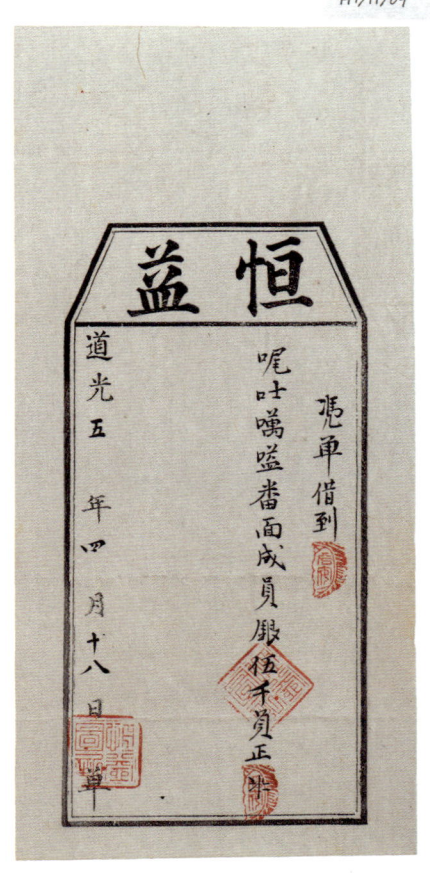

10. 道光六年恒益行①借巴斯商人货款收据（H1/11/10）

道光六年九月十三日（1826年10月13日），恒益行借巴斯商人赖湾治（Merwanjee Moneckjee）、沙煲治（Saboodeen Guttay）2000元货款收据，注明一年偿还1000元，其余两年内偿还。收据上盖有两枚方形印章，印文"恒益图记"；抬头处随形印，印文"平安"；另有一枚随形印英文印章盖于顶部，印文"Awung"。还附有一个中文信封，上有交易金额及日期的巴斯文备忘录。

Chop to Merwanjee Moneckjee and Saboodeen Guttay. A chop (in Chinese) from Awung to Merwanjee Maneckjee and Saboodeen Guttay for $2000, 13 October 1826; $1000 payable in one year, the remainder in two years. There is also an envelope including a note in Parsi. 2 items. 1826

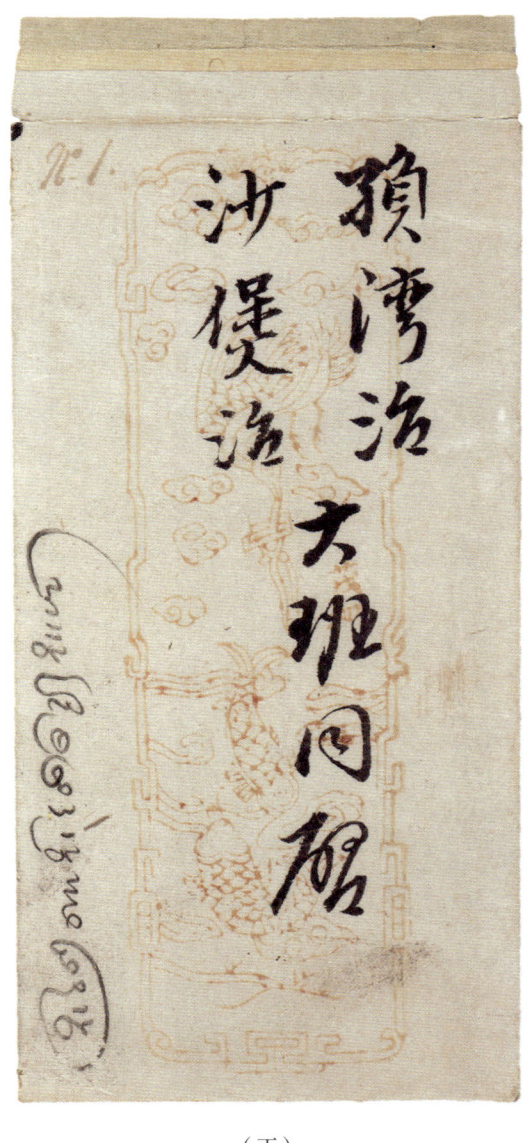
（正）

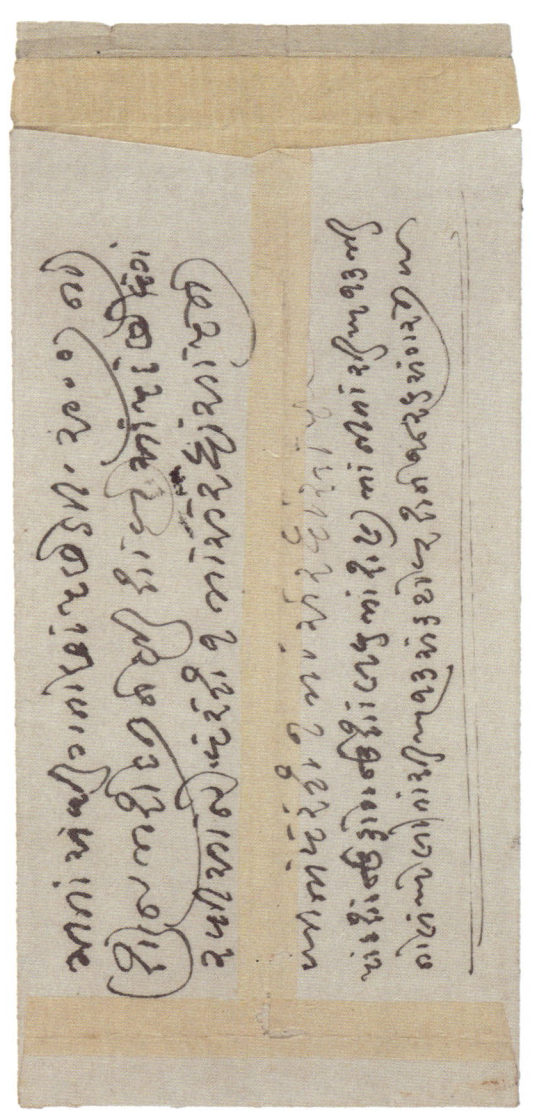
（反）

---

① 恒益行：新发现的广州十三行商行。

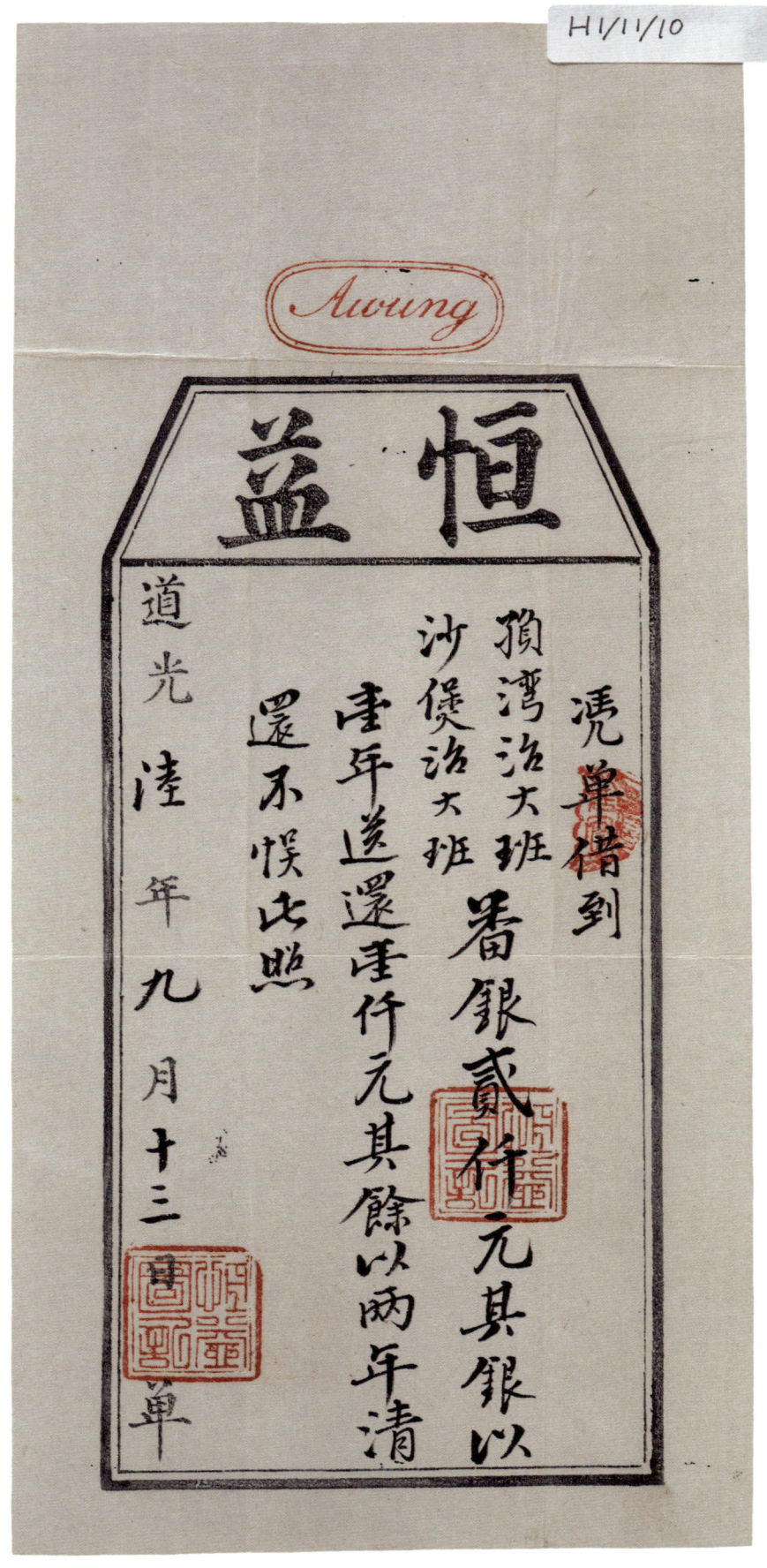

恒益

凭单借到

狗湾沱大班
沙煲沱大班

check銀貳仟元 其銀以
壹年送還壹仟元 其餘以兩年清
還不悮此照

道光 陸 年九月十三日 單

11. 道光六年货款收据（H1/11/11）

道光六年九月十三日（1826年10月13日），2000元英文货款收据。

Chop to Merwanjee Moneckjee and Saboodeen Guttay. A chop (in Chinese) from Awung to Merwanjee Maneckjee and Saboodeen Guttay for $2000, 13 October 1826. The document records that if the amount is recovered it should be remitted to Jamsetjee Jejeebhoy or the chop should be delivered to his order. 1 item. 1826

> Chop No. 1.
>
> For $2000. by Awung dated 6.th Year. 9.th Moon 13.th day, 13.th October 1826. favor of Merwanjee Moneckjee & Saboodeen Guttay, — The Amt. if Recovered to Remittus to Jamsetjee Jejabhoy Esq.r, or the Chop to be delivered to his order. —

12. 道光六年恒益行①借英国商人素云货款收据（H1/11/12）

道光六年十二月初七日（1827年1月4日），恒益行借英国商人素云（Su Yun）2400元货款收据，注明在货款中陆续偿还。收据上盖有恒益行五枚印章，抬头随形印，印文"平安"；"未士素云"下方的随形印，印文"长卷图记"；方形印章二枚，印文"恒益图记"，其中一枚为骑缝章；顶部盖有随形印英文印章，印文"Awung"。还附有一个中文信封，上有交易金额及日期的英文备忘录。

Chop to Su Yun. A chop (in Chinese) from Awung to Mr. Su Yun for $2400, 4 January 1827, with a Chinese envelope which includes an English note about the chop. 2 items. 1827

（正）　　　　　　　　　　　　（反）

---

① 恒益行：新发现的广州十三行商行。

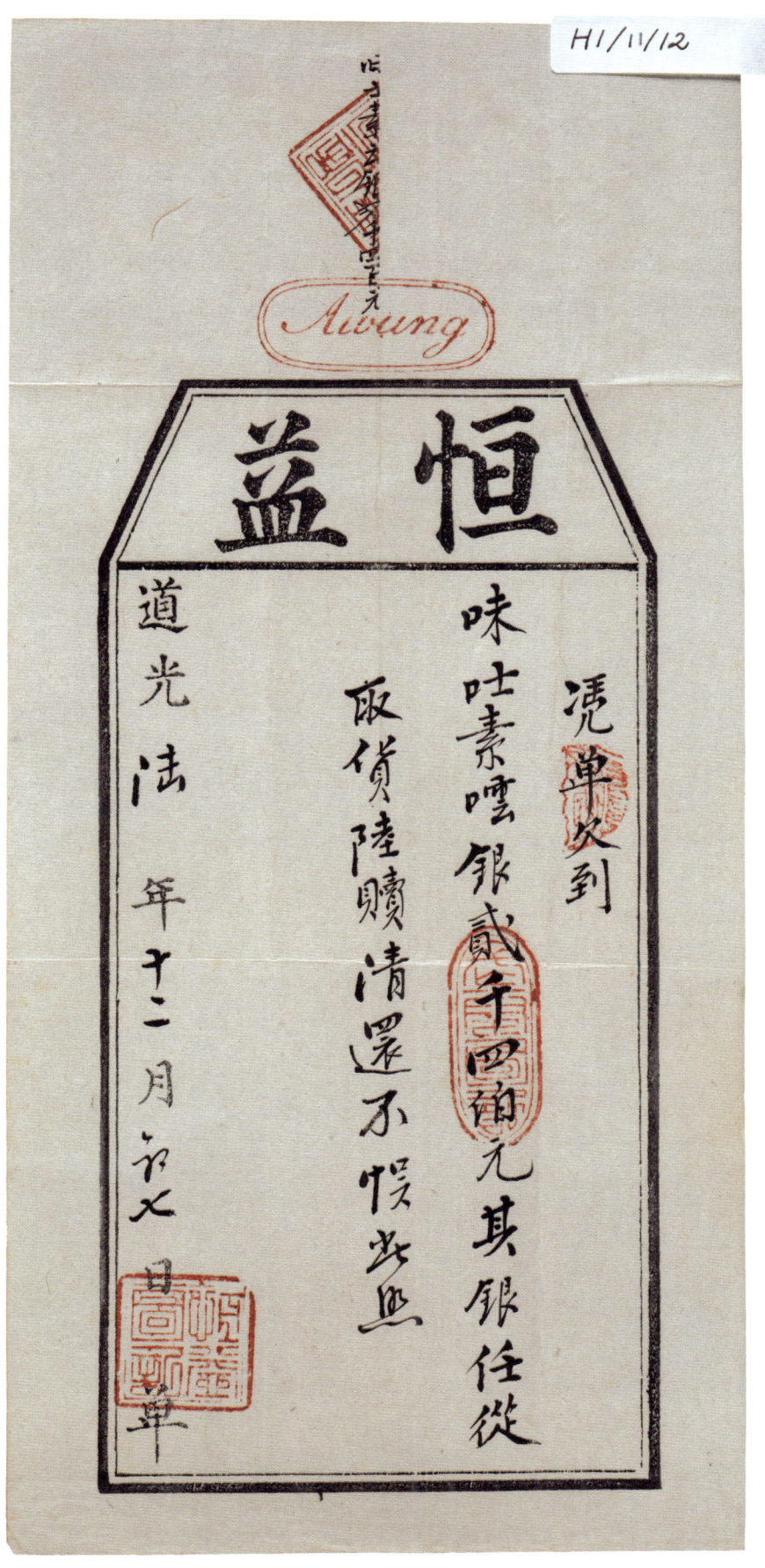

13. 道光六年恒益行①借英国商人万益货款收据（H1/11/13）

道光六年十二月初七日（1827年1月4日），恒益行借英国商人万益5000元货款收据，注明一年偿还一半，两年内偿还。收据上盖有恒益行四枚印章，两枚方形印章，印文"恒益图记"，其中一枚为骑缝章。随形印印章，印文"长卷图记"；随形印英文印章，印文"Awung"。还附有一个中文信封，上有交易金额及日期的英文备忘录。

Chop to Magniac. A chop (in Chinese) from Awung to Magniac for $5000, 4 January 1827, to be repaid in two annual instalments, with a Chinese envelope which includes an English note about the chop. 2 items. 1827

（正）

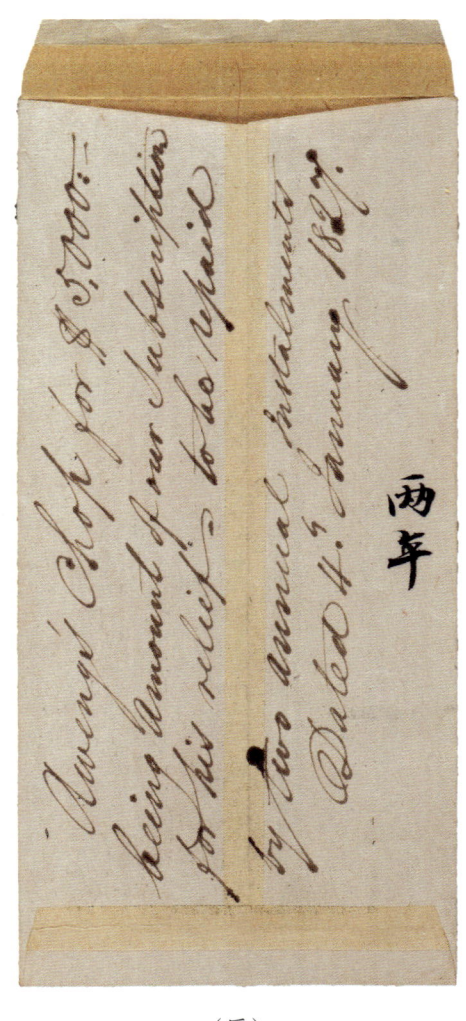

（反）

---

① 恒益行：新发现的广州十三行商行。

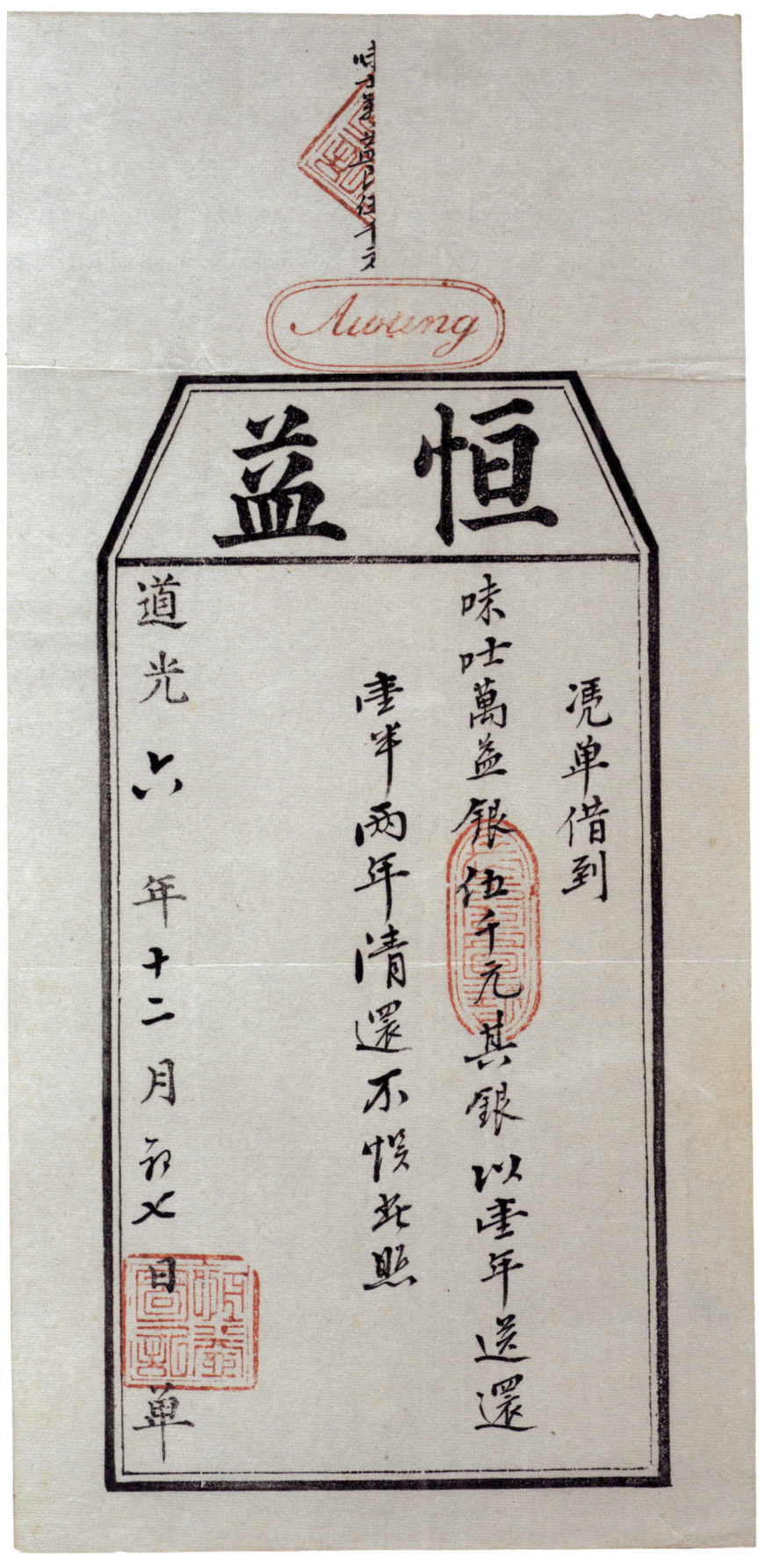

14. 道光八年恒益行^①收到英国商人孖地臣^②货银收据（H1/11/14）

道光八年十二月二十七日（1829年1月31日），恒益行收到英国商人孖地臣（Matheson）4600元货银收据。收据上盖有恒益行四枚印章，两枚方形印章，印文"恒益图记"；随形印英文印章，印文"Awung"；抬头印章，印文"平安"。还附有一个中文信封，上有交易金额及日期的英文备忘录。

Chop to Matheson. A chop (in Chinese) from Awung to Magniac^③ for $4600 advanced on silk shipped by Matheson to Bombay, 31 January 1829. There is also a Chinese envelope which includes an English note about the chop. 2 items.

（正）

（反）

---

① 恒益行：新发现的广州十三行商行。
② 孖地臣：英商，怡和洋行（Jardine, Matheson & Co.）创始人之一。
③ 勘误：此处应为 Matheson，英文提要有误。

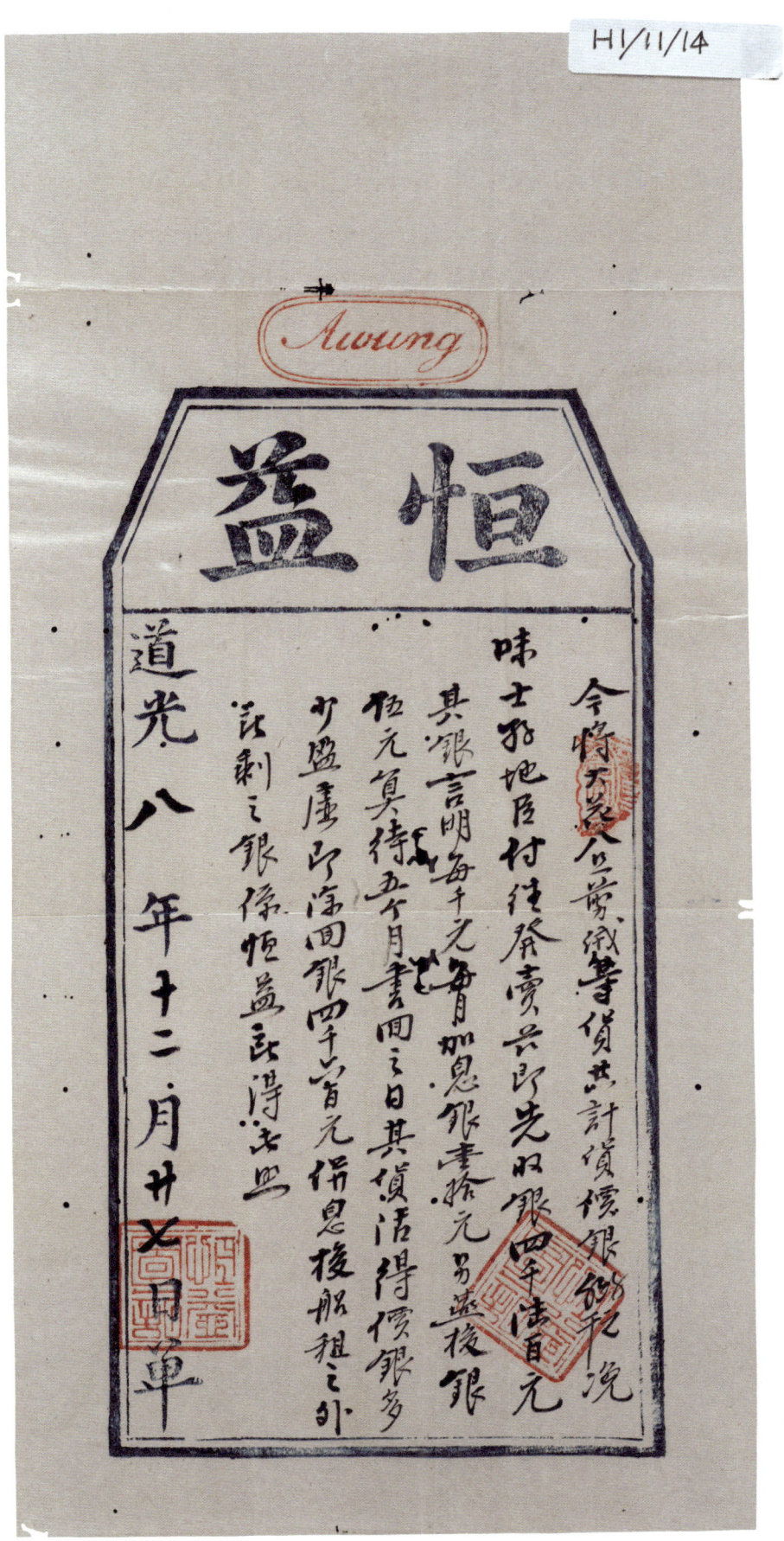

恒盛

今將不口夹公蒙織筹貨共計貨價銀肆千九佰
味士孖地臣付往發賣其即先收銀肆千法百元
其銀言明每千元每月加息銀壹拾元另遮後銀
恒元算俟五个月書回三日其貨活得價銀多
少盈虧即寄回銀肆千六百元保息後船租之外
所剩之銀係恒盛取得去

道光八年十二月廿又日頭單

一二、道光年间东生行①印章单据

1. 道光六年东生行收到英国船长 Gover 货银收据（H1/12/01）

道光六年三月初三日（1826年4月9日），东生行收到英国船长 Gover 16,000元货银收据。还附有一个中文信封，上有交易金额及日期的英文备忘录。

Chop to Captain Gover. A Chinese envelope including an English note on the front of a chop from Cheonqua (Chunqua) to Captain Gover for $16,000, including interest, 9 April 1826, due for repayment in one year. On the reverse is an English note about Mr. Swaine's receipt for $2500. 1 item. 1826

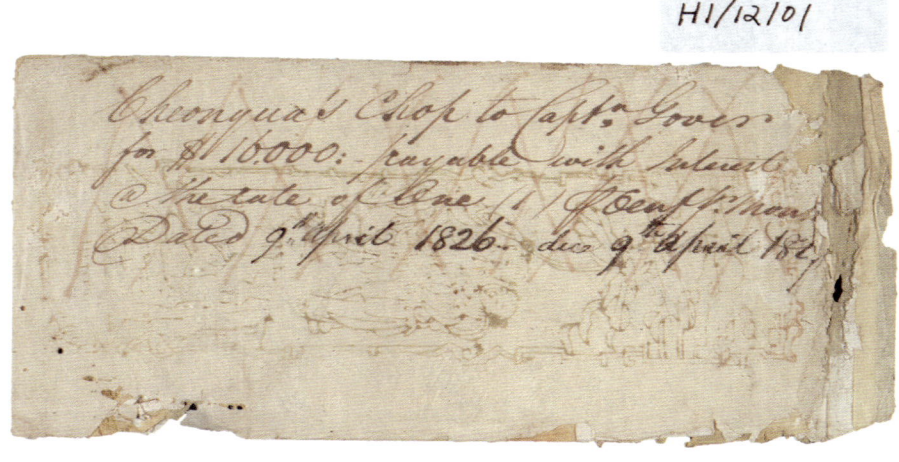

（正）

（反）

---

① 东生行：广州十三行之一，嘉庆十六年（1811）成立，道光年间倒闭。行商刘德章，商名章官（Chunqua）。

2. 道光八年东生行^①收到英国商人剌庇臣货银收据（H1/12/02）

道光八年九月二十九日（1828年11月6日），东生行收到英国商人剌庇臣（Robinson）5000元货银收据，注明一年偿还，利息一分二厘，盖有两枚东生行印章，印文"东生行记"。还附有一个中文信封，上有交易金额及日期的英文备忘录。

Chop to Mr. Robinson. A chop (in Chinese) from Chunqua to Mr. Robinson for $5000, 5 November 1828^②, due for repayment in October 1829, with a Chinese envelope. Both documents include English notes about the chop. 2 items. 1828

H1/12/02

（正）

（反）

---

① 东生行：广州十三行之一，嘉庆十六年（1811）成立，道光年间倒闭。行商刘德章，商名章官（Chunqua）。
② 勘误：英文提要日期为1828年11月5日（5 November 1828），按原中文文献"道光捌年玖月念九日"，应为1828年11月6日。

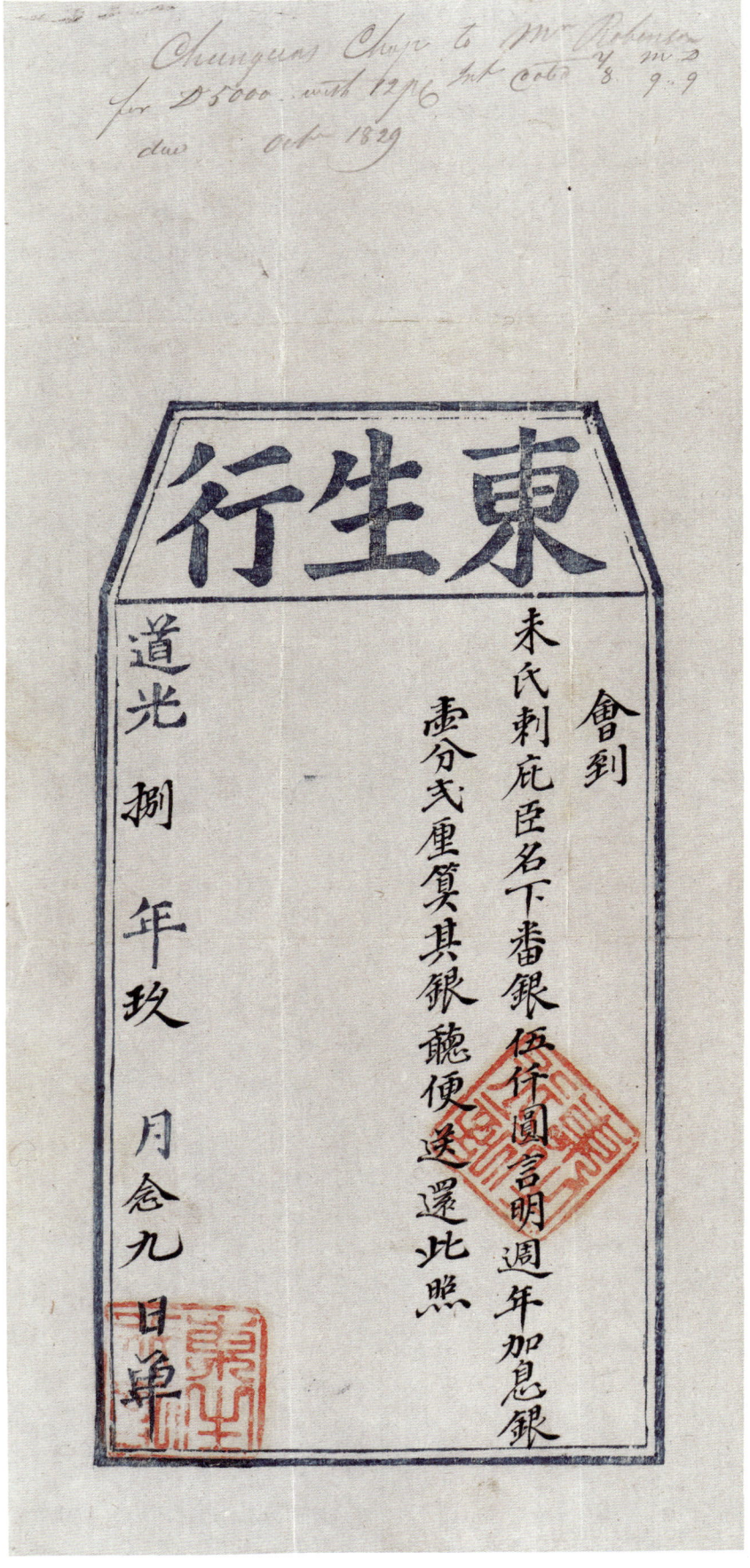

3. 道光八年东生行[①]收到英国商人番奸宁货银收据（H1/12/03）

道光八年十一月二十六日（1829年1月1日），东生行收到英国商人番奸宁（Benjamin）10,000元货银收据，利息一分二厘，盖有两枚东生行印章，印文"东生行记"。还附有一个中文信封，上有交易金额及日期的英文备忘录。

Chop to Fan-chien-ning. A chop (in Chinese) from Chunqua to Fan-chien-ning (Fan jian ning) (Benjamin?) for $10,000, 7 January 1829[②], with a Chinese envelope. Both documents include French notes about the chop. 2 items. 1829

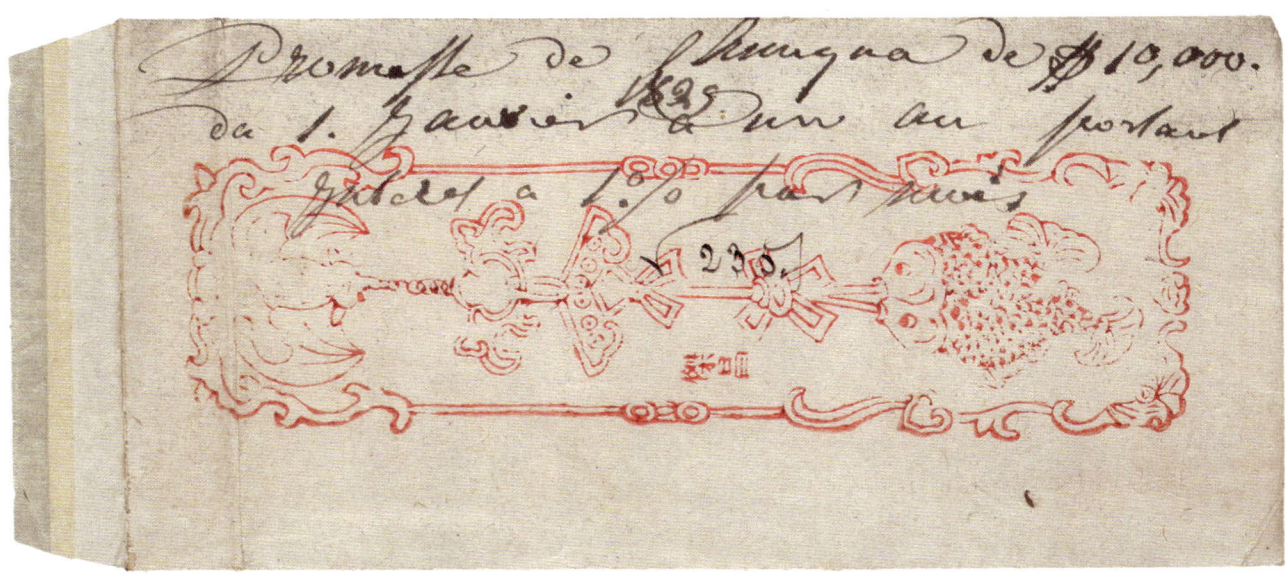

[①] 东生行：广州十三行之一，嘉庆十六年（1811）成立，道光年间倒闭。行商刘德章，商名章官（Chunqua）。
[②] 勘误：英文提要日期为1829年1月7日（7 January 1829），按原中文文献"道光八年拾壹月念六日"，应为1829年1月1日。

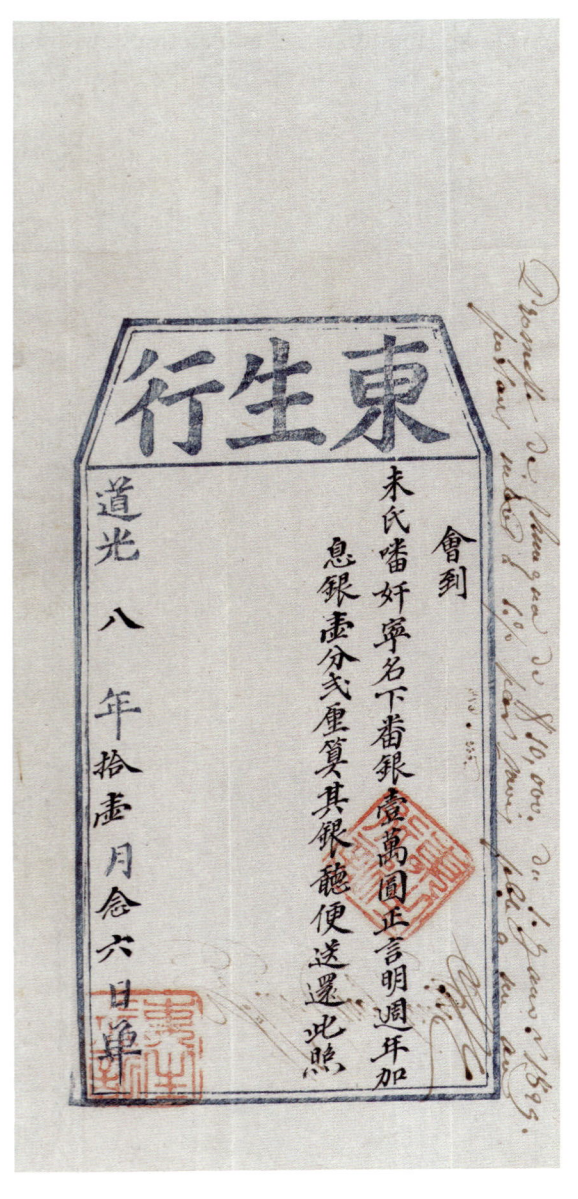
（正）

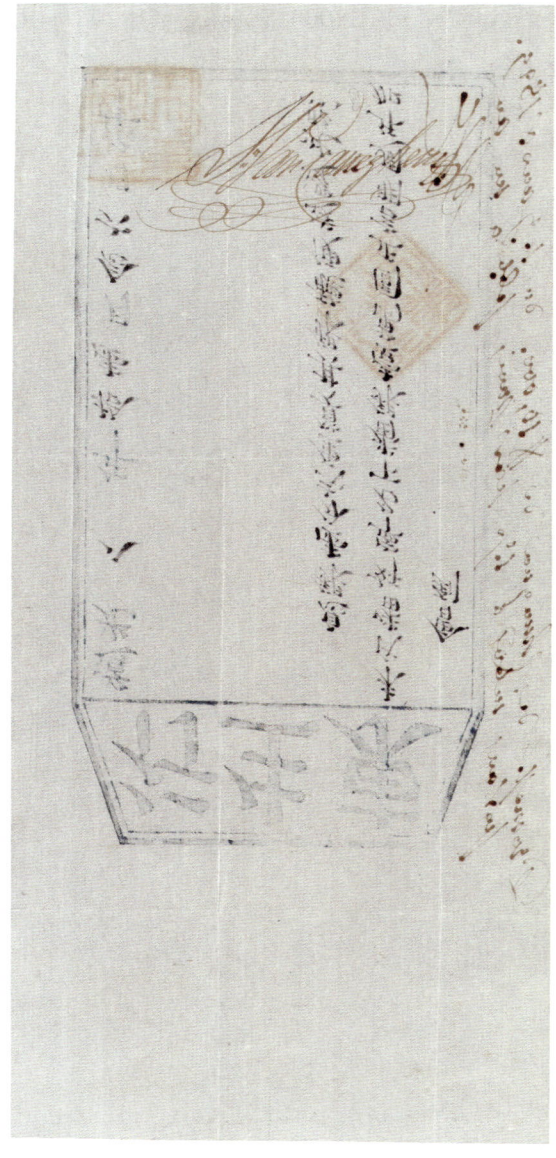
（反）

4. 道光八年东生行[①]收到英国商人剌庇臣货银收据（H1/12/04）

道光八年十二月初七日（1829年1月11日），东生行收到英国商人剌庇臣5000元货银收据，利息一分二厘，盖有两枚东生行印章，印文"东生行记"。还附有一个中文信封，上有交易金额及日期的英文备忘录。

Chop to Mr. Robinson. A chop (in Chinese) from Chunqua to Mr. Robinson for $5000, 23 January 1829[②], with a Chinese envelope which includes an English note about the chop on the back. 2 items. 1829

（正）

（反）

---

① 东生行：广州十三行之一，嘉庆十六年（1811）成立，道光年间倒闭。行商刘德章，商名章官（Chunqua）。
② 勘误：英文提要日期为1829年1月23日（23 January 1829），按原中文文献"道光八年拾弍月初七日"，应为1829年1月11日。

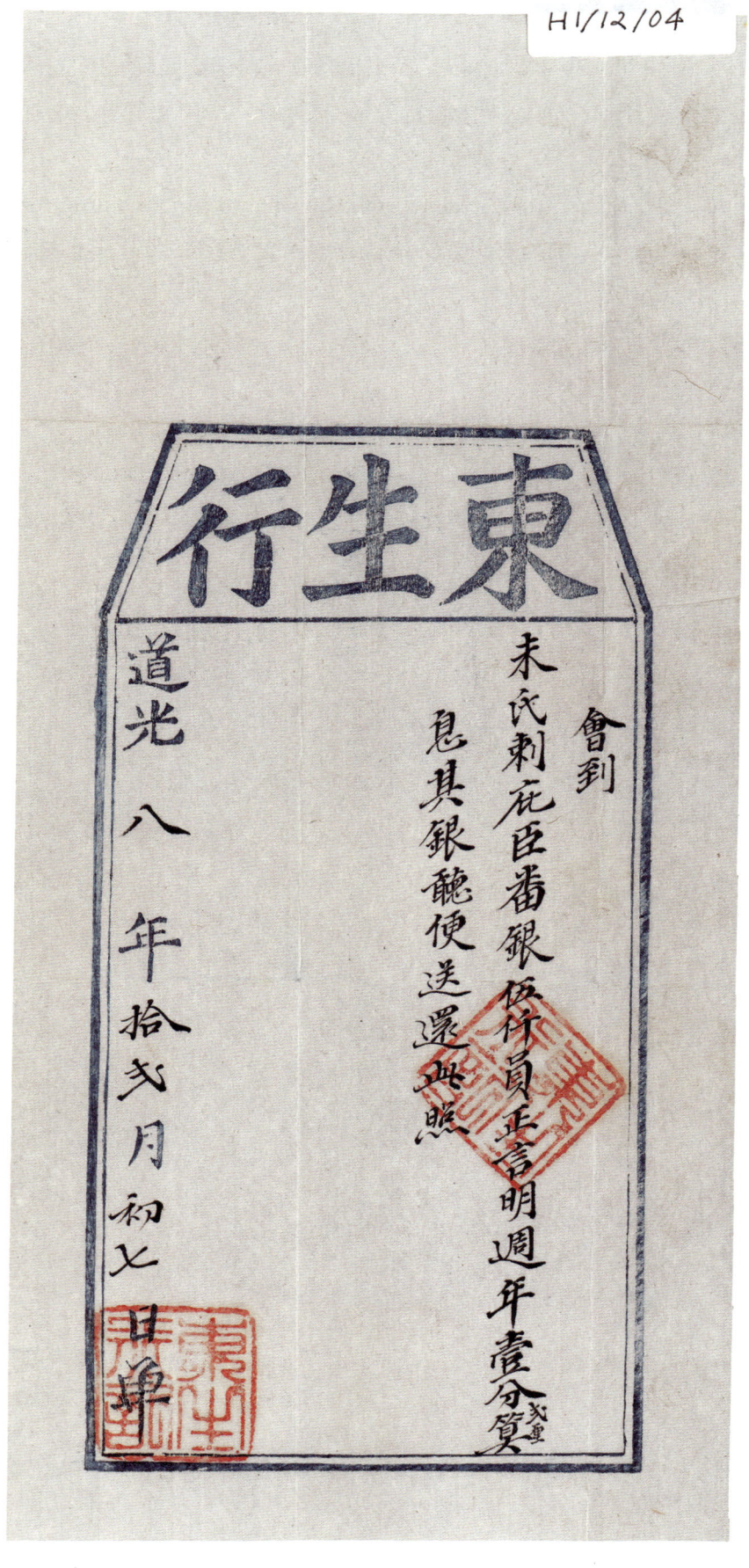

5. 道光十八年东生行[①]收到英国商人罗田官银单（H1/12/05）

道光十八年六月十三日（1838年8月2日），东生行收到英国商人罗田官（Lo-tien-kuan）1000元银单。

Chop to Lo-tien-kuan. A Chinese envelope including an English note on the back of a chop from Chunqua's son［L?］een to Lo-tien-kuan (Luo tian guan) for $1000, 2 August 1838. 1 item.

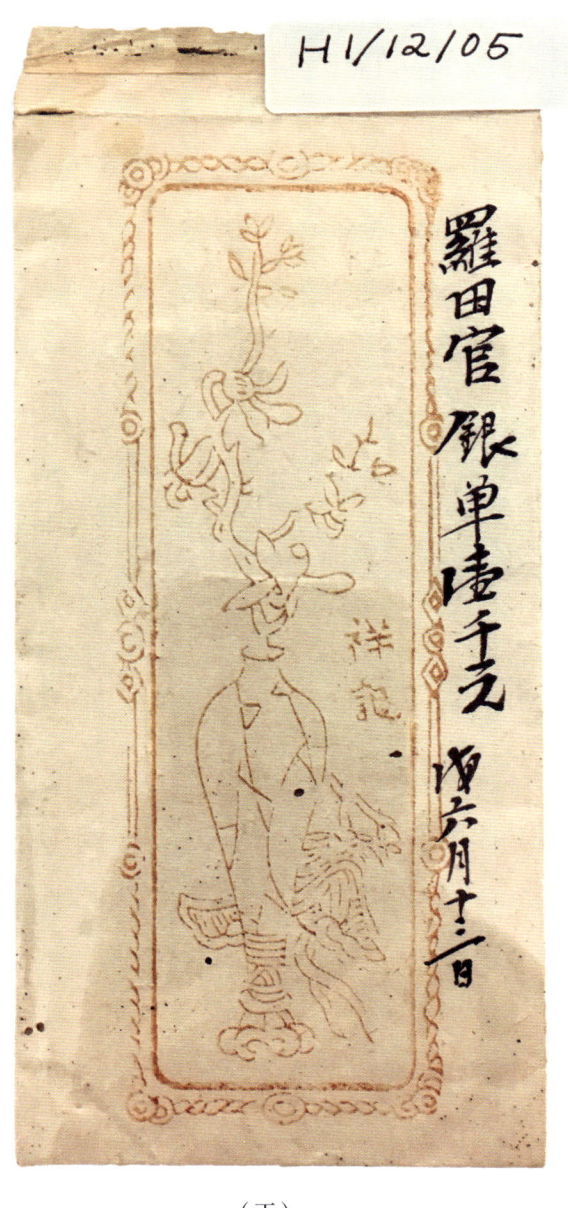

（正）

（反）

---

① 东生行：广州十三行之一，嘉庆十六年（1811）成立，道光年间倒闭。行商刘德章，商名章官（Chunqua）。

一三、道光六年东和号①印章单据

1. 道光六年东和号欠马温治大班欠单（H1/13/01）

道光六年十二月初十日（1827年1月7日），东和号亚连欠巴斯商人马温治②（Merwanjee Moneckjee）830元欠单，注明来年四、六月归还，每百元每月利息1元，盖有东和号印章，印文"东和张翁"。

Chop to Merwanjee Moneckjee. A chop from Alleen to Merwanjee Moneckjee for $830, 7 January 1827. The recovered money would be remitted to Saboodeen Guttay. 1 item. 1827

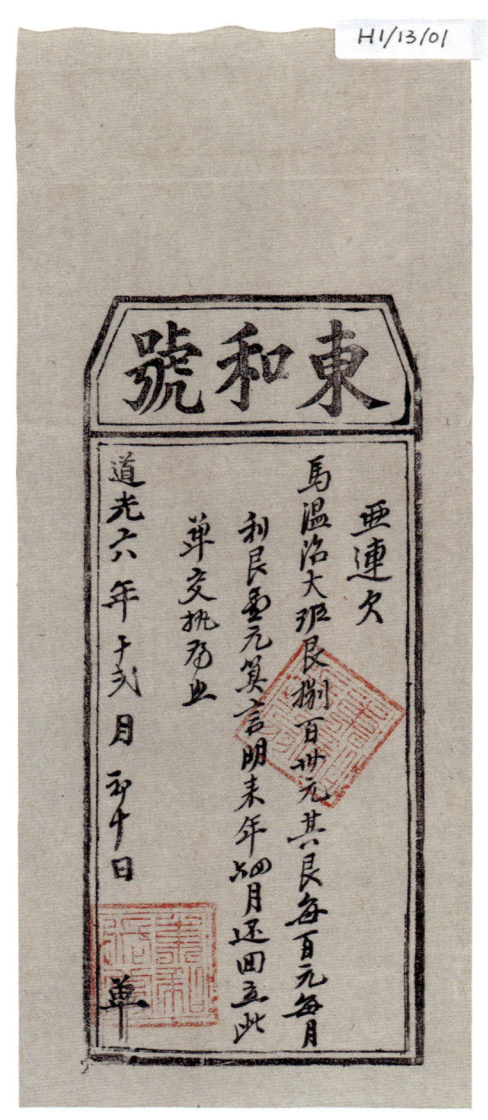

---

① 东和号：瓷器商号。
② 疑与H1/11/10中的赖湾治为同一人。

2. 道光六年东和号[①]欠单信封（H1/13/02）

道光六年十二月初十日（1827年1月7日），装收东和号亚连欠巴斯商人马温治欠条的信封，款项830元。信封正面有马温治中文名。正面和背面都有巴斯文写的备忘，据英文提要所记，归还的欠款汇给Saboodeen Guttay。

Chop to Merwanjee Moneckjee. A Chinese envelope including a Parsi note, written over both sides, of a chop from Alleen to Merwanjee Moneckjee for $830, 7 January 1827. The recovered money would be remitted to Saboodeen Guttay. 1 item. 1827

（正）

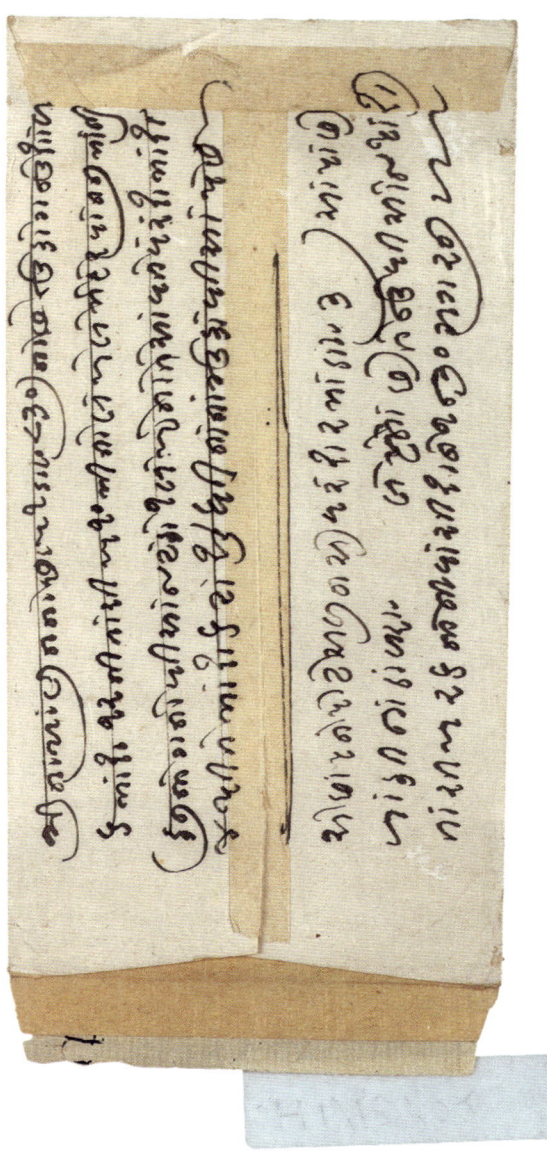
（反）

---

① 东和号：瓷器商号。

3. 道光六年东和号^①欠单英文便条（H1/13/03）

道光六年十二月初十日（1827年1月7日），记录东和号亚连欠巴斯商人 Merwanjee Moneckjee 830元的英文便签，同时注明归还的欠款汇给 Saboodeen Guttay。

Chop to Merwanjee Moneckjee. An English note of a chop from Alleen to Merwanjee Moneckjee for $830, 7 January 1827. The recovered money would be remitted to Saboodeen Guttay. 1 item.

（正） （反）

---

① 东和号：瓷器商号。

一四、道光年间焕记①印章单据

1. 道光七年焕记借英国商人万益货款收据（H1/14/01）

道光七年三月初六日（1827年4月1日），焕记借英国商人万益10,000元货款收据，注明每年利息共600元。收据上盖有焕记三枚印章，随形印印章，印文"焕记吴科""建昭"；方形印章，印文"焕记"。还附有一个中文信封，上有交易金额及日期的英文备忘录。

Chop loan to H. Magniac. A chop loan (in Chinese) from Affo to H [ollingworth] Magniac for $10,000, 1 April 1827, with a Chinese envelope which includes an English note about the chop on the back. 2 items. 1827

（正）

（反）

---

① 焕记：中国行外商号。

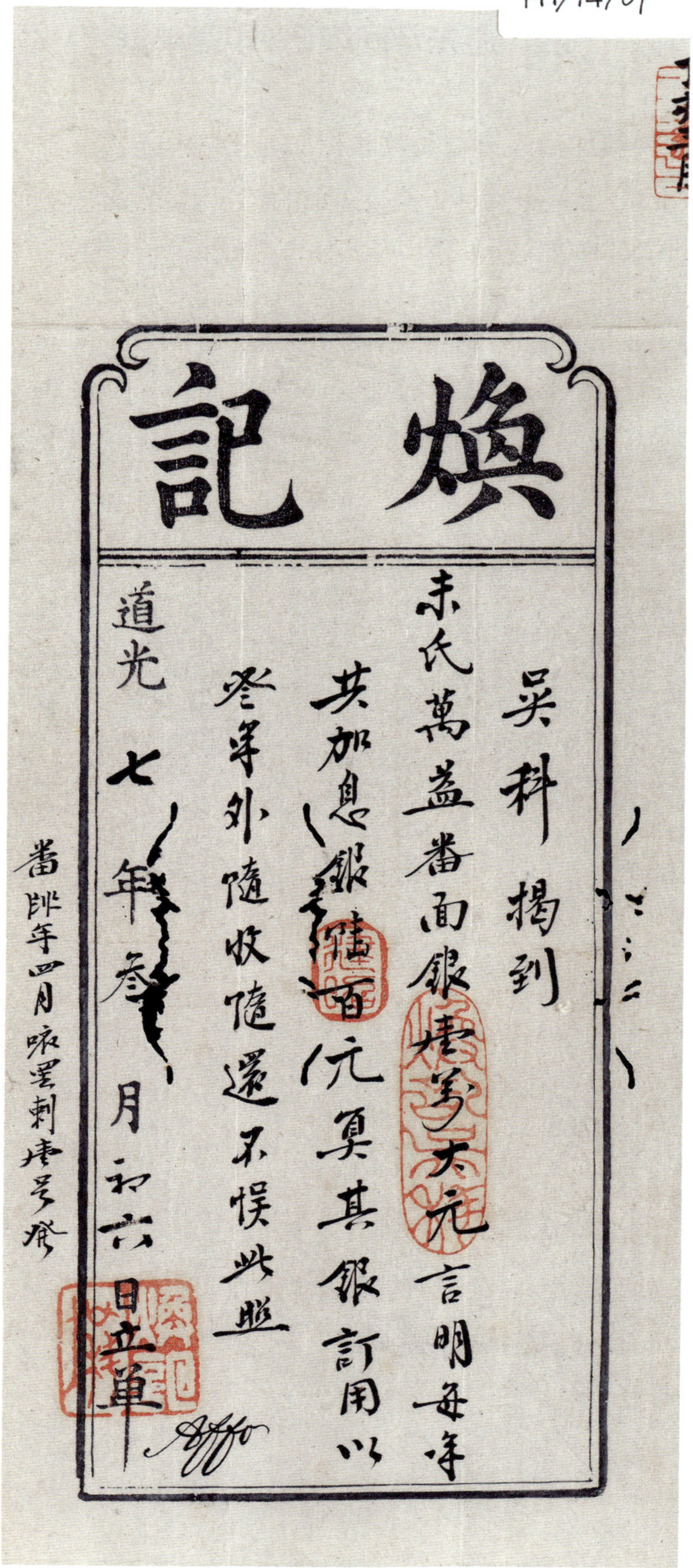

煥記

吳科揭到
朱氏萬益番面銀壹萬大元言明每年
共加息銀陆百元算其銀訂用以
叁年外隨收隨還不悮此照
道光七年叁月初六日立單

番捌年四月收罷剩壹萬發

2. 道光二十七年焕记^①为英国商人渣顿^②运输毛织物收据（H1/14/02）

道光二十七年五月二十一日（1847年7月3日），焕记为英国商人渣顿运输毛织物收据。收据上盖有焕记印章，印文"焕记"。

Note on wool delivery. A note from Affo to Jardine regarding the delivery of woollen (HARL) on the ship 'Huo-his-hsie-shih' against the bill of lading, 3 July 1847. 1 item. 1847

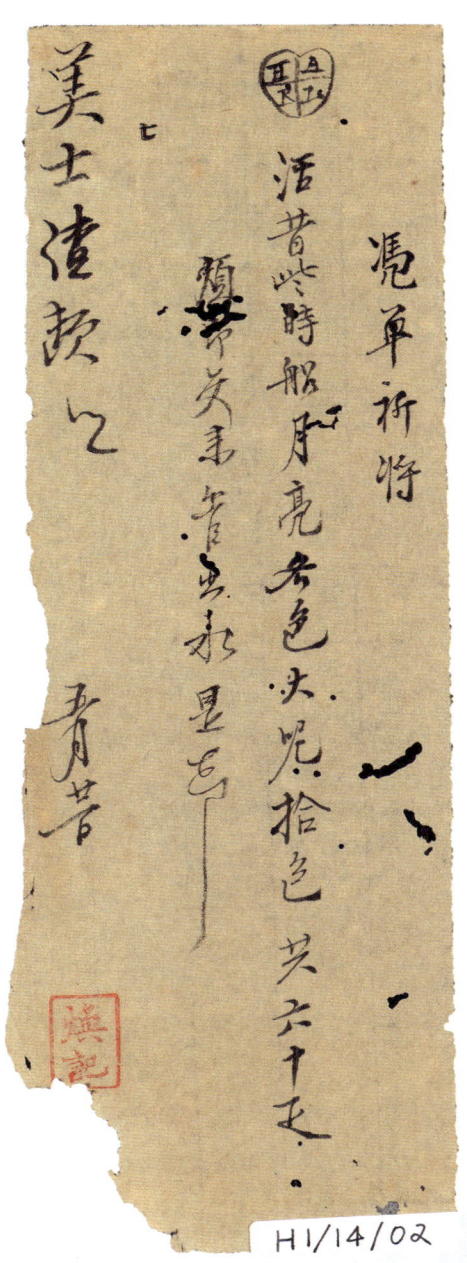

---

① 焕记：中国行外商号。
② 渣顿：即威廉·查顿（William Jardine），又译渣颠、渣甸、赞典，为怡和洋行（Jardine, Matheson & Co.）创始人之一。

3. 道光二十七年焕记① 为英国商人渣顿② 运输羽纱收据（H1/14/03）

道光二十七年五月二十一日（1847年7月3日），焕记为英国商人渣顿运输羽纱收据。收据上盖有焕记印章，印文"焕记"。

Invoice to Jardine. An invoice from Affo to Jardine for returned camlets (2 bolts), 3 July 1847. 1 item. 1847

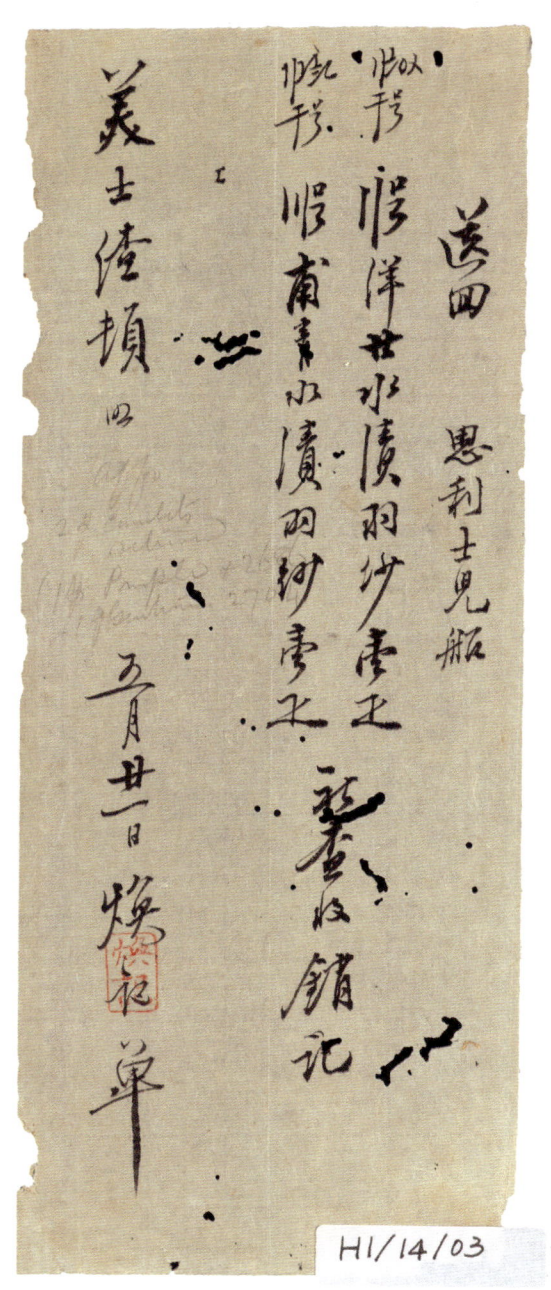

---

① 焕记：中国行外商号。
② 渣顿：即威廉·查顿（William Jardine），又译渣颠、渣甸、赞典，为怡和洋行（Jardine, Matheson & Co.）创始人之一。

4. 道光二十七年焕记^①为英国商人渣顿^②运输羽纱收据（H1/14/04）

道光二十七年五月二十六日（1847年7月8日），焕记为英国商人渣顿运输羽纱收据。收据上盖有焕记印章，印文"焕记"。

Note to Jardine. A note (in Chinese) from Affo to Jardine regarding the delivery of camlets against the bill of lading, 8 July 1847, including an English note about the document. 1 item. 1847

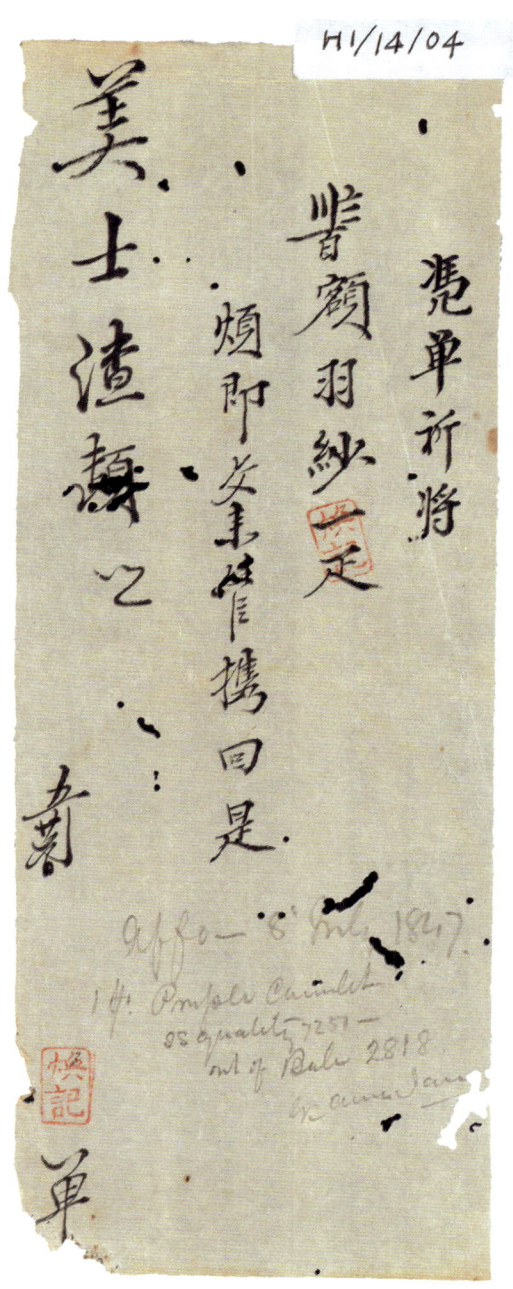

---

① 焕记：中国行外商号。
② 渣顿：即威廉·查顿（William Jardine），又译渣颠、渣甸、赞典，为怡和洋行（Jardine, Matheson & Co.）创始人之一。

一五、道光九年英国商人William Jardine①向英国公司 Thomas Dent & Co.②付款收据（H1/15）

道光九年正月二十八日（1829年3月3日），英国公司Thomas Dent & Co.给英国商人William Jardine的收据，内容是从Thomas Beale在澳门的账户，收到William Jardine的10,000西班牙银元。

Receipt to William Jardine. A receipt (in English) from Thomas Dent & Co. to William Jardine for 10,000 Spanish Dollars drawn on account of Thomas Beale, dated Canton, 3 March 1829. 1 item. 1829

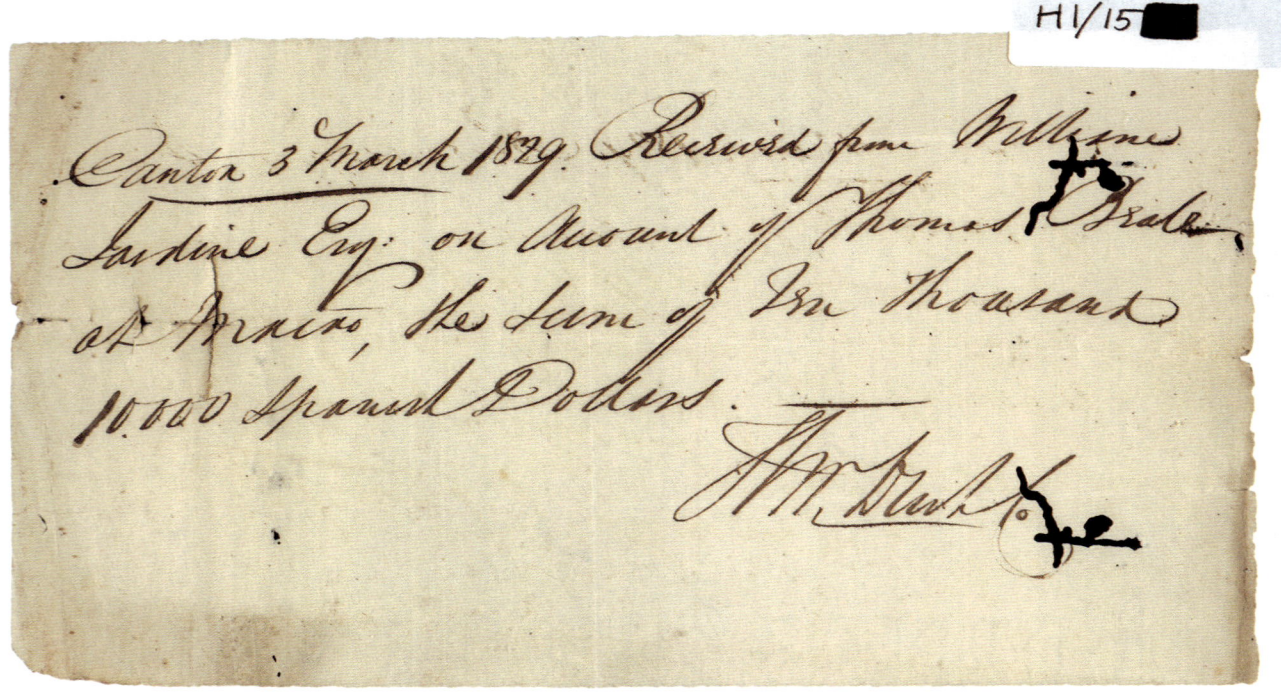

---

① William Jardine：即威廉·查顿，又译渣颠、渣甸、赞典等，为怡和洋行（Jardine, Matheson & Co.）创始人之一。
② Thomas Dent & Co.：即英国散商及鸦片商颠地（Thomas Dent）开设的宝顺洋行。

一六、道光年间春兴收据

1. 道光十一年货款收据（H1/16/01）

道光十一年九月十六日（1831年10月21日），4000元英文收据。

Chop of Chunshing. An English note of Chunshing chop's for $4000, 21 October 183［1］. 1 item.
1831

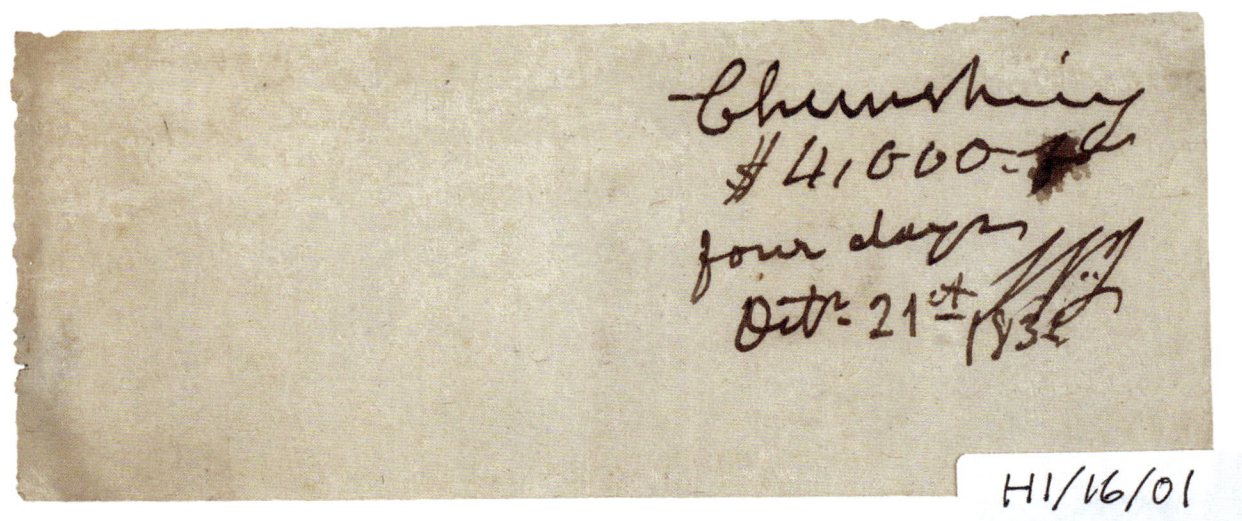

2. 道光十六年英文便条（H1/16/02）

道光十六年五月二十六日（1836年7月9日），10,420元英文收据。

Note of Malwa order. An envelope containing an English note on the front of Chunsing's order of 17 chests of Malwa of the value of $10,420, 9 July 1826[①]. 1 item. 1826

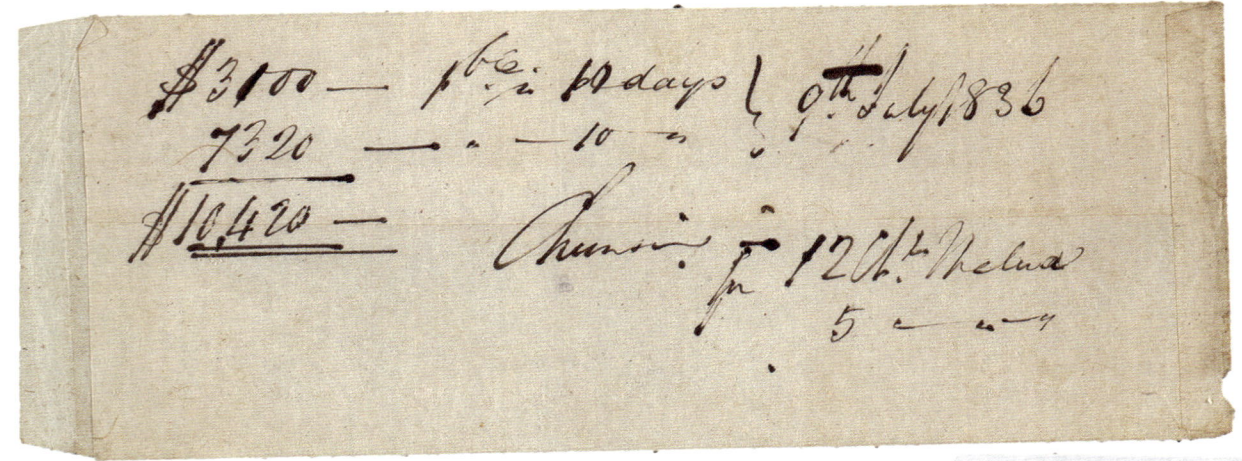

[①] 勘误：应是1836年，英文提要末尾年份同。

3. 道光十六年便笺（H1/16/03）

道光十六年五月二十日（1836年7月3日）便笺。

Note on Chungsing's order. An English note recording that one chest of Chunsing's order of [3] July 1836 was delivered on 19 October. There is also a Chinese note on the reverse. 1 item. 1836

（正）

（反）

一七、道光七年东裕行①付款收据（H1/17）

道光七年（1827），东裕行付款收据，付给英国商人查典②（Jardine）4146.82元，付给英国商人覃义理③（Daniel）10,973.33元。附有一个写有英文备注的中文信封。

Chop from Gowqua. A chop (in Chinese) from Gowqua of Tungyii (Dongyu) to Daniel for two chop loans for Chunqua of Tungsheng (Dongsheng) Hong and Gowqua for a total of $15,120, undated, but originating from before 1826. There is also a Chinese envelope which includes an English note about the chop on the back. 2 items.

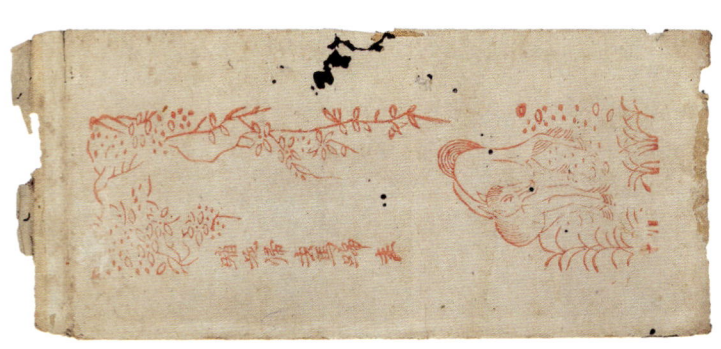

（正）

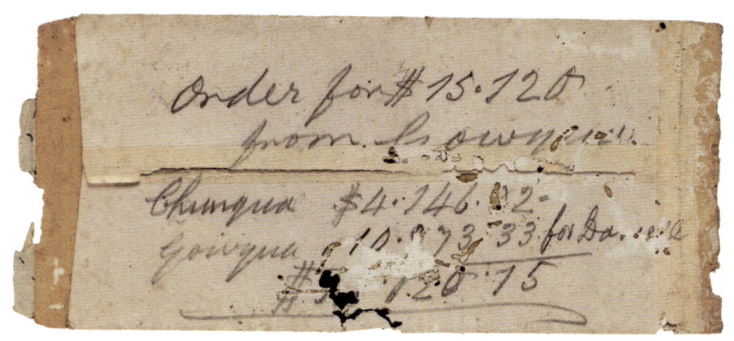

（反）

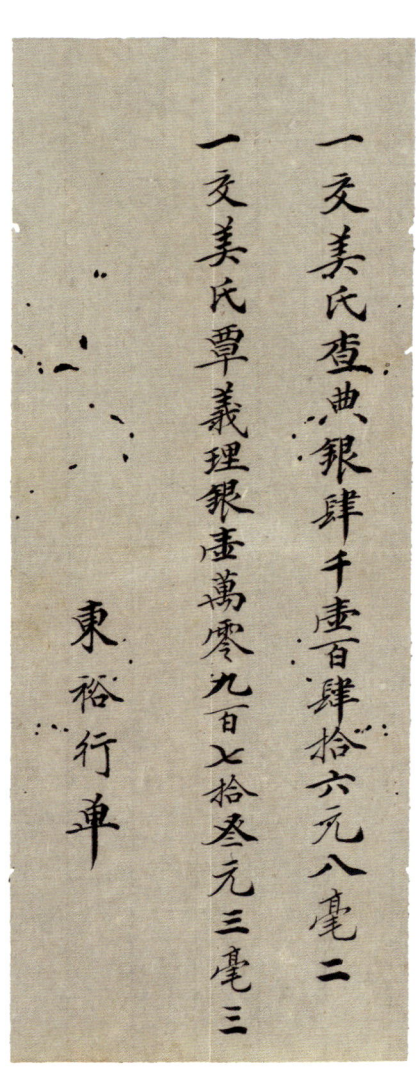

---

① 东裕行：广州十三行之一。行商谢嘉梧（庆泰），商名Goqua、Gowqua。嘉庆十六年（1811）成立，道光年间倒闭。
② 查典：又译渣颠、渣甸、赞典，为怡和洋行（Jardine, Matheson & Co.）创始人之一。
③ 覃义理：英国东印度公司大班，特选委员会成员。

一八、同孚行①印章单据

1. 道光十一年同孚行收到英国商人查顿②货款收据（H1/18/01）

道光十一年五月二十六日（1831年7月5日），同孚行收到英国商人查顿（Jardine）35,000元货款收据，盖有同孚行方形印章，印文"同孚行印"，附有英文备注。

Receipt to Jardine. A receipt (in Chinese) from Tingqua to Jardine for $35,000, 6 July 1831③. There is also a separate English note of the receipt. 2 items. 1831

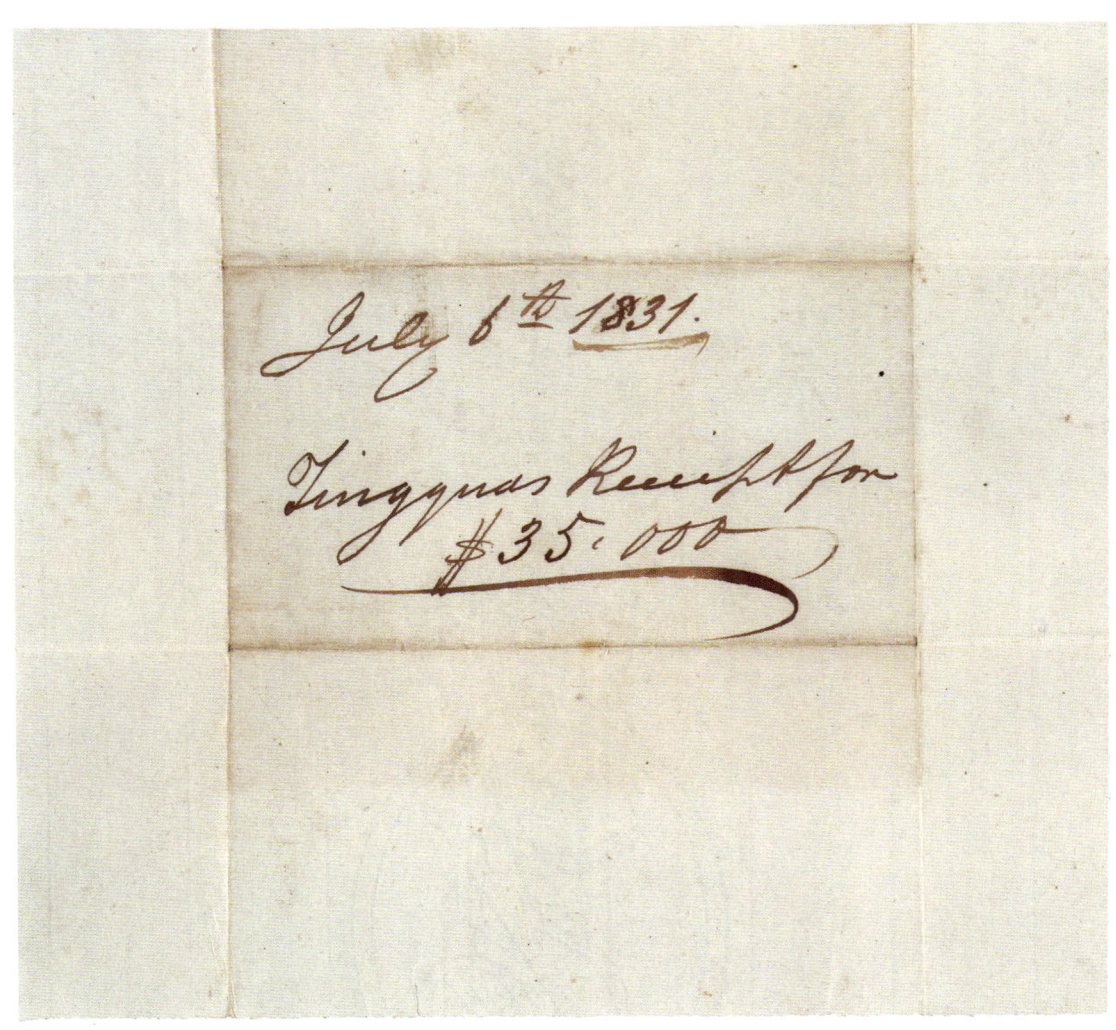

---

① 同孚行：广州十三行之一，行商潘振承（商名潘启官，英文名 Puankhequa）约于1760年创办（时称"同文行"），1788年由潘有度（致祥）接管，1815年更名为同孚行，1821年由潘正炜接管，约于1850年结束经营。
② 查顿：又译渣颠、渣甸、赞典，为怡和洋行（Jardine, Matheson & Co.）创始人之一。
③ 勘误：英文提要日期为1831年7月6日（6 July 1831），按原中文文献"道光十一年五月廿六日"，应为1831年7月5日。

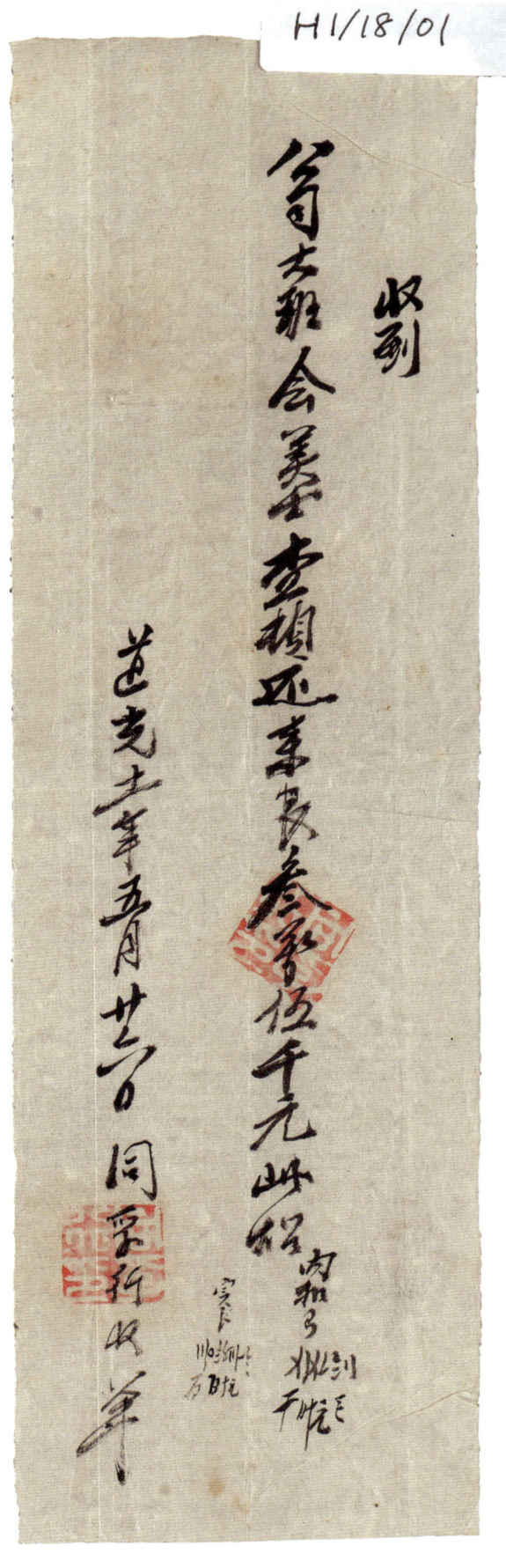

2. 道光十九年同孚行①收到英国商人马棣臣②货款收据（H1/18/02）

道光十九年四月二十一日（1839年6月2日），同孚行收到英国商人马棣臣（Matheson）1654.45元货款收据，盖有同孚行方形印章，印文"隆记"；无边框印章，印文"同孚行"；同孚行英文印章，印文"Young Tingqua"。附有中文信封及英文备注。

Receipt to Matheson. A receipt (in Chinese) from Young Tingqua to Matheson for tea money handed in by J. W. Smith, 2 June 1839, with a Chinese envelope which includes an English note about the receipt. 2 items. 1839

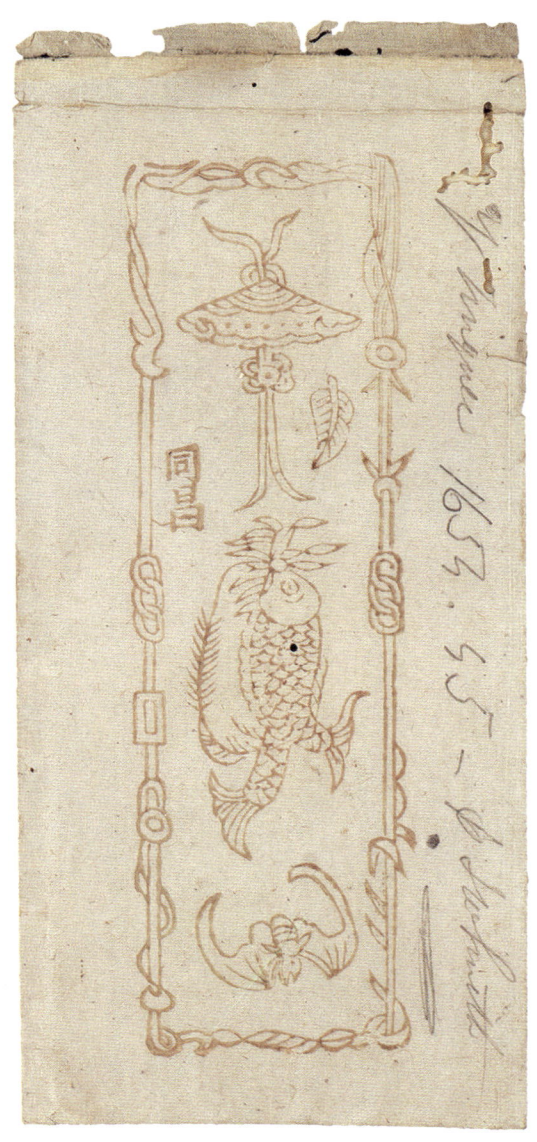 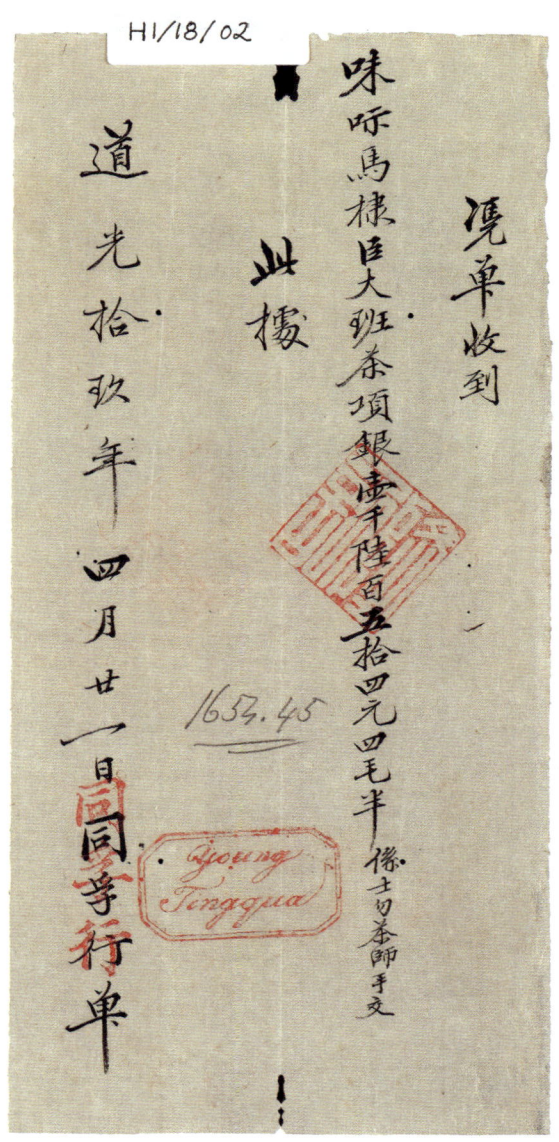

---

① 同孚行：广州十三行之一，行商潘振承（商名潘启官，英文名Puankhequa）约于1760年创办（时称"同文行"），1788年由潘有度（致祥）接管，1815年更名为同孚行，1821年由潘正炜接管，约于1850年结束经营。
② 马棣臣：即马地臣，英商，怡和洋行（Jardine, Matheson & Co.）创始人之一。

3. 道光二十一年同孚行①催收英国商人查典②、孖地臣③购茶款项信函（H1/18/03）

道光二十一年四月十五日（1841年6月4日），同孚行催收英国商人查典、孖地臣506,752.39元购茶款项信函，盖有同孚行方形印章，印文"同孚行印"。

Letter to Jardine and Matheson. A letter from Young Tingqua to Jardine and Matheson, 4 June 1841, demanding repayment of a tea debt of $506,752.39, to be given to Ch'ang-jui (Changrui). An additional note on the back of the letter records the receipt of $150,000 by Ch'ang-jui. 1 item. 1841

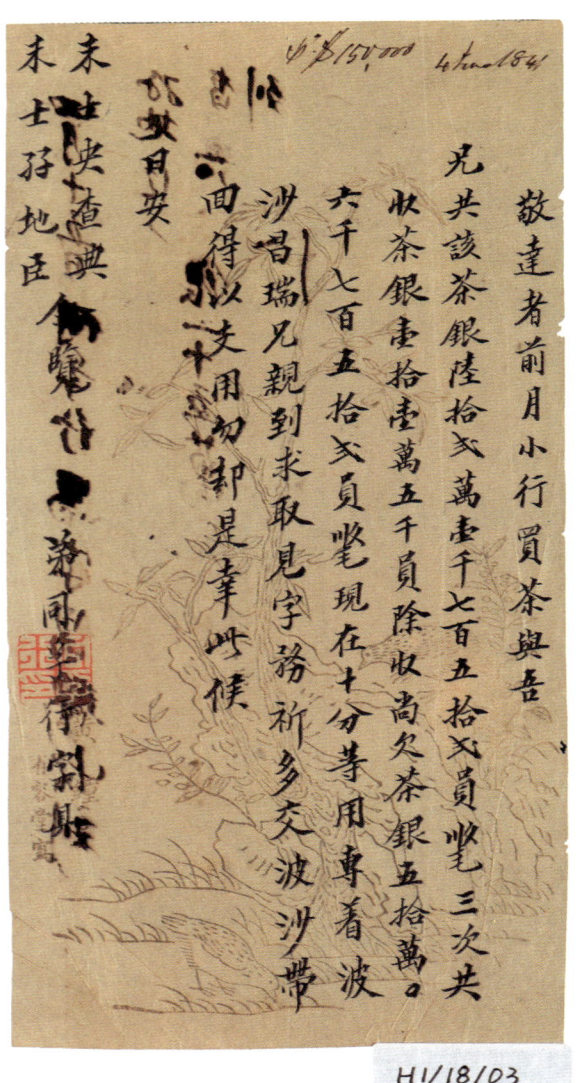

（正）

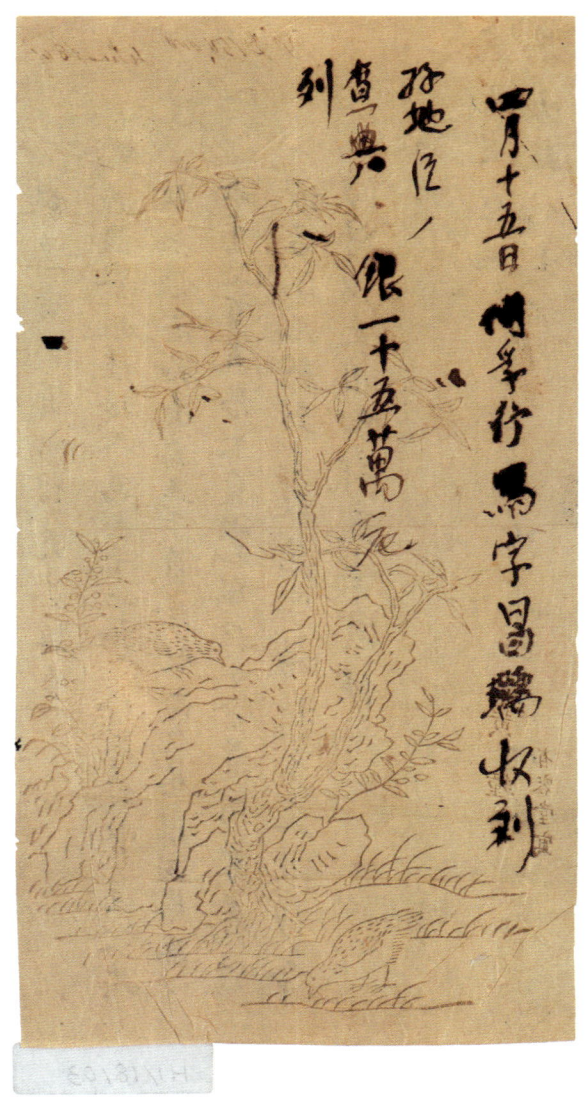

（反）

---

① 同孚行：广州十三行之一，行商潘振承（商名潘启官，英文名 Puankhequa）约于1760年创办（时称"同文行"），1788年由潘有度（致祥）接管，1815年更名为同孚行，1821年由潘正炜接管，约于1850年结束经营。
② 查典：又译渣颠、渣甸、赞典，为怡和洋行（Jardine, Matheson & Co.）创始人之一。
③ 孖地臣：英商，怡和洋行（Jardine, Matheson & Co.）创始人之一。

4. 同孚行①催收英国商人查典②、孖地臣③款项信函（日期不详）(H1/18/04)

同孚行催收英国商人查典、孖地臣310,933.7元购茶、棉花等款项信函，盖有同孚行方形印章，印文"同孚行印"。信封背面盖有"护封"章两枚。

Letter to Jardine and Matheson. A three-page letter from T'ungfoo to Jardine and Matheson demanding payment of a debt of $310,933.70 for tea, cotton, etc.. There is also a Chinese envelope. The letter is undated, but originates from after the establishment of Jardine, Matheson & Co. in 1832. 4 items.

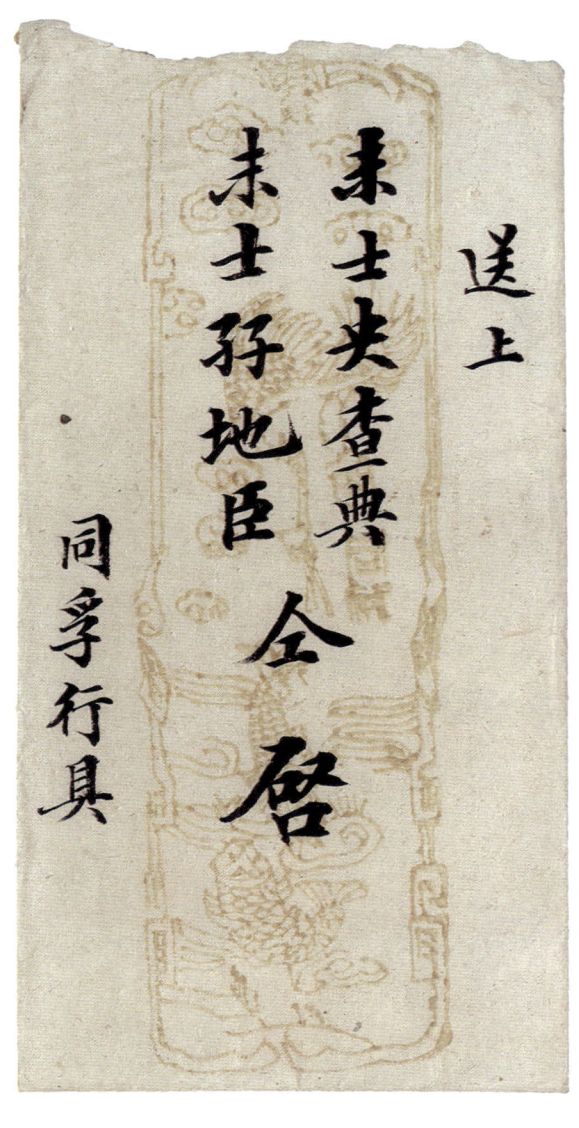

（正）

（反）

---

① 同孚行：广州十三行之一，行商潘振承（商名潘启官，英文名 Puankhequa）约于1760年创办（时称"同文行"），1788年由潘有度（致祥）接管，1815年更名为同孚行，1821年由潘正炜接管，约于1850年结束经营。
② 查典：又译渣颠、渣甸、赞典，为怡和洋行（Jardine, Matheson & Co.）创始人之一。
③ 孖地臣：英商，怡和洋行（Jardine, Matheson & Co.）创始人之一。

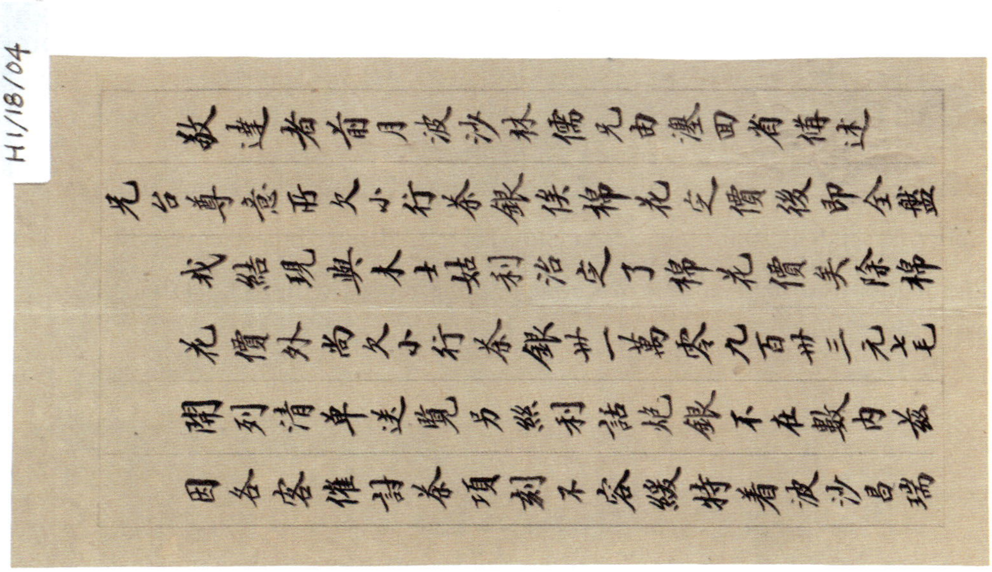

述伟有即故漫元儒㧾沙波南者达敬
盘全卯後之元桦侯银茶小久西意尊台
桦除实债元九定治利炷茶小久外价元
毛元三廿百九万廿银茶炷话照另览单清列闲
瑞昌沙波看桦缓各不炷利项茶讨催各因

旧欠共欠六十三万六千三百廿四元毛
去年结馀茶欠十三万零三百六十三元毛
良茶三单共欠三千九百零六元毛
船秒规社欠四千六百二十元毛另保船项欠
三次共收茶欠六万五千元
桦欠通共计欠十七万九千七百九十四元毛
除本价并收欠之外尚欠欠廿二万零百廿三元死

俱此桦幸吴元欠敬如乙示垒未元元
全览 典查岐妥夫三本
弟同孚行字具

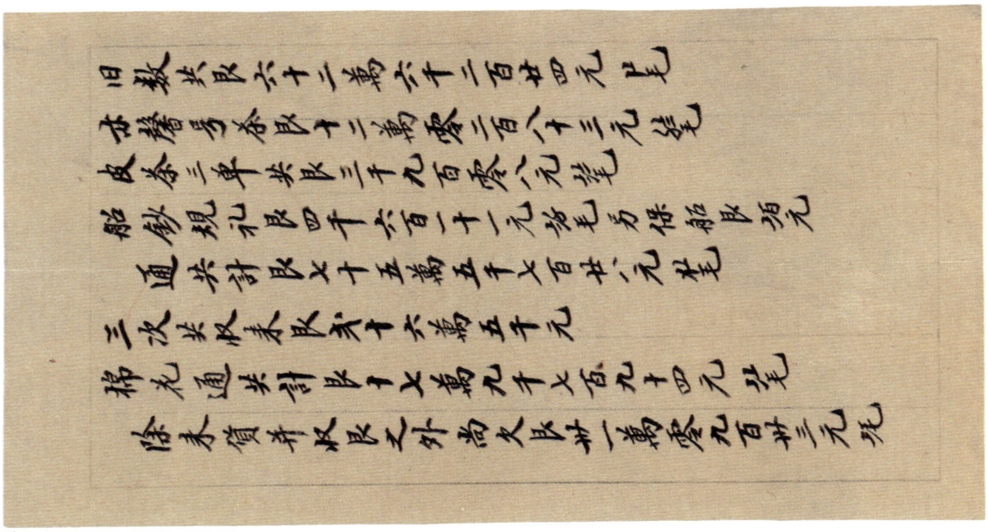

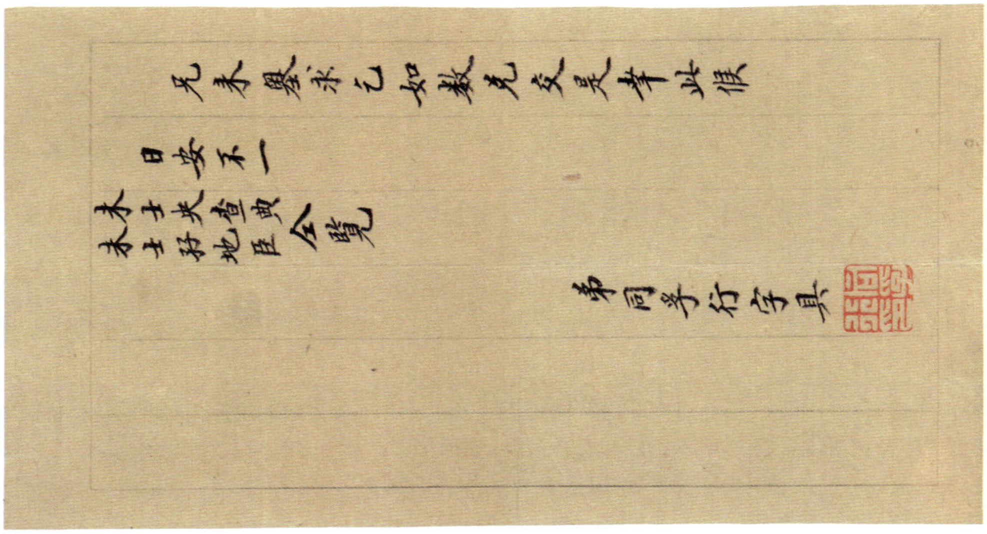

一九、道光十二年隆盛①承接万益行②拱篷装修单据（H1/19）

道光十二年五月初三日（1832年6月1日），隆盛承接万益行（Magniac）四进拱篷装修单据，金额138元，盖有隆盛方形印章及随形印，印文均为"隆盛图记"。

Receipt from Lungsheng. A receipt from Lungsheng (Longsheng) to Magniac for the costs of building work, 1 June 1832. 1 item. 1832

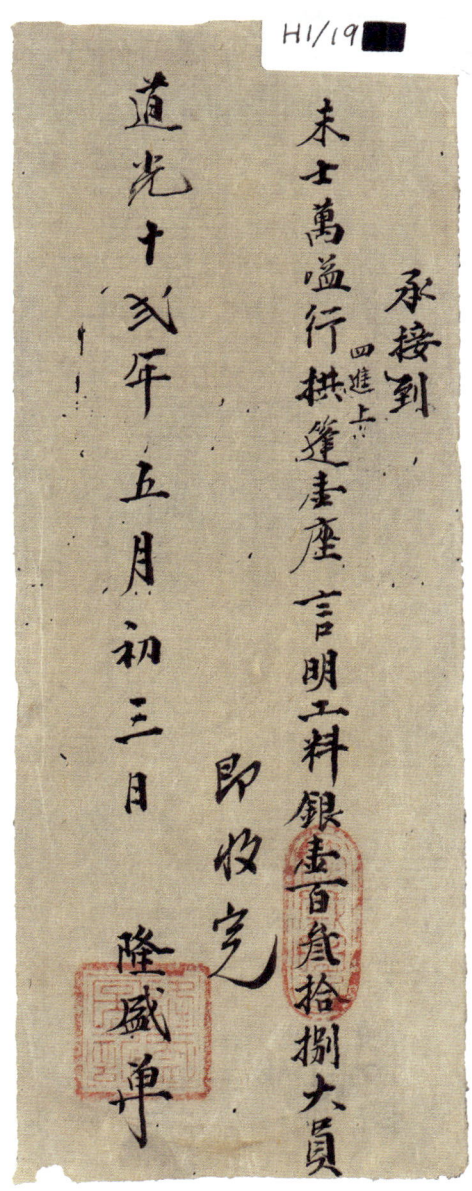

---

① 隆盛：中国广州行外商号。
② 万益行：英国商人万益在广州的商馆。

二〇、道光年间兴泰行[①]印章单据

1. 道光十一年位记号[②]收到兴泰行购买湖丝合同（H1/20/01）

道光十一年正月初九日（1831年2月21日），中国行外商人位记号收到兴泰行购买50包湖丝合同，注明七月交货。盖有位记号印章四枚，两枚方形印章，印文"□之价""位记号发货图章揭借不用"；两枚随形印，印文"平安"。附有一个中文信封，上有英文标注。

Receipt from Wei-chih Hao. A receipt (in Chinese) from Wei-chih (Weiji) Hao to Hengtai and Hsie-ho Chuang (Xiehe zhuang) for fifty bales of silk, including terms of payment, 20 May 1831[③], with a Chinese envelope which includes an English note on the back about the receipt. 2 items. 1831

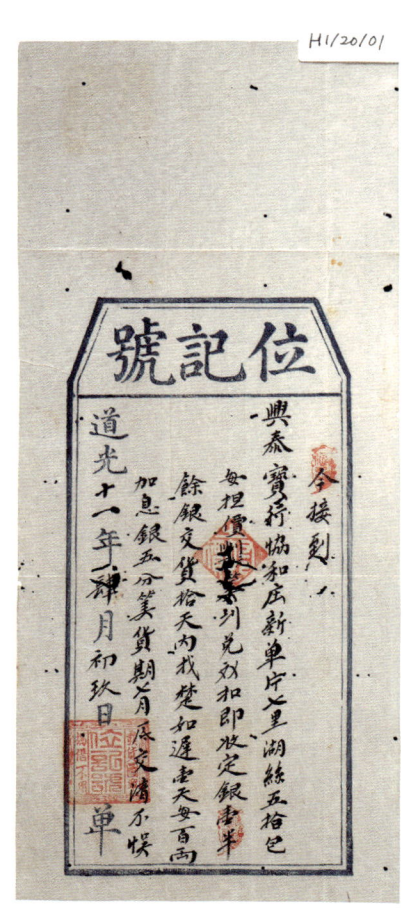

---

① 兴泰行：广州十三行之一，道光十年（1830）成立，道光十九年（1839）倒闭。行商严启昌（焕文），英文商号"Yen Khechang"。

② 位记号：中国行外商号。

③ 英文提要中时间"20 May 1831"疑误，原文献改"肆"为"一"，即为"道光十一年一月初玖日"，换算为公历应为"1831年2月21日"。

2. 道光十一年兴泰行[①]借英国商人揸顿[②]货款收据（H1/20/02）

道光十一年六月十七日（1831年7月25日），兴泰行借英国商人揸顿（Jardine）5000元货款收据，注明每百元每月利息1元。盖有随形印印章，印文"兴泰图记"；方形印章，印文"兴泰内柜图记"。

Chop to Jardine. A chop from Hengtai to Jardine for $5000, 25 July 1831. 1 item; Fair condition, but damage by insects. 1831

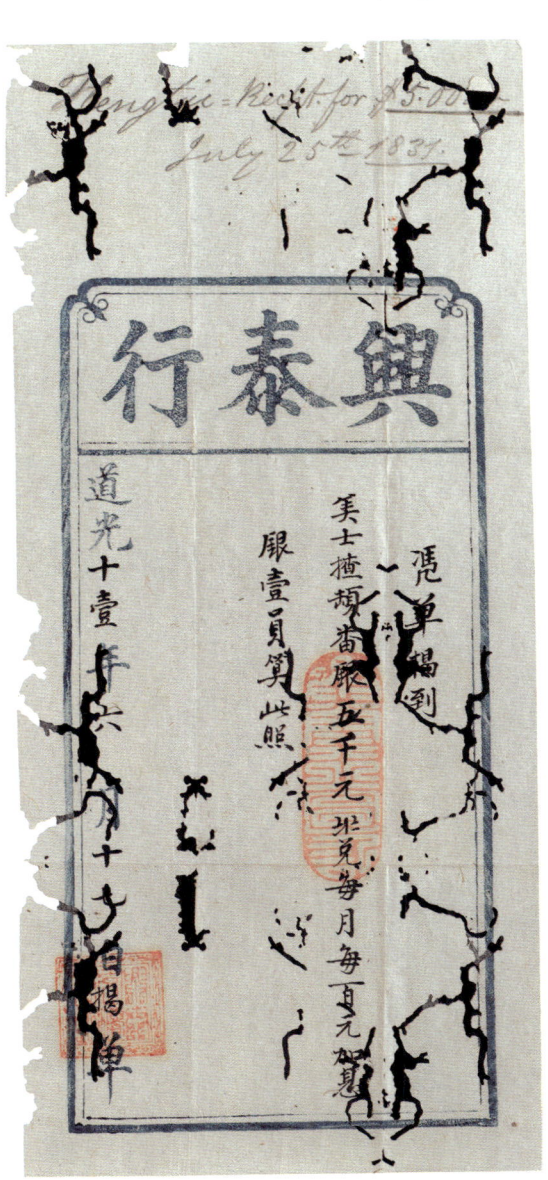

---

① 兴泰行：广州十三行之一，道光十年（1830）成立，道光十九年（1839）倒闭。行商严启昌（焕文），英文商号"Yen Khechang"。

② 揸顿：又译渣颠、渣甸、赞典，为怡和洋行（Jardine, Matheson & Co.）创始人之一。

3. 道光十一年位记号① 收到兴泰行② 购买湖丝货款收据（H1/20/03）

道光十一年五月十九日（1831年6月28日），位记号收到兴泰行购买湖丝15,000元合同货款，盖有位记号无边框印章，印文"位记"。

Receipt from Wei-chih Hao. A receipt from Wei-chih (Weiji) Hao to Hengtai for bargain money for silk, 28 June 1831. 1 item. 1831

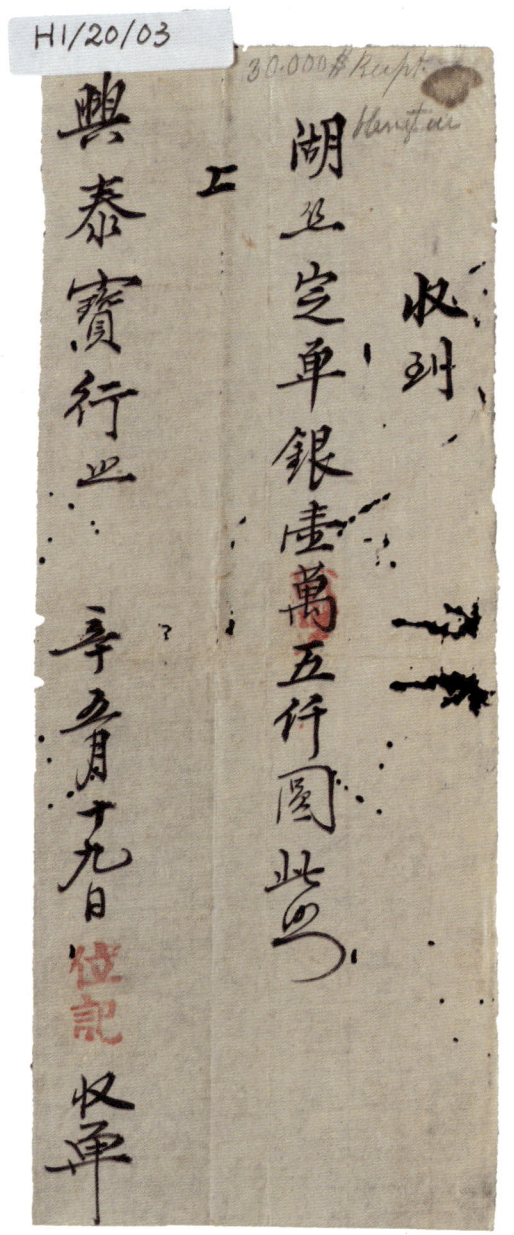

---

① 位记号：中国行外商号。
② 兴泰行：广州十三行之一，道光十年（1830）成立，道光十九年（1839）倒闭。行商严启昌（焕文），英文商号"Yen Khechang"。

4. 道光十一年位记号①收到兴泰行②购买湖丝货款收据（H1/20/04）

道光十一年五月二十三日（1831年7月2日），位记号收到兴泰行购买湖丝14,600元货款收据，盖有位记号无边框印章，印文"位记"。

Receipt from Wei-chih Hao. A receipt from Wei-chih (Weiji) Hao to Hengtai for bargain money for silk, 3 July 1831③. 1 item. 1831

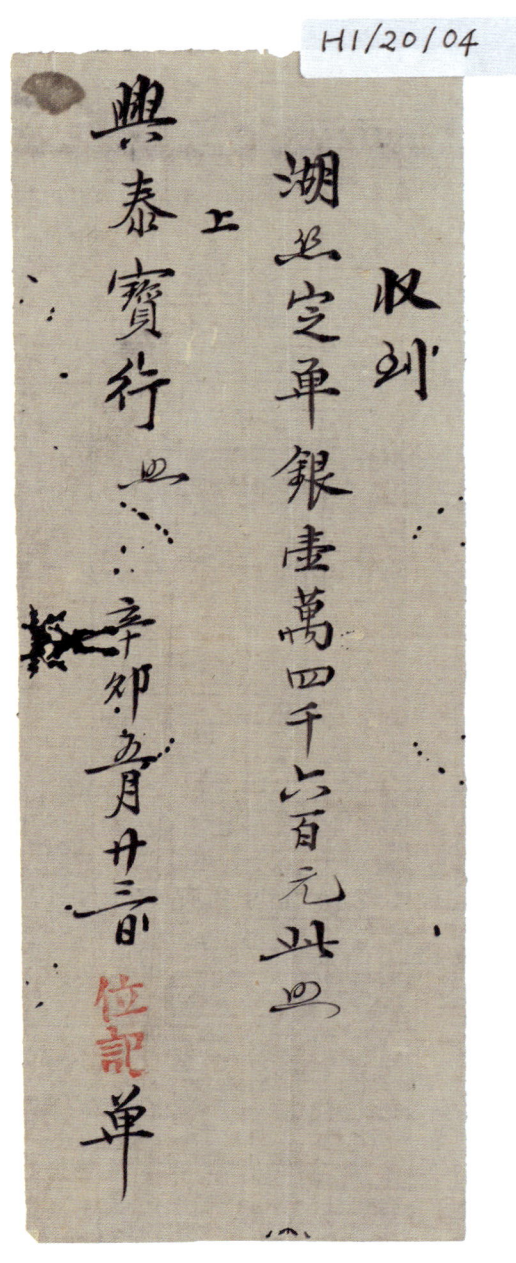

---

① 位记号：中国行外商号。
② 兴泰行：广州十三行之一，道光十年（1830）成立，道光十九年（1839）倒闭。行商严启昌（焕文），英文商号"Yen Khechang"。
③ 勘误：英文提要日期为1831年7月3日（3 July 1831），按原中文文献"辛卯五月廿三日"，应为1831年7月2日。

5. 道光十一年某人向兴泰行[①]购买湖丝货款便条（H1/20/05）

道光十一年六月十八日（1831年7月26日），某人向兴泰行购买湖丝30,000元货款便条，在中文信封上标注。

Note of silk chop. An envelope containing an English note of a silk chop of Hengtai for $30,000, with cash of $5000, 26 July 1831. 1 item. 1831

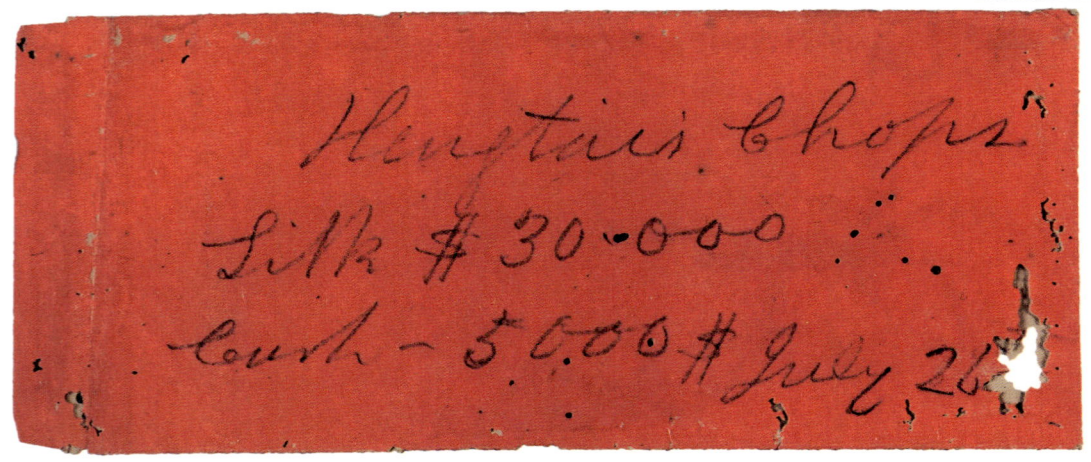

[①] 兴泰行：广州十三行之一，道光十年（1830）成立，道光十九年（1839）倒闭。行商严启昌（焕文），英文商号"Yen Khechang"。

6. 道光十一年晋昌等七家中国店铺有关购买兴泰行棉花损失声明（H1/20/06）

道光十一年十二月初五日（1832年1月7日），晋昌等七家中国店铺购买兴泰行棉花2400余包。棉花在仓库遭遇火灾，烧为灰烬。七家店铺发表联合声明，因为天灾，不向兴泰行索赔。

Statement from shops re cotton loss. A statement from seven shops, Chin-ch'ang (Jinchang), Yu-yuan (Yuyuan), Hsin-hsing (Xinxinag), Chen-t'ai (Zhentai), Chun-sheng (Junsheng), Ch'eng-ho (Chenghe) and I-t'ai (Yitai) Dian, to Hengtai, 7 January 1832, asserting that they are not going to claim for the loss of the cotton bought from Hengtai. 2 items.[①] 1832

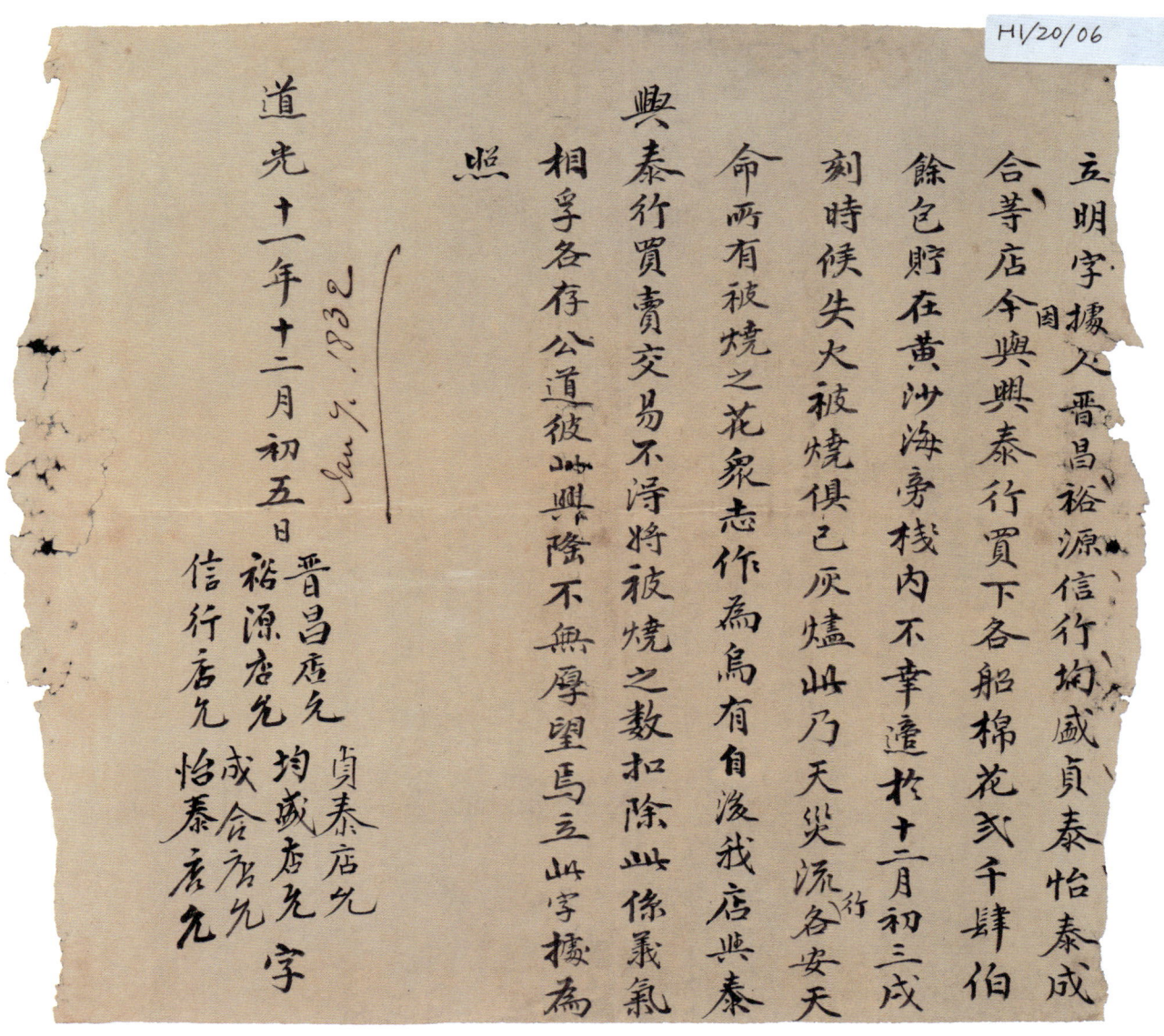

---

① 英文提要显示，此件对应两幅图，但实际只有一幅。

7. 道光十五年兴泰行①收到英国商人渣顿②运来槟榔收据（H1/20/07）

道光十五年八月十三日（1835年10月4日），兴泰行收到英国商人渣顿运来槟榔收据，盖有两枚兴泰行方形印章，印文"护封"。

Receipt to Pi-lie-tu. A receipt (in Chinese) from Hengtai to Pi-lie-tu (Piliedu) for betelnuts delivered from the 'Sir H. Taylor' by Jardine to Pi-lie-tu, 4 October 1835, including an English note about the receipt. 1 item. 1835

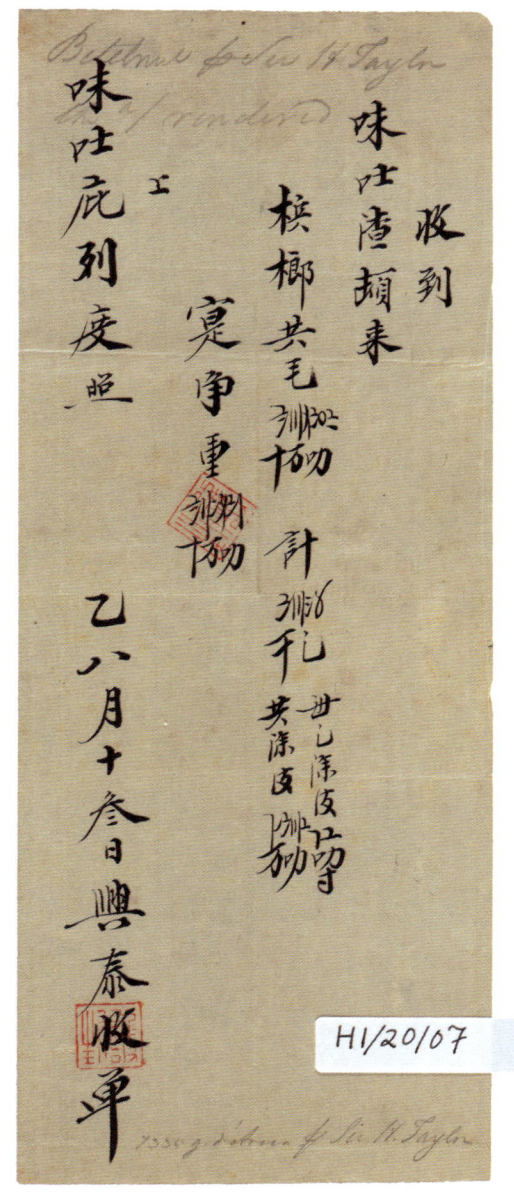

---

① 兴泰行：广州十三行之一，道光十年（1830）成立，道光十九年（1839）倒闭。行商严启昌（焕文），英文商号"Yen Khechang"。

② 渣顿：William Jardine，又译渣颠、渣甸、赞典，为怡和洋行（Jardine, Matheson & Co.）创始人之一。

8. 道光十五年兴泰行①收到英国商人渣顿②运来胡椒收据（H1/20/08）

道光十五年八月十三日（1835年10月4日），兴泰行收到英国商人渣顿运来胡椒收据，盖有两枚兴泰行方形印章，印文"护封"。

Receipt to Pi-lie-tu. A receipt (in Chinese) from Hengtai to Pi-lie-tu (Piliedu) for pepper delivered from the 'Elizabeth' by Jardine to Pi-lie-tu, 4 October 1835, including an English note about the receipt. 1 item. 1835

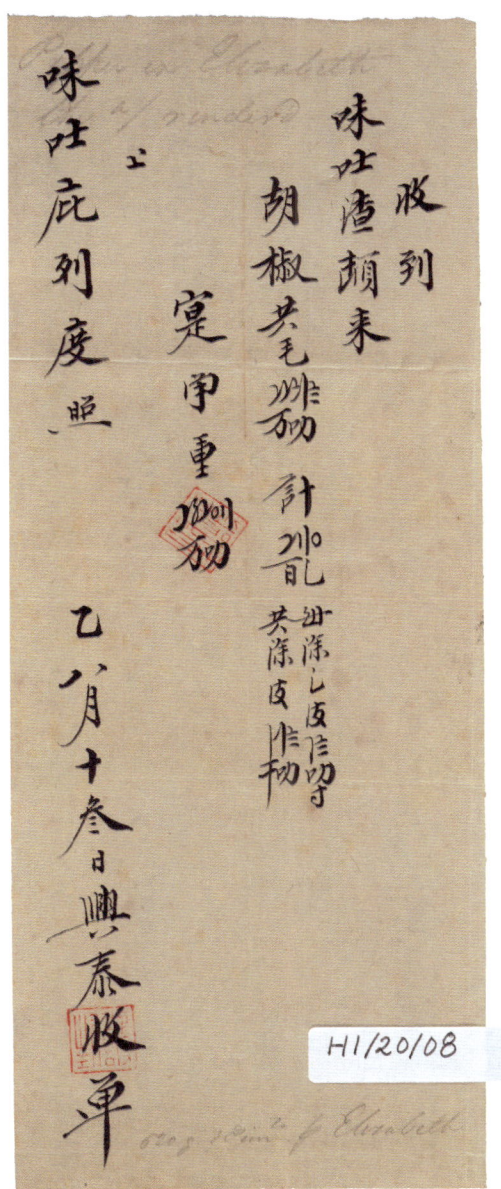

---

① 兴泰行：广州十三行之一，道光十年（1830）成立，道光十九年（1839）倒闭。行商严启昌（焕文），英文商号"Yen Khechang"。
② 渣顿：William Jardine，又译渣颠、渣甸、赞典，为怡和洋行（Jardine, Matheson & Co.）创始人之一。

9. 道光十五年兴泰行①收到英国商人渣顿②运来藤条收据（H1/20/09）

道光十五年九月初六日（1835年10月27日），兴泰行收到英国商人渣顿运来藤条收据，盖有两枚兴泰行方形印章，印文"护封"。

Receipt to Fei-lun. A receipt from Hengtai to Fei-lun for rattans delivered by Jardine to Fei-lun, 27 October 1835. 1 item. 1835

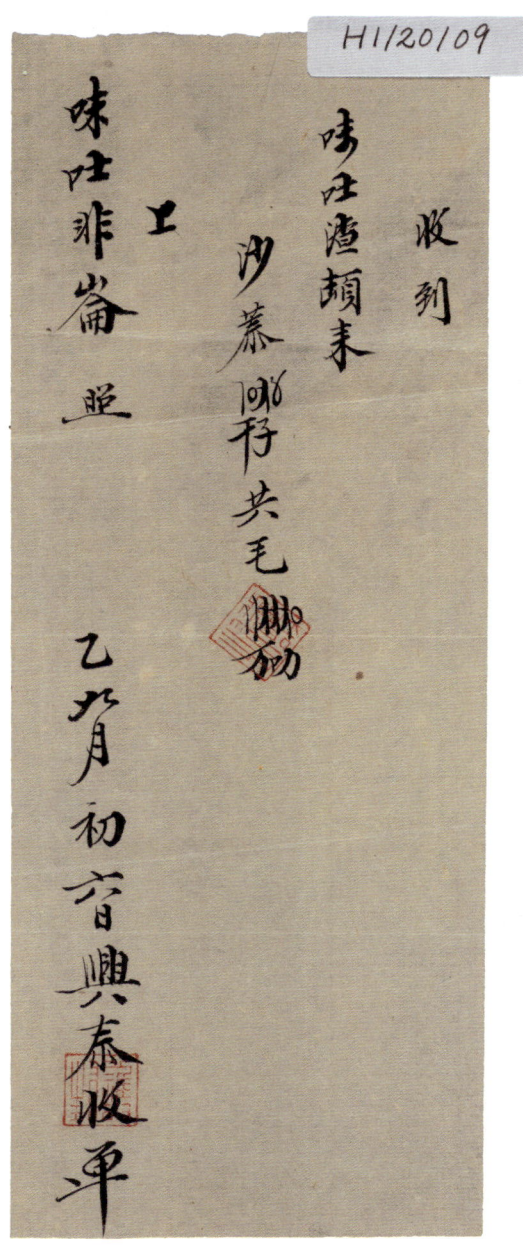

---

① 兴泰行：广州十三行之一，道光十年（1830）成立，道光十九年（1839）倒闭。行商严启昌（焕文），英文商号"Yen Khechang"。

② 渣顿：William Jardine，又译渣颠、渣甸、赞典，为怡和洋行（Jardine, Matheson & Co.）创始人之一。

10. 道光十五年兴泰行①收到英国商人渣顿②运来槟榔收据（H1/20/10）

道光十五年九月初六日（1835年10月27日），兴泰行收到英国商人渣顿运来槟榔收据，盖有五枚兴泰行方形印章，印文"护封"。

Receipt to Fei-lun. A receipt from Hengtai to Fei-lun for betelnuts delivered by Jardine to Fei-lun, 27 October 1835. 1 item. 1835

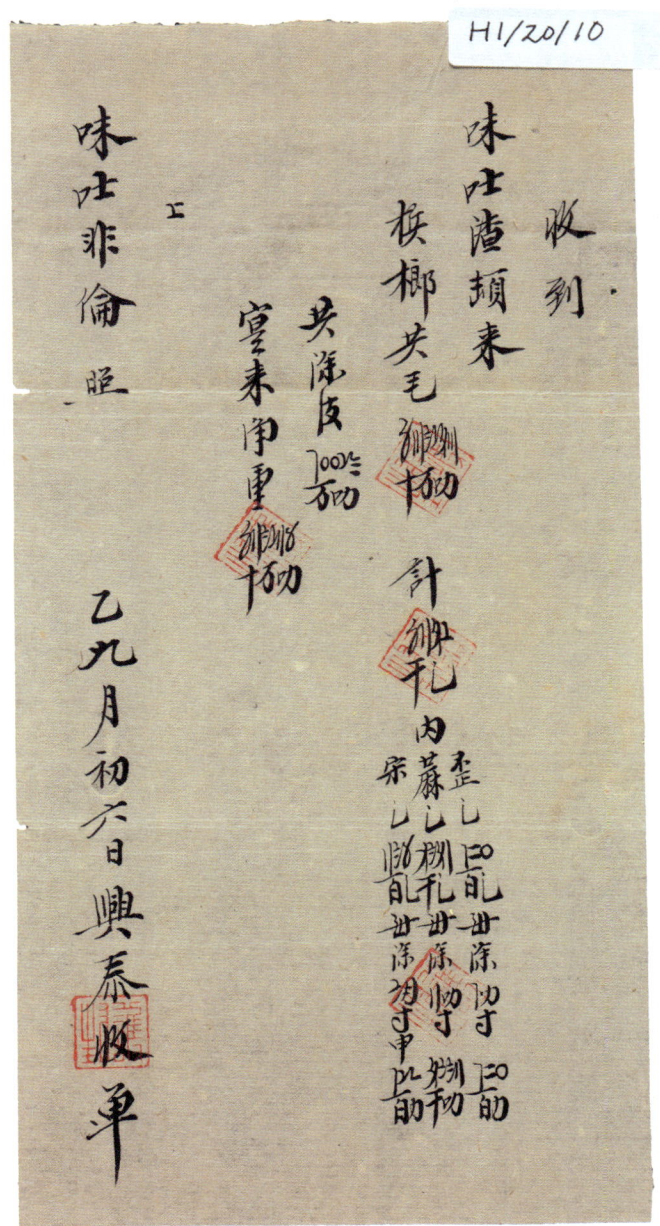

---

① 兴泰行：广州十三行之一，道光十年（1830）成立，道光十九年（1839）倒闭。行商严启昌（焕文），英文商号"Yen Khechang"。

② 渣顿：William Jardine，又译渣颠、渣甸、赞典，为怡和洋行（Jardine, Matheson & Co.）创始人之一。

11. 道光十五年兴泰行① 收到英国商人渣顿② 运来槟榔和藤条收据（H1/20/11）

道光十五年十月十一日（1835年11月30日），兴泰行收到英国商人渣顿运来槟榔和藤条收据，盖有四枚兴泰行方形印章，印文"护封"。

Receipt to Pie-lie-tu. A receipt from Hengtai to Pi-lie-tu (Piliedu) for areca and rattans delivered from the 'Columbia' by Jardine to Pi-lie-tu, 30 November 1835, including an English note about the receipt. 1 item. 1835

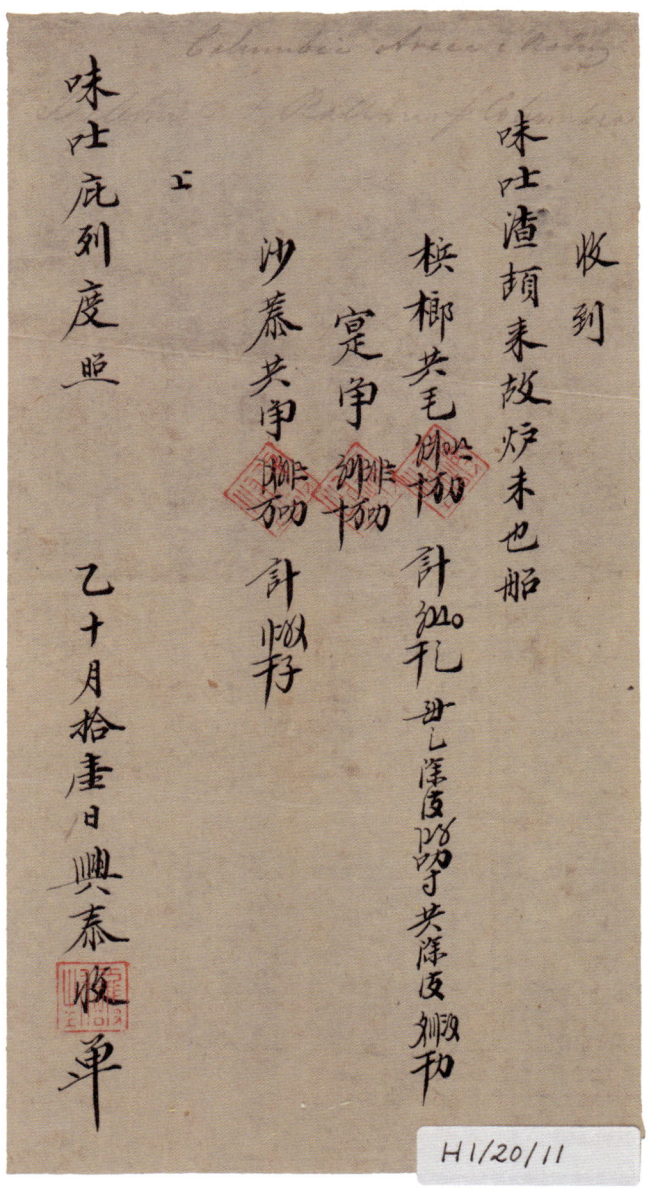

---

① 兴泰行：广州十三行之一，道光十年（1830）成立，道光十九年（1839）倒闭。行商严启昌（焕文），英文商号"Yen Khechang"。

② 渣顿：William Jardine，又译渣颠、渣甸、赞典，为怡和洋行（Jardine, Matheson & Co.）创始人之一。

12. 道光十五年兴泰行①收到英国商人渣顿②运来槟榔收据（H1/20/12）

道光十五年十月十一日（1835年11月30日），兴泰行收到英国商人渣顿运来槟榔收据，盖有四枚兴泰行方形印章，印文"护封"。

Receipt to Pi-lie-tu. A receipt from Hengtai to Pi-lie-tu (Piliedu) for betelnuts delivered from the 'Margarida' (the 'Margaret') by Jardine to Pi-lie-tu, 30 November 1835, including an English note about the receipt. 1 item. 1835

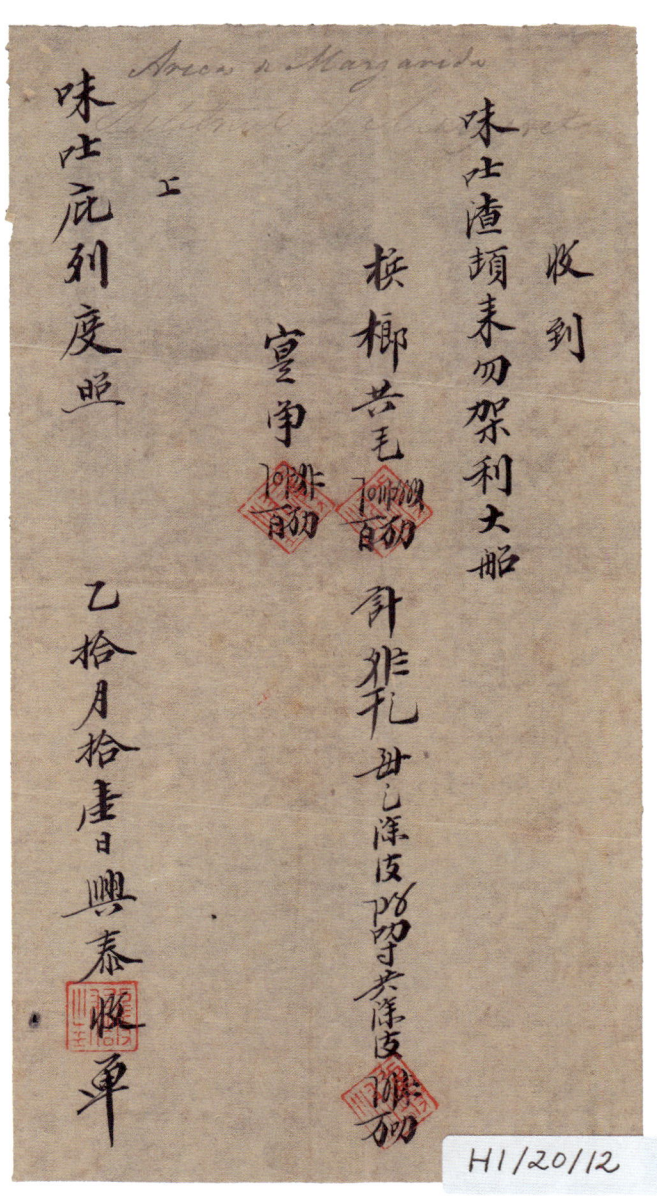

---

① 兴泰行：广州十三行之一，道光十年（1830）成立，道光十九年（1839）倒闭。行商严启昌（焕文），英文商号"Yen Khechang"。

② 渣顿：William Jardine，又译渣颠、渣甸、赞典，为怡和洋行（Jardine, Matheson & Co.）创始人之一。

13. 道光十五年兴泰行①收到英国商人渣顿②运来胡椒收据（H1/20/13）

道光十五年十月十一日（1835年11月30日），兴泰行收到英国商人渣顿运来胡椒收据，盖有四枚兴泰行方形印章，印文"护封"。

Receipt to Pi-lie-tu. A receipt from Hengtai to Pi-lie-tu (Piliedu) for pepper delivered from the 'Dear (?) Fanny' by Jardine to Pi-lie-tu, 30 November 1835. 1 item. 1835

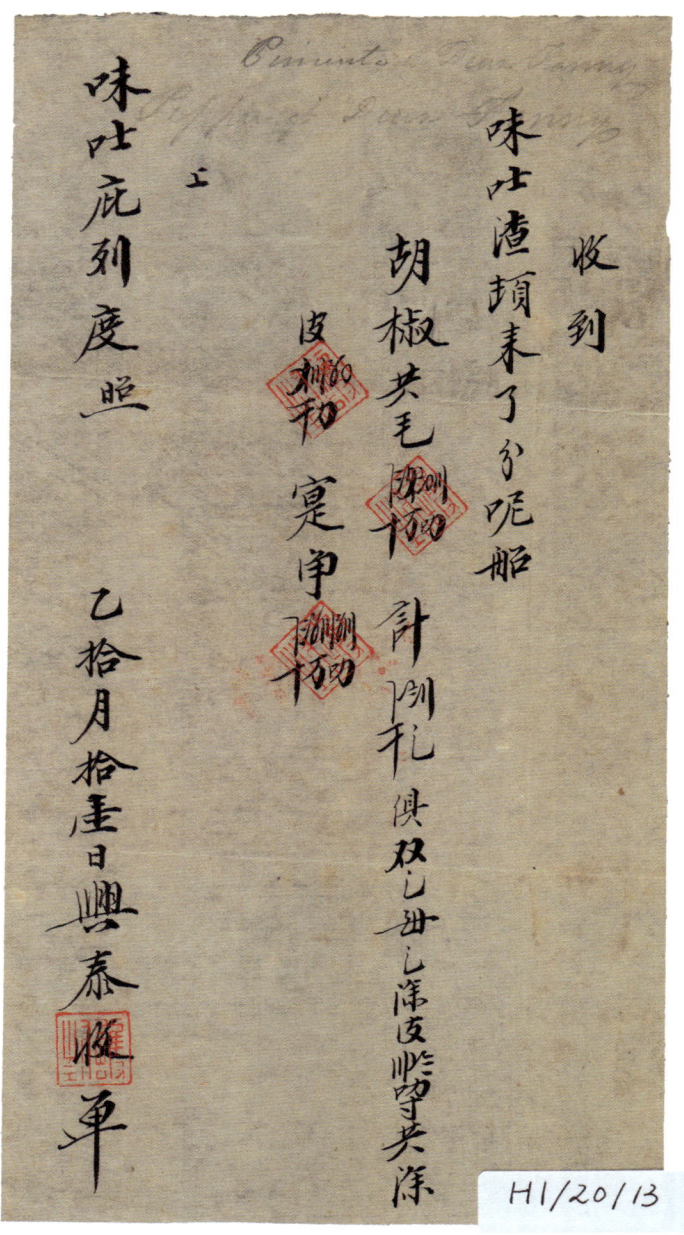

---

① 兴泰行：广州十三行之一，道光十年（1830）成立，道光十九年（1839）倒闭。行商严启昌（焕文），英文商号"Yen Khechang"。

② 渣顿：William Jardine，又译渣颠、渣甸、赞典，为怡和洋行（Jardine, Matheson & Co.）创始人之一。

14. 道光十五年兴泰行①收到英国商人渣顿②运来槟榔收据（H1/20/14）

道光十五年十月十六日（1835年12月5日），兴泰行收到英国商人渣顿运来槟榔收据，盖有四枚兴泰行方形印章，印文"护封"。

Receipt to Pi-lie-tu. A receipt from Hengtai to Pi-lie-tu (Piliedu) for betelnuts delivered from the 'Dear (?) Fanny' by Jardine to Pi-lie-tu, 5 December 1835. 1 item. 1835

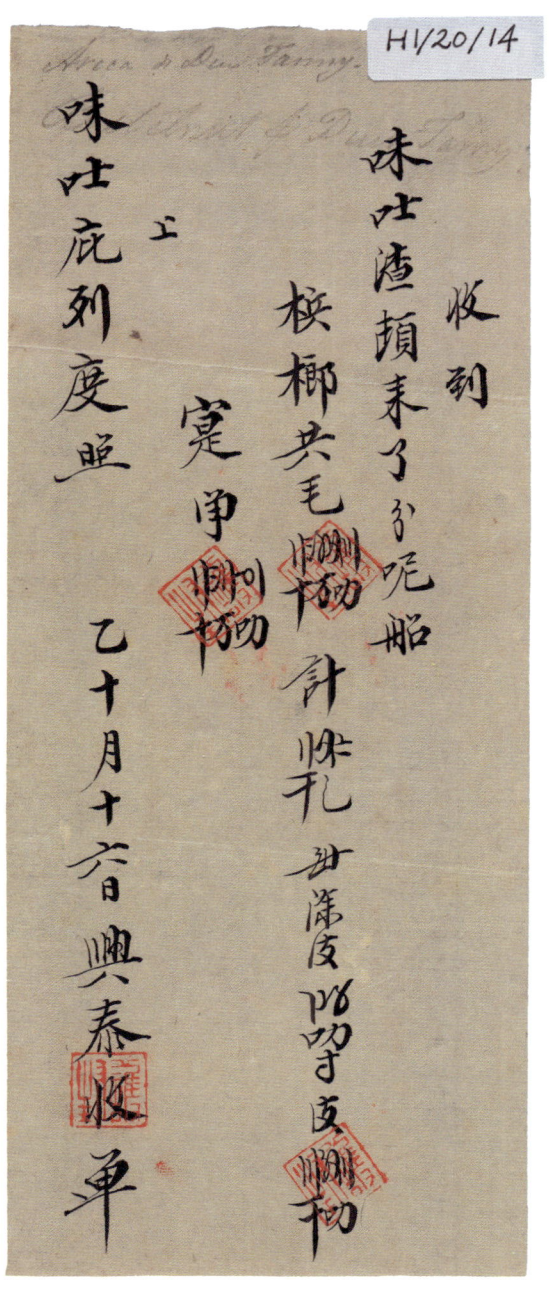

---

① 兴泰：广州十三行之一，道光十年（1830）成立，道光十九年（1839）倒闭。行商严启昌（焕文），英文商号"Yen Khechang"。

② 渣顿：William Jardine，又译渣颠、渣甸、赞典，为怡和洋行（Jardine, Matheson & Co.）创始人之一。

二一、道光十四年源懋益记①的海参交易单据（H1/21）

道光十四年二月十二日（1834年3月21日），源懋益记的5000元海参交易单据，附有中文信封，上有西班牙文注释，并盖有源懋益记方形印章，印文"源懋益记"。

Bond of Jose Soo-Luisa. A bond from Jose Soo-Luisa to Jardine, Matheson Co. for 5000 pesos, payable in 30 days, dated Manila, 20 March 1834②. The document is also signed by Wang Ang-p'eng (Wang Angpeng) and Ouyang Ssu-yu (Ouyang Suyu). On the back is a Spanish version of the bond. There is also a Chinese envelope addressed to Ouyang Ssu-yu (Ouyang Suyu), and including the shop stamp of Yuen-mao I-chi (Yuanmao Yiji). A Spanish note on the back of the envelope records that the document should be delivered to the 'Botica' in Macao or Canton. 2 items.

（正）

（反）

---

① 源懋益记：中国行外商号。
② 勘误：英文提要日期为1834年3月20日（20 March 1834），按原中文文献"甲午式月拾式日"，应为1834年3月21日。

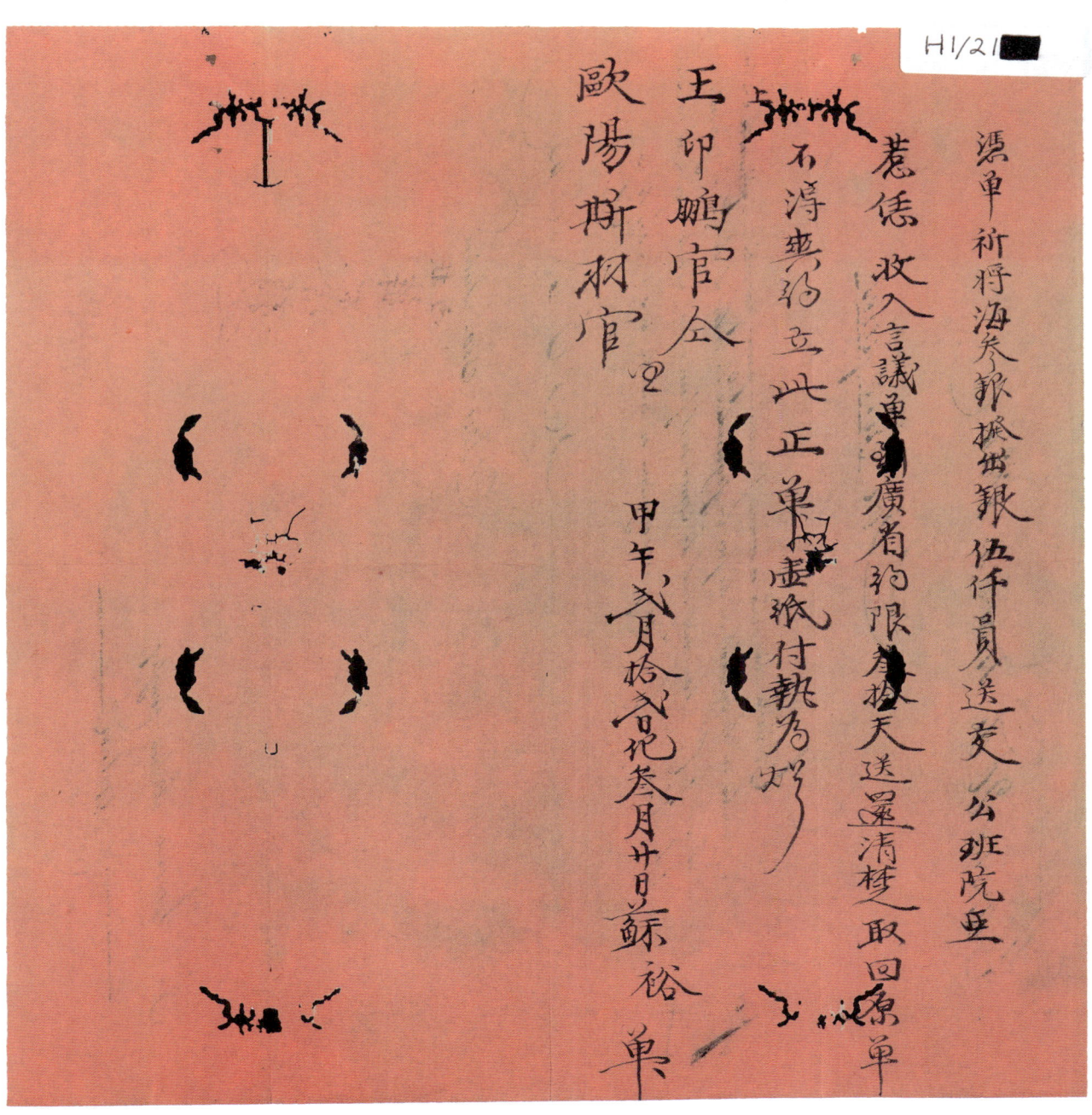

（正）

（反）

二二、道光年间顺泰行①印章单据

1. 道光十四年顺泰行收到英国商人赞典②货款收据（H1/22/01）

道光十四年三月十七日（1834年4月25日），顺泰行收到英国商人赞典（Jardine）代罢冧臣（Bramston）交来4000元货款收据，盖有顺泰行三枚印章，方形印章，印文"顺泰行"；长方形印章，印文"顺泰行图记"；英文印章，印文"Saoqua"。附有英文注释。

Receipt to Jardine. A receipt (in Chinese) from Saoqua to Jardine for $4000, 25 April 1834, paid by Jardine for Mr. Bramston of Macao, including an English note about the receipt. 1 item. 1834

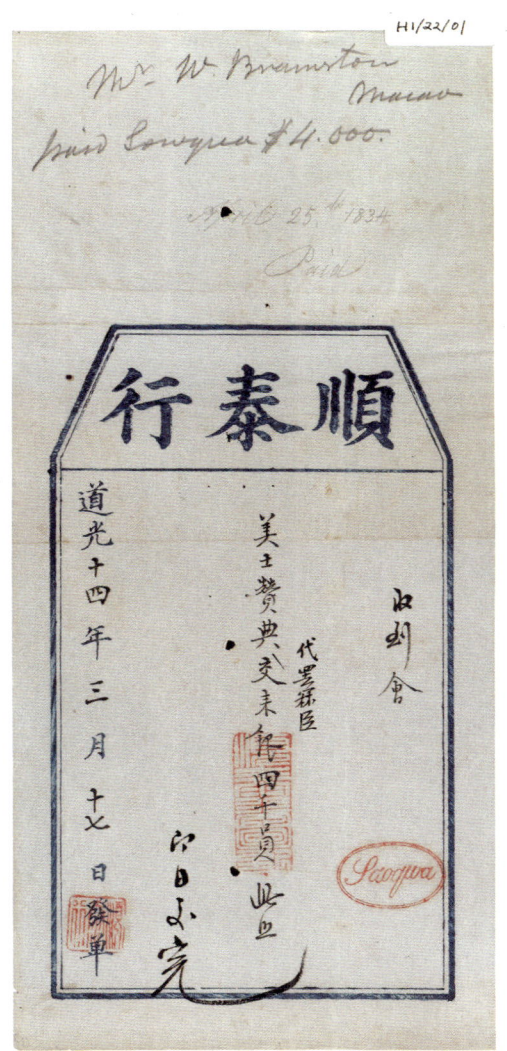

---

① 顺泰行：广州十三行之一，道光十年（1830）成立，道光二十三年（1843）倒闭。行商马佐良（展谋），商名秀官（Saoqua）。
② 赞典：即威廉·查顿（William Jardine），又译渣颠、渣甸等，为怡和洋行（Jardine, Matheson & Co.）创始人之一。

2. 道光二十年顺泰行①收到英国商人骂列度货款收据（H1/22/02）

道光二十年二月二十七日（1840年3月30日），顺泰行收到英国商人骂列度（Ma-lie-tu）交来25,000元货款收据，盖有顺泰行三枚印章，方形印章，印文"言而有信"；长方形印章，印文"一本万利"；英文印章，印文"Saoqua"。附有英文注释。

Receipt to Ma-lie-tu. A receipt (in Chinese) from Saoqua to Ma-lie-tu (Ma lie du) for $25,000, 31 March 1840②, with an accompanying English note about the receipt. 2 items. 1840

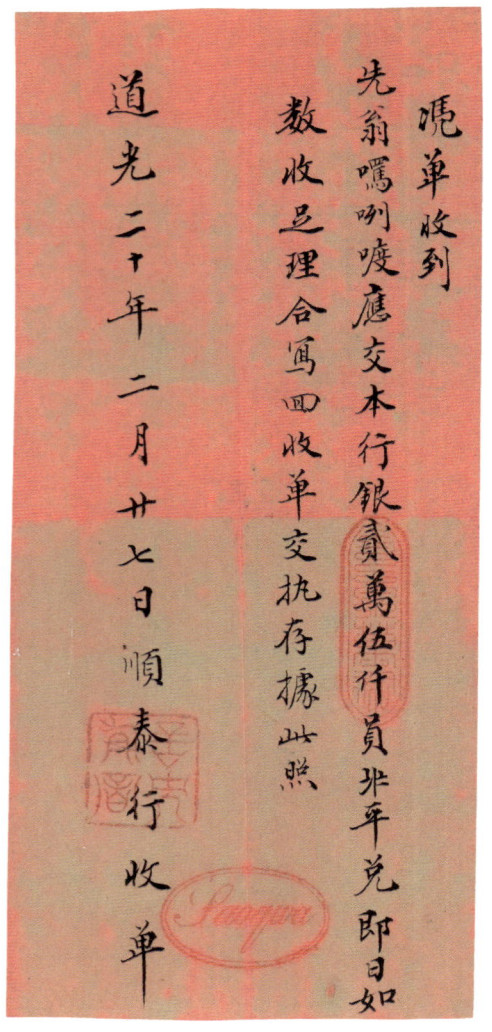

---

① 顺泰行：广州十三行之一，道光十年（1830）成立，道光二十三年（1843）倒闭。行商马佐良（展谋），商名秀官（Saoqua）。
② 勘误：英文提要日期为1840年3月31日（31 March 1840），按原中文文献"道光二十年二月廿七日"，应为1840年3月30日。

二三、道光十五年中国商人罗清货款单据

1. 道光十五年中国商人罗清借英国商人万益货款收据（H1/23/01）

道光十五年十二月初七日（1836年1月24日），中国商人罗清借英国商人万益150元货款收据。
Loan receipt to Magniac. A loan receipt for $150, 23 or 24 January 1836. 1 item. 1836

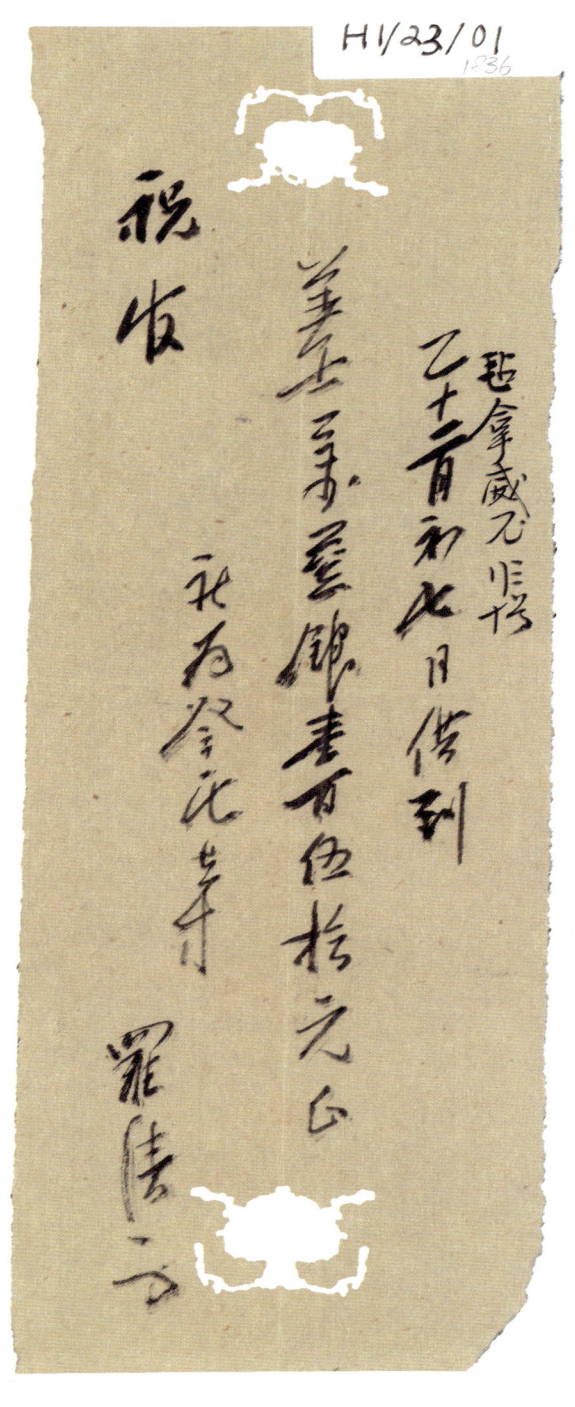

2. 道光十五年中国商人罗清借英国商人万益货款收据（H1/23/02）

道光十五年十二月十七日（1836年2月3日），中国商人罗清借英国商人万益6000元货款收据。

Loan receipt to Magniac. A loan receipt for $6000, 3 February 1836. 1 item. 1836

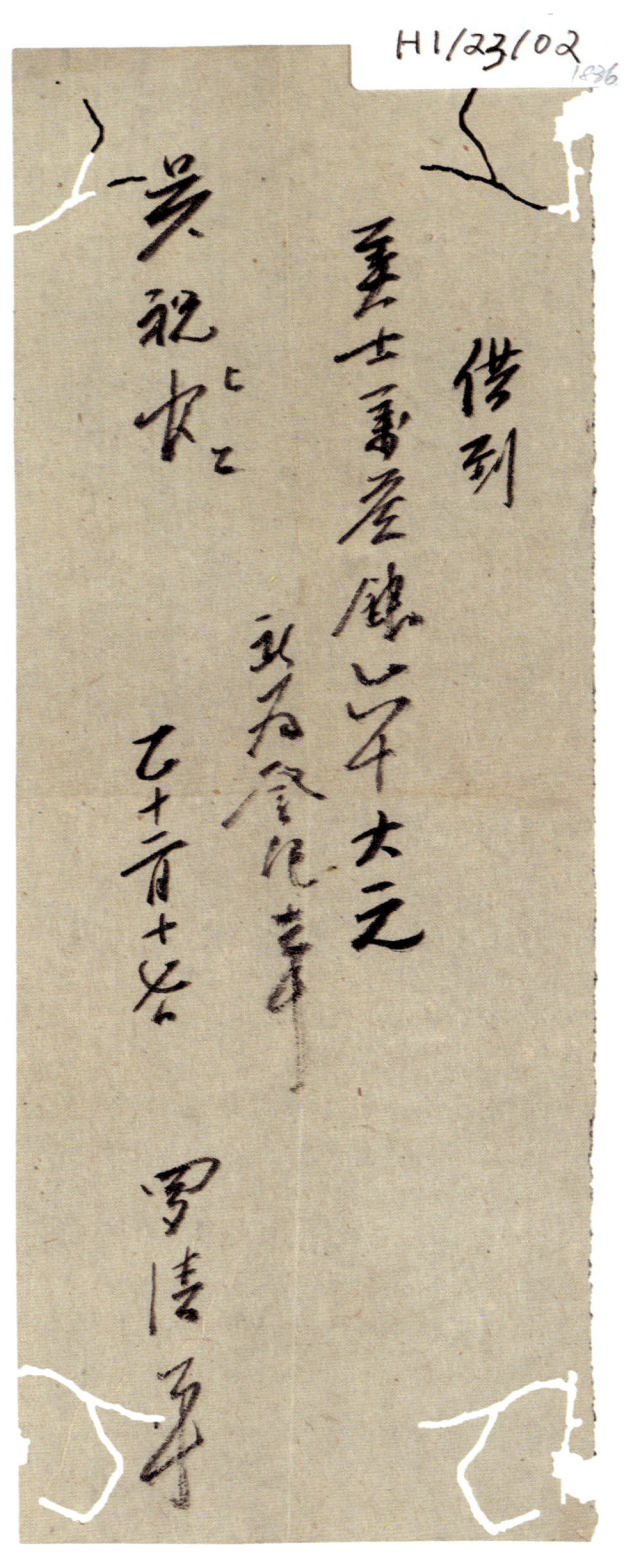

二四、道光十六年东兴行①收到马列度运来英国商人揸顿②棉花单据（H1/24/01）

道光十六年七月十九日（1836年8月30日），东兴行收到马列度（Ma-lie-tu）运来英国商人揸顿600包棉花单据。盖有东兴行印章，印文"护封"。附有中文信封及西班牙文注释。

Receipt from Tong-hsing. A receipt (in Chinese) from Tong-hsing (Dongxing) to Ma-lie-tu (Ma lie du) for 600 bales of Jardine's cotton delivered by Ma-lie-tu, 31 August 1836③, with a Chinese envelope which includes a note on the back: 'Cotton en Sr Francisco de Paula (?)'. 1 item. 1836

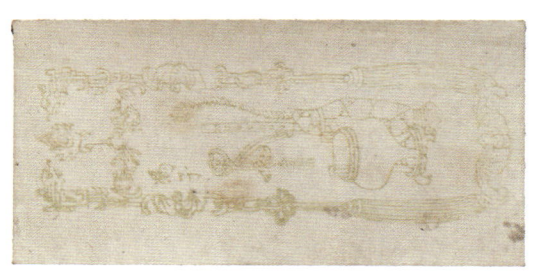

（正）

（反）

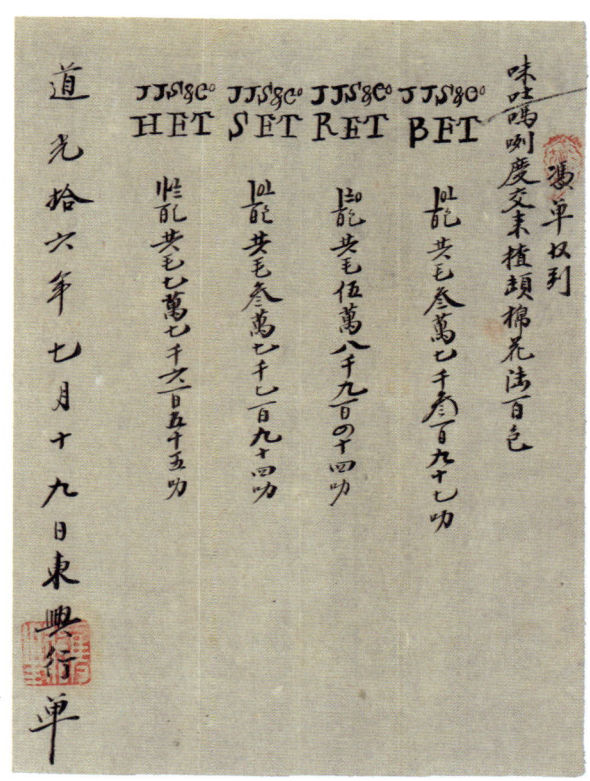

---

① 东兴行：广州十三行之一，商人谢有仁。
② 揸顿：即威廉·查顿，又译渣颠、渣甸、赞典，为怡和洋行（Jardine, Matheson & Co.）创始人之一。
③ 勘误：英文提要日期为1836年8月31日（31 August 1836），按原中文文献"道光拾六年七月十九日"，应为1836年8月30日。

二五、道光年间孚泰行①印章单据

1. 道光十七年孚泰行收到英国商人渣甸②运来漂白夏布收据（H1/25/01）

道光十七年五月十九日（1837年6月21日），孚泰行收到英国商人渣甸运来漂白夏布收据，盖有孚泰行印章，印文"孚泰行管记图"。

Dispatch bill to Jardine. A two-page dispatch bill from Foo Tae to Jardine for camlet, 21 June 1837. 2 items. 1837

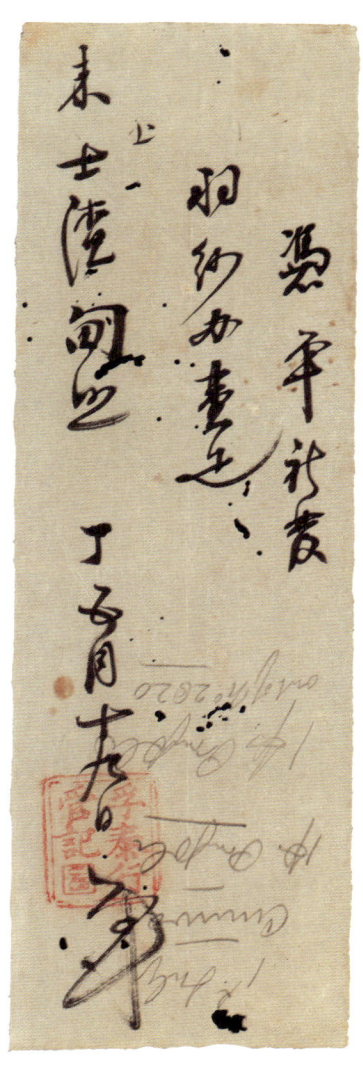
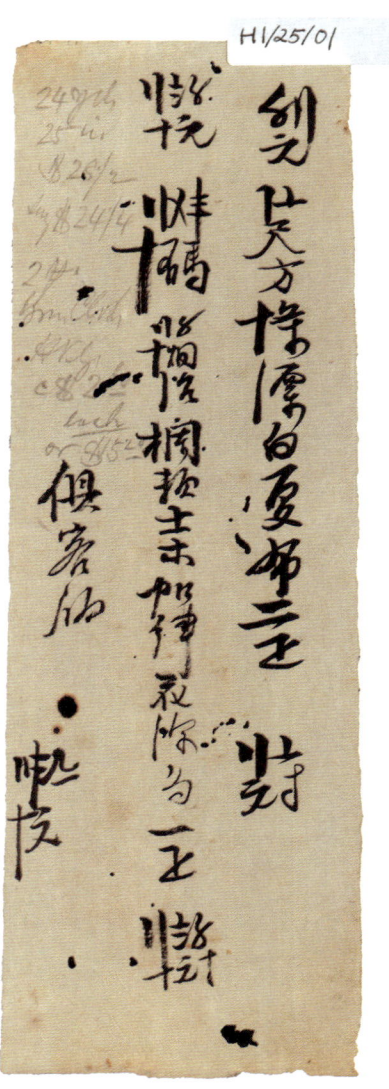

---

① 孚泰行：广州十三行之一，行商易元昌（容文），商号 Chingshin Kwanqua Yeih Yuenchang，道光十五年（1835）成立，道光二十一年（1841）倒闭。
② 渣甸：又译渣颠、赞典，为怡和洋行（Jardine, Matheson & Co.）创始人之一。

2. 道光二十一年孚泰行^① 收到英国商人孖地臣^② 货银收据（H1/25/02）

道光二十一年五月十一日（1841年6月29日），孚泰行收到英国商人孖地臣30,000元货银收据，盖有孚泰行无边框印章，印文"孚泰行"；孚泰行英文印章，印文"Footae"。

Receipt to Matheson. A receipt from Foo Tae to Matheson for a loan of $30,000, 29 June 1841. 1 item. 1841

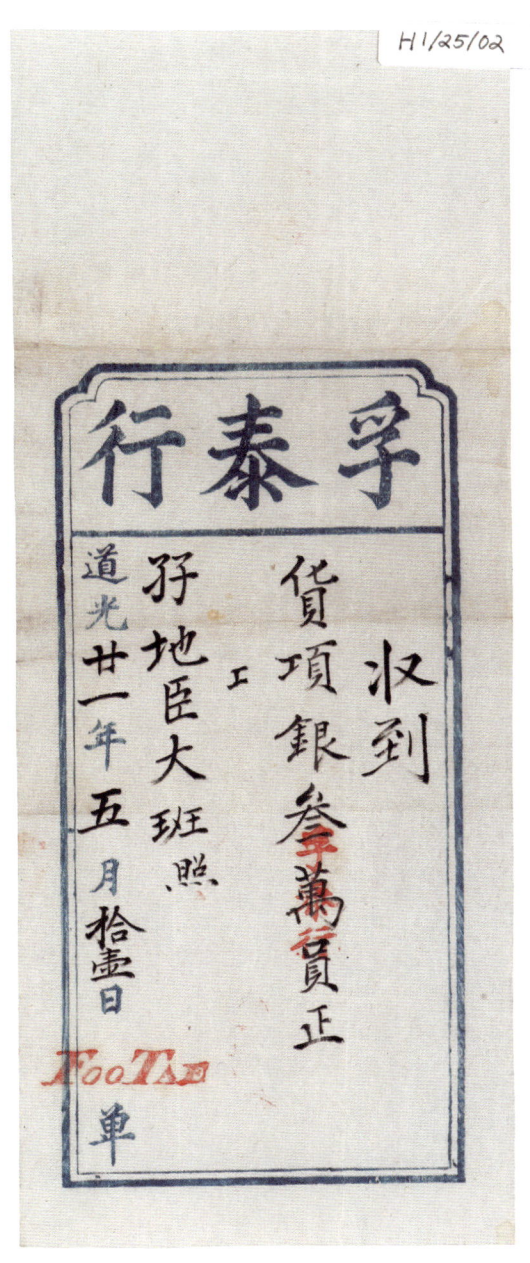

---

① 孚泰行：广州十三行之一，行商易元昌（容文），商号 Chingshin Kwanqua Yeih Yuenchang，道光十五年（1835）成立，道光二十一年（1841）倒闭。
② 孖地臣：英商，怡和洋行（Jardine, Matheson & Co.）创始人之一。

3. 道光二十一年孚泰行①收到英国商人孖地臣②货银收据（H1/25/03）

道光二十一年五月二十八日（1841年7月16日），孚泰行收到英国商人孖地臣60,000元货银收据，盖有孚泰行无边框印章，印文"孚泰行"；孚泰行英文印章，印文"Footae"。附有中文信封及英文提要。

Receipt to Matheson. A receipt (in Chinese) from Foo Tae to Matheson for a loan of $60,000, 16 July 1841, with a Chinese envelope which includes an English note on the back about the receipt. 2 items. 1841

（正）

（反）

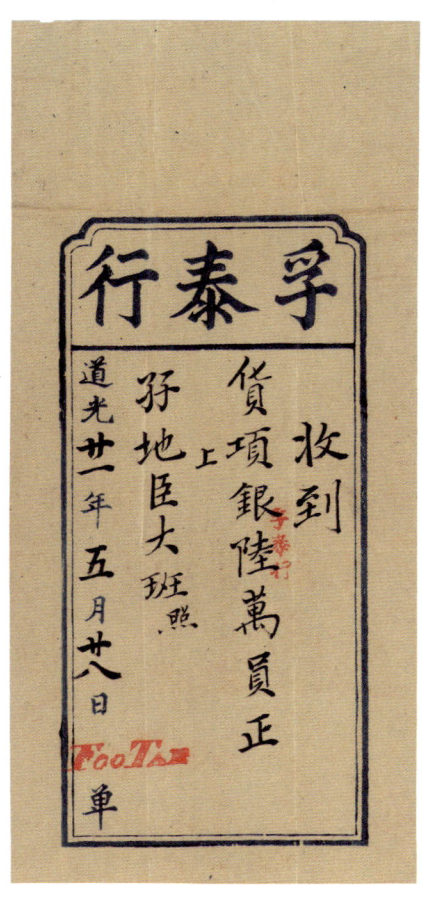

---

① 孚泰行：广州十三行之一，行商易元昌（容文），商号 Chingshin Kwanqua Yeih Yuenchang，道光十五年（1835）成立，道光二十一年（1841）倒闭。
② 孖地臣：英商，怡和洋行（Jardine, Matheson & Co.）创始人之一。

二六、道光十七年东昌行①印章单据

1. 道光十七年东昌行欠英国商人架剌佛胡椒款项收据（H1/26/01）

道光十七年六月初一日（1837年7月3日），东昌行欠英国商人架剌佛（Chia-la-fo）1610元胡椒款项收据，注明一个月偿还，每百元利息1.5元，盖有东昌行印章，印文"东昌行"，附有英文提要。

I.O.U. note to Mr. Chia-la-fo. An I.O.U. note (in Chinese) from Allum to Mr. Chia-la-fo (Jia la fo) for $1610 for pepper, 3 July 1837, due for repayment in one month, including an English note about the debt at the top of the document. 1 item. 1837

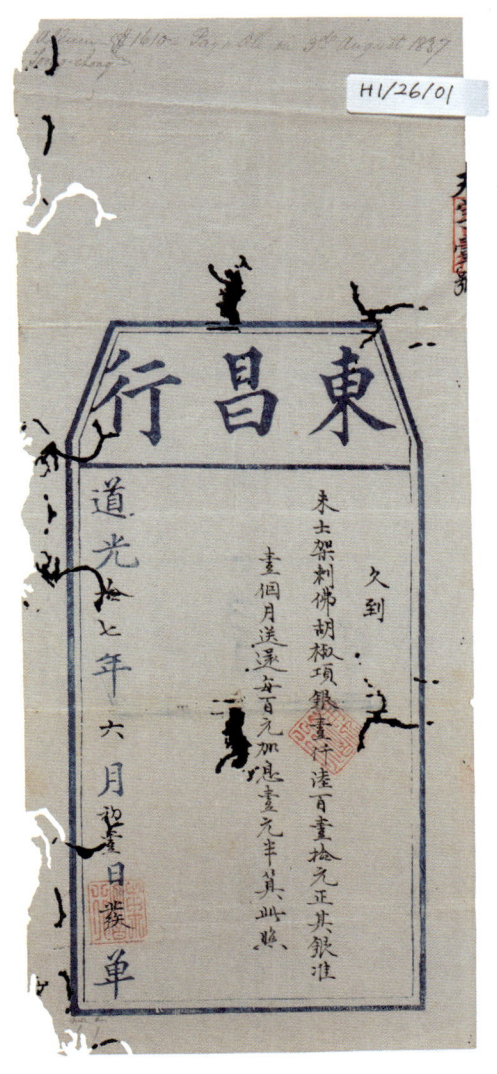

---

① 东昌行：广州十三行之一，行商罗福泰，Lo Fuhtae（容文），商号 Lamqua，道光十五年（1835）成立，道光二十一年（1841）倒闭。

2. 道光十七年东昌行①欠英国商人架剌佛胡椒款项收据（H1/26/02）

道光十七年六月初一日（1837年7月3日），东昌行欠英国商人架剌佛1610元胡椒款项收据，注明两个月偿还，每百元每月利息1元，盖有东昌行印章，印文"东昌行"，顶端写有英文提要。

I.O.U. note to Mr. Chia-la-fo. An I.O.U. note (in Chinese) from Allum to Mr. Chia-la-fo (Jia la fo) for $1610 for pepper, 3 July 1837, due for repayment in two months, including an English note about the debt at the top of the document. 1 item. 1837

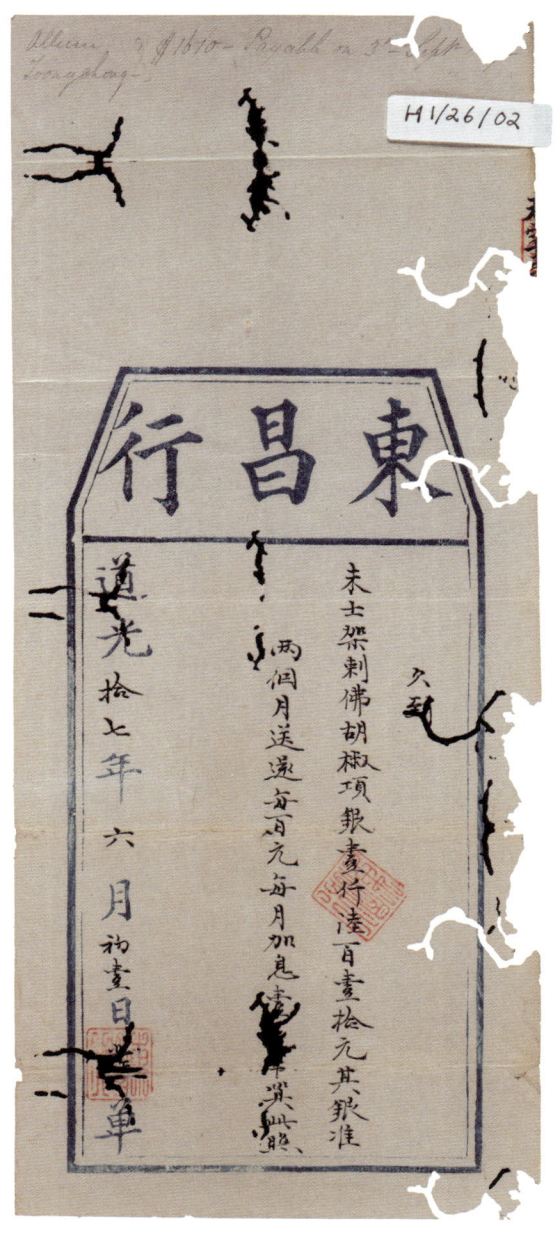

---

① 东昌行：广州十三行之一，行商罗福泰，Lo Fuhtae（容文），商号Lamqua，道光十五年（1835）成立，道光二十一年（1841）倒闭。

3. 道光十七年东昌行①欠葡萄牙商人威架款项收据（H1/26/03）

道光十七年十一月初一日（1837年11月28日），东昌行欠葡萄牙商人威架（Veiga）4747元款项收据，注明借期三个月，每百元每月利息1元，盖有东昌行印章，印文"东昌行"。附有中文信封。

Loan receipt to Mr. Veiga. A loan receipt from Allum to Mr. Veiga for $4747, 28 November 1837, due for repayment in three months. There is also a Chinese envelope. 2 items. 1837

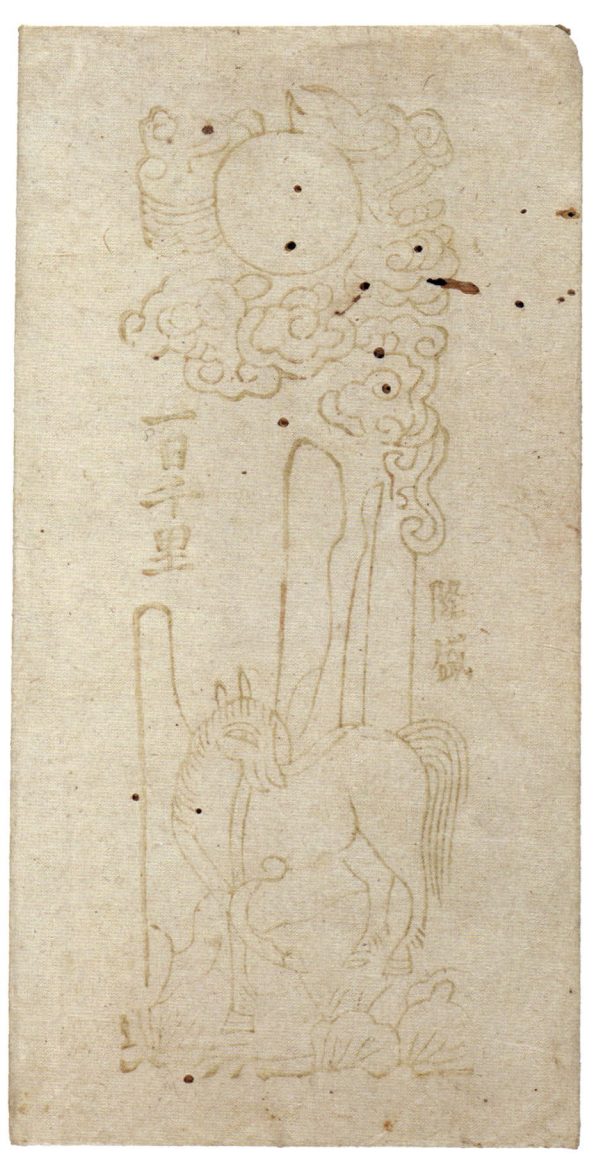 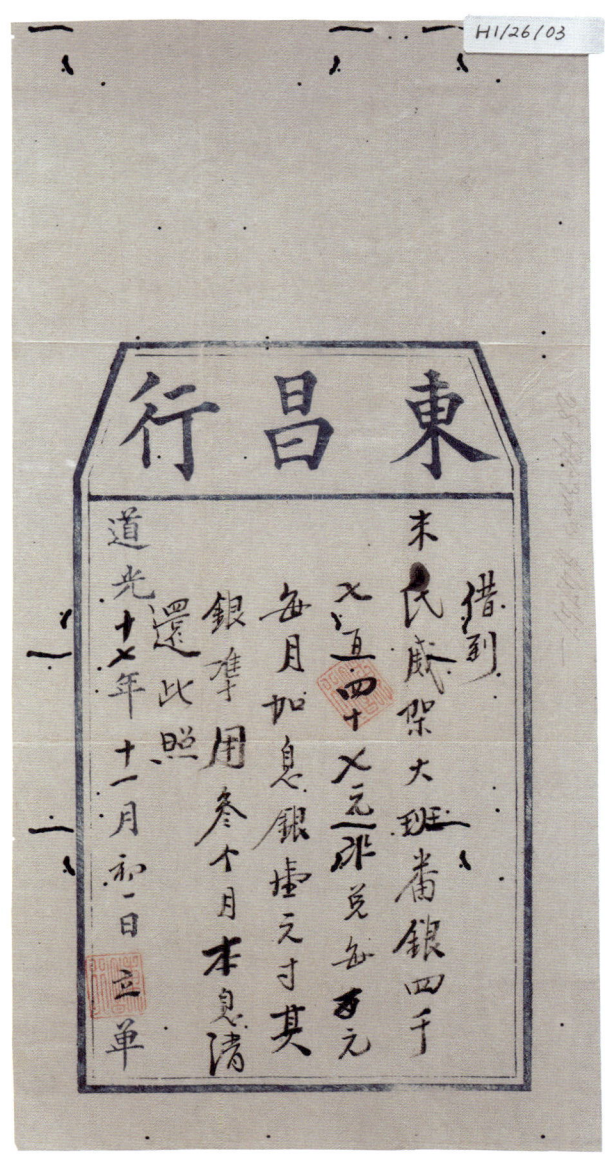

---

① 东昌行：广州十三行之一，行商罗福泰，Lo Fuhtae（容文），商号Lamqua，道光十五年（1835）成立，道光二十一年（1841）倒闭。

4. 道光十七年东昌行[①]所欠款项葡萄牙文注释（H1/26/04）

道光十七年十一月初一日（1837年11月28日），东昌行欠葡萄牙商人Veiga 4747元款项葡萄牙文注释，注明借期三个月。

Loan receipt to Mr. Veiga. A loan receipt (in Portuguese) from Allum to Mr. Veiga for $4747, 28 November 1837, with repayment due in three months. 1 item. 1837

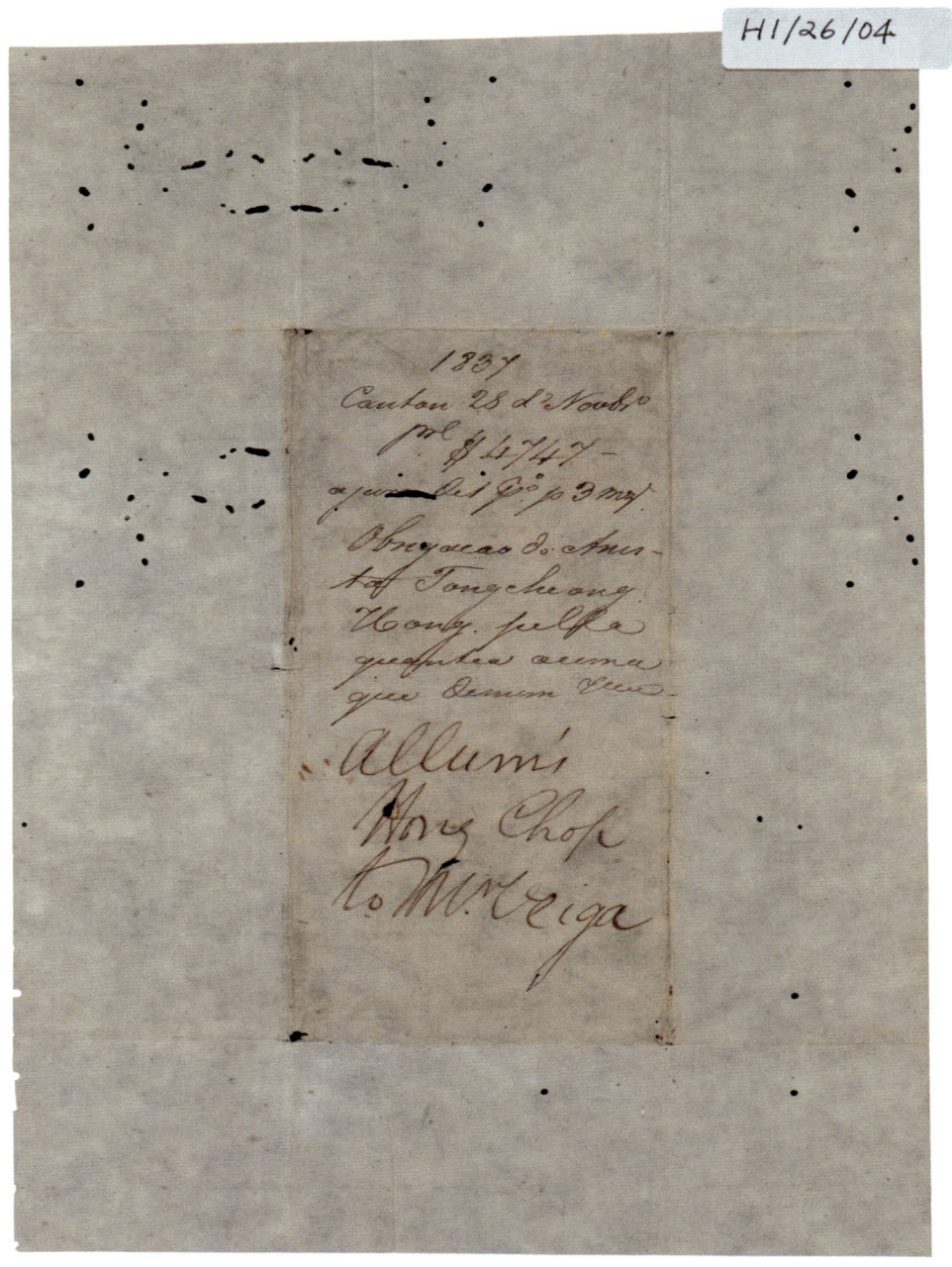

[①] 东昌行：广州十三行之一，行商罗福泰，Lo Fuhtae（容文），商号Lamqua，道光十五年（1835）成立，道光二十一年（1841）倒闭。

二七、道光十七年至十八年中和行①印章单据

1. 道光十七年巴斯商人 Herjeebhoy Rustomjee 指示 Jardine, Matheson & Co. 接收中和行贷款（H1/27/01）

道光十七年七月十四日（1837年8月14日），巴斯商人 Herjeebhoy Rustomjee 指示 Jardine, Matheson & Co. 接收中和行 10,000 元贷款。

Note from Herjeebhoy Rustomjee. A note (in English) from Heerjeebhoy Rustomjee, Canton, to Jardine, Matheson & Co., 14 August 1837, instructing the company to receive the sum of $10,000 from the Hong merchant Mingqua for the credit of Rustomjee's account with the firm. 1 item. 1837

（正）

---

① 中和行：广州十三行之一，道光十年（1830）成立，道光二十一年（1841）倒闭。行商潘文涛（国荣），商名明官（Minqua、Mingqua）。

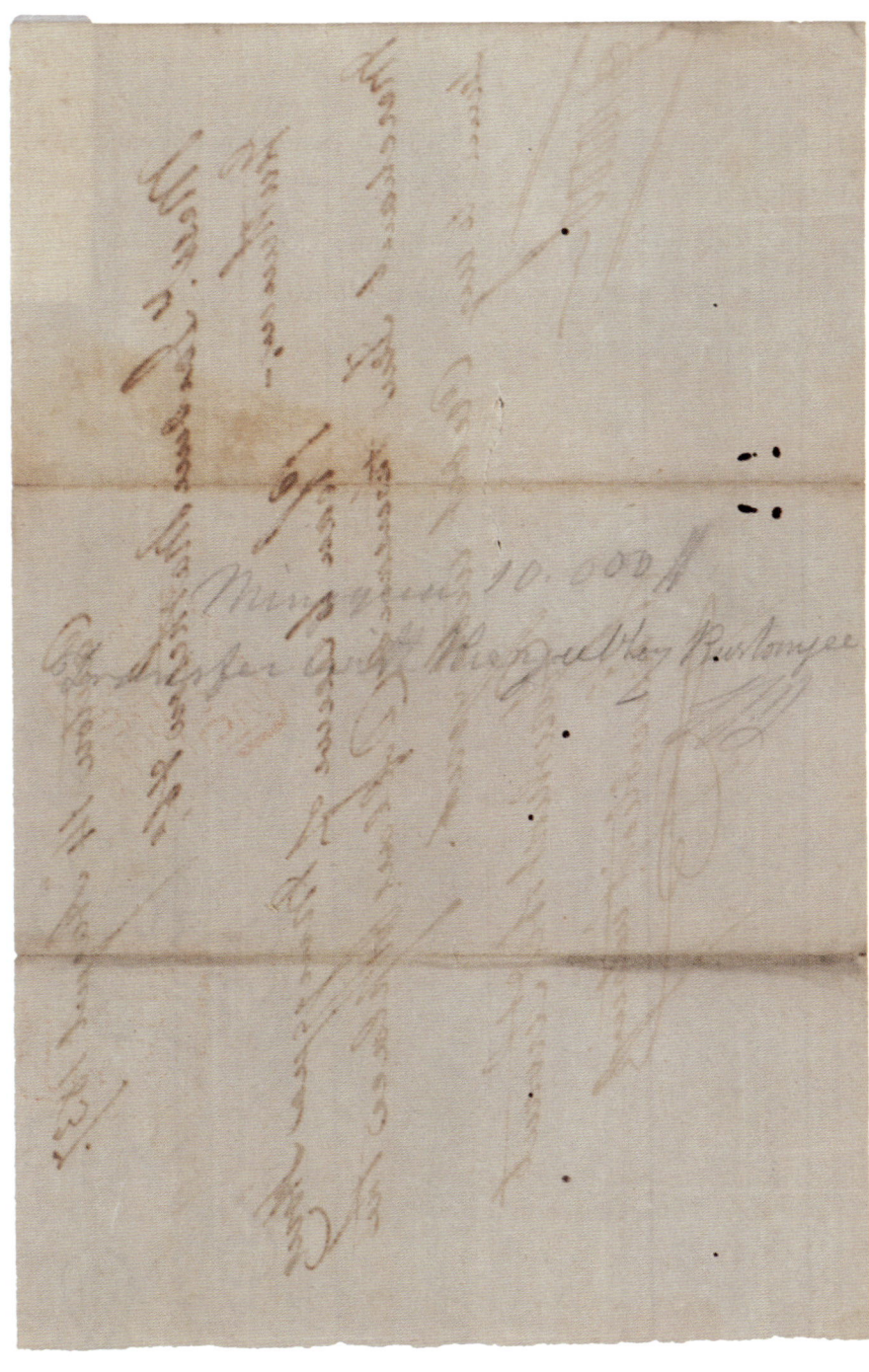

（反）

2. 道光十八年中和行①借英国商人赞典②贷款收据（H1/27/02）

道光十八年正月初二日（1838年1月27日），中和行借英国商人赞典9426.29元收据。注明四月内送还本息，每月每百元利息1元，盖有中和行印章，印文"中和行印"。附有中文信封，上边有"茂和"和"踏花归去马蹄香"字样，及英文提要。

Chop to Jardine. A chop (in Chinese) from Mingqua to Jardine for $9426.29, with interest, 27 January 1838, due for repayment in April, with a Chinese envelope. Both documents include English notes about the chop. 2 items; Fair condition, but damage by insects. 1838

（正） （反）

---

① 中和行：广州十三行之一，道光十年（1830）成立，道光二十一年（1841）倒闭。行商潘文涛（国荣），商号明官（Minqua）。
② 赞典：又译渣颠、渣甸、查顿，为怡和洋行（Jardine, Matheson & Co.）创始人之一。

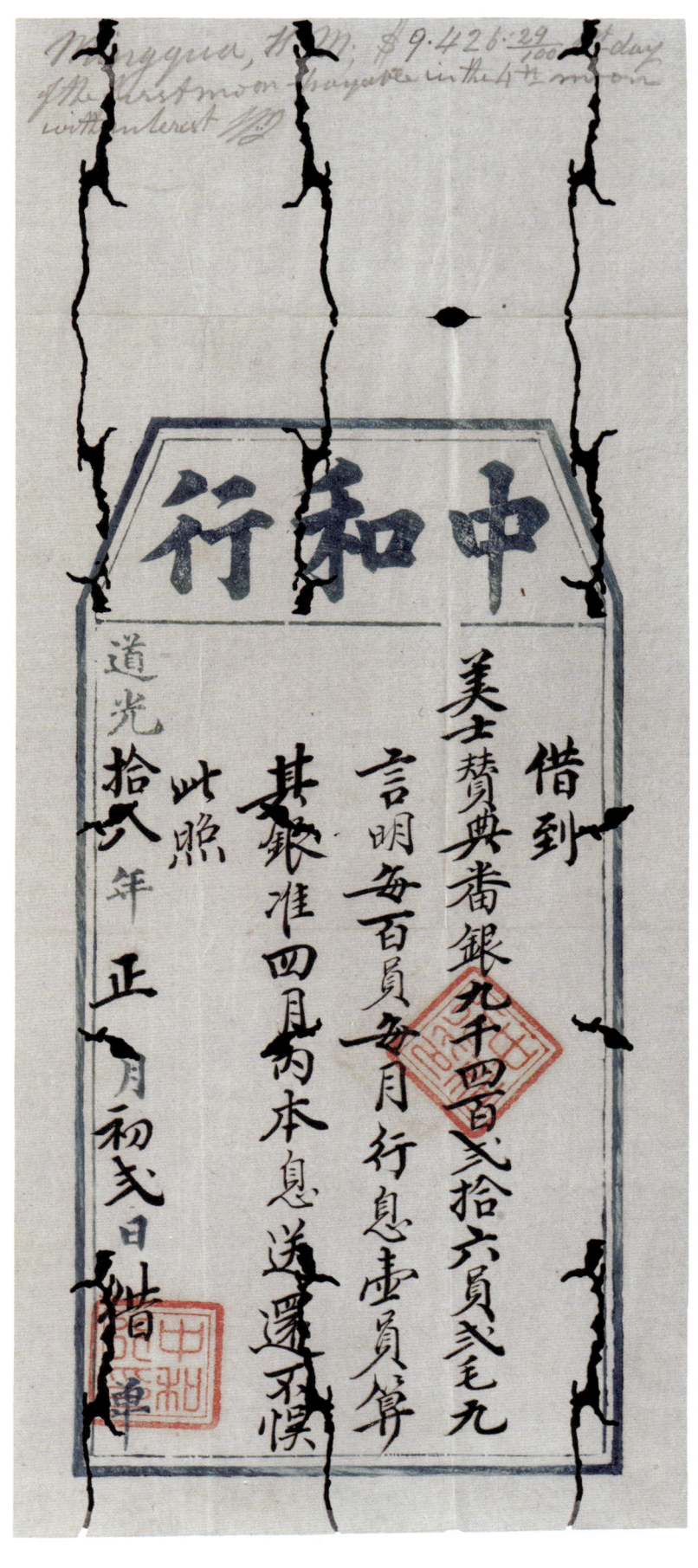

二八、道光十七年会记①印章单据（H1/28）

道光十七年八月初三日（1837年9月2日），会记为英国商人庇列度（Pi-lie-tu）代报棉花海关关税单据，盖有会记印章，印文"护封"。

Receipt from Hui-chi hui. A cotton receipt from Hui-chi (Huiji) hui to Mr. Pi-lie-tu (Biliedu), 2 September 1837. 1 item.

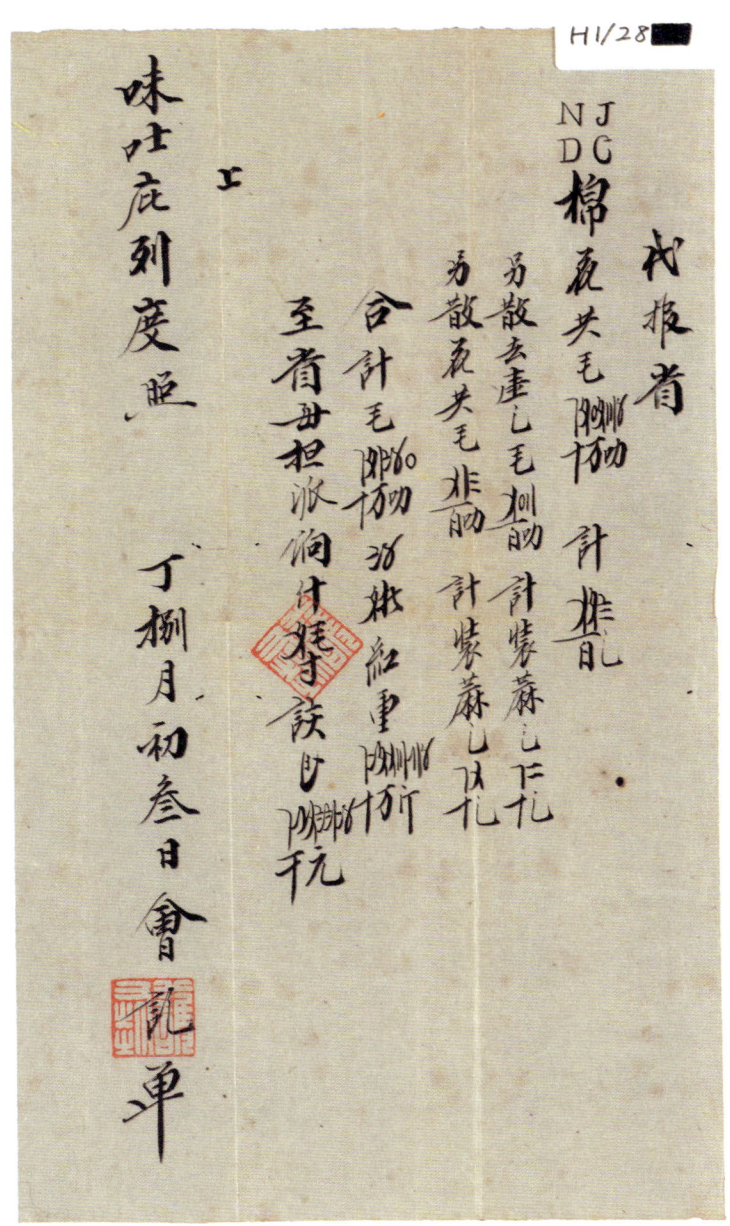

---

① 会记：中国买办。

二九、道光十七年裕祥和记①印章单据（H1/29）

道光十七年十一月二十五日（1837年12月22日），银店裕祥和记为英国商人Jardine②支付3000元，注明一个月归还，盖有裕祥和记印章，印文"裕祥和记"。另有中文信封及英文注释。

Receipt from Yu-hsian ho-chih. A receipt (in Chinese) from Allum and Yuchong of Yu-hsian ho-chih (Yuxiang heji), a silver shop at His-jung hsiang (Xirong xiang), to Jardine for $3000, 22 December 1837, with repayment due in one month. The receipt includes a note, dated in DG 18th year 3rd moon 15th day (9 April 1838), regarding repayment. There is also an envelope which includes an English note by W. Jardine on the reverse about the loan and its repayment. 2 items. 1838

（正）

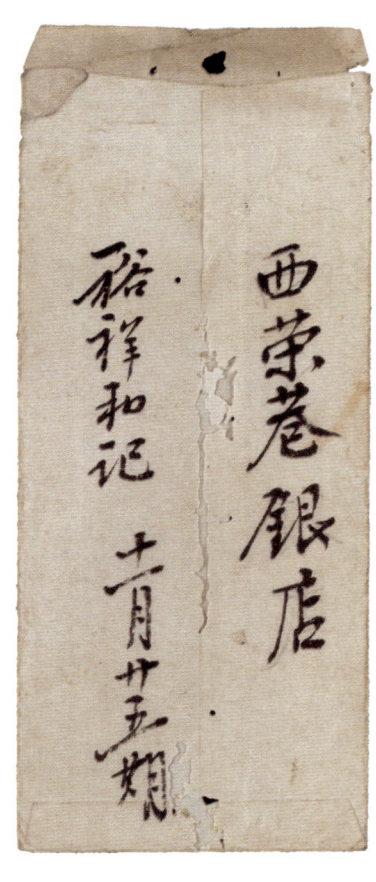
（反）

---

① 裕祥和记：中国银店。
② Jardine：查顿，又译渣颠、渣甸、赞典，为怡和洋行（Jardine, Matheson & Co.）创始人之一。

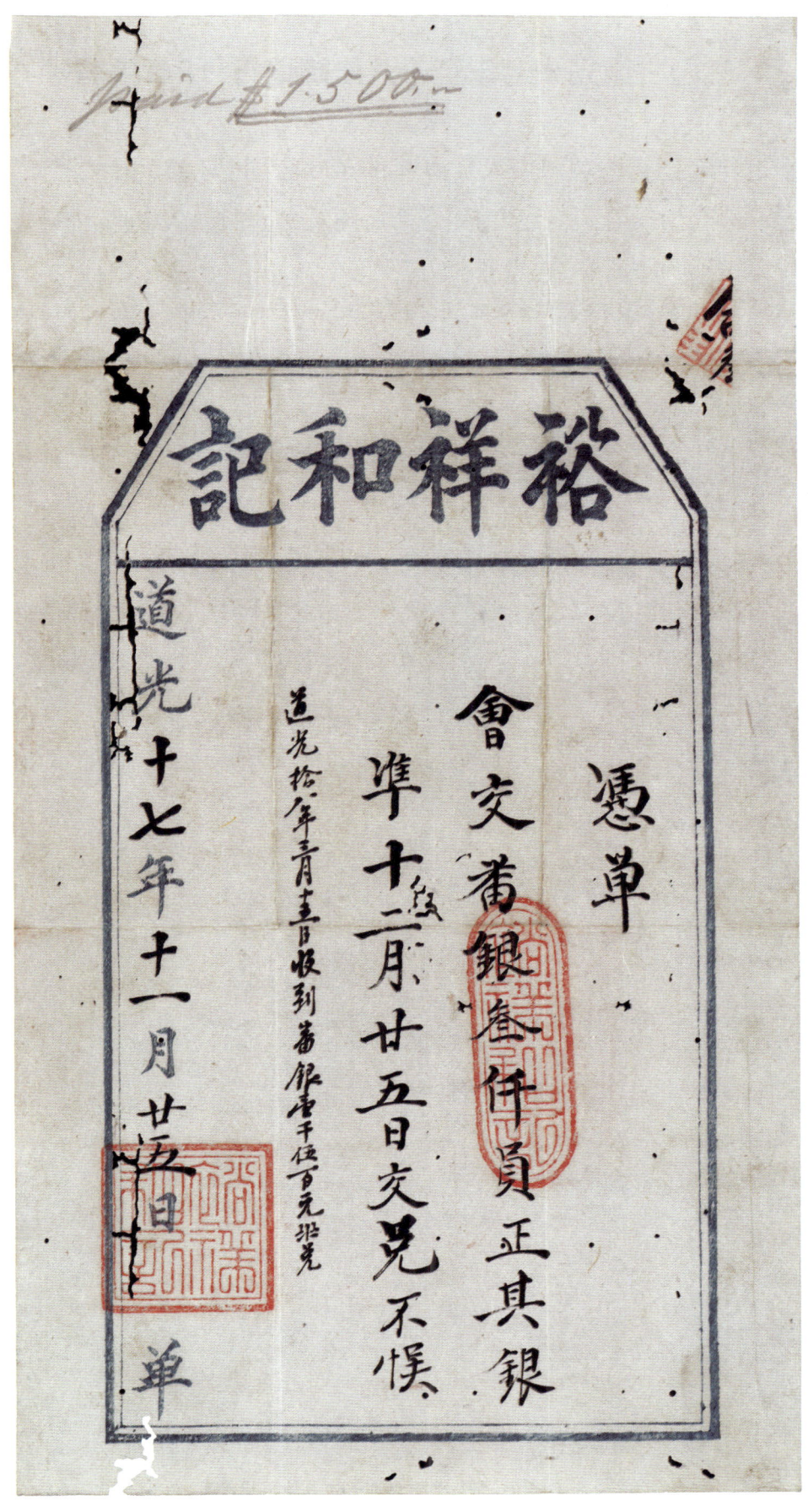

三〇、道光十七年至十八年隆记行①印章单据

1. 道光十七年隆记行与英国商人赞典②的茶叶合同（H1/30/01）

道光十七年十一月二十六日（1837年12月23日），隆记行与英国商人赞典的茶叶合同，盖有隆记行英文印章，印文"Teunshing"。

Tea contract to Jardine. A tea sales contract from Teunshing Lung-chi to Jardine, 23 December 1837. 1 item. 1837

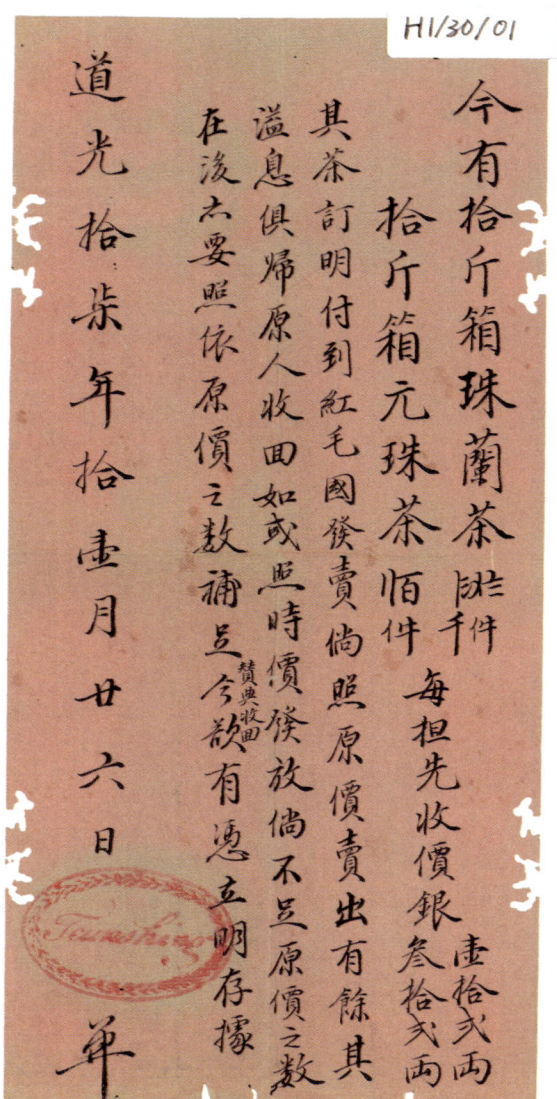

---

① 隆记行：广州十三行之一，道光年间成立，鸦片战争后，改为隆记茶行。行商张通守（殿铨），商名"Tingqua"。
② 赞典：又译渣颠、渣甸、查顿，为怡和洋行（Jardine, Matheson & Co.）创始人之一。

2. 道光十八年隆记行①借英国商人赞典②货款收据（H1/30/02）

道光十八年五月十二日（1838年7月3日），隆记行借英国商人赞典6500元货款收据，注明五个月归还，每百元每月利息1元，盖有隆记行印章，印文"护封"；隆记行英文印章，印文"Teunshing"。附有中文信封及英文注释。

Chop to Jardine. A chop (in Chinese) from Teunshing Lung-chi to Mr. Jardine for $6500, 3 July 1838, due for repayment in 5 months, with a Chinese envelope. Both documents include English notes about the chop. 2 items. 1838

 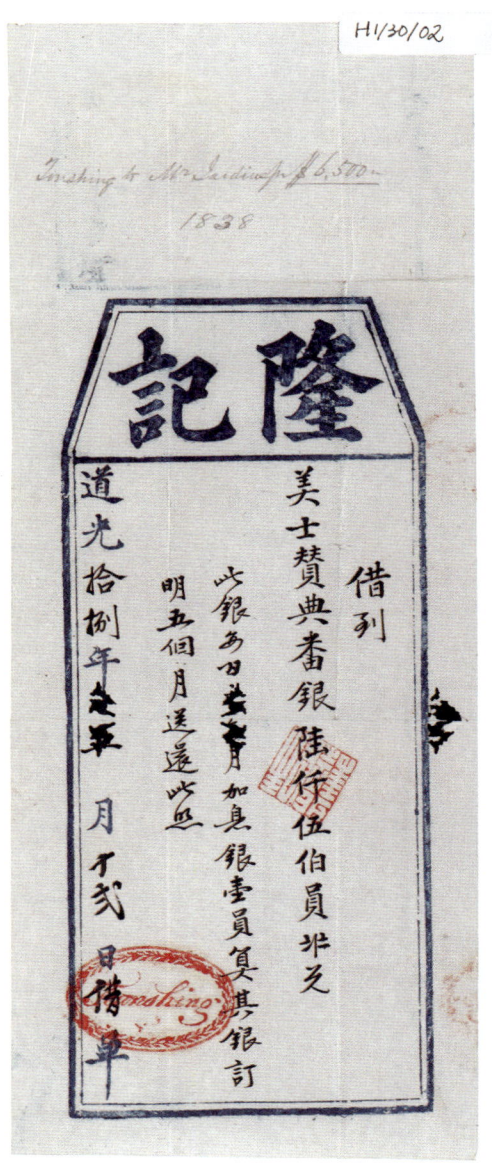

---

① 隆记行：广州十三行之一，道光年间成立，鸦片战争后，改为隆记茶行。行商张通守（殿铨），商名"Tingqua"。
② 赞典：又译渣颠、渣甸、查顿，为怡和洋行（Jardine, Matheson & Co.）创始人之一。

三一、道光十七年至十八年安昌行①印章单据

1. 道光十七年安昌行为英国商人赞典②存储茶叶单据（H1/31/01）

道光十七年十二月二十八日（1838年1月23日），安昌行为英国商人赞典存储茶叶210件单据，盖有正方形安昌行印章，印文"安昌行图记"；随形印安昌行印章，印文"安昌行图记"。附有中文信封及英文注释。

Tea receipt. A receipt from An-ch'ang Hong, 23 January 1838, with a Chinese envelope. 2 items. 1838

 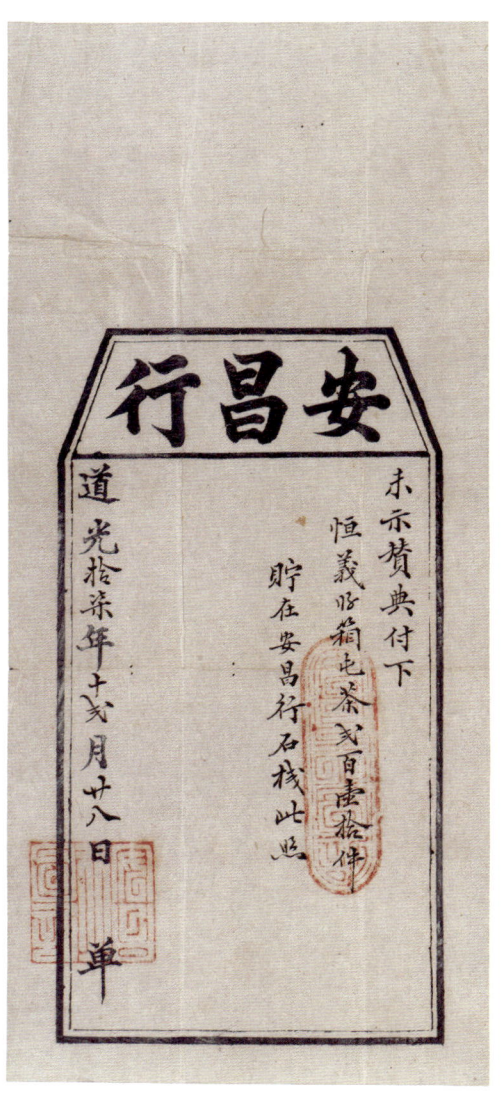

---

① 安昌行：广州十三行之一，道光年间成立及倒闭。行商容有光，商名"Takqua"。
② 赞典：又译渣颠、渣甸、查顿，为怡和洋行（Jardine, Matheson & Co.）创始人之一。

2. 道光十八年安昌行①与英国商人赞甸②购买茶叶单据（H1/31/02）

道光十八年二月二十七日（1838年3月22日），安昌行与英国商人赞甸购买茶叶单据，注明各类茶叶品种及数量，盖有安昌行正方形印章，印文"安记图章发货图章揭借不用"；安昌行无边框印章，印文"安昌行"。附有中文信封及英文注释。

Tea receipt. A receipt (in Chinese) from Yetack (?) of An-ch'ang Hong for 13 brands of tea, 22 March 1838, with a Chinese envelope. There are English notes on both documents about the receipt. 2 items. 1838

---

① 安昌行：广州十三行之一，道光年间成立及倒闭。行商容有光，商名"Takqua"。
② 赞甸：又译渣颠、渣甸、赞典，为怡和洋行（Jardine, Matheson & Co.）创始人之一。

3. 道光十八年安昌行[①]与英国商人赞典[②]购买茶叶单据（H1/31/03）

道光十八年三月十九日（1838年4月13日），安昌行与英国商人赞典购买茶叶单据，注明各类茶叶品种及数量，盖有安昌行正方形印章，印文"安昌行图记"。附有中文信封及英文注释，信封上印有"兴聚生财"字样。

Tea receipt. A receipt (in Chinese) from Yetack (?) of An-ch'ang Hong, 13 April 1838, with a Chinese envelope which includes an English note about the receipt. 2 items. 1838

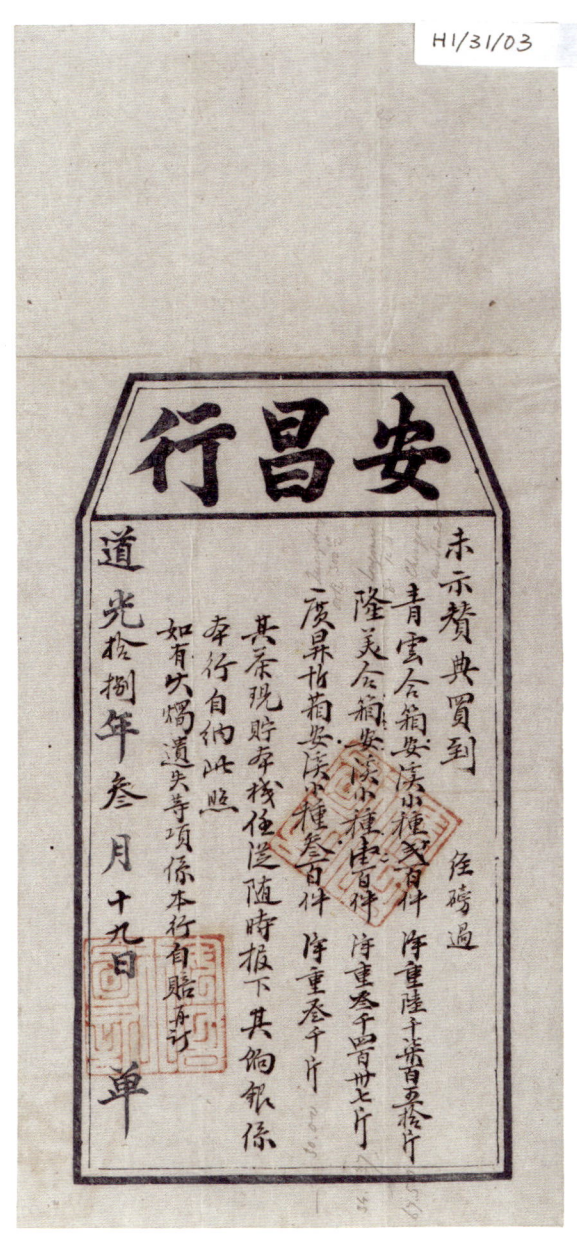

[①] 安昌行：广州十三行之一，道光年间成立及倒闭。行商容有光，商名"Takqua"。
[②] 赞典：又译渣颠、渣甸、查顿，为怡和洋行（Jardine, Matheson & Co.）创始人之一。

4. 道光十八年安昌行[①]与英国商人赞甸[②]购买茶叶单据（H1/31/04）

道光十八年三月二十六日（1838年4月20日），安昌行与英国商人赞甸购买茶叶单据，注明各类茶叶品种及数量，盖有安昌行方形印章，印文"安昌行""安记图章发货图章揭借不用"；安昌行无边框印章，印文"安昌行"。附有中文信封及英文注释。

Tea receipt. A receipt (in Chinese) from Yetack (?) of An-ch'ang Hong, 20 April 1838, with an envelope which includes a related English note. 2 items. 1838

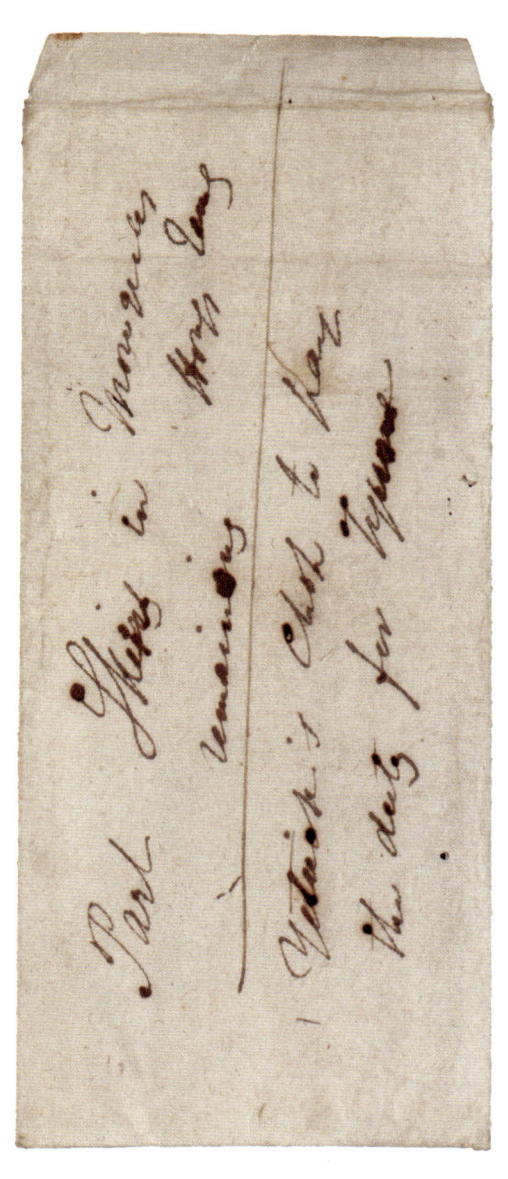
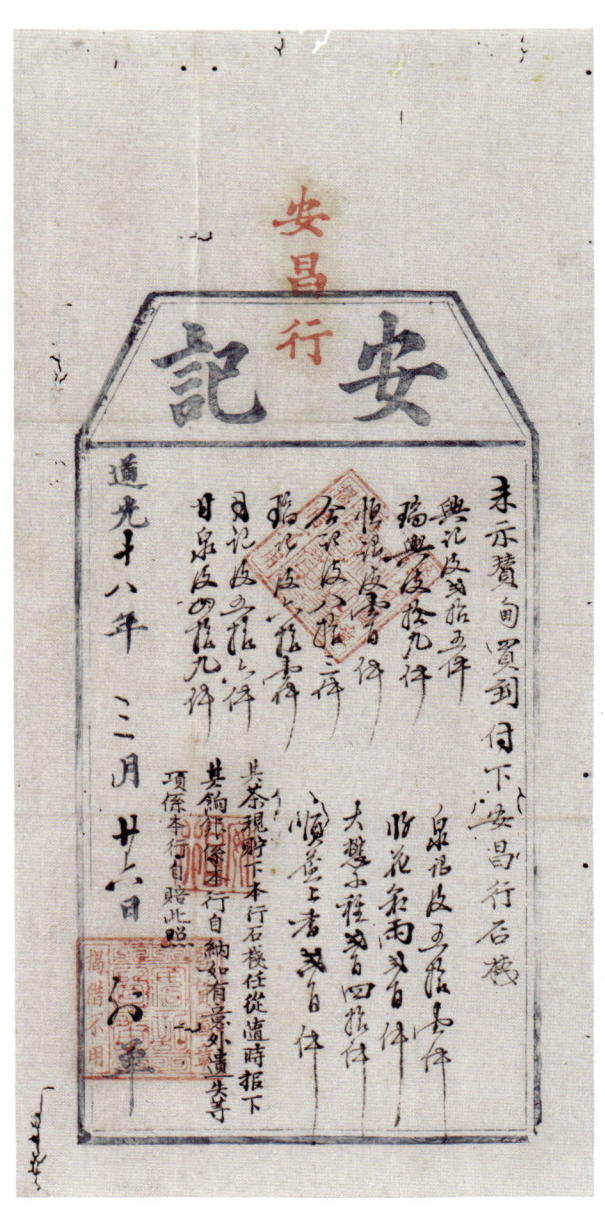

[①] 安昌行：广州十三行之一，道光年间成立及倒闭。行商容有光，商名"Takqua"。
[②] 赞甸：又译渣颠、渣甸、赞典，为怡和洋行（Jardine, Matheson & Co.）创始人之一。

5. 道光十八年安昌行[①]与英国商人赞甸[②]购买茶叶单据（H1/31/05）

道光十八年四月初一日（1838年4月24日），安昌行与英国商人赞甸购买茶叶单据，注明各类茶叶品种及数量，盖有安昌行方形印章，印文"安昌行""安记图章发货图章揭借不用"；安昌行无边框印章，印文"安昌行"。附有中文信封及英文注释。

Tea receipt. A receipt (in Chinese) from Yetack (?) of An-ch'ang Hong, 24 April 1838, with an envelope which includes a related English note. 2 items. 1838

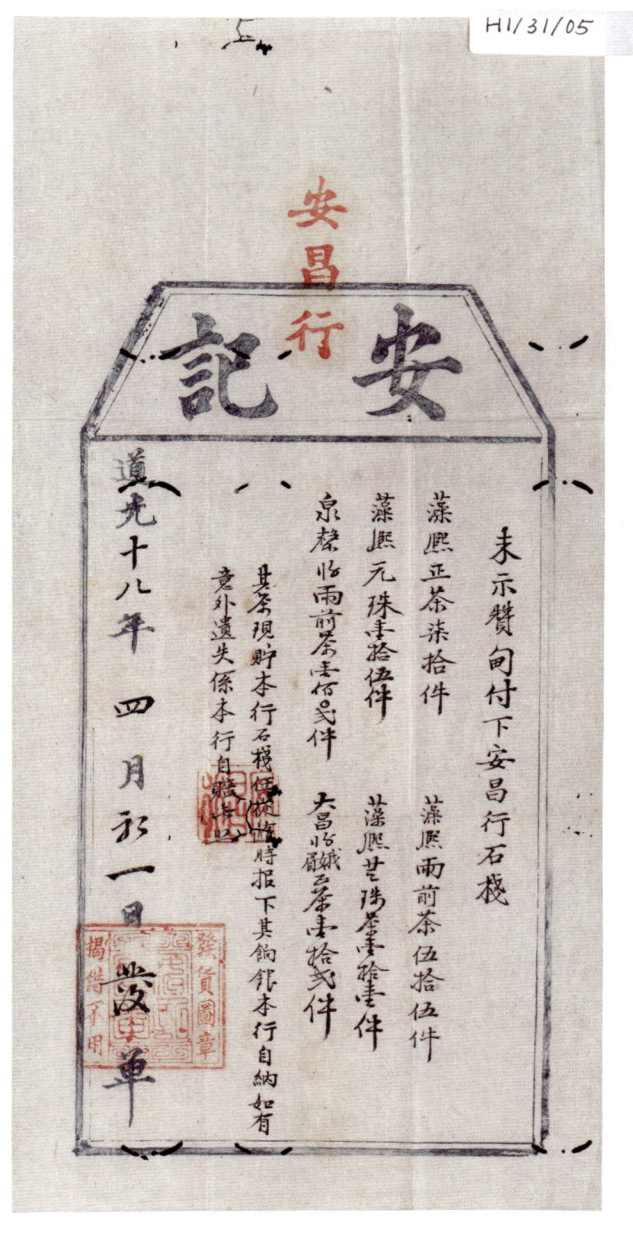

[①] 安昌行：广州十三行之一，道光年间成立及倒闭。行商容有光，商名"Takqua"。
[②] 赞甸：又译渣颠、渣甸、赞典，为怡和洋行（Jardine, Matheson & Co.）创始人之一。

三二、道光十八年溥馨①印章单据（H1/32）

道光十八年闰四月十四日（1838年6月6日），溥馨茶行与英国商人士密官（J［ames］W［arley］S［mith］）购买茶叶合同，注明茶叶品种及数量，收到定银1500元，盖有溥馨茶行正方形印章，印文"溥馨"。附有中文信封及英文注释。

Tea sale agreement of P'u-hsin. A tea sales agreement (in Chinese) from Hiang-li (Xiangli) of P'u-hsin (Puxin) to J［ames］W［arley］S［mith］, 7 May 1838②, with a Chinese envelope which includes an English note about the agreement. 2 items. 1838

 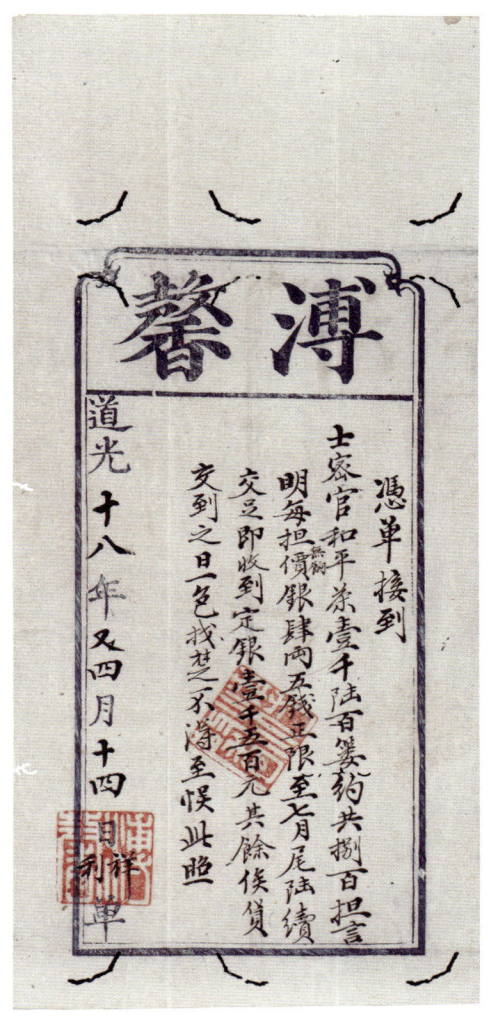

---

① 溥馨：中国安徽茶行。
② 勘误：英文提要日期为1838年5月7日（7 May 1838），按原中文文献"道光十八年又四月十四日"，应为1838年6月6日。此误疑因涉及闰月所致。

三三、道光十八年仁和行①与英国商人渣典②购买茶叶单据（H1/33）

道光十八年四月十六日（1838年5月9日），仁和行与英国商人渣典（Jardine）购买茶叶单据，注明各类茶叶品种及数量，存放在仁和行货栈，随时候取，如有损失，赔偿。盖有仁和行正方形印章，印文"仁和行"。附有中文信封及英文注释，信封上印有"福盛"和"踏花归去马蹄香"字样。

Receipt from Jen-wo. A receipt (in Chinese) from Jen-wo (Renhe) to Mr. Jardine for tea and its deposit, 9 May 1838, with a Chinese envelope which includes an English note about a settled chop. 2 items.

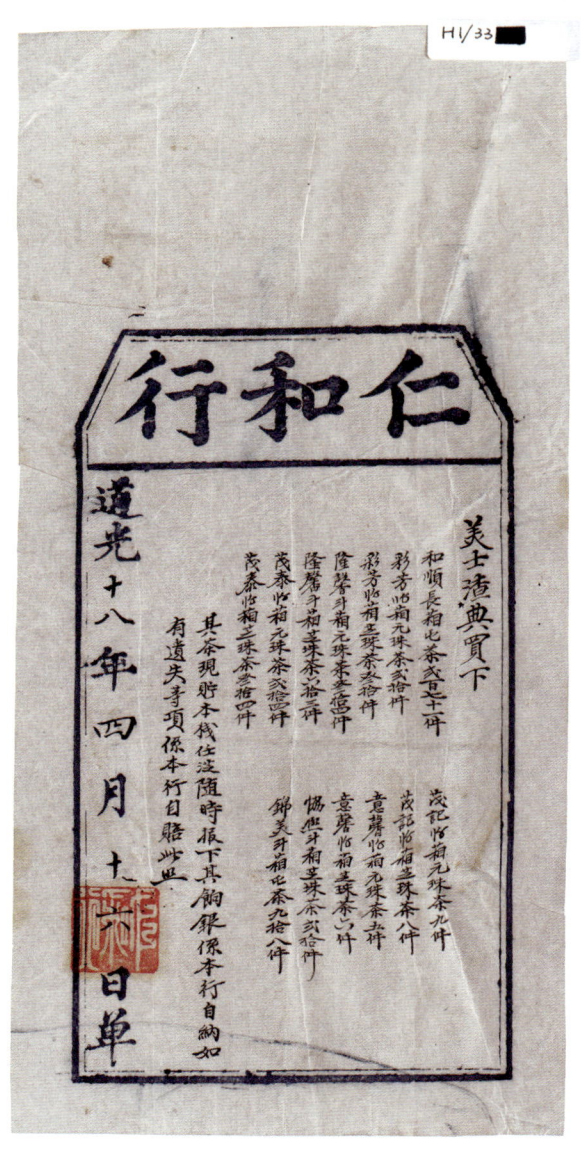

---

① 仁和行：广州十三行之一，道光九年（1829）成立，道光年间倒闭。行商潘文海（宝书），商名海官。
② 渣典：又译渣颠、渣甸、赞典，为怡和洋行（Jardine, Matheson & Co.）创始人之一。

三四、道光十八年英国Parry船长缴费注释（H1/34）

一个中文信封，上有英文备忘，内载1838年1月22日合兴印章，价值1018.10元，附有费用，于1839年1月23日结算。笔记上提到了Parry船长。

Notes on Hophing's chop. A Chinese envelope including English notes on both sides about Hophing's chop of 22 January 1839[①] for $1018.10, with fees, settled on 23 January 1839. The notes mention Captain Parry.

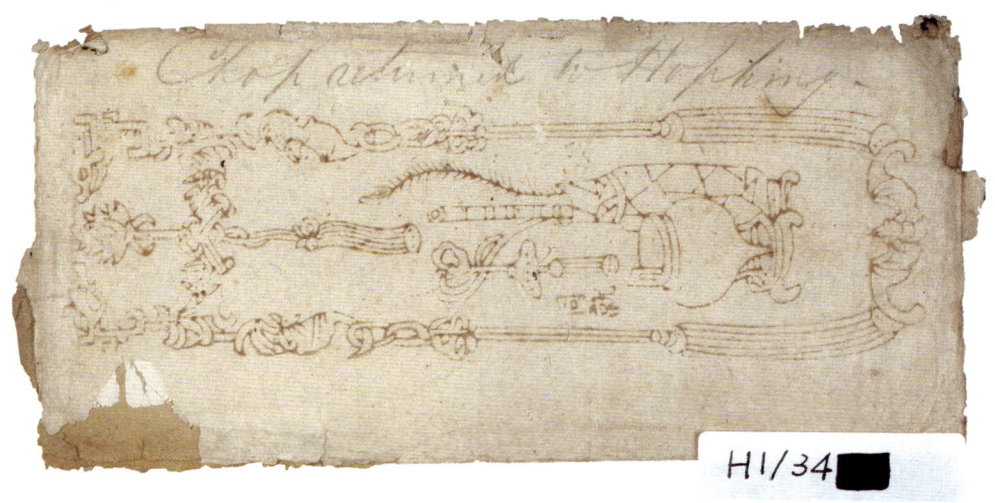

（正）

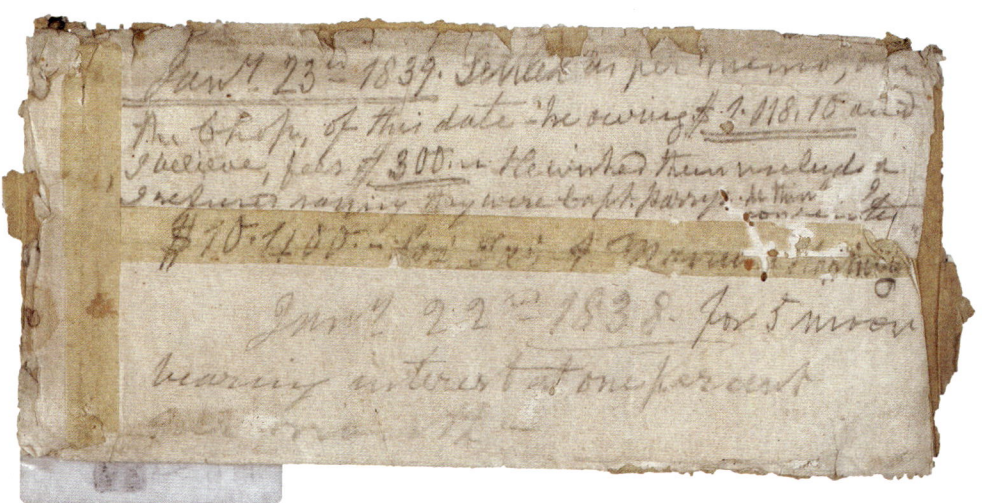

（反）

---

① 勘误：按原文献，应为1838年。

三五、道光二十年黄埔买办收费收据（H1/35）

道光二十年四月初十日（1840年5月11日），黄埔买办亚贵收到英国商人孖地臣①费用收据。
Receipt of fee from Congqua. A receipt of fee (in Chinese) from Congqua, comprador in Whampoa, to Matheson, 11 May 1840. The document includes an English note about its contents. 1 item. 1840

（正）

---

① 孖地臣：英商，怡和洋行（Jardine, Matheson & Co.）创始人之一。

（反）

三六、同顺行①印章单据

1. 道光二十年同顺行收到英国商人别列度购买茶叶费用收据（H1/36/01）

道光二十年七月二十七日（1840年8月24日），同顺行收到英国商人别列度（Pi-lie-tu）购买茶叶费用4813.45元收据，盖有同顺行方形印章，印文"护封"；同顺行圆形印章，印文"长勿相忘"；同顺行英文印章，印文"Samqua、TUNGSHUNHONG"。附有英文提要。

Tea receipt to Mr. Pi-lie-tu. A receipt (in Chinese) from Samqua to Mr. Pi-lie-tu for the proceeds of tea per 'George IV', handed in by Mr. Pi-lie-tu on behalf of Mr. Wen-te-hsin (Wen de xin), 24 August 1840. There is an English note on the back about the receipt. 1 item. 1840

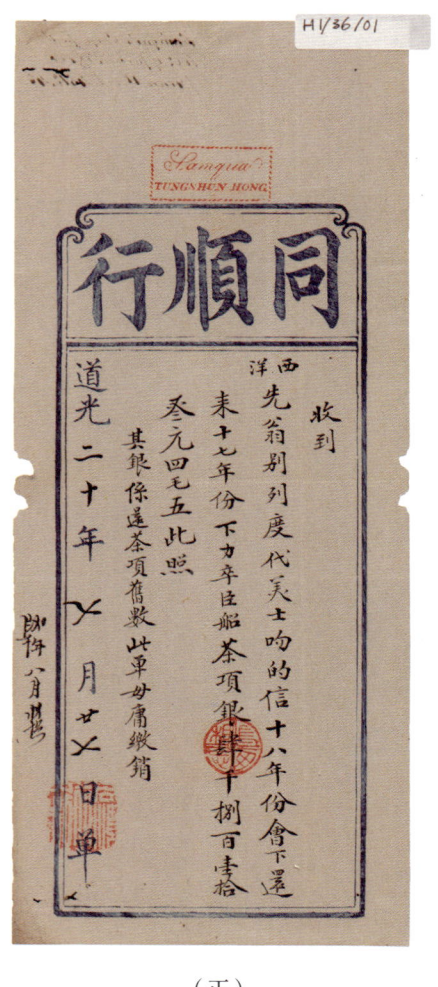

（正）

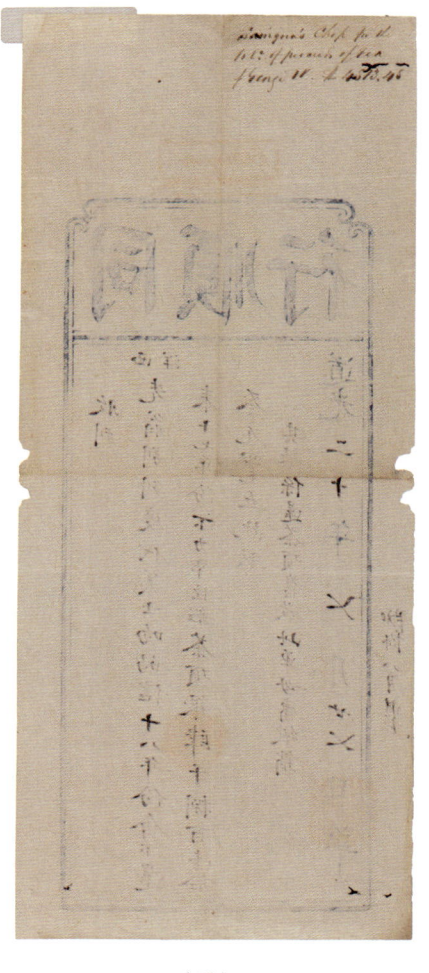

（反）

---

① 同顺行：广州十三行之一，英文Tung-Shun Hong，道光十年（1830）成立。行商吴天垣（健彩），原名吴健彰，商名爽官（Samqua），后改入仕途，咸丰四年（1854）授官上海道。

2. 道光二十二年同顺行①收到英国商人庇列度棉花收据（H1/36/02）

道光二十二年七月二十二日（1842年8月27日），同顺行收到英国商人庇列度运来棉花一批。收据盖有同顺行方形印章，印文"护封"，一枚菱形钤印。附有英文提要。

Cotton receipt to Mr. Pi-lie-tu. A receipt (in Chinese) from Samqua to Mr. Pi-lie-tu for cotton per 'James Ewing' and other ships, 27 August 1842, including English notes giving details. 1 item. 1842

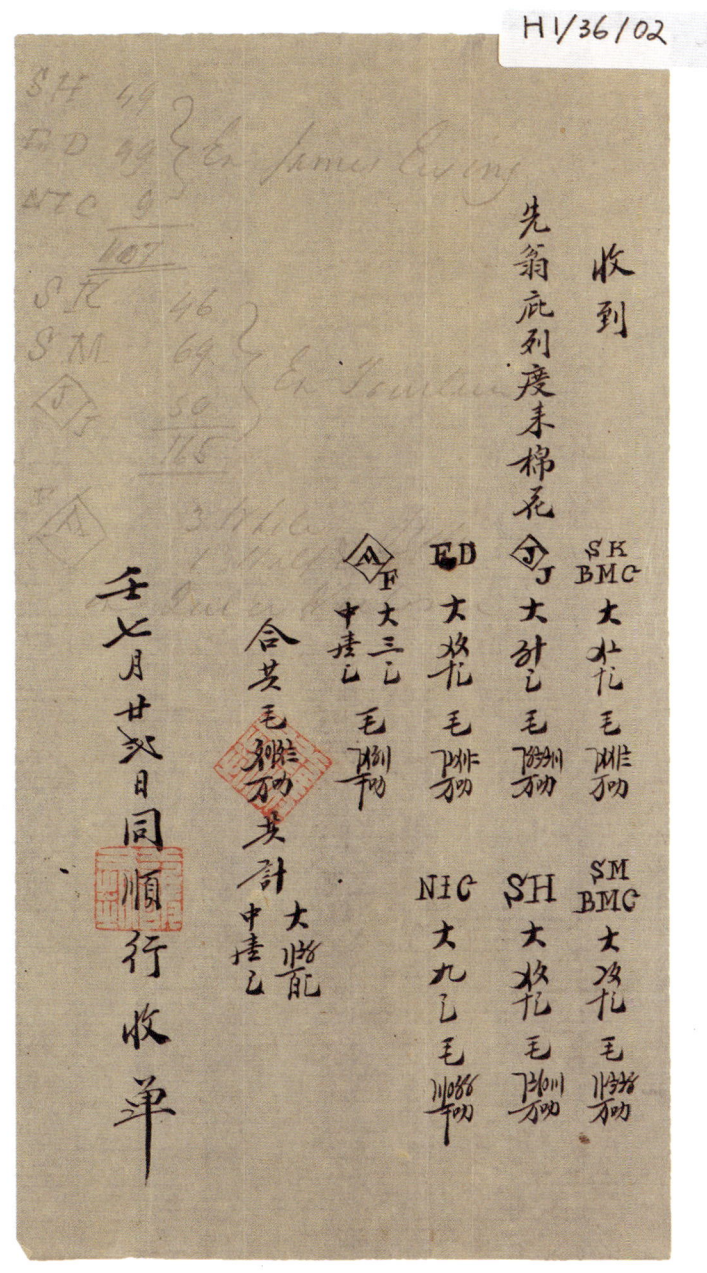

---

① 同顺行：广州十三行之一，英文 Tung-Shun Hong，道光十年（1830）成立。行商吴天垣（健彩），原名吴健彰，商名爽官（Samqua），后改入仕途，咸丰四年（1854）授官上海道。

3. 道光二十二年同顺行①收到英国商人庇列度棉花收据（H1/36/03）

道光二十二年七月二十四日（1842年8月29日），同顺行收到英国商人庇列度棉花收据，盖有同顺行方形印章，印文"护封"，一枚菱形钤印。附有英文提要。

Cotton receipt to Mr. Pi-lie-tu. A receipt (in Chinese) from Samqua to Mr. Pi-lie-tu for cotton per 'Orator', 29 August 1842, including English notes giving details. 1 item. 1842

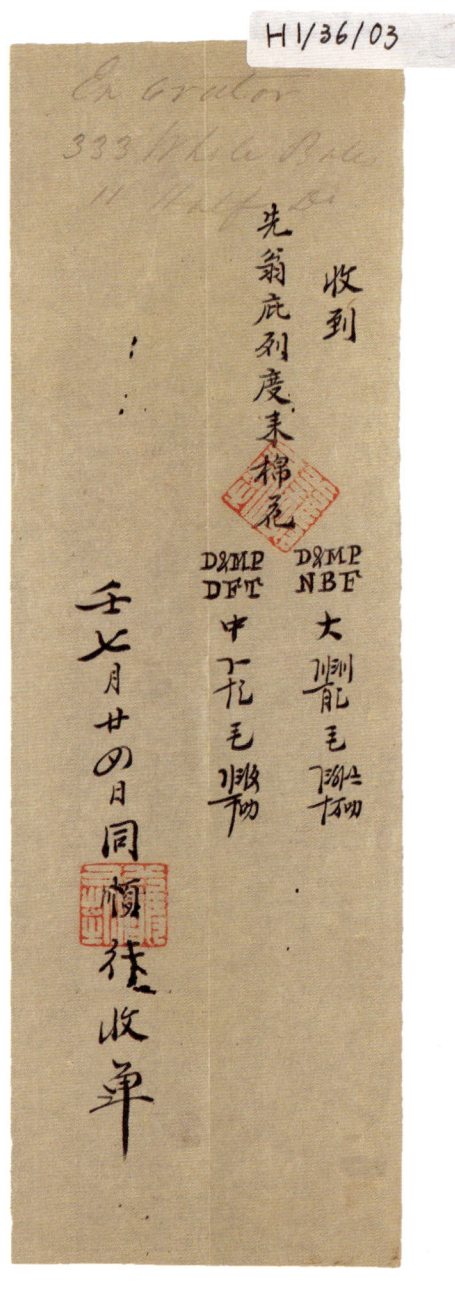

---

① 同顺行：广州十三行之一，英文 Tung-Shun Hong，道光十年（1830）成立。行商吴天垣（健彩），原名吴健彰，商名爽官（Samqua），后改入仕途，咸丰四年（1854）授官上海道。

4. 道光二十二年同顺行①收到英国商人庇列度运来棉花收据（H1/36/04）

道光二十二年七月二十六日（1842年8月31日），同顺行收到英国商人庇列度运来各类棉花收据，盖有同顺行方形印章，印文"护封"，一枚菱形钤印。附有中文信封及英文提要，信封上有"六合生财"字样。

Cotton receipt to Mr. Pi-lie-tu. A purser's receipt (in Chinese) from Samqua to Mr. Pi-lie-tu for two chop loads of cotton per 'Orator', 31 August 1842, with a Chinese envelope which includes English notes about the receipt. 2 items. 1842

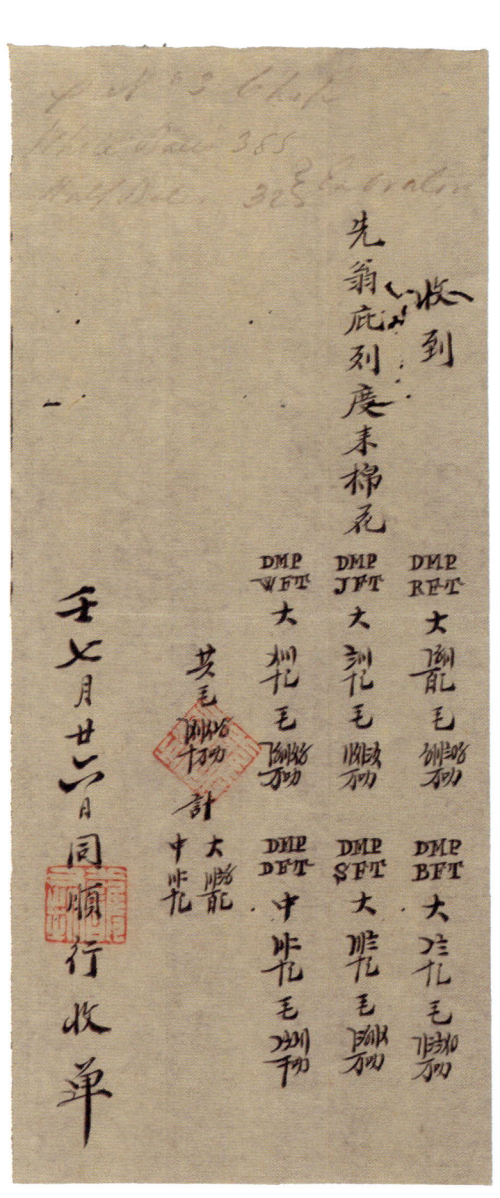

---

① 同顺行：广州十三行之一，英文Tung-Shun Hong，道光十年（1830）成立。行商吴天垣（健彰），原名吴健彰，商名爽官（Samqua），后改入仕途，咸丰四年（1854）授官上海道。

5. 道光二十二年同顺行[①]收到英国商人庇列度运来棉花收据（H1/36/05）

道光二十二年七月二十八日（1842年9月2日），同顺行收到英国商人庇列度运来各类棉花收据，盖有同顺行方形印章，印文"护封"，一枚菱形钤印。附有英文提要。

Cotton receipt to Mr. Pi-lie-tu. A purser's receipt (in Chinese) from Samqua to Mr. Pi-lie-tu for 390 bales of cotton per 'Orator', 2 September 1842, including English notes giving details. 1 item. 1842

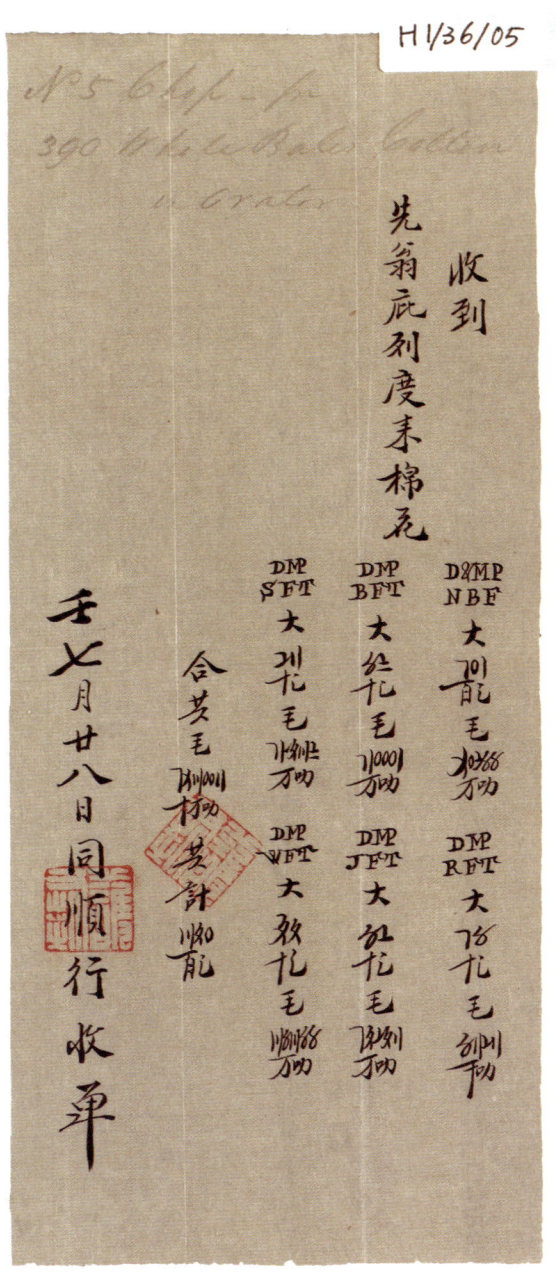

---

① 同顺行：广州十三行之一，英文Tung-Shun Hong，道光十年（1830）成立。行商吴天垣（健彩），原名吴健彰，商名爽官（Samqua），后改入仕途，咸丰四年（1854）授官上海道。

6. 道光二十二年同顺行[①]收到英国商人庇列度运来棉花收据（H1/36/06）

道光二十二年七月二十八日（1842年9月2日），同顺行收到英国商人庇列度运来各类棉花收据，盖有同顺行方形印章，印文"护封"，一枚菱形钤印。附有英文提要。

Cotton receipt to Mr. Pi-lie-tu. A purser's receipt (in Chinese) from Samqua to Mr. Pi-lie-tu for two chop loads of cotton per 'Orator' and 'Pandora', 2 September 1842, including English notes giving details. 1 item. 1842

---

① 同顺行：广州十三行之一，英文Tung-Shun Hong，道光十年（1830）成立。行商吴天垣（健彩），原名吴健彰，商名爽官（Samqua），后改入仕途，咸丰四年（1854）授官上海道。

7. 道光二十二年同顺行①收装英国商人运来棉花收据信封（H1/36/07）

道光二十二年（1842），同顺行收装英国商人运来棉花收据信封，上有英文提要及"六合生财"字样。

Envelope for chops. A Chinese envelope used originally to hold H1/36/9–11②, and including English notes about the chops. 1 item. 1842

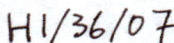

---

① 同顺行：广州十三行之一，英文 Tung-Shun Hong，道光十年（1830）成立。行商吴天垣（健彩），原名吴健彰，商名爽官（Samqua），后改入仕途，咸丰四年（1854）授官上海道。

② H1/36/12的英文提要中亦谓"A Chinese envelope used originally to hold H1/36/9–11"，且参其图，知其确。故此处有误。参此件图中文字"chop for 390 bales"，疑H1/36/05为该信封所装收据之一。

8. 道光二十二年同顺行①收到英国商人庇列度运来棉花收据（H1/36/08）

道光二十二年七月二十九日（1842年9月3日），同顺行收到英国商人庇列度运来各类棉花收据，盖有同顺行方形印章，印文"护封"，一枚菱形钤印。附有中文信封及英文提要，信封上有"六合生财"字样。

Cotton receipt to Mr. Pi-lie-tu. A purser's receipt (in Chinese) from Samqua to Mr. Pi-lie-tu for 268 bales of cotton per 'Pandora', 3 September 1842, with a Chinese envelope. Both documents include English notes about the receipt. 2 items. 1842

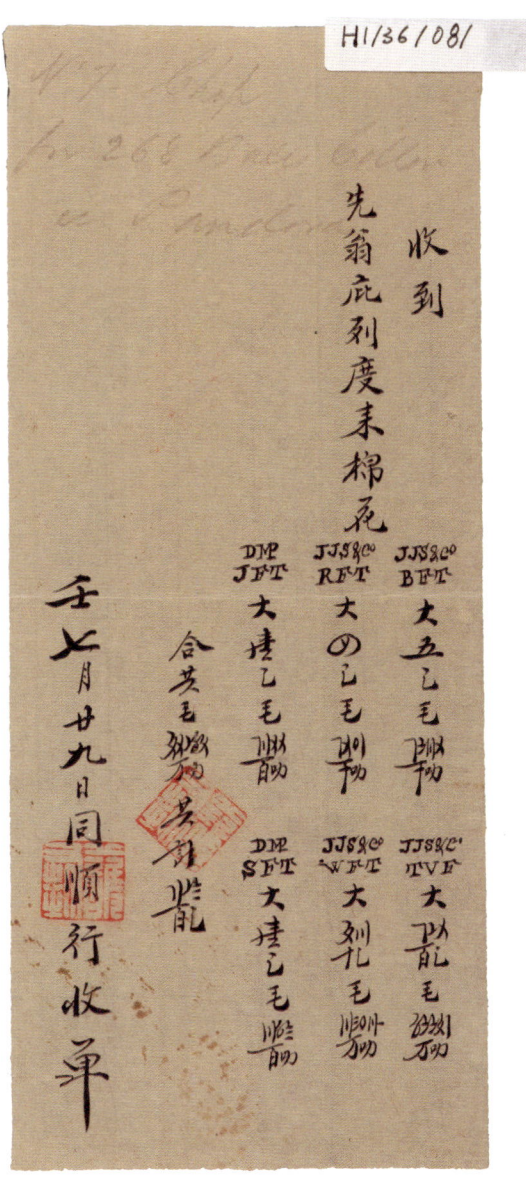

---

① 同顺行：广州十三行之一，英文 Tung-Shun Hong，道光十年（1830）成立。行商吴天垣（健彩），原名吴健彰，商名爽官（Samqua），后改入仕途，咸丰四年（1854）授官上海道。

9. 道光二十二年同顺行①收到英国商人庇列度运来棉花收据（H1/36/09）

道光二十二年八月十三日（1842年9月17日），同顺行收到英国商人庇列度运来各类棉花收据，盖有同顺行方形印章，印文"护封"，一枚菱形钤印。附有英文提要。

Cotton receipt to Mr. Pi-lie-tu. A purser's receipt (in Chinese) from Samqua to Mr. Pi-lie-tu for 300 bales of cotton per 'Bolton', 27 September 1842②, including an English note about the receipt. 1 item. 1842

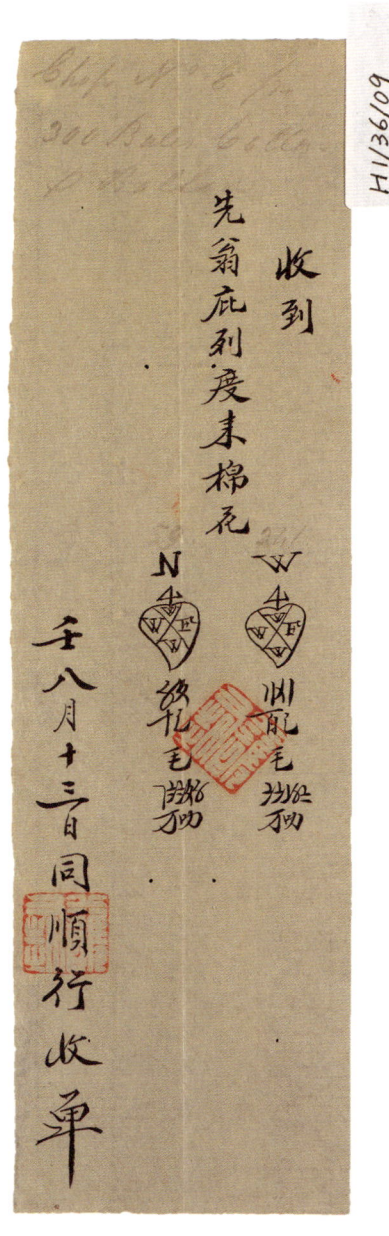

---

① 同顺行：广州十三行之一，英文Tung-Shun Hong，道光十年（1830）成立。行商吴天垣（健彩），原名吴健彰，商名爽官（Samqua），后改入仕途，咸丰四年（1854）授官上海道。
② 勘误：英文提要日期为1842年9月27日（27 September 1842），按原中文文献"壬八月十三日"，应为1842年9月17日。

10. 道光二十二年同顺行①收到英国商人里侄运来棉花收据（H1/36/10）

道光二十二年八月二十日（1842年9月24日），同顺行收到英国商人里侄（Li-chih）运来各类棉花收据，盖有同顺行方形印章，印文"护封"，三枚菱形钤印。附有英文提要。

Cotton receipt to Mr. Li-chih. A purser's receipt (in Chinese) from Samqua to Mr. Li-chih for 407 bales cotton per 'David Clark', 24 September 1842, including an English note about the receipt. 1 item. 1842

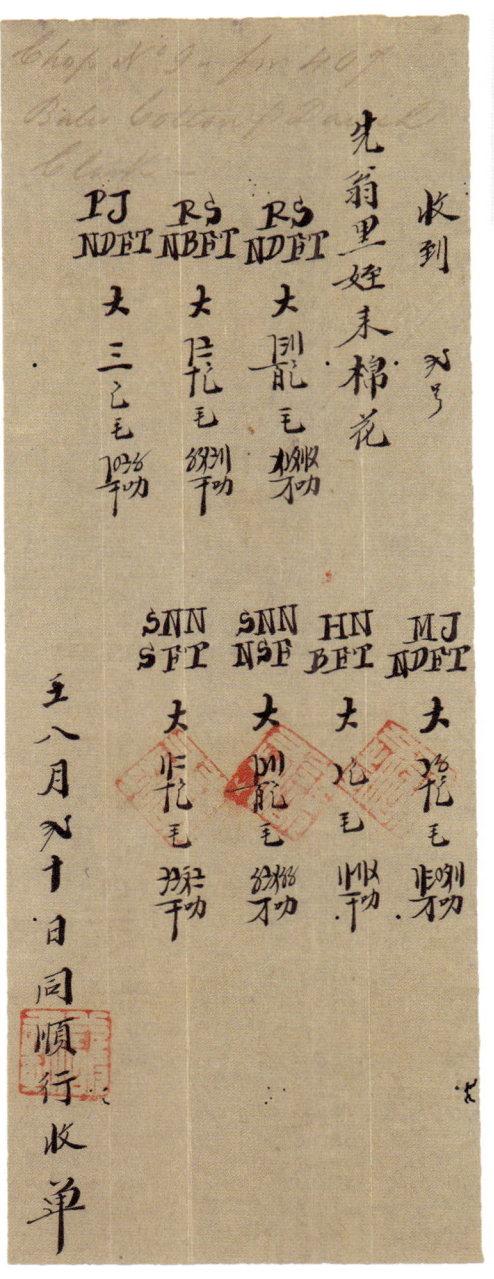

---

① 同顺行：广州十三行之一，英文Tung-Shun Hong，道光十年（1830）成立。行商吴天垣（健彩），原名吴健彰，商名爽官（Samqua），后改入仕途，咸丰四年（1854）授官上海道。

11. 道光二十二年同顺行①收到英国商人里侄运来棉花收据（H1/36/11）

道光二十二年八月二十日（1842年9月24日），同顺行收到英国商人里侄运来各类棉花收据，盖有同顺行方形印章，印文"护封"，三枚菱形钤印。附有英文提要。

Cotton receipt to Mr. Li-chih. A purser's receipt (in Chinese) from Samqua to Mr. Li-chih for 418 bales cotton per 'David Clark', 24 September 1842, including an English note about the receipt. 1 item. 1842

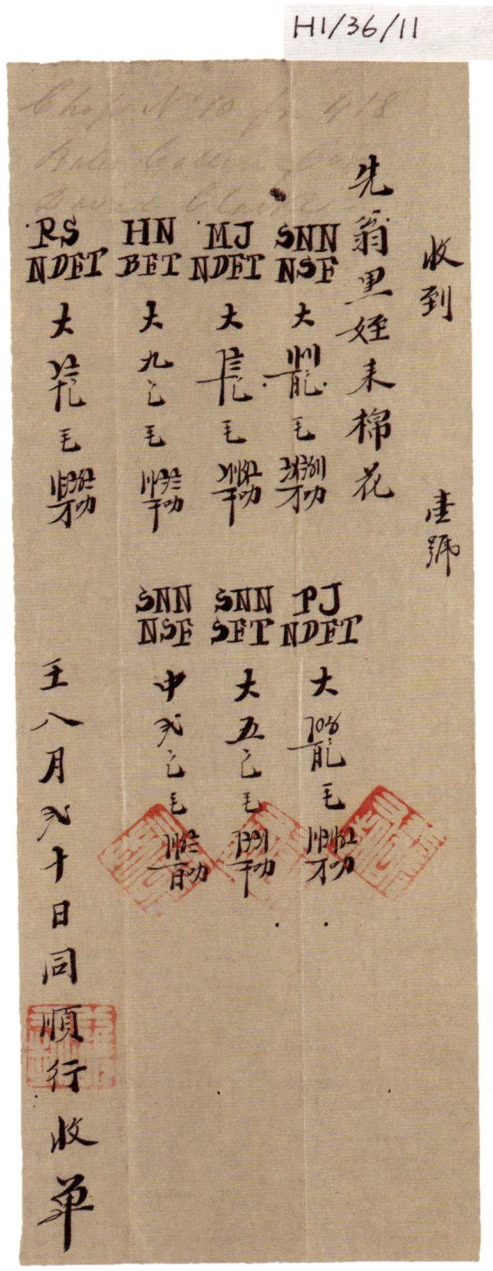

---

① 同顺行：广州十三行之一，英文Tung-Shun Hong，道光十年（1830）成立。行商吴天垣（健彩），原名吴健彰，商名爽官（Samqua），后改入仕途，咸丰四年（1854）授官上海道。

12. 道光二十二年同顺行①收装英国商人运来棉花收据信封（H1/36/12）

道光二十二年（1842），同顺行收装英国商人运来棉花收据信封，上有"六合生财"字样。

Envelope for chops. A Chinese envelope used originally to hold H1/36/9–11, and including English notes about the chops. 1 item. 1842

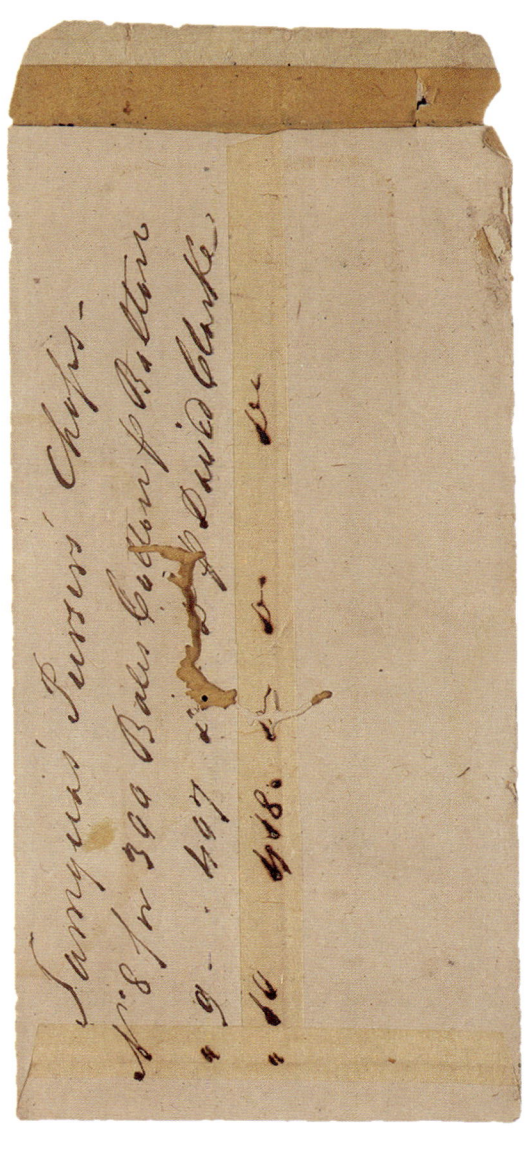

（正） （反）

---

① 同顺行：广州十三行之一，英文 Tung-Shun Hong，道光十年（1830）成立。行商吴天垣（健彩），原名吴健彰，商名爽官（Samqua），后改入仕途，咸丰四年（1854）授官上海道。

13. 道光二十二年同顺行①收到英国商人里侄运来棉花收据（H1/36/13）

道光二十二年八月二十五日（1842年9月29日），同顺行收到英国商人里侄运来各类棉花收据，盖有同顺行方形印章，印文"护封"。

Cotton receipt to Mr. Li-chih. A purser's receipt from Samqua to Mr. Li-chih for cotton, 29 September 1842. 1 item. 1842

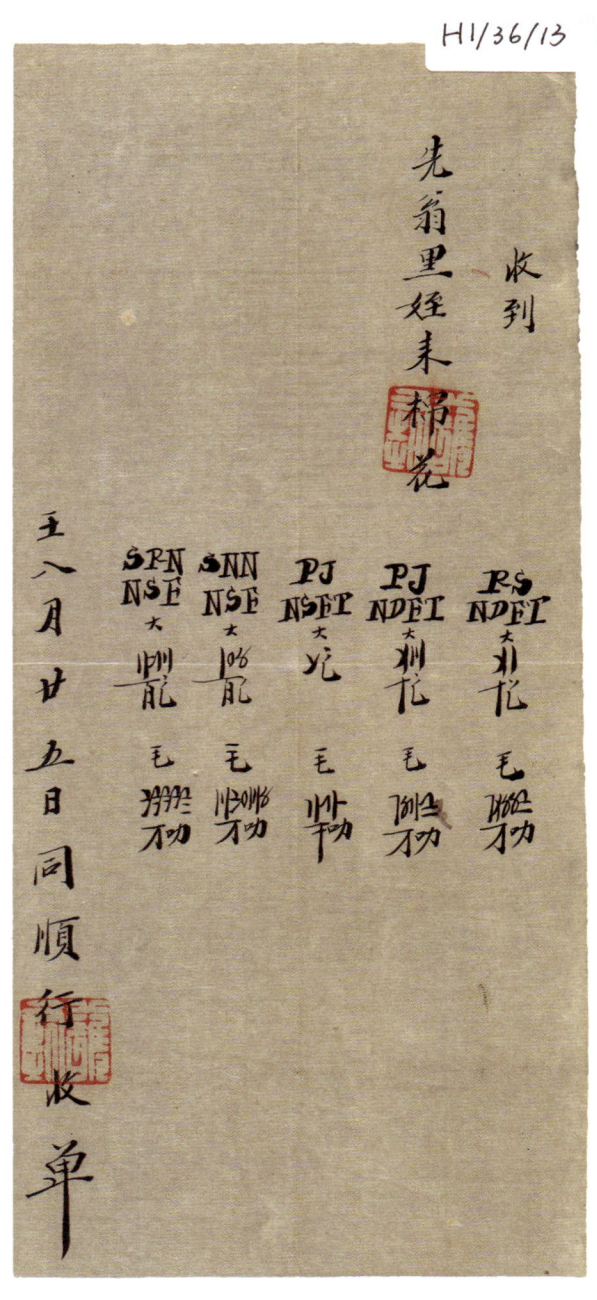

---

① 同顺行：广州十三行之一，英文Tung-Shun Hong，道光十年（1830）成立。行商吴天垣（健彩），原名吴健彰，商名爽官（Samqua），后改入仕途，咸丰四年（1854）授官上海道。

14. 道光二十二年同顺行① 收到英国商人里佺运来棉花收据（H1/36/14）

道光二十二年八月二十六日（1842年9月30日），同顺行收到英国商人里佺运来各类棉花收据，盖有同顺行方形印章，印文"护封"。

Cotton receipt to Mr. Li-chih. A purser's receipt from Samqua to Mr. Li-chih for cotton, 30 September 1842. 1 item. 1842

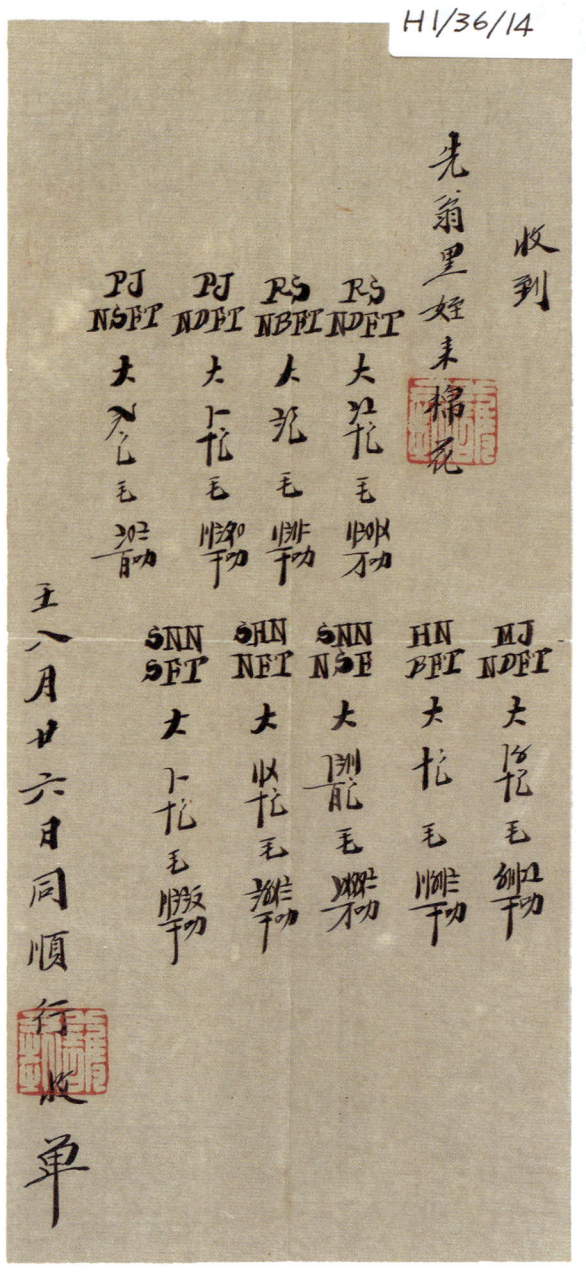

---

① 同顺行：广州十三行之一，英文 Tung-Shun Hong，道光十年（1830）成立。行商吴天垣（健彰），原名吴健彰，商名爽官（Samqua），后改入仕途，咸丰四年（1854）授官上海道。

15. 道光二十二年同顺行^①收到英国商人里侄运来棉花收据（H1/36/15）

道光二十二年八月二十七日（1842年10月1日），同顺行收到英国商人里侄运来各类棉花收据，盖有同顺行方形印章，印文"护封"。

Cotton receipt to Mr. Li-chih. A purser's receipt from Samqua to Mr. Li-chih for cotton, 31 September 1842^②. 1 item. 1842

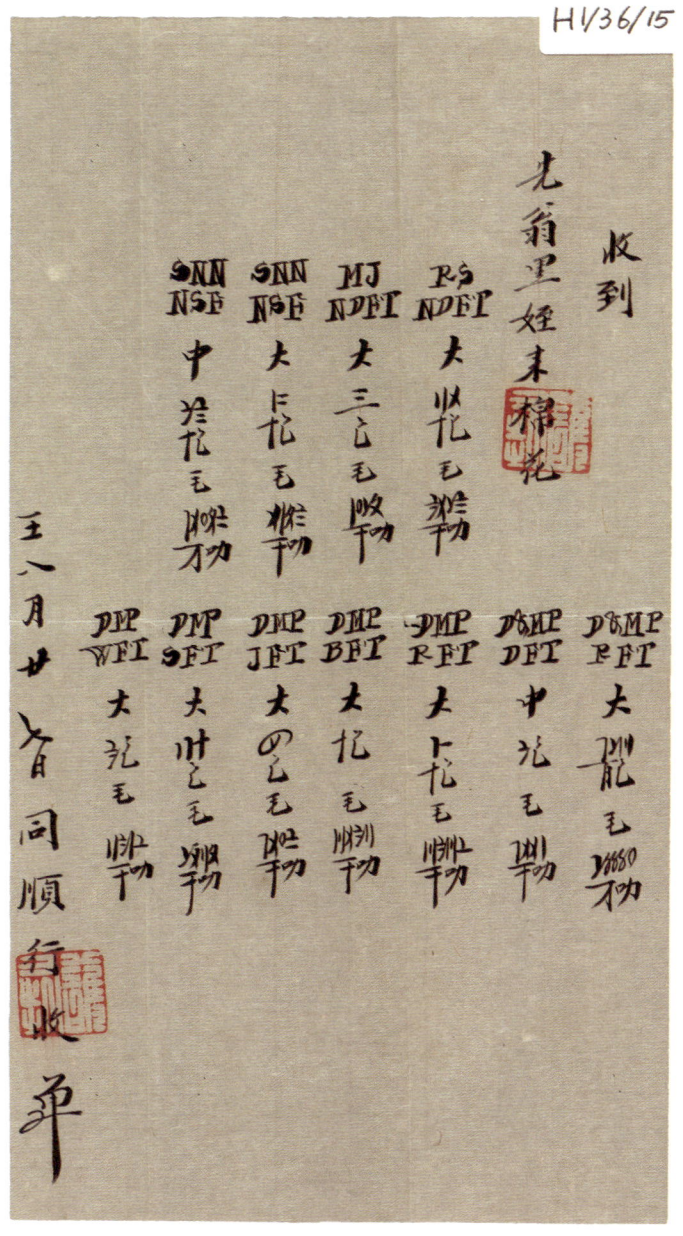

---

① 同顺行：广州十三行之一，英文 Tung-Shun Hong，道光十年（1830）成立。行商吴天垣（健彰），原名吴健彰，商名爽官（Samqua），后改入仕途，咸丰四年（1854）授官上海道。
② 勘误：英文提要日期为1842年9月31日（31 September 1842），按原中文文献"壬八月廿七日"，应为1842年10月1日。

16. 道光二十二年同顺行[①]收装英国商人运来棉花收据信封（H1/36/16）

道光二十二年（1842），同顺行收装英国商人运来棉花收据信封，上有"六合生财"字样。

Envelope for chops. A Chinese envelope used originally to hold H1/36/13–15. 1 item. 1842

[①] 同顺行：广州十三行之一，英文 Tung-Shun Hong，道光十年（1830）成立。行商吴天垣（健彩），原名吴健彰，商名爽官（Samqua），后改入仕途，咸丰四年（1854）授官上海道。

17. 道光二十二年同顺行① 收到英国商人里佺运来棉花收据（H1/36/17）

道光二十二年八月二十九日（1842年10月3日），同顺行收到英国商人里佺运来各类棉花收据，盖有同顺行方形印章，印文"护封"。

Cotton receipt to Mr. Li-chih. A purser's receipt from Samqua to Mr. Li-chih for cotton, 3 October 1842. 1 item. 1842

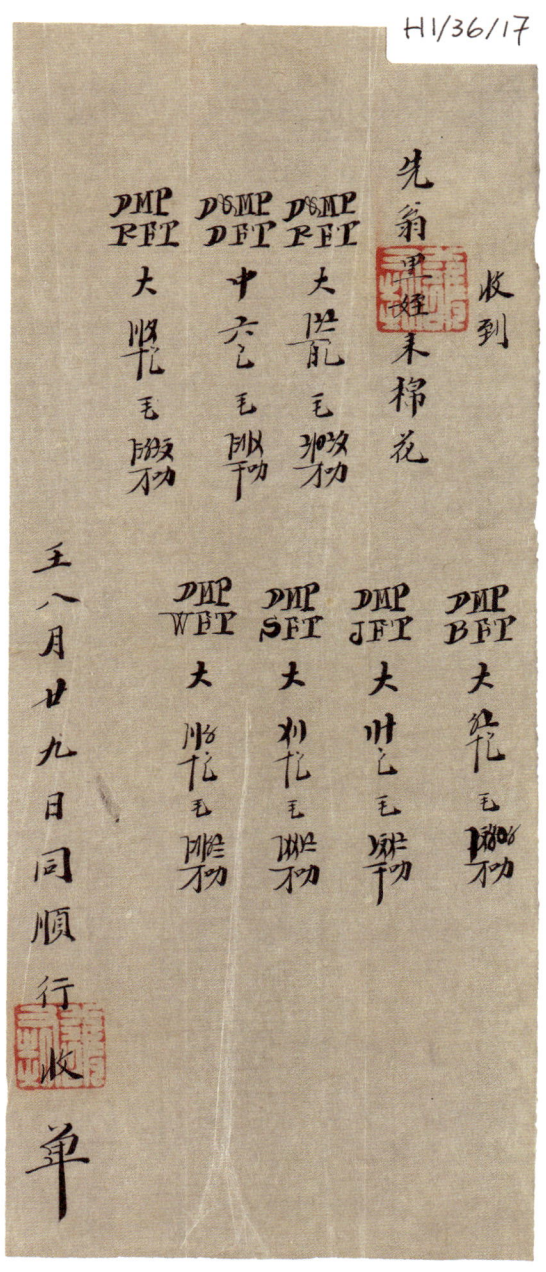

---

① 同顺行：广州十三行之一，英文 Tung-Shun Hong，道光十年（1830）成立。行商吴天垣（健彩），原名吴健彰，商名爽官（Samqua），后改入仕途，咸丰四年（1854）授官上海道。

18. 道光二十二年同顺行[①]收到英国商人里偍运来棉花收据（H1/36/18）

道光二十二年九月初二日（1842年10月5日），同顺行收到英国商人里偍运来各类棉花收据，盖有同顺行方形印章，印文"护封"。

Cotton receipt to Mr. Li-chih. A purser's receipt from Samqua to Mr. Li-chih for cotton, 5 October 1842. 1 item. 1842

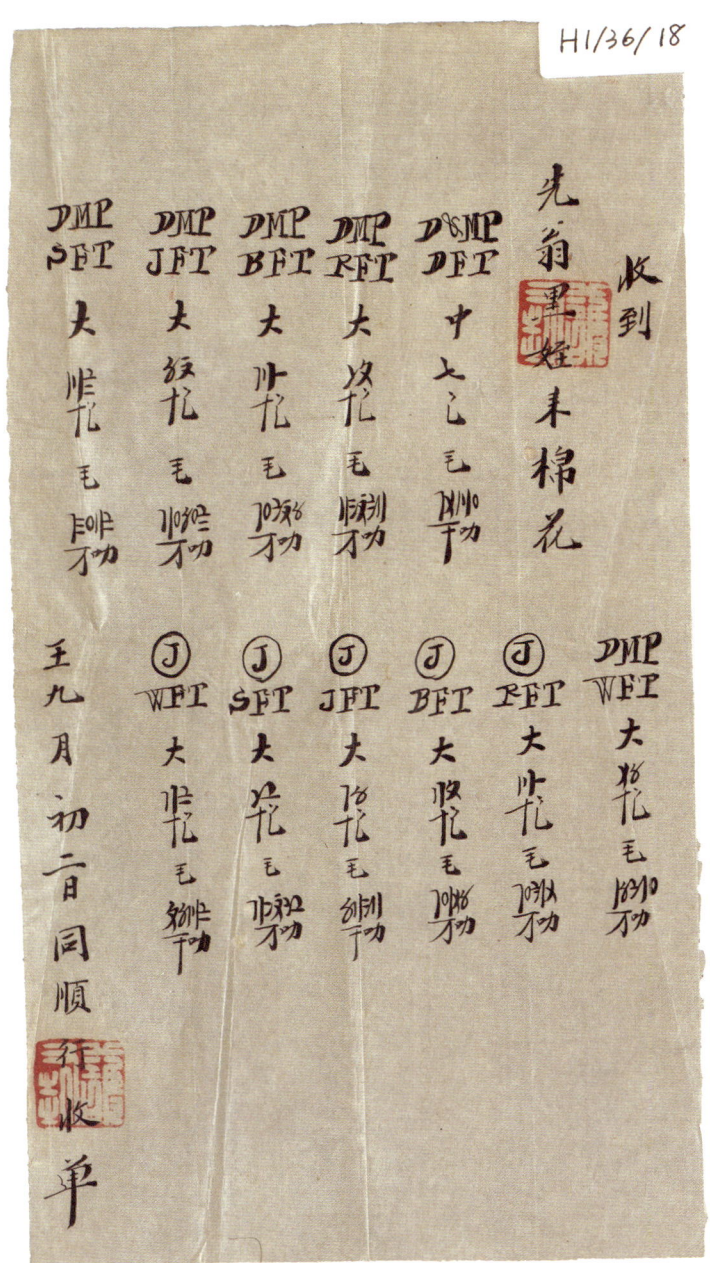

---

① 同顺行：广州十三行之一，英文 Tung-Shun Hong，道光十年（1830）成立。行商吴天垣（健彩），原名吴健彰，商名爽官（Samqua），后改入仕途，咸丰四年（1854）授官上海道。

19. 道光二十二年同顺行[①]收到英国商人里佉运来棉花收据（H1/36/19）

道光二十二年九月初三日（1842年10月6日），同顺行收到英国商人里佉运来各类棉花收据，盖有同顺行方形印章，印文"护封"。

Cotton receipt to Mr. Li-chih. A purser's receipt from Samqua to Mr. Li-chih for cotton, 6 October 1842. 1 item. 1842

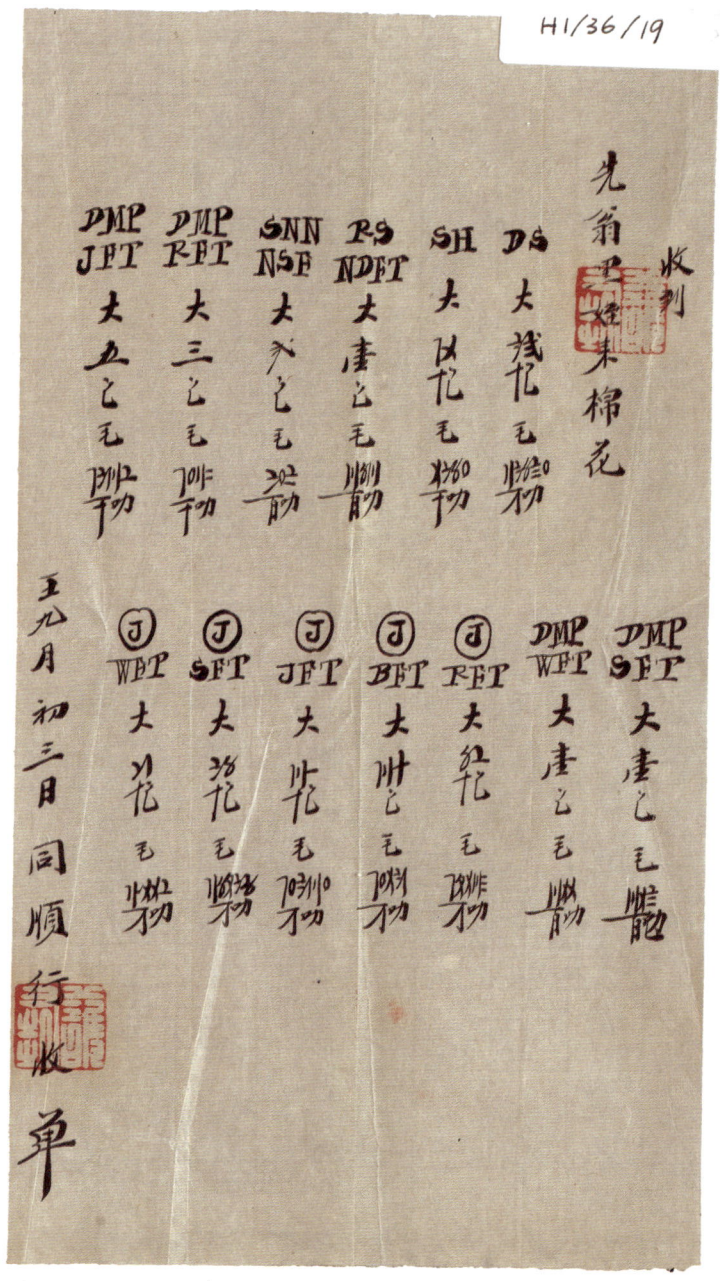

[①] 同顺行：广州十三行之一，英文 Tung-Shun Hong，道光十年（1830）成立。行商吴天垣（健彰），原名吴健彰，商名爽官（Samqua），后改入仕途，咸丰四年（1854）授官上海道。

20. 道光二十二年同顺行①收到英国商人里侄运来棉花收据（H1/36/20）

道光二十二年九月初二日（1842年10月5日），同顺行收到英国商人里侄运来各类棉花收据，盖有同顺行两枚方形印章，印文"护封"。

Cotton receipt to Mr. Li-chih. A purser's receipt from Samqua to Mr. Li-chih for cotton, 5 October 1842. 1 item. 1842

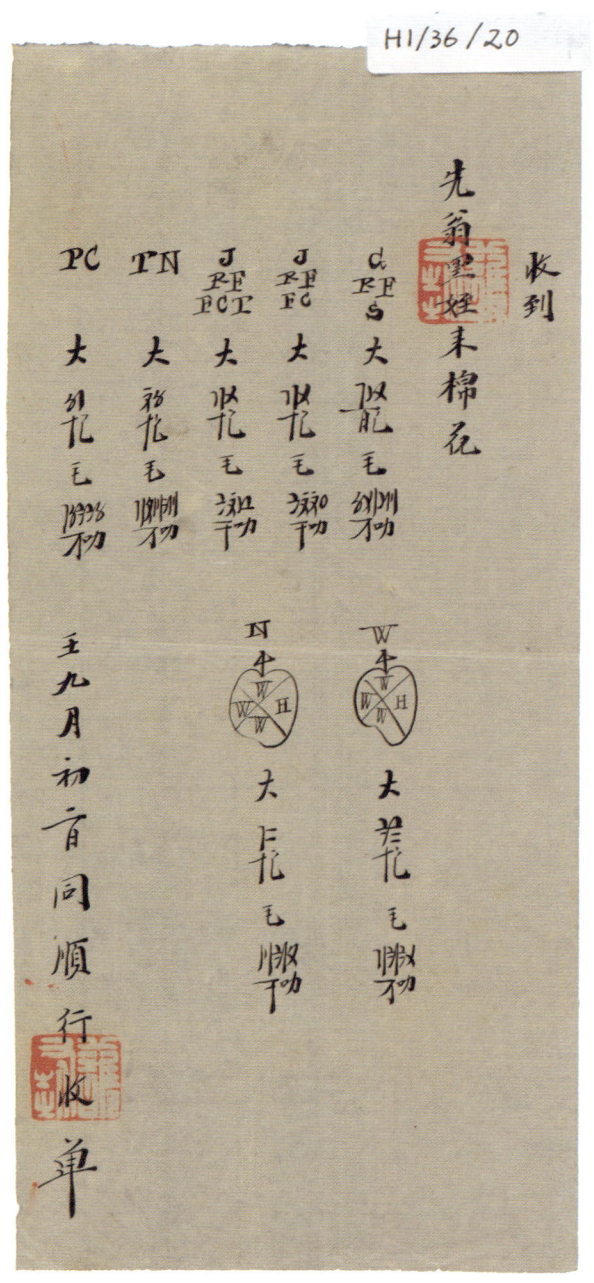

---

① 同顺行：广州十三行之一，英文 Tung-Shun Hong，道光十年（1830）成立。行商吴天垣（健彩），原名吴健彰，商名爽官（Samqua），后改入仕途，咸丰四年（1854）授官上海道。

21. 道光二十二年同顺行[①]收到英国商人里侄运来棉花收据（H1/36/21）

道光二十二年九月初九日（1842年10月12日），同顺行收到英国商人里侄运来各类棉花收据，盖有同顺行方形印章，印文"护封"，一枚菱形钤印。附有中文信封，上有"六合生财"字样。

Cotton receipt to Mr. Li-chih. A purser's receipt from Samqua to Mr. Li-chih for cotton, 12 October 1842, with a Chinese envelope. 2 items. 1842

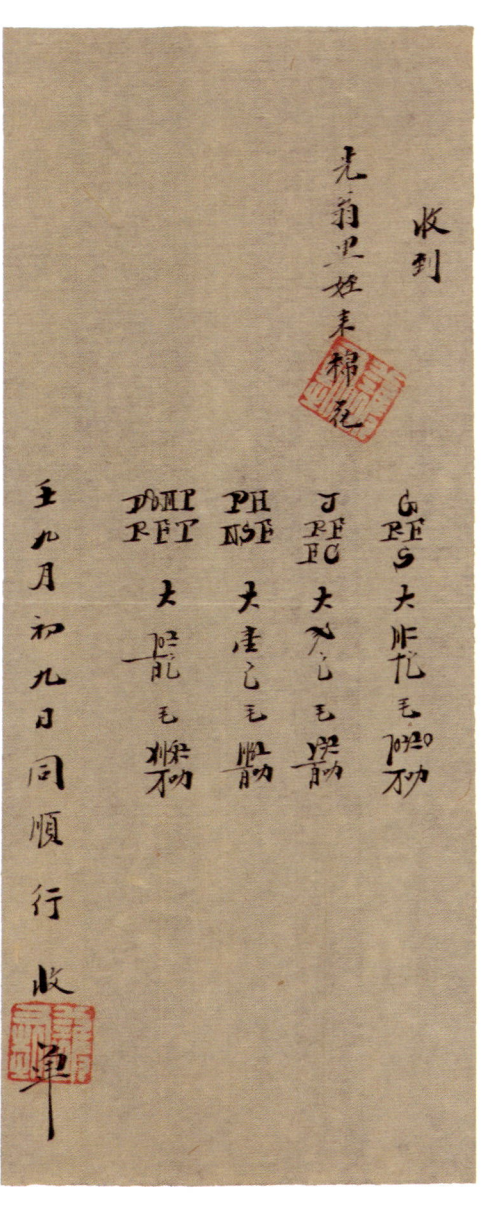

---

① 同顺行：广州十三行之一，英文 Tung-Shun Hong，道光十年（1830）成立。行商吴天垣（健彩），原名吴健彰，商名爽官（Samqua），后改入仕途，咸丰四年（1854）授官上海道。

22. 道光二十二年同顺行①收到英国商人里佺运来棉花收据（H1/36/22）

道光二十二年九月十六日（1842年10月19日），同顺行收到英国商人里佺运来各类棉花收据，盖有同顺行方形印章，印文"护封"，一枚菱形钤印。附有中文信封。

Cotton receipt to Mr. Li-chih. A purser's receipt from Samqua to Mr. Li-chih for cotton, 19 October 1842, with a Chinese envelope. 2 items. 1842

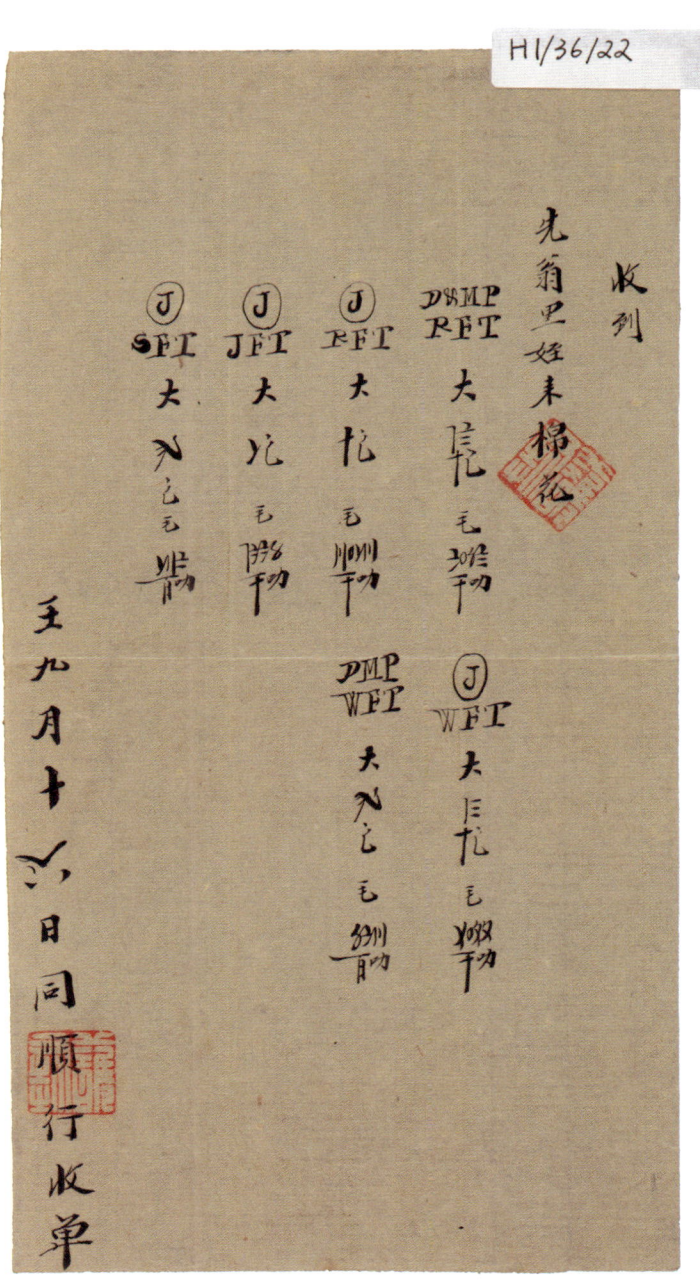

---

① 同顺行：广州十三行之一，英文Tung-Shun Hong，道光十年（1830）成立。行商吴天垣（健彩），原名吴健彰，商名爽官（Samqua），后改入仕途，咸丰四年（1854）授官上海道。

23. 同顺行① 信封（日期不详）（H1/36/23）

同顺行致信英国商人里侄的信封，上有"六合生财"字样。

Envelope to Li-chih. An undated Chinese envelope addressed by Samqua to Mr. Li-chih. 1 item.

---

① 同顺行：广州十三行之一，英文 Tung-Shun Hong，道光十年（1830）成立。行商吴天垣（健彩），原名吴健彰，商名爽官（Samqua），后改入仕途，咸丰四年（1854）授官上海道。

三七、道光二十四年安泰①为英国商人孖棣臣②上海住宅采购木料费用清单（H1/37）

道光二十四年十一月十五日（1844年12月24日），安泰为英国商人孖棣臣（Matheson）上海住宅采购木料清单，盖有安泰各式印章，印文有"安泰""敦曷堂""吉星""ONTAI"。背面附有英文提要。

Receipt from Ontai. A receipt (in Chinese) from Ontai (An-t'ai/Antai) to Matheson for timber for a Shanghai house, 24 December 1844, including an English note on the back about the receipt. 1 item. 1844

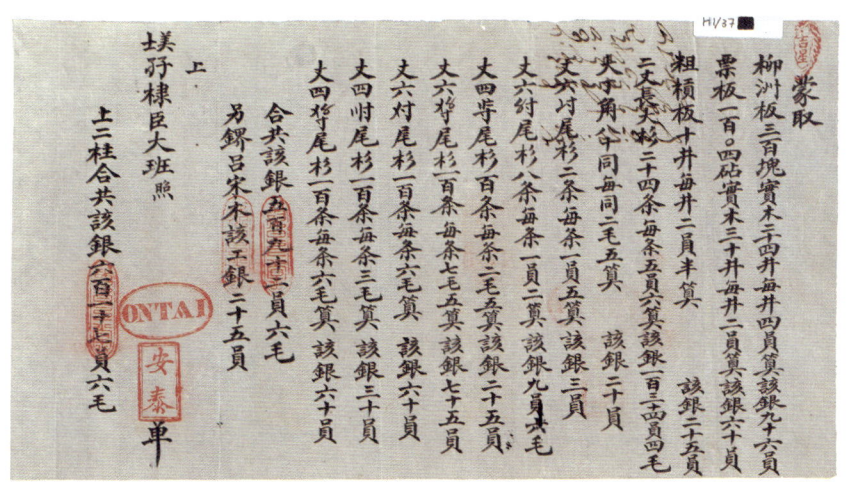

（正）

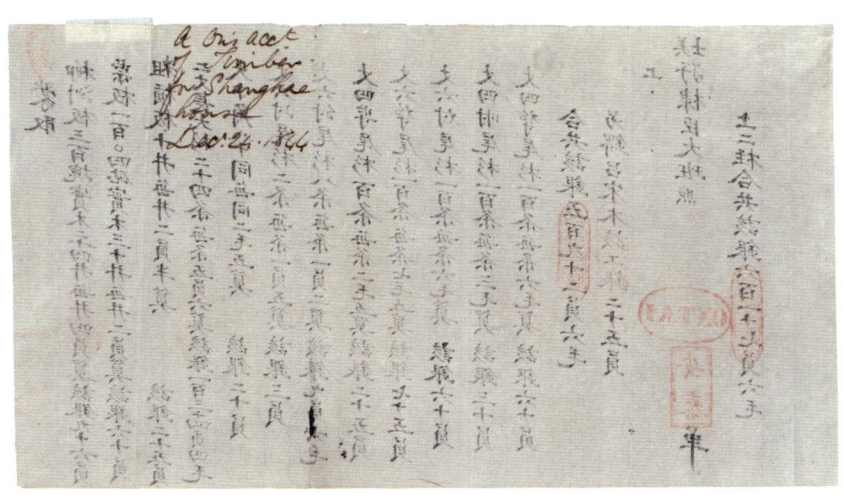

（反）

---

① 安泰：中国商行，负责木材采购、装修事宜。
② 孖棣臣：即詹姆士·马地臣（James Matheson，1796—1878），为怡和洋行（Jardine, Matheson & Co.）创始人之一。

三八、道光二十九年万盛号①赤金证书（H1/38）

道光二十九年四月二十七日（1849年5月19日），万盛号金店为其3000两金条出具的质量证明，盖有两处万盛号印章，一处印文为"万盛安□"；另一处印文中间是"万盛图记"，两旁分别为"发货图章""揭借不用"。

Certificate of Wan-sheng. A certificate of Wan-sheng of the purity of 3000 Tls of gold, 19 May 1849. 1 item.

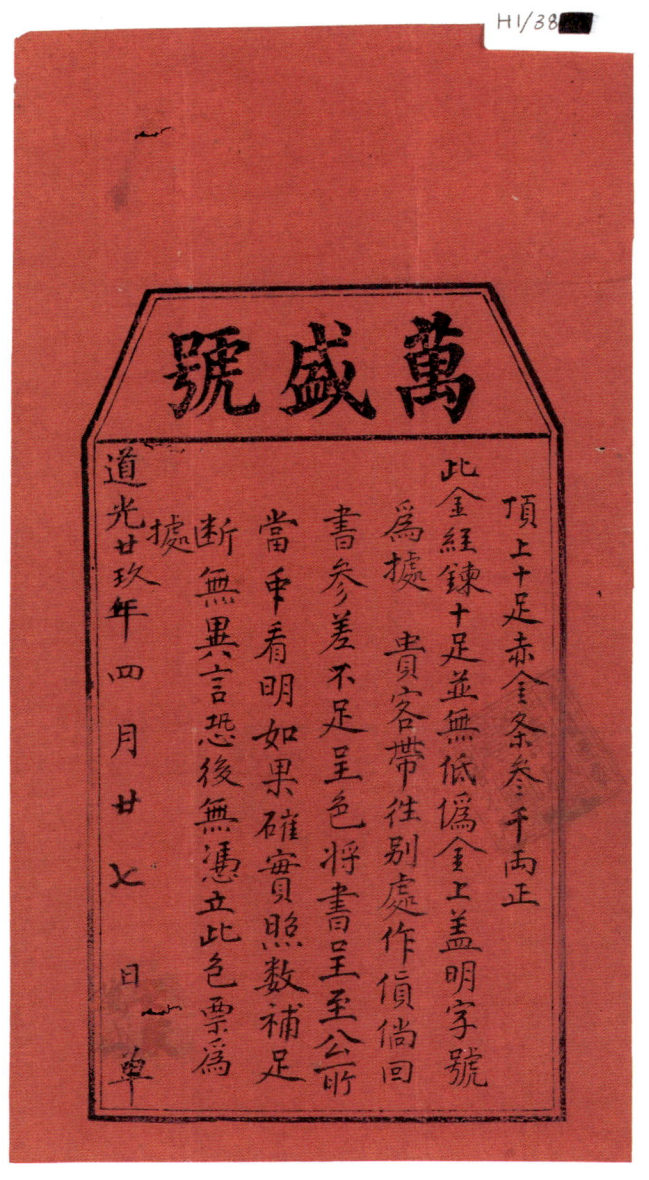

---

① 万盛号：中国金店。

三九、咸丰元年和隆店①贷款单据

1. 咸丰元年和隆店发单（H1/39/01）

咸丰元年十一月二十一日（1852年1月11日），和隆店给张先生抵押土地贷款的发单，盖有和隆店印章印记，正方形印章中间印文为"和隆图章"，两旁分别为"发货图章""揭借不用"；随形印印章为朱文"财源广进"；长方形印章的内容为"本行有例限期十日内交银出贷，如过期定银不进，另发利□"。背面有英文提要。

Receipt to Mr. Chang. A Chinese receipt with an English note on the reverse. 1 item.11 Jan. 1852

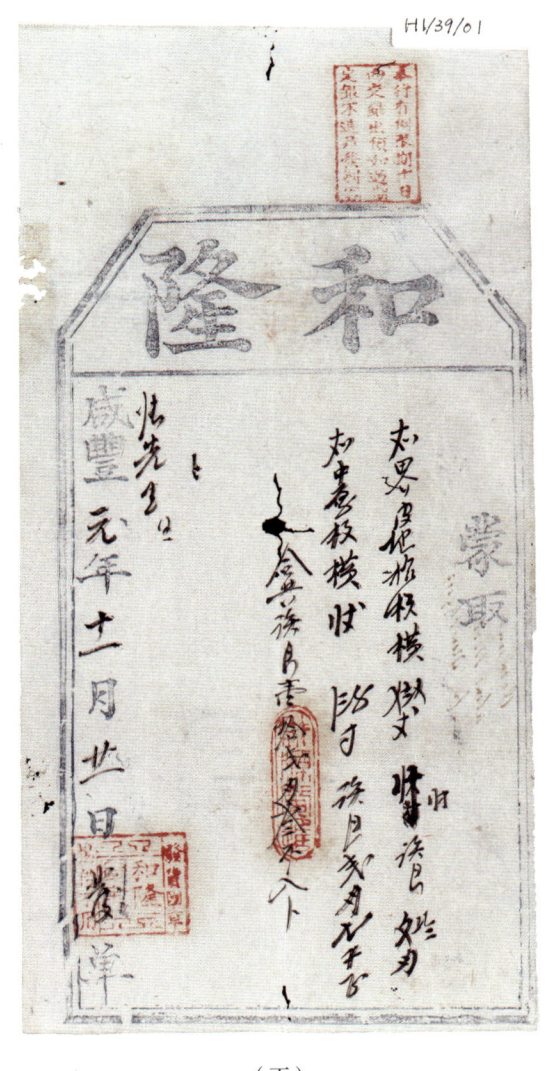

（正）

（反）

---

① 和隆店：经营抵押贷款的商号。

2. 咸丰元年和隆店① 单（H1/39/02）

咸丰元年十一月二十二日（1852年1月12日），和隆店为张先生丈量土地证明，盖有和隆店印记"和隆店"，随形印印章为朱文"财源广进"。

Receipt to Mr. Chang. 1 item. 21 Jan. 1852②

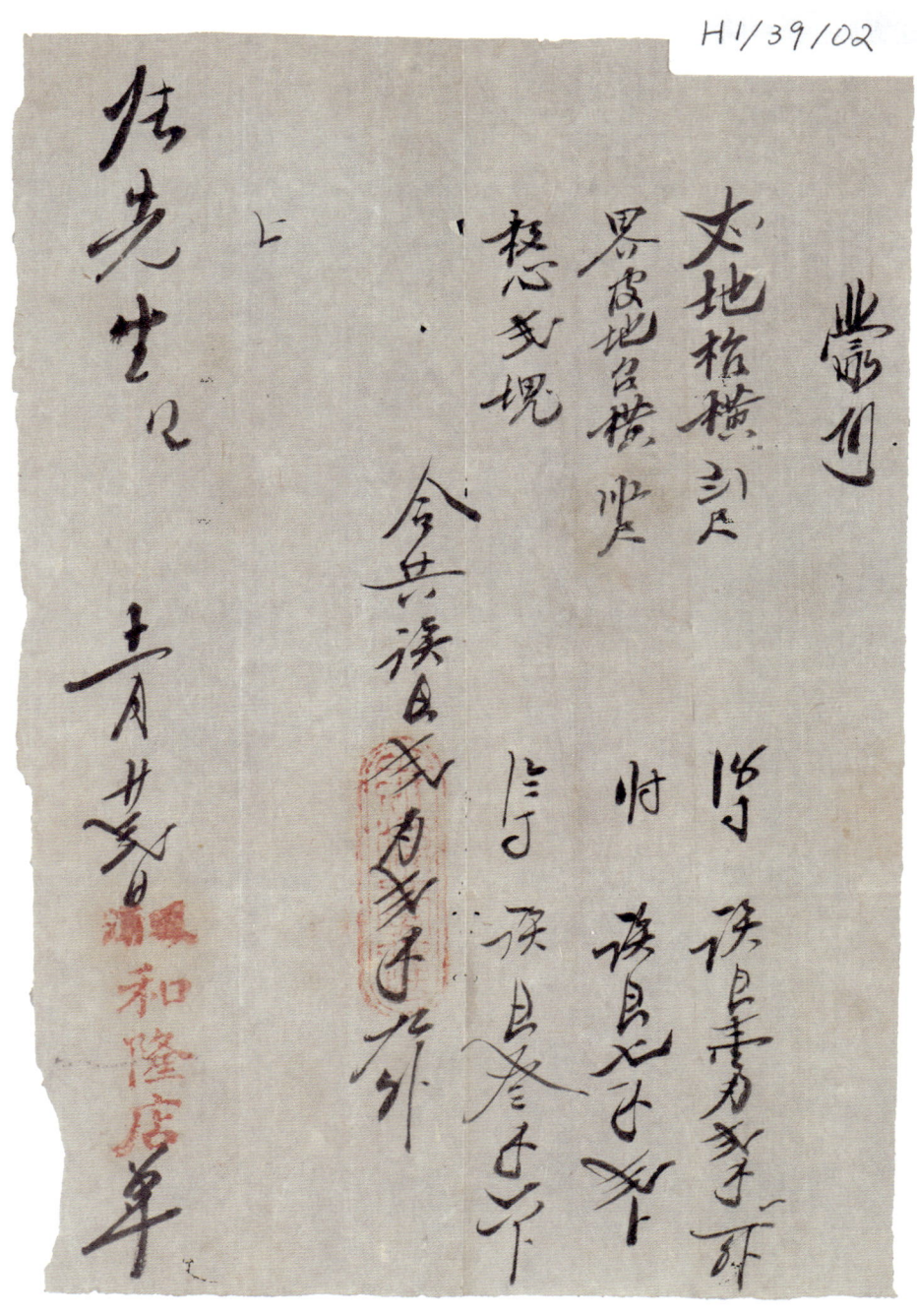

---

① 和隆店：经营抵押贷款的商号。
② 勘误：英文提要日期为1852年1月21日（21 Jan. 1852），按原中文文献"十一月廿弍日"，应为1852年1月12日。

四〇、道光八年潘拙政堂①向英国商人万益借款合约（H1/40）

道光八年十一月十四日（1828年12月20日），潘拙政堂向英国商人万益借款10,000元的合约，注明每百元每月利息1元，十二月初六日又增加1000元借款，息银如前。后有潘拙政堂五个堂兄弟签字作证，盖有潘拙政堂印章，附有中文信封，正面有中文注释"潘七宅壹号元揭单息付，八年十一月十四日立"，信封背面有英文提要。

Loan contract of P'an Chuo-cheng tang. A loan contract (in Chinese) for the loan of $10,000 from Magniac, 20 January 1828②, and $1000 from Tenqua, 1 January 1829③, to P'an Yin-chih (Pan Yinzhi), P'an Hsuan-yung (Pan Xuanyong), P'an Ho-ch'uan (Pan Hequan), P'an Shu-en (Pan Shuen) and P'an I (Pan Yi), who drafted and signed the contract. There is also a Chinese envelope which includes an English note on the back about the contract. The contract includes the stamp of P'an Chuo-cheng tang (Pan Zhuozhen), the Hall name used by retired merchants. 2 items. 1829

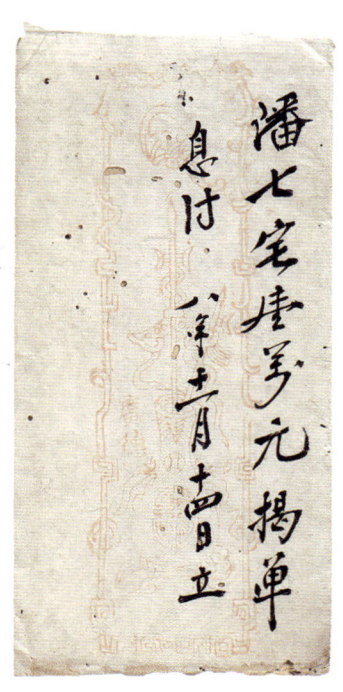 

---

① 潘拙政堂：著名行商潘振承第七个儿子潘有科（1770—1820）的堂号，借约中潘拙政堂兄弟为潘有科的九个儿子。
② 勘误：英文提要中的借款日期"20 January 1828"有误，按原"借约"可知"道光八年十一月十四日"借款10,000元，换算为公历应为"20 December 1828"。
③ 勘误：英文提要中此处的借款日期"1 January 1829"有误，按原"借约"可知"道光八年十二月初六日"借款1000元，换算为公历应为"10 January 1829"。

328 英国剑桥大学图书馆藏怡和洋行中文商业档案辑考

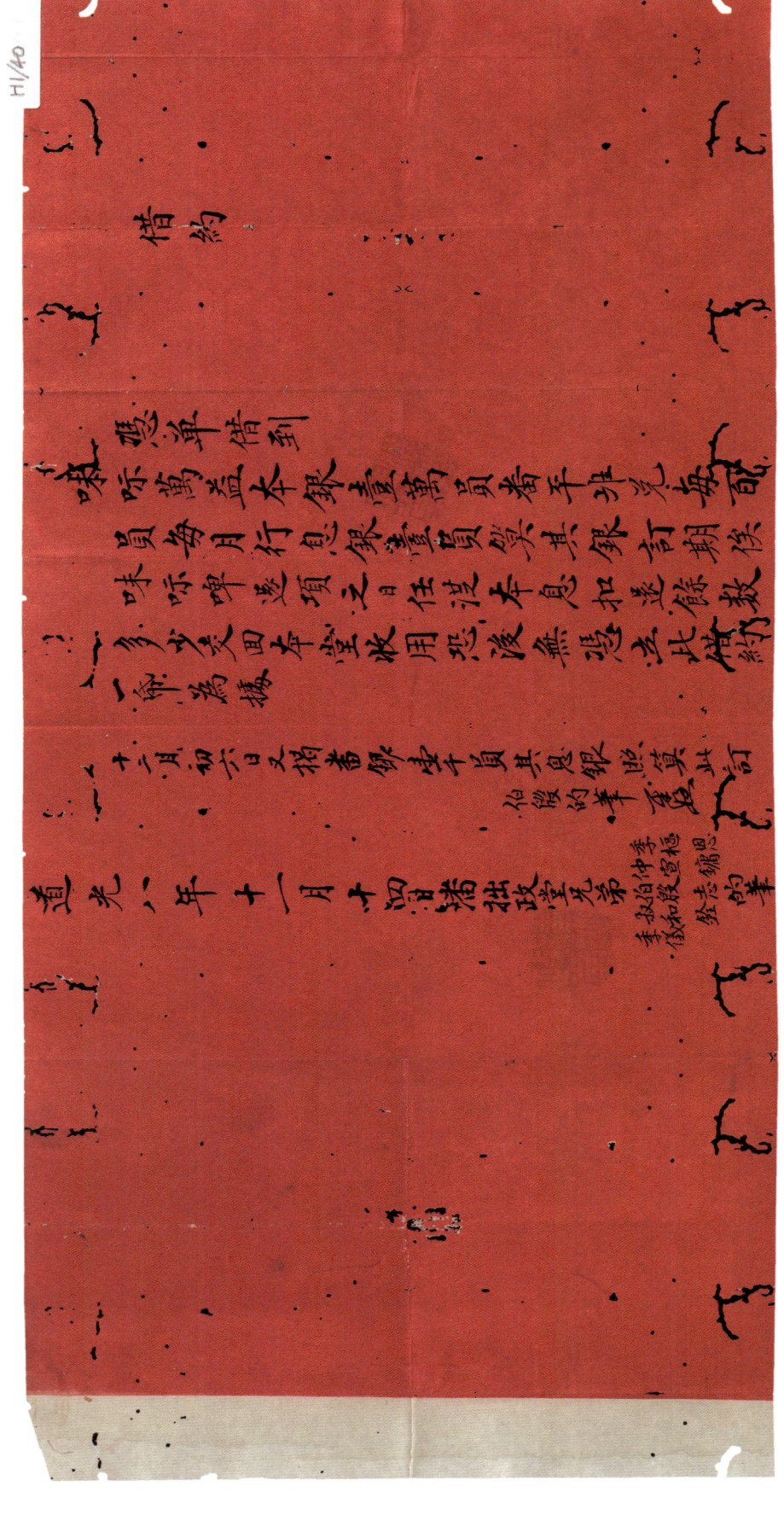

借約

立借約人李振邦今借到

咪吔嗲嗲本銀壹萬員春平非兌砝^銀

咪吔員每月行息銀壹員餘其銀訂期候

咪吔遵須之日任從本息收用恐後無憑遠候按此^借

字為據

一言^{定交田}壹收用恐後無憑遠^{此借}約為訂

道光六年十一月十四日諸^{政堂兄弟} ^{李叔治仲季}
^{伯叔姪段啓禎}
^{驗志碥心約筆}

四一、长洲怡生源记系列货单收据

长洲怡生源记，清代位于长洲岛的商号。长洲岛位于广州东部，西隔珠江与黄埔港所在的黄埔村相望，自北宋建村以来，黄埔古港一直是"海舶所集之地"。17—19世纪广州对外贸易鼎盛时期，外国商船和货物不准进入广州城，均须停靠黄埔港装卸和贸易，黄埔港承担了外国商船关税、船钞、引水费、船规银、通事买办费、挂号银等的征收，以及商品贸易、生活日用品供应与安全保卫等事宜。长洲岛凭借与黄埔村的地理之便，也承担了这种"后勤"服务，以下长洲怡生源记系列单据就是例证。

1. 咸丰五年长洲怡生源记关于茶油、生油价格的说明（H1/41/01）

咸丰五年二月初三日（1855年3月20日），长洲怡生源记致泵哥①的关于茶油、生油价格的说明。

Letter re price rise. A letter to Mr. Peng or Liu or P'in explaining a price rise, 20 March 1855 (?). 1 item; Fair condition, but some damage by insects. 1855

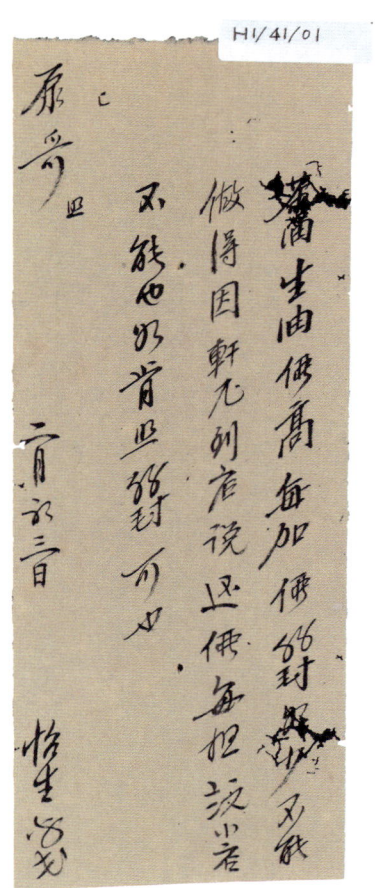

---

① 泵哥：买办，下文亦称泵兄。

2. 咸丰五年长洲怡生源记食品费用收据（H1/41/02）

咸丰五年二月二十二日（1855年4月8日），泵兄①为英国谷姓商人购买饼干、茶油、生油等，长洲怡生源记给泵哥的费用收据，盖有正方形印章，中间印文为"怡生源记"，两旁分别为"发货图章""揭借不用"。

Receipt for food and oil. A receipt to Mr. Peng or Liu or P'in for food and oil collected by Mr. Ku, 8 April 1855. 1 item. 1855

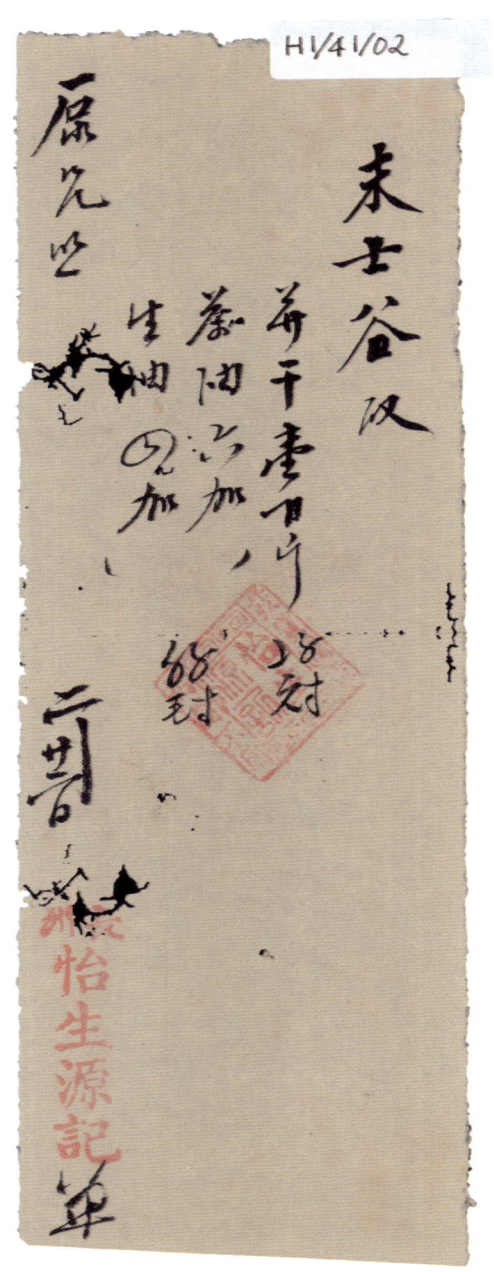

---

① 泵兄：买办，亦称泵哥。

3. 咸丰五年长洲怡生源记啤酒发货单（H1/41/03）

咸丰五年三月初四日（1855年4月19日），长洲怡生源记给泵兄①的啤酒发货单。

Receipt for beer. A receipt to Mr. Peng or Liu or P'in for beer collected by Mr. Ku, 19 April 1855 (?). 1 item. 1855

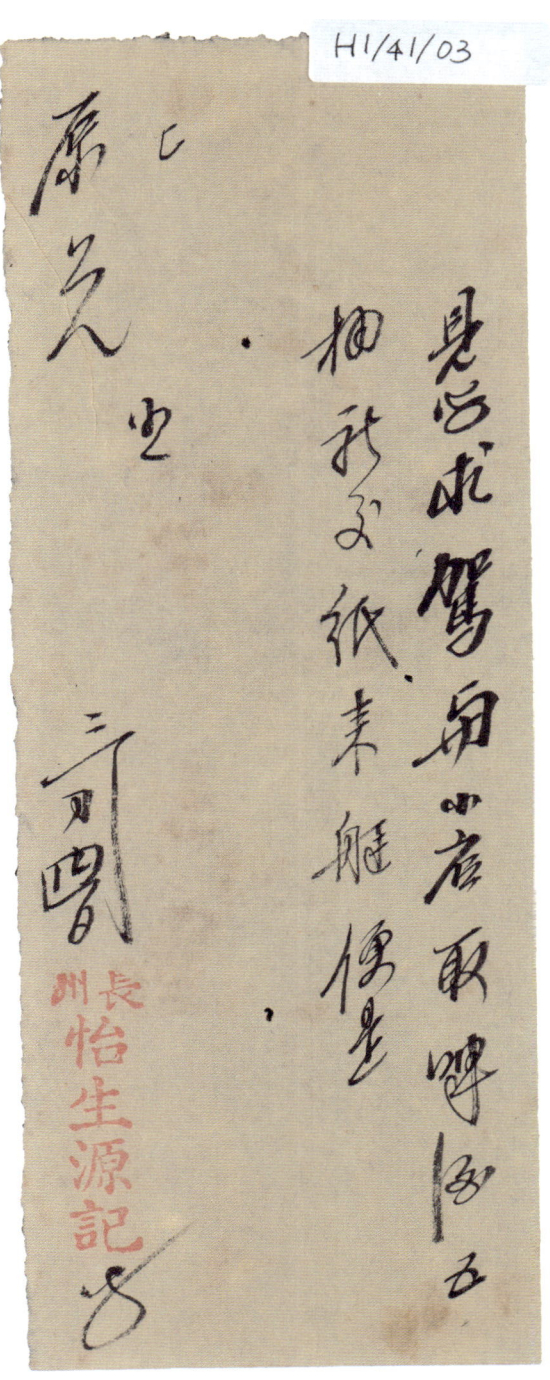

① 泵兄：买办，亦称泵哥。

4. 咸丰五年长洲怡生源记茶油收据（H1/41/04）

咸丰五年三月二十一日（1855年5月6日），泵兄①为英国谷姓商人购买茶油，长洲怡生源记给泵兄的收据。

Receipt for tea oil. A receipt to Mr. Peng or Liu or P'in for tea oil collected by Mr. Ku, 6 May 1855 (?). 1 item. 1855

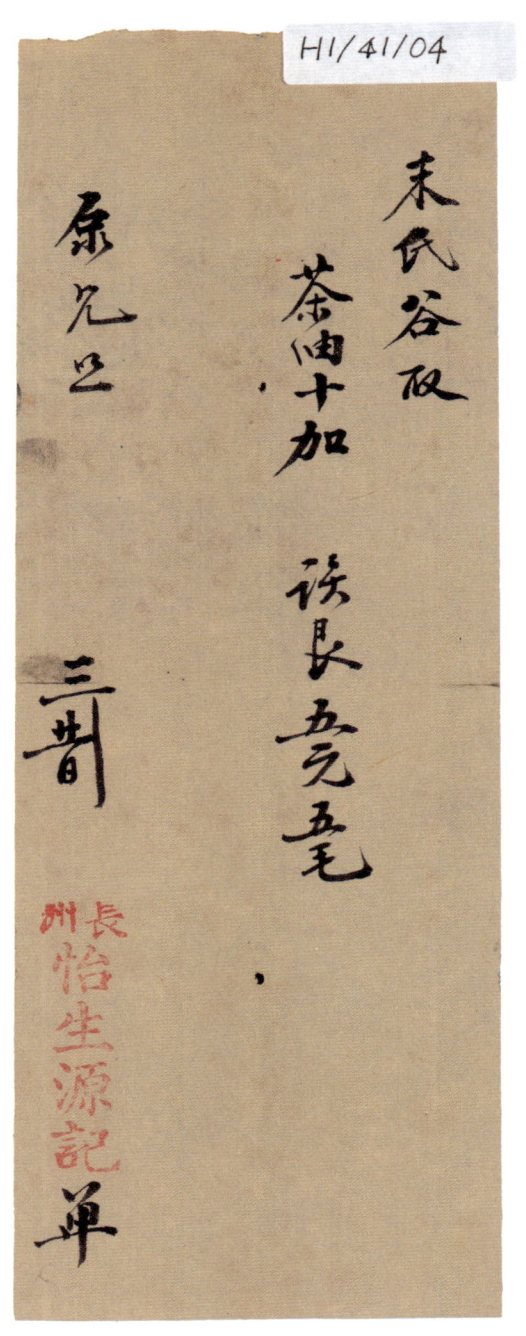

---

① 泵兄：买办，亦称泵哥。

5. 咸丰五年长洲怡生源记啤酒提货单（H1/41/05）

咸丰五年三月二十三日（1855年5月8日），长洲怡生源记给泵兄①的啤酒提货单，盖有正方形印章，中间印文为"怡生源记"，两旁分别为"发货图章""揭借不用"。

Receipt for beer. A receipt to Mr. Peng or Liu or P'in for beer collected by Mr. Ku, 8 May 1855 (?). 1 item. 1855

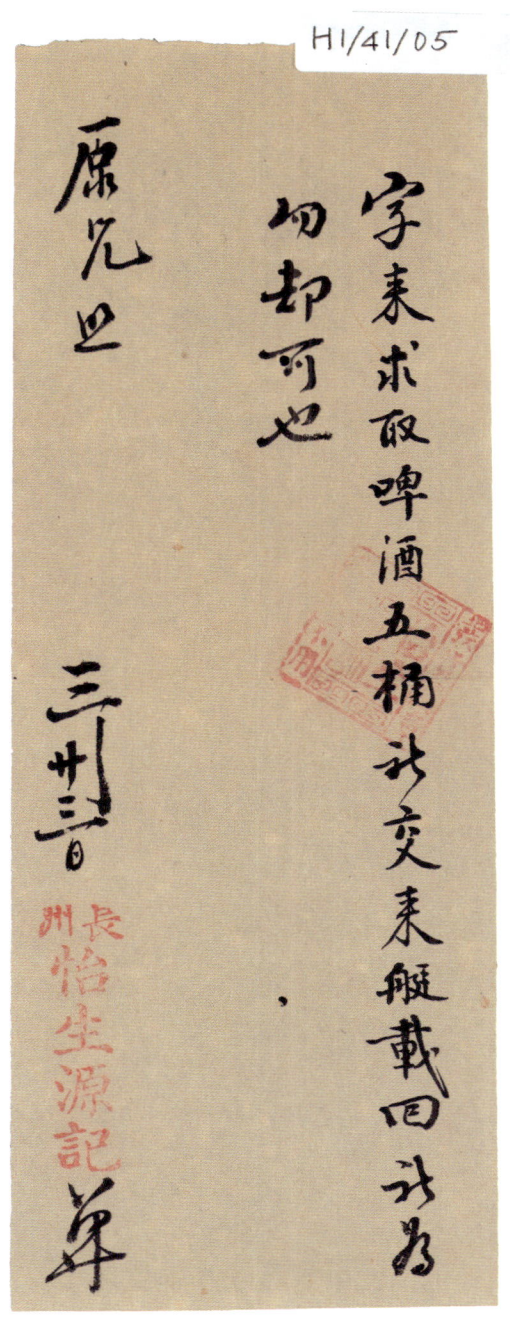

---

① 泵兄：买办，亦称泵哥。

6. 咸丰五年长洲怡生源记啤酒提货单（H1/41/06）

咸丰五年三月二十六日（1855年5月11日），长洲怡生源记给英国谷姓商人五桶啤酒的提货单。

Receipt for beer. A receipt to Mr. Ku for 5 collected barrels of beer, 11 May 1855 (?). 1 item. 1855

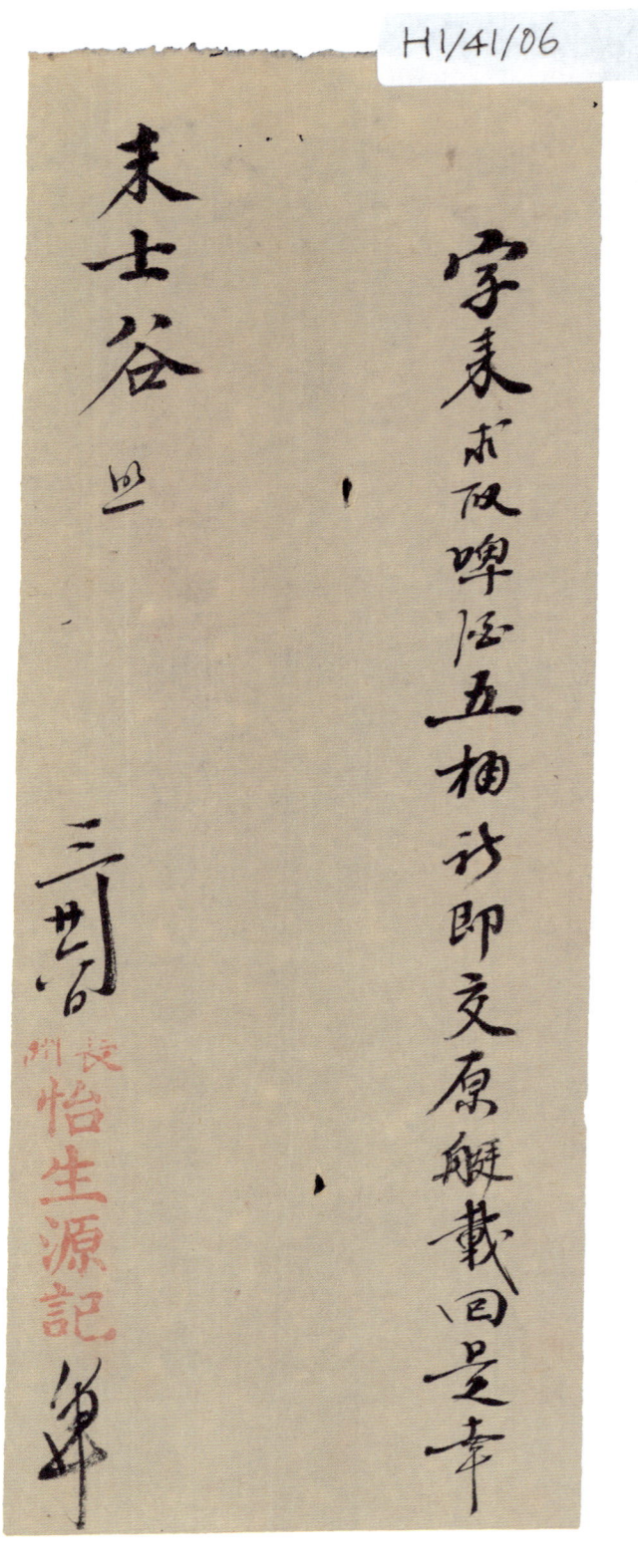

7. 咸丰五年长洲怡生源记烟头提货单（H1/41/07）

咸丰五年四月初二日（1855年5月17日），长洲怡生源记给英国谷姓商人的烟头①提货单。

Receipt for barrels. A receipt to Mr. Ku for collected barrels, 17 May 1855 (?). 1 item. 1855

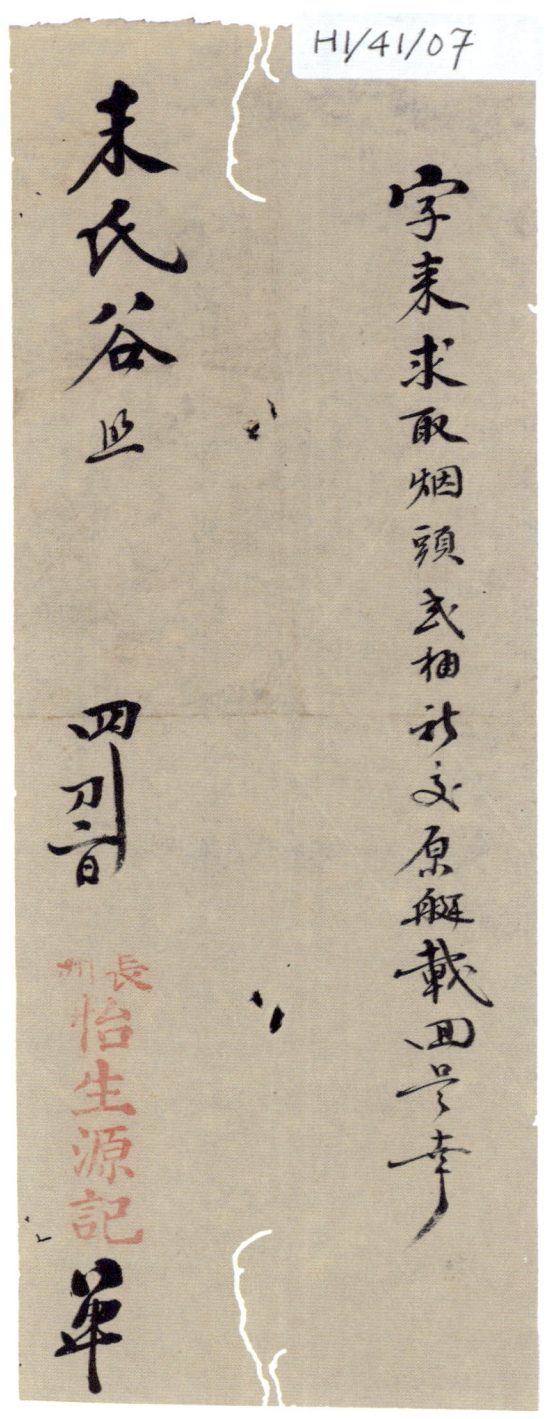

---

① 烟头：鸦片烟。

8. 咸丰五年长洲怡生源记生菜油等提货单（H1/41/08）

咸丰五年四月二十日（1855年6月4日），长洲怡生源记生菜油等提货单。

Receipt for vegetable oil. A receipt to Mr. Peng or Liu or P'in for vegetable oil collected by Mr. Ku, 4 June 1855 (?). 1 item. 1855

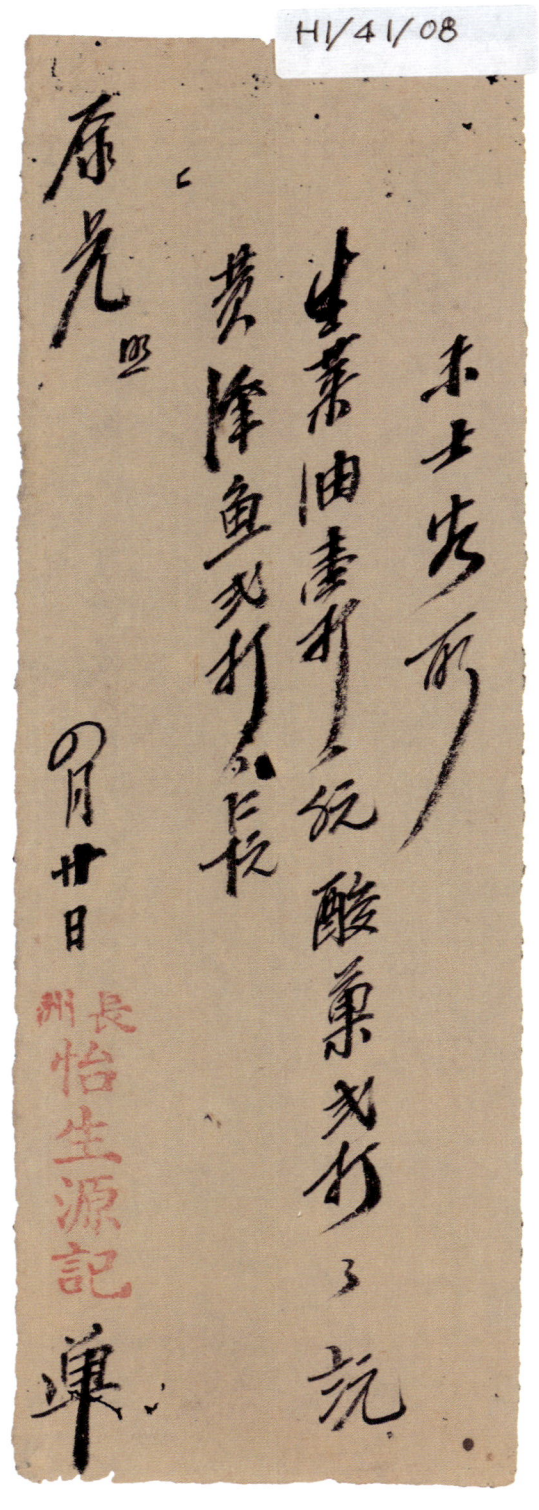

9. 咸丰五年长洲怡生源记黄榄提货单（H1/41/09）

咸丰五年五月二十九日（1855年7月12日），长洲怡生源记给英国谷姓商人一箱黄榄的提货单。

Receipt for goods. A receipt to Mr. Ku for collected goods, 12 July 1855 (?). 1 item; Fair condition, but some damage by insects. 1855

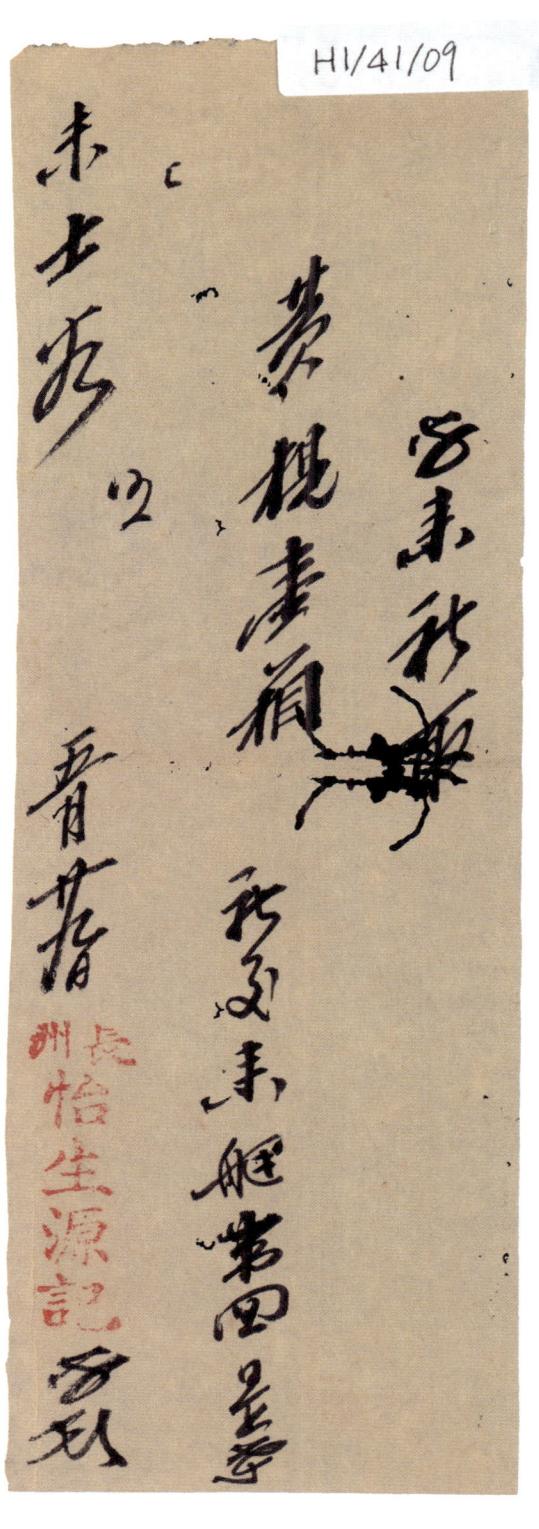

10. 咸丰五年长洲怡生源记木油提货单（H1/41/10）

咸丰五年七月二十二日（1855年9月3日），长洲怡生源记给英国谷姓商人10加仑（45.4609升）木油的提货单。

Receipt for goods. A receipt to Mr. Ku for collected goods, 3 September 1855 (?). 1 item. 1855

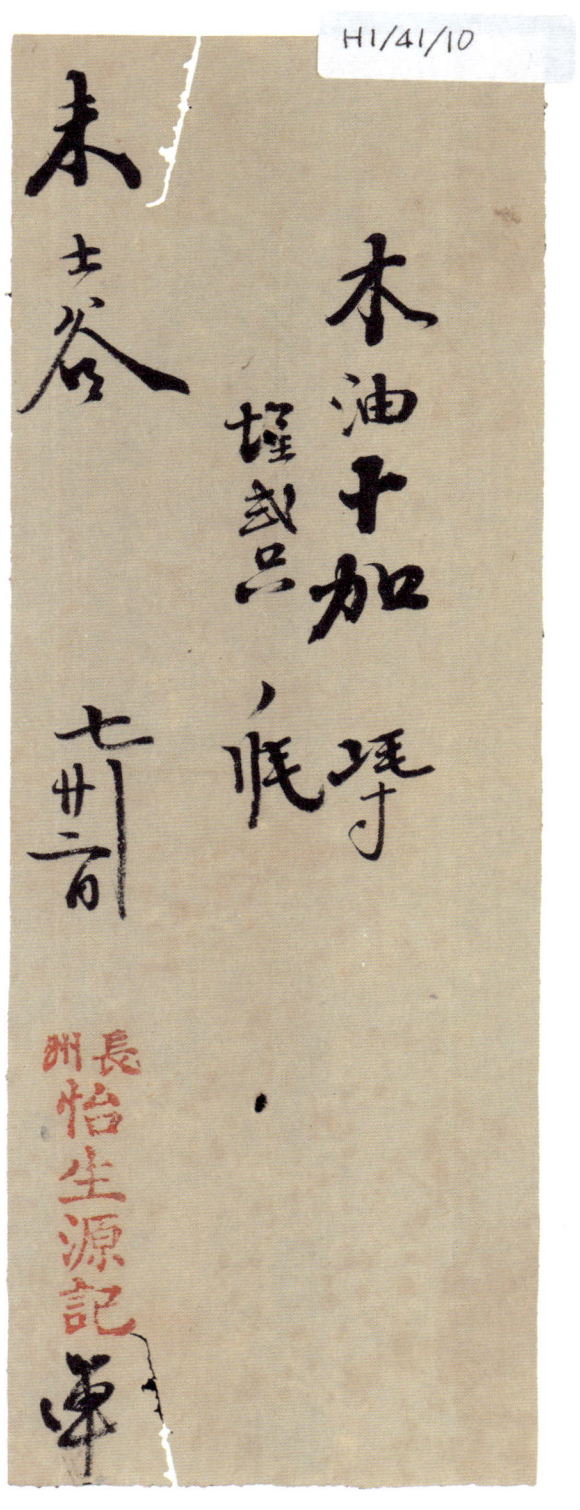

11. 咸丰五年长洲怡生源记粉仔、黄蜡的费用收据（H1/41/11）

咸丰五年八月初七日（1855年9月17日），长洲怡生源记给泵哥①（为英国谷姓商人）所购粉仔、黄蜡的费用收据，盖有正方形朱文印章，印文"怡生源记"。

Receipt for goods. A receipt to Mr. Peng or Liu or P'in for goods collected by Mr. Ku, 17 September 1855 (?). 1 item. 1855

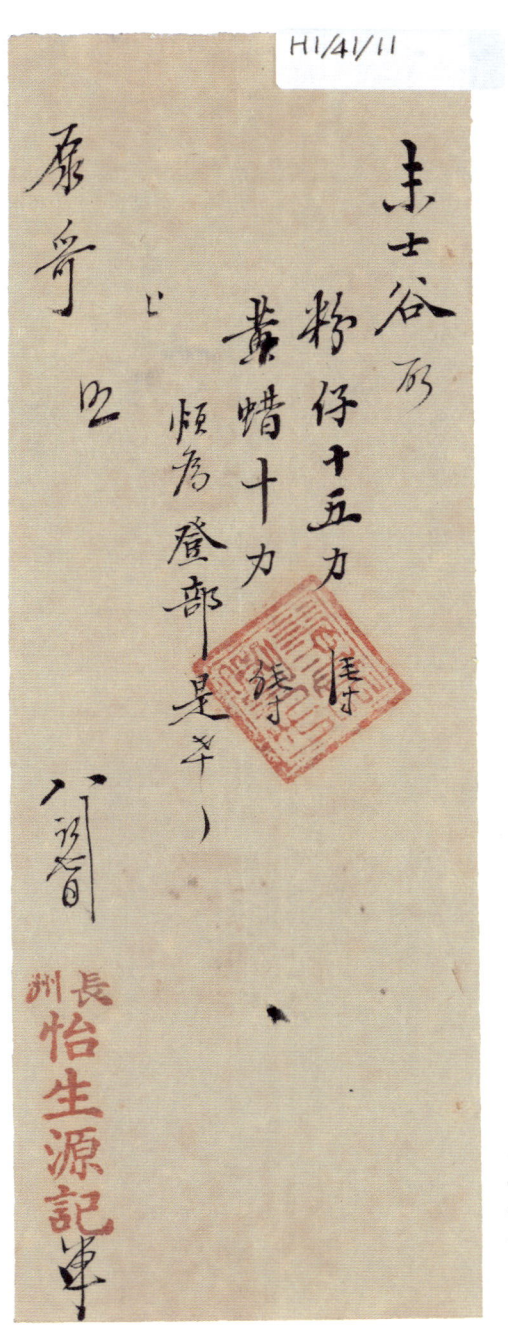

---

① 泵哥：买办，亦称泵兄。

12. 咸丰五年长洲怡生源记茶油、饼干提货单（H1/41/12）

咸丰五年八月二十二日（1855年10月2日），泵哥①给英国谷姓商人采购茶油、1号饼干，此为供货商长洲怡生源记出具的提货单。

Receipt for tea oil and bread. A receipt (in Chinese) to Mr. Peng or Liu or P'in for tea oil and no. 1 bread collected by Mr. Ku, 2 October 1855, including an English note giving details. 1 item. 1855

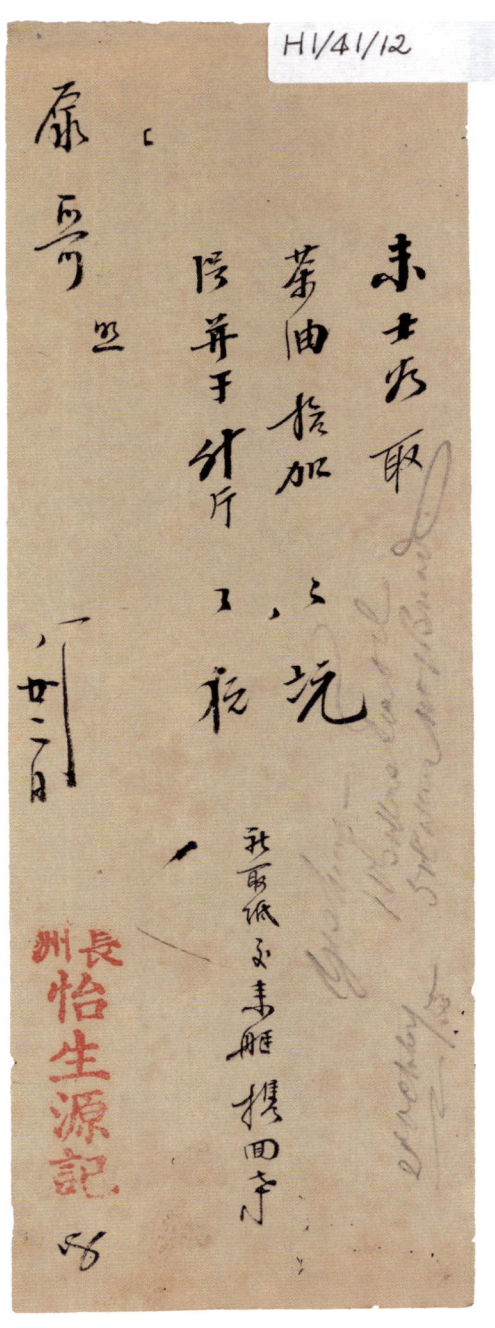

---

① 泵哥：买办，亦称泵兄。

13. 咸丰五年长洲怡生源记茶油提货单（H1/41/13）

咸丰五年八月二十四日（1855年10月4日），泵兄①给英国谷姓商人采购茶油，此为供货商长洲怡生源记出具的提货单，盖有正方形印章，中间印文为"怡生源记"，两旁分别为"发货图章""揭借不用"。

Receipt for tea oil. A receipt (in Chinese) to Mr. Peng or Liu or P'in for tea oil collected by Mr. Ku, 4 October 1855, including a brief English note giving details. 1 item. 1855

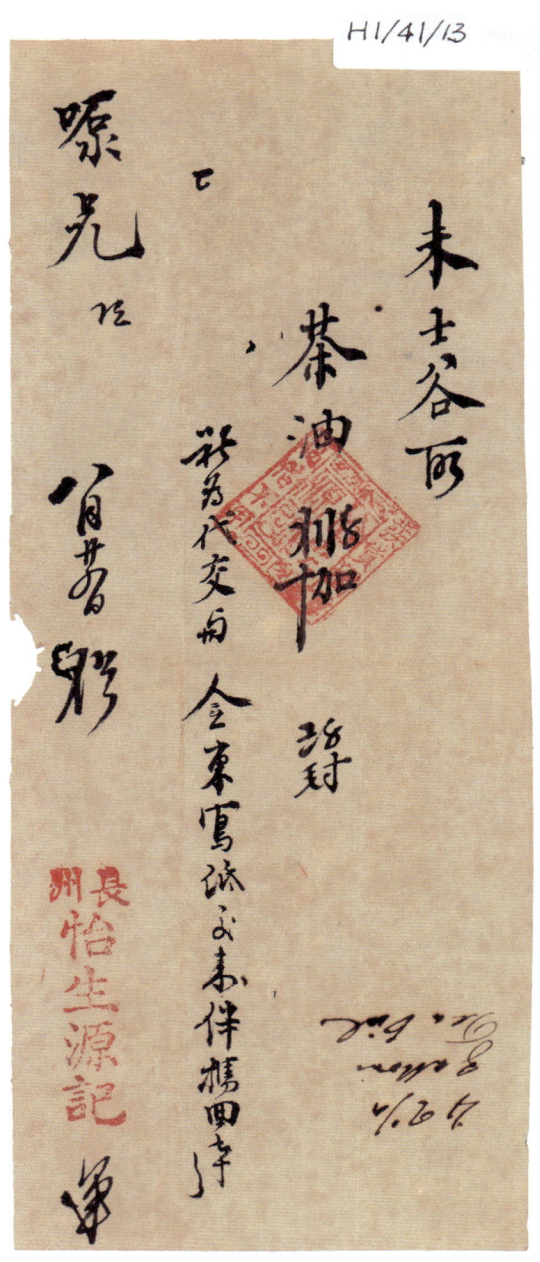

---

① 泵兄：买办，亦称泵哥。

14. 咸丰五年长洲怡生源记出具给泵兄[①]、英国谷姓商人的鱼油提货单（H1/41/14）

咸丰五年八月二十五日（1855年10月5日），供货商长洲怡生源记出具给泵兄、英国谷姓商人的提货单，凭此单可取鱼油4加仑（18.18436升）。单据盖有正方形印章，中间印文为"怡生源记"，两旁分别为"发货图章""揭借不用"。

Receipt for fish oil. A receipt (in Chinese) to Mr. Peng or Liu or P'in for fish oil, 5 October 1855, including a brief English note giving details. 1 item. 1855

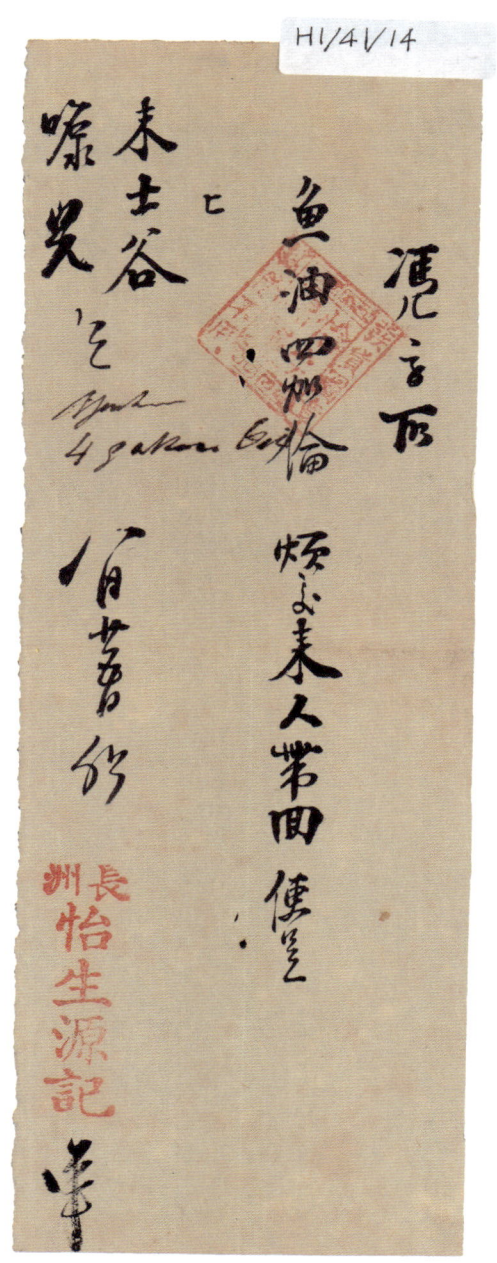

---

① 泵兄：买办，亦称泵哥。

15. 咸丰五年长洲怡生源记出具给泵兄①的提货单（H1/41/15）

咸丰五年九月初四日（1855年10月14日），买办泵兄给英国谷姓商人采购□饼、桶等物品，此为供货商长洲怡生源记出具的提货单。

Receipt for fetched goods. A receipt to Mr. Peng or Liu or P'in for collected goods, 14 October 1855. 1 item. 1855

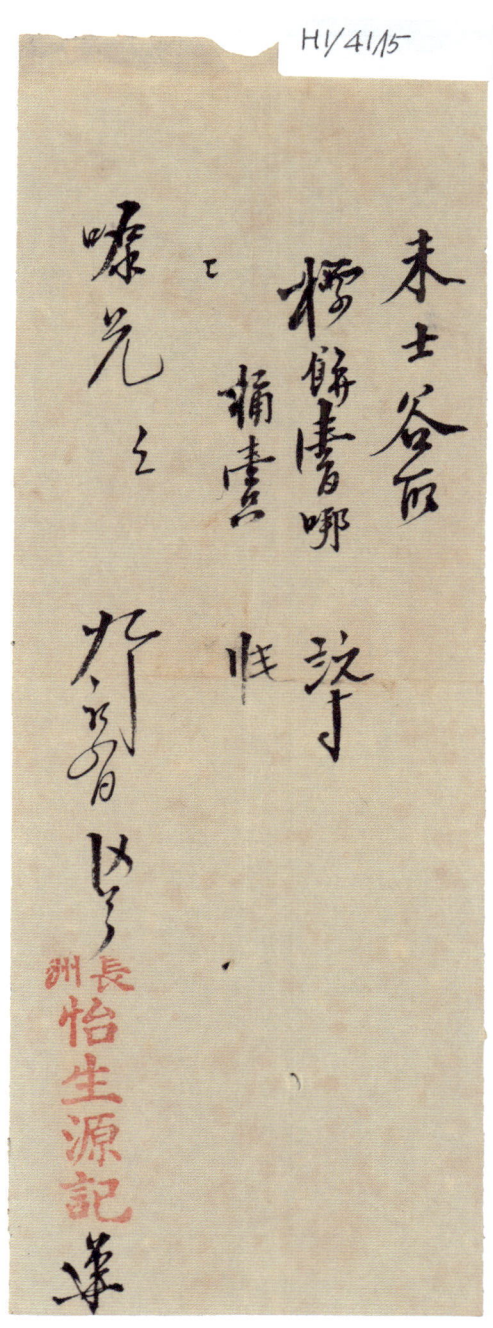

---

① 泵兄：买办，亦称泵哥。

16. 咸丰五年长洲怡生源记出具给泵兄①、英国谷姓商人的鱼油提货单（H1/41/16）

咸丰五年九月十七日（1855年10月27日），长洲怡生源记出具给泵兄、英国谷姓商人的鱼油提货单，凭此单可取5加仑（22.73045升）鱼油。盖有正方形印章，中间印文为"怡生源记"，两旁分别为"发货图章""揭借不用"。

Receipt for fish oil. A receipt to Mr. Peng or Liu or P'in and Mr. Ku for 5 gallons of fish oil, 27 October 1855 (?). 1 item. 1855

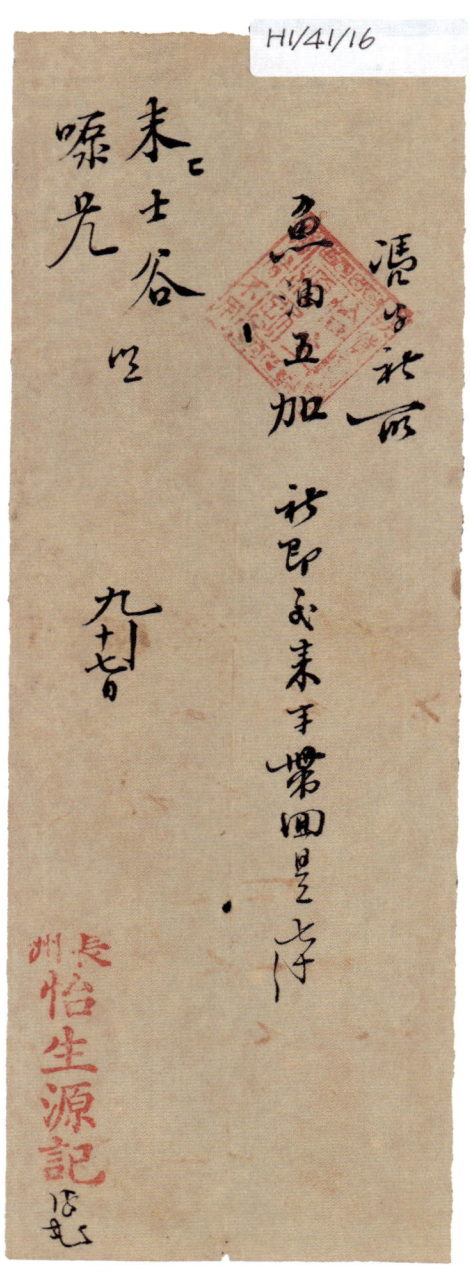

---

① 泵兄：买办，亦称泵哥。

17. 咸丰五年长洲怡生源记食糖提货单（H1/41/17）

咸丰五年九月二十日（1855年10月30日），泵兄①给英国谷姓商人采购食糖，此为供货商长洲怡生源记出具的提货单。

Receipt for sugar. A receipt (in Chinese) to Mr. Peng or Liu or P'in for sugar collected by Mr. Ku, 30 October 1855, including a brief English note giving details. 1 item. 1855

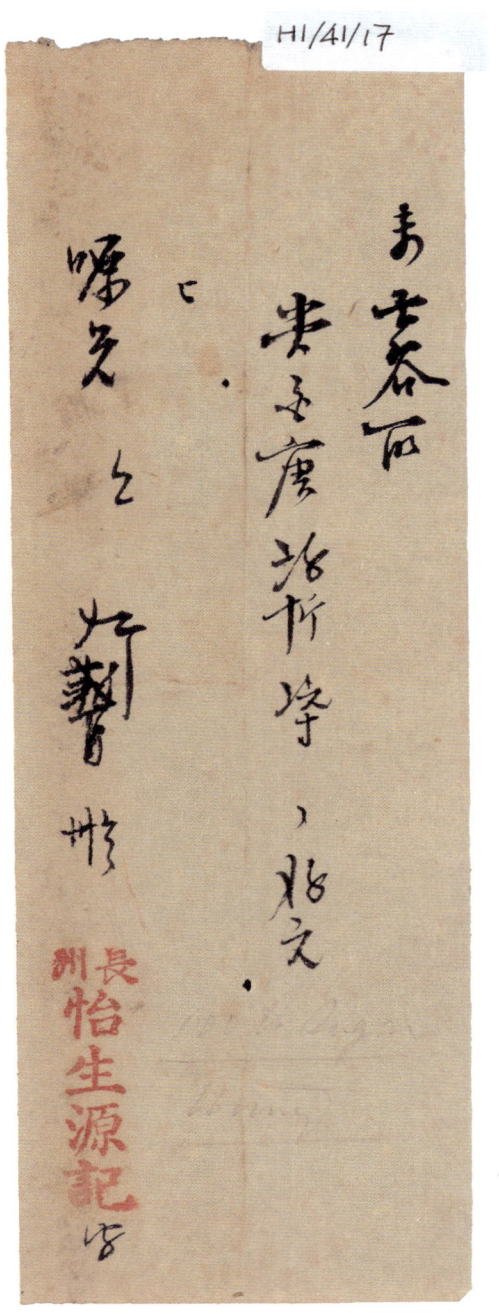

---

① 泵兄：买办，亦称泵哥。

18. 咸丰五年长洲怡生源记木油提货单（H1/41/18）

咸丰五年九月二十二日（1855年11月1日），泵哥①给英国谷姓商人采购木油10加仑，此为供货商长洲怡生源记出具的提货单。

Receipt for wood oil. A receipt to Mr. Peng or Liu or P'in for wood oil collected by Mr. Ku, 1 November 1855. 1 item. 1855

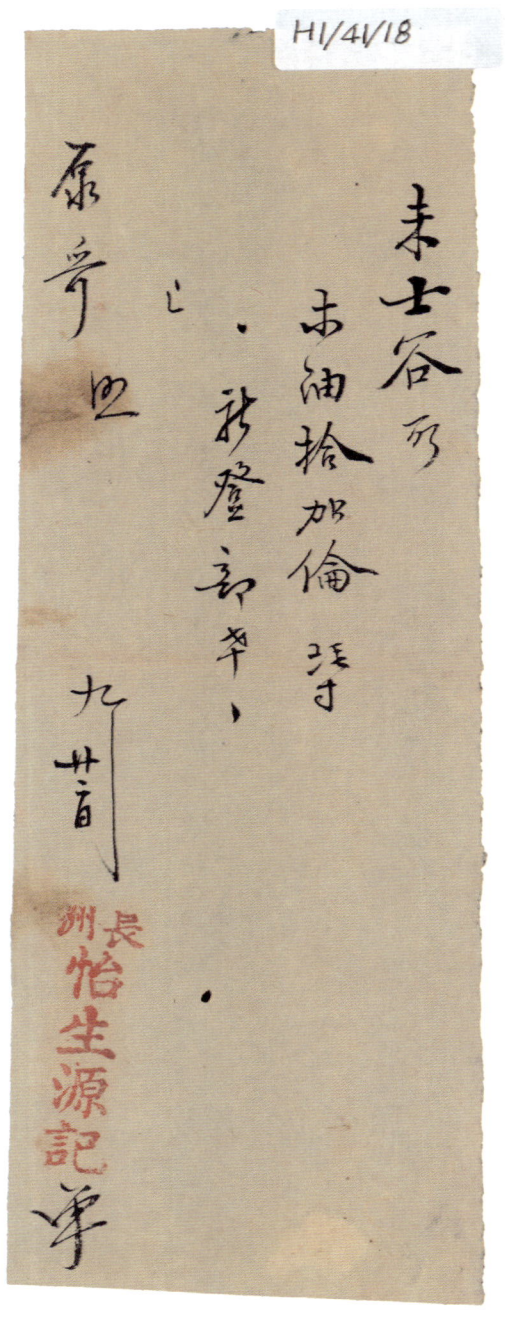

① 泵哥：买办，亦称泵兄。

19. 咸丰五年长洲怡生源记出具给泵兄①、英国谷姓商人的鱼油提货单（H1/41/19）

咸丰五年九月二十二日（1855年11月1日），长洲怡生源记出具给泵兄、英国谷姓商人的鱼油提货单，凭此单可取4加仑鱼油。

Receipt for fish oil. A receipt to Mr. Peng or Liu or P'in and Mr. Ku for fish oil, 1 November 1855. 1 item. 1855

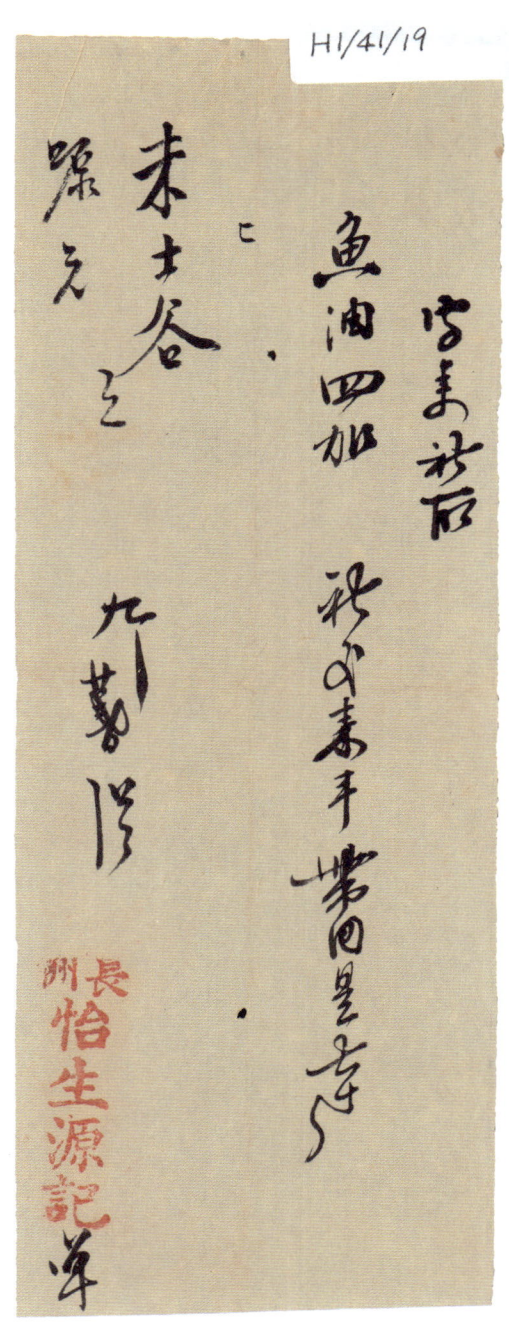

① 泵兄：买办，亦称泵哥。

20. 咸丰五年长洲怡生源记出具给泵兄[①]、英国谷姓商人的鱼油提货单（H1/41/20）

咸丰五年九月二十四日（1855年11月3日），长洲怡生源记出具给泵兄、英国谷姓商人的鱼油提货单，凭此单可取4加仑鱼油。

Receipt for fish oil. A receipt to Mr. Peng or Liu or P'in and Mr. Ku for fish oil, 3 November 1855 (?). 1 item. 1855

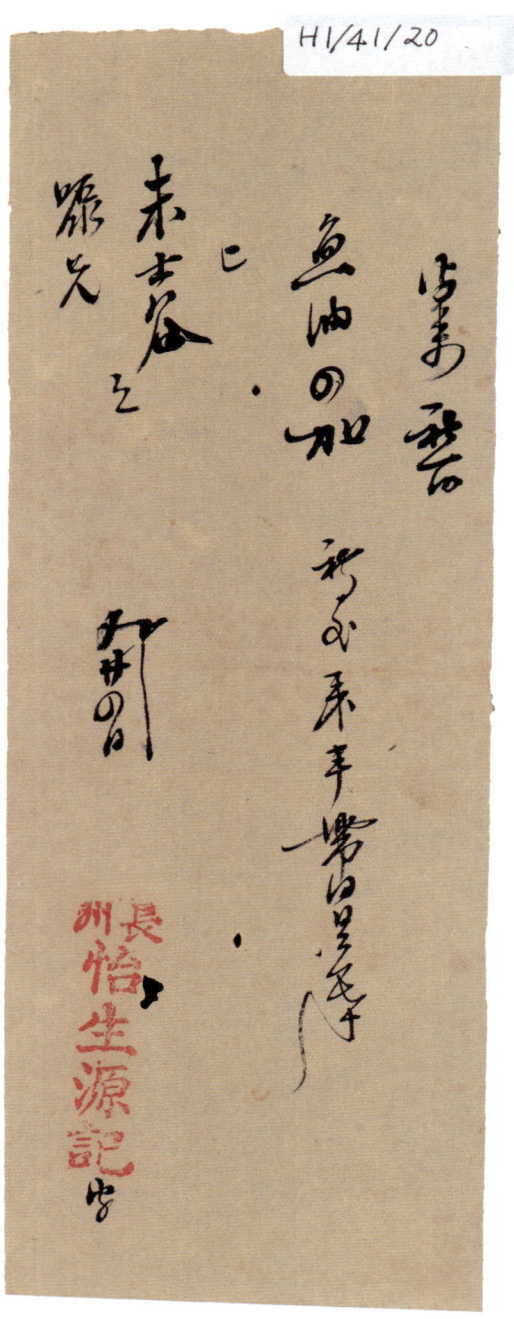

[①] 泵兄：买办，亦称泵哥。

21. 咸丰五年长洲怡生源记出具给泵兄①、英国谷姓商人的烟头②提货单（H1/41/21）

咸丰五年十月十九日（1855年11月28日），长洲怡生源记出具给泵兄、英国谷姓商人的烟头提货单。

Receipt for Yen-t'ou. A receipt to Mr. Peng or Liu or P'in and Mr. Ku for one box of Yen-t'ou (Yantou), 28 November 1855. 1 item.1855

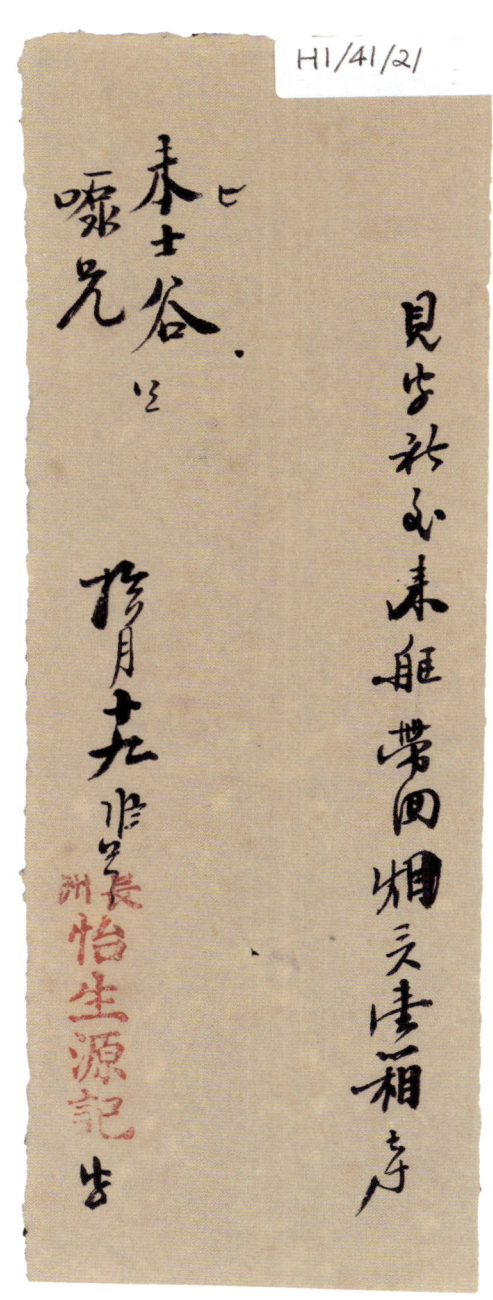

---

① 泵兄：买办，亦称泵哥。
② 烟头：鸦片烟。

22. 咸丰五年长洲怡生源记出具给泵兄①、英国谷姓商人的毡酒②提货单（H1/41/22）

咸丰五年十月二十一日（1855年11月30日），长洲怡生源记出具给泵兄、英国谷姓商人的5箱毡酒提货单。

Receipt for wine. A receipt to Mr. Peng or Liu or P'in and Mr. Ku for 5 boxes of wine, 30 November 1855 (?). 1 item. 1855

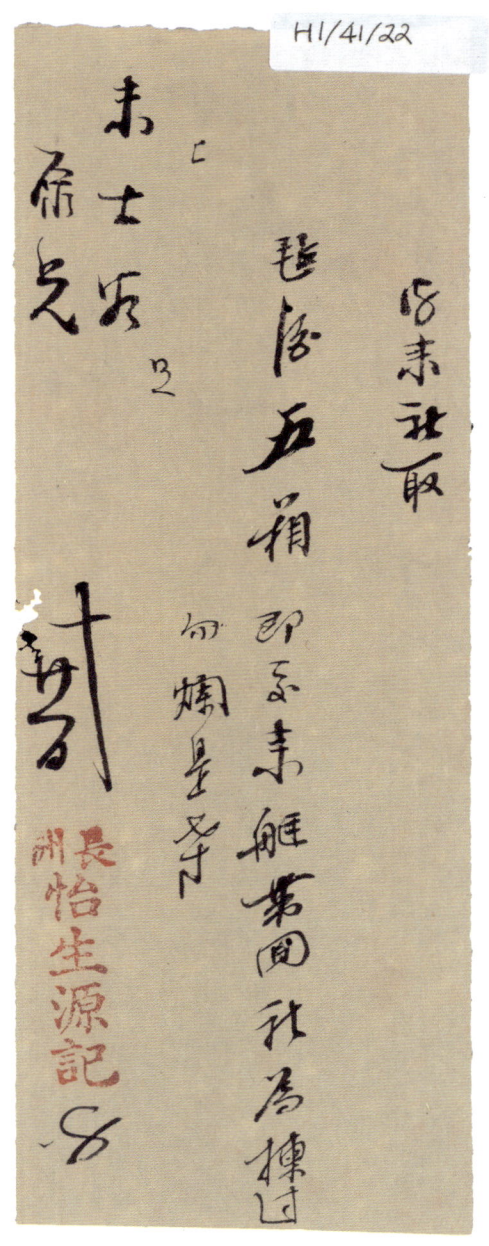

---

① 泵兄：买办，亦称泵哥。

② 毡酒：一种经过连续蒸馏的谷物烈性酒及加入了香料再蒸馏提炼而成的含酒精饮品。其香料主要是杜松子。毡酒最早由荷兰莱顿大学医学院的西尔雅斯教授于1660年发明。

23. 咸丰五年长洲怡生源记生油提货单（H1/41/23）

咸丰五年十一月初九日（1855年12月17日），泵哥①给英国谷姓商人采购生油6加仑（27.27654升），此为供货商长洲怡生源记出具的提货单。

Receipt for oil. A receipt to Mr. Peng or Liu or P'in for oil collected by Mr. Ku, 17 December 1855. 1 item. 1855

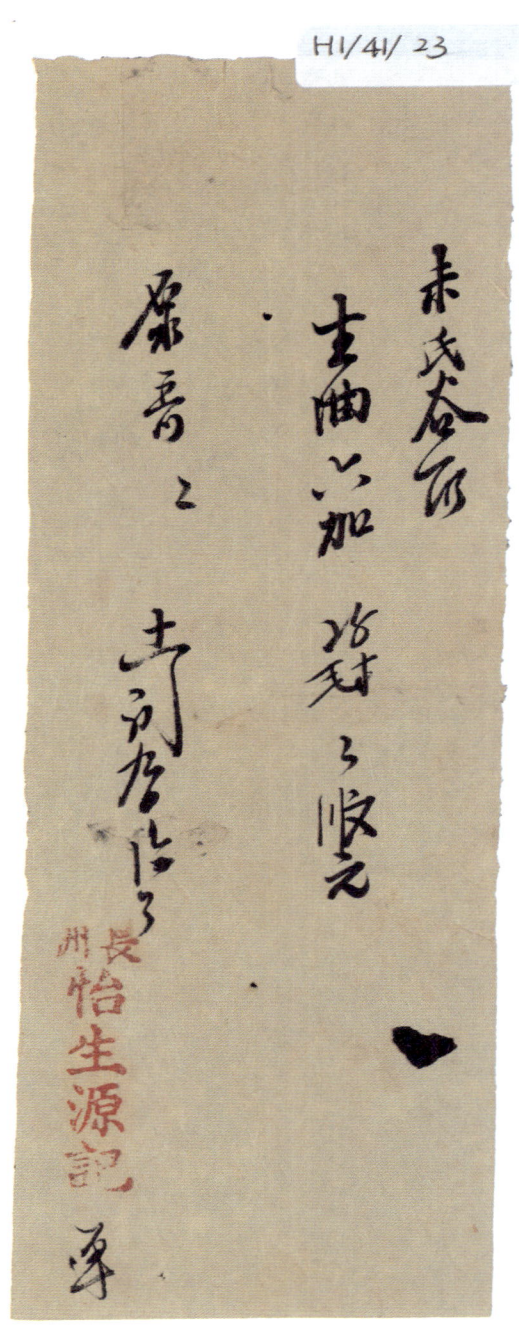

① 泵哥：买办，亦称泵兄。

24. 咸丰五年长洲怡生源记茶油提货单（H1/41/24）

咸丰五年十一月十一日（1855年12月19日），泵哥①给英国谷姓商人采购茶油7加仑（31.82263升），此为供货商长洲怡生源记出具的提货单。

Receipt for tea oil. A receipt to Mr. Peng or Liu or P'in for tea oil collected by Mr. Ku, 19 December 1855. 1 item. 1855

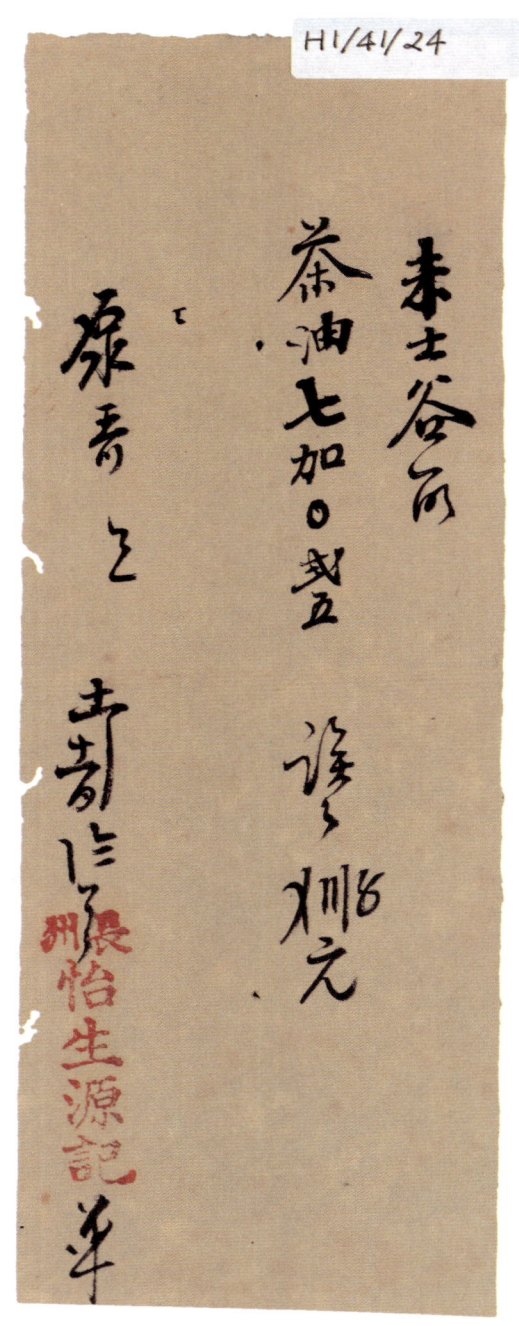

---

① 泵哥：买办，亦称泵兄。

25. 咸丰五年长洲怡生源记茶油等物品提货单（H1/41/25）

咸丰五年十一月十二日（1855年12月20日），泵哥①给英国谷姓商人采购茶油、生油等物品，此为供货商长洲怡生源记出具的提货单。

Receipt for goods. A receipt (in Chinese) to Mr. Peng or Liu or P'in for tea oil, molasses and lamb oil collected by Mr. Ku, 20 December 1855, including an English note giving details. 1 item. 1855

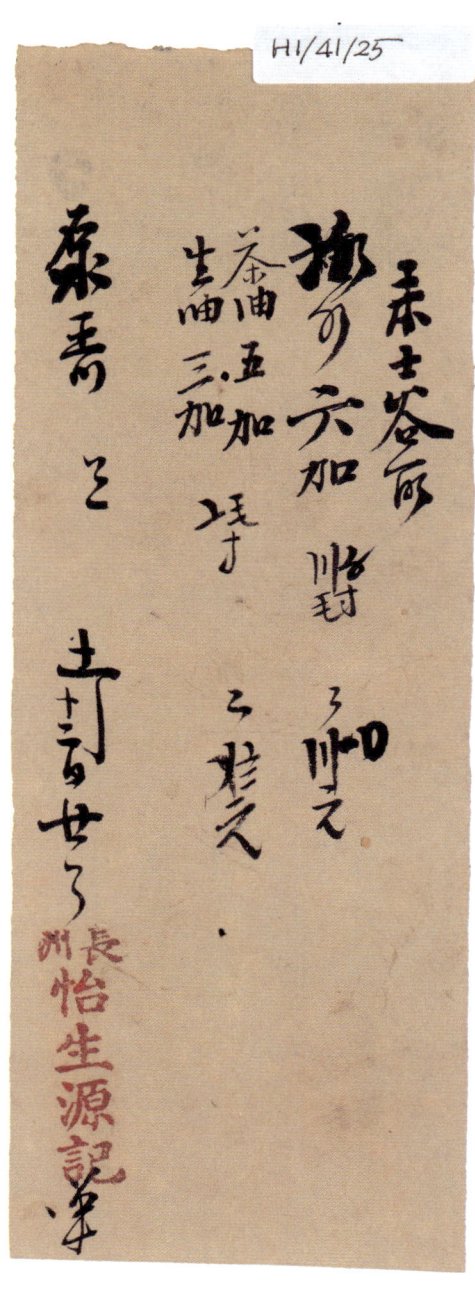

（正）

（反）

---

① 泵哥：买办，亦称泵兄。

26. 咸丰五年长洲怡生源记木油、茶油提货单（H1/41/26）

咸丰五年十二月十一日（1856年1月18日），泵哥①给英国谷姓商人采购木油12加仑（54.55308升）、茶油10加仑，此为供货商长洲怡生源记出具的提货单。

Receipt for tea oil and wood oil. A receipt (in Chinese) to Mr. Peng or Liu or P'in for tea oil and wood oil collected by Mr. Ku, 18 January 1856, including an English note giving details. 1 item. 1856

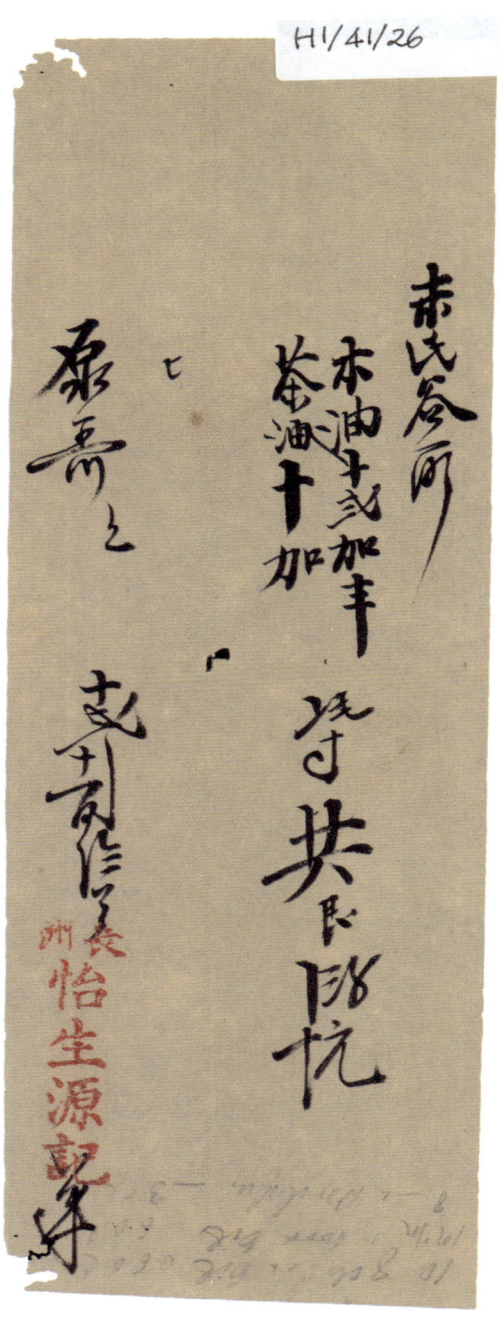

---

① 泵哥：买办，亦称泵兄。

27. 咸丰五年长洲怡生源记粉仔提货单（H1/41/27）

咸丰五年十二月十八日（1856年1月25日），泵哥①给英国谷姓商人采购粉仔8刀，此为供货商长洲怡生源记出具的提货单。

Receipt for Fen-tzu. A receipt to Mr. Peng or Liu or P'in for Fen-tzu (Fenzi) collected by Mr. Ku, 25 January 1856. 1 item. 1856

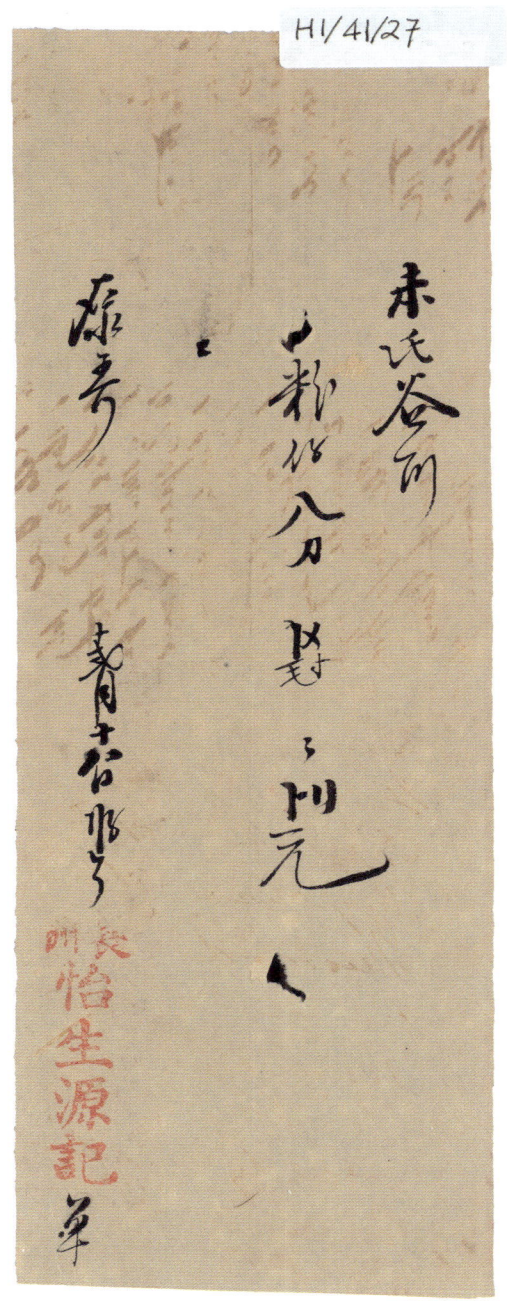

---

① 泵哥：买办，亦称泵兄。

28. 咸丰五年长洲怡生源记茶油提货单（H1/41/28）

咸丰五年十二月二十日（1856年1月27日），泵哥①给英国谷姓商人采购茶油6加仑，此为供货商长洲怡生源记出具的提货单。

Receipt for tea oil. A receipt to Mr. Peng or Liu or P'in for tea oil collected by Mr. Ku, 27 January 1856. 1 item. 1856

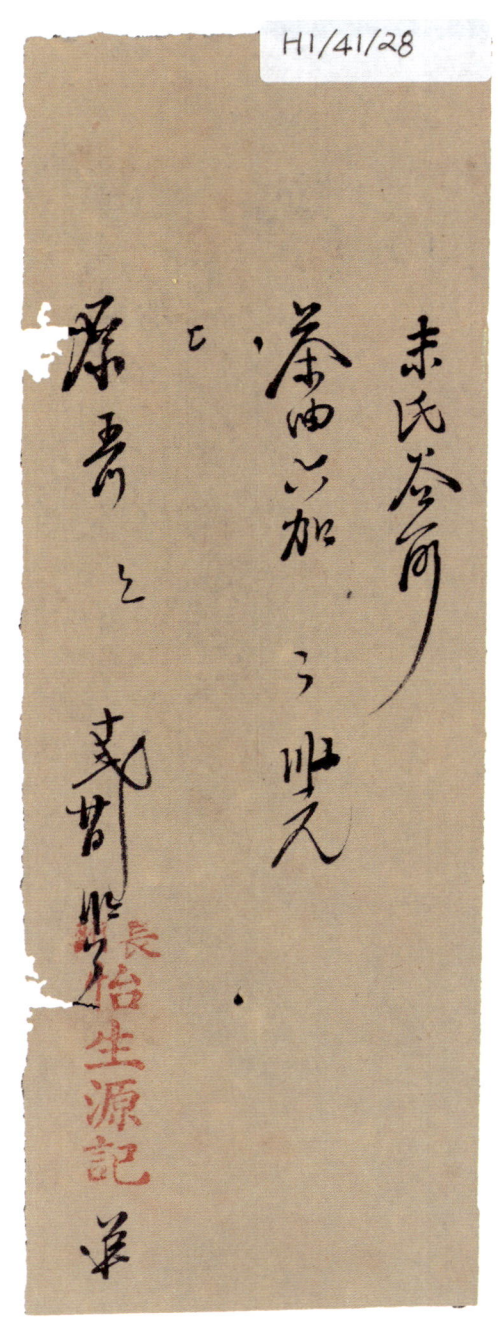

① 泵哥：买办，亦称泵兄。

29. 咸丰五年长洲怡生源记出具给泵兄①、英国谷姓商人的啤酒提货单（H1/41/29）

咸丰五年十二月二十二日（1856年1月29日），长洲怡生源记出具给泵兄、英国谷姓商人的2桶啤酒提货单，盖有正方形印章，中间印文为"怡生源记"，两旁分别为"发货图章""揭借不用"。

Receipt for beer. A receipt to Mr. Peng or Liu or P'in and Mr. Ku for beer, 29 January 1856. 1 item. 1856

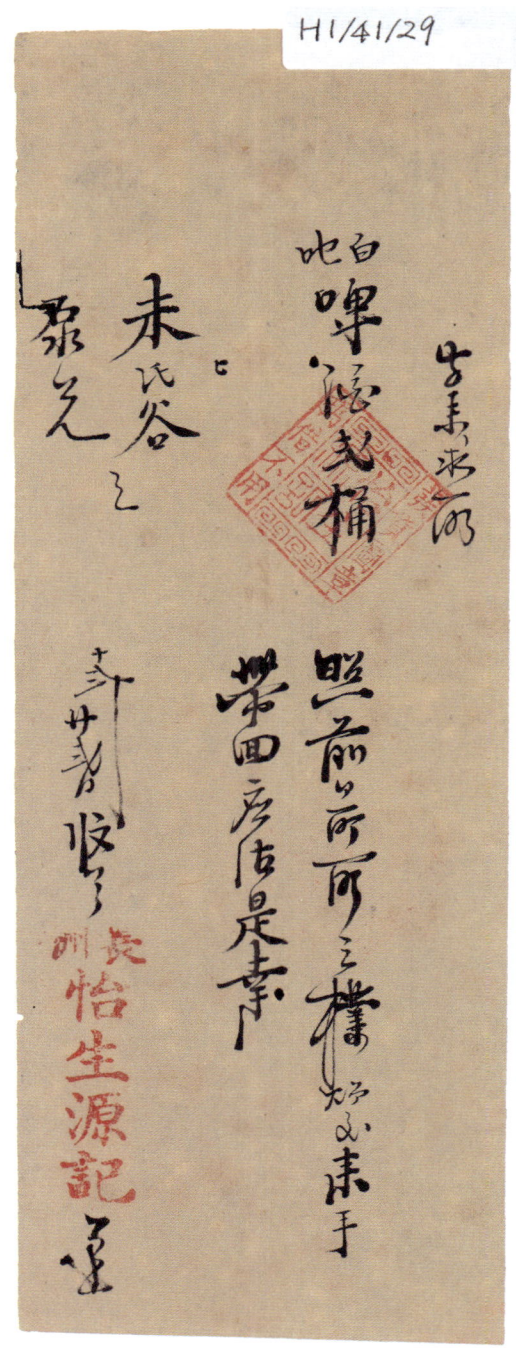

---

① 泵兄：买办，亦称泵哥。

① 泵哥：买办，亦称泵兄。

30. 咸丰六年长洲怡生源记木油等物品提货单（H1/41/30）

咸丰六年正月十一日（1856年2月16日），泵哥①给英国谷姓商人采购木油、茶油、生油，此为供货商长洲怡生源记出具的提货单，盖有正方形朱文印章，印文"怡生源记"。

Receipt for goods. A receipt (in Chinese) to Mr. Peng or Liu or P'in and Mr. Ku for wood oil, tea oil and lamb oil, 16 February 1856, including a brief English note giving details. 1 item.1856

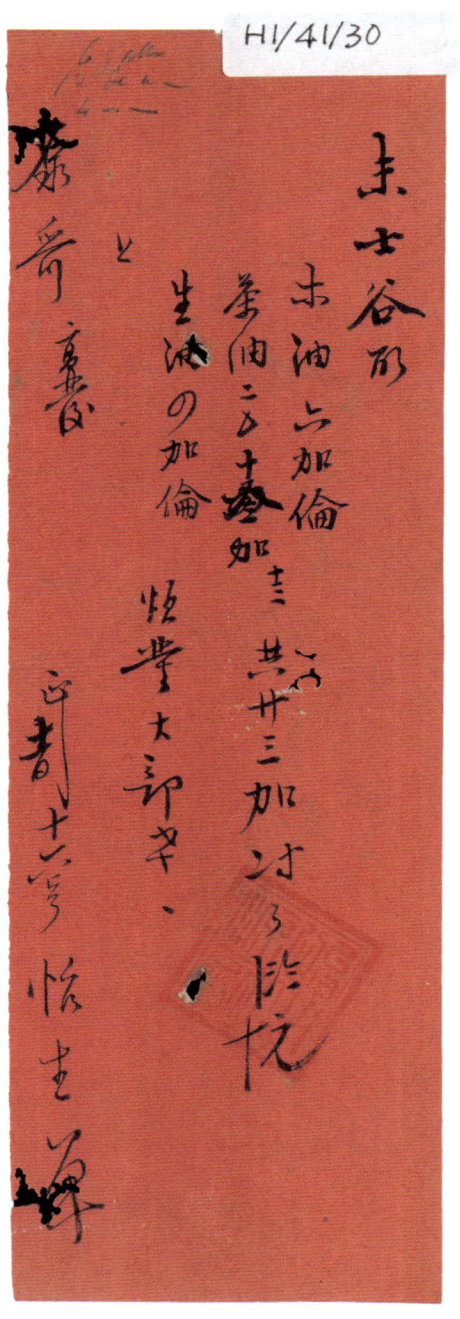

31. 咸丰六年长洲怡生源记粉仔等食物的提货单（H1/41/31）

咸丰六年正月二十日（1856年2月25日），泵哥①给英国谷姓商人采购粉仔等食物，此为供货商长洲怡生源记出具的提货单。

Receipt for rice, etc.. A receipt to Mr. Peng or Liu or P'in and Mr. Ku for rice, etc., 25 February 1856. 1 item. 1856

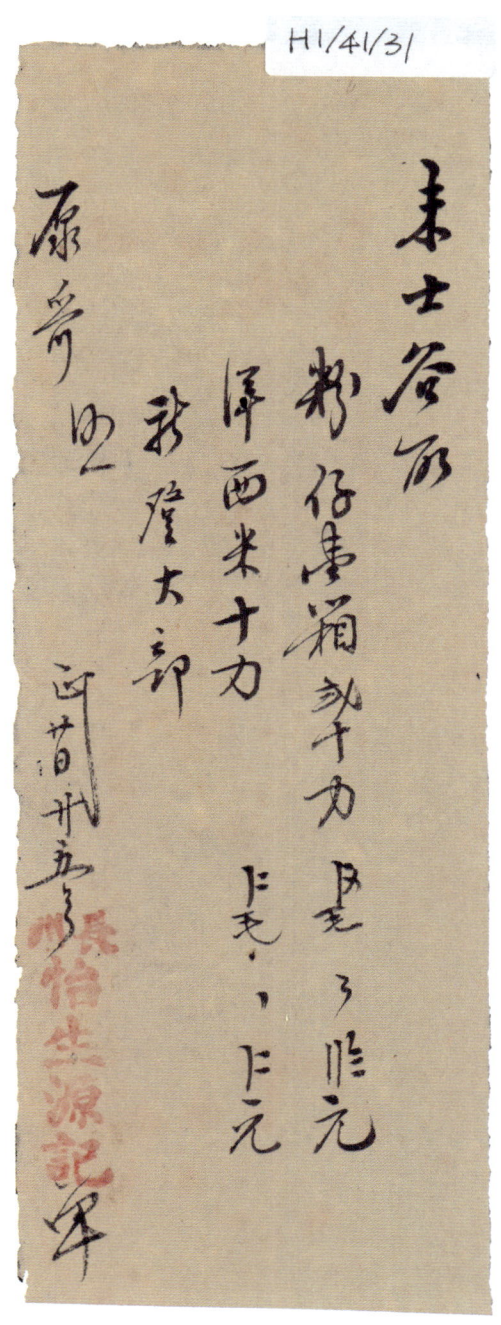

---

① 泵哥：买办，亦称泵兄。

32. 咸丰六年长洲怡生源记木油提货单（H1/41/32）

咸丰六年四月二十八日（1856年5月31日），长洲怡生源记给英国谷姓商人10加仑木油的提货单。

Receipt for wood oil. A receipt for wood oil collected by Mr. Ku, 31 May 1856. 1 item. 1856

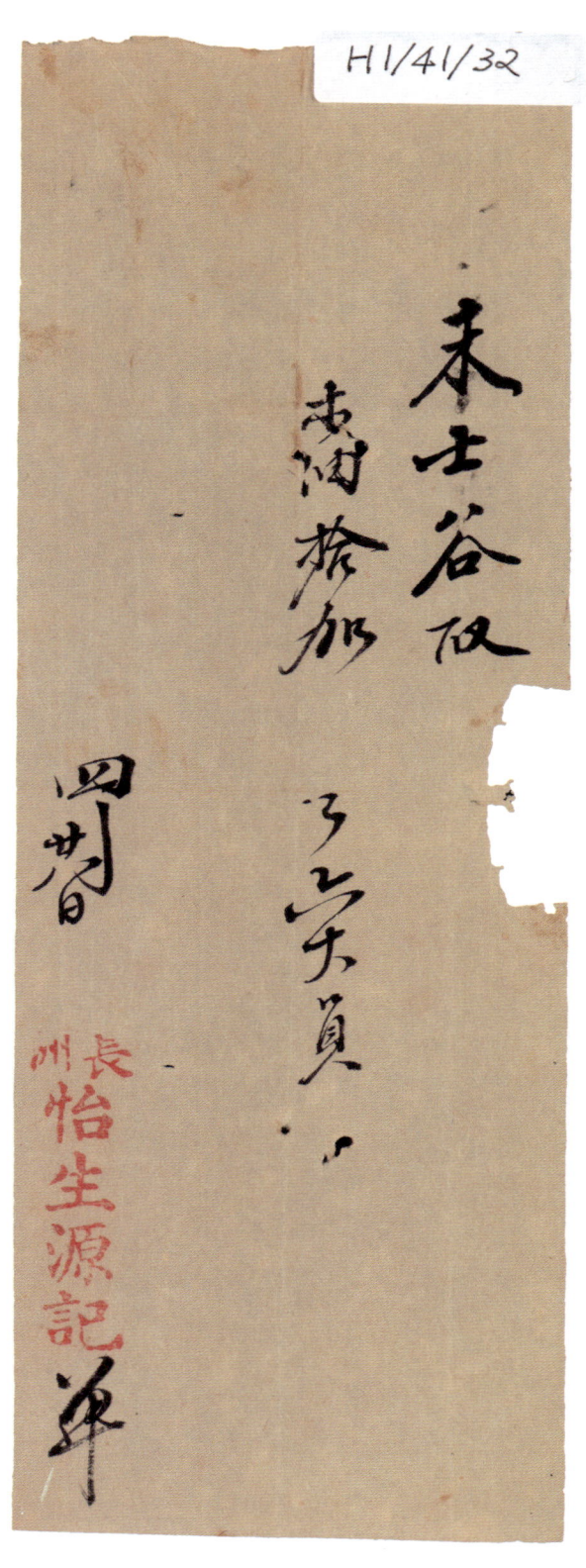

33. 咸丰六年长洲怡生源记火腿提货单（H1/41/33）

咸丰六年四月三十日（1856年6月2日），长洲怡生源记给英国谷姓商人的火腿提货单。

Receipt for ham. A receipt for ham collected by Mr. Ku, 2 June 1856. 1 item. 1856

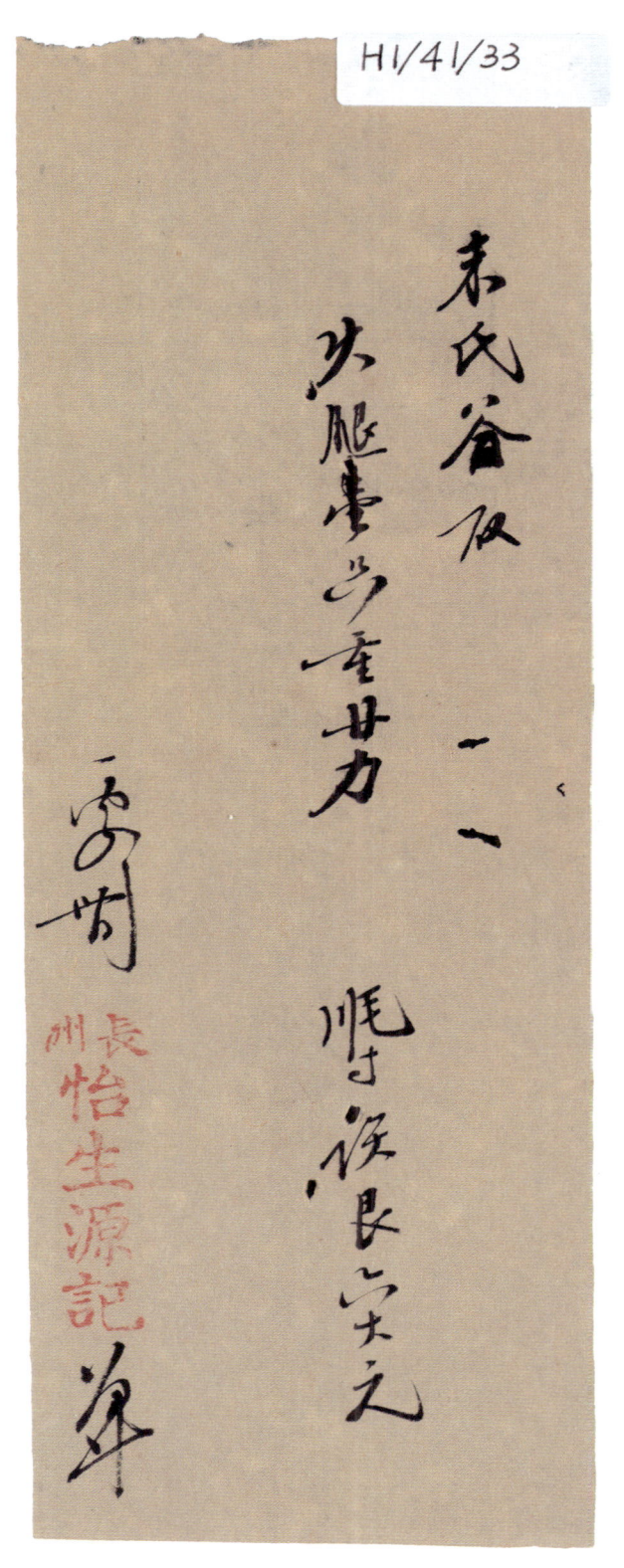

34. 咸丰六年长洲怡生源记生油提货单（H1/41/34）

咸丰六年五月初一日（1856年6月3日），长洲怡生源记给英国谷姓商人的生油提货单。

Receipt for oil. A receipt for oil collected by Mr. Ku, 3 June 1856 (?). 1 item. 1856

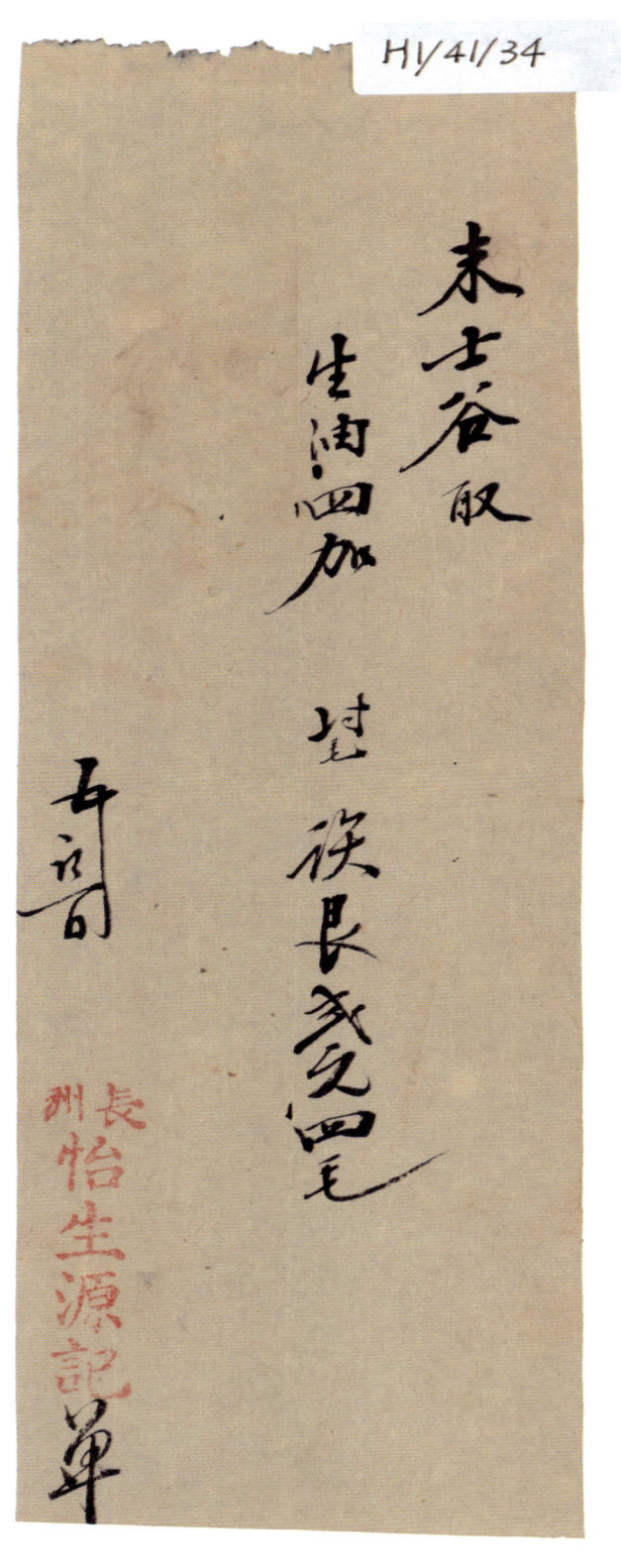

35. 咸丰六年长洲怡生源记洋葱等食物的提货单（H1/41/35）

咸丰六年五月初三日（1856年6月5日），长洲怡生源记给英国谷姓商人的洋葱等食物的提货单。

Receipt for curry. A receipt for curry, etc., collected by Mr. Ku, 5 June 1856 (?). 1 item. 1856

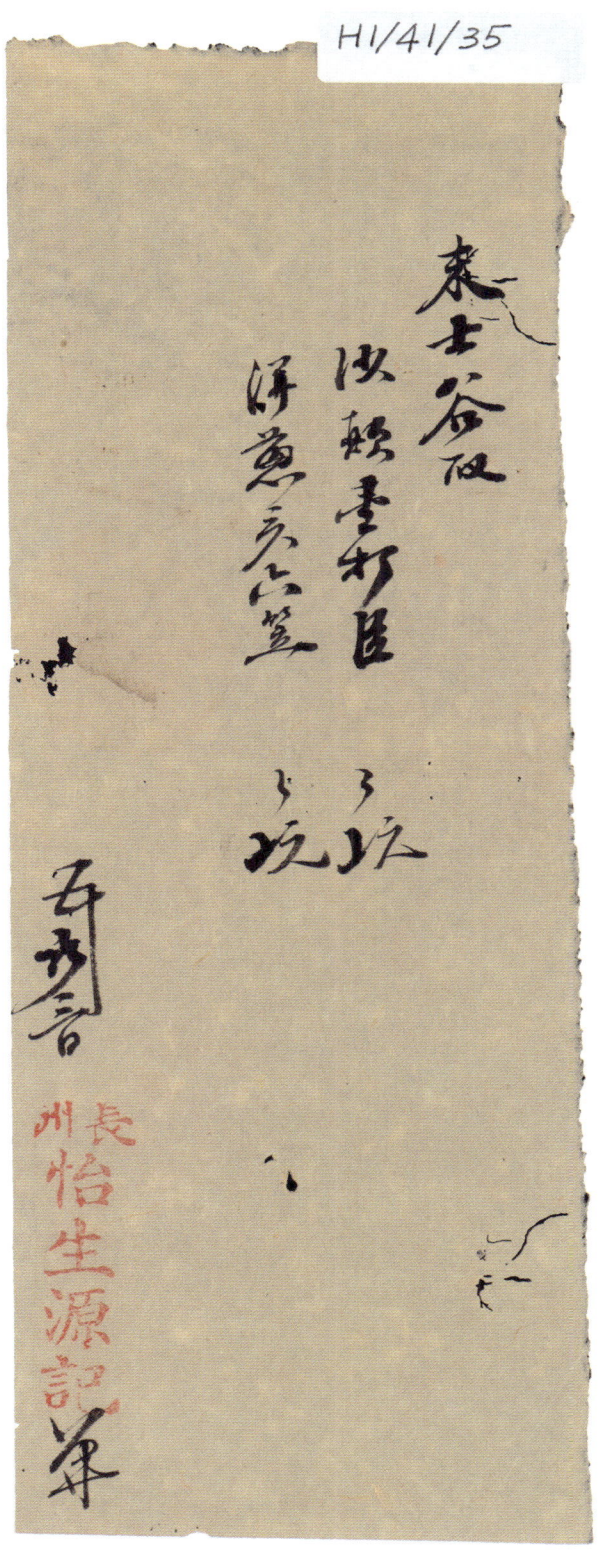

36. 咸丰六年长洲怡生源记洋烛、茶叶提货单（H1/41/36）

咸丰六年五月初七日（1856年6月9日），长洲怡生源记给英国谷姓商人的洋烛、茶叶提货单。

Receipt for candles, etc.. A receipt for candles, etc., collected by Mr. Ku, 9 June 1856 (?). 1 item. 1856

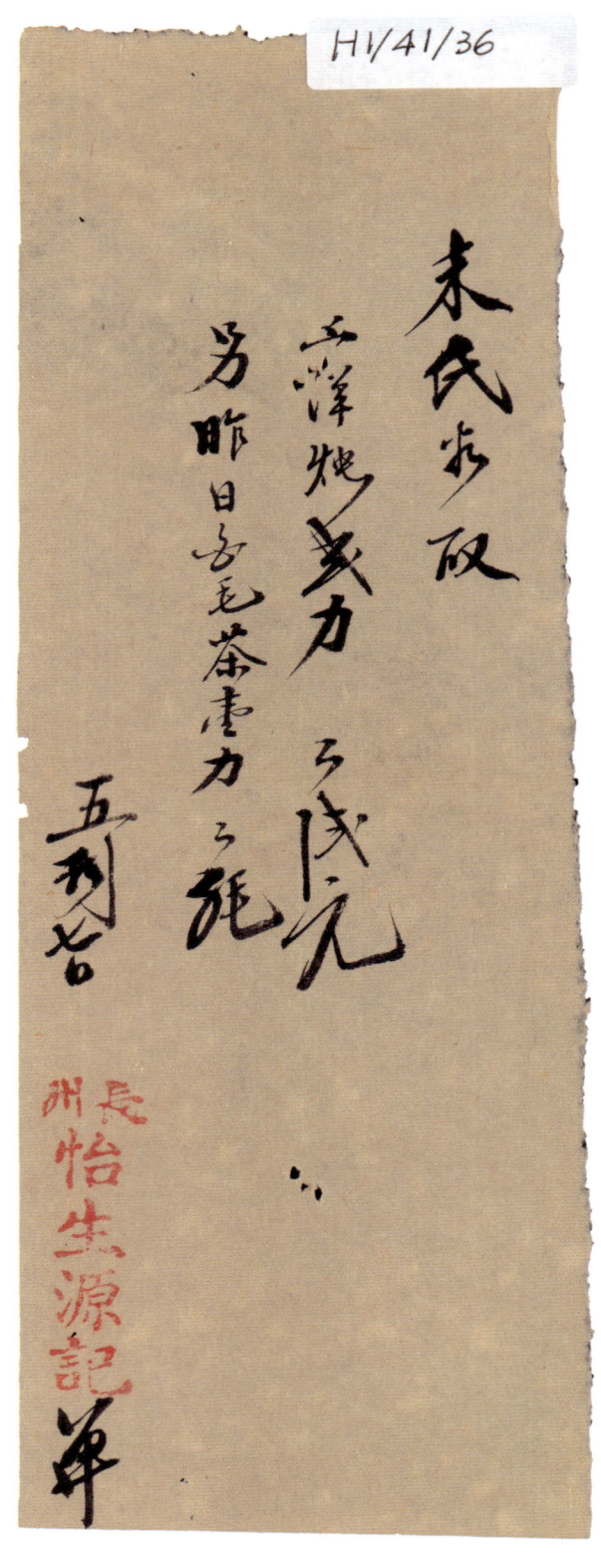

37. 咸丰六年长洲怡生源记火腿、茶油提货单（H1/41/37）

咸丰六年五月十一日（1856年6月13日），长洲怡生源记给英国谷姓商人的火腿、茶油提货单。

Receipt for ham and teal oil. A receipt for ham and tea oil collected by Mr. Ku, 13 June 1856 (?). 1 item.

1856

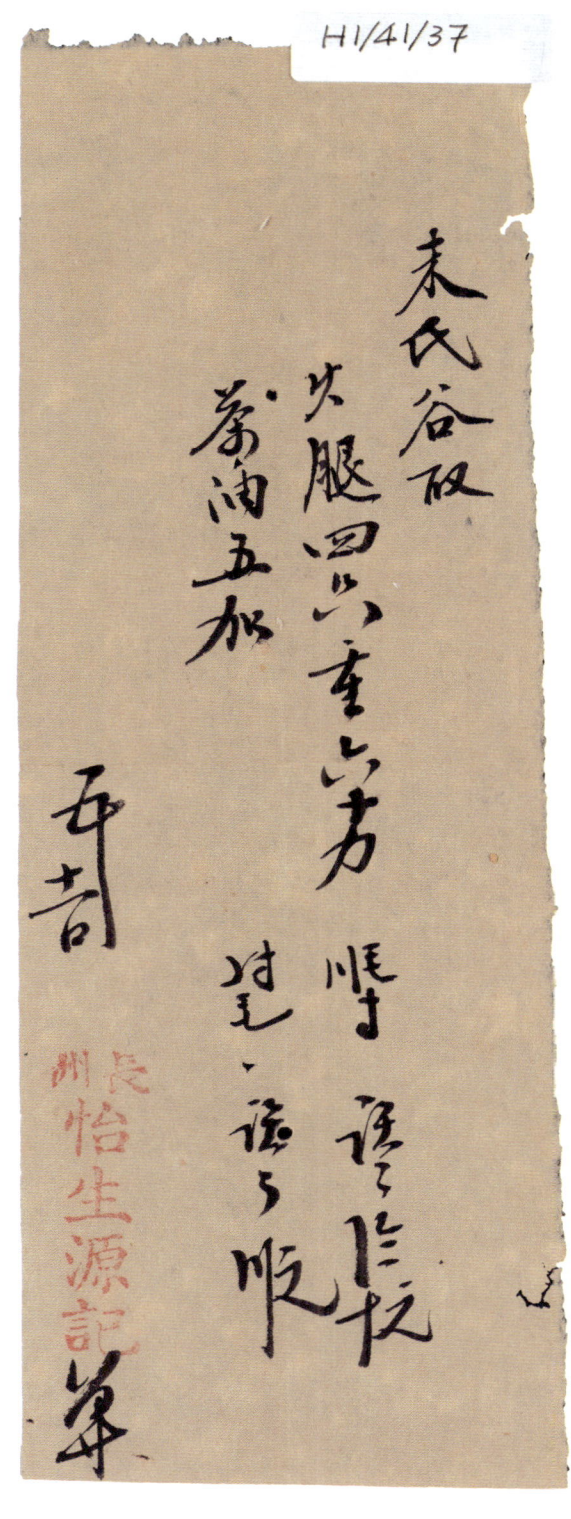

38. 咸丰六年长洲怡生源记火腿提货单（H1/41/38）

咸丰六年五月十八日（1856年6月20日），长洲怡生源记给英国谷姓商人的火腿提货单。

Receipt for ham. A receipt for ham collected by Mr. Ku, 20 June 1856 (?). 1 item. 1856

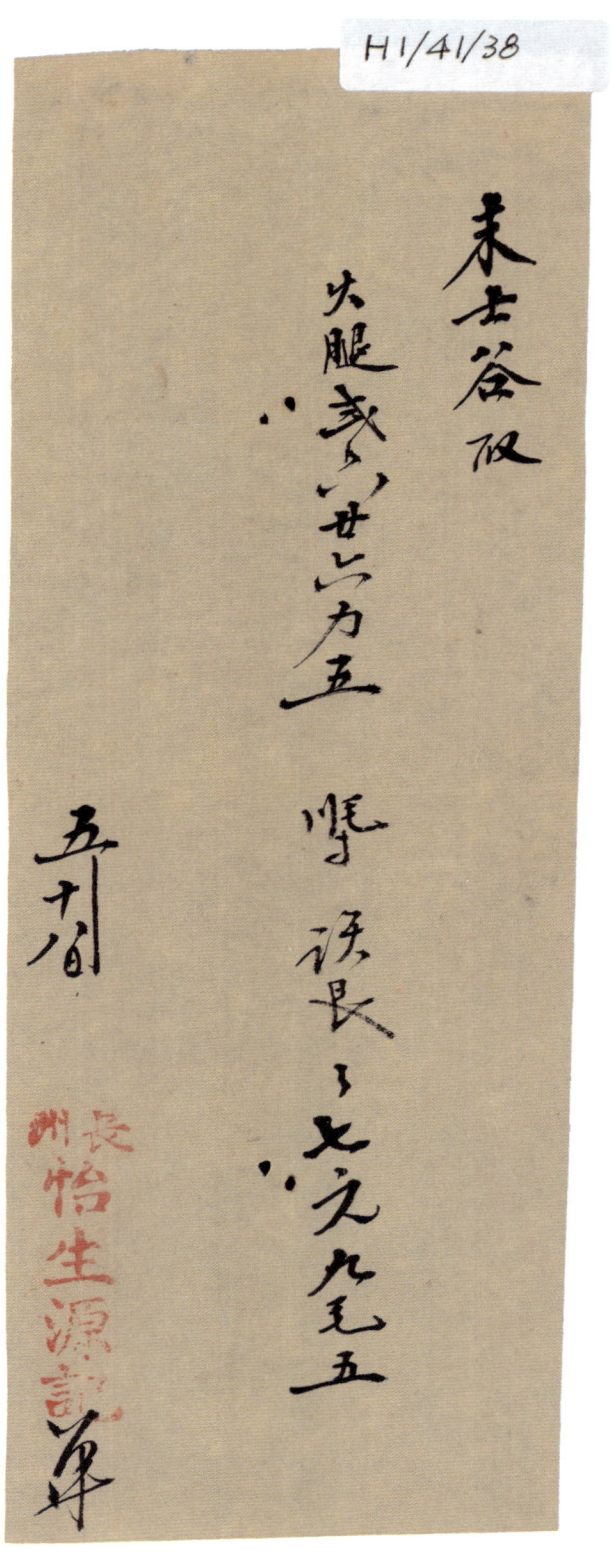

39. 咸丰六年长洲怡生源记茶油提货单（H1/41/39）

咸丰六年五月二十五日（1856年6月27日），长洲怡生源记给英国谷姓商人12加仑茶油的提货单。
Receipt for tea oil. A receipt for tea oil collected by Mr. Ku, 27 June 1856. 1 item. 1856

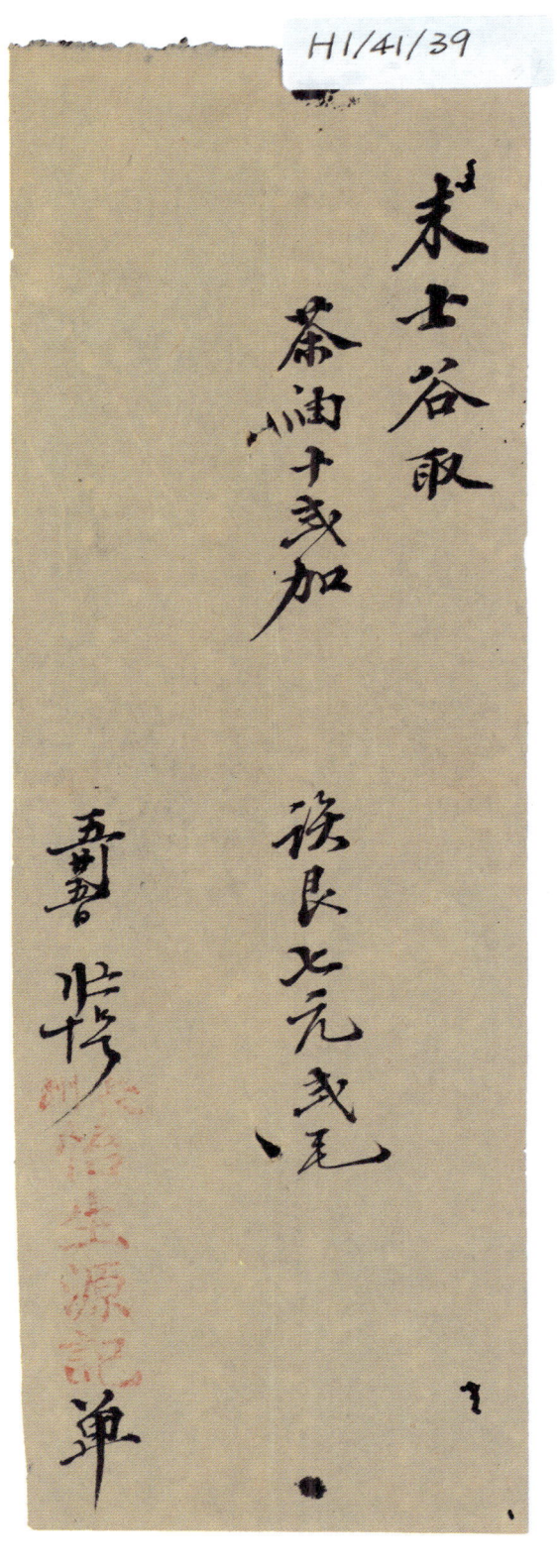

40. 咸丰六年长洲怡生源记啤酒提货单（H1/41/40）

咸丰六年六月十六日（1856年7月17日），长洲怡生源记给英国谷姓商人2桶啤酒的提货单。

Receipt for beer. A receipt for beer collected by Mr. Ku, 17 July 1856 (?). 1 item. 1856

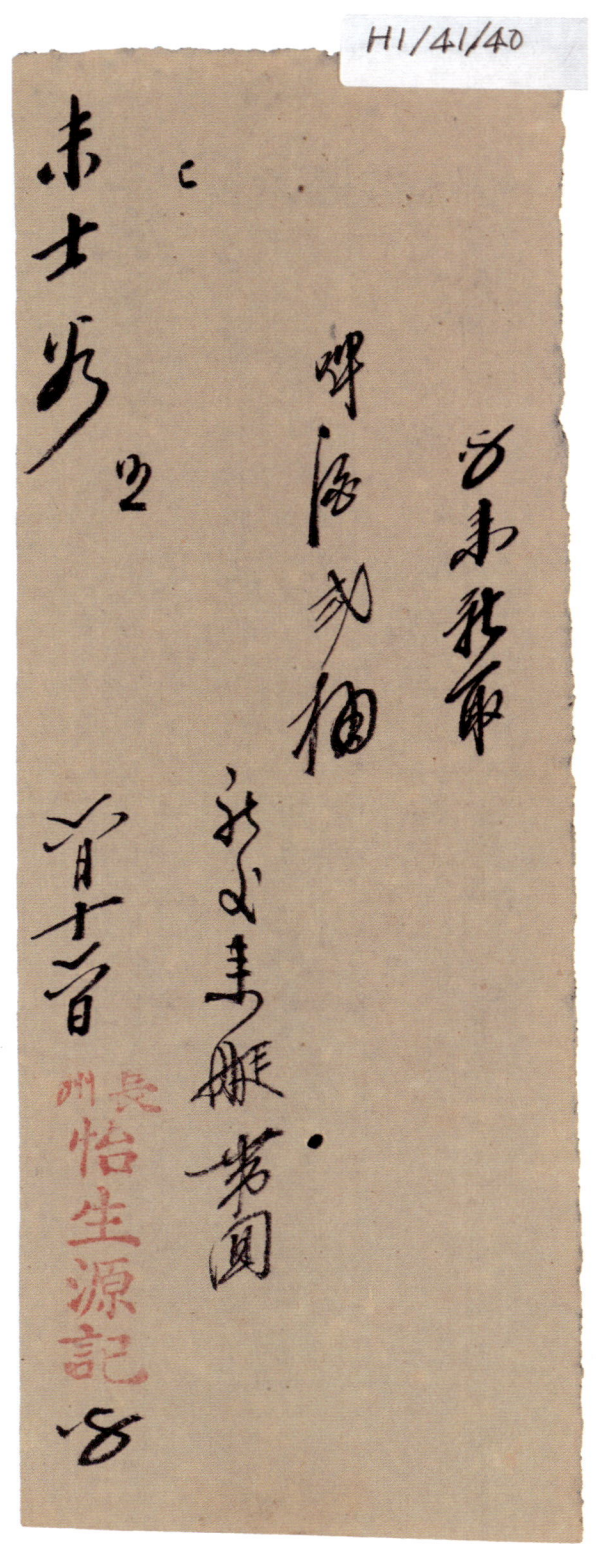

41. 咸丰六年长洲怡生源记收到英国谷姓商人五十桶面粉的收据（H1/41/41）

咸丰六年六月三十日（1856年7月31日），长洲怡生源记面粉货单收据。盖有正方形印章，中间印文为"怡生源记"，两旁分别为"发货图章""揭借不用"。

Receipt for wheat flour. A receipt for wheat flour collected by Mr. Ku, 31 July 1856. 1 item; Fair condition, but some damage by insects. 1856

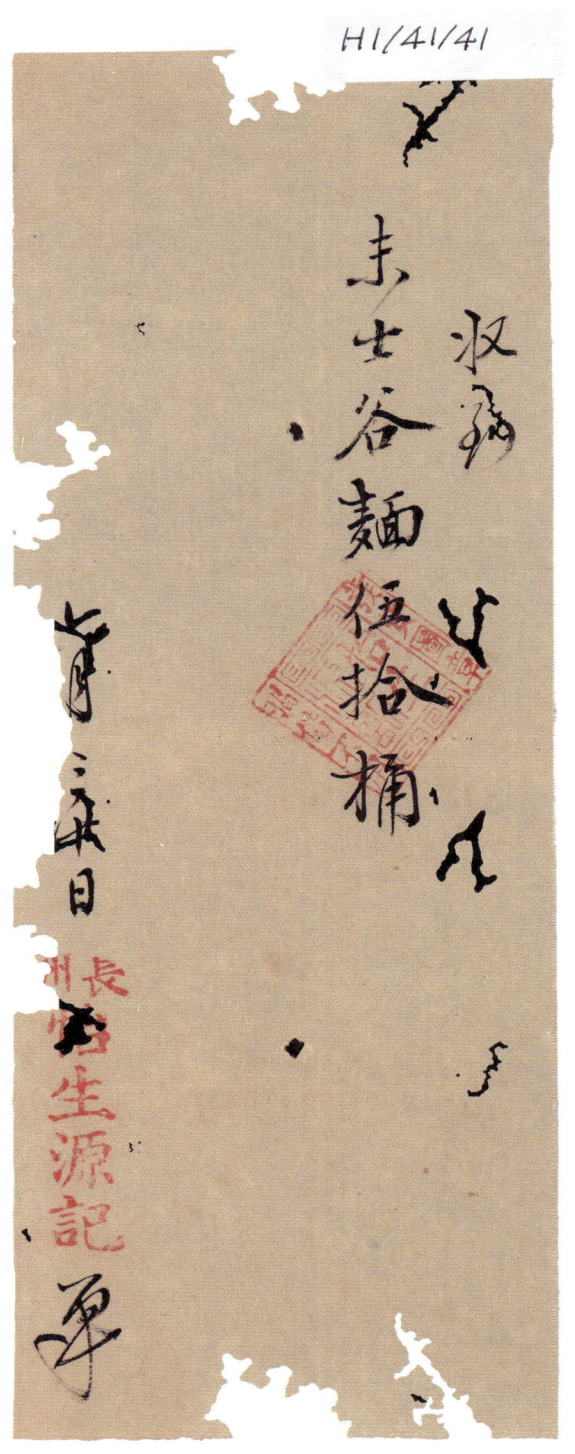

42. 咸丰六年长洲怡生源记茶油提货单（H1/41/42）

咸丰六年九月十四日（1856年10月12日），长洲怡生源记给英国谷姓商人13加仑（59.09917升）茶油的提货单。

Receipt for tea oil. A receipt for tea oil collected by Mr. Ku, 12 October 1856. 1 item; Fair condition, but damage by insects. 1856

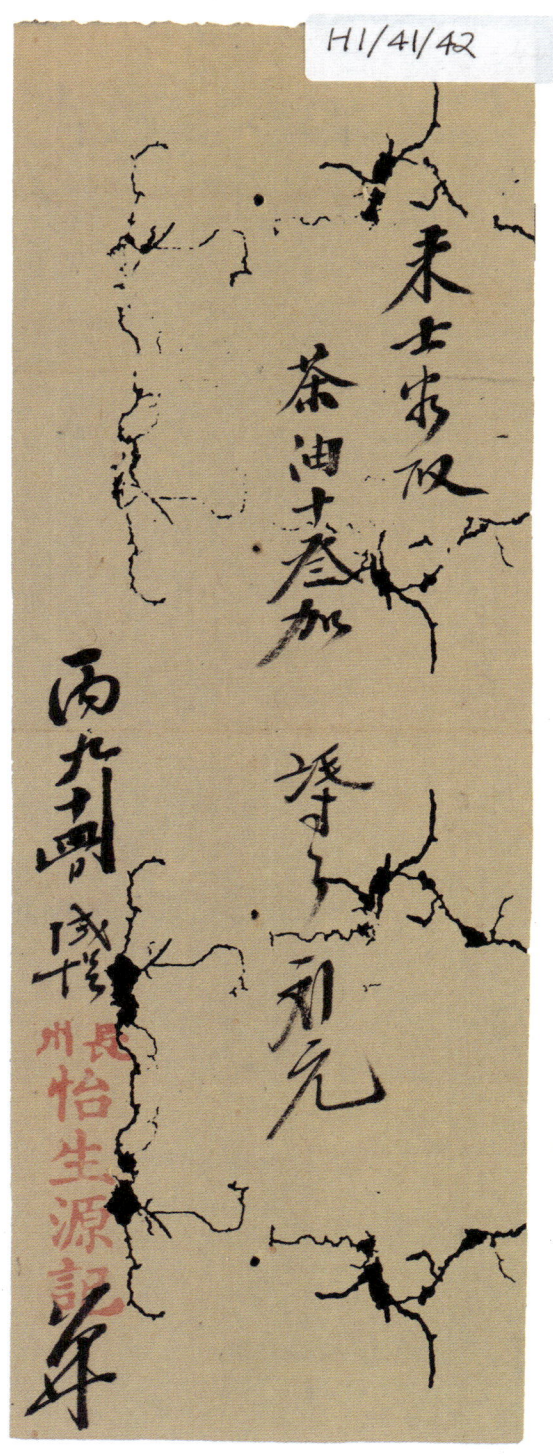

43. 咸丰六年长洲怡生源记茶油提货单（H1/41/43）

咸丰六年十月初一日（1856年10月29日），长洲怡生源记给英国谷姓商人5加仑茶油的提货单。

Receipt for tea oil. A receipt for tea oil collected by Mr. Ku, 29 October 1856. 1 item. 1856

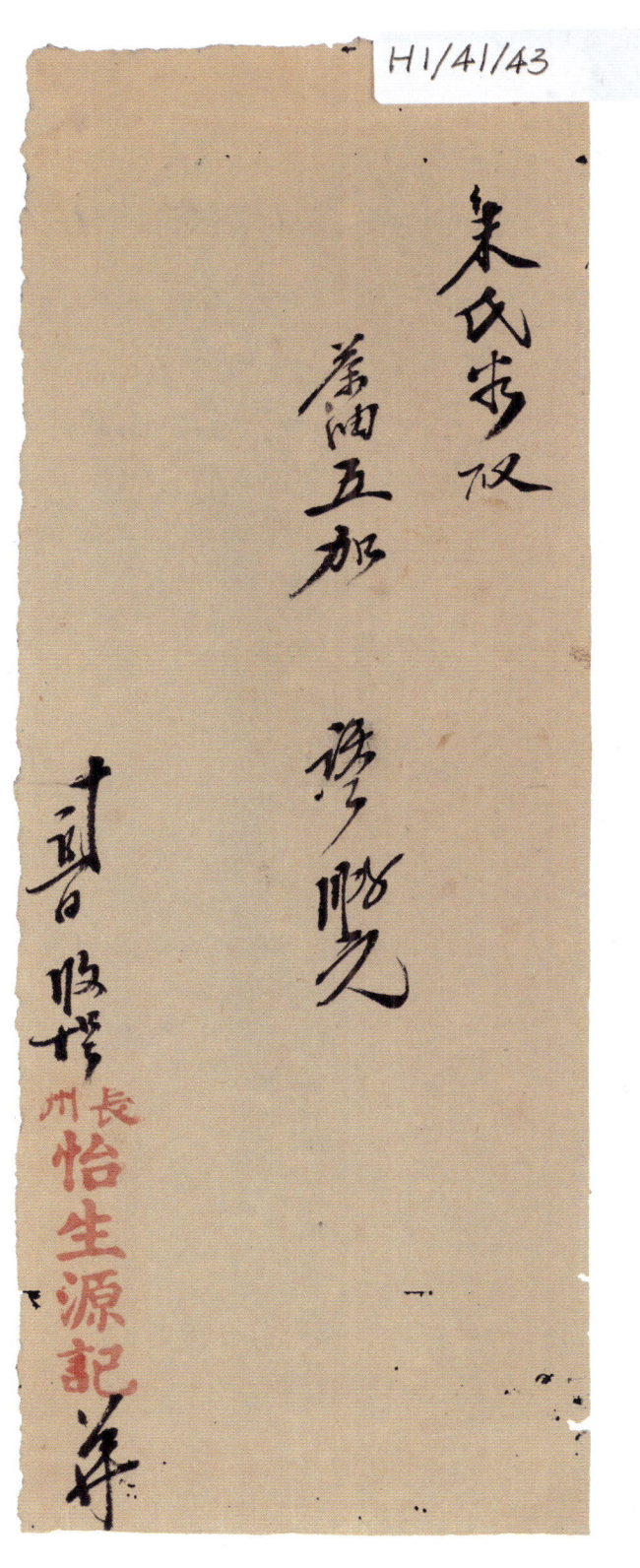

44. 咸丰六年长洲怡生源记冰水、粉仔的提货单（H1/41/44）

咸丰六年（1856），长洲怡生源记给英国谷姓商人冰水、粉仔的提货单。"时下价高些，烦说知令东便是"。

Receipt for molasses①. An undated receipt (in Chinese) for molasses collected by Mr. Ku, including a brief English note giving details. 1 item.

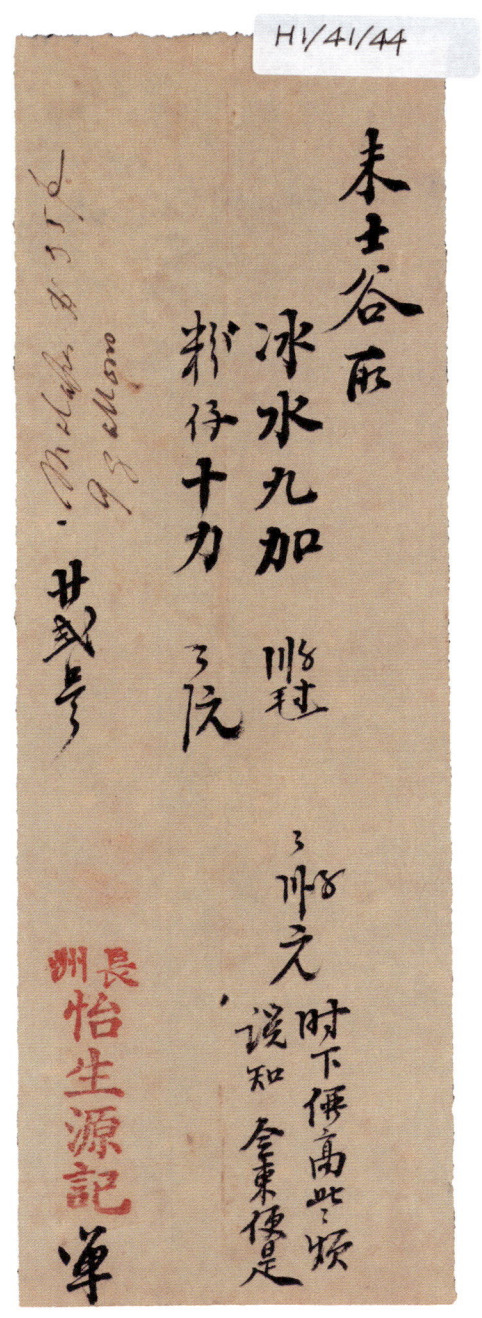

---

① 勘误：原档案英文提要误写为英国谷姓商人购买糖浆的收据，据文献可知，其购买的是冰水和粉仔（米粉制作的面条）。

45. 长洲怡生源记谷物货单收据（日期不详）(H1/41/45)

长洲怡生源记谷物货单收据。

Receipt. An undated receipt to Mr. Ku (Gu). 1 item.

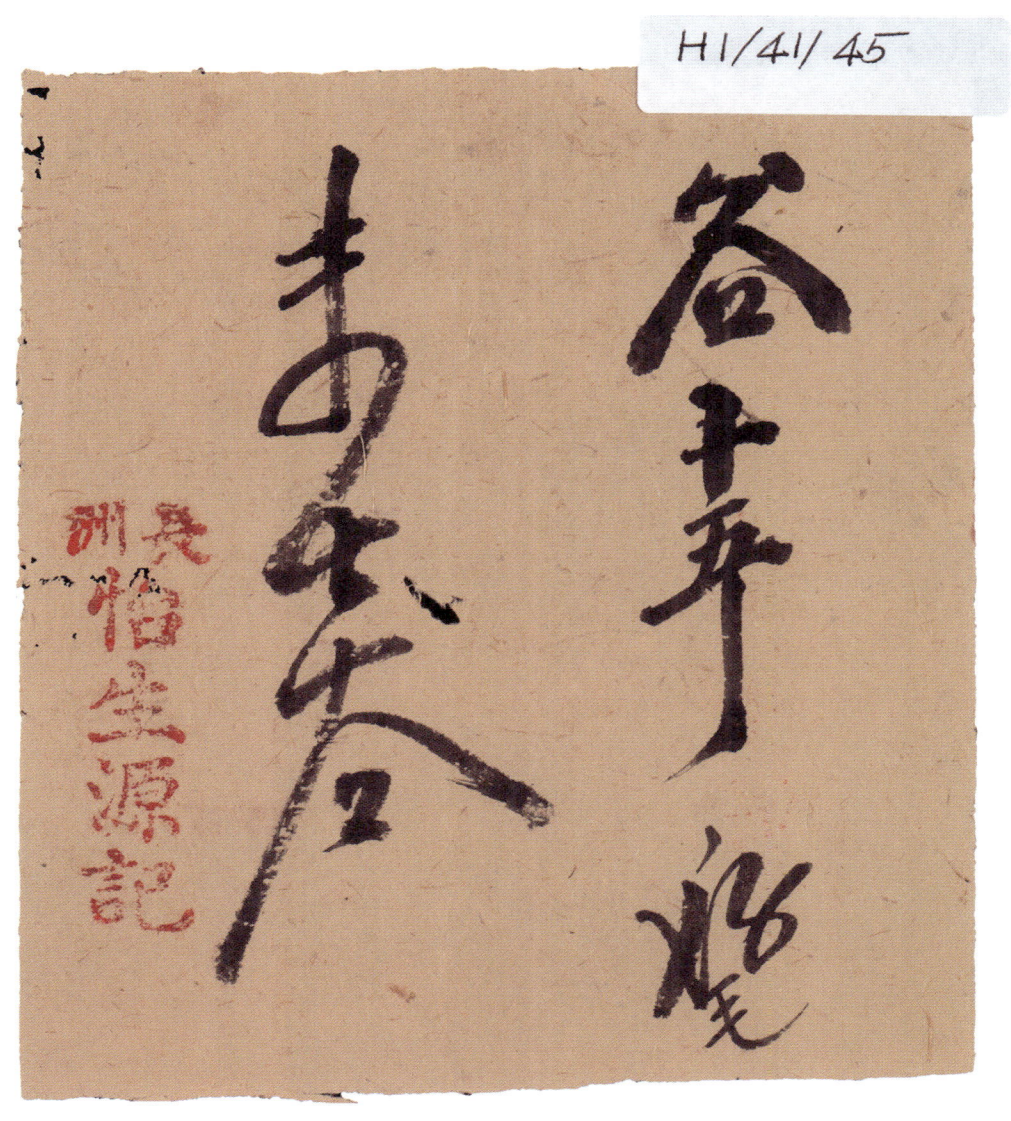

四二、三柱①书信及单据

1. 咸丰五年三柱书信（H1/42/01）

咸丰五年四月初六日（1855年5月21日），中国商人三柱致函英国商人咸德（Hsien-te），请求代其从英国谷姓商人处取回转卖出的大艇一只，该大艇价银200元。书信盖有朱文印章，印文"诰诋"。

Letter from San-kyui②. A letter from San-kyui to Hsien-te (Xiande), Taipan, 21 May 1855, regarding the collection of the big boat from Mr. Ku (Gu) and giving $200 to the collector. 1 item. 1855

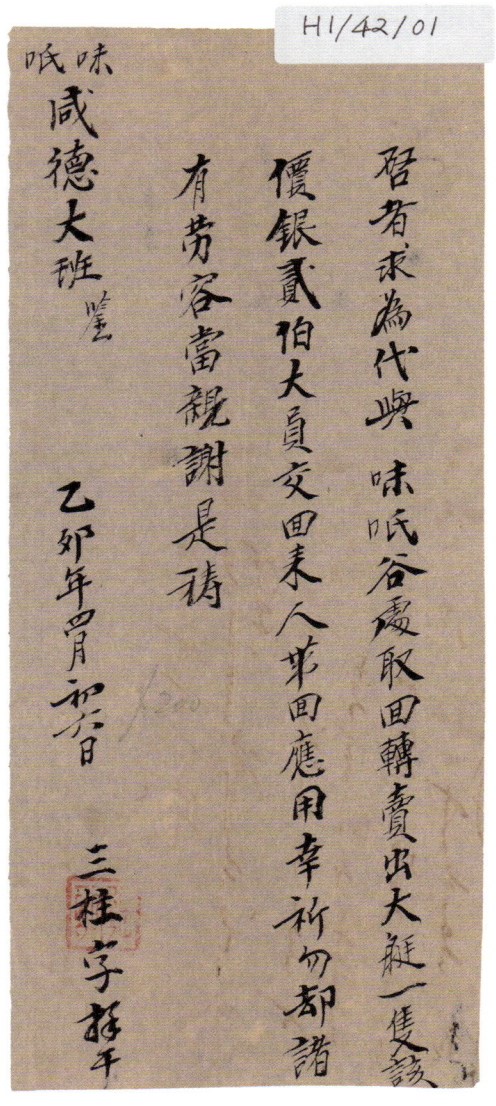

---

① 三柱：中国商人。
② 勘误：英文提要San-kyui为中文"三柱"的音译，但中文写的是"三桂"，疑是英文笔误。

2. 英国谷姓商人数计（日期不详）(H1/42/2)

英国谷姓商人数计：英国谷姓商人保留的一份收支清单。

Account of income and expenditure. An account of the income and expenditure of an individual and firm kept by Mr. Ku (Gu), covering the period 2–27 March (no year is given). 1 item; Fair condition, but damage by insects.

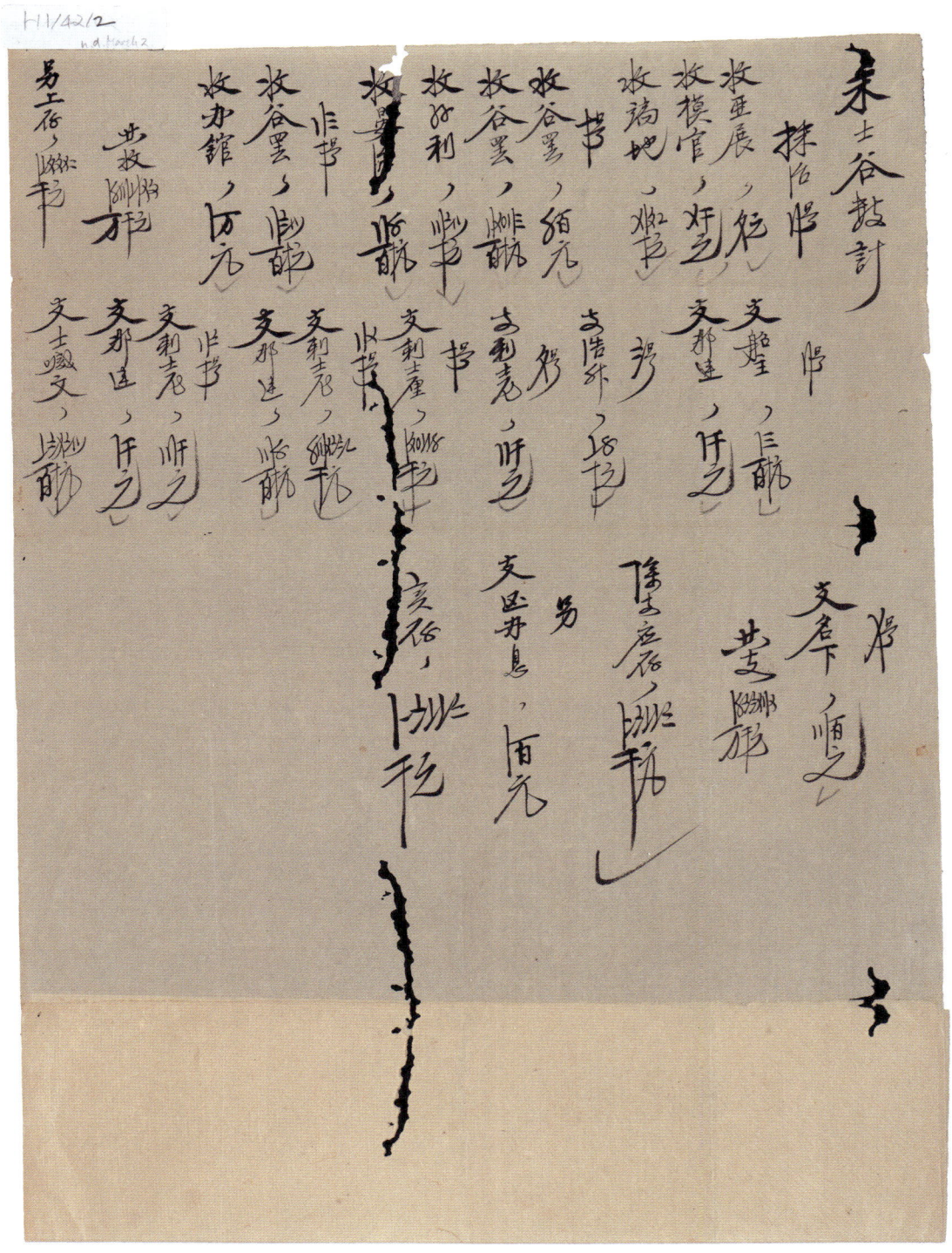

① 天泰号：中国商号。

四三、咸丰五年至六年金和合记收据

1. 咸丰五年金和合记收到天泰号①定制樟栳桶的订金收据（H1/43/01）

咸丰五年五月初八日（1855年6月21日），金和合记收到天泰号定制樟栳桶的订金360元，收据盖有朱文印章，印文"淡属军工匠首金和合记"。另有英文注释。

Receipt to Tien-t'ai. A receipt (in Chinese) from Cum wo hop to Tien-t'ai (Tiantai) hao for $360 received in payment for an order of wicker baskets, 21 June 1855, including a brief English note about the receipt. 1 item. 1855

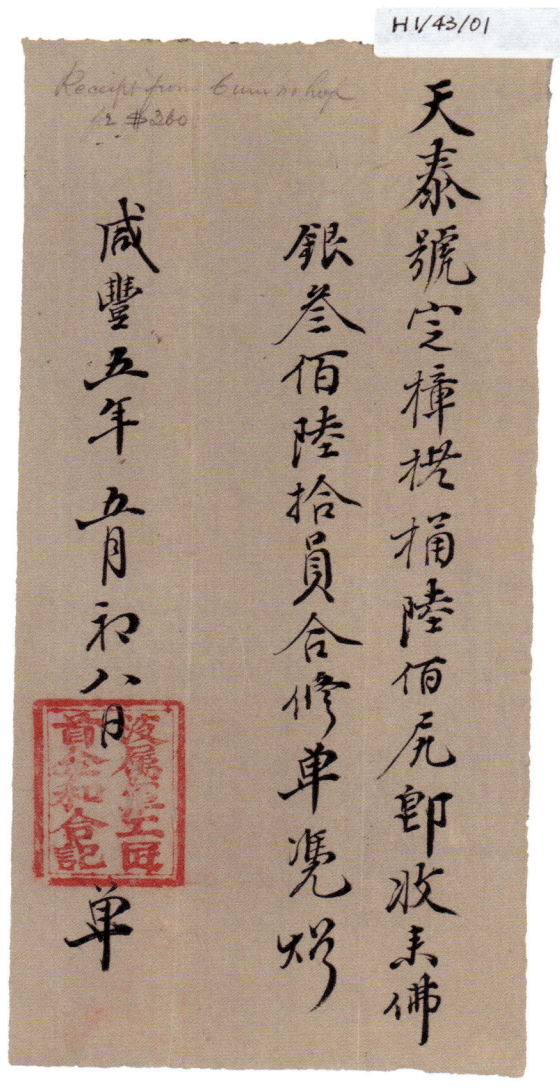

2. 咸丰五年金和合号① 许逊荣② 收到天泰号③ 货银收据（H1/43/02）

咸丰五年五月二十八日（1855年7月11日），金和合号许逊荣凭单收到天泰号梏价银6000元收据，盖有两个朱文印章，印文均为"逊荣"。另有一个信封，上有英文注释。

Receipt to Tien-t'ai. A receipt (in Chinese) from Hsu Hsun-jung (Xu Xunrong) of Cum wo hop to Tien-t'ai (Tiantai) hao for $6000 received in payment for an order of wicker baskets, 11 July 1855, including a brief English note about the receipt. There is also an envelope which includes an English note on the front: 'Receipt for $6000 paid to the shroff of Cum Wo Hop Canton. Jany? 29.1856.' 2 items. 1855–1856

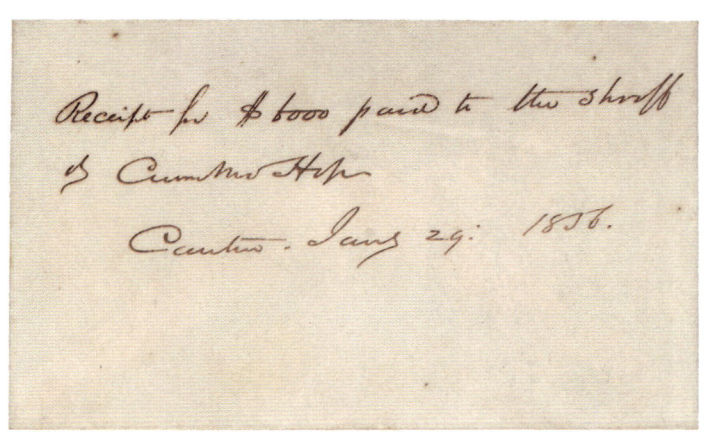

（正）

（反）

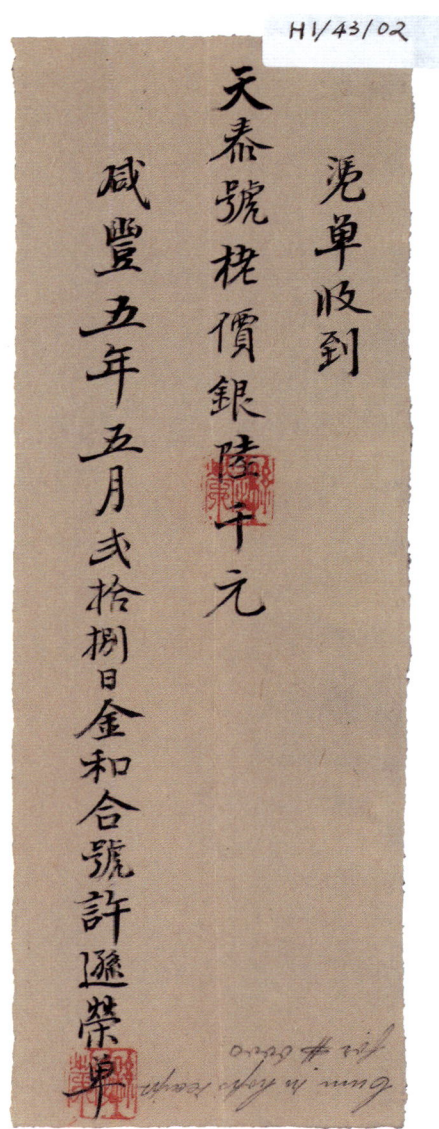

---

① 金和合号：中国商号。
② 许逊荣：中国商人。
③ 天泰号：中国商号。

3. 咸丰五年金和合号① 收到天泰号② 货银收据（H1/43/03）

咸丰五年九月初一日（1855年10月11日），金和合号收到天泰号两笔货银收据，一笔5800元，一笔1572元，另有简单英文注释。

Receipt to Tien-t'ai. A receipt (in Chinese) from Cum wo hop to Tien-t'ai (Tiantai) Hao for two sums of money received in payment for an order of wicker baskets, 11 October 1855, including a brief English note about the receipt. 1 item. 1855

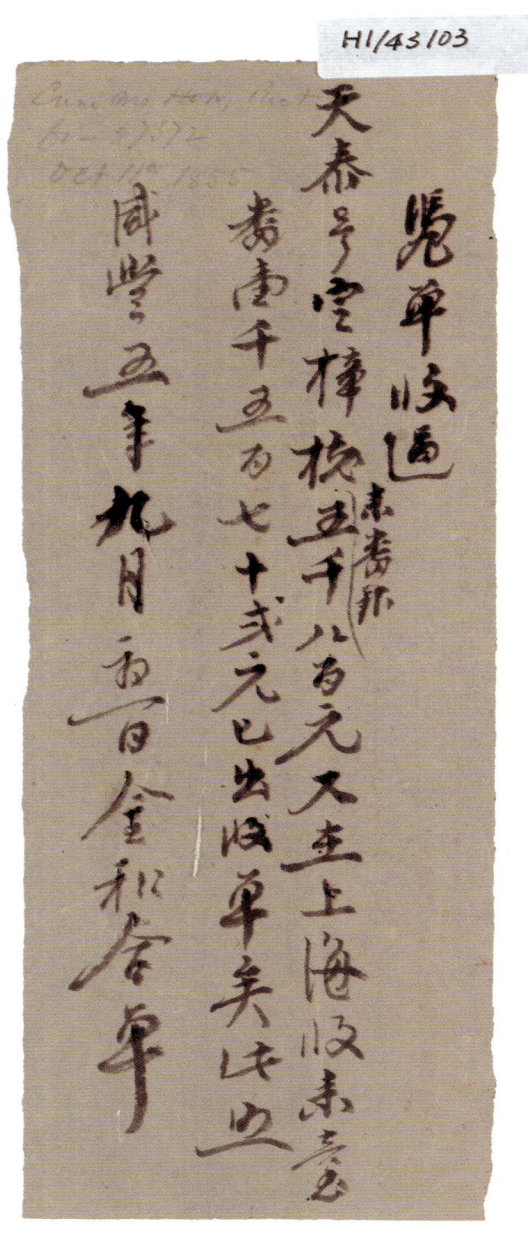

---

① 金和合号：中国商号。
② 天泰号：中国商号。

4. 咸丰五年金和合宝馆陈伯玩① 收到美士喝公司② 货银收据（H1/43/04）

咸丰五年腊月二十二日（1856年1月29日），金和合宝馆陈伯玩收到美士喝公司6000元番银收据，盖有白文印章，印文"陈伯玩印"，另有一处随形印。

Receipt to Mr. Ho. A receipt from Ch'en Po-wan (Chen Bowan), a shroff of Cum wo hop, to Mr. Ho (He) for $6000, equal to 4302 Tls, 29 January 1856, to be entered in the account. 1 item. 1856

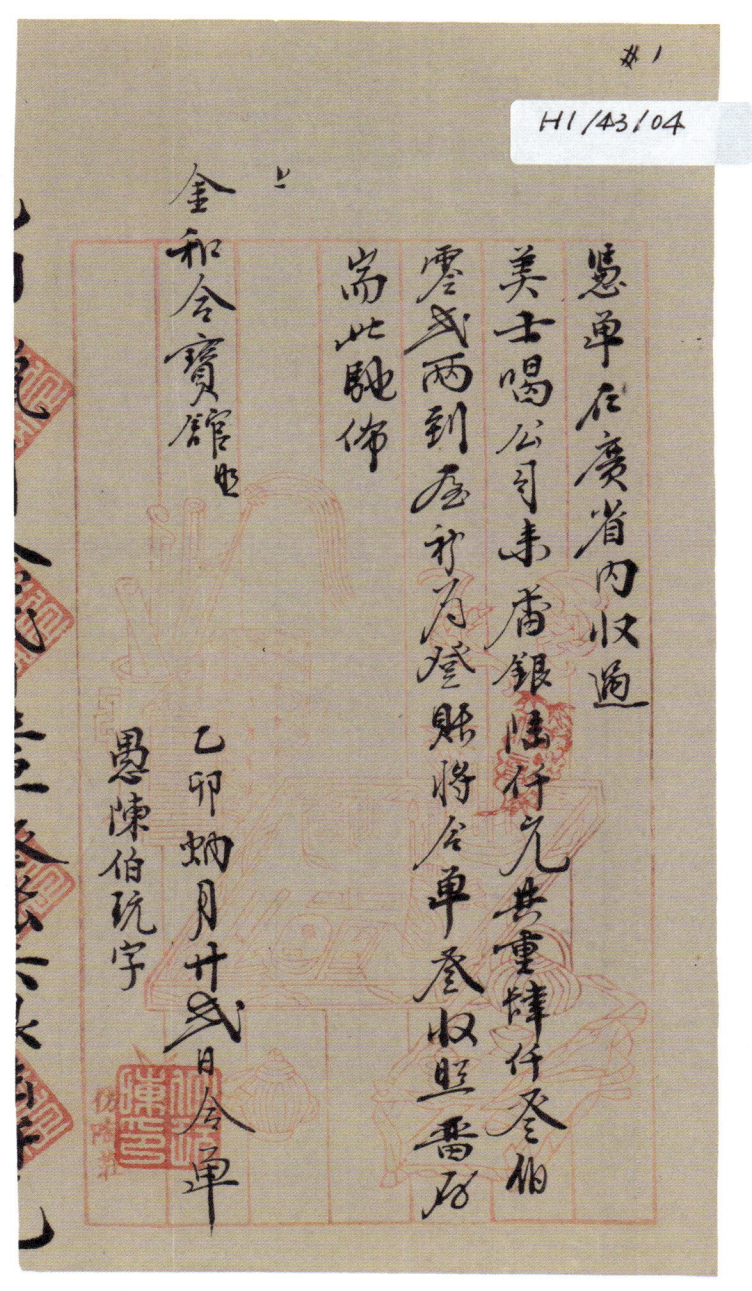

---

① 陈伯玩：中国商人。
② 美士喝公司：外国公司。

5. 咸丰六年金和合号① 收到美士喝公司② 三笔货银的收据（H1/43/05）

咸丰六年元月十四日（1856年2月19日），金和合号许逊荣③收到美士喝公司三笔货银的收据。三笔货银分别为3000元、9000元和6000元，合计18,000元。

Receipt from Hsu Hsun-jung. A receipt from Hsu Hsun-jung (Xu Xunrong) of Cum wo hop for three sums of money: a sum of $3000 paid by Mr. Ho (He), a sum of $9000 paid XF 5y 9m 17d (27 October 1855), and a sum received by Ch'en Po-wan (Chen Bowan). 1 item. 1855

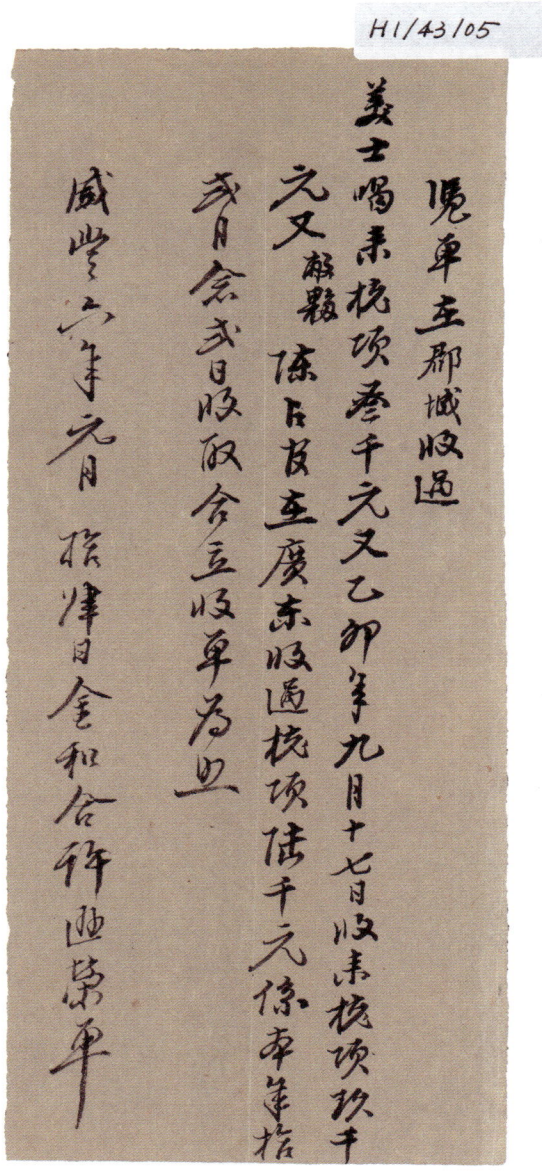

---

① 金和合号：中国商号。
② 美士喝公司：外国公司。
③ 许逊荣：中国商人。

四四、咸丰五年亚泰①致英国谷姓商人信函（H1/44）

咸丰五年七月初四日（1855年8月16日），亚泰致信英国谷姓商人，陈述新近卖出的一艘船出了问题，新船主急顿啤厘②（Chi-tu-p'i-li）投诉。

Letter from Ah-t'ai. A letter from Ah-t'ai (Ya tai) to Mr. Ku (Gu), 16 August 1855 (?), regarding a problem with a newly-sold boat, and requesting that Mr. Ku support him against the claim made by chi-tu-p'I-li (ji dun pi li), the new owner of the boat. 1 item. 1855

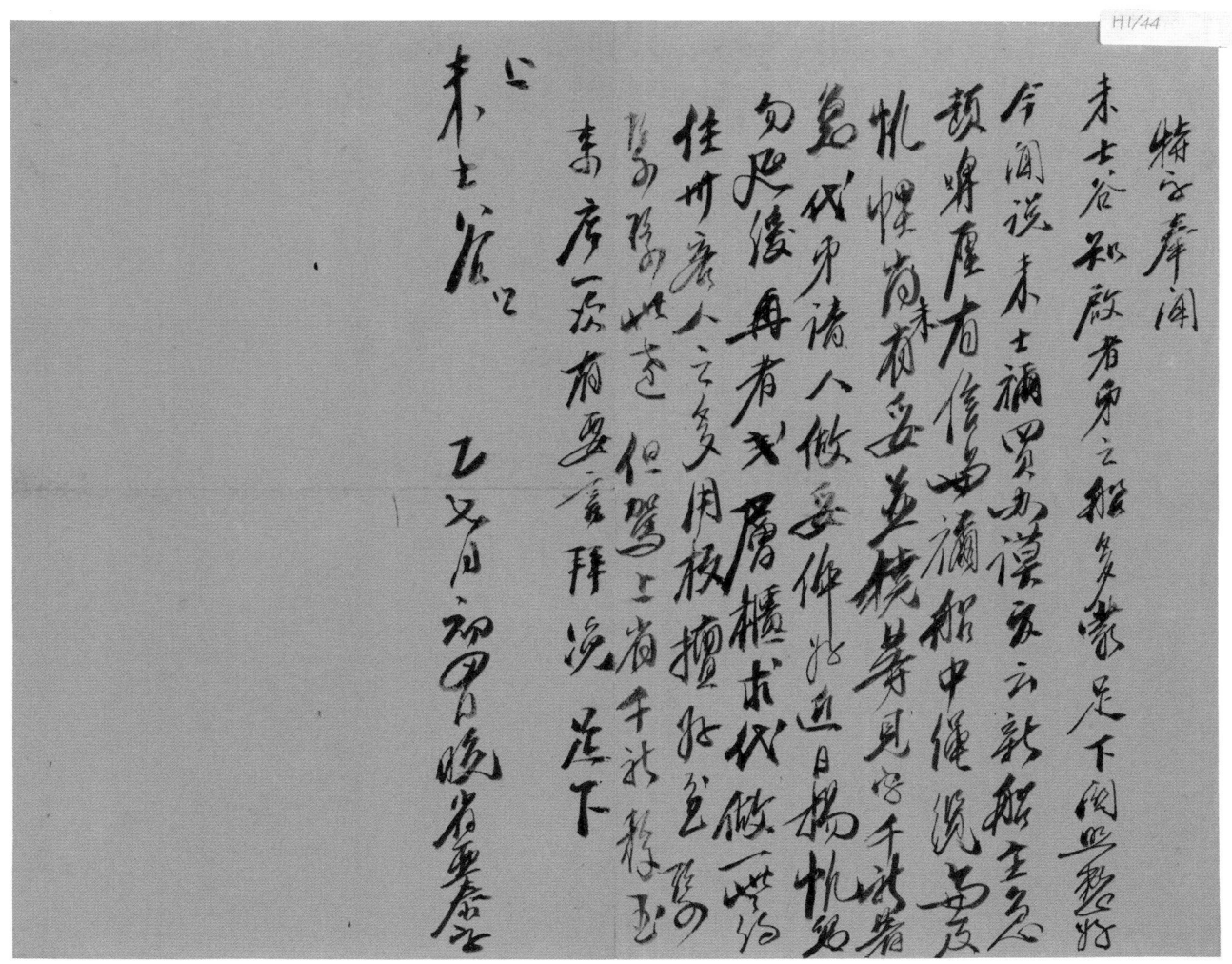

---

① 亚泰：中国买办。
② 急顿啤厘：购买船只的商人。

四五、咸丰五年中国买办文收到英国谷姓商人偿还债务银收据（H1/45）

咸丰五年七月十三日（1855年8月25日），文收到英国谷姓商人偿还债务银的收据，附有英文注释。

Receipt from Wen. A receipt (in Chinese) from Wen (Ahman?) for a sum received from Mr. Ku (Gu) and relating to the settlement of a debt, 25 August 1855, including an English note about the contents of the receipt. 1 item. 1855

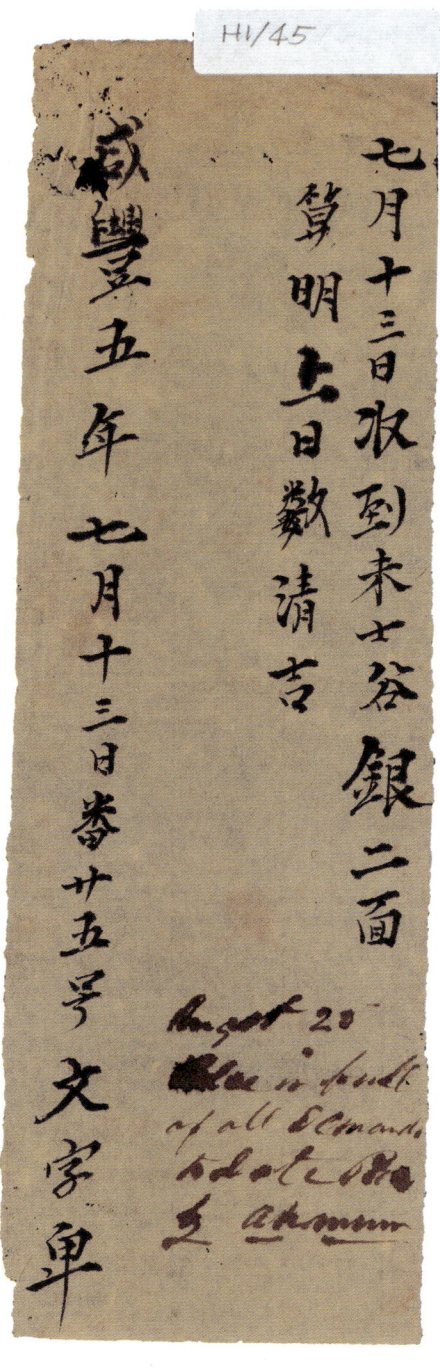

四六、咸丰五年协成①向外商高丕士②贷款的盖章单据（H1/46）

咸丰五年八月十一日（1855年9月21日），协成王老爷在厦门收到高丕士（Kao P'i-shih）14,325元贷款的盖章单据，注明限30日偿还本金加利息共15,471元（每百元支付8元利息），盖有协成印章，印文"协成"。

Chop loan from Hsie-ch'eng. A chop from Mr. Wang and Kuang-ch'ien (Guangqian) of Hsie-ch'eng (Xiecheng) to Kao P'i-shih (Gao Pishi), Taipan, for $14,325, 21 September 1855, due for repayment in 30 days, drafted by Mr. Wang in Amoy with the assistance of Kuang-ch'ien. 1 item. 1855

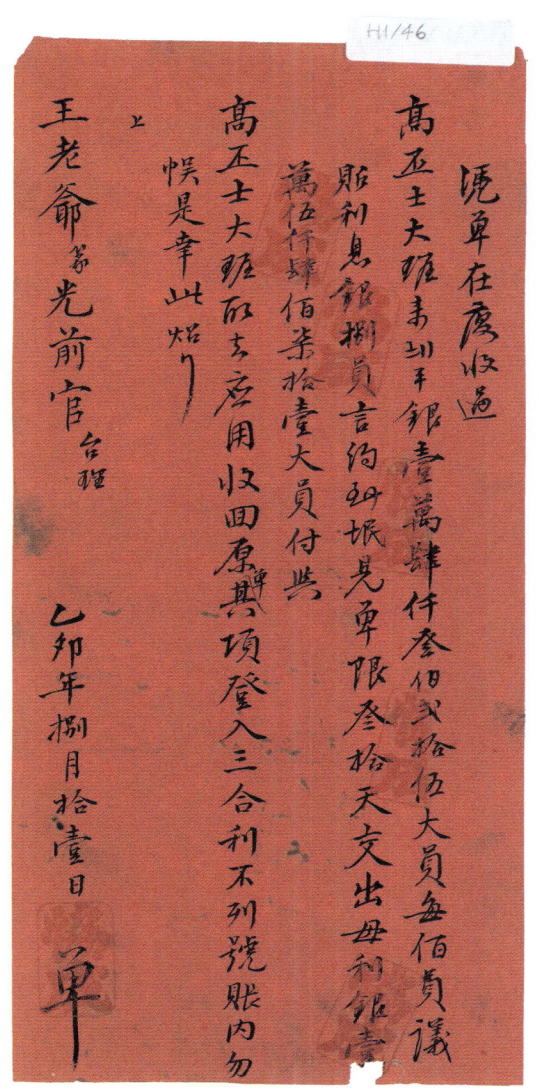

---

① 协成：中国商家。
② 高丕士：外国商人，大班。

四七、咸丰六年黄浦（黄埔）新昌店系列货单

清政府的广州中西贸易封建外贸体制包括四个重要环节：粤海关负责征收关税并管理行商，十三行负责同外商贸易并管理约束外商，黄埔作为外国商船的停泊所，澳门则作为西方各国商人的共同居留地。黄埔村位于广州东部，东隔珠江与长洲岛相望，自北宋建村以来，黄埔古港一直是"海舶所集之地"。17—19世纪广州对外贸易鼎盛时期，外国商船和货物不准进入广州城，均须停靠黄埔港装卸和贸易，黄埔港承担了外国商船关税、船钞、引水费、船规银、通事买办费、挂号银等的征收，以及商品贸易、生活日用品供应与安全保卫等事宜，黄浦新昌店系列货单就是具体的例证。

1. 咸丰六年黄浦新昌店白麻绳货单（H1/47/01）

咸丰六年二月二十七日（1856年4月2日），黄浦新昌店交出白麻绳216条的货单，盖有朱文印章，印文"黄浦新昌单"。

Receipt for white coirs. 1 item. 2 Apr. 1856

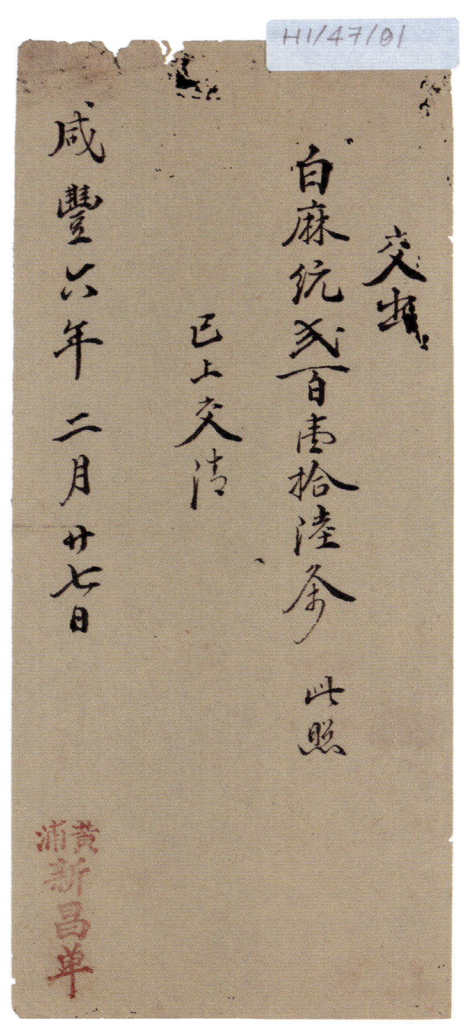

2. 咸丰六年新昌店大麻收据（H1/47/02）

咸丰六年六月初四日（1856年7月5日），黄浦新昌店[①]收到外国商人班因（Pan-yin）提供的两种大麻的收据，盖有朱文印章，印文"新昌"。附有英文提要。

Receipt for hemp. A receipt (in Chinese) to Mr. Pan-yin (Banyin) for two kinds of hemp, 5 July 1856, including a brief note in English. 1 item. 1856

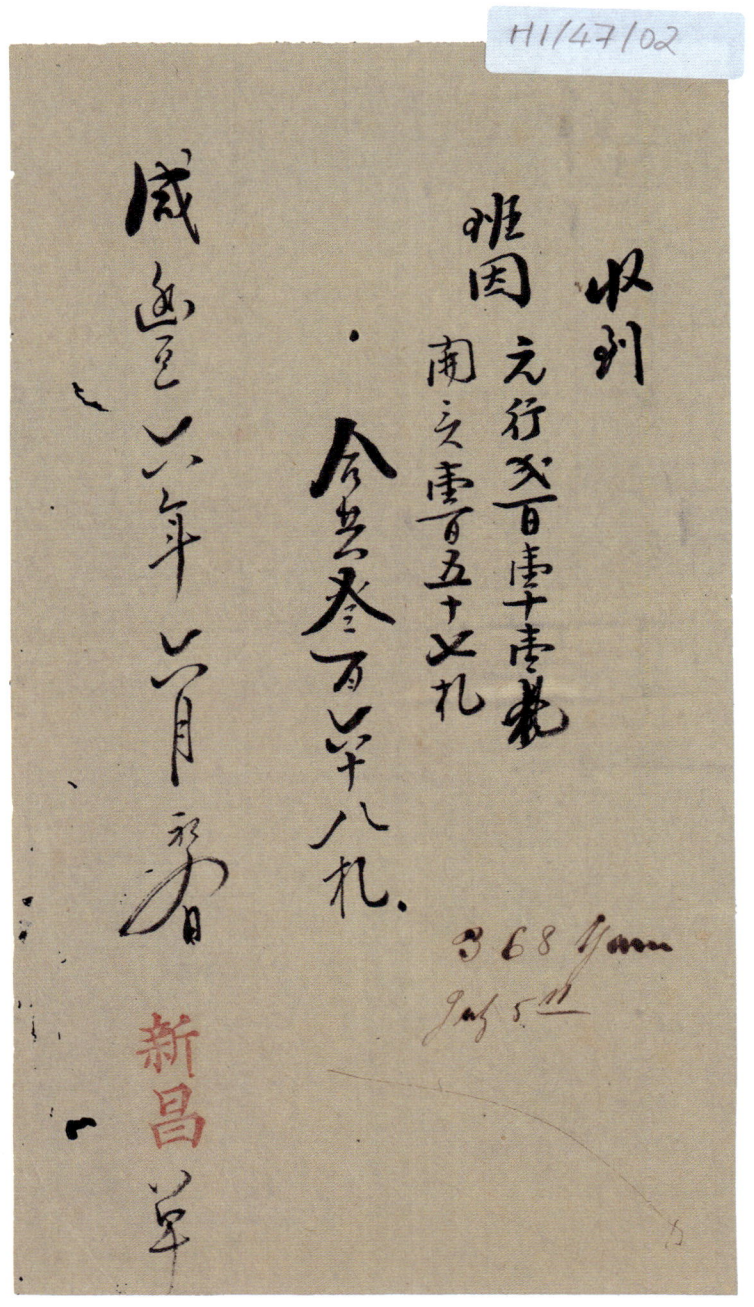

---

① 黄浦新昌店：中国商店。

3. 咸丰六年新昌店棕绳收据（H1/47/03）

咸丰六年六月初四日（1856年7月5日），黄浦新昌店收到棕绳共304条的收据，盖有朱文印章，印文"新昌"。附有英文提要。

Receipt for white coirs. A Chinese receipt of 5 July 1856, including a brief note in English. 1 item. 1856

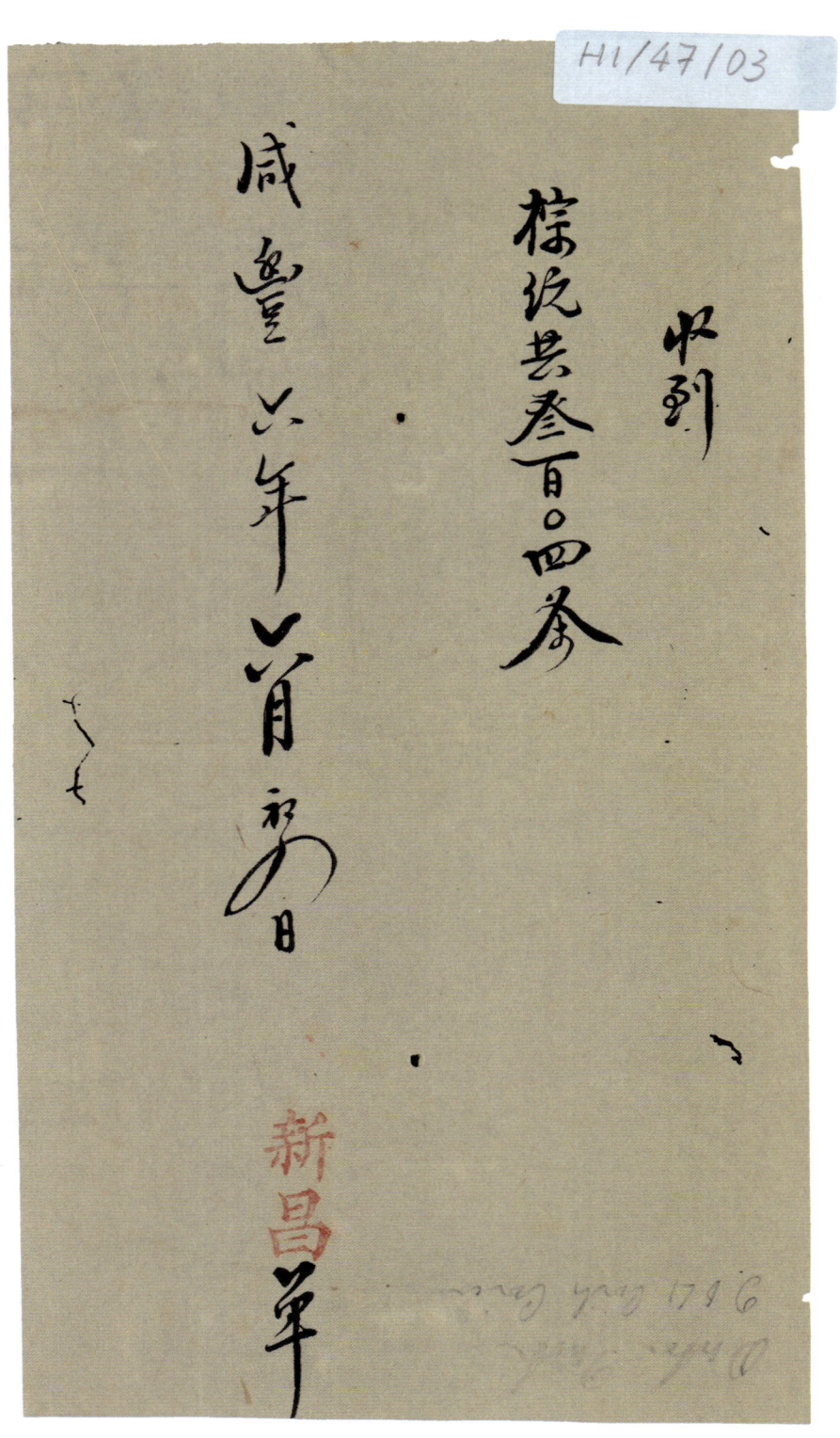

4. 咸丰六年新昌店咸头、棕衣收据（H1/47/04）

咸丰六年六月初六日（1856年7月7日），黄浦新昌店咸头、棕衣收据，盖有朱文印章，印文"新昌"。附有英文提要。

Receipt for coirs, beef and pork. A Chinese receipt of 7 July 1856, including a brief note in English. 1 item. 1856

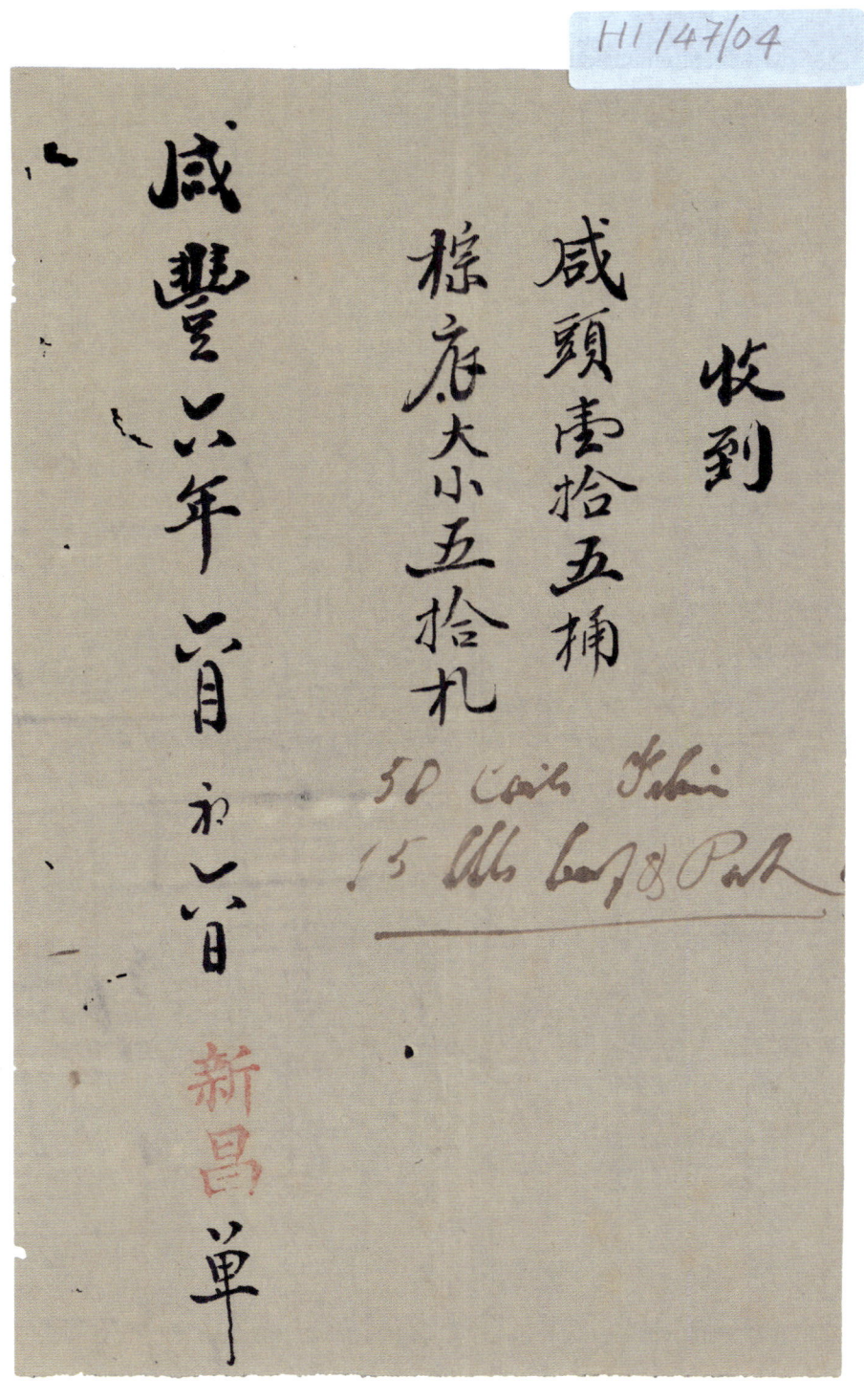

四八、道光十八年罗谦泰①向渣顿②贷款的协议（H1/48）

道光十八年六月十三日（1838年8月2日），罗谦泰向英国商人渣顿贷款1000元的协议，订明每百元每月息银1元，五个月本息还清。在借款项"壹仟大元"及立揭人名字"罗谦泰"两处分别盖有白文印章，印文"罗谦泰印"。

Loan contract of Lo Ch'ian-t'ai. A contract from Lo Ch'ian-t'ai (Luo Qiantai) to Jardine for a loan of $1000, 2 August 1838, with repayment due in 5 months, drafted and signed by Lo Ch'ian-t'ai. 1 item; Fair condition, but damage by insects. 1838

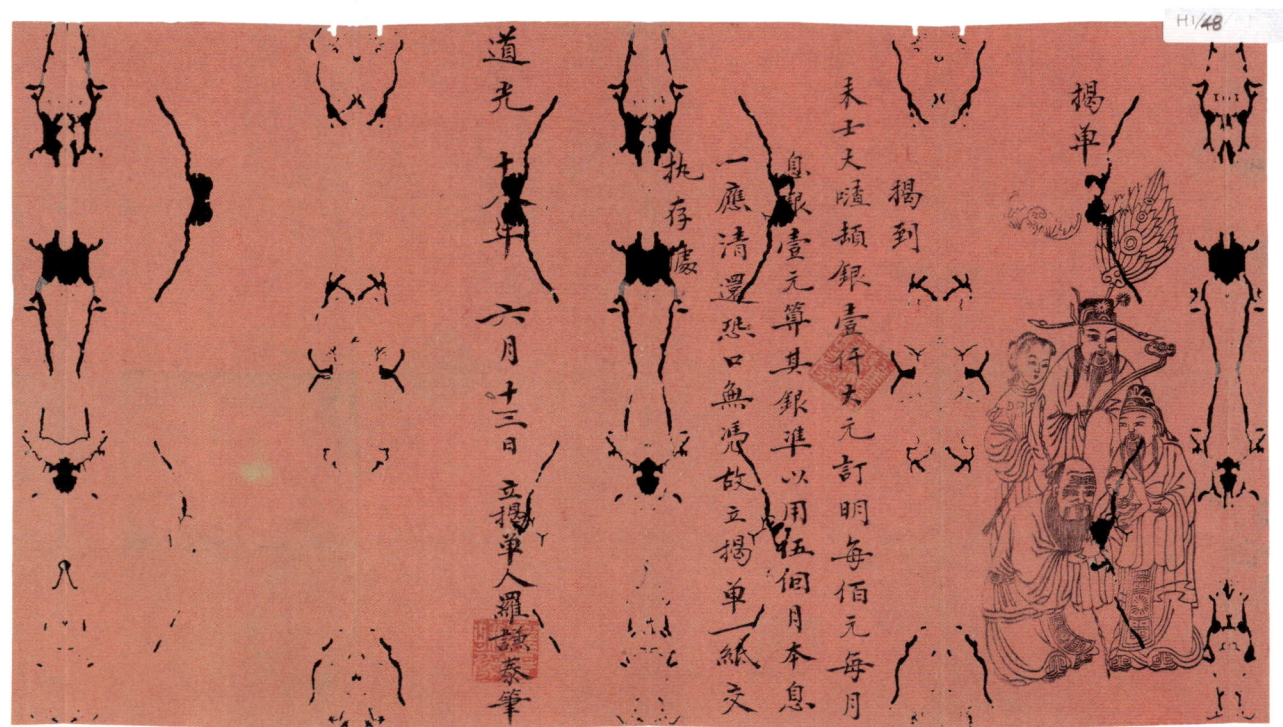

---

① 罗谦泰：中国商人。
② 渣顿：即英国商人威廉·查顿（William Jardine），又译为渣颠、渣甸、赞典，为怡和洋行（Jardine, Matheson & Co.）创始人之一。

四九、十三行行商借款单据

1. 嘉庆十九年十三行行商的借款记录（H1/49/01）

嘉庆十九年正月二十六日（1814年2月15日），英国商人 T. C. Pattle 分别借款给四位行商：西成行行商黎颜裕51,326元，福隆行行商关成发80,474元，同泰行行商麦觐廷49,393元，东裕行行商谢嘉梧27,358元。

Note of Hong chops. A note (in English) of 15 February 1814 of the chops of four Hong merchants belonging to T [homas] C [harles] Pattle delivered to the Trustees: Loqua① of Exchin (chop for $51,326), Manhop② of Fulung ($80,474), Poonequa③ of Tungt'ai ($49,393), and Goqua④ of Tungyu (Dongyu) ($27,358). 1 item. 1814

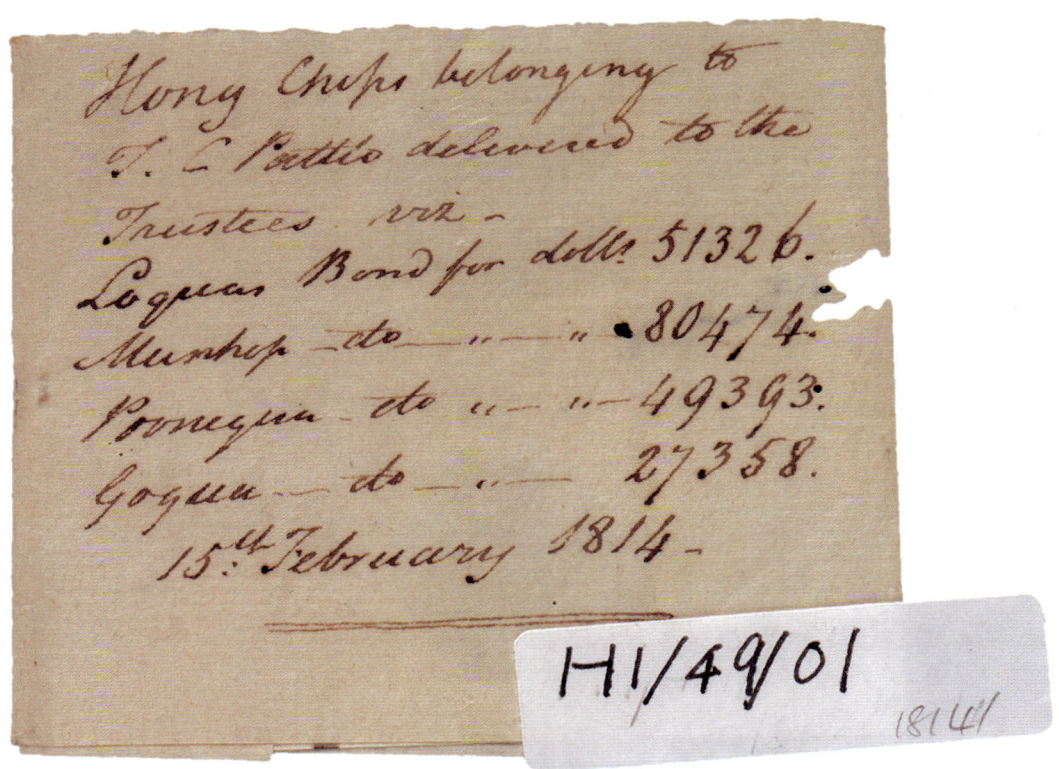

---

① Loqua：广州十三行西成行行商黎颜裕，商名六官。西成行于嘉庆九年（1804）成立。嘉庆二十年（1815），黎颜裕身故。后继者为其弟黎光远，商名伯官、柏官（Pakqua）。道光八年（1828），黎光远因破产充军伊犁，西成行倒闭。

② Manhop：广州十三行福隆行行商关成发，商名九官，英文名Manhop，嘉庆九年（1804）与邓兆祥共同创办福隆行。嘉庆十五年（1810），邓兆祥亏饷逃匿，其后由关成发独营福隆行，道光九年（1829）倒闭。

③ Poonequa：广州十三行同泰行行商麦觐廷，商名瑶官、磻官。同泰行于嘉庆九年（1804）成立，道光七年（1827）倒闭。

④ Goqua：广州十三行东裕行行商谢嘉梧（庆泰），别号凤翔，商名鳌官，粤人多称之髦官。东裕行于嘉庆十六年（1811）成立，道光年间倒闭。

2. 嘉庆十九年英国商人向十三行行商潘水官①等讨债的信函（H1/49/02）

嘉庆十九年（1814），英国商人向十三行行商潘水官、黎伯官②、关九官③、麦磻官④追讨债务，声明连同利息（每百元每年算息五分）一起归还。

Letter to Hong debtors. A letter (probably from the Trustees) to Conseequa of Liqch'uan (Liquan) Hong, Loqua of Exchin, Manhop of Fulung, and Poonequa of Tungt'ai, August 1814 (?), urging the repayment of their debts and informing them of the interest charged on their loans. 1 item; Fair condition, but some damage from the ink. 1814

---

① 潘水官：即广州十三行丽泉行行商潘长耀，商名昆水官（Conseequa）。丽泉行于乾隆五十九年（1794）成立，道光三年（1823）倒闭。

② 黎伯官：即广州十三行西成行行商黎光远，商名伯官、柏官（Pakqua）。西成行由其兄黎颜裕（商名六官，英文名Loqua）成立于嘉庆九年（1804）。嘉庆二十年（1815），黎颜裕身故。据此信函可知，黎光远在其兄去世前一年已接管西成行。道光八年（1828），黎光远因破产充军伊犁，西成行倒闭。

③ 关九官：即广州十三行福隆行行商关成发，英文名Manhop，嘉庆九年（1804）与邓兆祥共同创办福隆行。嘉庆十五年（1810），邓兆祥亏饷逃匿，其后由关成发独营福隆行，道光九年（1829）倒闭。

④ 麦磻官：即广州十三行同泰行行商麦觐廷，商名璠官（Poonequa）、磻官。同泰行于嘉庆九年（1804）成立，道光七年（1827）倒闭。

3. 嘉庆十九年关成发①等行商致外商罗白、悲臣的信函（H1/49/03）

嘉庆十九年七月十六日（1814年8月30日），福隆行行商关成发、丽泉行行商潘长耀②、同泰行行商麦觐廷③、西成行行商黎光远④回复英国商人罗白（Lo Pai）、悲臣（Pei Ch'en）追讨债务的信函，解释因商务困难，无法按时归还债务，请求宽限。附有一个信封，盖有"护封"章两枚，上有英文注释。

Letter from Hong merchants. A two-page letter (in Chinese) from Kuan ch'eng-fa (Guan Chengfa) (i.e. Manhop of Fulung), P'an Ch'angyao (Pan Changyao) [i.e. Conseequa of Liqch'uan (Liquan) Hong], Mai Chin-ting (Mai Jinting) (i.e. Poonequa of Tungt'ai), and Li Kuan-uan (Li Guangyuan) (i.e. Loqua of Exchin) to Mr. Lo Pai (Luo Bai) (Robert?) and Pei Ch'en (Bei Chen) (Pearson?) of the Trustees, 30 August 1814, requesting an extension of the period for the repayment of their debt, due to the soft market and the decrease in the number of orders from other provinces, and expressing their gratitude for the Trustees' supportive attitude towards them in the past. There is also an envelope which includes an English note on the front: 'From 4 Junior Merchts to Trustees dated 7th M. 16 Day 19th Year.' 3 items. 1814

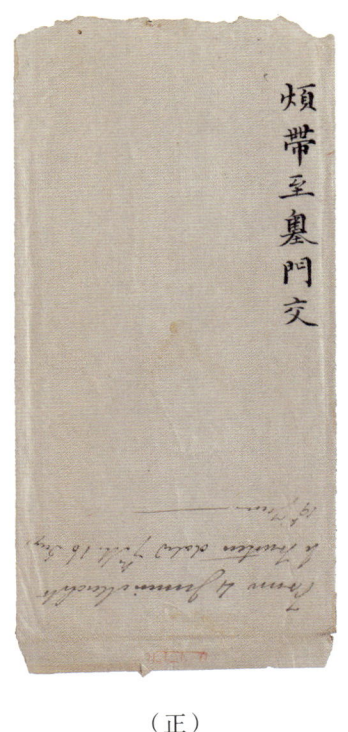

（正）

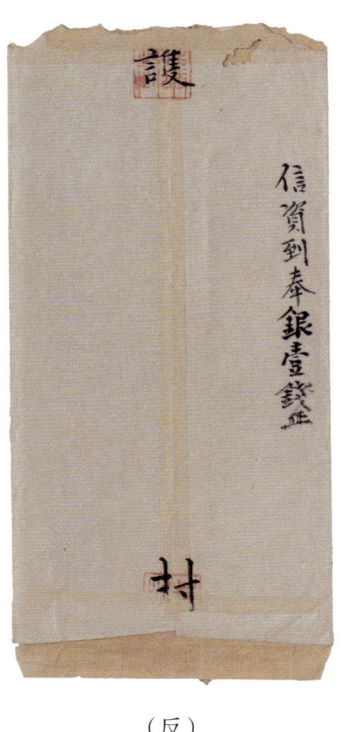

（反）

---

① 关成发：广州十三行福隆行行商，商名九官，英文名Manhop，嘉庆九年（1804）与邓兆祥共同创办福隆行。嘉庆十五年（1810），邓兆祥亏饷逃匿，其后由关成发独营福隆行，道光九年（1829）倒闭。
② 潘长耀：广州十三行丽泉行行商，商名昆水官（Conseequa）。丽泉行于乾隆五十九年（1794）成立，道光三年（1823）倒闭。
③ 麦觐廷：广州十三行同泰行行商，商名璠官（Poonequa）、磻官。同泰行于嘉庆九年（1804）成立，道光七年（1827）倒闭。
④ 黎光远：广州十三行西成行行商，商名伯官、柏官（Pakqua）。西成行由其兄黎颜裕（商名六官，英文名Loqua）成立于嘉庆九年（1804）。嘉庆二十年（1815），黎颜裕身故。黎光远在其兄去世前一年已接管西成行。道光八年（1828），黎光远因破产充军伊犁，西成行倒闭。

昨接 手函領悉一切弟等尚承
列位仁兄關愛感激難名所欠舊項自應按期送還奚歇再
緩惟是上年生意艱難外省客路甚稀貨物有行無市魚以
公司用茶過少八不供出此中苦況久在
列位仁兄明鑒之中定邀 原諒仍懇再遲歡月惟望 公司多
帮生意多用茶葉方可藉兹轉動計辦送還若以年中所做
之雜港各船亦是徒勞辛苦斷難補偏救弊仍望
列位仁兄向 公司竭力吹噓多帮生理始終推愛弟等更感
高情不盡矣耑此佈復順候
近好不一
上
朱氏雜白
朱氏懇臣仁兄均照

弟 關成發
　潘長耀　全具
　麥覲廷
　黎光遠

七月十六日沖

4. 嘉庆十九年丽泉行①等四个商行的行商名单（H1/49/04）

嘉庆十九年（1814），四个商行及其行商名单：丽泉行潘水官、福隆行②关九官、西成行③黎伯官、同泰行④麦礤官。有英文注释显示上方为商行名称，下方为行商名字。

Lists of Hongs and merchants. A list (in Chinese) of four Hongs and the names of their merchants, 1814 (?): Liqch'uan (Liquan) Hong - Conseequa; Fulung (Fulong) - Manhop; Exchin (Xicheng) - Loqua; and Tungt'ai (Tongtai) - Poonequa. There are also English notes indicating which are the Hong names and which are the merchant houses. 1 item. 1814

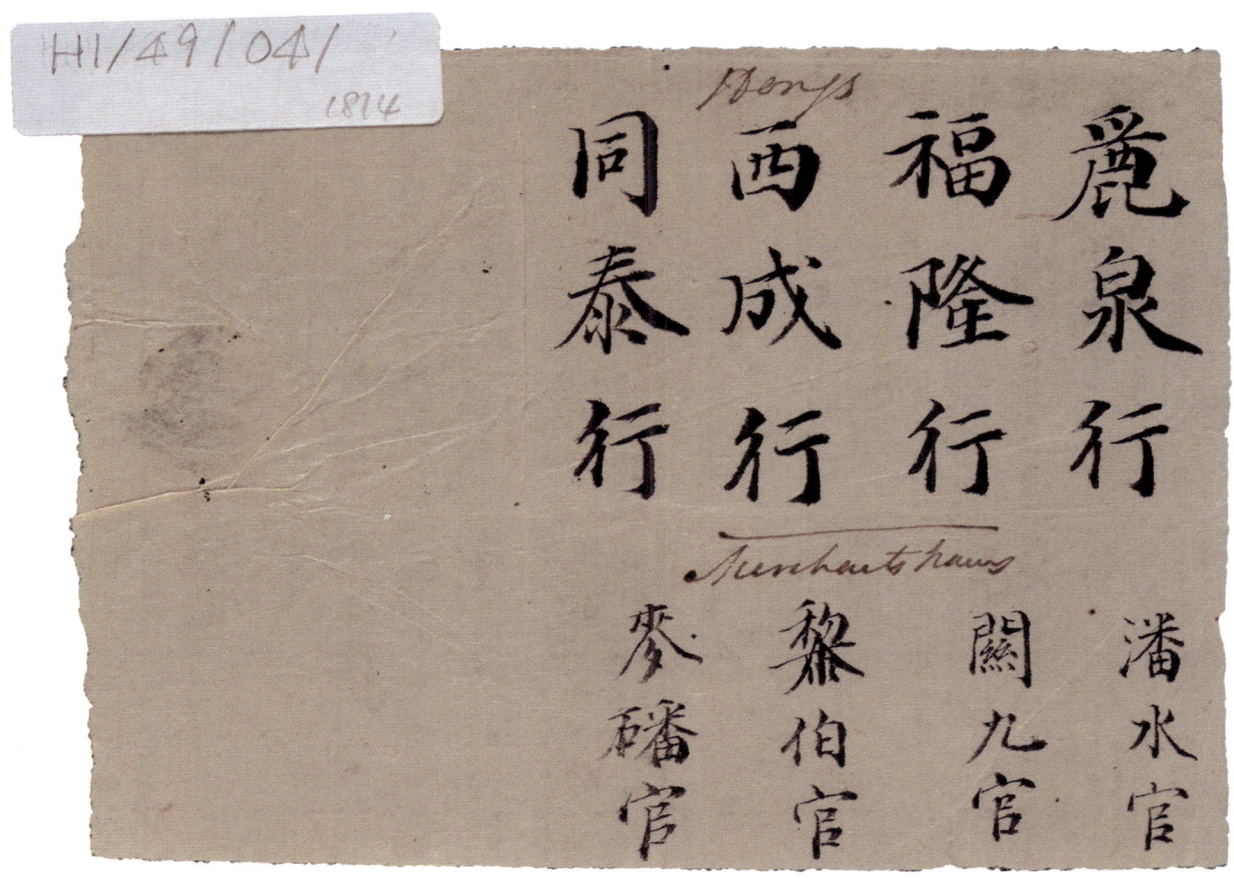

---

① 丽泉行：广州十三行商行之一，乾隆五十九年（1794）成立，道光三年（1823）倒闭。行商潘长耀，商名昆水官（Conseequa）。

② 福隆行：广州十三行商行之一。此商行初由邓兆祥与关成发共同创办于嘉庆九年（1804），嘉庆十五年（1810），邓兆祥亏饷逃匿，其后由行商关成发独营福隆行，道光九年（1829）倒闭。关成发，商名九官，英文名 Manhop。

③ 西成行：广州十三行商行之一，行商黎光远，商名伯官或柏官（Pakqua）。西成行由其兄黎颜裕（商名六官，Loqua）创立于嘉庆九年（1804）。嘉庆二十年（1815），黎颜裕身故。黎光远在其兄去世前一年已接管西成行。道光八年（1828），黎光远因破产充军伊犁，西成行倒闭。

④ 同泰行：广州十三行商行之一，嘉庆九年（1804）成立，道光七年（1827）倒闭。行商麦觐廷，商名潘官（Poonequa）、礤官。

5. 道光七年福隆行等的借款记录（英文）(H1/49/05)

道光七年（1827），十三行福隆行、广利行、万源行、东生行等的贷款记录。

Note of chop loans. A note (in English) of 5 chop loans, 'taken out of Mr. Magniac's Iron Chest', belonging to Cheonqua①, Manhop② of Fulung (Fulong), Mowqua③ of Kwonglee (Guangli) Hong, Fatqua④ of Manyuan (Wanyuan) Hong, and Chunqua of Tungsheng (Dongsheng) Hong. 1 item. 1827

---

① Cheonqua：广州十三行东生行第二代行商刘承澍。其父亲刘德章，中文商名为章官，充当行商的时间为乾隆五十九年（1794）至道光五年（1825）。刘承澍充当行商时间为道光五年（1825）至道光九年（1829）。

② Manhop：广州十三行福隆行行商关成发的英文商名，中文商名为九官，嘉庆九年（1804）与邓兆祥共同创办福隆行。嘉庆十五年（1810），邓兆祥亏饷逃匿，其后由关成发独营福隆行，道光九年（1829）倒闭。

③ Mowqua：广州十三行广利行第二代行商卢棣荣（文锦，Mowqua Ⅱ）。其父亲卢观恒（Mowqua Ⅰ）于乾隆五十七年（1792）创办广利行。嘉庆十七年（1812），卢观恒去世，其子卢棣荣及卢文蔚（继光）（Mowqua Ⅲ）先后主持行务，经营至十三行末期。

④ Fatqua：广州十三行万源行行商李应桂（协发）的英文商名，中文译为发官。万源行约于嘉庆十六年（1811）成立，道光十三年（1833）倒闭。

6. 道光十二年同孚行①等九家商行向英商渣典②借款的合约（H1/49/06）

道光十二年（1832）三月，十三行同孚行、怡和行③、广利行④、东裕行⑤、中和行⑥、万源行⑦、天宝行⑧、兴泰行⑨、顺泰行⑩共同向英商渣典借番银"贰千零壹拾贰两肆钱"的借款合约，约定"每百两每月加息银壹两，约至本年底本息送还"，两处盖有十三行商会印章，印文"外洋会馆图记"，及各行商画押。

Hong loan contract. A loan contract from nine Hongs to Jardine for 2012⑪ Tls, with interest, April 1st to 29th 1832, due for repayment at the end of the year. The Hongs are T,ungfu (Tongfu), Ewo (Yihe), Kwanglee (Guangli), Tungyu (Dongyu), Chungwo (Zhonghe), Wanyuan/Manyuan (Wangyuan), T'ienpao (Tianbao), Hengtae (Xingtai) and Shuntae (Shuntai). 1 item. 1832

① 同孚行，行商潘正炜。
② 渣典：即威廉·查顿，为英国商人，怡和洋行（Jardine, Matheson & Co.）创始人之一。
③ 怡和行，行商伍元华。
④ 广利行，行商卢文锦。
⑤ 东裕行，行商谢嘉梧（商名谢鳌官）及其弟谢嘉桐合伙开设。谢嘉梧于道光五年（1825）去世，应为谢嘉梧之子谢有仁接办行务，后改组为东兴行。
⑥ 中和行，行商潘文涛。
⑦ 万源行，行商李应桂（又名李协发）。
⑧ 天宝行，行商梁经国。
⑨ 兴泰行，行商严启昌（原名严焕文）。
⑩ 顺泰行，行商马佐良。
⑪ 勘误：原中文文献中作"贰千零壹拾贰两肆钱"，此处英文提要不确。

7. 道光十五年 Kingqua① 的借款记录（英文）（H1/49/07）

道光十五年八月二十八日（1835年10月19日），Kingqua 向外国商人借款 30,000 元的记录，以英文记录于信封背面。

Note of loan to Kingqua. A Chinese envelope including an English note on the back about a loan of $30,000 from H［ollingworth］M［agniac］to six merchants for Kingqua, merchant of T'ienpao (Tianbao), 19 October 1835. 1 item. 1835

（正）

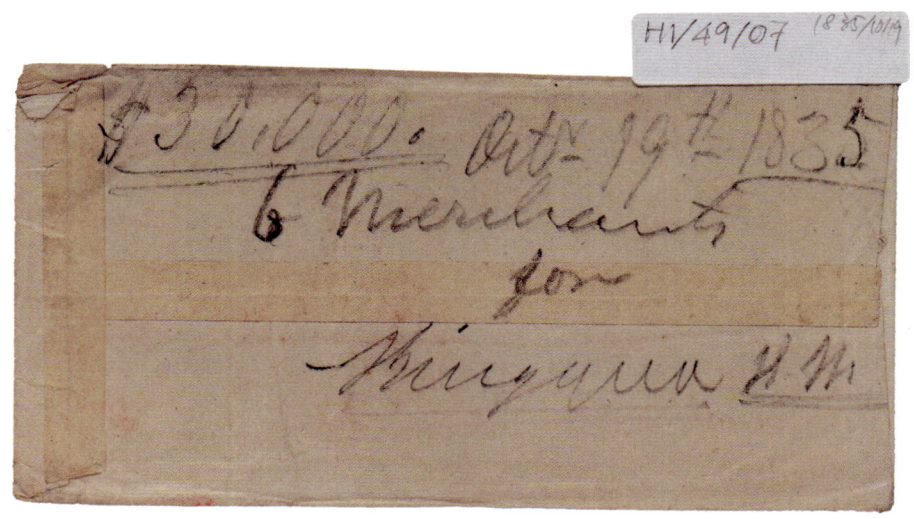

（反）

---

① Kingqua：十三行天宝行第二代行商梁纶枢（承禧）。其父梁经国于嘉庆十三年（1808）创办天宝行，商名经官（Kingqua），道光七年（1827）由其子梁纶枢接办行务。

8. 六月二十八日梁承禧①等十位行商的签名（年份不详）（H1/49/08）

六月二十八日，十位行商的签名：梁承禧、卢继光②、伍怡和③、潘绍光④、谢有仁⑤、吴天垣⑥、马佐良⑦、潘文涛⑧、潘文海⑨、易元昌⑩。附有中文信封，注明"内函送交查典马地臣公司、打拿公司"，落款"洋行公具"，信封背面有英文注释，盖有"护封"章两枚。

Signatures of Hongs. A page containing the signatures of ten Hong merchants: Liang Ch'eng-his (Liang Chengxi) of T'ienpao (Tianbao), Lu Chi-kwang (Lu Jiguan) of Kwanglee (Guangli), Wu Ewo (Wu Yihe) of Ewo, Pan Shaokuang (Pan Shaoguang) of T'ungfu (Tongfu), Seay Yewin (Xie Youren) of Tungyu (Dongyu), Wu T'ian-yuan (Wu Tienyuan) of Tungshun (Tongshun), Ma Tsuo-liang (Ma Zuoliang) of Shunt'ai (Shuntai), Pan Wen-t'ao (Pan Wentao) of Chungwo (Zhonghe), Pan Wen-hai of Yanwo (Renhe) and Yi Yuan-ch'ang (Yi Yuanchang) of Footae/Footai (Futai). There is also an envelope including the addressees (in Chinese) of Jardine, Matheson & Co. and Tana (Dana) & Co. (Daniel & Co. ?) on the front, and the address of P. F. Robertson Esq. of Turner & Co. (in English) on the reverse. An earlier address, 'To J. M. Esquire from Robert Thorn Esq', which is written in English on the back of the envelope, has been crossed out. The documents are undated, but originate from after 1836. 2 items.

---

① 梁承禧：即梁纶枢，天宝行行商。
② 卢继光：即卢文蔚，广利行行商。
③ 伍怡和：即伍秉鉴，怡和行行商。
④ 潘绍光：即潘正炜，同孚行行商。
⑤ 谢有仁：东兴行行商。
⑥ 吴天垣：同顺行行商。
⑦ 马佐良：顺泰行行商。
⑧ 潘文涛：中和行行商。
⑨ 潘文海：仁和行行商。
⑩ 易元昌：孚泰行行商。

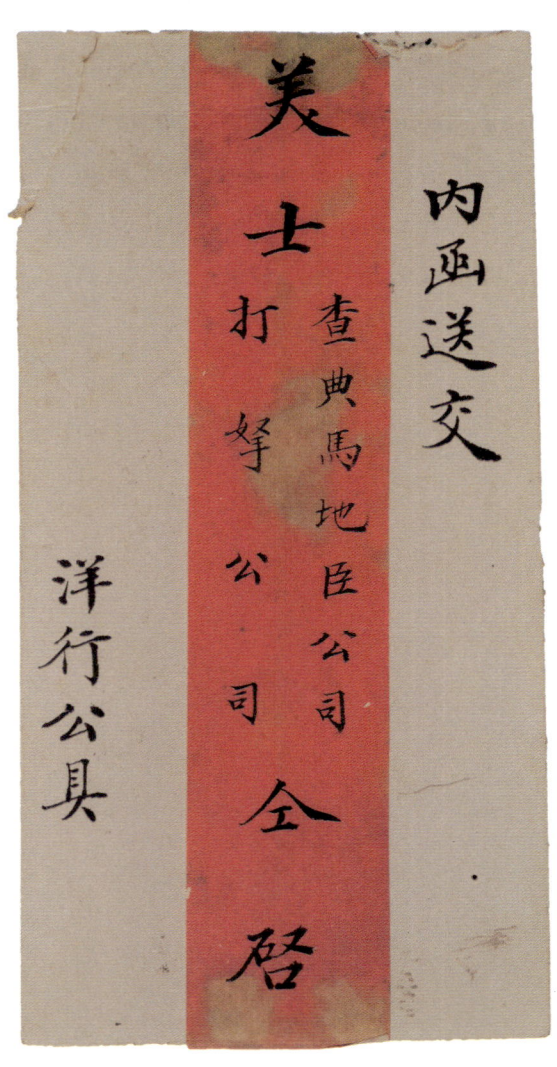

（正）

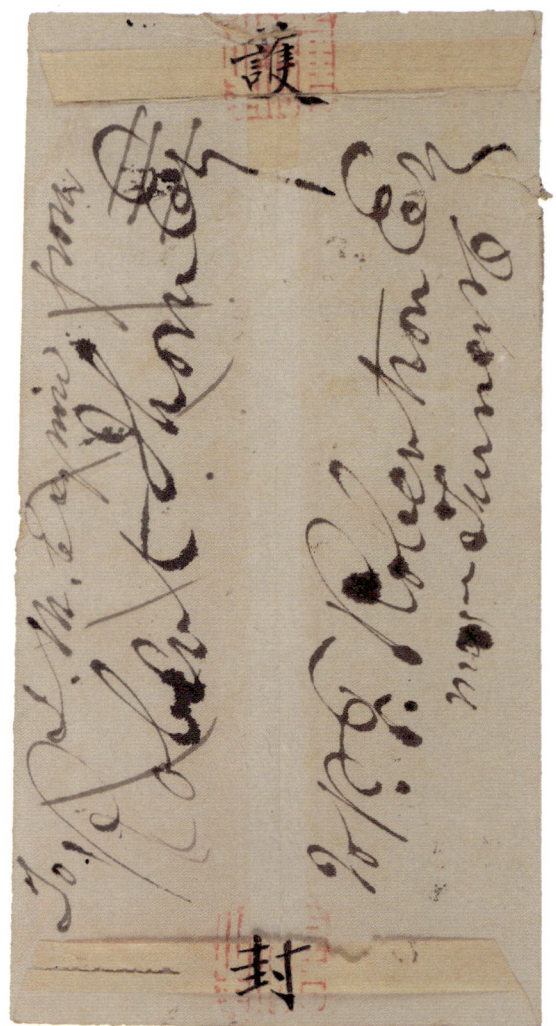

（反）

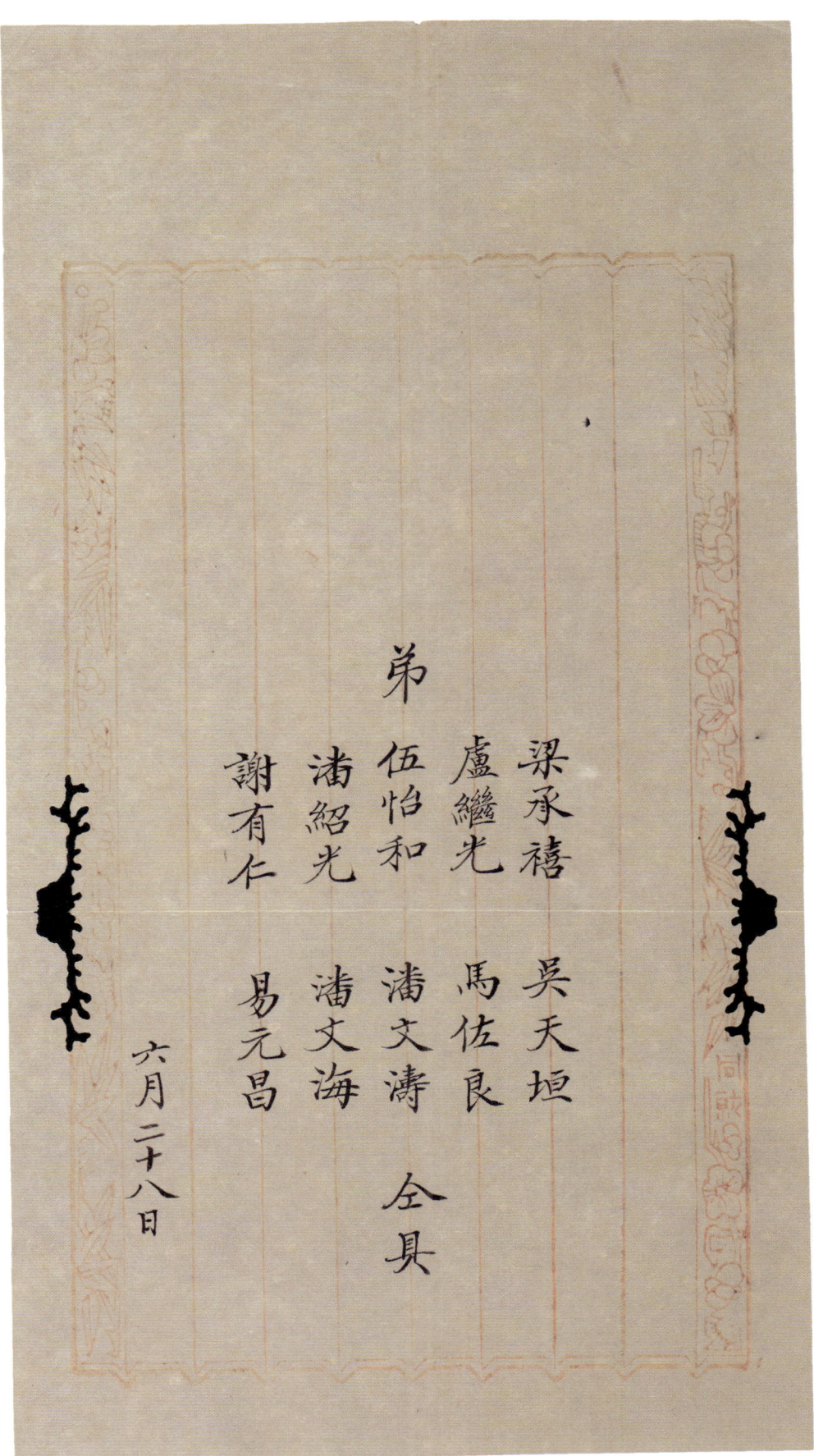

梁承禧　吳天垣

盧繼光　馬佐良

弟　伍怡和　潘文濤　全具

潘紹光　潘文海

謝有仁　易元昌

六月二十八日